2014년 대비

5급 공채
-행시-
2차 시험

기출해설과 예상논점
행정법

Administrative Law

A

고시계 편저

논점별 출제교수 강평

- **15년간의(2013년도 포함) 행시 기출문제의 해설과 교수강평 수록**
- 최근의 법령 · 이론 · 판례에 따른 내용 구성
- 기출논점으로 부족한 내용은 출제가능한 예상답안으로 보완
- 각종 국가고시(법원행시 · 입시 · 외교관시험)의 총망라
- 어드바이스와 포인트를 통한 수험학습의 효율과 연계성 제고

고시계사 www.Gosi-law.com
www.Eduall.kr

전면개정판을 출간하며

어떤 일을 할 때는 그 일에 대한 실체를 정확하게 파악하는 것이 중요하다. 이런 점에서 기출문제는 5급 공채(행정고시)의 행정법에 대한 실체를 정확하게 파악하는데 도움을 줄 것이다. 그리고 그 실체를 파악하는 동시에 그에 대한 전략을 수립하고 그에 맞는 훈련을 하는 데에도 적합한 책이 될 것이다. 즉 기출문제가 다시 출제되었을 때 그 문제를 남들보다 못 쓰게 되면 상대적으로 큰 점수의 손실을 볼 것이므로 기본적으로 중요하고, 또한 기출문제를 통하여 앞으로의 출제경향을 가늠해보는 면에서 유용한 것이다. 그리고 방대한 기본서를 강약을 두어 읽을 수 있는 자료를 제공하는 면에서도 효과적인 것이다.

본서의 가장 큰 장점은 수록할 수 있는 거의 모든 기출문제를 해설한 것은 물론 출제가능한 예상논점을 내용으로 추가하여 기출문제로 부족한 논점을 공부할 수 있도록 구성되어 있다는 것이다. 그리고 5급공채(행정고시) 기출문제뿐만 아니라 입법고시, 법원행시, 외무고시, 지방고시의 기출문제까지 소개하여 불의타를 최소화하는 편집방향을 택하였다(찍는 공부가 바람직하지 않음은 부연하지 않는다). 그 결과 5급공채(행정고시)를 준비하는 수험생뿐만 아니라 다른 국가고시나 자격증을 준비하는 수험생에게도 많은 도움이 될 것이다.

본서의 특징은 다음과 같다.

첫째, 2000년(제41회)의 기출문제부터 2013년(제57회)의 기출문제를 수록한 것은 물론 90년(제34회) 이후의 문제도 시험경향에 맞춰 문제와 해설을 수록하였다. 그리고 입법고시, 법원행시, 외무고시, 지방고시의 기출문제도 수록하여 내용을 보완하였다.

둘째, 5급 공채(행정고시) 이외의 기출문제는 관련기출과 어드바이스를 통하여 각 논점의 포인트를 제시하여 수험학습의 효율과 연계성을 제고하였다.

셋째, 행정법 관련법령을 최근 법령에 맞추어 수정하고 구태의연한 내용은 최근 경향에 맞게 재구성하였으며, 최신판례도 반영하여 입체적 학습이 되도록 배려하였다.

넷째, 각 주제별로 출제되지는 않았지만 출제가능한 논점을 보완하기 위하여 『월간 고시계』에 게재되었던 예상문제답안 중에서 출제가능한 답안을 수록하고, 그래도 부족한 논점은 새로이 작성하였다.

다섯째, 매 문제 아래에 2단 목차를 별도로 기재하여 마지막 정리에 유용하도록 편집하였다.

여섯째, 중요 논제는 교수님의 상세한 강평이 수록되어 있어 논점별로 부족한 논점과 실제 답안에서 반드시 적시되어야 할 내용이 포함되어 있어 자기주도의 셀프학습이 가능하도록 하였다.

본서를 가지고 교과서와 함께 공부한다면 행정법의 중요주제를 파악할 수 있을 뿐 아니라 기본서에서 부족한 사례연습이 가능할 것이다. 그리고 마지막 정리에 유용한 도구가 될 것으로 믿어 의심치 않는다. 각각의 논점별로 상세한 강평을 해 주신 여러 행정법 교수님들, 그리고 정보와 각종 자료를 챙겨주신 고려대, 성균관대, 한양대, 이화여대 행시 고시반 조교님들께도 진심으로 감사를 드리며, 이 교재가 많은 수험생들에게 한 알의 밀알이 되었으면 한다.

2014년 1월

고시계 편집국

『최근 4년간 출제경향 분석표』

		사법시험	행정고시		입법고시
			일반행정	필수, 선택	
[행정법총론]					
제1부 행정법 통론	제1장 행정법 서론				
	제2장 행정법 관계				
	제3장 행정법상의 법률요건과 법률사실		☑ 민법 제107조 제1항 단서의 적용 여부(12년, 3문)		
제2부 일반행정 작용법	제1장 행정의 행위형식		☑ 판단여지 (10년,10점) ☑ 법규명령형식의 행정규칙(13년, 1문) ☑ 부관의 독립쟁송 가능성 및 독립취소가능성(13년, 3문)	☑ 고시의 법적성질 및 권리구제수단 (10년,40점) ☑ 행정계획(11년, 1문) ☑ 이유부기의 하자 (12년, 1문)	☑ 보험료부과처분의 하자의 정도와 구제방법 (10년, 50점) ☑ 위임명령의 한계(10년, 25점)
제3부 행정절차와 정보공개			☑ 거부처분과 사전통지 (10년,20점) ☑ 정고공개거부처분에 대한 구제수단(11년, 1문)		
제4부 행정의 실효성확보수단	제1장 행정벌				
	제2장 행정상 강제집행	☑ 대집행 (10년,8점)	☑ 행정재산 반환을 위한 행정법상 대응수단(11년, 3문) ☑ 대집행(12년, 1문)		

	제3장 기타 행정의 실효성확보 수단				☑ 의무이행확보수단으로서의 위반사실의 공표 (10년,25점)
제5부 행정구제	제1장 행정상 손해전보	☑ 항고소송과 국가배상청구의 본질 (10년,22점) ☑ 국가배상법 제5조의 법적 쟁점 (10년,20점)		☑ 부작위에 의한 국가배상 책임 (11년, 3문)	
	제2장 행정쟁송		☑ 거부처분 취소판결에 따른 재처분의무와 기속력의 의미(10년,20점) ☑ 행정상 즉시강제에 대한 취소소송의 적법요건(10년,25점)	☑ 취소소송의 원고적격(10년,30점) ☑ 수리거부의 대상적격(11년, 2문) ☑ 거부처분 취소판결의 기속력(12년, 3문)	
[행정법각론]					
제1부 행정조직법	제1장 개설				
	제2장 지방자치법	☑ 조례의 위법성 및 지방자치법에 의한 쟁송수단(10년,30점)	☑ 지방자치법상 주민의 권한 (12년, 2문)	☑ 지방자치법 제169조 제1항의 해석과 제2항 소송의 성질(10년,30점) ☑ 조례 제정권의 범위와 한계(12년, 2문)	
	제3장 공무원법		☑ 직위해제처분(11년, 2문)		
제2부 특별행정 작용법	제1장 경찰 행정법		☑ 경찰책임(10년,25점) ☑ 경찰권 발동의 법적근거 및 한계(13년, 2문)		

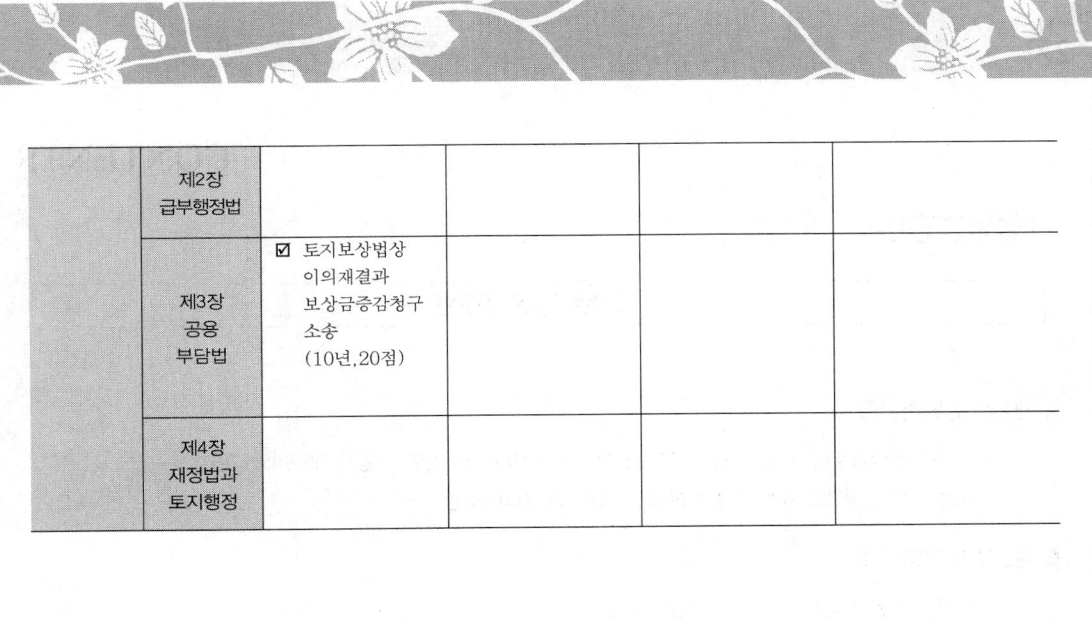

	제2장 급부행정법				
	제3장 공용 부담법	☑ 토지보상법상 이의재결과 보상금증감청구소송 (10년,20점)			
	제4장 재정법과 토지행정				

CONTENTS

[행정법총론]

제1부 행정법통론

제1장 행정법서론

제2장 행정법관계

제3장 행정법상의 법률요건과 법률사실

제2부 일반행정작용법

제1장 행정의 행위형식

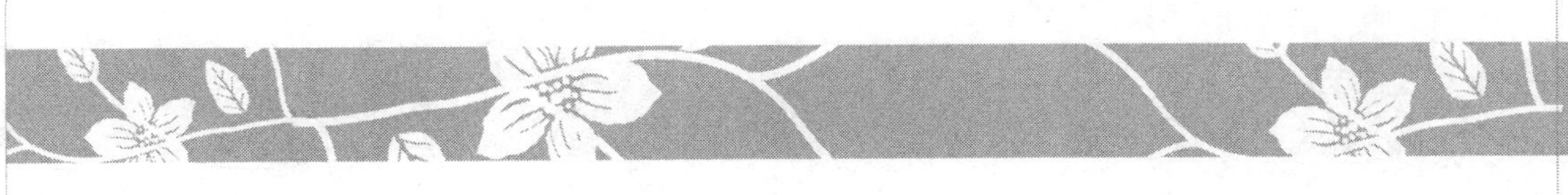

제4부 행정의 실효성 확보수단

제1장 행정상 강제집행

제5부 행정구제

제1장 행정상 손해전보

Ⅰ. 행정상 손해배상(국가배상)

1. 공무원의 직무상 불법행위로 인한 손해배상

2. 영조물의 설치 · 관리상의 하자로 인한 손해배상

Ⅱ. 행정상 손실보상

제2장 행정쟁송

Ⅰ. 행정소송의 한계

Ⅱ. 항고소송

1. 취소소송의 소송요건

[행정법각론]

제1부 행정조직법

제1장 개 설

제2장 지방자치법

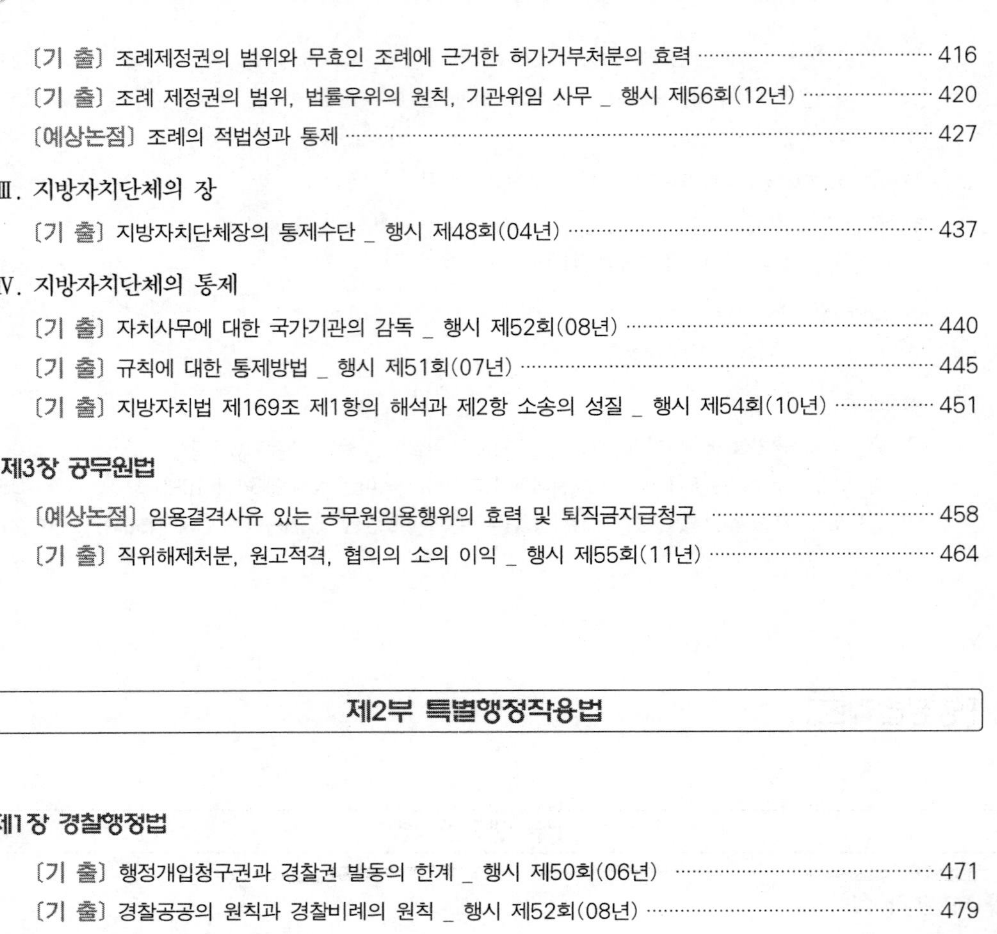

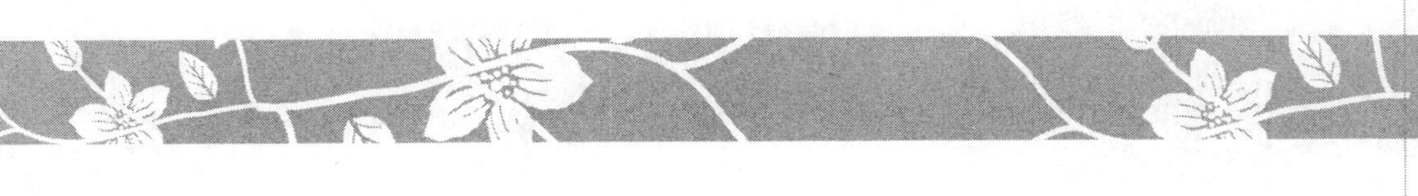

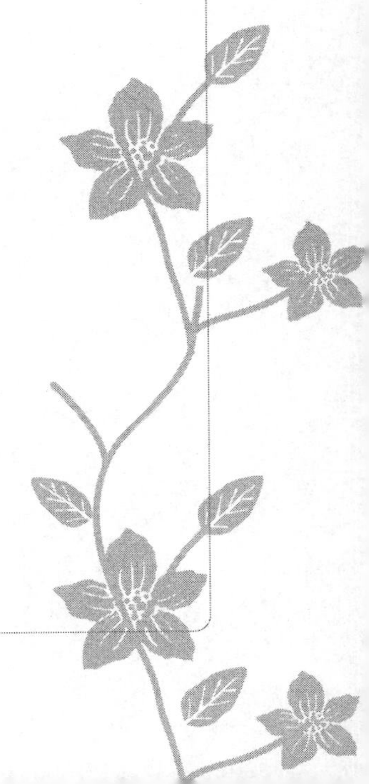

제1부

행정법통론

제1장 행정법서론

기 출

전역처분의 성질, 민법 제107조 제1항 단서의 적용여부

행시 제56회(12년)

제55회 행정고시 일반행정직 수석합격 이 영 희

甲은 단기복무부사관으로서 복무기간만료시점이 다가옴에 따라 복무기간연장을 신청하고자 한다. 그러나 복무기간연장을 위한 지원자심사에서 탈락하는 경우에 대비하여 전역지원서를 아울러 제출하도록 한 육군참모총장 乙의 방침에 따라 甲도 복무연장지원서와 전역지원서를 함께 제출하였다.
그런데 乙은 군인사법시행령 제4조에 근거하여, 甲의 전역지원서를 수리하여 전역처분을 하였다. 이에 대하여, 甲은 자신이 제출한 전역신청서는 乙이 복무연장신청과 동시에 제출하게 한 서류로서 복무연장의 의사를 명백히 한 의사와 모순되어 전역신청으로서의 효력이 없는 것이므로 전역처분은 위법하다고 주장한다. 甲의 주장의 당부를 검토하시오. (단, 강박에 의한 의사표시의 쟁점은 논외로 한다) (20점)

참·조·조·문

군인사법

제6조 (복무의 구분) ⑧ 단기복무부사관으로서 장기복무를 원하거나 복무기간을 연장하려는 사람은 대통령령으로 정하는 바에 따라 전형을 거쳐야 한다.
제44조 (신분보장) ② 군인은 이 법에 따른 경우 외에는 그 의사에 반하여 휴직되거나 현역에서 전역되거나 제적되지 아니한다.

군인사법시행령

제3조 (장기복무장교등의 전형) ① 법 제6조 제4항 · 제6항 및 제8항에 따라 단기복무 장교 또는 단기복무부사관으로서 장기복무 또는 복무기간연장을 원하는 사람은 장기복무지원서 또는 복무기간 연장지원서를 제출하고 정해진 전형을 거쳐야 한다.
이 경우 단기복무자의 복무연장기간은 의무복무기간의 만료일을 기준으로 하여 1년단위로 정할 수 있다.
제4조 (단기복무장교의 복무등) 제3조에 따른 전형에 합격하지 못한 단기복무장교 및 단기복무부사관은 의무복무기간을 초과하여 복무할 수 없다.

군인사법시행규칙

제2조 (장기복무 및 복무기간연장지원) ① 단기복무장교 또는 단기복무부사관으로서 장기복무를 지원하는 자(이하 "장기복무지원자"라 한다) 및 복무기간연장을 지원하는 자(이하 "복무기간연장지원자"라 한다)는 별지 제1호서식의 장기복무 · 복무기간연장
지원서를 소속 부대장을 거쳐 각군 참모총장(이하 "참모총장"이라 한다)에게 제출하여야 한다.

민법

제107조 (진의 아닌 의사표시) ① 의사표시는 표의자가 진의아님을 알고한 것이라도 그 효력이 있다. 그러나 상대방이 표의자의 진의아님을 알았거나 이를 알 수 있었을 경우에는 무효로 한다.

C/O/N/T/E/N/T/S

Ⅰ. 전역처분 및 전역지원의 법적 성질

1. 전역처분이 쌍방적 행정행위인지

전역처분은 행정청인 육군참모총장 乙이 군인사법, 군인사법 시행령 등에 근거하여 甲의 군인으로서의 신분을 해제하는 구체적 사실에 관한 법집행으로서 행하는 권력적 단독행위인 공법행위, 즉 행정행위에 해당한다. 나아가 전역처분은 군인사법에 근거하여 당해 군인 본인의 동의를 전제로 하는 쌍방적 행정행위이다.

2. 전역지원이 사인의 공법행위인지

전역처분이 전역지원을 전제로 하는 쌍방적 행정행위인 바, 전역지원은 전역처분의 요건에 해당하는 사인의 공법행위이다.

Ⅱ. 민법 제107조 제1항의 단서가 甲의 전역 신청에도 적용되는지

1. 문제점

사안에서 甲의 공법행위를 규율하는 개별법 규정이 없다. 이 경우 사인의 공법행위에 대한 민법상의 법원칙, 의사표시나 법률행위에 관한 규정을 원칙상 유추 적용할 수 있다. 그러나 사인의 공법행위와 사법행위의 성질상 차이가 있는 경우에는 그 한도 내에서 사법 규정을 적용할 수 없는 경우도 있으므로 사안의 경우 민법 제107조 제1항 단서가 적용되는 경우인지에 대한 논의가 필요하다.

2. 판례의 견해

판례는 이와 유사한 사안에서 전역지원의 의사표시가 진의 아닌 의사표시라 하더라도 그 무효에 관한 법리를 선언한 민법 제107조 제1항 단서의 규정은 그 성질상 사인의 공법행위에는 적용되지 않는다 할 것이므로 그 표시된 대로 유효한 것으로 보아야 한다고 판시한 바 있다.

3. 판례에 대한 비판

甲의 전역 신청에 민법 제107조 제1항 단서가 적용되는지 여부는 甲의 권리보호와 행정법관계의 안정의 보장이라는 두 요청을 조화롭게 하는 해결을 도모하여야 한다. 그런데 평소 복무기간연장을 위한 지원자심사에서 탈락하는 경우에 대비하여 전역지원서를 아울러 제출하도록 육군참모총장 乙의 방침이 있었고, 이를 따르지 않는 것은 甲의 입장에서 기대하기 어려웠다는 점, 전역신청과 복무연장신청이 동시에 제출된 것은 甲의 복무 연장의 의사를 명백히 한 의사와 모순된다는 점 등에 비추어 볼 때 사안에서 민법 제107조 제1항의 단서를 적용하지 않아서 침해되는 甲의 권리가 동법 동조 동항의 단서를 적용하여서 침해되는 행정법관계의 안정보다 현저히 큰 바, 甲의 주장이 타당하다고 볼 수도 있다.

Ⅲ. 甲의 주장의 타당성

1. 판례의 견해를 따를 경우

판례의 견해에 따르면 민법 제107조 제1항 단서 규정이 사인의 공법행위에 적용되지 않으므로 甲의 전역 신청은 유효한 것이고, 乙의 전역처분도 유효한 신청에 의한 적법한 처분이 된다. 따라서 甲의 주장은 타당하지 않다.

2. 민법 제107조 제1항 단서가 적용된다고 보는 견해에 따를 경우

甲의 전역 신청이 민법상 비진의 의사표시에 해당하고, 상대방인 乙이 甲의 진의 아님을 알았거나 이를 알 수 있었을 경우가 인정되므로 전역 신청은 무효가 된다.

사인의 공법행위가 무효에 해당하는 하자가 있는 경우 그에 기한 행정행위는 위법하게 된다. 따라서 甲의 주장은 타당하다. 다만, 행정행위의 위법성의 정도는 무효가 된다는 견해, 취소할 수 있는 행정행위가 된다는 견해 등으로 나뉜다.

교/수/강/평

김 향 기 (성신여자대학교 법대 교수)

사안은 복무연장신청과 모순되는 전역신청에 따른 전역처분의 위법여부가 쟁점이므로, (1) 전역지원의 법적 성질, (2) 복무연장지원과 동시에 한 전역지원의 하자여부, (3) 진의 아닌 전역지원에 따른 전역처분의 위법여부의 순서로 검토한다. (1)에서 전역지원은 사인의 공법행위로서 행위요건적 공법행위인 신청에 해당한다는 점이 지적되어야 하고, (2)에서 복무연장지원과 전역지원이 서로 모순되는 점이 있다고 볼 수도 있으나 복무연장지원이 받아들여지지 아니하는 경우에 대비하여 원에 의하여 전역하겠다는 조건부의사표시를 한 것으로 보아 유효하다고 볼 수 있다는 점 등이 검토되어야 한다. (3)에서 전역지원이 진의 아닌 의사표시라고 하더라도 민법 제107조 제1항 단서에 따라 무효로 볼 것인지에 관하여는, 하자 있는 사인의 공법행위의 경우 민법규정의 유추적용 긍정설과 부정설로 나뉘며, 판례는 사안과 같은 사례에서 부정설을 취하였다는 점 등이 검토되어야 한다. 이와 관련하여 대법원은 "군인사정책상 필요에 의하여 복무연장지원서와 전역(여군의 경우 면역임) 지원서를 동시에 제출하게 한 피고측의 방침에 따라 위 양 지원서를 함께 제출한 이상, 그 취지는 복무연장지원의 의사표시를 우선으로 하되, 그것이 받아들여지지 아니하는 경우에 대비하여 원에 의하여 전역하겠다는 조건부 의사표시를 한 것이므로 그 전역지원의 의사표시도 유효한 것으로 보아야 하고, 가사 전역지원의 의사표시가 진의 아닌 의사표시라고 하더라도 그 무효에 관한 법리를 선언한 민법 제107조 제1항 단서의 규정은 그 성질상 사인의 공법행위에는 적용되지 않는다 할 것이므로 그 표시된 대로 유효한 것으로 보아야 할 것이다."(대판 1994.1.11. 93누10057, 면역처분취소)라고 판시하고 있다.

/관/련/기/출

신뢰보호원칙, 손실보상청구

입시 제20회(04년)

甲은 춘천시에 소재하는 녹지지역내의 자신 소유의 농지에 사회복지시설을 건축하기로 하였다. 그런데 당해 토지위에 당해 사회복지시설의 건축이 가능한지 여부에 의심이 있고, 춘천시에서 건축허가를 내줄 것이라는 것에 확신이 없어 사업계획개요서를 작성하여 춘천시 건축과에 당해 토지위에 당해 사회복지시설의 건축이 법상 가능한지 여부와 당해 사회복지시설에 대하여 건축허가를 내줄 수 있는지에 대하여 서면으로 문의하였다. 이에 춘천시 건축과장은 甲에게 관련 법규상 그 건축이 가능하며, 건축허가를 해줄 수 있다는 취지의 답변을 하였다. 이에 甲은 은행으로부터 건축자금을 융자받고 건축설계를 하여 건축허가를 신청하였다. 그런데 당해 농지는 우량농지 및 녹지지역으로 보전할 필요가 있어 관련법상 개발행위허가를 해줄 수 없는 경우에 해당함이 밝혀졌다. 춘천시장은 이러한 이유로 甲의 건축허가를 거부하였다(건축법상 건축허가를 받으면 개발행위허가가 의제된다). 甲의 권리구제가능성을 논하라(절차상의 하자는 없는 것으로 본다).(50점)

advice

Ⅰ. 논점의 정리

설문의 경우를 살펴보면, 甲에 대한 건축허가 거부처분의 적법여부에 대해서 알아보기 위하여 신뢰보호의 원칙위반을 살펴보고 위법하다면 취소소송과 국가배상청구, 적법하다면 손실보상청구를 검토하면 될 것이다.

Ⅱ. 춘천시장의 건축허가의 법적 성격(기속행위인지 재량행위인지)

Ⅲ. 춘천시장의 건축허가의 적법여부(신뢰보호의 원칙의 의의/ 요건/ 한계)

Ⅳ. 甲의 권리구제수단(취소소송과 국가배상청구 또는 손실보상청구)

Ⅴ. 결 론

제2장 행정법관계

기 출

특별권력관계

이 병 철 교수

행시 제46회(02년)

A는 미결수로서 안양교도소에 수감 중인데, 대법원에 상고제기 후 진주교도소로 이송되었다. A는 즉시 그러한 이송조치로 인해 서울에서 거주하는 변호인 및 가족 등과의 접견이 어려워져 방어권의 행사에 지장을 받는 등 회복하기 어려운 손해를 입게 된다고 주장하면서 이송조치를 취소하라는 행정소송을 제기함과 동시에 이송조치의 효력정지신청을 하였다. A의 권리구제가능성을 설명하시오. (50점)

advice

- 특별행정법관계(특별권력관계)에의 사법심사가부
- 사법심사 가능성을 긍정한 뒤에 취소소송의 적법요건
- 본안(처분의 위법성 일반)에 대한 판단과 집행정지의 검토

C/O/N/T/E/N/T/S

행정개입청구권 · 공급거부행위

제47회 사법시험 합격 김 선 욱

건축주 甲은 관계행정청으로부터 자신의 10층 건물을 3층 더 증축하겠다는 대수선허가를 받았음에도 불구하고, 실제로는 5층을 더 확장하는 증축공사를 진행하고 있다. 이와 관련된 다음의 물음에 답하시오

(1) 이웃 건축물 소유주 乙은 의 위 증축물 공사로 인해 자신의 일조권 및 조망권이 침해되었음을 이유로 관계행정청에게 공사중지 등의 시정명령을 요구할 권리를 갖는가?

(2) 관계행정청은 甲의 위법증축공사 사실을 발견하고 위 증축공사의 중지명령을 하였음에도 불구하고 甲이 이에 응하지 아니하자 건축법 제69조 제2항에 의거 위 건축물에 대한 단전 단수조치를 주무장관에게 요청하였고, 이에 주무관청은 이러한 요청을 받아 들여 甲의 건축물에 대한 단전 단수조치를 취하였다. 이에 甲이 단전 단수조치에 대하여 취소소송을 제기하려 하는 바 그 소의 적법성을 논하여라.

참·조·조·문

〔건축법 제69조 제1항〕

허가권자는 건축물이 이 법 또는 이 법의 규정에 의한 명령이나 처분에 위반한 경우에는 이 법의 규정에 의한 허가 또는 승인을 취소하거나 그 공사의 중지를 명하거나 상당한 기간을 정하여 그 건축물의 철거, 개축, 증축, 수선, 용도변경, 사용중지, 사용제한 기타 필요한 조치를 명할 수 있다

〔건축법 제69조 제2항〕

허가권자는 제 1항의 규정에 의하여 허가 또는 승인이 취소된 건축물 또는 제1항의 규정에 의한 시정명령을 받고 이행하지 아니한 건축물에 대하여는 전기, 전화, 수도 또는 도시가스공급시설의 설치 또는 공급의 중지를 요청하거나 당해 건축물을 사용하여 행할 다른 법령에 의한 영업 기타 행위의 허가를 하지 아니하도록 요청할 수 있다.

C/O/N/T/E/N/T/S

Ⅰ. 문제의 제기

(1) 설문 (1)과 관련하여 제3자인 이웃 건축주 乙이 타인에 대하여 행정권의 발동을 구하는 행정개입청구권을 갖는지의 여부가 문제된다.

(2) 설문 (2)와 관련하여 甲이 제기한 소가 적법하기 위해서는 특히 단전 단수조치라는 공급거부행위의 법적 성질 및 그 처분성 여부가 문제된다.

Ⅱ. 乙이 행정개입청구권을 갖는지 여부 – 설문(1)의 해결

1. 의의

행정개입청구권이란 행정권의 발동을 청구할 수 있는 실체적 공권을 의미한다. 여기에는 ① 개인이 자기를 위하여 행정권의 발동을 요구하는 행정행위발급청구권과 ② 자기를 위하여 타인에 대해 행정권의 발동을 요구할 수 있는 협의의 행정개입청구권이 포함되는데, 위 사안에서는 후자가 문제된다.

2. 행정개입청구권의 법적 성질

행정개입청구권은 실체적 공권이라는 점에서 형식적 공권인 무하자재량행사청구권과 구별되며, 행정청의 부작위에 대한 사전예방적 권리의 성격 뿐만 아니라 사후구제적 성격도 갖는다고 보는 것이 일반적이다.

3. 행정개입청구권의 인정여부

(1) 문제점

행정개입청구권이 항고소송에서 원고적격을 가져다 주는 법률상 이익에 해당하는가의 문제로서 행정개입청구권의 인정여부가 문제된다.

(2) 학설

1) 부정설

행정개입청구권으로써 추구되는 내용은 행정청의 위법한 부작위로 인한 실체적 권리의 침해에 대한 행정구제에 있는 것으로서, 결국 행정청에 대한 부작위소송 및 그에 있어서의 소의 이익의 문제로 해결될 수 있다는 견해이다.

2) 긍정설

행정소송법 제3조를 예시적 규정으로 해석하여 무명항고소송의 성립가능성을 시사한 뒤, 행정개입청구권이 현 행정소송법에 위반되지 않는다고 하여 행정개입청구권의 존재의미를 긍정하는 견해. 공권의 확대화 경향을 강조하거나 생명신체에 대한 목적의 급박한 위험의 구제를 논거로 한다.

(3) 판례

판례는 소위 청주시 연탄공장사건에서 긍정적인 견해를 취하였으나 최근의 구 건축법 제69조와 제70조가 문제된 사안(대판 1999.12.7, 97누17568)에서는 그 조항이 시장, 군수, 구청장에게 그러한 의무가 있음을 규정한 것은 아니라는 등의 이유로 행정개입청구권을 부정한 바 있다.

(4) 검토

생각컨대 사인의 행정에 대한 의존도가 점증하는 현대국가에서 행정청의 부작위는 경우에 따라 사인에 대하여 중대한 침해를 가져올 수 있는바, 행정청에 대하여 권력발동을 요구하는 권리를 사인이 가진다는 것은 의미있는 일이다. 긍정설이 타당하다.

4. 성립요건

(1) 행정개입의무

법규가 행정청에게 공권력을 발동하여 개입할 의무를 지우고 있어야 한다. 문제는 재량행위인 경우 재량권이 영으로 수축하는 경우여야 한다는 것이다. 이때 재량권이 영으로 수축하기 위해서는 ① 개인의 생명 신체 재산 등 주요법익에 대한 현저한 피해가 예상되고 ② 행정청의 개입으로 위해가 제거될 수 있는 상황이며 ③ 피해자의 개인적인 노력만으로는 위험방지가 충분히 이루어질 수 없는 상황이어야 한다.

(2) 사익보호목적의 존재

관련법규가 오로지 공익실현을 목적으로 하는 것이 아니고 개인의 이익보호도 목적으로 하고 있는 경우에 성립한다.

5. 사안의 해결

사안에서 이웃 건축주인 乙이 행정개입청구권을 갖는지에 대해서는 ① 건축법 69조가 오로지 공익실현을 목적으로 하지않으며, ② 乙의 일조권 및 조망권이 침해되어 乙의 신체와 재산 등에 위해가 예상되며 ③ 행정청이 개입하지 않으면 그러한 위해가 제거될 수 없고 ④ 乙의 자력만으로는 甲의 건축법 위반으로 인한 위해방지를 할 수 없기 때문에 협의의 행정개입청구권이 인정되는 상황이라고 할 수 있다. 그러므로 乙은 행정청에게 시정명령을 요구할 수 있다.

Ⅲ. 甲의 소의 적법성여부 – 설문 (2)의 해결

1. 공급거부의 의의

공급거부란 행정법상 의무의 위반 불이행이 있는 경우에 행정상 일정한 재화나 서비스의 공급을 거부하는 행정작용을 의미한다. 공급거부는 의무이행을 위한 직접적인 수단은 아니고 행정법상 의무 위반자 불이행자에게 사업이나 생활상의 어려움을 주어 간접적으로 의무이행의 확보를 도모하는 제도이다. 위 사안의 단전 단수 조치는 건축법상 의무 위반이 있는 경우 전화와 전기의 공급을 거부하여 건축법상의 의무이행을 확보하는 제도인바 공급거부에 해당한다고 할 수 있다.

2. 공급거부의 법적 성질 및 법적 근거

공급거부는 주로 급부영역에서 의무확보를 위한 새로운 실효성확보수단으로서 권력적 사실행위에 해당한다고 할 수 있다. 급부영역에서의 공급거부는 국민에게 있어서는 침해행정을 이루는 바 법적근거(법률유보)가 필요함은 당연하다고 할 것이다. 사안에서는 비록 위헌성은 제기되나 건축법 제69조가 단전단수조치의 근거를 이루고 있다.

3. 처분성인정여부

(1) 문제점

사안의 단전단수조치와 같은 공급거부의 처분성이 인정되는 경우에 한하여 취소소송과 같은 항고소송의 제기가 가능한바, 처분의 요건에 해당하는지가 문제된다. 처분성을 긍정하는 것이 국민의 권리구제의 만전을 기할 수 있다는 것을 염두하여야 한다.

(2) 학설

학설은 일반적으로 공급거부의 처분성을 긍정하고 있다. 권력적 사실행위여서 처분성을 긍정하는 견해외에 수인하명이라는 행정행위와 집행행위라는 사실행위의 결합으로 보아 수인하명에 대하여 행정소송의 대상적격을 인정한다고 하는 견해도 존재하고 있다.

(3) 판례

대법원은 종로구청장이 한 단수처분의 항고소송 대상적격을 긍정한 바 있으나. 행정관청의 공급자에 대한 단전 단수 요청, 구청장의 공급불가회신 등의 처분성을 부정하였다.

(4) 검토

생각건대 공급거부도 행정소송법 제2조 제1항의 처분의 개념, 즉 '행정청이 행하는 구체적 사실에 관한 법집행으로서의 공권력의 행사 또는 그 거부와 그 밖에 이에 준하는 행정작용'에 해당하는 바 처분성을 긍정하는 것이 타당할 것이다.

4. 사안의 해결

사안의 단전 단수 조치는 행정청이 甲의 건축법상 의무위반이라는 구체적 사실에 관하여 행정청이 법집행작용으로서의 공권력의 행사에 해당하는 바, 행정소송법 제2조 제1항의 처분의 개념을 충족한다. 그러므로 甲의 취소소송은 적법하다.

Ⅳ. 결 론

(1) 사안에서 건축법상 사익보호의무가 존재하고 재량권이 영(0)으로 수축하고 있다고 보이는 바, 乙의 행정개입청구권은 인정되어 乙은 행정청에게 시정명령을 요구할 권리를 가지고 있다.

(2) 사안의 단전・단수 조치는 권력적 사실행위적인 성격을 가지고 있고, 행정소송법 제2조 제1항의 처분의 개념을 충족하는 바, 甲이 제기한 취소소송은 적법하다.

교/수/강/평

김 철 용 (건국대학교 법대 명예교수)

설문에서 묻고 있는 것은 이웃 건축물 소유주 乙이 시정명령을 요구할 권리를 갖는가의 문제이고, 甲이 행정청의 단전・단수조치에 대하여 취소소송을 제기하는 경우의 그 소의 적법성의 문제이다.

(1) 첫째 문제는 시정명령을 요구할 권리가 공권으로서의 성립요건을 갖추고 있는가를 묻고 있다. 초점은 관련 법규의 취지가 사인인 제3자의 사적 이익도 보호하고 있는 것이냐에 있다. 다양한 논의가 가능하겠지만, 건축법의 관계 법규가 가장 중요하다. 모범 답안에는 건축법 제69조 제1항만을 들고 있으나, 그 밖에도 일조권 및 조망권 등과 관련되는 규정 예컨대 제52조(일조 등의 확보를 위한 건축물의 높이제한) 등이 있다. 이런 관련 규정들에도 논의가 확대되어야 한다.

(2) 둘째 문제는 甲이 어떤 청구의 이유로 단전・단수조치의 취소소송을 제기하느냐의 여부에 매여 있다. 소의 적법성이란 것이 사실행위가 취소소송의 대상이 되는가라는 문제라면 그 문제를 집중적으로 다루어야 할 것이다.

제3장 행정법상의 법률요건과 법률사실

기 출

영업자지위승계

제52회 행정고시 합격 민 차 영

행시 제53회(09년)

甲은 식품위생법상의 식품접객업영업허가를 받아 유흥주점을 영위하여 오다가 17세의 가출 여학생을 고용하던 중, 식품위생법 제44조 제2항 제1호의 "청소년을 유흥접객원으로 고용하여 유흥행위를 하게 하는 행위"를 한 것으로 적발되었다. 관할행정청이 제재처분을 하기에 앞서 甲은 乙에게 영업관리권만을 위임하였는데 乙은 甲의 인장과 관계서류를 위조하여 관할 행정청에 영업자지위승계 신고를 하였고, 그 신고가 수리되었다. (총 40점)

(1) 영업자지위승계신고 및 수리의 법적 성질을 검토하시오. (10점)

(2) 甲은 관할 행정청의 영업자지위승계신고의 수리에 대하여 무효확인소송을 제기할 수 있는지 검토하시오. (15점)

(3) 만약 甲과 乙간의 영업양도가 유효하고 영업자지위승계신고의 수리가 적법하게 이루어졌다고 가정할 경우, 관할 행정청이 甲의 위반행위를 이유로 乙에게 3개월의 영업정지 처분을 하였다면, 그 처분은 적법한지 검토하시오. (15점)

C/O/N/T/E/N/T/S

Ⅰ. 설문 (1)에 대하여

1. 영업자지위승계신고의 법적 성질

(1) 사인의 공법행위로서의 신고

일반적으로 신고는 사인이 공법적 효과의 발생을 목적으로 일정한 사실을 알리는 행위를 의미한다. 그런데, '신고'라는 표현은 다양하게 쓰이며, 법적성질도 일률적으로 판단할 수 없는 바, 검토가 필요하다.

(2) 신고의 종류와 효과

신고에는 크게 두 가지 종류가 있는데, ① 자체완결적 신고는 신고 자체로서 법적 효과를 발생시키는 것으로, 신고 자체를 위한 형식적 요건 외에 다른 요건을 요하지 아니한다. 반면 ② 행위요건적 신고는 행정청에 대해서 당사자가 통지한 후 행정청이 이를 수리함으로 효과가 발생한다.

(3) 설문의 검토

설문에서 식품위생법상의 식품접객업영업허가는 그 영업의 성질상 단순한 음식판매와는 달리, 유흥주점이라는 측면에서 그 영업허가시 요건을 갖추었는지 실질적 심사가 필요하다. 그리고 지위승계신고는 양도자의 허가를 취소함과 아울러 양수인에게 적법하게 사업을 할 수 있는 권리를 설정하여 주는 행위인 바, 행위요건적 신고로 판단된다.

2. 수리의 법적 성질

(1) 행위요건적 신고의 수리의 법적 성질

자체완결적 신고에서는 수리가 의미가 없으나, 행위요건적 신고에서는 수리를 통해 신고의 효과가 발생한다. 따라서 행위요건적 신고에 있어서 행정청의 수리는 신고에 대해 실질적 심사를 통하여 수리 혹은 수리거부의 의사표시를 할 것인지 결정하는 것으로서 처분성이 인정된다고 보며, 판례 역시 같은 태도이다.

(2) 설문의 검토

설문에서 영업자지위승계신고는 행위요건적 신고로 판단되는바, 이에 대한 행정청의 수리는 처분성이 인정된다.

Ⅱ. 설문 (2)에 대하여

1. 문제점

甲이 관할 행정청의 영업자지위승계신고에 대하여 무효확인소송을 제기할 수 있는지와 관련하여, 무효확인소송의 적법요건을 살펴보고 이러한 요건을 갖추었는지 여부와 그 중에서도 무효확인소송에서 보충성을 요하는지 검토한다.

2. 무효확인소송의 적법요건

(1) 요건

① 무효등확인소송의 대상은 취소소송과 마찬가지로 '처분 등'이 대상이 된다.

② 그리고 행정소송법 제35조에 따라 처분 등의 효력 유무 또는 존재 여부의 확인을 구할 '법률상 이익'이 있는 자가 제기할 수 있다.

(2) 설문의 검토

설문에서 영업자지위승계신고 수리는 처분성이 인정되어 대상적격이 인정되나, '법률상 이익'의 의미에 대해서는 견해의 대립이 있는 바, 이러한 견해의 대립을 살펴보고, 설문에서 甲에게 법률상 이익이 존재하는지 살핀다.

3. '법률상 이익'의 의미

(1) 견해의 대립

① 즉시확정이익설은 행정소송법 제35조에서의 '법률상 이익'은 권리보호의 필요성을 의미하는 것으로서, 민사소송에 있어서 확인의 이익과 같은 의미로 본다.

② 법적보호이익설은 행정소송법 제35조의 법률상 이익의 의미는 취소소송에서의 법률상 이익과 동일한 것으로 본다.

(2) 판례의 태도

과거 판례는 즉시확정이익설의 입장에서 무효확인소송을 제기하기 위해서는 '확인의 이익', 즉 보충성을 요구하였으나, 최근 전원합의체 판결에서 견해를 변경하였다. 그 근거로 (ⅰ) 기속력 및 재처분의무를 규정한 제30조를 무효확인소송에도 준용하고 있어서 무효확인소송만으로도 실효성을 확보할 수 있고, (ⅱ) 우리 행정소송법상 명문의 규정이 없어 이에 대해 제한이 없음을 든다. 그리하여 행정처분의 근거법률에 의하여 보호되는 직접적이고 구체적인 이익이 있는 경우에는 별도로 직접적인 구제수단이 있는지 여부를 따질 필요가 없다고 한다.

(3) 검토

국민의 권리구제수단인 무효확인소송에 있어서 명문의 규정도 없이 적법요건에 제한을 두는 것은 타당하지 않다. 또한 무효확인소송 자체만으로도 실효성을 확보할 수 있다는 점을 감안한다면, 별도의 구제수단이 있는지 여부는 고려하지 않고 바로 무효확인소송을 제기할 수 있다고 하여야 한다.

4. 설문의 검토

설문에서 乙이 甲의 인장 및 관계 서류를 위조하여 영업자지위승계신고를 하였는데, 이러한 신고에 대한 수리처분에 대해 무효확인을 민사소송을 먼저 통하지 않고 바로 구할 수 있는지 문제되는데, 앞서 본 것처럼 무효확인소송에 있어서 보충성을 요하지 않는 것이 타당한 바, 무효확인을 구할 이익이 있는 甲은 바로 행정청을 상대로 무효확인을 구할 수 있다고 할 것이다.

Ⅲ. 설문 (3)에 대하여

1. 문제점

영업의 양도가 있는 경우 양도인에 대한 제재사유를 양수인에게 승계시킬수 있는지 문제된다. 그리고 승계된다 하더라도 양수인 乙에게 3개월의 영업정지처분을 한 것이 적법한지 살펴본다.

2. 허가의 승계로 인해 행정제재사유도 승계되는지 여부

(1) 문제점

영업의 양도시에 양도인의 영업상 지위도 양수인에게 승계된다는 규정을 두고 있는 경우가 있다. 그런데 이러한 규정이 없는 경우 양도인의 위법행위로 인한 제재사유가 양수인에게 승계되는지 여부가 문제된다.

(2) 견해의 대립

① 승계긍정설은 대물적 성질의 제재처분은 승계된다고 한다. 대물적 성질의 제재사유는 승계시키는 것이 부당하지 않고, 승계되지 않는다고 볼 경우 악용할 우려가 있다는 걸 근거로 한다.

② 승계부정설은 법률에서 특별히 규정하고 있지 않은 이상 승계가 되지 않는다고 한다. 양도인의 행위로 인한 제재사유가 양수인에게 승계되는 점은 부당하다는 것을 근거로 한다.

(3) 판례의 태도

판례는 대물적 처분의 성격을 갖는 제재처분에 있어서 지위승계규정이 있는 경우에는 제재처분의 승계가 포함되어 그 지위를 승계한 자에 대하여 사업정지 등의 제재처분을 할 수 있다고 본다.

(4) 검토 및 설문의 경우

양도인의 인적사유로 인한 제재사유는 양수인에게 승계되지 않는다고 해야 하나, 물적 사정에 관련된 제재사유의 경우라면 양도자의 권리, 의무의 법적 지위의 승계에 제재처분의 사유가 포함된다고 보아야 할 것이다. 이는 대물적 처분의 법적 효과는 승계 대상의 상태가 되어 존속하기 때문이다. 이에 따를 경우 설문에서 甲의 위반행위에 대한 영업정지는 대물적 처분이므로, 甲에 대한 제재처분 사유가 乙에게 승계된다고 볼 것이다. 따라서 행정청은 乙에 대해 제재처분을 할 수 있으나, 3개월이라는 영업정지처분이 타당한지 문제된다.

3. 3개월의 영업정지처분이 적법한지 여부

(1) 재량의 일탈 · 남용

행정청은 제재처분을 가할 때 그 종류와 정도를 정할 수 있는 재량을 가지고 있다. 그런데 이러한 재량의 외적 한계를 벗어난 경우 재량의 일탈이 되며, 재량의 내적 한계를 벗어난 경우에는 재량의 남용이 된다. 재량의 내적 한계는 행정법의 일반원칙에 위반하는 경우가 이에 해당하는 바, 설문에서 이러한 재량의 일탈,남용이 있는지 문제된다.

(2) 설문의 경우

설문상 행정청의 3개월의 영업정지처분은 제재처분 사유가 있어 행한 것으로 일응 타당한 것으로 보이나, 乙은 甲의 행위로 인해 이러한 처분을 받은 것이라는 잠에서 乙이 甲의 행위를 모르고 이러 처분을 받은 것이라면 행정청의 3개월간의 영업정지 처분은 지나친 처분이 될 여지가 있다. 하지만 설문에서 乙은 甲에게 영업관리권을 위임받은 자인 바, 이에 대해서 알았거나 최소한 알 수 있는 지위의 자라고 보아야 할 것이므로 행정청의 3개월의 영업정지처분이 재량의 남용에 해당한다고 보기는 어렵다.

4. 설문의 해결

설문에서 3개월의 영업정지처분은 대물적 처분이고, 영업자 지위승계에는 제재처분의 승계가 포함된다고 할 것이므로 행정청은 乙에 대하여 제재처분을 할 수 있다. 그리고 3개월의 영업정지가 재량의 일탈, 남용에 해당한다고 보기도 어려우므로 행정청의 영업정지처분은 적법하다.

교/수/강/평

김 향 기 (성신여대 법대 교수)

1. 설문 (1)에 대하여

먼저 신고의 종류와 그 법적 성질을 검토한 다음 식품위생법상의 영업자지위승계신고의 법적 성질을 검토한다. 신고는 수리를 요하지 않는 신고와 수리를 요하는 신고로 나누어 볼 수 있는바, 전자는 행정절차법 제40조에 일반적 규정을 두고 있는데, 행정청에 일정한 사항을 통지함으로써 의무가 끝나는 것이므로 그 법적 성질은 자체완결적 공법행위라고 할 수 있다. 이러한 신고는 그 자체로 법적 절차가 완료되어 행정청의 처분이 개입될 여지가 없다는 점이다. 후자는 각 개별법에서 규정하고 있는 경우가 있는바, 이 경우는 행정청이 형식적・실체적 심사를 거쳐 그 인용 또는 거부의 처분을 하게 되므로 행위요건적 공법행위라는 점이 강조될 필요가 있다[(자세한 것은 졸저, 행정법개론(제8판), 118쪽~120쪽 참조)].

다음, 본 사안인 식품위생법상의 영업자지위승계신고의 법적 성질은 식품위생법의 관련규정을 살펴보아야 하는바, 영업양도 등에 의하여 양수인에게 그 영업자의 지위가 승계되며(동법 제39조 제1항), 이를 1개월 이내에 관할청에 신고하여야 하고(동조 제3항), 이 경우 관할청은 시설기준에 맞지 않거나 국민보건위생을 위하여 허가제한의 필요가 뚜렷하다고 인정하는 경우 등(동법제38조 제1항 제1호・제7호)에는 허가를 하여서는 아니 된다(동법 제39조 제4항). 따라서 관할청은 이러한 영업제한사유의 해당여부를 판단하여 수리여부를 결정할 수 있다고 할 수 있기 때문에 수리를 요하는 신고인 행위요건적 공법행위라고 할 것이다.

수리의 법적 성질에 관해서는, 먼저 일반적인 수리의 법적 성질을 검토하고 나서 식품위생법상 영업자지위승계신고의 수리의 법적 성질을 검토한다. 강학상 수리는 타인의 행위를 유효한 행위라는 판단아래 수령하는 인식의 표시행위인 준법률행위적 행정행위라는 점에서, 단순한 사실인 도달이나 접수와 다르다는 점이다. 그런데, 실정법상 수령이라고 표현되어 있다고 반드시 행정행위로서의 수리인지는 단정할 수 없으므로, 수리를 규정한 각 개별법의 내용・취지와 수리대상 행위의 성질 등을 종합적으로 파악하여 수리의 법적 성질을 판단해야 한다. 이 경우 판례는 "구식품위생법 제25조 제1항, 제3항에 의하여 영업양도에 따른 지위승계신고를 수리하는 허가관청의 행위는, 단순히 양도・양수인 사이에 이미 발생한 사법상의 사업양도의 법률효과에 의하여 양수인이 그 영업을 승계하였다는 사실의 신고를 접수하는 행위에 그치는 것이 아니라, 실질에 있어서 양도자의 사업허가를 취소함과 아울러 양수자에게 적법히 사업을 할 수 있는 권리를 설정하여 주는 행위로서 사업허가자의 변경이라는 법률효과를 발생시키는 행위이다."(대법원 1996.10.25. 선고96도2165)라고 판시하여 행정처분에 해당함을 분명히 하고 있다.

2. 설문 (2)에 대하여

설문이 소제기 가능여부를 묻는 것이므로 소송요건(소의 적법요건)에 관한 문제이다. 신고의 수리가 무효사유인지의 여부는 본안의 승소요건이고 소송요건단계에서는 무효를 주장하는 것으로 족하다는 점이다. 무효확인소송의 요건인 수리의 처분성 여부는 문제되지 아니하므로 甲의 원고적격이 문제된다. 즉, 무효확인소송은 처분등의 효력유무의 확인을 구할 법률상 이익이 있는 자가 제기할 수 있다(행정소송법 제35조). 여기서 '확인을 구할 법률상 이익'이 무엇을 의미하는지에 대하여 종래 '확인의 이익'의 필요여부(확인소송의 보충성여부)를 둘러싸고 견해가 나뉘고 있는 점과 이에 관한 종래의 판례가 최근에 변경된 점을 검토하고 나서, 본 사안의 경우를 해결하면 된다. 즉, 학설은 확인소송의 보충성을 근거로 민사소송에서의 즉시확정의 이익으로 보고 확인의 이익이 필요하다는 긍정설(즉시확정이익설)과 취소소송에서와 같은 법률상 이익으로 족하고 확인의 이익이 필요 없다는 부정설(법적 보호이익설)로 나뉘며, 판례는 종래의 긍정설을 최근에 부정설로 변경하였는바(대법원 2008.3.20. 선고2007두6342), 통설 및 판례의 입장인 부정설이 타당하다고 본다〔자세한 것은, 졸저, 행정법개론(제8판), 531쪽~533쪽 참조)〕.

본 사안의 경우, 乙이 甲의 인장 등을 위조하여 지위승계신고를 한 것이므로 영업양도행위가 무효라고 주장하는 양도자 甲은 먼저 민사쟁송으로 양도행위의 무효를 구해야 하는지 문제될 수 있다. 그러나 수리자체가 적법하지 아니한 것이므로 수리자체를 대상으로 甲이 원고적격이 인정된다면 행정소송으로 무효확인소송을 제기할 수 있다. 이 점에 대해 판례도, "허가관청의 사업양수에 의한 지위승계신고의 수리는 적법한 사업의 양도가 있었음을 전제로 하는 것이므로 사업의 양도행위가 무효라고 주장하는 양도자는 민사쟁송으로 양도행위의 무효를 구함이 없이 막바로 허가관청을 상대로 하여 행정소송으로 위 신고수리처분의 무효확인을 구할 법률상 이익이 있다."고 판시하고 있다(대법원 1993. 6. 8. 선고91누11544; 대법원 2005.12.23.선고2005두3554 등). 다만, 여기서 주의할 점은 수리에 대하여 무효확인소송을 제기할 수 있느냐의 여부가 문제되는 것이지 무효확인소송의 보충성여부에 따라 민사쟁송과의 선후문제는 다툼이 아니라는 점이다.

3. 설문 (3)에 대하여

'제재처분의 승계'의 가능여부와 '3개월의 영업정지처분'의 적법여부가 문제될 수 있는데, 후자의 경우 그 근거규정의 내용이 제시되어 있는 않고 사안에 기술된 사실관계만으로는 막연히 비례원칙위반의 재량권의 일탈·남용이라고 판단하기 쉽지 않다는 점에서 쟁점은 전자의 경우라 할 것이다. 이 경우 乙의 영업자지위승계신고의 수리가 있을 당시 아직 영업정지처분이나 그 처분과정 중에 있었던 것이 아니라 그 원인행위인 甲의 위법행위만 있는 상태로 보이므로, 甲의 위법행위를 원인으로 한 乙에 대한 3개월의 영업정지처분은 원인행위에 따라 영업자의 지위승계(식품위생법 39)의 문제로 다루어야 할 것인지, 아니면 결과행위인 행정제재처분효과의 승계(같은 법 78)의 문제로 다루어야 할 것인지 견해가 나뉠 수 있다. 영업자지위승계의 문제로 본다면 '식품접객업영업허가'의 승계가능여부(대물적 처분성 여부)를, 행정제재처분효과의 승계의 문제로 본다면 '영업정지처분'의 승계가능여부(대물성여부)를 다투어야 할 것이다. 판례는 "양수인이 그 양수 후 행정청에 새로운 영업소개설통보를 하였다 하더라도, 그로 인하여 영업양도·양수로 영업소에 관한 권리의무가 양수인에게 이전하는 법률효과까지 부정되는 것은 아니라 할 것인바, 만일 어떠한 공중위생영업에 대하여 그 영업을 정지할 위법사유가 있다면, 관할 행정청은 그 영업이 양도・양수되었다 하더라도 그 업소의 양수인에 대하여 영업정지처분을 할 수 있다고 봄이 상당하다."고 판시하여(대법원 2001. 6.29. 선고 2001두1611) 전자의 입장을 취하고 있다고 할 수 있다. 그러나 양도인에 대해 과할 제재처분을 양수인에게 부과할 수 있느냐의 문제이므로 제재처분의 승계문제로 봄이 타당하다고 할 것이다. 이 경우 다음과 같이 행정제재처분의 승계인정요건을 충족하여야 하고, 승계인정의 한계를 벗어나서는 아니 된다[(졸저, 행정법개론(제8판), 383쪽~386쪽 참조)].

(1) 승계인정요건

1) 법률유보의 원칙(법적 근거)

원칙적으로 재제처분의 승계를 인정하는 직접적인 명문규정이 있어야 하는바, 학설은 명문규정부정설 및 유사 법규정의 유추적용설도 있다. 본 사안의 경우는 식품위생법 제78조에 직접 근거를 두고 있다.

2) 대물적 성질

제재처분이 이전이 가능한 대물적 성질이어야 하는바, 영업정지처분은 특정인의 개인에 대한 처분이 아니라 영업의 전부 또는 일부에 대한 것이므로 대물적 처분이라 할 수 있다. 대법원도 '사업정지 등의 제재처분은 사업자 개인의 자격에 대한 제재가 아니라 사업의 전부나 일부에 대한 것으로서 대물적 처분의 성격을 갖고 있으므로, 위와 같은 지위승계에는 종전 석유판매업자가 유사석유제품을 판매함으로써 받게 되는 사업정지 등 제재처분의 승계가 포함되어 그 지위를 승계한 자에 대하여 사업정지 등의 제재처분을 취할 수 있다고 보아야 하고'라고 판시하여(대법원 2003.10.23. 선고2003두8005), 대물적 처분임을 밝히고 있다.

(2) 승계인정의 한계

1) 비례의 원칙

제재처분을 통하여 달성하고자 하는 행정목적의 실현이라는 측면과 선의의 제3자(양수인)의 신뢰보호라는 측면을 아울러 고려하여 판단해야 한다.

2) 시간적 한계

시간적 제한 없이 제재처분의 승계를 무한정 인정하는 것은 법적 안정성과 상대방의 신뢰보호의 원칙상으로도 문제가 되므로 일정한 시간적 제한이 필요하다. 식품위생법은 1년간으로 제한하고 있다(동법 제78조).

3) 선의의 제3자 보호

양수인이 양수할 때 그 처분 또는 위반사실을 알지 못하였음을 증명하는 때에는 승계되지 않는다(동법 제78 단서).

설문의 경우, 식품위생법 제78조에서 영업정지 등 제재처분효과의 승계를 규정하고 있고, 영업정지처분은 그 성질상 대물적 처분이라 할 수 있으므로 양수인 乙에게 승계될 수 있다. 한편, 그 승계가 비례원칙에 반하다거나 양수인이 그 위반사실을 알지 못하였다거나 1년이 지난 시점이라는 아무런 정황(설명)도 없으므로 승계인정의 한계를 벗어낫다고도 할 수 없다. 따라서 乙에 대한 3월의 영업정지처분은 적법하다고 할 수 있다.

신고, 거부행위에 대한 집행정지

제52회 행정고시 합격 민 차 영

행시 제55회(11년)

甲은 자신의 5번째 자녀(女)의 이름을 첫째에서 넷째 자녀의 돌림자인 '자(子)' 자를 넣어, '말자(末子)'라고 지어 출생신고를 하였다. 가족관계의 등록 등에 관한 규칙 〔별표1〕 에 의하면 '末'자와 '子'자는 이름으로 사용할 수 있는 한자이다. 그러나 甲의 출생신고서를 접수한 공무원 乙은 '末子'라는 이름이 개명(改名)신청이 잦은 이름이라는 이유로 출생신고서의 수리를 거부하였다. (총 30점)

(1) 乙의 수리거부행위가 항고소송의 대상이 되는지 검토하시오.(15점)
(2) 乙의 수리거부행위에 대해 행정소송법상 집행정지가 가능한지 검토하시오.(15점)

참·조·조·문

가족관계의 등록 등에 관한 법률

제44조(출생신고의 기재사항)

① 출생의 신고는 출생 후 1개월 이내에 하여야 한다.

② 신고서에는 다음 사항을 기재하여야 한다.

1. 자녀의 성명·본·성별 및 등록기준지
2. 자녀의 혼인 중 또는 혼인 외의 출생자의 구별
3. 출생의 연월일시 및 장소
4. 부모의 성명·본·등록기준지 및 주민등록번호(부 또는 모가 외국인인 때에는 그 성명·출생연월일·국적 및 외국인등록번호)
5. 「민법」 제781조제1항 단서에 따른 협의가 있는 경우 그 사실
6. 자녀가 복수국적자(複數國籍者)인 경우 그 사실 및 취득한 외국 국적

③ 자녀의 이름에는 한글 또는 통상 사용되는 한자를 사용하여야 한다. 통상 사용되는 한자의 범위는 대법원규칙으로 정한다.

④ 출생신고서에는 의사·조산사나 그 밖에 분만에 관여한 사람이 작성한 출생증명서를 첨부하여야 한다. 다만, 부득이한 사유가 있는 경우에는 그러하지 아니하다.

가족관계의 등록 등에 관한 규칙

제37조(인명용 한자의 범위)

① 법 제44조제3항에 따른 한자의 범위는 다음과 같이 한다.

1. 교육과학기술부가 정한 한문교육용 기초한자
2. 별표 1에 기재된 한자. 다만, 제1호의 기초한자가 변경된 경우에, 그 기초한자에서 제외된 한 자는 별표 1에 추가된 것으로 보고, 그 기초한자에 새로 편입된 한자 중 별표 1의 한자와 중복되는 한자는 별표 1에서 삭제된 것으로 본다.

② 제1항의 한자에 대한 동자(同字)·속자(속자)·약자(약자)는 별표 2에 기재된 것만 사용할 수 있다.

③ 출생자의 이름에 사용된 한자 중 제1항과 제2항의 범위에 속하지 않는 한자가 포함된 경우에는 등록부에 출생자의 이름을 한글로 기록한다.

C/O/N/T/E/N/T/S

Ⅰ. 논점의 정리
Ⅱ. 설문 (1)의 해결
  1. 출생신고의 법적성질
  2. 수리거부행위의 처분성
  3. 소 결
Ⅲ. 설문 (2)의 해결
  1. 집행정지의 의의
  2. 거부 행위의 집행정지 인정여부
  3. 소결
Ⅳ. 결 론

Ⅰ. 논점의 정리

(1) 설문 (1)에서는 수리거부행위가 처분성을 갖는지와 관련하여 거부가 처분이 되기위한 요건과 그 요건으로 수리가 처분에 해당하는지에 대한 검토를 통해 을의 수리거부행위가 처분성을 갖는지에 대한 검토를 요한다.

(2) 설문 (2)에서는 거부행위에 대해 집행정지를 할 수 있는지 학설이 대립하고 있으므로 이에 대한 검토를 통해 乙의 수리거부행위에 대한 집행정지가 가능한 지 검토를 요한다.

Ⅱ. 설문 (1)의 해결

1. 출생신고의 법적성질

(1) 신고의 의의

행정법상 신고란 사인이 공법적 효과의 발생을 목적으로 행정주체에 대하여 일정한 사실을 알리는 행위를 말한다.

(2) 신고의 종류

1) 자족적 공법행위로서의 신고

신고서가 행정청에 제출되어 행정청에 대하여 일정한 사항이 통지된 때에 법적 효과가 발생하는 신고를 말한다. 수리를 요하지 아니하는 신고라고도 하며 수리가 있더라도 이는 단지 행정사무의 편의를 위한 것일 뿐, 사인의 지위에 아무런 영향이 없다.

2) 행정요건적 공법행위로서의 신고

사인이 행정청에 일정한 사항을 통지하고 행정청이 이를 유효한 행위로서 받아들여 수리함으로써 법적효과가 발생하는 신고를 말한다. 다른 말로 수리를 요하는 신고라고도 하며 실정법상 등록이라는 용어가 사용되기도 한다.

(3) 사안의 경우

사안의 甲의 출생신고는 가족관계의 등록 등에 관한 법률(이하 가족관계법) 제44조 제1항에 의할 때 행정법상 신고로 볼 수 있다. 신고의 경우 당해 법령의 합리적이고 유기적인 해석을 통하여 양자를 구분하여야 하는데 사안의 경우 가족관계법상 행정청이 그 내용에 관하여 심사할 수 있는 규정이 없고 사인의 출생신고만으로 그 법적효과를 얻을 수 있으므로 자족적 공법행위로서의 신고로 볼 수 있다.

2. 수리거부행위의 처분성

(1) 거부행위의 처분성 인정요건

판례는 국민의 적극적 행위신청에 대한 거부가 항고소송의 대상이 되는 행정처분에 해당하려면 ① 신청한 행위가 공권력의 행사 또는 이에 준하는 행정작용이어야 하고 ② 그 국민에게 그 행위의 발동을 요구할 법규상 또는 조리상의 신청권이 있어야 하며 ③ 신청의 거부행위가 신청인의 법률관계에 어떤 변동을 일으키는 것이어야 한다고 본다. 사안의 경우 자족적 공법행위로서의 신고의 수리가 처분성을 갖는지가 특히 문제된다.

(2) 사안의 경우

종래에는 자족적 공법행위로서의 신고의 경우 신고서의 도달 자체로서 법적 효과가 발생하므로, 수리거부는 법률적으로 의미가 없어서 수리거부의 처분성이 문제될 여지가 없다고 보았다. 다만 자족적 공법행위로서의 신고라도 건축신고와 같이 미신고시 행정벌이이 가해지는 금지해제적 신고인 경우 수리거부의 처분성을 인정해야 한다는 견해가 있다.

사안의 경우 출생신고는 자족적 공법행위로서의 신고이고 그 수리는 신청인의 법률행위에 아무런 영향을 미치지 아니하므로 행정소송법상의 처분이 아니고 따라서 출생신고 수리거부는 항고소송의 대상이 되는 거부처분에 해당하지 아니한다.

3. 소 결

乙의 수리거부행위는 항고소송의 대상이 되지 아니한다.

Ⅲ. 설문 (2)의 해결

1. 집행정지의 의의

취소소송이 제기된 경우에 처분 등이나 그 집행 또는 절차의 속행으로 인하여 생길 회복하기 어려운 손해를 예방하기 위하여 긴급한 필요가 있다고 인정할 때에는 본안이 계속되고 있는 법원은 당사자의 신청 또는 직권에 의하여 처분 등의 효력이나 절차의 속행의 전부 또는 일부의 정지를 결정할 수 있는 바 이를 집행정지라고 한다(행정소송법 제23조 제2항 본문). 행정소송법은 집행부정지의 원칙을 택하면서 예외적으로 사인의 권리보호를 위하여 집행정지 제도를 택하고 있다. 따라서 집행정지 신청에도 사인의 법률상 이익이 있어야 한다. 집행정지는 무효확인소송에는 준용되나, 부작위위법확인소송에는 준용되지 않는다. 사안의 경우 집행정지의 요건 중 특히 문제가 되는 것은 그 대상행위가 거부행위라는 점이므로 이에 대한 검토를 요한다.

2. 거부 행위의 집행정지 인정여부

(1) 학설의 입장

거부처분이라도 집행정지가 허용된다면 행정청에 사실상의 구속력이 인정되어 집행정지를 인정할 실익이 있다는 점을 근거로 이를 긍정하는 견해가 있으나 거부처분의 경우에는 집행정지를 인정하더라도 신청인의 지위는 처분이 없는 신청당시의 상태로 돌아가는 것에 불과하여 집행정지를 인정할 실익이 없다는 점을 근거로 이를 부정하는 것이 다수의 견해이다. 최근에는 갱신허가, 외국인 체류 연장허가 신청에 대한 거부와 같이 집행정지를 인정할 실익이 있는 경우에 한하여 제한적으로 이를 인정하는 견해가 제기되고 있다.

(2) 판례의 입장

대법원은 교도소장의 접견불허가처분에 대하여 집행정지를 부정하는 등 부정설의 입장이나, 하급심에서는 예외적으로 이를 인정한 경우도 있다.

(3) 소결

생각건대 거부처분이라고 하더라도 갱신허가에 대한 거부와 같이 구체적 사정에 따라 집행정지의 실익이 있는 경우라면 이를 부정할 이유가 없다. 따라서 제한적 긍정설이 타당하다.

다만 사안의 경우 집행정지 신청이 받아들여진다 하더라도 甲으로서는 출생신고를 한 상태로 돌아가게 되고 을의 수리거부는 법적인 효과에 아무런 영향을 미치지 아니하여 甲은 신고의 효과를 달성할 수 있으므로 집행정지의 실익이 없다고 할 것이다. 따라서 집행정지는 받아들여지지 않을 것이다.

3. 소 결

乙의 수리거부행위에 대해 甲이 행정소송법상 집행정지를 신청하였을 경우 집행정지의 실익이 없으므로 집행정지는 불가능하다고 할 것이다.

Ⅳ. 결 론

(1) 乙의 수리거부행위는 항고소송의 대상이 되는 처분에 해당하지 않는다.

(2) 乙의 수리거부행위에 대해 집행정지가 될 경우 신고 이전의 상태로 돌아가는

것에 불과하여 집행정지의 실익이 없으므로 乙의 수리거부행위에 대하여 집행정지는 불가능하다.

교/수/강/평

김 향 기 (성신여자대학교 법대 교수)

1. 설문 (1)의 경우

수리거부행위의 처분성이 문제되는바, 우선 수리거부행위가 있게 된 전제요건인 출생신고의 법적 성질을 검토해야 하는데, 이 경우 신고의 일반적 의미와 종류를 검토한 후, 사안의 경우 주어진 참조법률인 '가족관계의 등록 등에 관한 법률' 제44조를 적용하고 행정절차법 제40조에 의해 어떤 유형의 신고인지 파악해야 한다.

다음, 수리거부행위의 처분성을 검토하기 위해서는 거부처분의 성립요건에 신고수리거부행위가 포함되는지 문제된다. 자기완결적 신고의 거부행위에 대해 종래 통설・판례는 처분성을 부인하였으나, 최근 건축신고반려처분과 관련하여 대법원의 판례변경이 있었다는 점을 유의해야 한다. 즉, 적법한 건축신고로 신고의 효과가 발생하므로 그 거부는 사실상의 행위에 불과하여 처분이 아니라고 보았던 종래의 입장을 변경하여, 건축법상 건축신고가 반려될 경우 당해 건축에 대한 시정명령・이행강제금・벌금의 대상이 되며 당해 건축물과 관련된 허가의 거부우려 등 법적 불안의 해소와 분쟁의 조기해결이라는 법치행정의 원리상 항고소송의 대상인 처분이라고 판시했다(대판 2010.11.18, 2008두167). 이러한 점을 고려하면 신고가 자기완결적 공법행위이므로 그 거부는 처분성을 인정할 수 없다고 하여 신고와 그 거부를 연계하여 처분성을 파악할 필요는 없다고 본다. 신고의 법적 효과와 수리거분처분에 대한 항고소송의 대상적격의 범위는 별개의 문제라고 본다. 따라서 자기완결적 신고라 하더라도 그 거부행위로 벌금 등의 대상이 되거나 이와 관련된 허가의 거부우려 등 법적 불안의 해소가 필요한 경우에는 신고거부행위에 대해서는 처분성을 인정함이 필요할 것이다. 사안의 경우, 출생신고는 자기완결적 신고이므로 그 거부행위도 처분성을 인정할 수 없다고 봄이 일반적이겠으나, 가족관계의 등록 등에 관한 법률 제44조 제1항은 출생 후 1개월 이내에 신고하도록 되어 있고, 이 기간 내에 신고하지 아니한 경우 동법 제122조에 의해 5만원 이하의 과태료를 부과받을 수 있다는 점 및 장래 자녀의 학교입학 문제 등에서 불안・불이익의 해소를 위해 처분성을 인정할 수 있다는 견해도 있을 수 있다.

2. 설문 (2)의 경우

행정소송법상 집행정지의 요건을 검토한 후 사안에 적용하면 되는바, 적극적 요건이 충족되지 않으면 소극적 요건은 검토할 필요가 없다. 집행정지의 적극적 요건은 정지대상인 처분의 존재, 본안소송의 계속, 회복하기 어려운 손해발생의 우려 및 긴급한 필요의 존재이다. (1) 집행정지를 위해서는 처분 등이 존재해야 하는데, 거부처분의 경우에는 부정설, 긍정설, 제한적 긍정설 등으로 견해가 나뉘며 판례와 통설은 부정설을 취하는바, 이에 의하면 사안의 경우는 집행정지대상이 아니라고 할 수 있다. (2) 민사소송과 달리 행정소송에서는 본안소송이 법원에 계속되어 있을 것을 요건으로 하는데, 그 본안소송은 소송요건을 충족하여 적법한 것이어야 한다. 사안의 경우 출생신고 수리거부행위의 처분성을 부인하는 경우에는 본안소송의 소송요건을 충족하지 못하여 부적법하게 되므로 본안소송의 계속이라는 집행정지의 요건을 결하게 된다. (3) '회복하기 어려운 손해발생의 우려'란 일반적으로 사회통념상 금전배상이나 원상회복이 불가능하거나 금전보상으로는 사회통념상 당사자가 참고 견딜 수 없거나 참고 견디기가 현저히 곤란한 경우의 유형·무형의 손해의 우려를 말하는바, 사안의 경우 출생신고가 1개월을 경과한 경우 가족관계의 등록 등에 관한 법률 제122조에 의해 5만원 이하의 과태료에 부과될 수 있음에 불과하므로 금전배상이 곤란한 경우라고 볼 수 없어 이 요건에도 충족되지 못한다고 할 것이다.

공법상 부당이득반환청구와 과세처분무효확인소송

제49회 사법시험 합격 손 준 성

甲은 서울특별시장으로부터 재산세 과세처분을 받고 납기내에 납부하였으나 2~3월 뒤에 알고 보니 이미 1년 전에 乙에게 양도한 토지에 대한 과세이었다. 뒤늦게 이를 알게 된 甲은 서울지방법원(민사부)에 부당이득반환청구를 소송물로 하는 소를 제기하고, 돌아오는 길에 불안한 마음에 서울행정법원에 가서 과세처분무효확인의 소도 제기하였다. 甲의 행위에 대한 타당성 여부에 대해 논하시오.

advice

- 부당이득반환청구의 전제로서 하자의 정도에 대한 검토(중대명백설 : 다수의견, 명백성보충요건설 : 소수의견)
- 부당이득반환청구의 법적 성질과 행사상의 특성
- 무효등확인소송에 있어서 민사소송의 확인의 소에서 인정되는 "즉시확정의 이익"개념 도입여부

C/O/N/T/E/N/T/S

Ⅰ. 문제의 소재

본 사안은 과세처분에 하자가 있을 때 이미 지급한 세금을 반환받기위해 사인이 취할 수 있는 구제방법에 관한 것으로 사안에 대한 답을 얻기 위해서 먼저 그 전제되는 문제로 서울특별시장의 재산세 과세처분의 하자의 정도에 대해 살펴본 다음 부당이득반환청구의 적법 또는 인용여부에 대해 살펴보며, 마지막으로 과세처분무효확인의 소의 적법 또는 인용여부에 대해 검토하면 될 것이다.

Ⅱ. 서울특별시장의 과세처분의 하자의 정도

서울특별시장의 과세처분이 취소할 수 있는 하자인지 무효인 하자인지 여부

1. 무효와 취소의 구별기준에 관한 학설

(1) 중대 · 명백설

이는 중대하고 명백한 흠을 무효원인으로 보고 그에 이르지 않는 흠을 취소원인으로 보는 설로서 흠의 중대여부는 중요한 법률요건을 위반하였는지의 여부에 따라 판단하고, 흠의 명백여부는 관계인의 지 · 부지와 관계없이 누구에 대해서도 외견상 일견하여 그 흠이 명백한지 여부에 따라 판단하는바, 현재 국내학설 · 판례의 주류를 이루고 있다.

(2) 조사의무위반설

이는 중대명백설을 취하되 명백성을 보다 완화하여 외견상 일견하여 인정될 수 있는 경우뿐만 아니라 직무의 성실한 수행상 당연히 요구되는 조사를 했더라면 오인이 분명히 인정될 수 있는 경우에도 흠의 명백성을 인정한다.

(3) 명백성 보충요건설

이는 흠의 중대성은 무효의 필요요건으로 하되 명백성은 일률적으로 요구하기 보다는 구체적 사건의 이익형량에 따라서 보충적 가중요건으로 할 것을 주장하는 견해이다.

(4) 중대설

이는 행정행위의 무효성을 인정하는 데는 흠의 중대성만으로 족하고 흠의 명백성까지 요구되지는 않는다는 견해로, 이에 따르면 중대하고 명백한 흠이 있는 경우에는 그 행정행위가 무효가 되기보다는 부존재한 것으로 본다.

(5) 구체적 가치형량설(다원설)

이는 행정행위의 흠의 효과의 유형을 무효 · 취소로 고정화 · 일반화함과 아울러 중대 · 명백하다는 일반적 기준만으로 결정함을 비판하면서 흠 자체보다는 개개의 구체적 경우의 구체적 이익상황을 고려하여 구분할 것을 주장한다.

2. 판례(대판 1995.7.11, 94누4615)

(1) 대법원 다수견해(중대명백설)

하자 있는 행정처분이 당연무효가 되기 위하여는 그 하자가 법규의 중요한 부분

을 위반한 중대한 것으로서 객관적으로 명백한 것이어야 하며, 하자가 중대하고 명백한 것인지 여부를 판별함에 있어서는 그 법규의 목적, 의미, 기능 등을 목적론적으로 고찰함과 동시에 구체적 사안 자체의 특수성에 관하여도 합리적으로 고찰함을 요한다.

(2) **대법원 소수견해**(명백성보충설)

행정행위의 무효사유를 판단하는 기준으로서의 명백성은 행정처분의 법적 안정성 확보를 통하여 행정의 원활한 수행을 도모하는 한편 그 행정처분을 유효한 것으로 믿은 제3자나 공공의 신뢰를 보호하여야 할 필요가 있는 경우에 보충적으로 요구되는 것으로서, 그와 같은 필요가 없거나 하자가 워낙 중대하여 그와 같은 필요에 비하여 처분 상대방의 권익을 구제하고 위법한 결과를 시정할 필요가 훨씬 더 큰 경우라면 그 하자가 명백하지 않더라도 그와 같이 중대한 하자를 가진 행정처분은 당연무효라고 보아야 한다.

3. 검토 및 설문의 경우

최근의 학설의 추이가 명백성을 완화하고자 시도하고 있으나 이를 강조할 때 자칫 무효의 인정범위가 넓어져 행정의 안정성을 해할 위험성이 있으므로 통설, 판례의 태도인 중대명백설을 따르기로 한다. 본 사안에서 서울특별시장의 과세처분은 과세목적의 귀속인이 아닌 자에 대한 과세였으므로 그 하자가 중대하고도 외견상으로도 일견 명백한바, 동 과세처분은 무효라고 볼 것이다.

Ⅲ. 공법상의 부당이득과 부당이득반환청구소송에 대한 검토

1. 공법상의 부당이득의 의의

부당이득이란 원래 사법상의 개념으로 법률상 원인 없이 타인의 재산 또는 노무로 인하여 이익을 얻고 이로 인하여 타인에게 손해를 끼치는 것을 말하는바, 이에 해당하는 행위는 공법분야에도 존재하는 것으로, 예컨대 조세부과처분에 따라 납세하였으나, 이후 당해 처분이 행정소송에서 취소된 경우 조세의 과오납, 봉급과액수령, 무자격자의 연금수령 등이 그것이다.

2. 공법상 부당이득의 유형

(1) **행정주체의 부당이득**

1) 행정행위로 인한 경우

이것은 당해 행정행위가 무효이거나 후에 실효되거나 또는 권한 있는 기관에 의하여 취소된 경우에 생긴다. 행정행위의 성립상에 하자가 있어도 그것이 취소사유에 그치는 것인 때에는 행정행위의 공정력으로 인하여 권한있는 기관이 취소하기 전까지는 부당이득의 문제는 생기지 아니한다.

2) 행정행위 이외의 행정작용으로 인한 경우

행정주체가 정당한 타인의 토지를 도로로 조성·사용하는 경우 등이 그 예이다. 이러한 경우 법령상 달리 규정되어 있지 아니한 한, 관계인은 법률상의 원인 없음을 이유로 하는 부당이득반환청구를 할 수 있을 것이다.

(2) 사인의 부당이득

공무원의 연금수급, 보조금의 교부 등의 경우와 같이 사인이 국가나 지방자치단체 등으로부터 부당이득을 하는 경우도 있다.

이러한 사인의 부당이득도 내용적으로는 행정행위에 기인한 경우와 그 이외의 원인에 의한 경우가 있는데, 행정행위에 기인한 경우는 당해 행정행위가 무효이거나 취소됨으로써 성립하는 것임은 행정주체의 부당이득의 경우와 같다. 수익적 행정행위의 취소제한의 법리에 따라 당해 행정행위가 취소될 수 없는 경우에는 부당이득의 반환청구는 불가능하게 되는 것임은 물론이다.

(3) 사안의 검토

본 사안은 위 유형 중 행정주체가 무효인 행정행위에 의하여 부당이득한 경우에 해당한다고 볼 것이다.

3. 공법상 부당이득반환청구권의 행사방법

(1) 문제점

사안이 행정주체에 대해 부당이득반환청구권을 행사함에 있어 행정법원에 공법상의 당사자소송의 형태로 소를 제기하여야 할 것인지 민사법원에 민사소송절차에 의하여 소를 제기하여야 할 것인지의 문제가 발생하는 바, 이는 공법상의 부당이득반환청구권의 법적 성질의 문제와 관련된다.

(2) 공법상 부당이득반환청구권의 성질

1) 공권설

이 견해는 공법상의 부당이득반환청구권은 공법상의 원인행위에 의하여 발생한 결과를 조정하기 위한 제도이므로 공권이라고 한다.

2) 사권설

이 견해는 원래 부당이득의 문제는 공법상이나 사법상이냐를 가릴 것 없이 아무런 법률상의 원인 없이 타인의 재산이나 노무로 인하여 이익을 얻고 그로 인하여 상대방이 손해를 입음으로써 생기는 것이라는 점에서, 그 원인이 공법상의 것이라고 해도 청구권자체는 사권이라고 본다.

3) 구별무용설

위의 견해 대립이 이론적 관점에서는 검토할 만한 것임은 물론이나, 그 구별실익은 거의 없다는 견해로 그 이유로 위 청구권을 공권으로 보는 경우 그에 관한 소송은 공법상의 당사자소송에 의할 것이나 당사자소송에는 민사소송에 관한 특례가 많지 않으며 실제로는 거의 민사소송에 의하고 있다는 점을 든다.

4) 판례의 태도

판례는 조세부과처분의 무효를 전제로 하여 이미 납부한 세금의 반환을 구하는 것은 민사상의 부당이득반환청구로서 민사소송절차에 따라야 한다(대판 1991.2.6, 90프2)고 판시하는 등 일관하여 사권설의 입장에 있는 것으로 보인다.

5) 검 토

공권설은 이론적인 면에서 보다 논리적이나 행정행위와의 관계에서 당해 행위가 무효이거나 취소됨으로써 부당이득의 문제가 된 때에는 벌써 아무런 법률원인도 없게 된 것이라고 보아 무방하다는 점, 부당이득은 오로지 경제적 이해조정의 견지에서 인정되는 것이기에 사법상의 것과 구별할 필요성이 없다는 점에서 판례의 태도인 사권설을 따르기로 한다.

(3) 사안의 검토

본 사안에서 甲이 부당이득반환청구권의 행사를 위해 서울지방법원(민사부)에 소를 제기한 것은 사권설에 입각한 판례의 태도에 비추어 적법, 타당한 권리행사라 볼 것이다.

4. 공법상 부당이득반환청구권의 소멸시효

(1) 소멸시효에 관한 특칙

관세법, 산업재해보상보험법, 공무원연금법 등에서와 같이 특별한 규정을 두고 있는 경우가 아니면 공법상의 금전채권의 소멸시효는 5년이다(예산회계법 제96조, 지방재정법 제69조).

(2) 사안의 검토

본 사안에서 시효가 완성되지 않음이 명백한바, 甲의 권리행사를 방해하지 않는다고 볼 것이다.

5. 부당이득의 반환범위

민법상의 원칙에 의하면 수익자가 선의인 경우는 현존이익의 한도에서만 반환하면 되고, 악의인 경우에는 이자, 손해배상까지 하도록 규정되어 있는바(민법 제748조), 이에 대하여 국세기본법은 행정주체의 선·악의를 불문하고 전액반환을 규정하고 있다.

생각컨대 이와 같은 특별규정이 없더라도 공권력에 의하여 일방적으로 과하여진 부담에 관하여는 행정의 적법성 보장, 사인의 보호의 견지에서 이익의 전부를 반환하여야 할 것이라고 생각한다. 사안에서 甲은 자신이 이미 납부한 세액의 전부를 반환받을 수 있다고 볼 것이다.

Ⅳ. 과세처분무효확인소송에 대한 검토

1. 문제점

사안에서와 같이 무효인 과세처분에 기하여 이미 세금을 납부해버린 경우에 동처분이 무효임에 터잡아 부당이득반환청구를 할 수 있다는 점에 대해서는 다툼이 없으나 이와는 별개로 과세처분무효확인소송을 제기할 수 있는지의 문제가 확인을 구할 법률상 이익의 존부와 관련하여 문제된다.

2. 판례의 태도

판례는 "수시분 甲종근로소득세 부과처분에 따라 부과된 세액을 미리 납부한 납세의무자는 위 부과처분에 따른 현재의 조세채무를 부담하고 있지 아니하므로 그 처분이 무효라는 이유로 납부세금에 대한 부당이득금반환청구를 함은 별론으로 하고 부과처분의 무효확인을 독립한 소송으로 구함은 확인의 이익이 없는 것이다(대판 1976.2.10, 74누159)"라고 판시하여 부적법 각하하고 있다.

3. 사안의 검토

판례의 태도에 의할 때 甲이 서울행정법원에 제기한 과세처분무효확인의 소는 확인의 이익이 없다는 이유로 부적법각하될 것이다.

Ⅴ. 사안의 해결

본 사안에서 서울특별시장의 甲에 대한 과세처분은 그 하자가 중대·명백하여 무효인바, 甲이 서울지방법원(민사부)에 제기한 부당이득반환청구의 소는 적법하고 이유있어 甲은 자신이 이미 납부한 세액 전액을 돌려받을 수 있을 것이나, 한편 甲이 서울행정법원에 제기한 과세처분무효확인의 소는 확인의 이익이 없어 부적법각하될 것이다.

교/수/강/평

김 철 용 (건국대학교 법대 명예교수)

(1) 모범답안이 잘 정리되어 특별히 강평할 것이 없다.
(2) 과세처분무효확인소송에 대한 검토의 문제는 판례 자체가 확고한 것이어서 결론에 변동이 있을 수 없으나, 판례에는 설득력있는 소수반대의견이 있고 학자와 실무가의 거의 대부분이 이 소수의견에 찬성하고 있으므로 이에 대한 약간의 논급도 필요한 것이라고 생각한다.

제2부

일반행정작용법

제1장 행정의 행위형식

Ⅰ. 행정행위

1. 행정행위의 종류

사전승인과 환경영향평가 제48회 사법시험 합격 윤 정 현

한국전력공사는 정부의 장기전력수급계획에 따라 바닷가 인근에 원자력발전소를 건설하기 위해 과학기술부장관에 부지사전승인신청을 하였다. 이에 과학기술부장관은 원자력법 제6조에 따라 부지사전승인처분을 하였다. 그러나 원자력발전소의 인근지역 주민인 甲과 그 근처인 서해안에서 어업에 종사하는 乙은 다음과 같은 이유를 들어 부지사전승인처분이 위법하다고 취소소송을 제기하였다.(총 50점)

(1) 냉각수 순환시 발생되는 온배수가 해양으로 대량 방출될 경우 해양생태계의 파괴로 인해 경제적 보상으로는 해결될 수 없는 어업피해와 심각한 환경파괴가 문제될 수 있는바, 사전부지승인은 원자력법 제12조의 기준을 충족시키지 못하고 있다.

(2) 한국전력공사가 제출한 환경영향평가서는 중대한 환경적 요소에 대한 평가가 누락되어 있고 온배수의 영향을 최소화 할 수 있는 실질적 대안의 제시가 없으므로 환경영향평가법을 위배하였다.

甲과 乙이 제기한 소송의 인용가능성은?

참·조·조·문

〔원자력법〕

제11조(건설허가) ① 발전용원자로 및 관계시설을 건설하고자 하는 자는 대통령령이 정하는 바에 따라 과학기술부장관의 허가를 받아야 한다. 허가받은 사항을 변경하고자 할 때에도 또한 같다. 다만, 과학기술부령이 정하는 경미한 사항을 변경하고자 할 때에는 이를 신고하여야 한다.

② 제1항의 허가를 받고자 하는 자는 허가신청서에 방사선환경영향평가서 · 예비안전성분석보고서 및 건설에 관한 품질보증계획서 기타 교육과학기술부령이 정하는 서류를 첨부하여 과학기술부장관에게 제출하여야 한다.

③ 교육과학기술부장관은 발전용 원자로 및 관계시설을 건설하고자 하는 자가 건설허가신청전에 부지에 대한 사전승인을 신청하는 경우에는 이를 검토한 후 승인할 수 있다.

④ 제3항의 규정에 의하여 부지에 관한 승인을 얻은 자는 교육과학기술부령이 정하는 범위안에서 공사를 할 수 있다.

제12조(허가기준)제11조제1항의 허가기준은 다음과 같다.

1. 발전용 원자로 및 관계시설의 건설에 필요한교육과학기술부령이 정하는 기술능력을 확보하고 있을 것
2. 발전용 원자로 및 관계시설의 위치·구조 및 설비가 교육과학기술부령이 정하는 기술기준에 적합하여 방사성물질등에 의한 인체·물체 및 공공의 재해방지에 지장이 없을 것
3. 발전용 원자로 및 관계시설의 건설로 인하여 발생되는 방사성물질등으로부터 국민의 건강 및 환경상의 위해를 방지하기 위하여 대통령령이 정하는 기준에 적합할 것
4. 제11조제2항의 규정에 의한 품질보증계획서의 내용이 교육과학기술부령이 정하는 기준에 적합할 것

〔환경영향평가법〕

제4조(환경영향평가대상사업) ①환경영향평가를 실시하여야 하는 사업(이하 "환경영향평가대상사업"이라 한다)은 다음 각 호와 같다.

1. 도시의 개발사업
2. 산업입지 및 산업단지의 조성사업
3. 에너지개발사업

제16조 (평가서에 대한 협의요청 등) ① 승인등을 받아야 하는 사업자는 사업계획등에 대한 승인등을 받기 전에 승인기관의 장에게 평가서를 제출하여야 한다.

② 승인기관의 장이나 승인등을 받지 아니하여도 되는 사업자(이하 "승인기관장등"이라 한다)는 대통령령으로 정하는 바에 따라 환경부장관에게 평가서를 제출하고, 그 평가서에 대하여 협의를 요청하여야 한다. 이 경우 승인기관의 장은 평가서에 대한 의견을 첨부할 수 있다.

③ 제1항과 제2항에 따른 평가서의 구체적인 제출시기 및 협의요청시기, 그 밖에 필요한 사항은 대통령령으로 정한다.

제18조 (협의내용의 통보 등) ① 환경부장관은 대통령령으로 정하는 기간 이내에 평가서의 검토를 마치고 그 결과(이하 "협의내용"이라 한다)를 승인기관장등에게 통보하여야 한다. 이 경우 환경부장관은 제17조제2항에 따라 국토해양부장관의 의견을 들었을 때에는 그 협의내용을 국토해양부장관에게도 함께 통보하여야 한다.

② 환경부장관은 다음 각 호의 어느 하나에 해당하는 경우에는 평가서나 사업계획등을 보완·조정하여 사업계획등에 반영할 것을 조건으로 협의를 마치고 승인기관장등에게 그 협의내용을 통보할 수 있다.

1. 제17조제1항에 따라 보완하거나 조정할 내용이 경미하다고 판단되는 경우
2. 해당 사업계획등에 대한 승인등을 하기 전에 사업자 또는 승인기관의 장이 보완하거나 조정하는 것이 가능하다고 판단되는 경우

③ 제1항과 제2항에 따라 협의내용을 통보받은 승인기관의 장은 이를 지체 없이 사업자에게 통보하여야 하며, 사업자는 협의내용에 따른 필요한 조치를 하여야 한다.

제19조 (협의내용의 반영 여부에 대한 확인·통보) ① 승인기관의 장은 사업계획등에 대하여 승인등을 하려는 때에는 협의내용이 사업계획등에 반영되었는지 여부를 확인하여야 한다. 이 경우 협의내용이 사업계획등에 반영되지 아니한 경우에는 이를 반영하도록 하여야 한다.

C/O/N/T/E/N/T/S

Ⅰ. 문제의 소재

우선 甲과 乙이 제기한 취소소송의 적법성을 규명하여야 하는데, 사례에서 특히 문제되는 것은 부지사전승인의 처분성과 처분의 직접 상대방이 아닌 甲의 원고적격 인정여부, 원자력법 제12조와 관련하여 판단여지 해당여부와 사법심사의 가능성이다.

다음으로 부지사전승인처분의 위법성과 관련하여, (1) 판단여지 사항으로 판단될 경우 위법성의 정도, (2) 환경영향평가 상의 하자로 인해 당해 처분이 위법하게 되는지 여부가 문제된다.

Ⅱ. 소의 적법성

1. 부지사전승인의 처분성 인정여부

부지사전승인처분은 최종적인 행정결정이 있기 전에 사전적인 단계로서 전제요건이 되는 어떤 형식적 또는 실질적 요건의 심사에 대한 종국적 판단으로서 내려지는 사전결정의 성격과, 제한된 특정부분에 관련한 종국적 결정인 부분허가로서의 성격을 가진다. 이에 대해 판례는 부지사전승인처분에 대해 그 자체로서 건설부지를 확정하고 사전공사를 허용하는 법률효과를 지닌 독립한 행정처분이기는 하지만, 건설허가 전에 신청자의 편의를 위하여 미리 그 건설허가의 일부 요건을 심사하여 행하는 사전적 부분 건설허가처분의 성격을 갖고 있다고 판시하였다.

따라서 부지사전승인은 법률효과를 지닌 독립한 행정행위이므로 처분성이 인정된다.

2. 甲과 乙의 원고적격 인정여부

(1) 문제점

취소소송에서 원고적격은 처분 등의 취소를 구할 수 있는 자격을 말한다. 행정소송법 제12조 제1문은 법률상 이익이 있는 자가 취소소송을 제기할 수 있다고 규정하고 있는데, 법률상 이익의 의미에 대해 견해가 나뉜다. 특히 사례와 같이 처분의 상대방이 아닌 제3자가 취소소송을 제기하는 경우에는 견해대립이 중요한 의미를 가진다.

(2) 법률상 이익의 의미

1) 학설

① 취소소송의 목적 및 기능을 개인의 권리를 침해하고 있는 위법한 처분의 효력을 배제하여 그 권리를 회복시키는 것으로 보는 권리회복설, ② 취소소송을 법률이 개인을 위하여 보호하고 있는 이익을 구제하기 위한 수단으로 보는 법적 보호가치 있는 이익구제설, ③ 취소소송을 권리 또는 실체법상의 보호법익을 보장하기 위한 수단으로 보지 않고 구체적인 분쟁에 있어서 법률의 해석 작용으로 해결하는 절차로 보는 보호가치 있는 이익구제설, ④ 취소소송의 본질을 주관적인 개인의 이익이 아니라 행정처분의 적법성 유지에 있다고 보는 적법성 보장설이 있다.

2) 판례

행정소송은 행정청의 행정처분이 취소됨으로 인하여 법률상 직접적이고 구체적인 이익을 가지게 되는 사람만이 제기할 이익이 있고 사실상이며 간접적인 관계를 가지는데 지나지 않는 사람은 이를 제기할 이익이 없다고 할 것이다(대판 1998.9.4, 97누19588)고 하여, 법적 보호가치 있는 이익구제설의 입장으로 보인다.

3) 검토

취소소송은 주관적 쟁송이라는 점에서 볼 때, 적법성보장설은 타당하지 않고, 보호가치 있는 이익에 대한 객관적 기준이 명확치 않다는 점에서 보호가치 있는 이익구제설도 타당하지 않으며, 원고적격의 범위를 지나치게 좁힌다는 점에서 권리회복설도 문제점이 있다. 따라서 행정소송법 제12조 제1항의 문언상 가장 합치되는 학설인 법적 보호가치 있는 이익구제설이 타당하다.

(3) 법률의 범위

1) 문제점

판단근거인 법률의 범위에 대해 견해가 대립된다.

2) 학설

① 처분의 근거가 되는 실체법규에 의하여 보호되는 이익, ② 처분의 근거가 되는 실체법규 및 절차법규에 의하여 보호되는 이익, ③ 처분의 근거가 되는 법률의 전체의 취지에 비추어 보호되는 이익, ④ 처분의 근거법률이외에 다른 법률, 헌법의 규

정, 관습법 및 조리 등 법체계 전체에 비추어 보호되는 이익 등으로 해석하는 견해가 있다.

3) 판례

대법원은 당해 처분의 근거법률에 의하여 보호되는 직접적이고 구체적인 이익을 법률상 이익으로 보면서, 종전에 비해 관계법률의 취지를 목적론적으로 새김으로써 인근주민의 원고적격을 너그럽게 인정하려는 태도를 보이고 있다(대판 1983.7.12, 83누59). 또한 처분의 직접적인 근거규정 뿐만 아니라 처분시 준용되는 규정을 근거법률에 포함시키고(대판 1995.9.26, 94누14544), 처분의 실체법적 근거법률 이외에 처분을 함에 있어서 적용되는 절차법규정의 취지에 비추어 원고의 법률상 이익을 인정하는 등 근거법률의 범위를 확대하는 경향을 보이고 있다.

4) 검토

법률상 이익의 존재 여부는 처분의 근거법률 뿐 아니라 관련규정, 헌법상 기본권이나 기본원리를 고려하여 판단하여야 한다.

(4) 사례의 경우

판례는 원자력법상 부지사전승인처분과 관련하여 원자력법 제12조 제2호는 일반적 공익뿐 아니라, 주민들의 방사성물질 등에 의한 생명・건강상의 위해를 받지 아니할 이익을 직접적・구체적 이익으로 보호하고, 동법 동조 제3호는 환경영향평가대상지역 안의 주민들이 방사성물질 이외의 원인에 의한 환경침해를 받지 아니하고 생활할 수 있는 이익을 직접적・구체적 이익으로 보호하므로, 인근 주민들에게 부지사전승인처분의 취소를 구할 원고적격을 인정하고 있다(대판 1998.9.4, 97누19588).

따라서 甲은 인근지역 주민으로서 원자력법 제12조 제2호에 의해 원고적격이 인정되고, 어업에 종사하는 乙은 환경영향평가대상지역 안의 주민일 경우 동법 동조 제3호에 의해 방사성물질 이외에 원전냉각수 순환시 발생되는 온배수로 인한 환경침해를 이유로 원고적격이 인정된다.

3. 판단여지와 사법심사

(1) 문제점

사례에서 원자력발전법 제12조 제3호는 국민의 건강 및 환경상의 위해방지에 지장이 없을 것이라고 규정하고 있는바, 이에 대해 행정청에 재량이나 판단여지가 존재한다고 볼 것인가에 대해 논의가 있다.

(2) 판단여지이론 인정여부

판례는 공무원 임용을 위한 면접전형에서 임용신청자의 능력이나 적격성 등에 관한 판단은 면접위원의 고도의 교양과 학식·경험에 기초한 자율적 판단에 의존하는 것으로서 오로지 면접위원의 자유재량에 속한다(대판 1997.11.28, 97누11911)고 하여 판단여지의 취지를 받아들이고 있는 것으로 보인다.

이에 대해 판단여지이론을 인정하자는 견해와 부정하는 견해로 나뉘나, 불확정개념이 사용된 경우 행정청은 불확정개념을 통해 기속되므로 개념상 판단여지와 재량을 구분하는 것이 타당하다.

(3) 판단여지가 인정되는 영역

판단여지가 인정되는 영역으로는 ① 비대체적 결정, ② 구속적 가치평가결정, ③ 미래예측결정, ④ 행정정책적 결정 등이 있다. 사례는 환경행정 등 미래예측결정이므로 판단여지가 인정되는 경우이다.

(4) 사법심사 가능성 및 사례의 경우

행정청에 의한 불확정개념의 해석·적용은 법원에 의한 전면적인 사후심사를 받을 수 있다고 보아야 하는바, 법원은 행정청의 판단에 있어 자의가 개입되었는지, 경험법칙에 위배되었는지 여부를 심사해야 한다.

사례에서 원자력발전법 제12조 제3호의 사항은 과학기술부장관에게 판단여지가 인정되는 사항인바, 사법심사의 대상으로 삼아 그 위법여부를 따져보아야 한다.

4. 소결

사례의 부지사전승인은 처분성을 가지고, 甲과 乙은 관련규정에 의해 모두 원고적격이 인정되고 그밖에 다른 소송요건은 문제되지 않는다. 또한 원자력발전법 상의 기준은 판단여지 사항이지만, 사법심사가 인정되므로 이 사건 소는 적법하다.

Ⅲ. 소의 이유유무

1. 원자력발전법 제12조 제3호 기준의 위법여부[사례 (1)의 경우]

(1) 문제점

원자력발전법 제12조 제3호의 기준은 위에서 살펴본 바와 같이, 행정청의 판단여지가 인정되는 사항이나, 이에 대해서도 사법심사가 가능한 바, 위법사유가 존재하는지 판단하여야 한다.

(2) 위법사유의 존부

부지사전승인신청이 위법하려면 판단에 자의가 개입되거나 경험법칙에 위배되어야 한다. 사례에서 과학기술부장관은 국민의 건강 및 환경상의 위해방지에 지장이 없을 것이라고 판단하여 부지사전승인처분을 하였으나, 서해안은 수심이 얕고 해저구배가 완만하여 조석간만의 차가 매우 커서 냉각수 순환시 발생되는 온배수가 해양으로 대량 방출될 경우 해양생태계의 파괴로 인하여 경제적 보상으로는 해결될 수 없는 어업피해와 심각한 환경파괴가 문제되므로 위 기준을 충족시키지 못하고 있는 것으로 보인다. 따라서 과학기술부장관의 처분은 위법하다.

(3) 위법성의 정도

무효와 취소의 구별기준에 관한 학설로는 ① 중대설, ② 중대·명백설 ③ 명백성보충요건설 등의 견해가 대립된다. 판례는 중대·명백설의 입장에서 판시하고 있다. 다만 대법원 판례 중 반대의견에서 명백성보충요건설을 취한 바 있다.

(4) 검토

중대·명백설에 의할 때, 사례에서 과학기술부장관은 나름대로의 판단에 따라 부지사전승인처분을 하였으나, 그 처분에 의해 환경오염이 발생하는 등 경험법칙에 위배되므로 그 하자는 중대하나, 일반인의 관점에서 객관적으로 명백하지는 않으므로 취소사유로 볼 수 있다.

2. 환경영향평가의 하자에 따른 부지사전승인처분의 취소여부[사례 (2)의 경우]

(1) 문제점

한국전력공사가 제출한 환경영향평가서는 甲과 乙의 주장에 따르면, 위법성이 인정되는바, 환경영향평가의 하자로 인해 부지사전승인처분 자체가 취소될 수 있는지 여부를 살펴보아야 한다.

(2) 환경영향평가의 의의

환경영향평가는 환경에 미칠 수 있는 사업의 계획을 수립함에 있어 환경에 침해적인 영향을 미치게 될 요인들을 미리 예측·평가하여 환경영향을 줄일 수 있는 방안을 강구하기 위한 사전평가제도를 말한다. 사례의 원자력발전소는 환경영향평가법 제4조 제3호에 해당하는바, 환경영향평가의 대상이다.

(3) 환경영향평가의 하자

1) 절차상 하자 인정여부

환경영향평가법상 거쳐야 할 절차를 거치지 않은 경우, 환경영향평가의 효력이 문제되는데, 동법상의 절차를 전혀 거치지 않은 경우 당해 승인처분은 위법하다고 볼 것이지만, 절차를 거친 이상 그에 반하는 처분을 하였다는 것만으로는 위법하다고 볼 수 없다.

판례 또한 국립공원관리청이 국립공원 집단시설지구개발사업과 관련하여 그 시설물기본설계 변경승인처분을 함에 있어서 환경부장관과의 협의를 거친 이상, 환경영향평가서의 내용이 환경영향평가제도를 둔 입법취지를 달성할 수 없을 정도로 심히 부실하다는 등의 특별한 사정이 없는 한, 공원관리청이 환경부장관의 환경영향평가에 대한 의견에 반하는 처분을 하였다고 하여 그 처분이 위법하다고 할 수는 없다(대판 2001.7.27, 99두2970)고 하여 같은 입장이다.

사례에서 한국전력공사는 환경영향평가서를 제출하였는바, 절차를 거쳤으므로 당해 처분에 위법성은 없다.

2) 실체적 하자 인정여부

환경영향평가서의 내용상 하자가 있는 경우에는 그 하자의 경중에 따라 위법성 여부를 판단해야 한다. 판례는 경부고속철도 서울차량기지정비창건설사업의 실시와 관련하여 이루어진 환경영향평가와 관련하여 그 하자의 정도가 환경영향평가제도를 둔 입법취지를 달성할 수 없을 정도로 큰 경우, 환경영향평가를 하지 아니한 것과 다를 바 없는 정도의 것인 경우 외에는 다소 부실한 정도의 하자는 위법한지 않다(대판 2001.6.29, 99두9002)고 보았다.

위법성의 정도에 대해 중대・명백설에 의할 때, 사례에서 한국전력공사는 중대한 환경적 요소에 대한 평가도 누락되어 환경영향평가가 이루어지지 아니한 것과 다름 없을 정도의 중대한 하자가

있을 뿐 아니라, 온배수의 영향을 최소화 할 수 있는 실질적 대안의 제시도 없는바, 그 하자는 중대하나, 일반인의 관점에서 객관적으로 명백하지는 않으므로 취소사유로 볼 수 있다.

3. 소결

과학기술부장관의 부지사전승인처분은 경험법칙에 위배되어 원자력발전법상의 기준에 부합되지 않는 하자가 있고, 한국전력공사가 제출한 환경영향평가서는 내용상 하자가 있으므로 취소사유에 해당한다.

Ⅳ. 사례의 해결

부지사전승인처분은 법률효과를 지닌 독립한 행정행위로 처분성이 인정되고, 甲은 인근지역 주민으로서 원자력법 제12조 제2호에 의해, 乙은 어업에 종사하는 자

로서 동법 동조 제3호에 의해 원고적격이 인정된다. 또한 동법 제13조 제3호상의 기준은 판단여지가 인정되는 사항이나, 사법심사 가능성이 인정되므로 취소소송의 제기는 적법하다.

본안에서 당해 처분은 동법 제13조 제3호상의 기준에 부합하지 않아 위법하고, 환경영향평가에도 실질적인 하자가 존재하므로, 취소소송은 인용될 것이다.

교/수/강/평

김 향 기(성신여대 법대 교수)

Ⅱ.1.의 부지사전승인의 처분성에 대하여, 비록 중간단계에서 행해지는 결정이기는 하나 그 단계에서는 최종적·확정적인 법적 규율을 하는 것이기 때문에 그 자체로서 처분성이 인정된다는 것이 다수설이라는 학설의 입장도 밝히는 것이 좋다.

Ⅱ.2.의 甲과 乙의 원고적격과 관련하여 이들은 처분의 상대방이 아닌 제3자인바, 이 경우 원고적격의 인정여부라는 점을 지적하고, 법률의 범위에 관한 판례의 입장은 너무 오래된 판례를 인용하기보다 가능한 최근 것을 인용하는 것이 현실감 있다. 최근의 판례는 근거법규와 관련법규의 내용 및 취지에 의해 원고적격을 인정하나, 헌법상의 환경권 규정만으로는 원고적격을 부인하여 다음과 같이 판시하고 있다.

"행정처분의 근거 법규 또는 관련 법규에 그 처분으로써 이루어지는 행위 등 사업으로 인하여 환경상 침해를 받으리라고 예상되는 영향권의 범위가 구체적으로 규정되어 있는 경우에는, 그 영향권 내의 주민들에 대하여는 당해 처분으로 인하여 직접적이고 중대한 환경피해를 입으리라고 예상할 수 있고, 이와 같은 환경상의 이익은 주민 개개인에 대하여 개별적으로 보호되는 직접적·구체적 이익으로서 그들에 대하여는 특단의 사정이 없는 한 환경상 이익에 대한 침해 또는 침해 우려가 있는 것으로 사실상 추정되어 법률상 보호되는 이익으로 인정됨으로써 원고적격이 인정되며, 그 영향권 밖의 주민들은 당해 처분으로 인하여 그 처분 전과 비교하여 수인한도를 넘는 환경피해를 받거나 받을 우려가 있다는 자신의 환경상 이익에 대한 침해 또는 침해 우려가 있음을 증명하여야만 법률상 보호되는 이익으로 인정되어 원고적격이 인정된다"(대판 2006.12.22. 2006두14001).

"헌법 제35조 제1항에서 정하고 있는 환경권에 관한 규정만으로는 그 권리의 주체 · 대상 · 내용 · 행사방법 등이 구체적으로 정립되어 있다고 볼 수 없고, 환경정책기본법 제6조도 그 규정 내용 등에 비추어 국민에게 구체적인 권리를 부여한 것으로 볼 수 없다는 이유로, 환경영향평가 대상지역 밖에 거주하는 주민에게 헌법상의 환경권 또는 환경정책기본법에 근거하여 공유수면매립면허처분과 농지개량사업 시행인가처분의 무효확인을 구할 원고적격이 없다"(대판 2006.3.16. 2006두330).

이상과 같은 판례에 비추어 볼 때, 甲은 발전소 인근주민이므로 그 영향권 내의 주민이라 할 수 있어 원고적격이 인정된다고 할 수 있다. 그러나 을의 경우 근처 서해안에서 막연히 어업에 종사한다고 되어 있어 발전소 인근에서 양식업을 하는지 어선을 통해 근해어업을 하는지는 명백하지 아니하여 지역의 특정성과 예견가능성이 있는 발전소 영향권 내의 주민이라고 단정하기는 어렵다. 따라서 그 영향권 밖의 주민이라고 할 경우에는 종전과 비교하여 수인하도를 넘는 환경피해를 받거나 받을 우려가 있다는 정황이나 증거가 없는 한 원고적격을 인정하기 어렵다.

Ⅱ.3.의 판단여지의 문제는 소제기요건인 소의 적법문제라기 보다는 본안에서의 위법판단인 소의 이유유무의 문제라 할 것이다. 재량규정을 두었던 독일의 행정재판제도 초기와 달리 항고소송의 개괄주의 하에서는 처분성이 인정되기만 하면 재량행위이든 판단여지의 문제이든 소의 대상적격이 되며 단지 본안에서 위법여부의 문제가 될 뿐이다.

Ⅲ.1.에서 원자력법 제12조의 허가기준은 불확정개념들이어서 판단여지 또는 요건재량이 인정되는 부분이다. 설문 (1)의 이유에서 기준 불충족이 갑과 을의 주장에 불과한지 사실인지는 설문의 표현상 명확하지 아니한바, 자의의 개입이나 잘못된 사실에 근거한 판단 또는 비례평등원칙위반 등 판단여지의 한계를 넘은 것으로 판단할 수 있는 자료가 없는 한 위법하다고 단정할 수 없다. 주어진 설문에 표현된 내용을 기초로 객관적 입장에서 일반적인 경험법칙에 따라 검토해야 하며, 상상력을 동원하거나 선입견을 가지고 주관적인 사실파악 이나 사실관계를 보충하여서는 아니 된다. 설문 (2)의 이유에서 중대한 환경적 요소평가와 온배수영향최소화대안이 누락된 환경영향평가서는 환경영향평가법에 위배되는 것인지는 참조조문만으로는 알 수 없으나, 환경영향평가법 제13조에서 대통령령이 정하는 바에 따라 영향평가서를 작성하도록 하고, 같은법 시행령 제12조 제1항에서 평가서에 포함될 내용으로 영향저감방안 또는 개선대책의 내용을 규정하고 있는 점, 원자력발전소의 성질상 중대한 환경적 요소에 대한 평가나 온배수영향의 최소화대안의 제시는 필요할 것으로 판단된다는 점에서 (2)는 이유가 될 수 있다고 할 것이다. 그런데 (2)의 이유는 제출된 영향평가서에 중요한 사항이 빠졌다는 것이므로 실체적 하자인 내용상의 위법의 문제이므로 절차적 하자여부는 검토대상이 아니라고 할 것이다. 다만, 이 경우 무효사유인지 취소사유인지는 좀 더 구체적으로 검토할 필요가 있다. 취소사유에 해당하는 경우에는 설문에서 출소기간에 관해서 다툼이 없으므로 원고적격인 인정되는 甲은 승소할 수 있겠으나 원고적격이 없는 乙은 각하될 것이다.

2. 재량행위와 기속행위

기 출

불확정 개념

행시 제48회(04년)

제47회 행정고시 일반행정직 합격 신 용 희

아래 두 개의 판결을 공정거래위원회와 건설교통부장관의 입장에서 비판적으로 논평하라(각 취소소송의 소송요건은 모두 구비되었음).(50점)

(1) 공정거래위원회는 甲회사가 乙회사 및 丙회사의 전체 주식을 취득한 것이 독점규제및공정거래에관한법률(약칭 '공정거래법') 제7조 제1항 소정의 기업결합에 해당하고 또한 그 기업결합의 폐단을 시정하는 방법으로서는 그 취득 주식의 전부를 매각하도록 하는 방법밖에 없다고 판단하여, 동법 제16조 제1항 제2호에 의거하여 甲회사에 대하여 위 취득 주식의 전부를 처분할 것을 명하였다. 그런데 甲회사가 제기한 취소소송에서 법원은 甲회사가 乙회사의 주식을 취득한 것은 공정거래법상 금지되는 기업결합에 해당되지 않는다는 이유로, 甲회사가 丙회사의 주식을 취득한 것은 기업결합에 해당되긴 하지만, 예컨대 동법 제16조 제1항 제7호에 따라 경쟁제한의 폐해를 방지할 수 있도록 영업방식이나 영업범위를 제한하는 것이 타당한 방법이기 때문에 그 취득 주식 전부의 처분을 명한 것은 과도한 조치라는 이유로, 공정거래위원회의 위 처분을 취소하는 판결을 선고 하였다.

(2) 건설교통부장관은 A시 B동 및 C동 소재 임야지역을 국토의계획및이용에관한법률 제38조 제1항에 의거하여 개발제한구역으로 지정하는 도시관리계획결정을 하였다. 그런데 그 지역의 토지소유자들이 제기한 취소소송에서 법원은 B동 임야지역에 대해서는 도시의 개발을 제한할 필요성이 없다는 이유로, C동 임야지역에 대해서는 도시개발제한의 필요성은 인정되지만 원고들의 소유토지까지 포함시킨 것은 과도한 조치라는 이유로 위 도시관리계획결정을 취소하는 판결을 선고하였다.

참·조·조·문

〔독점규제및공정거래에관한법률〕

제7조 〔기업결합의 제한〕 ① 누구든지 직접 또는 대통령령이 정하는 특수한 관계에 있는 자(이하 "특수관계인"이라 한다)를 통하여 다음 각호의 1에 해당하는 행위(이하 "기업결합"이라 한다)로서 일정한 거래분야에서 경쟁을 실질적으로 제한하는 행위를 하여서는 아니된다. (이하 생략)

1. 다른 회사의 주식의 취득 또는 소유

2. ~ 5. (생략)

제16조 〔시정조치〕 ① 공정거래위원회는 제7조(기업결합의 제한) 제1항 …의 규정에 위반하거나 위반할 우려가 있는 행위가 있는 때에는 당해 사업자 …또는 위반행위자에 대하여 다음 각호의 1의 시정조치를 명할 수 있다. (이하 생략)
1. 당해 행위의 중지
2. 주식의 전부 또는 일부의 처분
3. ~ 6. (생략)
7. 기업결합에 따른 경쟁제한의 폐해를 방지할 수 있는 영업방식 또는 영업범위의 제한
8. 기타 법위반상태를 시정하기 위하여 필요한 조치

〔국토의 계획 및 이용에 관한 법률〕
제38조 〔개발제한구역의 지정〕 ① 건설교통부장관은 도시의 무질서한 확산을 방지하고 도시주변의 자연환경을 보전하여 도시민의 건전한 생활환경을 확보하기 위하여 도시의 개발을 제한할 필요가… 있다고 인정되는 경우에는 개발제한구역의 지정 또는 변경을 도시관리계획으로 결정할 수 있다.

advice

(1) 공정거래위원회의 주식처분명령에 대하여 판단여지와 관련하여 논의가 필요하다. 이때 판단여지와 재량의 구별을 긍정하는 견해와 부정하는 견해에 따라서 논리일관이 중요하다. 다만, 어느 입장을 취하더라도 사법심사가부, 판단기준, 설문의 포섭 등의 일정한 논리구조를 유지하여야 할 것이다.

(2) 건설교통부장관의 도시관리계획결정에 대해서도 재량과 계획재량을 어떻게 볼 것인지의 견해에 따라 일관된 논리를 전개할 필요가 있다.

C/O/N/T/E/N/T/S

Ⅰ. 문제의 제기

1. 설문 (1)

첫째, 공정거래위원회의 주식 전부매각 명령이 재량행위로서, 자유재량행위론에 의거하여 법원의 사법심사가 배제되는지 여부에 대해서 검토하여야 한다.

둘째, 공정거래위원회의 주식 전부매각 명령이 위원회 조직의 결정으로서 판단여지에 해당하여 이에 대해 법원의 사법심사가 제한되는지 여부에 대해서 검토하여야 한다.

셋째, 본안판단에 있어서 공정거래위원회의 시정명령이 재량의 일탈 남용인지의 판단에 있어서 공익상의 이유를 증명함으로써 비례원칙 위반이 아님을 증명하여 법원의 판결을 비판할 수 있다.

2. 설문 (2)

첫째, 설문 (1)과 같이 자유재량행위론 및 판단여지론에 입각하여 건설교통부장관의 도시관리계획에 사법심사가 배제되는지 여부에 대해서 검토하여야 한다.

둘째, 본안판단에 있어서 공익상의 이유를 증명함으로써 비례원칙 위반이 아님을 증명하여 법원의 판결을 비판할 수 있다. 이 때 행정계획의 특수한 계획재량에 입각해서 판단하여, 그의 특수한 재량통제 형식인 형량명령이론에 따라 건설교통부장관의 개발제한 구역지정이 재량의 일탈 남용인지를 판단하여야 한다.

Ⅱ. 설문 (1)의 해결

1. 자유재량행위론

(1) 문제제기

독점규제및공정거래에관한법률 제16조 제1항에서는 "…시정조치를 명할 수 있다" 고 규정하여 이 행위가 재량행위인지 여부가 문제되고, 이에 대해서 재량행위는 사법심사가 배제된다는 자유재량행위론에 대한 검토가 필요하다.

(2) 전부 매각명령이 기속인지 재량인지 여부

1) 견해대립

전통적으로 기속행위와 재량행위의 구별기준에 관하여 요건재량설과 효과재량설이 존재하였다. 요건재량설은 사실인정과 행정행위의 법률요건의 해당성 판단에 있어서 재량이 인정된다는 견해이고, 효과재량설은 어떠한 법률효과를 발생시킬 것인가에 대하여 재량이 인정된다고 보는 견해이다. 그러나 오늘날 통설은 그 구별에 관하여 우선 법규정의 문언으로 판단하고 있다. 문언에 의하여 판단하기 곤란한 경우에 당해 행위의 성질, 근거법의 취지, 기본권 규정 등을 고려하여 판단한다고 본다.

2) 판례

행정행위가 그 재량성의 유무 및 범위와 관련하여 이른바 기속행위 내지 기속재량행위와 재량행위 내지 자유재량행위로 구분된다고 할 때, 그 구분은 당해 행위의 근거가 된 법규의 체재 · 형식과 그 문언, 당해 행위가 속하는 행정 분야의 주된 목적과 특성, 당해 행위 자체의 개별적 성질과 유형 등을 모두 고려하여 판단하여야 한다(대판 2001.2.9, 98두17593).

3) 검토 및 사안의 경우

사안의 경우에는 "시정조치를 명할 수 있다고" 규정되어 있으므로 재량행위로 판단된다.

(3) 자유재량행위론

이는 재량행위는 행정청의 재량에 따른 결정이 가능하므로 이에 대해서는 법원이 판단할 수 없다는 견해이다. 그러나 이는 국민의 권익구제 및 삼권분립의 견지에서 더 이상 받아들여질 수 없으므로 이를 인정하지 않음이 타당하다.

(4) 소결

따라서 동 시정조치 명령은 재량행위이나, 자유재량행위론은 국민의 권익구제 차원에서 더 이상 받아들여질 수 없으므로, 공정거래위원회는 이를 이유로 법원을 비판할 수는 없는 것으로 보인다.

2. 판단여지론

(1) 의의

법률요건에 불확정개념이 사용된 경우에 행정청이 그 개념을 구체화하게 되는데, 이는 법률요건의 해석문제이므로 원칙적으로 전면적인 사법심사가 가능하나 예외적으로 전문적 · 기술적 판단인 경우 법원은 행정청의 판단을 존중하여 그 범위 내에서 사법심사가 제한된다는 것이 판단여지론이다.

(2) 인정여부

1) 긍정설

판단여지는 구성요건과 관련한 개념이지만 재량은 법적 효과와 관련한 개념이라는 점, 재량은 여러 가지 법적 효과에 대한 선택의 자유를 의미하지만 판단여지는 법률요건의 해석문제이므로 선택의 자유는 없고, 일의적인 판단만이 가능한 것이라는 점 등을 근거로 법적 효과선택에 있어서의 재량과 법률요건 해석에 있어서의 판단여지를 구별하는 견해이다.

2) 부정설

재량과 판단여지는 모두 사법심사의 범위에 있어서 차이가 없다는 점, 판단여지 이론을 긍정하는 견해에 의하면 불확정개념의 해석문제는 법적 문제이므로 법원의 일의적인 판단만이 가능하다고 하면서 사법심사가 제약된다고 하는 것은 모순이라는 점 등을 근거로 재량과 구별되는 판단여지 개념은 현실적으로 불필요하다는 견해이다.

3) 검토

판례는 감정평가사 시험사건 등에서 판단여지의 영역을 인정하는 듯한 태도를 보이고 있으나, 이를 판단여지라는 명칭으로 판시하지는 않고 있다. 다만 판단여지의 개념을 인정하더라도 이에는 사법심사가 가능하므로, 소의 적법여부는 상관없다.

(3) 적용영역

1) 고도의 전문적, 비대체적 결정

시험합격 결정, 국공립학교의 학생성적평가, 공무원의 근무성적 평정 등 당해 결정이 원래의 것으로 재현되기 어렵다는 점과 관계자의 특수한 경험 및 전문지식이 필요하다는 점을 근거로 판단여지가 인정된다고 보고 있다.

2) 위원회에 의한 구속적 가치평가

예술, 문화 분야 등에 있어서 독립된 합의제 기관의 판단의 경우 그 기관의 전문성과 사법절차와 유사한 결정과정 등을 이유로 판단여지가 적용된다고 본다.

3) 예측적 평가 및 형성적 판단

환경행정상의 허가시 허가의 기초가 되는 장래의 위해발생 여부에 대한 판단, 기타 미래예측적 판단, 계획결정 등 형성적 판단의 경우에도 판단여지가 인정된다.

(4) 소결

공정거래위원회의 위 주식 전부매각 명령은 위원회에 의한 사법절차와 유사한 과정으로 이루어진 결정으로 볼 수 있어 이에 대한 법원의 취소판결에 대해서 공정거래위원회는 판단여지론을 근거로 법원의 판단의 영역 축소를 이유로 비판할 수 있을 것이다.

그러나 판단여지가 인정되더라도 이는 사법심사가 가능하고, 판단여지도 절차위배여부나, 행정법의 일반원칙 준수여부 등의 한계가 있으므로, 사안의 경우 결국 판단여지의 한계 준수 여부 내지 재량의 일탈 남용을 검토하여야 한다.

3. 본안판단에 있어서의 비판 : 재량의 일탈 남용의 판단에 대한 비판

(1) 문제제기

법원은 공정거래위원회의 주식 전부매각명령이 과도한 조치라는 이유로 취소판결을 하였는데, 이는 결국 비례원칙위반을 판단한 것이다. 그러나 사안의 경우에는 경쟁제한 방지라는 이유의 공익상의 필요 또한 크므로 이에 대한 이익형량이 문제된다.

(2) 재량통제의 일반이론

기속행위는 법령의 기준위반 여부만으로 본안판단이 가능하나, 재량행위는 재량의 일탈·남용 판단을 거쳐 본안판단을 하게 된다는 점에서 차이가 있다. 판례는 재량하자의 판단방식에 관하여 위반행위의 내용과 공익 목적 및 제반사정 등을 객관적으로 심리해서 공익침해의 정도와 그 처분으로 인하여 개인이 입을 불이익을 비교교량해서 판단하고 있다.

이러한 재량의 하자사유로는 재량의 일탈사유로서 법령상의 기준초과, 재량의 남용사유로서 평등위반, 비례원칙 위반, 비이성적 형량, 사실의 오인 등을 들고 있고, 재량권의 불행사도 재량의 하자에 속한다. 사안의 경우에는 법원은 비례원칙으로 판단하였으므로 이에대한 공정거래위원회의 위반이 있었는지를 판단하여야 할 것이다.

(3) 비례원칙

1) 의의

비례원칙이란 행정작용에 의한 국민의 자유와 권리의 침해는 공익목적 달성에 적합하고, 유용한 수단을 선택하여야 하며, 그 중에서도 최소한의 침해를 가져오는 수단을 선택하여야 하고, 침해로 인해 달성되는 공익과 침해되는 사익간에 상당한 비례관계가 유지되어야 한다는 원칙을 의미한다.

2) 내용

① 적합성의 원칙

이 원칙은 행정권한 발동의 목적이 정당하여야 하고, 선택한 수단이 그러한 행정목적을 달성하는데 합리적인 관련성이 있어야 한다는 원칙이다.

② 필요성의 원칙

이 원칙은 행정목적 달성을 위한 선택 가능한 수단들 중에서 개인에게 권익침해가 가장 작은 수단을 선택하여야 한다는 원칙을 의미한다.

③ 상당성의 원칙

원칙은 공익이 사익보다 우월한 경우에만 행정권한의 발동은 적법하게 된다는 것으로 협의의 비례원칙이라고도 한다.

3) 검토

사안의 경우 법원의 판단은 공정거래위원회의 시정조치 명령이 필요성의 원칙 즉, 최소침해원칙에 위반되므로, 비례원칙위반으로 판단하였는바, 공정거래위원회는 법원이 예시한 영업방식이나 영업행위를 제한하는 것으로서는 행정목적을 달성할 수 없고, 경쟁제한 방지라는 공익상의 이유도 크다는 점을 고려할 때 법원의 판결은 지나치게 사익만을 고려한 판결이라고 비판할 수 있을 것이다.

4. 소결

사안의 경우 공정거래위원회는 주식 전부매각명령이 판단여지에 해당하므로 그만큼 행정부의 판단을 존중하여야 할 부분이 커지고, 또한 이에 따라 재량의 일탈 남용 판단에 있어서도 공익에 대한 고려도 커져야 할 부분이 있는 만큼 그에 대한 법원의 판결을 비판할 수 있다.

Ⅲ. 설문 (2)의 해결

1. 자유재량행위론

국토의계획및이용에관한법률 제38조는 …있다고 인정되는 경우에는 개발제한구역의 지정 또는 변경을 도시관리계획으로 결정할 수 있다고 규정하여 이는 법문상 재량행위로 보이나 자유재량행위론은 위에서 검토한 바와 같이 더 이상 인정될 수 없으므로 건설교통부장관은 이를 주장할 수는 없는 것으로 보인다.

2. 판단여지론

건설교통부장관의 도시관리계획의 발표는 계획결정 등으로서 형성적 판단이므로 판단여지에 해당함을 이유로 건설교통부 장관은 사법심사의 제한을 주장할 수 있다. 이 경우에도 일반원칙 준수여부 및 기관구성의 적법성, 절차준수 등은 지켜져야 하는데, 사안의 경우 위배사유가 안 보이므로, 이를 주장할 수 있다.

3. 본안판단에 있어서의 비판 : 형량명령이론에 따른 검토

(1) 문제제기

건설교통부장관의 도시관리계획은 행정계획의 하나로서, 이러한 행정계획은 일반적인 재량권을 부여하는 행정법규들이 요건 및 효과규정으로 구성되어 있는 반면, 목표 및 수단 규정으로 이루어져 있어, 그에 따른 특수한 재량 및 재량통제 방법이 존재하는 지가 문제된다.

(2) 계획재량

구별부정설은 행정재량과 계획재량은 양적 차이만 있을 뿐 질적 차이는 부정된다고 한다. 또한 형량명령은 비례의 원칙의 적용에 불과하다고 한다. 이에 반해 구별긍정설은 재량의 내용면에서 질적인 차이가 있고, 계획법의 구조가 목적－수단프로

그램으로서 다르며, 형량명령이라는 특이한 재량하자론이 적용되기 때문이라고 한다. 생각건대 구별긍정설이 행정계획의 특성에 비추어 타당하다고 생각된다.

(3) **계획재량의 하자이론－형량명령의 하자**

(ⅰ) 형량의 해태는 행정청이 형량을 전혀 하지 않은 경우를 말하며, (ⅱ) 형량의 흠결은 형량에서 반드시 고려되어야 할 특정이익이 고려되지 않은 경우를 말하고, (ⅲ) 오형량이란 공익과 사익의 비교형량과 조정이 객관적으로 보아 특정이익만을 위한 것으로, 즉 비례의 원칙이 깨뜨려진 것으로 판단되는 경우이다. 판례는 일련의 판례에서 형량명령에 관한 용어를 사용하고 있지는 않으나 이러한 특이한 재량하자론을 검토하고 있다.

(4) **검토**

행정계획은 관계 당사자와 이해관계인이 불특정다수이어서 제 이해관계를 철저히 조사하고 형량하지 않으면 안 된다. 따라서 이러한 검토과정 없이 C 지역에 대한 조치가 과도하다고 판단하였다면 법원의 판결은 부당하게 될 것이다. 행정계획에 있어서는 공익의 범위도 전국적이거나 지역적인 광범위한 성질을 가지고 있으므로 이에 대하여 사법소극주의를 넘어선 행정부개입이나 입법권침해가 일어나서는 안 된다. 따라서 동 판결은 사익보호에만 지나치게 치우친 판결일 가능성이 있다.

4. 소결

사안의 경우 건설교통부장관이 행한 개발제한구역 지정에 대한 법원의 취소판결에 대해서 법원은 판단여지 내지는 계획재량에 따라 그 판단의 영역이 좁아지게 되고, 따라서 그에 따라 법원이 판단이 과도한 것이 아닌지 여부와, 공익에 대한 지나친 간과가 있었는지 여부에 대한 비판을 할 수 있을 것이다.

Ⅳ. 결 론

(1) 설문 (1)에서 공정거래위원회는 주식 전부매각명령이 판단여지에 해당하므로 그만큼 행정부의 판단을 존중하여야 할 부분이 커지고, 또한 이에 따라 재량의 일탈남용 판단에 있어서도 공익에 대한 고려도 커져야 할 부분이 있는 만큼 그에 대한 법원의 판결을 비판할 수 있다.

(2) 설문 (2)에서 건설교통부장관은 개발제한구역 지정에 대한 법원의 취소판결에 대해서 법원은 판단여지 내지는 계획재량에 따라 그 판단의 영역이 좁아지게 되고, 따라서 그에 따라 법원이 판단이 과도한 것이 아닌지 여부와, 공익에 대한 지나친 간과가 있었는지 여부에 대한 비판을 할 수 있을 것이다.

판단여지

제53회 행정고시 일반행정직 합격 김 고 현

행시 제54회(10년)

甲은 숙박시설을 경영하기 위하여 「건축법」 등 관계 법령이 정하는 요건을 구비하여 관할 A시 시장 乙에게 건축허가를 신청하였다. 그러나 시장 乙은 「건축법」 제11조 제4항에 따라 해당 숙박시설의 규모나 형태 등이 주거환경이나 교육환경 등 주변 환경을 고려할 때 부적합하다는 이유로 건축허가를 거부하였고, 甲은 이에 대해 건축허가거부처분취소소송을 제기하였다. 이와 관련하여 아래 물음에 답하시오.
乙이 제시한 '주거환경이나 교육환경 등 주변환경을 고려할 때 부적법하다'는 거부사유에 대한 사법심사의 가부(可否) 및 한계는? (10점)

C/O/N/T/E/N/T/S

Ⅰ. 논점의 정리
Ⅱ. 설문의 해결
1. 판단 여지의 의의 및 근거
2. 판단여지의 인정여부
3. 판단여지의 적용영역
4. 판단여지의 한계
5. 사안의 경우
Ⅲ. 사안의 해결

Ⅰ. 논점의 정리

설문과 관련하여 '주거환경이나 교육환경 등 주변 환경의 고려'라는 사유는 판단여지에 해당하여 사법심사가 제한되는지 검토하고, 판단여지의 영역이라면 그 한계는 무엇인지 검토한다.

Ⅱ. 설문의 해결

1. 판단 여지의 의의 및 근거

(1) 판단여지란 불확정 개념과 관련하여 사법심사가 불가능하거나 가능하지만 행정청의 자유영역을 인정하는 것이 타당한 행정청의 평가·결정영역을 말한다.

(2) 불확정개념은 행정기관에 따라 상이한 평가가 가능하며, 불확정개념에 대해서는 하나의 정당한 결정만이 존재하는 것은 아니며, 행정청의 전문성, 대체불가능한 결정이 존재할 수 있다는 점을 판단여지의 인정근거로 주장한다.

2. 판단여지의 인정여부

(1) 판단여지는 법률요건에 대한 인식의 문제이고, 재량은 법률효과 선택 행위의 문제라는 점에서 판단여지와 재량은 구별하는 다수의 견해와 판단여지와 재량은 사법심사의 배제라는 면에서 실질적 차이가 없으며, 재량은 입법자에 의해 요건의 측면에서도 존재할 수 있음을 근거로 부정하는 견해로 나뉜다.

(2) 판례는 공무원임용면접전형, 감정평가사시험의 합격기준, 교과서 검정처분 등을 재량의 문제로 보고 있어 판단여지와 재량을 구별하지 않는다.

(3) 법치국가원리상 규범의 구성요건은 객관적인 것으로서 요건충족의 판단은 예견가능한 것이어야 하므로 요건부분에 재량을 부여할 수 없기에 구별하는 견해가 타당하다.

3. 판단여지의 적용영역

일반적인 견해는 ① 시험결정, 인사고과 등 비대체적 결정 영역, ② 예술·문화 등의 분야에 있어 어떤 물건이나 작품의 가치 또는 유해성 등에 대해 독립된 합의제 기관의 판단에 맡기는 구속적 가치평가 영역, ③ 환경법 및 경제법 분야 등에서 미래예측적 성질을 가진 예측적 결정 영역, ④ 전쟁 무기의 생산 및 수출 등 외교정책 등 행정정책적인 결정을 포함하는 형성적 결정영역 등에 판단여지가 인정된다고 본다.

4. 판단여지의 한계

판단여지가 존재하는 경우에도 판단기관이 적법하게 구성되었는지 여부, 절차규정 준수여부, 정당한 사실관계에서의 판단여부, 일반적으로 승인된 평가척도의 준수여부 등은 사법심사의 대상이 될 수 있다. 다만 이러한 한계를

준수하였다고 하면 행정청의 판단을 존중하여 법원은 위법여부를 심사할 수 없다.

5. 사안의 경우

'주거환경이나 교육환경 등 주변환경의 고려'는 불확정개념을 담고 있고, 행정정책적인 결정에 있어서 형성적 결정 영역에 포함되어 행정청의 자유영역을 인정하는 것이 타당한 경우이므로 판단여지에 해당한다. 그리고 특별히 판단여지의 한계를 준수하지 않았다고 볼만한 특별한 사정이 없는 한 법원은 사법심사를 할 수 없다.

Ⅲ. 사안의 해결

설문에서 '주거환경이나 교육환경 등 주변환경의 고려'라는 사유는 판단여지에 해당하고, 그 한계를 넘지 않으므로 사법심사가 제한될 수 있다.

교/수/강/평

김 향 기 (성신여대 법대 교수)

설문의 경우, 먼저 허가거부사유인 건축법 제11조 제4항의 법적 성질부터 검토해야 한다. 즉, 제4항은 "허가권자는 위락시설이나 숙박시설에 해당하는 건축물의 건축을 허가하는 경우 해당 대지에 건축하려는 건축물의 용도·규모 또는 형태가 주거환경이나 교육환경 등 주변 환경을 고려할 때 부적합하다고 인정하면 이 법이나 다른 법률에도 불구하고 건축위원회의 심의를 거쳐 건축허가를 하지 아니할 수 있다."고 규정하고 있다. 건축허가의 요건판단에 있어서 불확정개념으로 되어 판단여지(요건재량)가 있고, 효과선택에 있어서 문언의 형식이나 이 조항의 취지로 볼 때 재량이 인정된다고 할 수 있다. 그런데 설문은 거부사유에 대하여 묻는 것이므로 판단여지가 문제된다. 다음, 판단여지도 일정한 한계가 있으므로 그 한계를 일탈하면 사법심사가 될 수 있는데, 설문의 거부사유가 이에 해당여부를 검토하면 된다.

3. 행정행위의 내용

인가의 법적 성질

제49회 사법시험 합격 손 준 성

甲회사는 1997년 3월 20일에 A시로부터 B시까지의 버스노선의 운임을 1구간에 400원에서 500원으로 인상하는 내용으로 운임표를 변경하여 자동차운수사업법 제8조에 따라 관할 행정청에 그 인가를 신청하였다. 관할 행정청은 그 신청내용을 검토해 본 결과, 위 운임인상의 기초가 된 원가계산에는 실제보다 과다하게 계상된 것이 있고, 물가인상을 억제하려는 정부정책에 비추어 甲회사가 신청한데로 500원까지 운임의 인상을 해 주는 것은 곤란하다면서 450원으로 인상하는 내용의 인가를 해 주었는 바, 관할 행정청의 당해 처분은 적법한가?(30점)

Contents

Ⅰ. 문제의 소재

첫째, 행정청이 요금을 450원으로 인상하는 처분을 한 것이 강학상 허가, 특허, 인가 중에서 어디에 속하는지를 살펴본 후, 둘째, 동 처분이 인가에 해당한다면 甲 버스회사의 신청과 다른 내용으로 인가하는 소위 수정인가가 허용되는지의 여부를 검토해야 할 것이다.

Ⅱ 허가 · 특허 · 인가의 여부

1. 허가, 특허, 인가의 구별기준

일반 국민이 어떠한 행위를 함에 있어 이를 가능하게 하기 위한 전제로서 관할 행정청의 일정한 행위를 필요로 하는 경우가 있는데, 그와 같은 행정청의 행위를 성격에 따라 구분하여 보면 허가, 특허, 인가의 3가지로 나누어진다. 그러나 행정청의 위와 같은 행위는 강학상으로는 허가, 특허, 인가로 구별되지만 실정법상으로는 그 용어가 반드시 강학상의 용어와 일치되지 않고, 허가, 승인, 특허, 면허, 인가, 인허, 지정 등의 용어가 혼용되고 있다.

따라서 어떠한 법령에서 행정청의 허가, 특허, 인가 등을 받아야 한다고 규정되어 있는 경우 그 행정청이 하게 되는 행위의 성격은 법령에서 사용한 용어 그대로 허가, 특허, 인가에 해당한다고 단정하는 것은 곤란하고, 관련규정 등을 종합하여 그 행위의 성격을 실질적으로 검토하여 판단하여야 한다.

2. 허가, 특허, 인가의 기본적 차이점

허가는 영업허가, 건축허가 등과 같이 법에 의하여 어떠한 행위가 일반적으로 금지되어 있는 경우에 특정인에 한하여 이를 해제하여 그 행위를 할 수 있게 해 주는 행위로서 명령적 행위에 속한다.

특허는 광업허가, 공기업특허, 공무원임용 등과 같이 특정인에게 직접 배타적·독점적인 권리를 부여하거나 사인과 행정주체 사이에 포괄적인 법률관계를 설정해 주는 행위로서 설권행위에 속한다.

인가는 법률행위를 보충하여 그 법률적 효력을 완성시켜주는 보충행위로서, 공익적 관점에서 법률행위의 효력발생에 행정청의 동의를 요건으로 규정하고 있는 경우, 행정청의 제3자간 법률행위에 동의함으로써 그 효력을 완성시켜 주는 행위이다. 예를 들어 농지임대차허가, 사업양도인가, 정관변경인가 등과 같이 타인의 법률적 행위에 대하여 이를 보충하여 그 효과를 완성시켜 주는 행위로서 형성적 행위 중 보충행위를 인가라 한다.

3. 운임의 결정·변경에 대한 인가의 성질

자동차운송사업을 경영하기 위하여는 운임을 결정하고 이를 지급받는 것이 당연한 전제로 되는 것이므로 자동차운송사업자가 운임을 결정하거나 이를 변경하는 것이 일반적으로 금지되어 있다고 보기는 어려울 것이다. 따라서 운임의 결정·변경에 대한 인가가 일반적으로 금지된 행위를 해제시켜 주는 강학상의 허가에 해당한다고 보는 것은 타당하지 않다. 또 자동차운송사업의 면허 중에는 그 사업을 경영하면서 운임을 받을 것을 허용하는 취지도 당연히 포함되어 있는 것이므로 운임의 결정·변경에 대한 인가에 의하여 비로소 자동차운송사업자가 운임을 받을 권리나 법률관계가 발생한다고 보기도 어렵다. 따라서 이를 강학상의 특허에 해당한다고 보는 것도 적당치 않다.

결국 자동차운송사업자의 운임의 결정·변경에 대한 행정청의 인가는, 자동차운송사업자가 일반 이용자와의 사이에 체결하는 운송계약의 내용 중 운임의 결정에 관련된 부분에 대하여 행정청이 보충적으로 관여하여 그 운송계약의 법률적 효과를 완성하게 해주는 형성행위로서 강학상 인가에 해당하는 것으로 보아야 할 것이다.

4. 사안의 검토

사안에서 관할 행정청의 버스 요금에 대한 처분은 강학상의 인가에 해당한다고 볼 것이므로, 행정청은 버스 사업자가 결정한 운임표에 대해 보충적으로 그 법률적 효과를 완성시키는 의사표시를 할 수 있을 뿐이다.

Ⅲ. 수정인가의 가부

1. 문제점

당사자가 인가를 신청한 경우에 그 신청한 내용대로는 인가를 할 수 있는 기준이나 요건에 적합하지 아니하여 인가를 해 주는 것이 적절하지 아니하나, 신청한 내용을 일부 수정하면 기준이나 요건에 맞게 되고, 당사자의 의사도 그와 같이 수정된 인가를 받는 것을 반대하지 않는 것으로 보이는 경우에 당사자의 이익을 위하여 당초의 인가신청을 바로 거부하지 않고 그 내용을 수정하여 인가를 해 주는 것이 허용될 것인가 하는 것이 문제될 수 있다.

인가와 달리 허가의 경우에는, 허가는 일반적 금지의 해제로서 원래의 자유를 회복시켜 주는 조치이기 때문에 가능한 한 넓게 허가를 해 주는 것이 바람직하고, 허가를 거부하는 것은 법목적 달성을 위하여 필요한 최소한의 범위로 제한되는 것이 타당하므로 신청에 대하여 부분적으로라도 허가가 가능하면 일부허가를 해 주는 것이 원칙이라고 해석되고 있다. 따라서 신청인이 원하는 정도까지 허가를 해 주는 것이 곤란한 경우에도 그 신청의 범위 내에서 가능한 범위까지만 금지를 해제하여 수정허가를 해 주는 것이 일반적으로 가능하다는 데에 견해가 일치되고 있다. 그러나 인가의 경우에는 학설이 대립하는바 아래에서 이를 살펴보고자 한다.

2. 학설

(1) 긍정설

인가의 경우에도 그것이 엄격하게 운용되는 경우에는 국민의 자유를 제한하는 결과를 가져오게 되므로 허가와 마찬가지로 되도록 그 자유를 허용하는 방향, 즉 인가를 해 주는 방향으로 운용되는 것이 바람직하며, 당사자의 의사도 신청한 내용대로 인가가 되지 않는 경우에는 가능한 범위 내에서 부분적으로라도 인가를 받고자 하는 것이 통상의 의사이므로 이를 존중하여 수정인가를 해 주는 것이 타당하다고 주장한다. 또 수정인가가 가능한데도 수정인가를 해 주지 않고 신청 전체를 기각하는 것은 절차를 쓸데없이 번잡하게 할 뿐 아니라 사인의 경영의 자유를 필요 이상으로 제약하는 것이 되어 비례원칙에 반하는 것이 된다는 주장도 있다.

(2) 부정설

인가는 행정청이 제3자의 법률행위를 보충하여 그 법률상의 효과를 완성시켜 주는 행위이기 때문에 인가에 있어서는 어디까지나 당사자의 법률행위가 주가 되고 인가는 그것을 보충하는 보조적인 행위에 지나지 않는다. 따라서 인가의 신청을 받은 행정청은 이에 대하여 동의를 해줄 것인지의 여부를 결정하는 것에 그치는 것이고, 인가의 대상이 된 법률행위의 내용을 변경하여 인가해 주는 것은 보충행위로서의 인가의 본질에 반하는 것이다. 그리하여 수정인가는 법률에 특별한 규정이 있는 경우를 제외하고는 허용되지 않는다고 주장한다. 부정설이 다수설이다.

(3) 검토

수정인가를 허용하여야 할 현실적인 필요성이 있음을 부정할 수는 없지만, 인가의 본질은 사인의 법률행위 효력을 완성시켜 주는 데 그치는 보충적 행위라는 점에 있다고 볼 때 수정인가는 법률의 특별한 규정이 있는 경우를 제외하고는 허용되지 않는다고 보는 부정설이 타당하다.

3. 사안의 검토

사안에서 버스회사가 결정한 운임표(500원으로의 인상)에 대해서 관할 행정청이 인가를 거부하는 결정을 하지 않고 450원으로 인상하는 인가를 한 것은 수정인가에 해당하므로 부적법하다고 볼 것이다.

Ⅳ. 사안의 해결

관할행정청의 처분은 강학상의 인가에 해당하는바, 동 행정청이 450원으로 인가한 것은 수정인가에 해당하여 인가의 본질에 반하므로 위법함을 면치 못할 것이다.

4. 행정행위의 취소와 철회

기 출

도서관 구내식당 허가, 철회, 행정상 의무이행확보수단

제54회 행정고시 일반행정직 합격 고 승 진

행시 제55회(11년)

甲은 K국립도서관의 허가를 받아 지하에서 4년 동안 구내식당을 운영하여 왔다. 그런데 K 국립도서관은 당해 시설을 문서보관실 등의 용도로 직접 사용할 필요가 발생하자, 허가를 취소하고 甲의 구내식당을 반환하여 줄 것을 요구하였다. 이에 대해 甲은 사용기간이 아직 1년이 남아있다고 주장하며 구내식당의 반환을 거부하였다. K국립도서관의 취소행위가 적법한지 여부와 구내식당을 반환받기 위한 K국립도서관의 행정법상 대응 수단에 관하여 설명하시오. (25점)

C/O/N/T/E/N/T/S

Ⅰ. 논점의 정리

도서관 구내식당 허가의 법적성질이 공법상의 행정행위인지, 사법상 임대차계약인지 검토하고 행정행위라면 허가취소가 강학상 직권취소인지 철회인지 살펴본 후 사안의 경우 철회에 해당하는 것으로 보이는 바, 행정행위의 철회에 관한 논의를 통해 허가취소가 적법한지 판단한다. 아울러 허가취소의 적법여부와 별도로 K도서관이 구내식당을 반환받기 위한 수단으로서 행정상 대집행, 직접강제, 이행강제금에 대해 검토한다.

Ⅱ. 행정작용의 법적성질

1. 구내식당 영업허가의 법적성질

(1) 강학상 행정행위

도서관 내 식당 영업허가는 공물의 목적 외 사용에 해당한다. 이러한 목적 외 사용허가의 법적 성질을 두고 강학상의 행정행위설과 사법상 임대차계약설의 대립이 있다. 국유재산과 공유재산의 사용관계가 관리청이 공권력을 가진 우월적 지위에서 행하는 것으로서 국유재산법에서 허가의 취소·철회라는 용어를 사용하고 있는 점으로 보건대, 행정행위로 봄이 타당하다고 생각하며 다수설과 판례의 입장도 동일하다.

(2) 강학상 특허

허가는 일정한 요건을 갖춘 경우에 일반적으로 금지된 영업의 자유를 회복하는 정도만 형성하여 주는데 반하여, 특허는 공익을 고려하여 일반인에게는 허용되지 않는 특권을 새로이 설정하여 주는 것이다. 설문의 경우 국립도서관의 지하층 일부에 대한 식당사용허가는 후자에 해당하는 것으로서 강학상의 특허라고 봄이 타당하다.

2. 영업허가 취소의 법적 성질

K도서관의 구내식당 영업허가취소는 적법한 허가 이후에 당해 시설을 문서보관실 등의 용도로 직접 사용할 필요가 발생한 경우이다. 따라서 허가 당시의 위법을 제거하기 위해 소급하여 처분의 효력을 소멸시키는 직권취소가 아니라, 적법하게 발령된 처분을 장래에 대하여 효력을 소멸시키는 강학상 철회에 해당한다.

Ⅲ. 영업허가 취소의 적법성

1. 철회의 근거

(1) 견해의 대립

행정청의 철회권 행사시 법적 근거가 필요한 지에 대해 긍정설은 수익적 행정행위의 철회는 본질적인 영업의 자유에 대한 제한이므로 본질성설 내지 중요사항유보설의 입장에서 급부국가원리상 법률의 근거가 있어야 한다고 본다. 반면, 부정설은 사정변경에 대비하여 공익을 위해 탄력적인 행정이 가능하도록 하는 철회의 속성상 법률의 근거가 필요 없다고 본다. 판례는 불요설의 입장이다.

(2) 검토 및 설문에의 적용

수익적 행정행위의 철회는 침익적이므로 법적 근거가 필요하다고 보는 견해가 타당하다고 생각된다. 설문의 경우는 국유재산법 제36조가 철회의 법적 근거가 될 수 있으며, 판례에 따르면 법적근거가 없더라도 철회가 가능하다.

2. 철회사유

철회를 하기 위하여서는 다수설과 판례에 따르면 ① 철회권의 유보 ② 부담의 불이행 ③ 중대한 사실상의 사정변경 ④ 법률상의 변경 ⑤ 중대한 공익상의 요청이 있는 경우이어야만 한다. 설문의 경우 K도서관의 공간이 부족하여 문서보관실로 식당을 전용할 필요가 생긴 것은 중대한 사실상의 사정변경이나 중대한 공익상의 요청이 있는 경우에 해당한다고 볼 수 있다.

3. 철회권 행사의 제한

설사 철회사유가 인정된다고 하더라도 철회가 항상 가능하고 적법한 것이 아니라 ① 철회 이외의 보다 경미한 수단이 있는지 ② 영업전부에 대한 철회 보다는 일부철회가 가능한지를 고려하여야 한다. ③ 또한 철회권 행사시 비례의 원칙이나 신뢰보호의 원칙 등 일반원칙도 충족해야 한다.

설문의 경우 영업허가의 일부취소나 다른 수단이 존재하는 것으로 보이지 않고, 비록 1년의 사용기간이 남아있기는 하지만 도서관 본래사용의 목적인 문서보관실의 부족에 따른 공간확보라는 공익이 甲의 영업의 자유라는 사익보다 크다고 보여지므로 철회권의 행사는 비례의 원칙이나 신뢰보호의 원칙에 반하지 않는다.

Ⅳ. 도서관의 행정법적 대응수단

1. 구내식당반환의무의 성질

행정의 실효성 확보수단을 강구하기 위해서는 우선적으로 의무의 성질을 파악하여야 한다. 설문의 구내식당 반환의무는 일종의 인도의무 내지 명도의무로서 비대체적인 작위의무에 해당한다.

2. 대집행

행정상 대집행이란 의무의 불이행시 행정청이 스스로 또는 제3자로 하여금 대체적 작위의무를 대신 이행하는 것을 의미한다. 대집행을 실시하기 위해서는 ① 공법상 의무 불이행이 있을 것 ② 대체적 작위의무일 것 ③ 의무실현 가능한 대체수단이 없을 것 ④ 공익상의 요청이 있을 것을 요구한다. 설문에서는 인도·명도의무라는 비대체적 작위의무에 대해서도 대집행을 실시할 수 있는지가 문제되는데, 일신전속적 의무에 대해서는 대집행이 불가하다는 것이 다수설과 판례의 입장이다.

3. 직접강제

직접강제란 의무불이행이 있는 경우 행정청이 직접 의무의 대상이 되는 신체나 재산에 실력을 가하여 의무이행 상태를 도모하는 강제집행이다. 설문의 경우 대집행이 불가능하므로 직접강제가 활용될 수 있으나 법적근거가 반드시 필요하다.

4. 이행강제금

직접강제의 경우 직접 신체에 실력을 가하는 것으로서 인권침해의 소지가 발생할 수 있기 때문에 인도적인 방법으로서 이행강제금이 활용될 수 있다. 그러나 이행강제금을 부과하기 위해서는 법적 근거가 반드시 필요하다.

V. 사안의 해결

(1) K도서관 구내식당 영업허가는 공법상 행정행위이고 강학상 특허이다. 그리고 허가취소는 강학상 철회에 해당한다.

(2) K도서관의 영업허가 취소는 법적 근거가 있고, 도서관의 본래 목적인 문서보관실 확보라는 중대한 공익상의 요청이 있으며, 이러한 공익이 甲의 사익보다 크다고 보여지므로 영업허가 취소는 적법하다.

(3) 구내식당 반환의무는 비대체적 작위의무로서 대집행이 불가능하고 법적 근거가 있다면, 직접강제나 이행강제금 부과가 가능하다.

교/수/강/평

김 향 기 (성신여자대학교 법대 교수)

여기서 검토할 쟁점은 K국립도서관의 취소행위의 적법여부와 식당반환을 위한 행정법상 대응수단이다. 이를 해결하기 위해 우선 K국립국립도서관의 구내식당 운영허가의 법적 성질을 검토해야 하는바, 행정재산의 목적외 사용(공물의 사법상 계약에 의한 사용)의 근거(국유재산법)와 사용관계의 성질에 관한 학설・판례, 국유재산법상의 사용・수익자의 의무(동법 제38조의 취소・철회된 경우 원상회복의무)와 취소・철회(동법 제36조, 제37조)에 관해 설명한 후, 허가취소의 법적 성질(강학상 철회)을 검토한다. K국립도서관은 행정주체에 의하여 직접 행정목적에 공용되는 유체물이라는 점에서 공물인 행정재산이다. 따라서 구내식당은 국립도서관인 공물을 사용하는 관계로서 행정재산의 목적외 사용관계라 할 수 있다.

다음, 허가취소의 적법여부는, 허가취소는 허가시의 하자를 이유로 한 것이 아니라 사후에 사정변경을 이유로 한 것이므로 강학상 철회에 해당한다고 할 것이므로, 일반적인 철회사유와 국유재산법상의 사유를 검토한 후, 수익적 행정행위의 철회권의 제한에 관해 검토한 후 사안을 적용하여 해결한다.

식당반환을 위한 행정법상 대응수단은, 국유재산법 제74조 '행정대집행법'을 준용하여 철거하거나 그 밖에 필요한 조치를 할 수 있다.'는 근거에 의해 대집행 가능여부를 검토한 후 그 밖에 다른 조치수단을 알아본다. 다만, 甲은 허가철회로 인해 구내식당의 인도・명도의무가 있다는 점에서 대체적 작위의무라는 대집행의 요건충족에 문제가 있는바, 민사소송이나 공무집행방해죄 등이 논의될 수 있으며, 그 밖에 이행강제금이나 직접강제 등은 법적 근거가 문제된다.

5. 행정행위의 부관

기 출

행정행위의 철회와 부관에 대한 독립쟁송가능성

정 선 균 강사

행시 제52회(08년)

甲은 A區 구청장인 乙에게 임야로 되어 있는 자신의 토지 위에 건축을 하기 위해 토지형질변경행위허가를 신청하였다. 이에 乙은 당해 토지의 일부를 대지로 변경하고 그 나머지를 도로로 기부채납하는 것을 조건으로 토지형질변경행위를 허가하였다. 이에 따라 甲은 건물을 신축하였는데 신축건물이 기부채납 토지 부분을 침범하게 되자 乙은 토지형질변경행위허가를 취소하고, 그 대신에 기부채납 토지부분을 감축하여 주면서 감축된 토지에 대한 감정가액을 납부하도록 하는 내용의 토지형질변경 행위의 변경허가를 하였다. 그러나 甲이 감정가액을 납부하지 않고 준공검사를 마치지 못하는 사이에 예규로 설정된 사무처리기준이 변경되어 기부채납을 하도록 하는 의무가 면제되었다. 이에 甲은 금전납부의 부담을 없애 달라는 내용의 토지형질변경 행위의 변경허가를 신청하였으나, 乙은 甲이 금전납부의 부담을 이행하지 아니하고 준공검사를 마치지 않았다는 이유를 들어 甲의 신청을 반려하였다. (총 40점)

(1) 乙의 토지형질변경행위허가 취소의 법적 성질에 대하여 설명하시오. (10점)
(2) 甲이 금전납부의 부담만을 위법으로 하여 행정소송을 제기할 수 있는지 검토하시오. (15점)
(3) 乙의 반려행위에 대한 甲의 취소소송 제기가능성을 검토하시오. (15점)

C/O/N/T/E/N/T/S

Ⅰ. 쟁점의 정리

(1) 설문 (1)에서는 乙의 토지형질변경행위허가 취소가 그 문구에도 불구하고 강학상 철회에 해당하는지, 그리고 이를 재량행위로 볼 수 있는지 여부가 문제된다.

(2) 설문 (2)에서는 甲의 금전납부 부담의 법적 성질이 강학상 부관 중 부담에 해당하는지 여부와, 만약 부담에 해당한다면 이 부담만을 대상으로 하여 행정소송을 제기할 수 있는지 여부가 문제된다.

(3) 설문 (3)에서는 乙의 반려행위에 대한 甲의 취소소송 제기가능성과 관련하여, 거부행위가 취소소송의 대상이 되기 위하여 신청권이 필요한지 여부가 문제된다.

Ⅱ. 토지형질변경행위허가 취소의 법적 성질

1. 강학상 철회에 해당하는지 여부

(1) 철회의 의의

행정행위의 철회란 적법하게 성립된 행정행위의 효력을, 그 성립 후에 발생한 새로운 사정에 의하여 더 이상 존속시킬 수 없는 경우에, 장래의 방향으로 그 효력의 전부 또는 일부를 소멸시키는 행정행위를 말한다.

(2) 유사개념과의 비교

1) 직권취소와의 구별

행정청의 직권취소는 그 성립당시의 흠을 이유로 효력을 소멸시키는 행위라는 점에서, 흠 없이 성립을 하였으나 후발적 사유의 발생으로 효력을 소멸시키는 행위인 철회와 구별된다.

2) 실효와의 구별

실효는 적법한 행정행위의 효력이 행정청의 의사와 관계없이 일정한 사실의 발생에 의해 소멸된다는 점에서, 효력의 소멸이 행정청의 의사에 의하여 좌우되는 철회와 구별된다.

(3) 사안의 경우

사안의 토지형질변경행위허가취소는 취소라는 표현을 쓰고 있기는 하지만, 신축건물의 기부채납토지부분 침범이라는 후발적 사정을 원인으로 하여 토지형질변경행위허가의 효력을 소멸시키는 행위라는 점에서 강학상 '철회'에 해당한다.

2. 재량행위에 해당하는지 여부

(1) 기속행위와 재량행위의 구별기준

재량은 입법자의 의사에 의해 행정기관에 부여되는 것이므로 법령규정이 일차적 기준이 된다고 보아야 할 것이다. 다만 법령규정이 명확하지 않는 경우에는 보충적으로 법규의 취지와 목적 등을 고려하여 종합적으로 판단하여야 할 것이다. 판례도 기속행위와 재량행위를 구분하기 위해서는 당해 행위의 근거법규의 문언, 당해 행위의 성질, 당해 행위가 속하는 행정분야의 주된 목적과 특성 등을 모두 고려하여 사안에 따라 개별적으로 판단해야 한다는 것을 기본적인 입장으로 하고 있으나, 수익적 처분은 재량행위라고 판시하는 판례도 보인다.

(2) 사안의 경우

재량행위인지 여부의 판단에서 가장 중요한 기준은 관련법령의 해석인바, 주어진 문제에 관련법령이 언급되어 있지 않으므로 이에 대한 판단이 곤란한 측면이 없지 않으나, 보통 의무위반에 대한 제재적 행정처분의 성질을 갖는 철회는 재량행위로 규정하는 입법현실을 고려할 때 재량행위로 보는 것이 타당할 것이다.

Ⅲ. 부담만을 대상으로 하는 행정소송 제기의 가능여부

1. 甲의 금전납부 부담의 법적 성질

(1) 부담의 의의

강학상 부담은 행정행위의 주된 내용에 부수하여(부관의 성격), 상대방에게 작위·부작위·급부·수인 등의 의무를 과하는(하명의 성격) 부관을 의미한다.

(2) 사안의 경우

사안의 금전납부의 부담은 주된 행정행위인 토지형질변경행위에 부수하여, 甲에게 감정가액 납부의 의무를 가하는 하명의 성격도 가지고 있으므로 강학상 '부담'에 해당한다.

2. 부담만을 대상으로 하는 행정소송 제기의 가능여부

(1) 문제의 소재

부담이 위법하다고 판단될 때, 부담부 행정행위 전부를 대상으로 하여 행정소송을 제기하여야 하는지, 아니면 부담만을 대상으로 하여 행정소송을 제기할 수 있는지가 문제된다.

(2) 견해의 대립

1) 부담에 한정하여 독립제소가능성을 인정하는 견해

다수의 견해는 부관의 종류에 따라 구별하고 있다. 즉 부담은 그 자체가 독립된 행정행위이므로 주된 행정행위와 분리하여 독립적으로 취소소송을 제기할 수 있다고 한다(진정일부취소소송).

반면 부담이외의 기타 부관은 그 자체가 독립된 행정행위의 성격을 갖지 않고 주된 행정행위의 일부에 해당하기 때문에, 부관부 행정행위 전체를 대상으로 취소소송을 제기하여야 하며, 다만 이들이 주된 행정행위의 중요한 요소가 아닌 경우에는 행정소송법 제4조 제1호에 근거하여 부관만의 취소를 구하는 취소소송을 제기할 수 있다는 견해를 취하고 있다(부진정일부취소소송).

2) 분리가능성이 있는 부관만이 독립제소가 가능하다는 견해

부관이 분리가 가능하고 하자가 있는 경우에는 부관만을 대상으로 하여 취소소송을 제기할 수 있으나, 부관이 주된 행정행위의 본질적인 요소를 이루고 있는 경우에는 부관부 행정행위 전체를 대상으로 하여 취소소송을 제기하여야 한다는 입장이다.

3) 모든 부관에 대한 제소가능성을 인정하는 견해

부담의 행정행위성 마저 부인하는 전제에서 출발하는 이 견해는, 부담을 포함한 모든 부관은 주된 행정행위와(본안에서) 분리가능하기 때문에 취소소송의 대상이 될 수 있으며 여기서 소송형태는 부관의 종류와 무관하게 부진정일부취소소송이 된다고 본다.

(3) 판례의 입장

판례는 부담은 처분성이 인정되기 때문에 주된 행정행위로부터 독립하여 취소소송의 대상이 될 수 있지만(진정일부취소소송), 기타 부관은 주된 행정행위의 불가분적

요소를 이루고 있기 때문에 독립하여 취소소송의 대상이 될 수가 없고, 부관부 행정행위 전체를 소송의 대상으로 하여 취소소송을 제기하여야 한다는 입장이다(전체취소소송).

(4) 검토(=부담에 한정하여 독립제소가능성을 인정하는 견해)

독립제소가능성은 취소소송의 대상인 처분성 인정여부와 관련된 문제이므로 부관 중 그 자체가 독립된 처분성을 가지는 부담에 대해서만 독립제소가능성을 인정하고, 기타 부관의 경우에는 독립된 처분성을 인정할 수 없으므로 부관부 행정행위 전체를 대상으로 하여 취소소송을 제기하되, 국민의 권리구제를 위해 부관만의 취소를 구할 수 있다고 보아야 할 것이다.

(5) 사안의 경우

甲의 금전납부의 부담은 강학상 부담으로서, 부담은 부관의 성질도 가지고 있지만 하명으로서 행정행위의 성질도 가지고 있으므로 주된 행정행위와는 독립된 처분성을 가지고 있다고 생각한다. 따라서 甲의 금전납부의 부담만이 위법하다면 위법한 부담만을 대상으로 하여 행정소송의 제기가 가능하다고 본다.

Ⅳ. 乙의 반려행위에 대한 甲의 취소소송 제기가능성

1. 대상적격 충족여부

(1) 처분의 개념요소

행정소송법 제19조에서 "취소소송은 처분을 대상으로 한다"고 규정하고 있고, 동법 제2조 제1항 제1호는 처분의 개념을 '행정청이 행하는 구체적 사실에 관한 법집행으로서 공권력의 행사 또는 그 거부와 그 밖에 이에 준하는 행정행위' 라고 정의하고 있다.

이와 같은 행정소송법의 처분개념을 분석하면, ① 행정청의 행위이어야 하고, ② 구체적 사실에 관한 법집행행위로서 ③ 공권력의 행사에 해당하여야 하며, ④ 외부에 대한 법적 행위로서 국민의 권리·의무에 직접적 영향을 미치는 것이어야 한다.

(2) 거부행위가 처분성을 갖기 위해 갖추어야할 요건

1) 판례의 태도

판례는 거부행위가 항고소송의 대상인 행정처분이 되기 위해서는 "① 그 신청한 행위가 공권력의 행사 또는 이에 준하는 행정작용이어야 하고, ② 그 거부행위가 신청인의 법률관계에 어떤 변동을 일으키는 것이어야 하며, ③ 그 국민에게 그 행위발동을 요구할 법규상 또는 조리상의 신청권이 있어야만 한다" 고 판시하여 신청권을 요구하는 입장이다.

2) 학설의 입장

이러한 판례의 태도에 대하여 ① 판례가 요구하는 신청권은 원고가 당해 재판에서 개별적·구체적으로 재판을 받을 이익이 있는가의 문제인 원고적격과는 달리 당해 처분의 근거법규 혹은 조리에 의하여 일반적·추상적으로 인정되는 신청권이므로, 판례와 같이 대상적격의 문제로 보는 것이 타당하다는 견해, ② 신청권은 권리이므로 원고적격의 문제라는 견해, ③ 신청권의 존재는 본안의 문제로서 판례의 태도는 처분의 개념을 부당하게 제한하는 것이라는 견해 등이 대립하고 있다.

3) 검토

어떠한 거부행위가 항고소송의 대상이 되는 처분에 해당하는가의 여부는 그 거부된 행위가 행정소송법 제2조 제1항 제1호의 처분에 해당하는가의 여부에 따라 판단하는 것이 논리적이라고 생각한다. 따라서 신청권은 원고적격의 문제로 보아야 할 것이다.

(3) 사안의 경우

甲이 신청한 토지형질변경행위의 변경허가는 행정청의 구체적 사실에 대한 법집행으로서 공권력의 행사에 해당하는 것으로서, 그에 대한 반려행위는 甲의 재산권 등 권리행사에 변동을 일으킨다고 볼 수 있다. 따라서 乙의 반려행위는 취소소송의 대상적격을 충족한다.

2. 원고적격 충족여부

(1) 행정소송법 제12조의 해석

행정소송법 제12조 제1문은 처분등의 취소를 구할 법률상 이익이 있는 자가 취소소송을 제기할 수 있다고 규정하고 있다.

여기의 법률상 이익의 의미와 관련하여 견해의 대립이 있으나, 문자의 표현 그대로 처분의 근거법률이 보호하는 이익, 즉 권리로 보아야 할 것이다.

결국 사안과 같은 거부처분의 취소를 구하는 경우에는 근거법률에 따라 처분을 받을 권리, 즉 신청권이 인정되는 경우에 원고적격이 인정된다.

(2) 사안의 경우

도시계획법령이 토지형질변경행위허가의 변경신청 및 변경허가에 관하여 아무런 규정을 두지 않고 있을 뿐 아니라(법규상 신청권 부정), 처분청이 처분 후에 원래의 처분을 그대로 존속시킬 필요가 없게 된 사정변경이 생겼거나 중대한 공익상의 필요가 발생한 경우에는 별도의 법적 근거가 없어도 별개의 행정행위로 이를 철회·변경할 수 있지만, 이는 그러한 철회·변경의 권한을 처분청에게 부여하는 데 그치는 것일 뿐 상대방 등에게 그 철회·변경을 요구할 신청권까지를 부여하는 것은 아니라 할 것이므로(조리상 신청권 부정), 사안의 경우에 법규상 신청권 뿐만 아니라 조리상의 신청권도 인정되지 않는다고 할 것이다. 따라서 甲에게 신청권이 인정되지 않으므로 甲의 원고적격은 인정되지 않는다.

Ⅴ. 사안의 해결

(1) 설문 (1)에서 乙의 토지형질변경행위허가에 대한 취소는 신축건물의 기부채납토지부분 침범이라는 후발적 사정을 원인으로 하여 토지형질변경행위허가의 효력을 소멸시키는 행위라는 점에서 강학상 '철회'로서 재량행위에 해당한다.

(2) 설문 (2)에서 甲의 금전납부의 부담은 강학상 부담으로서 주된 행정행위와는 독립된 처분성을 가지고 있다. 따라서 甲의 금전납부의 부담만이 위법하다면 위법한 부담만을 대상으로 하여 행정소송의 제기가 가능하다.

(3) 설문 (3)에서 乙의 반려행위는 취소소송의 대상적격을 충족하나, 법규상 또는 조리상으로도 신청권이 인정되지 않으므로 갑의 원고적격은 인정되지 않는다. 따라서 甲의 취소소송의 제기는 각하될 것이다.

교/수/강/평

정 하 중 (서강대학교 법대 교수)

(1) 토지형질변경허가의 취소의 법적 성격에 대하여 묻고 있는바, 이는 적법하게 성립한 행정행위를 후발적 사정(기부채납토지부분의 침범)을 이유로 그 효력을 소멸시키는 철회의 성격을 갖는다. 수익적 행정행위의 철회를 위하여 법적 근거를 요하는지는 다툼이 있으나 판례는 행정의 공익적합성을 이유로 불필요하다는 입장을 취하고 있다. Ⅱ.1.에서는 철회의 의의, 유사행위의 구별, 재량행위 여부 등에 대하여 검토하였는바, 무난한 답안이라고 판단된다.

(2) 금전납부의 부담만을 위법으로 하여 행정소송을 제기할 수 있는지 여부에 대하여 묻고 있다. 부관의 가쟁성에 대하여는 학설의 대립이 있는바, ① 부담에 대하여는 진정일부취소소송, 기한, 조건, 철회권유보 등 여타의 부관에 대하여는 부진정일부취

소소송을 제기할 수 있다는 견해, ② 분리가능성에 따라 판단하여야 한다는 견해, ③ 모든 부관에 대하여 부진정일부취소소송을 제기할 수 있다는 견해가 대립되고 있으나 ①의 견해가 다수설이다. 판례는 부담의 경우에는 독립제소가능성을 취하고 있는 반면, 기타의 부관에 대하여는 부관부행정행위 전체를 대상으로 제소를 하여야 한다는 입장을 취하고 있다. 사안에서는 다수설과 판례의 입장에 따라 금전납부의 부담만을 대상으로 행정소송을 제기할 수 있다고 볼 것이다. Ⅱ.2.에서는 학설의 대립과 판례의 입장을 다룬 후에 결론을 도출하고 있는바 좋은 답안이라 평가된다.

(3) 토지형질변경행위의 변경허가의 신청에 대한 반려행위에 대한 취소소송의 제기가능성에 대하여 묻고 있는바, 행정청의 거부행위가 취소소송의 대상이 되는 거부처분이 되기 위하여는 조리상 법규상 신청권이 있어야 한다는 것이 판례의 일관된 입장이다. 이와 같은 판례의 입장은 ① 신청권은 권리이므로 원고적격에 관한 문제로 보는 것이 타당하다는 견해, ② 신청권의 존부여부는 본안의 문제라는 견해에 의하여 비판을 받아왔다. 이에 대하여 대법원은 거부처분취소소송에서 "신청권의 존부는 구체적 사건에서 신청인이 누구인가를 고려하지 않고 관계 법규의 해석에 의하여 일반 국민에게 그러한 신청권을 인정하는가를 살펴 추상적으로 결정되는 것이고, 신청인이 그 신청에 따른 단순한 응답을 받을 권리를 넘어서 신청의 인용이라는 만족적인 결과를 얻을 권리를 의미하는 것은 아니다"하고 판시하고 있다. 그러나 실제로 신청권이 있는가 여부를 본안에서 판단할 문제라고 한다면, 추상적 신청권의 존재여부는 거부처부의 개념에 속한 것이 아니라, 여전히 원고적격에 관한 문제로 보아야 할 것이다. Ⅳ.1.에서는 신청권의 존부여부가 쟁점이 되고 있는바, 판례의 입장에 따라 처분성 검토에서 신청권을 검토하든지 또는 모범답안과 같이 원고적격에서 신청권을 검토하든지 점수상에 차이가 없으리라 생각한다. 모범답안은 대법원 판례(대판 1997. 9. 12. 선고 96누6219)의 입장에 따라 원고의 법규상 조리상 신청권이 존재하지 않는다고 하여 원고적격을 부인하고 있으나, 토지형질변경허가에 대한 신청권이 존재한다면, 사후에 새로운 사정이 발생할 경우에 토지형질변경허가의 변경에 대한 신청권을 부인할 이유가 없다는 것이 필자의 견해이다. 토지형질변경허가가 판례의 입장에 따라 재량행위의 성격을 갖는다면, 원고는 토지형질변경허가여부에 대하여 행정청에게 하자없이 재량을 행사하여 줄 것을 요구하는 무하자재량행사청구권을 갖고 있으며, 이후에 새로운 사정이 발생될 경우에는 토지형질변경허가의 변경에 대하여 하자없이 재량을 행사하여줄 것을 요구하는 무하자재량행사청구권을 갖는다고 보아야 할 것이다. 실제로 변경허가의 변경신청에 대하여 하자있는 재량결정이 내려졌는지는 본안에서 판단할 사안이다. 이러한 관점에서 향후 판례변경을 기대하여 본다.

부관의 하자와 쟁송법상 구제수단

행시 제45회(01년)

제42회 사법시험 합격 최 보 원

乙 시장은 도심도로에서의 무질서한 상행위를 근절시키기 위하여 무허가 노점상을 전면 금지함과 동시에 예외적으로 몇개소를 지정하여 신청자를 상대로 노점시장사용허가를 해 주기로 하였다. 甲은 노점시장 사용허가를 신청하였는 바, 乙 시장은 甲에게 사용허가를 해 주면서

(1) 행정청은 공익상 필요에 의하여 언제든지 노점시설 사용허가를 철회할 수 있다.

(2) 노점시설 영업을 타인에게 양도할 때에는 시장의 인가를 얻어야 한다.

(3) 제세(諸稅) 및 공과금(公課金) 이외에 영업소득의 20%를 市에 납부하여 도로정비 목적으로 사용하도록 한다.

(4) 계약기간은 1년으로 한다.

(5) 위 사항을 위반할 때에는 언제든지 노점시설 사용허가 처분을 취소할 수 있다고 하는 내용의 조건을 부가하였다.

이에 甲은 위 조건의 내용이 너무 과중하다고 생각하여 소송으로 다투려고 한다. 그 방법과 승소 가능성에 대하여 논하시오.(50점)

advice

아래 설문과 다른 방식의 논리전개과정을 부담과 그 이외의 부관을 나누어 살펴보면,

(1) 부담부 행정행위의 경우

각 행정행위의 법적 성질 → 부관의 독립쟁송가능성(소송요건) → 부관의 위법성(부관의 한계) → 부관의 독립취소가능성

(2) 기타 부관부 행정행위

각 행정행위의 법적 성질 → 부관의 독립쟁송가능성(진정일부취소소송가능여부) → 부관의 쟁송형태(부진정일부취소소송가능여부) → 부진정일부취소소송부정시 부관부행정행위의 위법성 검토(만일, 부진정일부취소소송 인정시 부관의 위법성과 독립취소가능성을 검토)

C/O/N/T/E/N/T/S

Ⅰ. 문제의 소재

사안은 乙시장이 노점시장사용허가라는 행정행위를 함과 동시에 그것에 일정한 조건을 붙인 경우 조건자체의 하자를 이유로 甲이 소송상 구제 수단을 강구하는 것이다. 부관의 하자와 쟁송법상 구제수단에 관한 문제라고 할 수 있다.

우선 노점시장사용허가의 법적성질이 부관의 허용성과 관련하여 문제되며, 사안상 각종 부관의 법적성질이 부관의 하자 즉, 위법성과 관련하여 문제된다. 다음으로 각각의 부관의 위법성에 대한 검토가 필요하다. 그리고 항고소송 중 취소소송을 통해 부관과 그 행정행위의 하자를 다툴 경우 부관의 독립쟁송가능성과 독립취소가능성이 문제된다.

Ⅱ. 행정작용의 법적성질

1. 노점시장사용허가의 법적성질

일정 행위가 사회적으로 바람직하지 않은 것으로서 법령상 원칙적으로 금지되어 있으나, 예외적인 경우에는 이러한 금지를 해제하여 당해 행정행위를 적법하게 할 수 있게 하여 주는 행위를 '예외적인 허가'라 한다.

사안의 노점시장사용허가는 예외적으로 무허가노점상금지를 해제하여 주는 것으로서 예외적 허가이며 일종의 수익적 행정행위라 할 수 있겠다. 또한 법령해석상 재량행위로 규정되는 경우가 많다.

2. 각종 부관의 법적성질

(i) 공익상 필요에 의해 언제든지 철회할 수 있도록 한 것과 (ii) 각각의 사항 위반시 언제든지 철회할 수 있도록 한 것은 '철회권의 유보'이며, (iii) 타인에게 영업을 양도할 경우 인가를 받도록 한 것과 (iv) 영업소득의 20%를 납부하도록 하는 것은 '부담'이라고 볼 수 있다. 구체적인 사건에서 부담과 그 외 조건 특히 해제조건과의 구별이 쉽지 않은 바, 목적수행성으로 판단하고 그래도 판단이 어려울 경우 국민에게 보다 유리한 부담으로 추정하는 것이 대체적인 입장이다. 그리고 (v) 계약기간을 1년으로 한 것은 기한이다.

Ⅲ. 각종 부관의 위법성

1. 부관의 허용성

부관은 법률행위적 행정행위 중에서도 재량행위에만 붙일 수 있다고 보는 것이 지배적 견해이다. 기속행위 또는 기속재량의 경우 행정청은 법규에 엄격히 기속되어 그 효과를 제한하는 의미로서의 부관은 붙일 수 없기 때문이다. 대법원도 기속행위에나 기속재량행위에도 부관을 붙일 수 없고, 붙였다 하더라도 이는 무효라고 판시한 바 있다.

사안의 경우 각종의 부관이 붙은 노점시장사용허가는 예외적 허가이며 수익적 행정행위로서 대개의 경우 법령의 해석상 재량행위인 경우가 많다. 또한 사안상 달리 생각할 특별한 사정도 없으므로 부관의 허용성은 일단 긍정된다고 볼 수 있을 것이다.

2. 부관의 위법성

(1) 문제점

부관은 법령에 위배되지 않아야 하며, 비례원칙, 평등원칙 등의 법의 일반원칙에 위반되지 않아야 하며 목적상 부당결부된 것이 아니어야 한다. 그리고 이행가능성이 있어야 함은 물론이다. 이들의 기준으로 사안상 각각의 부관의 위법성을 검토해 보기로 한다.

(2) 검토

① 공익상 언제든지 철회할 수 있도록 한 것과 각 조건들의 위반시 노점시설사용 허가처분을 취소할 수 있도록 한 것은 철회권의 유보로서 일단 행정행위 발령당시 권한있는 행정청에 의해 부과된 것이라면 적법하다. 신뢰보호원칙의 제한을 받지도 않는다. 다만, 철회요건 충족여부는 문제될 수 있다.

② 1년의 계약기간을 정한 것도 달리 부당하게 짧은 기간이라고 볼 사정이 없다면 적법하다.

③ 노점시설의 영업양도시에 시장의 인가를 얻도록 한 것은 제3의 법률행위를 보충하여 그 법률적 효력을 완성시켜 주는 전형적인 행정상 '인가'로서 사인간의 법률행위를 수정하여 인가하려고 하는 경우가 아닌 한 반드시 법령상 명시적인 근거가 없어도 된다. 사안의 인가도 사업양도의 경우에 보통 부과될 수 있는 것으로서 특별한 하자가 있다고 할 수 없다.

④ 영업소득의 20%를 도로정비 목적으로 사용하도록 한 것은 일종의 부담이다. 그런데 법령에 의해 일정한 수익적 행정행위를 할 경우 행정청이 법령에 근거하지

않고 부담금을 재량으로 부과하는 것은 헌법상 원칙인 조세법률주의에 위반될 수 있다. 행정청의 각종 부담금 또한 조세와 같은 정도로 국민에게 침익적인 작용을 하기 때문이다. 또한 노점시설사용허가와 도로정비목적의 부담금 납부가 부당결부금지원칙상의 목적적 관련성과 원인적 관련성을 충족시키는지에 관하여는 의문의 여지가 있다. 또한 납부금액이 제세 및 공과금외에 영업소득의 20%에 달하는 것도 지나치게 과다하여 비례원칙에 위반된다고 볼 소지도 크다.

따라서 사안의 각종의 부관들 중 부담금납부부담은 조세법률주의에 위반되고 부당결부금지원칙과 비례원칙 등에 위반되어 위법하다.

3. 하자의 정도

행정행위에 하자가 있는 경우 그것이 무효사유에 해당되는 것인지 취소사유에 그치는 하자인지를 판단하는 기준에 관하여 견해가 대립되고 있다. 행정법규의 성질을 중대성 판단의 기준으로 삼으며 중대한 하자가 있으면 행정행위를 무효로 보는 중대설과, 하자가 중대한 법규의 위반이며 동시에 그것이 외관상 명백한 것일때에 한하여 무효로 보는 중대・명백설, 하자의 중대성은 무효판단의 필수적 요건이 되나 명백성은 이해관계를 가지는 제3자가 있는 경우에 보충적으로 요구되는 것이라고 보는 명백성보충설이 있다. 판례의 경우는 명백성보충설의 입장도 있으나 중대・명백설의 입장을 취한 것이 주류적이다.

법적안정성과 행정의 실효성확보, 관계인의 이익보호의 조화를 위해서 중대・명백설이 보다 타당한 것으로 보이며 이에 따를 경우 사안의 부담금부과의 부관의 하자는 중대한 것이기는 하지만 반드시 명백하다고 보기는 쉽지 않으므로 취소사유 정도의 하자가 있는 것으로 볼 수 있다.

Ⅳ. 부담금부과의 하자에 대한 쟁송법상 구제방법

1. 문제점

부관에 취소사유인 하자가 있는 경우 쟁송법상 구제수단으로서 항고소송 중 취소소송을 통한 권리구제가 주로 논의되어 질 수 있다. 이 경우 부관자체만을 독립으로 다툴 수 있느냐의 문제가 제기되며 이것이 부관의 독립쟁송가능성의 문제이며, 그 구체적 소송형태와 관련하여 부진정일부취소소송의 인정가능성이 문제된다. 그리고 부관만 독립하여 취소할 수 있는가의 문제가 제기될 수 있다.

2. 부관의 독립쟁송가능성

(1) 학설

독립쟁송가능성을 부관의 처분성의 문제로 보는 처분성설, 소의 이익이 인정되는 한 독립쟁송가능성은 긍정된다는 소익설, 부관이 본체인 행정행위와 분리되어 다투어질 수 있느냐의 문제이며 이것은 독립취소가능성과 밀접한 관련을 가진다는 분리가능성설이 있다.

(2) 판례

대법원은 기부채납부과사건과 도로점용허가에 20년의 기한을 부과한 사건에서 부관 중 부담의 경우만 독립하여 취소소송을 통해 다툴 수 있는 것으로 판시하고 있다.

(3) 검토 및 사안의 경우

독립쟁송가능성은 독일법상 부담이 아닌 기한 등의 부관이 독립적으로 소송상 다투어지면서 활발히 논의되었던 문제로서, 처분성이나 소익의 문제가 아니라 부관만 독립적으로 다툴 수 있느냐의 분리가능성의 문제이며 다소 추상적인 이러한 개념은 독립취소가능성과 연결되어 구제수단으로 기능하게 된다.

이에 따를 경우 사안의 20%의 부담금 부담 부관은 독립해서 다툴 수 있는 분리가능성 있는 문제로 볼 수 있다.

3. 구체적인 소송형태

(1) 학설

학설의 주도적인 입장은 행정소송법 제4조 제1호의 '변경'의 의미와 관련하여 부진정일부취소소송을 긍정한다. 그리고 부관의 하자를 다툴 경우 이에 의하자는 견해가 많다.

(2) 판례

부진정일부취소소송을 인정하지 않고 있으며, 역시 부관의 경우 부담만 독립하여 취소소송의 대상이 된다고 하고 있다.

(3) 검토

행정소송법 제4조 제1호의 법문의 해석상 부진정일부취소소송을 인정하지 못할 이유가 없다. 그러나 사안의 경우 부담금 부과는 부담의 일종이므로 견해의 대립은 권리구제상 큰 차이를 가져오는 것은 아니다.

4. 독립취소가능성

(1) **학설**

① 1설은 독립취소가능성은 부관이 주된 행정행위의 중요요소였는지에 관한 문제로서 중요요소인 경우 독립취소가능성은 부정된다고 한다. 권력분립의 원칙, 일부무효의 법리를 근거로 하여 행정청의 입장을 중요시하는 입장이라고 할 수 있다.

② 2설은 재량행위에 붙인 부관은 독립취소가능성이 없고, 기속행위에 붙인 부관의 경우는 독립취소가능성이 있다는 견해이다.

③ 3설은 독립취소가능성을 이유유무의 문제 즉, 위법성 여부의 문제로 보는 견해이다. 위법성이 긍정되면 독립취소가능성을 긍정하고 부관만 취소되는 경우 행정청은 행정소송법 제30조의 판결의 기속력 하에서 새로이 부관을 부과하면 된다는 입장이다.

(2) **판례**

판례의 경우는 부담의 경우만 독립취소가 가능하다는 데에 변함이 없다.

(3) **검토 및 사안의 경우**

법원은 위법성의 판단을 통해 취소여부를 결정하면 되고 행정청의 의사에 구속되어 판단을 내릴 필요는 없다는 면에서 1설은 타당하지 못하고, 2설은 독일의 경우 독립가쟁성의 논의로 보는 것으로 독립취소가능성을 그렇게 판단할 이유가 없으며 또한 권리구제의 폭을 현저히 좁힌다는 측면에서도 타당하지 못하다. 따라서 행정소송의 기능과 기속력을 고려하고 권리구제의 폭을 넓히는 3설의 입장이 타당하다.

V. 사안의 해결

(1) 사안의 乙시장의 노점시장사용허가는 예외적 허가로서 수익적 행정행위이다. 그리고 시장이 부과한 각종의 조건들은 행정법상 부관으로서 철회권의 유보, 기한, 부담 등으로 볼 수 있다.

(2) 부관의 허용성과 관련하여서는 특히 문제되는 점이 없다. 그러나 부관의 하자와 관련하여 사안의 영업소득의 20%에 달하는 금액을 도로정비를 위해 납부하라는 부관은 부담이며 법령에 명시적인 근거가 없다면 조세법률주의에 반할 여지가 크다. 또한 부당결부금지원칙의 목적적·원인적 관련성이 인정되기 어려우며 설혹 인정된다고 하더라도 20%에 달하는 금액은 지나치게 많은 것으로 비례원칙에 위반될 소지가 크다.

(3) 이러한 하자는 무효·취소 구별에 관한 학설 중 중대·명백설에 의할 경우 취소사유있는 하자에 해당한다고 볼 수 있다.

(4) 甲은 이러한 하자를 취소소송을 통해 다투어 볼 수 있다. 이 경우 사안의 경우 문제되는 부관이 부담금 부과 부담이므로 판례의 입장을 따를 경우도 취소소송을 통해 다툴 수 있으나, 독립쟁송가능성에 관한 분리가능성설에 따라 분리가능성이 인정되고, 행정소송법 제4조 제1호를 부진정일부취소소송을 인정하는 것으로 해석하여 이를 활용할 수 있으며, 소가 제기된 경우 법원은 이유유무를 밝혀 위법성이 인정되면 독립하여 부관을 취소할 수 있다.

(5) 따라서 사안의 경우 甲은 영업소득 20%납부 부담의 하자를 이유로 그러한 부담만의 취소를 구하는 소를 제기 할 수 있고 법원은 당해 부관이 조세법률주의 위반, 부당결부원칙, 비례원칙에 위반하는 것을 이유로 甲의 청구를 인용할 수 있다.

이 경우 행정청은 행정소송법 제30조의 기속력에 따라 부담금 부과 없는 사용허가를 그대로 인정하거나 새로운 처분을 할 수 있다.

위법한 부담에 관한 취소소송 등

제50회 사법시험 합격 송 두 용

주택건설사업을 시행하려는 甲은 주택법 제16조에 정하여진 사업계획 승인을 받기 위하여 승인권자인 서울특별시장에게 관련 서류를 모두 구비하여 주택건설사업에 대한 사업계획승인 신청을 하였다. 서울특별시장은 "① 사업대상의 토지에 접하고 있는 甲 소유의 토지인 공원용지 약 13,686평, ② 사업대상의 토지에서 멀리 떨어진 甲 소유의 토지 약 50평을 사업계획에 따른 주택 건설공사의 준공 전까지 기부채납할 것"을 조건으로 하여 위 사업계획을 승인하였다.

(1) 사업계획승인의 법적 성질과, 기속행위와 재량행위에 대한 사법심사의 차이를 설명하라(5점).

(2) 甲은 기부채납에 대해서 취소소송을 제기하였다. 이러한 소송은 적법한가? 만약 적법하다면 법원은 기부채납을 취소할 수 있는가?(35점)

(3) 甲은 기부채납에 대해 취소소송을 제기하면서 집행정지신청을 하였다. 이는 인용될 수 있는가?(10점)

참·조·조·문

주택법

제16조 (사업계획의 승인) ① 대통령령으로 정하는 호수 이상의 주택건설사업을 시행하려는 자 또는 대통령령으로 정하는 면적 이상의 대지조성사업을 시행하려는 자는 사업계획승인신청서에 주택과 그 부대시설 및 복리시설의 배치도, 대지조성공사 설계도서 등 대통령령으로 정하는 서류를 첨부하여 다음 각 호의 사업계획승인권자(이하 "사업계획승인권자"라 한다. 국가 및 한국토지주택공사가 시행하는 경우와 대통령령으로 정하는 경우에는 국토해양부장관을 말하며, 이하 이 조 및 제17

조에서 같다)에게 제출하고 사업계획승인을 받아야 한다. 다만, 주택 외의 시설과 주택을 동일 건축물로 건축하는 경우 등 대통령령으로 정하는 경우에는 그러하지 아니하다.
1. 주택건설사업 또는 대지조성사업으로서 해당 대지면적이 10만 제곱미터 이상인 경우: 시·도지사 또는 「지방자치법」 제175조에 따라 서울특별시와 광역시를 제외한 인구 50만 이상의 대도시의 시장
2. 주택건설사업 또는 대지조성사업으로서 해당 대지면적이 10만 제곱미터 미만인 경우: 특별시장·광역시장·특별자치도지사 또는 시장·군수
③ 제1항에 따라 승인받은 사업계획을 변경하려면 변경승인을 받아야 한다. 다만, 국토해양부령으로 정하는 경미한 사항을 변경하는 경우에는 그러하지 아니하다.
④ 제1항의 사업계획은 쾌적하고 문화적인 주거생활을 하는 데에 적합하도록 수립되어야 하며, 그 사업계획에는 부대시설 및 복리시설의 설치에 관한 계획 등이 포함되어야 한다.
⑤ 사업계획승인권자는 제1항에 따라 사업계획을 승인할 때 사업주체가 제출하는 사업계획에 해당 주택건설사업 또는 대지조성사업과 직접적으로 관련이 없는 공공청사 등의 용지의 기부채납(기부채납)이나 간선시설 등의 설치에 관한 계획을 포함하도록 요구하여서는 아니 된다.

C/O/N/T/E/N/T/S

Ⅰ. 설문 (1)의 해결

1. 문제의 소재

주택법의 해석 등에 비춰볼 때 주택사업계획승인이 재량행위에 해당하는지, 만약 그러하다면 기속행위와 구별되는 재량행위에서의 사법심사의 방법은 무엇인지 문제된다.

2. 사업계획승인의 법적 성질

기속행위와 재량행위의 구분은 당해 행위의 근거가 된 법규의 체재·형식과 그 문

언, 당해 행위가 속하는 행정 분야의 주된 목적과 특성, 당해 행위 자체의 개별적 성질과 유형 등을 모두 고려하여 판단하여야 한다(대법원 2001. 2. 9. 선고 98두17593).

사업계획승인은 甲에게 이윤 창출의 기회를 제공하므로 수익적 행정행위에 해당하는 점, 승인받은 사업계획을 변경하려면 변경승인까지 받아야 하는 점(주택법 제16조 제3항), 쾌적하고 문화적인 주거생활에 대한 적합성(주택법 제16조 제4항)의 판단은 일의적이지 않은 점 등을 고려할 때 사업계획승인은 재량행위이다.

3. 기속행위와 재량행위에 대한 사법심사의 차이

기속행위의 경우 그 법규에 대한 원칙적인 기속성으로 인하여 법원이 사실인정과 관련 법규의 해석·적용을 통하여 일정한 결론을 도출한 후 그 결론에 비추어 행정청이 한 판단의 적법 여부를 독자의 입장에서 판정하는 방식에 의하게 되나, 재량행위의 경우 행정청의 재량에 기한 공익판단의 여지를 감안하여 법원은 독자의 결론을 도출함이 없이 당해 행위에 재량권의 일탈·남용이 있는지 여부만을 심사하게 되고, 이러한 재량권의 일탈·남용 여부에 대한 심사는 사실오인, 비례·평등의 원칙 위배, 당해 행위의 목적 위반이나 동기의 부정 유무 등을 그 판단 대상으로 한다(대법원 2001. 2. 9. 선고 98두17593).

4. 사안의 해결

사업계획승인은 수익적 행정행위이자 재량행위이고, 재량행위에 대한 사법심사의 강도는 기속행위에 대한 그것에 비해 덜 엄격하다.

Ⅱ. 설문 (2)의 해결

1. 문제의 소재

기부채납의 법적 성질이 무엇인지를 전제로 하여, 부관에 대해 본행정행위와는 독립적으로 취소소송을 제기할 수 있는지, 만약 일정한 범위 내에서 긍정할 경우 부관에 대해 독립취소가능성을 인정할 수 있을지 문제된다. 특히 사안의 기부채납의 위법성 판단의 경우 부당결부금지원칙 위반은 아닌지 역시 관련하여 문제된다.

2. 기부채납의 법적성질

행정행위의 부관이라 함은 행정행위의 효과를 제한 또는 보충하기 위하여 행정기관에 의해 주된 행정행위에 부가된 종된 규율을 의미한다. 부관 중에서 부담이라 함은 행정행위의 주된 내용에 부가하여 그 행정행위의 상대방에게 작위·부작위·급부·수인 등의 의무를 과하는 부관이다. 서울특별시장의 객관화된 의사 등을 고려하여 볼 때 사업계획승인의 효과의 발생을 기부채납에 의존시키는 것으로 볼 수 없고 오히려 기부채납은 사업계획승인과는 별개의 독립한 이행의무라고 할 수 있다. 그러므로 사안의 기부채납은 부담에 해당한다.

3. 기부채납에 대한 취소소송의 적법성

(1) 학설의 대립

① 부담에 대해서만 독립쟁송의 대상성을 인정하고 나머지 부관의 경우에는 부정하는 견해 ② 모든 부관에 대해 부진정일부취소쟁송(쟁송의 대상은 부관부 행정행위 전체이고, 소송물은 부관만의 위법성인 형태의 쟁송)이 가능하다는 견해 ③ 주된 행정행위와 분리하여 독자적으로 다툴 수 있는 분리가능성이 있는 경우에는 가능하다는 견해 ④ 부담은 진정일부취소쟁송으로 다툴 수 있고, 나머지 부관은 부진정일부취소쟁송으로 다툴 수 있다는 견해 등이 대립한다.

(2) 판례의 태도

행정행위의 부관은 종된 의사표시이지 그 자체로서 직접 법적 효과를 발생하는 독립된 처분이 아니므로 현행 행정쟁송제도 아래서는 부관 그 자체만을 독립된 쟁송의 대상으로 할 수 없는 것이 원칙이나 부관 중에서도 부담의 경우에는 다른 부관과는 달리 행정행위의 불가분적인 요소가 아니고 그 존속이 본체인 행정행위의 존재를 전제로 하는 것일 뿐이므로 부담 그 자체로서 행정쟁송의 대상이 될 수 있다고 한다(대법원 1992.1.21. 선고 91누1264).

(3) 검토

②설은 주된 행정행위와 부관간의 객관적 고찰에 소홀하고 ③설은 본안 문제를 대상적격에서 판단하는 문제가 있으며 ④설은 부관의 종속성을 간과하는 측면이 있으므로 판례의 태도가 타당하다.

(4) 사안의 경우

판례에 의할 때 부담에 대해서는 그 자체로 행정쟁송의 대상이 된다. 사안의 기부채납은 부담에 해당하므로 그것에 대해서만 취소를 구하였다고 하더라도 甲의 소송은 적법하다. 대상적격 외에 다른 소송요건을 미비하였다는 사정도 보이지 않는다.

4. 기부채납의 위법성

(1) 기부채납의 가능성

주택법 제16조 제5항은 기부채납을 부과할 수 있다는 것을 전제로 하고 있어, 동 조문이 기부채납 부과 가능성에 대한 근거조문이 된다고도 볼 수 있다. 설사, 거기에서 근거를 찾을 수 없다고 하더라도 기부채납의 부과 자체가 법률 유보 원칙 위반으로 위법하다고 할 수 없다. 법률상 명문의 규정이 없더라도 특허 등의 수익적 행정행위에는 부관을 붙일 수 있기 때문이다(대법원 1997.3.11, 선고 96다49650).

(2) 부당결부금지의 원칙

부당결부금지의 원칙이라 함은 행정기관이 행정작용을 함에 있어서 그것과 실질적 관련성이 없는 상대방의 반대급부와 결부시켜서는 안된다는 원칙이다. 여기에서 실질적 관련성의 판단에는 원인적 관련성(상당한 인과관계가 있을 것)과 목적적 관련성(관련 법규의 목적과 당해 행정업무의 목적에 기여할 것)이 요구된다.

주택법 제 16조 제5항은 "사업계획을 승인할 때 사업주체가 제출하는 사업계획에 해당 주택건설사업 또는 대지조성사업과 직접적으로 관련이 없는 공공청사 등의 용지의 기부채납을 포함하도록 요구하여서는 아니 된다"고 하여 상술한 원칙을 입법화하고 있다. 서울특별시장의 ① 사업대상의 토지에 접하고 있는 甲 소유의 토지인 공원용지 약 13,686평에 대한 기부채납 요구는 실질적 관련성이 인정된다. 사업대상 토지에 대한 공원용지는 주택법 제16조 제4항이 요구하는 부대시설 및 복리시설의 설치에 관한 계획이라는 목적에 기여하기 때문이다.

그러나 ② 사업대상의 토지에서 멀리 떨어진 甲 소유의 토지 약 50평에 대한 기부채납 요구는 처음 토지와는 달리 위치상·용도상 어떠한 원인적 · 목적적 관련성도 없으므로 부당결부금지의 원칙에 위반되어 위법하다.

5. 기부채납에 대한 독립취소가능성

(1) 학설 및 판례의 태도

① 기속행위의 경우 부관만을 취소할 수 있지만 재량행위에 대해서는 행정청의 권한 존중의 취지상 소극적으로 보는 견해 ② 부진정일부취소쟁송의 방법을 전제로 하여 부관이 주된 행정행위의 중요한 요소가 아닌 경우에는 일부취소의 형식이 되고, 중요한 요소인 경우에는 전부취소의 형식이 되어야 한다는 견해 ③ 부담의 경우에만 '가분성·나머지 부분의 독자성·당해 부담이 없어도 행정청이 본행정행위를 발령하였을 것'이라는 일부취소의 요건이 갖추어지면 독립취소가 가능하다는 견해 ④ 모든 부관에 대해 독립취소가능성을 긍정하되 잔존하게 되는 행정행위에 대해서는

행정청이 직권취소 등으로 해결해야 한다는 견해 등이 있다. 판례는 부담에 대해서는 긍정하고 기타 부관에 대해서는 부정하는 입장이다.

(2) 검토

부관의 독립쟁송가능성에 대해서 부담과 기타 부관을 구분하는 전제하에 ③설이 타당하다고 보인다. 권력 분립의 관점에서 행정청의 가정적 의사를 고려하여야 하고, 재량행위의 경우 부관의 독립취소를 부정하면 실질적으로 독립 취소되는 경우가 없다고 볼 수 있기 때문이다.

(3) 사안의 경우

사안의 기부채납 중에서 ① 사업대상의 토지에 접하고 있는 甲 소유의 토지인 공원용지 약 13,686평에 대한 기부채납 요구는 주택법 제16조 제4항이 요구하는 부대시설 및 복리시설의 설치에 관한 계획이라는 목적에 관련된다. 그러므로 동 기부채납은 사업계획승인과 불가분적인 관계에 있어 이에 대한 독립취소는 인정될 수 없다. 다만 ② 사업대상의 토지에서 멀리 떨어진 甲 소유의 토지 약 50평에 대한 기부채납 요구는 당해 토지의 위치가 사업 토지 내에 있지 않아 사업계획승인과 가분적이고, 따라서 이에 대한 기부채납이 없이도 사업계획승인은 독자성이 인정된다. 문제는 서울특별시장이 두 번째 기부채납 없이도 사업계획승인을 했을지 라는 가정적 의사인데, 그 평수가 50평에 불과하므로 가정적 의사가 인정된다고 봄이 합리적이다.

6. 사안의 해결

기부채납은 부담에 해당하여 이에 대한 취소소송의 제기는 적법하다. 기부채납의 요구 중에서 두 번째 기부채납 부분은 부당결부금지 원칙에 위반하여 위법한데, 그에 대한 독립취소가능성이 인정된다.

Ⅲ. 설문 (3)의 해결

1. 문제의 소재

행정소송법 제23조에 규정된 집행정지의 요건에 비추어 甲의 집행정지신청이 이유가 있는 것인지 문제된다.

2. 집행정지 신청의 요건

(1) 의의

① 대상인 처분 등의 존재 ② 적법한 본안소송의 계속 ③ 집행정지신청의 이익이 있을 것 ④ 회복하기 어려운 손해발생의 우려 ⑤ 긴급한 필요 ⑥ 공공복리에 중대한 영향이 없을 것 ⑦ 본안청구가 이유 없음이 명백하지 않을 것의 요건들이 요구된다. ⑤요건은 ④요건과 연계하여 합일적으로 판단하여야 한다.

사안에서 ① 기부채납은 처분성이 인정되고 ② 甲은 취소소송을 제기하였으며 ③ ⑥요건도 구비된 것으로 보인다. ⑦ 요건에 대해서는 이를 집행정지신청의 요건으로 필요로 하는지에 대해 견해가 대립하나 판례가 취하는 필요설(대법원 1999.11.26. 선고 99부3)에 의하더라도 사안에서는 구비된 것으로 보이므로 이에 대한 별도의 검토가 필요하지는 않다. 문제는 '회복하기 어려운 손해발생의 우려'라는 요건인데 이에 대해서는 甲 측에 주장·소명 책임이 있다(대법원 1999.12.20. 선고 99무42).

(2) 회복하기 어려운 손해에 대한 판단

'회복하기 어려운 손해'라 함은 특별한 사정이 없는 한 금전으로 보상할 수 없는 손해로서 이는 금전보상이 불능인 경우 내지는 금전보상으로는 사회관념상 행정처분을 받은 당사자가 참고 견딜 수 없거나 또는 참고 견디기가 현저히 곤란한 경우의 유형, 무형의 손해를 일컫는다 할 것인바, 당사자가 처분 등이나 그 집행 또는 절차의 속행으로 인하여 재산상의 손해를 입거나 기업 이미지 및 신용이 훼손당하였다고 주장하는 경우에 그 손해가 금전으로 보상될 수 없어 '회복하기 어려운 손해'에 해당한다고 하기 위해서는 그 경제적 손실이나 기업 이미지 및 신용의 훼손으로 인하여 사업자의 자금사정이나 경영전반에 미치는 파급효과가 매우 중대하여 사업자체를 계속할 수 없거나 중대한 경영상의 위기를 맞게 될 것으로 보이는 등의 사정이 존재하여야 한다(대법원 2003. 10. 9. 선고 2003무23). 금전배상의 가능성으로 판단하는 판례의 입장에 의문을 표시하며 여러 사정을 고려하여 사회통념에 따라 결정해야 한다고 보는 비판도 있으나, 일응 명확한 기준을 설정하여 주는 점에서 판례의 태도가 타당하다.

사안에서 甲이 기부채납 대상의 토지를 소유권 이전하게 됨에 따라 생기는 손해는 사후 금전 보상이 가능하고, 그에 의해 甲이 참고 견딜 수 없거나 또는 참고 견디기가 현저히 곤란한 경우에 해당하지 않는다. 또한 그 재산적 손해로 인해 甲이 사업자체를 계속할 수 없거나 중대한 경영상의 위기를 맞게 될 것이라는 사정 등도 보이지 않는다.

3. 사안의 해결

甲의 집행정지신청은 '회복하기 어려운 손해발생의 우려'라는 요건이 구비되지 않아 이유 없다.

교/수/강/평

김 향 기 (성신여대 법대 교수)

대체적으로 논점을 정확하게 파악하여 잘 작성한 답안이다. 다만, 좀 더 논리전개가 명쾌하면서도 세밀하게 다듬어졌으면 하는 아쉬움이 있고, 사안의 해결부분에서 결론에 이르게 된 이유를 좀 더 보충할 필요가 있어 보인다. 설문 (3)은 사안의 해결부분의 보충 외에는 잘 작성되었으며, 설문 (1)과 설문 (2)에서 쟁점해결부분을 좀 더 보충하면 아래와 같다.

1. 설문(1)에 대하여

설문에서 기속행위와 재량행위에 대한 사법심사의 차이를 묻는 것으로 보아 사업계획승인의 법적 성질 중에서 재량행위여부가 쟁점이라고 여겨진다. 따라서 재량행위의 판단기준을 학설과 판례에 따라 검토하여, 먼저 근거법규의 문언・형식・체제를 보고, 다음 행위의 성질・법의 취지와 목적을 합리적으로 해석하여 판단한다. 그런데 근거법규에 "사업을 시행하려는 자는 … 승인을 받아야 한다."고 규정하여 이 규정의 문언・형식・체제 등으로 보아 행정청으로서는 승인해야 하는 것인지, 아니면 승인할 수 있는 것인지 불분명하다. 그러므로 근거법규의 문언으로서는 판단하기 어렵고, 행위의 성질이나 법의 취지 등을 살펴서 판단해야 한다는 점을 적시할 필요가 있다. 이에 따라 사업계획승인이 수익적 처분이고, 주택법 제16조 제4항에서 '쾌적하고 문화적인 주거생활을 하는데 적합' 등의 해석에 판단의 여지가 있을 수 있다는 점 및 이 조항과 제3항의 취지・목적 등을 고려할 때 재량행위라는 결론을 끌어내야 할 것이다.

기속행위와 재량행위에 대한 사법심사의 차이에 관해 좀 더 보충을 하자면, 재량행위는 행정소송법 제27조에 의하여 '재량권의 한계를 넘거나 그 남용이 있는 때에 취소를 할 수 있다'는 점을 적시하고, 재량권의 일탈・남용사유를 기술할 필요가 있다.

사안의 해결에서 사업계획승인은 행위의 성질이나 근거법의 취지・목적에 비추어 재량행위라는 점을 분명히 하고, 기속행위는 일의적・확정적인 명문규정에 따라 판단하나, 재량행위는 명문규정의 불확정성과 행위의 공익성 등으로 인하여 재량권의 일탈 · 남용의 여부를 판단하여 사법심사를 한다는 점 등을 분명하게 설명할 필요가 있다.

2. 설문 (2)에 대하여

설문에서 '기부채납'이라는 말은 "기부채납을 한다 또는 했다"는 사실행위를 포함하는 의미가 있으나, 설문은 부당이득반환청구나 손해배상 등의 문제가 아니라 처분에 대한 취소소송의 문제이므로 설문의 의미 · 내용상으로는 '기부채납조건'을 의미하는 것으로 새겨진다. 먼저 이 문제의 전제가 되는 기부채납조건의 법적 성질, 즉 부관인지 그리고 부관이라면 그 부관의 종류는 무엇인지를 검토한다. 기부채납조건은 사업승인의 효과를 제한하거나 보충하기 위한 것이라 할 것이므로 부관에 해당하고, 조건이라는 표현을 쓰고 있으나 사업계획승인의 효력의 발생 또는 소멸을 기부채납에 의존하게 하는 것이 아니라 사업계획승인에 부수하여 일정한 토지의 기부를 명하는 급부의무를 부과하는 것이라 할 것이므로 그 성질상 부담인 부관이라고 판단된다. 조건인지 부담인지 명확하지 아니한 경우에는 부담으로 추정한다는 것이 판례의 입장이기도 하다.

소송의 적법성문제는 소송요건이라는 본안전의 문제이다. 설문에서 기부채납에 대해 소를 제기하였다고 하니 사업계획승인과는 별도로 기부채납조건에 대해서만 독립하여 소를 제기하였다는 것으로 새겨져 소위 진정일부취소소송의 문제라 하겠다. 즉, 기부채납조건에 대한 소송이므로 결국 기부채납조건이 대상적격에 해당하는가 하는 문제라 할 것이다. 부관의 독립쟁송가능성에 관해 학설은 부정설, 긍정설 및 제한적 긍정설 등으로 나뉘고 판례는 부담인 경우에 한해 긍정한다. 생각건대, 대상적격은 처분성여부의 문제라 할 것이므로 그 자체 독립적 규율성 · 처분성이 인정되는 부담인 기부채납조건은 소제기가 가능하다고 할 것이다.

설문에서 '적법하다면'이라는 표현은 '기부채납조건 자체가 적법하다면'이 아니라 '취소소송의 제기가 적법하다면'이라는 의미로 새겨야 할 것인바, "취소할 수 있는가"의 여부는 소의 이유유무, 즉 위법성여부라는 본안의 문제라 할 것이다. 따라서 기부채납조건이 위법한지의 문제와 위법하다면 부관만을 취소할 수 있는지의 문제를 포함한다. 먼저, 기부채납조건의 위법여부는 부관의 가능성의 문제와 부관의 한계의 문제로 나누어 볼 수 있다. 주택법 제16조 제5항의 법적 근거뿐만 아니라 주된 행위인 사업계획인정처분이 법률행위적 행정행위인 형성적 행위이고 또한 재량행위라는 점에서 부관으로 가능하다는 점과, 부관의 한계의 문제로 ①의 경우 주택법 제16조 제1항 제2호에 의하면 대지면적 10만평 미만의 경우에도 서울특별시장이 승인권자가 될 수 있는데 기부채납 13,686평은 사업계획승인의 대지면적을 알 수 없어 비례원칙에 반하는 과한 것인지 불분명하다. 그러나 ②의 '사업대상토지에서 멀리 떨어진 토지'라는 것은 주택법 제16조 제5항과 관련하여 부당결부금지원칙의 위반문제가 된다는 점이다.

다음, 부관만의 독립취소가능성의 문제는 기부채납조건 중 ②의 경우로 법원이 부관이 위법하다고 판단할 경우에 주된 행정행위는 그대로 둔 채로 부관만을 독립하여 취소할 수 있는가의 문제이다. 이에 대해 (1) 재량행위인 경우에는 부관만의 취소를 인정할 수 없다는 법구속정도기준설과, (2) 주된 행위에 본질적이고 중요한 요소인 경우에는 취소를 인정할 수 없다는 관련성정도기준설 및 (3) 위법한 부관은 전면 취소가 가능하다는 하자기준설 등으로 견해가 나뉜다. (1)설의 경우 기속행위에는 부관이 거의 인정되지 않는다는 점, (2)설의 경우 주된 행위는 소의 대상이 아니었고 소의 대상인 위법한 부관에 사정판결의 요소가 없는 한 법원은 위법인데도 취소로 판단하지 않을 수 없다는 점에서 (3)설이 타당하다고 하겠다.

기 출

부관의 독립쟁송가능성, 부관의 독립취소가능성, 사후부관의 가능성

제54회 사법시험 합격 안 0 0

행시 제57회(13년)

A시장은 B에 대하여 도로점용허가를 함에 있어서 점용기간을 1년으로 하고 월 10만원의 점용료를 납부할 것을 부관으로 붙였다. 이에 관한 다음 물음에 답하시오.(총 30점)
(1) B는 도로점용허가에 붙여진 부관부분에 대해 다투고자 하는 경우에 부관만을 독립하여 행정소송의 대상으로 할 수 있는가?(10점)
(2) 부관을 다투는 소송에서 본안심리의 결과 부관이 위법하다고 인정되는 경우에 법원은 독립하여 부관만을 취소하는 판결을 내릴 수 있는가?(10점)
(3) A시장은 B에 대하여 위 부관부 도로점용허가를 한 후에 추가로 도로점용시간을 16시부터 22시까지로 제한하는 부관을 붙일 수 있는가?(10점)

▮ C/O/N/T/E/N/T/S

I. 설문(1)의 해결

1. 문제점

① 도로점용허가 및 점용기간, 점용료 부분의 법적 성질을 검토한 뒤, ② 부관의 독립쟁송가능성 및 쟁송형태를 검토한다.

2. 당해 행정작용의 법적 성질

(1) 도로점용허가의 법적성질

이는 공물관리권에 의해 일반사용과는 달리 특정인에 대하여 도로의 특정부분에 대한 유형적·고정적 특별사용권을 설정해주는 것으로서 강학상 특허이고 재량행위이다.

(2) 점용기간, 점용료 부분의 법적 성질

1) 부관이란 행정행위의 효과를 제한 또는 보충하기 위하여 주된 행정행위에 부가된 종된 규율을 말하고, 조건, 기한, 철회권 유보, 부담 등이 있다.

2) 사안에서 ① 점용기간부분은 도로점용허가의 효과 소멸을 확실한 장래의 사실인 '1년의 도과'에 의존시키는 행정청의 의사표시로서 기한 중 종기에 해당하고, ② 점용료납부부분은 상대방에게 금전급부의무를 부과하는 부담에 해당한다. 부담은 주된 행정행위와는 별개의 의무를 부과하는 규율로서 그 자체로 행정행위성이 인정된다.

3. 부관만을 독립하여 행정소송의 대상으로 할 수 있는지 여부

(1) 학설

① 처분성이 인정되는 부담은 진정일부취소소송으로, 기타 부관은 부진정일부취소소송으로 다툴 수 있다는 견해, ② 부관이 주된 행정행위로부터 분리가능성이 있으면 부담의 경우 진정일부취소소송, 기타 부관의 경우 부진정일부취소소송으로 다툴 수 있다는 견해, ③모든 부관은 부진정일부취소소송으로 다툴 수 있다는 견해 등이 대립한다.

(2) 판례

판례는 ① 부담은 행정행위의 불가분적인 요소가 아니고 그 존속이 주된 행정행위의 존재를 전제로 하는 것일 뿐이므로 그 자체로서 행정쟁송의 대상이 된다고 하나, ② 기타 부관은 독립된 쟁송의 대상으로 할 수 없다고 판시한 바 있다. 나아가 판례는 부진정일부취소소송의 쟁송형태를 부정하여 부관부 행정행위 전체의 취소를 구하거나(전체취소소송) 부관변경신청거부처분을 대상으로 하는 취소소송을 제기하여야 한다고 본다.

(3) 검토

생각건대, 분리가능성의 유무는 본안판단사항이므로 쟁송가능성 단계에서 검토하는 것은 타당하지 않으며, 결국 항고소송의 대상적격 문제인바(행정소송법 제19조, 제2조 제1항 제1호), 처분성이 인정되는 부담은 독립하여 소의 대상이 되고(진정일부취소소송), 기타부관은 부관부 행정행위 전체를 대상으로 하여 취소소송을 제기하지만 국민의 권리구제 측면에서 부관만의 취소를 구할 수 있다고 보는 것이 타당하다(부진정일부취소소송).

4. 사안의 해결

① 부담인 점용료납부부관은 그 자체로서 처분성이 인정되어 그 부분만을 독립하여 행정소송의 대상으로 할 수 있다. 판례도 같다. 반면 ② 종기인 1년의 점용기간은 독자적인 처분성을 갖지 못하므로 독립하여 소의 대상이 될 수 없고 전체로서의 부관부 도로점용허가가 소의 대상이 된다. 다만 국민의 권리구제를 위해 기한만의 취소를 구할 수 있다고 봄이 타당하다.(부진정일부취소소송). 그러나 판례에 의하면 부관부 도로점용허가 전체의 취소를 구하는 소송을 제기하거나 기한의 변경을 신청하고 그 거부처분에 대하여 취소소송을 제기할 수밖에 없다.

II. 설문(2)의 해결

1. 문제점

부관에 대한 취소소송이 가능하다고 하더라도 부관의 부종성과 관련하여 부관만의 독립취소판결이 가능한지 문제된다.

2. 학설

① 기속행위의 경우에만 부관의 취소가 가능하다는 견해, ② 부관이 위법하면 제한 없이 부관의 취소를 인정하는 견해, ③ 부관이 주된 행정행위의 중요한 요소가 아닌 경우에는 부관의 취소를 인정하는 견해 등이 대립된다.

3. 판례

판례는 ① 부담의 독립취소는 인정하면서도, ② 부진정일부취소소송을 인정하지 않는 결과 기타부관의 경우 독립취소가능성의 문제가 발생하지 않는다.

4. 검토

①설은 부관의 취소가능성이 주로 재량행위에서 문제되는 점을 간과하였고, ②설은 권력분립의 문제나 부관 취소 후 법률적합성원칙의 관점에서 문제가 발생할 여지가 있다. 따라서 국민의 권리구제와 행정청의 의사존중을 동시에 고려하는 ③설이 타당한 바, 이 때 중요한 요소인지 여부는 당해 부관 없이는 주된 행정행위를 발하지 않았을 것인지 여부, 부관이 없으면 주된 행정행위가 위법하게 되거나 주된 행정행위가 달성하려는 목적에 장애가 생기는지 여부 등을 고려하여 판단하여야 할 것이다.

5. 사안의 해결

① 점용료납부부관은 점용료부과가 재량사항이고 영리목적이 아닌 일정한 경우 점용료 감면도 가능한 점에 비추어 보면 도로점용허가의 중요부분이라고 단정할 수 없으므로 독립하여 취소판결을 내릴 수 있다. 또한 부담이므로 판례에 의하더라도 독립하여 취소판결이 가능하다. 그러나 ② 점용기간부분은 행정청이 동일인에게 도로점용허가를 무기한적으로 인정해주지는 않을 것임에 비추어 주된 행정행위의 중요요소에 해당한다고 볼 것이다. 판례도 이와 유사한 사안에서 행정재산의 사용·수익허가에서 허가기간은 행정행위의 본질적 요소에 해당한다고 판시한 바 있다. 따

라서 법원은 점용기간 부분만을 독립하여 취소판결 할 수 없고, 부진정일부취소청구를 기각하여야 한다. 부진정일부취소소송을 부정하는 판례 또한 기한만의 독립취소는 인정하지 않을 것이다.

III. 설문(3)의 해결

1. 문제점

앞서본 바와 같이 도로점용허가는 재량행위이므로 부관을 붙일 수 있다. 사안은 부관의 부종성에서 오는 시간적 한계로서 이미 도로점용허가를 발한 후에도 새로이 부관을 추가할 수 있는지 문제된다. 우선 도로점용시간을 16시부터 22시까지로 제한하는 것의 법적 성질을 검토하기로 한다.

2. 도로점용시간제한부분의 법적성질

(1) 법률효과 일부배제란 법령이 부여하고 있는 행정행위의 효과를 일부 배제하는 행정청의 의사표시를 말한다. 법률이 인정한 효과를 행정청의 의사로 배제하는 것이므로 반드시 법적 근거를 요한다. 법적 성질에 대하여는 ① 내용적 제한에 불과한 것이라는 견해가 있으나, ② 부관이란 원래 행정행위의 효과를 제한하는 것이므로 부관의 일종으로 보는 것이 타당하다. ③ 판례도 공유수면매립준공인가에 붙은 매립지 국가귀속처분에 대하여 법령의 효과 일부를 배제하는 부관을 붙인 것이라고 판시한 바 있다.

(2) 사안의 경우 법령에서 주어진 도로점용허가의 효과를 시간적으로 일부 배제하는 것으로서 법률효과 일부배제의 부관에 해당한다.

3. 사후부관의 가능성

(1) 학설

① 부관의 부종성에 반해 허용될 수 없다는 부정설, ② 독립된 처분성이 인정되는 부담만은 가능하다는 부담긍정설, ③ 법규 또는 행정행위 자체가 사후부관을 허용하고 있거나 상대방의 동의가 있는 경우에는 제한적으로 가능하다는 제한적 긍정설 등이 대립한다.

(2) 판례

판례는 부관의 사후변경은 ① 법률에 명문규정이 있거나 ② 미리 유보되어 있는 경우 또는 ③ 상대방의 동의가 있는 경우에 한하여 허용되는 것이 원칙이지만, ④ 사정변경으로 인하여 당초 목적을 달성할 수 없게 된 경우에도 그 목적달성에 필요한 범위 내에서 예외적으로 허용된다고 판시한 바 있다.

(3) 검토

사후부관은 상대방에게 불측의 손해를 줄 수 있으므로 원칙적으로 허용되지 않으나, 불측의 손해를 미칠 염려가 없거나 중대한 사정변경이 생긴 경우에는 행정의 탄력성을 고려하여 사후부관을 긍정하는 것이 합리적이라고 할 것이므로 판례가 타당하다.

4. 사안의 해결

법률효과 일부배제에 해당하는 도로점용시간제한에 관하여 관련법규에서 이를 허용하는 규정을 찾기 어렵고, 명문의 법적 근거가 존재한다고 하더라도 ① 사후부관을 허용한 법규를 찾아볼 수 없고, ② 당초의 도로점용허가시 사후부관을 유보한 사실도 없으며, ③ 상대방 B의 동의가 있는지도 불분명하다. 나아가 ④ 사후에 도로점용시간을 제한해야할 사정변경이 생겼는지 여부도 사안에서는 언급이 없으므로 사후부관이 허용될 예외적인 경우에 해당하지 않는다. 따라서 A시장은 B에 대하여 부관부 도로점용허가를 한 후에 추가로 도로점용시간을 16시부터 22시까지로 제한하는 부관을 붙일 수 없다.

교/수/강/평

김 향 기(성신여자대학교 법대 교수)

1. 설문 (1)의 경우

모범답안은 좀 더 포괄적으로 검토하고 있으나, 설문은 부관의 위법여부가 아니라 부관의 독립쟁송가능성이 쟁점이므로 이에 한하여 검토하면 된다. 따라서 ① 도로점용허가에 붙인 '점용기간 1년'과 '월 10만원의 점용료'가 각각 어떤 종류의 부관인지 검토한 다음, ② 부관이 독립하여 행정소송의 대상이 될 수 있는 진정일부취소소송의 가능성을 검토하고 사안의 경우에 적용하여 문제를 해결한다. '점용기간 1년'은 1년이 경과되면 도로점용허가의 효력이 소멸하는 것이므로 기한인 부관으로서 종기(갱신기간)에 해당하고, '월 10만원의 점용료'는 도로점용허가에 부수하여 급부의무를 부과하는 것이므로 부담인 부관이라 할 것이다. 부관의 독립쟁송가능성에 관해 학설은 부정설, 부담가능설(통설), 분리가능성설, 전면적 긍정설 등으로 나뉘며, 판례는 부담가능설을 취하고(대법원 1992.1.21. 91누1264 등) 기한의 독립쟁송가능성을 부인한다(대법원 2001.6.15. 99두509). 통설과 판례에 의할 때 부담인 '점용료'에 대해서만 독립하여 행정소송의 대상으로 할 수 있다.

2. 설문 (2)의 경우

부관을 다투는 소송에서 부관만의 취소판결이 가능한지가 쟁점인바, 부관의 독립취소가능성에 관해 법구속정도기준설과 관련성기준설 및 위법성기준설 등으로 견해가 대립하고 있다. 그런데 부관의 종류에 따라 행정소송제기방식이 다르므로 각각의 소송제기방식에 따른 부관만의 취소가능성을 검토해야 한다. 부담인 '점용료'에 관해서는 진정일부취소소송이 가능한바, 법원으로서는 소송물인 부담의 위법성만 판단하여 부담의 취소여부를 결정해야 할 것이고, 처분권주의에 따라 소송물이 아닌 주된 처분까지 취소하는 판결을 할 수 없다. 따라서 부관에 하자가 있으면 법원은 부관만을 취소할 수 있다고 하는 위법성기준설이 타당하다고 할 것이다. 그런데 기한인 부관인 '점용기간'은 독립쟁송이 불가하여, 판례는 부인하지만 기한을 포함하여 주된 처분 전체를 다투는 부진정일부취소소송을 생각할 수 있다. 이 경우 주된 처분에는 하자가 없고 부관에만 하자가 있는 경우 부관만의 취소가 가능한지 문제된다. 취소소송에서 전부취소판결뿐만 아니라 일부 취소판결도 가능하므로 하자가 있는 부관만의 취소도 가능하다고 할 수 있다(김향기, 행정법개론 제10판, 탑북스, 213쪽~214쪽 참조). 이 경우 부관이 주된 행정행위와 분리될 수 있는 경우에 한하여 부관만의 취소판결이 가능하다는 관련성기준설에 따라 기한인 '점용기간'의 취소가 가능하다고 할 것이다.

3. 설문 (3)의 경우

주된 처분을 한 후에 사후부관이 가능한지, 가능하다면 어떠한 부관에 가능한지가 문제되는바, 모범답안은 쟁점에 따라 잘 검토하였으나 좀 더 보충을 하자면 다음과 같다. 즉, 도로점용시간을 16시부터 22시까지로 제한하는 부관의 법적 성질이 문제된다. 조건 및 기한 등은 주된 처분의 불가결한 구성부분이므로 사후부관이 허용될 수 없기 때문에 점용시간제한은 이에 해당하지는 않는다. 따라서 일정한 의무를 부과하는 부담인 부관이거나 점용허가의 일반적 효과를 제한하는 법률효과의 일부제한인 부관이라고 할 수 있다. 법률효과의 일부제한인 부관을 부정하는 견해도 있고 이를 인정하는 경우에도 법령에 특별한 근거가 있는 때에 한하여 인정될 수 있다고 봄이 일반적이다. 이러한 입장에서는 '점용시간제한'은 설문에서 법령에 특별한 근거가 있다는 사정은 보이지 아니하므로 법률효과의 일부제한이라고 보기 어렵기 때문에 부담인 부관이라고 봄이 상당하다. 사후부관의 가능성에 관해 제한적 긍정설이나 판례는 부담의 경우에 법령의 근거, 부관의 유보, 상대방의 동의 및 사정변경의 경우에 예외적으로 인정하고 있는데, 설문의 경우에는 이러한 사정이 보이지 않으므로 붙일 수 없다고 할 것이다.

Ⅱ. 그 밖의 행정의 행위형식

1. 확약

확약의 구속력과 하자의 승계

제47회 사법시험 합격 김 형 석

■ 甲은 외국인을 대상으로 하는 증권투자신탁업을 하기로 하고, 새로이 사업을 시작하게 됨에 따라 세금문제를 먼저 성북세무서에 문의하였다. 이에 대해 성북세무서장 乙은 甲의 사업이 국가경쟁력 제고를 위한 사업이기에 부가가치세가 면제된다는 회신을 보내왔다. 이에 따라 甲은 1994년도분의 부가가치세 예정신고를 하지 않았다. 그러나, 1994년도에 세수가 급속하게 경감하자 성북세무서는 부가가치세 면제대상자를 축소하기로 내부방침을 정하였다. 이에 따라 1995년 3월 1일에 성북세무서는 甲에 대해 1994년도분 부가가치세 3백만원의 부과고지서를 발송하였다. 甲은 이러한 부과행위가 잘못된 것이라고 생각하고 이의제기를 하지 않고 사업에만 전념하였다. 그러나, 1995년 12월 25일에 성북세무서는 세금미납을 이유로 甲회사 재산에 대한 압류를 단행하였다. 甲은 어떻게 법적 대응을 할 수 있는가?(30점)

C/O/N/T/E/N/T/S

Ⅰ. 논점의 정리

(1) 우선 성북세무서의 회신행위와 과세처분, 압류처분의 성질이 어떠한지가 문제되며, 이러한 처분이 위법한지가 문제된다. 이와 관하여서는 행정청이 확약에 반하여 과세처분을 하는 것이 신뢰보호의 원칙에 반하는지가 문제된다.

(2) 그리고, 甲은 이러한 과세처분에 대해 행정쟁송을 통해 다투지 않다가 압류

처분을 받은 단계에서 이를 다투고자 한다. 따라서 이와 같이 시기적으로 늦은 권리구제 주장이 가능한가의 문제를 과세처분과 압류처분 사이의 관계논의와 함께 검토하여야 할 것이다.

Ⅱ. 문제가 되는 행정작용의 법적 성질

1. 성북세무서의 회신행위

(1) 문제제기

사안에서 성북세무서장은 甲에게 부가가치세가 면제된다는 회신을 하였는바, 이는 행정청이 국민에 대한 관계에 있어서 자기구속을 할 의도가 있는 확약에 해당되는지 문제된다.

(2) 확약의 의의

확약이란 행정기관이 국민에 대한 관계에 있어서 자기구속을 할 의도로서 장래에 향하여 일정한 행정행위를 하거나 하지 않을 것을 약속하는 의사표시이다. 통상적으로 행정실무상으로 내허가, 내인가, 공무원임용의 내정 등으로 나타나게 된다.

(3) 확약의 성질

확약의 성질에 관해서는 학설은 (ⅰ) 확약에는 종국적 규율성이 없으므로 행정행위성을 부정하는 부정설과 (ⅱ) 확약에 의하여도 일정한 의무가 발생하므로 행정행위의 특징인 법적 규율성이 존재하여 행정행위가 긍정된다는 긍정설 (ⅲ) 확약은 행정청 자신을 기속을 기속하는 것인데 대하여 행정행위는 상대방을 규율하는 것인 점에서 확약을 행정행위로 볼 수 없고 독자적 행위형식으로 보는 견해가 있다.

이에 대해 판례는 "어업권면허에 선행하는 우선순위결정은 행정청이 우선권자로 결정된 자의 신청이 있으면 어업권면허처분을 하겠다는 것을 약속하는 행위로서 강학상 확약에 불과하고 행정처분은 아니므로, 우선순위결정에 공정력이나 불가쟁력과 같은 효력은 인정되지 아니하며(대판 1995.10.20, 94누6525)" 라고 행정행위성을 부정하고 있다.

생각건대, 확약은 그 대상이 되는 행정행위의 내용에 따라 행정기관 스스로 장래의 일정한 행위의 이행 또는 불이행을 의무지우는 효과가 인정되는 이상, 행정행위의 특징인 법적 규율성이 인정된다고 볼 수 있으므로 그 성질에 있어서 행정행위라고 할 것이다.

(4) **사안의 경우**

사안의 경우는 과세기관인 성북세무서가 사인인 甲에 대해 부가가치세 부과라는 행정행위를 장래에 하지 않을 것이라는 사실을 약속하는 행위에 해당하므로 확약에 해당한다고 하겠다.

2. 과세처분 및 압류처분

부가가치세의 부과행위는 과세처분으로, 甲에게 공법상의 금전납부의무를 발생시키는 하명행위에 해당한다. 그리고 압류행위는 과세처분을 통하여 부과된 의무의 불이행시에 체납자의 재산을 보전하는 강제행위로서 집행행위로서의 성질을 지닌다. 그러므로 양자 모두 행정행위로서의 성질을 갖는다.

Ⅲ. 행정작용의 위법성

1. 문제제기

사안의 경우 甲의 권리구제수단을 검토하기 위해서는 당해 행정작용에 위법성이 존재하여야 하는바, 이하에서는 확약과 과세처분 및 압류처분에 위법성이 있는지 검토하기로 한다.

2. 확약의 적법성 검토

(1) **확약의 적법요건**

확약이 적법하기 위해서는 (ⅰ) 본처분을 발령할 수 있는 권한을 갖는 행정기관이 자신의 권한범위 안에서 행하여야 하며, (ⅱ) 그 내용에 있어서 법령을 위반하여서는 안된다. (ⅲ) 본 처분을 행하기 위하여 일정한 행정절차가 요구되는 경우에는 확약을 위해서도 그 절차가 이행되어야 한다. (ⅳ) 확약의 형식에 대해서는 법적 안정성을 위해서 서면의 형식으로 행할 것을 요구하는 경우도 있으나, 그러한 명문규정이 없으면 특정한 형식을 요구하지 않는다고 할 것이다.

(2) **사안의 경우**

성북세무서장 乙의 확약은 부가가치세의 과세 및 면세처분권한을 갖는 적법한 행정주체의 행위이고, 이러한 과세 및 면세처분을 위한 특별한 절차적 사항이나 형식성은 현행 법령상 요구되지 않는다. 또한 면세의 약속행위가 실정법령의 내용에도 반하지 않는 것으로 보이므로 사안의 확약은 적법하다.

3. 과세처분의 위법성 검토

(1) 문제제기

사안의 경우 성북세무서장은 종전의 확약에 반하여 부가가치세의 부과라는 과세처분을 하였다. 이러한 부가가치세의 부과는 성북세무서장의 확약에 대한 甲의 신뢰에 반하는 처분이므로 행정법상의 일반원칙인 신뢰보호 원칙에 위배되는 지 문제된다.

(2) 신뢰보호 원칙의 요건

신뢰보호 원칙이 적용되기 위해서는 (ⅰ) 행정청의 선행조치 (ⅱ) 선행조치에 대한 상대방의 신뢰가 보호가치 있는 것이어야 하며 (ⅲ) 상대방이 행정기관의 조치를 신뢰하여 일정한 조치를 하였어야 하고 (ⅳ) 행정청의 행위와 상대방의 조치사이에 인과관계가 있어야 한다.

(3) 신뢰보호 원칙의 한계

신뢰보호 원칙과 행정의 법률적합성의 원칙이 충돌할 때 어떻게 해결해야 하는지에 대하여 (ⅰ) 법률적합성 우선설 (ⅱ) 양자의 비교형량설이 있으나 법률적합성 원칙과 신뢰보호 원칙은 모두 헌법상 원칙으로서 비교형량설이 타당하다.

(4) 사안의 경우

사안의 경우는 선행행위로서 성북세무서장의 확약이 존재하며, 이에 근거하여 甲은 부가가치세 예정신고를 하지않고, 또한 부과처분에 대해 납부하지 않았으며 이러한 甲의 신뢰는 보호가치가 있다. 그리고 사안에서 확약의 내용은 객관적으로 적법하고 세수증대라는 공익적 이해보다 甲의 신뢰보호가 우선함으로 결국 성북세무서장의 과세처분은 신뢰보호원칙에 반하는 위법한 처분이다. 그러나, 그 하자의 정도는 중대, 명백하지 않으므로 취소사유정도라 하겠다.

4. 압류처분의 위법성 검토

압류처분은 과세처분을 통한 공법상의 금전납부의무의 불이행에 대한 집행행위로서의 의미를 가지므로 그 자체로는 독자적인 위법성이 없다.

Ⅳ. 甲의 권리구제수단

1. 문제제기

과세처분이 확약에 의해 창출된 신뢰보호에 반하여 위법한 행위로 평가되는 바, 甲은 일반적으로 확약의 내용대로 이행을 강제할 수 있는지가 문제되고 확약에 반하는 행정행위에 대한 행정심판이나 행정소송을 제기할 수 있는지가 문제된다.

2. 확약내용의 이행강제

(1) 확약의 효과

확약이 행해진 경우 행정기관은 확약의 내용대로 본 처분을 발령할 의무를 진다. 그러나 불가항력이나 기타의 사유로 확약의 내용을 이행할 수 없을 정도로 그 기초가 되는 사실상태나 법률상태가 변경된 경우는 행정기관이 이러한 사정을 미리 알았더라면 그와 같은 확약을 하지 않았을 것이라고 인정된다면 그러한 구속력에서 벗어난다.

(2) 사안의 경우

사안에서 성북세무서는 세수의 감소를 이유로 내부방침에 의하여 종전의 확약에 반하는 행정처분을 하였는바, 이러한 사정은 행정의 편의에 불과하며 확약의 구속력을 배제할 만한 정당화 사유로 보이지 않는다. 그러나 확약의 이행을 관철할 의무이행심판은 당 사안에서는 어렵다고 보이는바 그 이유는 의무이행심판은 당사자의 신청에 대해 거부 또는 부작위로 인할 때 해당하는 권리구제인바 사안에서는 甲이 특정행위에 대해 신청하고 있지 않기 때문이다. 따라서 甲의 권리구제는 다른 방법을 강구해야 한다.

3. 과세처분을 대상으로 한 권리구제

(1) 행정심판의 제기

행정소송법 제18조 단서에서는 예외적인 경우 필요적 전치주의를 규정하고 있는바 국세기본법 제56조 제2항에서는 조세소송에서 행정심판을 거쳐야 한다고 규정되어있다. 따라서 행정심판의 여지도 있다.

(2) 행정소송의 제기

심판 청구결정에 불복이 있는 자는 행정소송을 제기하여 위법한 조세부과, 징수

처분을 다툴 수 있다. 따라서 甲은 행정소송에 의해서도 권리구제의 가능성이 있다.

(3) 사안의 경우

그러나 사안의 경우 甲은 과세처분에 대해 아무런 이의를 제기하지 않은채 행정심판의 청구기간인 90일을 경과하고 있는바 이로 인하여 불가쟁력이 발생하였다. 따라서 甲은 과세처분으로는 권리구제가 불가능하고 압류처분에 대해서만 권리구제를 생각할 수 있다.

4. 압류처분에 대한 권리구제

(1) 문제제기

사안에서 압류처분은 그 자체 독자적인 위법사유가 없다. 그러나 과세처분의 위법성을 압류처분에서 다툴 수 있는지 즉, 하자승계논의와 연관된다.

(2) 하자승계논의

1) 개념

두개이상의 행정행위가 서로 연속하여 행해지는 경우에 선행행위가 불가쟁력이 발생한 후에 후행 행정행위의 위법을 주장할 수 있는가의 문제이다.

2) 학설

① 하자승계론(통설)

통설은 선행처분과 후행처분이 서로 결합하여 하나의 법적 효과를 완성하는 경우에만 승계를 인정하는데 그 예로 보통 대집행에 있어 계고, 영장통지, 실행, 비용징수 등을 들고 있다. 이에 대하여 양자가 서로 독립하여 각각 별개의 효과를 목적으로 하는 경우에는 선행행위가 당연 무효인 경우에만 승계되고, 취소사유인 흠은 승계되지 아니한다고 본다.

② 규준력이론

하자의 승계문제를 불가쟁력이 발생한 선행 행정행위의 후행 행정행위에 대한 구속력의 문제로서 이해하려는 견해이다. 이에 따르면 둘이상의 행정행위가 동일한 법적 효과를 추구하고 있는 경우에는 선행행위는 후행행위에 대하여 일정한 범위에 있어서 구속력을 갖게 된다고 보며, 이러한 구속력이 미치는 범위에서는 후행행위에 있어서 선행행위의 효과와 다른 주장을 할 수 없게 된다고 한다. 그러나 이때의 선행 행정행위의 구속력은 후행 행정행위와의 일정한 관련성을 필요로 하며, 이에 따라서 일정한 한계 하에서만 구속력을 인정할 수 있다고 한다. 이러한 한계내용은 마치 판결의 기판력이 미치는 한계와 유사하며, 그 내용으로는 우선 (ⅰ) 사물적 한계로서, 양 행정행위가 동일한 목적을 추구하여 그 법적 효과가 일치되어야 하며,

(ii) 대인적 한계로서 양 행정행위의 수범자가 일치되어야 하며 (iii) 시간적 한계로서 선행 행정행위의 사실상태 및 법적 상태가 동일하게 유지되는 한도에서만 선행 행정행위의 후행 행정행위에 대한 구속력을 인정할 수 있다고 본다. 이 견해에서는 이러한 한계 외에도 판결의 기판력의 경우와는 달리, (iv) 이른바 추가적 요건으로서 예측가능성과 수인가능성을 요구하여, 선행 및 후행 행정행위의 수범자가 선행 행정행위의 구속력을 미리 예측할 수 있고, 수인할 수 있는 경우일 것을 필요로 한다고 본다.

3) 판례의 태도

① 기본적 입장

판례는 통설과 같이 선행행위와 후행행위가 동일한 법률효과를 목적으로 하는 경우에는 하자가 승계되고, 별개의 법률효과를 목적으로 하는 경우에는 하자가 승계되지 않는다고 한다.

② 예외적인 판례

대법원은 쟁송기간이 도과한 개별공시지가결정의 위법을 이유로 하여 그에 기초하여 부과된 양도소득세 부과처분의 취소를 구한 사건에서 양행위는 별개의 목적을 추구하는 독립된 행위이지만 예외적으로 하자의 승계를 긍정하였다. 판결요지는 다음과 같다.

"두 개 이상의 행정처분이 연속적으로 행하여지는 경우 선행처분과 후행처분이 서로 결합하여 1개의 법률효과를 완성하는 때에는 선행처분에 하자가 있으면 그 하자는 후행처분에 승계되므로 선행처분에 불가쟁력이 생겨 그 효력을 다툴 수 없게 된 경우에도 선행처분의 하자를 이유로 후행처분의 효력을 다툴 수 있는 반면 선행처분과 후행처분이 서로 독립하여 별개의 법률효과를 목적으로 하는 때에는 선행처분에 불가쟁력이 생겨 그 효력을 다툴 수 없게 된 경우에는 선행처분의 하자가 중대하고 명백하여 당연무효인 경우를 제외하고는 선행처분의 하자를 이유로 후행처분의 효력을 다툴 수 없는 것이 원칙이나 선행처분과 후행처분이 서로 독립하여 별개의 효과를 목적으로 하는 경우에도 선행처분의 불가쟁력이나 구속력이 그로 인하여 불이익을 입게 되는 자에게 수인한도를 넘는 가혹함을 가져오며, 그 결과가 당사자에게 예측가능한 것이 아닌 경우에는 국민의 재판받을 권리를 보장하고 있는 헌법의 이념에 비추어 선행처분의 후행처분에 대한 구속력은 인정될 수 없다(대판 1994.1.25, 93누8542)."

4) 검토

규준력이론에서의 중심개념인 구속력은 판결의 기판력에서 차용한 것이다. 그러나, 판결의 기판력 개념을 차용한 것은 실체법적 하자의 검토가 행해지고 난 후에 발생하는 판결의 효력문제와 이러한 실체법적인 하자의 검토없이 형식적인 사유만으로 그 효력이 확정되는 대상 행정행위의 하자주장 문제를 그 실질적인 차이에 대한 검토 없이 동일선상에서 유추적용하는 문제점이 있다. 또한 과세처분과 체납처분과 같이 일정한 의무부과행위와 의무불이행시에 이를 강제하기 위한 행정작용을 동일한 법적효과를 추구하는 것이라고 이해하는 바 법적효과의 동일성의 인정여부를 너무 넓게 해석함으로써 결과적으로 당사자인 시민이 선행행정행위의 하자를 다툴 수 있는 범위가 상대적으로 줄어들 수밖에 없게 되는 문제점이 있다. 따라서 하자승계논의는 통설과 판례가 타당하다.

또한 예외적인 판례도 규준력이론을 받아들였다기보다는 국민의 재산권 보호라는 헌법상 권리를 위해서 수인한도라는 표현을 써서 소송 가능성을 넓힌 것이지 규준력설을 받아들인 것이라고 보이진 않는다고 하겠다.

5) 사안의 경우

사안에서 과세처분과 압류처분은 하명행위와 집행행위로서 양자는 별개의 법률효과를 추구하는 관계인 바 선행행위의 하자는 후행 행정행위에 승계되지 못한다고 하겠다. 따라서 당사자인 甲은 과세처분의 위법성 사유로서 압류처분을 다툴 수 없다.

Ⅴ. 사안의 해결

(1) 甲은 확약의 내용에 대해서 강제이행의 청구가 가능하나 의무이행심판은 당사자의 신청이 전제되어야 하는바 사안에서 甲은 특정행위를 신청하고 있지 않는바 이는 실효성이 없다.

(2) 과세처분에 대해서는 그 위법성이 인정되나 불가쟁력이 발생하였는바 이에 대한 행정쟁송은 불가하다.

(3) 압류처분에 대해서는 그 자체에 위법성이 없으며 하자의 승계를 주장가능하나 과세처분과 압류처분은 법적 효과를 달리하므로 하자의 승계가 안되며 따라서 이에 대한 권리구제도 불가하다고 하겠다.

2. 행정입법

기 출

방송심의규정의 법적 성질과 통제방법

제48회 사법시험 합격 최 영

행시 제51회(07년)

다음 사례를 읽고 물음에 답하시오.
방송위원회는 종합유선방송사업자인 A방송사의 XX오락프로그램이 방송심의규정을 위반하여 청소년의 건전한 인격형성을 저해하는 내용을 방영하였음을 이유로 A방송사에 대하여 XX프로그램의 방송중지를 명하였다. 그러나 A방송사는 방송위원회의 방송중지명령을 위반하여 방송을 계속하였고, 그러던 차에 A방송사에 대한 허가기간이 만료되었다. 방송위원회는 재허가추천을 거부하였고, 이에 따라 정보통신부장관은 A방송사에 대한 재허가를 거부하였다.
(1) 방송심의규정에 근거하여 프로그램의 방송중지명령과 같은 국민의 권익을 직접 침해하는 처분을 할 수 있는가? (10점)
(2) A방송사는 방송심의규정에 방송의 자유를 침해하는 애매모호한 표현이 다수 포함되어 있음을 문제점으로 지적하고 있다. 방송심의규정에 대한 통제방안을 설명하시오. (20점)
(3) 재허가추천거부 및 재허가거부와 일반적인 행정행위의 철회의 상호관계를 논하시오. (20점)

참·조·조·문

방송법
제2조(용어의 정의) 이 법에서 사용하는 용어의 정의는 다음과 같다.
3. "방송사업자"라 함은 다음 각 목의 자를 말한다.
나. 종합유선방송사업자 : 종합유선방송사업을 하기 위하여 제9조 제2항의 규정에 의하여 허가를 받은 자
제17조(재허가등) ① 방송사업자(방송채널사용사업자는 제외한다) 및 중계유선방송사업자가 허가 유효기간의 만료 후 계속 방송을 행하고자 하는 때에는 방송위원회의 재허가 추천을 받아 정보통신부장관의 재허가를 받아야 한다.
③ 방송위원회가 제1항 및 제2항의 규정에 의하여 재허가 추천 또는 재승인을 할 때에는 제10조 제1항 각호 및 다음 각 호의 사항을 심사하고 그결과를 공표하여야 한다.
2. 방송위원회의 시정명령의 횟수와 시정명령에 대한 불이행 사례
제33조(심의규정) ① 위원회는 방송의 공정성 및 공공성의 심의하기 위하여 방송심의에 관한 규정(이하 "심의규정"이라 한다)을 제정·공표하여야 한다.
② 제1항의 심의규정에는 다음 각 호의 사항이 포함되어야 한다.

3. 아동 및 청소년의 보호와 건전한 인격형성에 관한 사항
제100조(제재조치등) ① 방송위원회는 방송사업자·중계유선방송사업자 또는 전광판방송사업자가 제33조의 심의규정 및 제74조 제2항에 의한 협찬고지 규칙을 위반한 경우에는 다음 각 호의 제재조치를 명할 수 있다.
2. 해당 방송프로그램의 정정·수정 또는 중지

C/O/N/T/E/N/T/S

Ⅰ. 법률유보와 방송중지명령

1. 문제점

방송심의규정이 방송중지명령의 근거가 될 수 있는지 여부는 심의규정의 법규성이 인정되는지의 문제이므로, 먼저 방송심의규정의 법적 성질을 검토해야 한다. 다만 논의의 전제로써 방송중지명령의 법적 성질을 검토한다.

2. 방송중지명령의 법적성질과 법률유보

(1) 방송심의규정의 성질을 법규명령으로 보면 방송심의규정을, 행정규칙으로 보면 방송법을 기준으로 재량행위 여부를 판단하게 된다. 그러나 방송심의규정은 방송법의 취지에 따라 정해질 것이므로, 그 성질을 무엇으로 보든 방송법 제100조의 문언과 취지 및 공익관련성이 크다는 점에서 재량행위에 해당할 가능성이 높다.

(2) 또한 방송중지명령은 방송사의 기본권을 제한하는 처분으로써 국민의 권익을 침해하는 침익적 처분이다.

(3) 따라서 방송중지명령에는 법률유보원칙에 따라 법적 근거가 있어야 하는 바, 방송심의규정의 법규성 인정여부가 문제되는 것이다.

3. 방송심의규정의 법적 성질

(1) 방송심의규정의 형태

① 설문의 방송심의규정은 법규명령의 형식이 아닌 행정규칙 형식에 해당된다.

② 그러나 그 내용은 재량준칙 등이 규정되어 있는 것이 아니고, 방송법의 위임에 의해 동 규정 위반시 제재조치까지 가능하도록 하는 등 법규적 내용을 담고 있다.

③ 따라서 설문의 방송심의규정은 법령보충적 행정규칙으로 볼 수 있다.

(2) 법령보충적 행정규칙의 법적성질

1) 견해의 대립

① 법치주의의 원칙상 법규명령 제정권자는 헌법 또는 최소한 법률에 의해서 정해져야 하고, 법규명령의 제정절차를 거치지 않은 규범을 법규명령으로 볼 수 없기 때문에 행정규칙에 불과하다는 견해(행정규칙설)

② 법령의 위임에 따라 법령을 보충하는 실질을 가지므로 대외적 구속력을 갖는 법규명령으로 보아야 한다는 견해(법규명령설)

③ 대외적 구속력은 인정되지만 행정규칙의 형식을 취하므로, 통상의 행정규칙과는 달리 상위규범을 구체화하는 행정규칙으로 보자는 견해(규범구체화 행정규칙설)

④ 우리 헌법상 법규명령은 한정적인 것이므로 행정규칙 형식의 법규명령은 허용되지 않아 위헌무효라는 견해(위헌무효설) 등이 대립하고 있다.

2) 판례

① 대법원은 국세청장훈령인 재산제세사무처리규정에 대해 소득세법 시행령과 결합하여 대외적 효력을 발생한다고 하여 법규성을 인정한 이래, 행정규칙형식의 법규명령에 대해 동일한 태도를 유지하고 있다.

② 이에 대해 헌법재판소는 행정규칙으로 보면서 그 자체로 대외적 구속력을 갖는 것이 아니고, 상위법령과 결합하여 상위법령인 방송법의 일부가 됨으로서 대외적 구속력을 갖는다고 한다.

3) 검토

법규명령의 형식은 예시적으로 보아야 하며, 법령의 구체적·개별적 위임이 있었고 그 내용도 법규적 사항이므로 법규명령으로 봄이 타당하다. 또한 행정현실에 탄력적으로 대처해야 할 사항이나 전문적 · 기술적인 사항 등은 행정규칙으로 실효적인 규율을 할 필요가 있다는 점에서도 법규명령설이 타당하다.

4. 방송중지명령의 법적 근거 가부

(1) 법규명령으로 볼 경우

① 방송심의규정이 법령보충적 행정규칙으로서 방송법 제33조 제1항을 보충하고 이와 결합하여 대외적으로 국민의 권리·의무를 구속하는 법규명령이라고 보게 된다면, 일단은 프로그램의 방송중지명령에 대한 법률유보의 요구를 방송법에 의하여 수권된 방송심의규정을 통하여 충족하고 있다고 판단할 수 있다.

② 이에 더하여 구체적 수권의 요건 및 방송법 제33조의 취지에 반하지 않아야 하는데, 방송법 제33조 제2항을 통하여 구체적인 수권을 하고 있다고 볼 수 있고, 방송심의규정이 수권의 취지에 반하지 않는다면 법률유보의 요구를 충족하고 있다고 볼 수 있다. 따라서 이에 근거한 방송중지명령은 적법하게 된다.

(2) 행정규칙으로 볼 경우

방송심의규정을 단순한 행정규칙으로 보게 된다면, 방송법에 규정되어 있지 않은 구체적인 방송중지명령의 기준을 행정규칙으로 정한 것이 되어 법률의 유보에 반하게 되어 위법하게 되고, 무효인 행정규칙이 된다. 또한 이러한 방송심의규정에 근거한 방송중지명령은 위법성의 정도에 관한 중대·명백설에 의할 때 취소사유 있는 행정행위가 된다.

5. 소결

방송중지명령은 재량행위이자 침익적 처분이고 따라서 법률유보원칙이 적용되는데, 방송심의규정은 법령보충적 행정규칙인바, 그 법적 성질을 법규명령으로 보는 이상 방송법 제33조에 의하여 법적 근거가 있고 구체적 수권이 인정되므로 방송중지명령의 근거가 될 수 있다. 따라서 사안의 방송심의규정을 근거로 한 방송중지명령은 적법하다.

Ⅱ. 방송심의 규정에 대한 통제방안

1. 문제점

방송심의규정의 법규성을 인정하는지 여부에 따라 동규정의 통제방안이 달라진다. 이하에서는 법규명령설을 중심으로 검토하기로 한다.

2. 방송심의규정에 대한 통제의 중요성

법령의 추상성과 영속성 때문에 법령의 표현은 불확정개념을 사용할 수밖에 없지만, 국민의 예측가능성이 없을 정도로 불명확한 경우에는 무효이며, 이에 근거한 처분은 취소사유에 해당한다(중대·명백설). 따라서 사안의 방송심의규정이 방송사의 주장처럼 예측가능성이 부정될 정도로 애매한 표현을 사용한 것이라면(이는 본안판단의 문제이다) 위 규정은 위법한 것이 되고, 법규성을 긍정하는 경우에는 국민의 권익 보호 측면에서 이에 대한 통제가 중요해진다.

3. 통제방안

(1) 구체적 규범통제

① 헌법 제107조 제2항은 명령·규칙·처분이 헌법이나 법률에 위반되는지 여부가 재판의 전제가 된 경우에는 대법원이 이를 최종적으로 심사할 권한을 가진다고 규정하여 구체적 규범통제제도를 두고 있다.

② 방송심의규정을 법규명령으로 보는 이상 A 방송사는 방송중지명령에 대한 취소소송을 관할 행정법원에 제기하면서 그 근거가 된 방송심의규정의 무효여부의 심판을 제청하여야 한다(재판의 전제성).

(2) 권리구제형 헌법소원(헌재법 제68조 제1항)

① 법무사법시행규칙사건에서 대법원은 헌법 제107조 제2항의 문언을 강조하여 법규명령에 대한 통제의 권한이 대법원에게 있다고 보아 부정하였으나, 국민의 기본권 보장이라는 관점에서 이를 긍정함이 타당하다(헌재).

② 다만, 헌법소원의 '직접성'의 요건상 별도의 처분이 없이 기본권을 직접적으로 침해하는 법규명령이어야만 권리구제형 헌법소원이 가능한데, 설문의 경우는 별도의 방송중지처분이 A 방송사의 영업의 자유를 직접적으로 제한하고 있다고 보여지므로 권리구제형 헌법소원은 부정된다.

(3) 항고소송

① 위 방송심의규정이 처분적 법령인 경우라면, 이에 대하여 처분성을 긍정하여 항고소송을 긍정하는 것도 가능하다.

② 판례는 경기도 가평군 두밀분교를 직접적으로 폐교하는 두밀분교조례에 대하여 처분적 조례로 보아 항고소송을 긍정한 바 있다.

③ 그러나 설문에서는 방송중지명령이 A 방송사의 영업의 자유를 직접적으로 제한하고 있으므로, '방송심의규정은' 이러한 처분의 요소로서 규율성과 외부적 직접효를 인정할 수 없어 항고소송의 대상적격을 충족할 수 없다.

(4) 기타 통제수단

1) 의회에 의한 통제

의회에의 제출절차(국회법 제98조의 2), 의회의 동의 또는 승인권의 유보를 통해서 방송심의규정을 직접 통제할 수 있다. 나아가 국정감사·조사권 등을 통해 방송심의규정을 간접적으로 통제할 수 있다.

2) 행정적 통제방안

상급행정청의 감독권의 대상에는 하급행정청의 행정입법권도 포함되므로 방송심의규정에 대한 감독이 활용될 수 있고, 국무총리행정심판위원회는 행정심판과정에서의 시정권고를 할 수 있다.

3) 국민에 의한 통제

국민들의 여론과 압력, 청원 등이 활용될 수 있으나, 실효적이라고 보기는 어렵다.

4) 국가배상

국가배상법 제2조는 공무원의 고의・과실을 요하는 바, 위 방송심의기준을 준수하여 방송중지명령을 내린 경우라면 고의・과실을 인정하기가 어렵다. 또한 입법행위에 대하여는 특별한 사정이 없는 한 이에 대한 고의・과실을 잘 인정하지 않는 경향에 있다(판례).

(5) 여론 - 행정규칙으로 볼 경우

1) ① 단순한 행정규칙은 법규성이 부정되므로 헌법 제107조 제1항의 구체적 규범통제의 대상이 되지 못하며, ② 항고소송은 처분성을 대상적격으로 요구하는데, 설문의 경우는 처분적 규정으로 보기 어려워 이를 충족하지 못하고, ③ 방송심의규정 그 자체에 의하여 기본권이 직접적으로 침해되는 경우는 특수한 경우가 아닌 한 권리구제형 헌법소원도 인정되기 어렵다. ④ 국가배상 역시 공무원의 고의・과실을 인정하기가 어려워 인용될 수 없을 것이다.

2) 따라서 행정규칙을 그대로 준수한 행정행위의 경우는 이러한 재량행위에 대한 통제의 과정에서 그 재량의 기준이 되는 행정규칙의 무효를 검토할 수밖에 없다.

4. 소결

방송심의규정을 법규명령으로 보는 이상 A 방송사는 방송중지명령에 대한 취소소송을 관할 행정법원에 제기하면서 그 근거가 된 방송심의규정의 무효여부의 심판을 제청할 수 있고, 기타 의회에 의한 통제와 행정적 통제방안을 통해 방송심의규정을 통제할 수 있다.

Ⅲ. 재허가추천거부 및 재허가거부와 일반적 행정행위 철회와의 관계

1. 문제점

양자의 관계는 먼저 재허가추천거부 및 재허가거부가 어떠한 성질을 가지는지 살펴본 후 행정행위의 철회에 대해서 검토하여야 한다. 이를 바탕으로 양자의 공통점과 차이점을 찾아보기로 한다.

2. 재허가추천거부 및 재허가거부의 성질

(1) 방송허가에 부가된 기한의 성질

① A방송사에 대한 방송허가를 발급하면서 기한이라는 부관이 부가되어 있었는데, 이러한 기한이 영업의 성질에 비추어 보아 지나치게 짧은 기간일 때에는 갱신을 고려하는 취지로 해석하는 것이 다수설과 판례의 입장이다.

② 설문의 경우 방송업은 비교적 장기간 영위하여야 한다는 점을 고려할 때 '갱신신청을 고려한 기한'이라고 보아야 할 것이다.

(2) 재허가추천 거부 및 재허가거부의 성질

1) 재허가추천 및 재허가의 성질

설문상의 방송위원회의 재허가추천은 정통부장관을 구속하는 내부적인 행위이며, 이에 따른 정통부 장관의 재허가는 행정소송법 제2조의 처분 등에 해당하고, 제3자효 행정행위이며, 강학상의 특허이고, 재량행위라고 보아야 할 것이다.

2) 거부의 성질

① 설문의 기한은 갱신을 고려한 것이기는 하지만, 갱신이 되기 위해서는 기한이 만료되기 전에 갱신을 신청하여야 하며, 기한이 만료된 이후에 허가를 신청하는 것은 새로운 허가를 신청한 것으로 보는 것이 다수설과 판례의 입장이다.

② 설문에서 A가 언제 신청했는지 명확하지 않으나, 그 신청시기와 관계없이 신규특허의 거부(기한만료 후) 또는 특허갱신의 거부(기한만료 전)라는 수익적 행정행위의 거부에 해당한다.

3. 일반적 행정행위 철회

(1) 수익적 행정행위의 철회제한

① 행정행위의 철회는 적법하게 성립한 행정행위의 효력을 행정청이 후발적 사유에 기하여 장래를 향하여 상실시키는 행정행위를 말한다. 후발적 사유로 인한 효력

상실이라는 점에서 일정한 제한의 법리가 요구된다.

② 법률유보에 관하여 판례와 종래의 학설은 법률유보를 요구하지 않으나, 법치행정의 실현과 기본권 보장의 견지에서 이를 긍정하는 견해도 있다.

③ 또한 철회사유로서 다수설과 판례에 따르면 (ⅰ) 철회권유보 (ⅱ) 부담의 불이행 (ⅲ) 중대한 사실상의 사정변경 (ⅳ) 법률상의 변경 (ⅴ) 중대한 공익상의 요청이 있는 경우이어야만 한다.

④ 철회사유가 인정되더라도 철회권 행사의 제한으로 (ⅰ) 보충성의 요건, (ⅱ) 전부 철회보다는 일부철회, (ⅲ) 이익형량상 신뢰보호의원칙 및 비례원칙과 실권의 법리 등을 충족하여야 한다.

(2) 판례

최근 대법원은 새만금사건에서 새만금개발에 대한 공익이 환경상의 공익이나 환경권에 대한 사익보다 크므로 새만금개발계획의 일환으로 행해진 공유수면매립면허의 철회를 요구할 수 없다고 이익형량하여 판시한 바 있다.

4. 수익적행정행위의 거부와 철회와의 관계

(1) 차이점

① 갱신신청이 만료 전에 이루어진 경우 갱신허가로서의 재허가추천이나 재허가를 하지 않는 것은 허가에 대한 존속기한을 충분히 보장한 이후의 문제이지만, 허가의 철회는 허가기간 도중에 사정변경 등 철회사유가 발생하여 더 이상 영업의 자유를 누리게 하지 못한다는 점에서 차이가 있다.

② 갱신신청이 만료 후에 이루어진 경우 재허가추전이나 재허가에 대한 거부처분은 아직 국민에게 권익이 주어지지 않았다는 점에서 이미 권익이 주어진 수익적 행정행위의 철회와는 구별된다.

③ 또한 수익적행정행위 철회의 경우 불이익 처분이믈 사전통지절차, 의견제출절차 등 행정절차법상의 절차에 따르지만, 거부처분의 경우에는 철회와 달리 행정절차법상의 의견청취가 적용되지 않는다는 것이 다수설과 판례의 입장이다.

(2) 공통점

위와 같은 차이에도 불구하고 양자는 모두 넓게 보면 국민의 권익침해로 볼 수 있고, 이러한 점에서 이들은 공통된 성질을 가질 수 있다. 따라서 철회제한의 법리를 유추하여 방송재허가추천 및 재허가 거부에 대하여도 제한의 법리를 구성해 볼 수 있을 것이다.

1) 법률유보

철회에 있어서 법률유보를 요구하지 않는다는 입장에 의하면 이미 허가기간이 만료되고 허가기간동안 영업의 자유가 보장된 이상 재허가신청에 대한 거부도 마찬가지로 법률의 규정을 요구하지 않는다고 볼 것이다.

다만, 이때에도 법률유보가 요구된다는 견해에 의하면, 정당한 재허가신청의 거부사유에 대하여 법률의 규정이 있어야 한다고 보게 될 것이다.

2) 사유의 제한

갱신거부권에 대한 부관을 유보해 둔 경우라든가, A 방송사에게 주어진 부담을 이행하지 않았던 사정이 있었다거나, 중대한 사실상의 사정변경이나, A 방송사에게 방송의 자유를 허용하지 못하도록 법령의 개정 및 폐지가 있거나, A 방송사를 폐업하게 할 만한 중대한 공익상의 요청이 있다면, 갱신신청에 대한 거부가 가능할 것이다.

3) 행사의 제한

설문에서 특별한 사정이 없는 한 A 방송사의 갱신허가에 대한 묵시적인 견해표명이 있다고 볼 수 있고, 따라서 귀책사유가 존재하지 않는다면 재허가거부로 인하여 A 방송사의 신뢰를 침해하였다고 볼 수 있다(신뢰보호원칙).

또한 재허가거부는 청소년인격저해방지라는 정당한 공익을 위한 적합한 수단일 수는 있지만, 최소침해의 대체수단들이 제공될 수 있는 이상 필요성의 원칙에 위반되며, 방송사의 영업의 자유와 신뢰보호라는 사익이 더 크므로 상당성의 원칙에도 반하는 것으로서 전체적으로 비례의 원칙에 반한다(비례의 원칙).

5. 소결

사안의 재허가추천 거부 및 재허가거부는 신규특허 또는 특허갱신의 거부로서 수익적행정행위 신청에 대한 거부에 해당한다. 이는 아직 국민에게 권익이 주어지지 않았다는 점에서 철회와는 다르지만, 국민의 권익을 침해한다는 점에서 철회와 유사하게 사유의 제한, 행사의 제한 등 일정한 제한이 따른다는 공통점이 있다.

교/수/강/평

김 해 룡 (한국외대 법대 교수)

이 사례와 관련된 쟁점은 여러 가지라고 할 것이지만, 답안의 내용은 어디까지나 본 사례에서 묻고 있는 설문에 한정하여 논의하는 것이 바람직 할 것이다.

1. 〈설문 1〉

방송중지명령의 행정처분성과 동 방송중지명령의 근거가 된 방송심의 규정의 법적 성질에 관하여 묻고 있다.

답안에서는 이와 같은 설문의 취지에 맞게 두 가지 쟁점에 대하여 논의하고 있어 좋게 평가된다.

다만 몇 가지 점에서 지적할 사항이 있다.

(1) 방송중지명령의 행정처분성에 관하여

답안은 이를 '방송사의 기본권을 침해하는 처분'이라는 논거로 침익적 행정처분이라고 언급하고 있는데, 우선 자연인이 아닌 방송사가 기본권의 향유 주체인가 하는 점과 관련하여 논란이 제기될 수 있다. 방송중지명령의 행정처분성은 그것이 'A 방송사가 방송법에 근거하여 허가받은 방송사업권을 제한 내지 침해하는 것'으로 이라는 논거로부터 도출하는 것이 옳을 것이다.

(2) 방송심의규정의 법적 성질에 관하여

이 설문은 침익적 처분인 방송중지명령이 이루어지기 위해서는 법률유보원칙에 따라 그 법적 근거가 요구되는데, 방송법 제33조 제1항에 의해 방송위원회가 제정・공포한 방송심의규정이 그 법적 근거가 될 수 있는가 하는 점을 논의하면 된다.

이 쟁점은 헌법 제75조와 제95조에서 규정하고 있는 법규명령형식인 대통령령, 총리령, 부령 이외에도 국회가 법률로 행정기관에 대하여 그 제정을 위임하고, 그렇게 제정된 것이 공표되는 경우에 당해 규율을 법규명령으로 볼 것인가, 즉 헌법에서 규정하고 있는 법규명령의 형식은 단지 예시적인 것에 불과한 것으로 볼 것인가. 혹은 헌법에서 규정하고 있는 법규명령형식은 아니라는 점에서 소위 행정규칙형식의 법규명령으로 볼 것인가, 그리고 다른 한편 외부적 효력이 없는 행정규칙으로 볼 것인가의 논점이 그것이다. 답안은 부분적으로 그 표현이 다소가 미흡한 부분도 있으나 대체적으로 무난하게 서술하고 있는 것으로 보인다.

다만 방송심의규정에 대하여 판례에서와 같이 외부적 규범력을 가진 실질적 법규명령(행정규칙 형식의 법규명령으로 보는 경우도 포함)으로 인정할 경우에도 그 적법성(위헌성 여부 포함)와 관련하여 논하여야 할 쟁점으로 방송중지명령과 같은 침익적 처분의 근거가 되는 요건을 규정하고 있는 동 방송심의규정이 의회유보원칙(의회유보설: 국민의 권리, 의무에 중요한 영향을 미치는 사항에 대하서는 위입입법이 불가하고 법률에서 직접 규정해야 한다는 이론)에 반하는 것이 아닌가 하는 문제를 서술할 필요가 있다. 법안에서는 이 문제에 대한 언급이 없어 아쉽다.

2. 〈설문 2〉

방송심의규정의 위법성에 대한 통제에 관한 것으로서, 답안은 사법적 통제, 입법적 통제 등에 관하여 상세하고 서술하고 있다. 사법적 통제제도와 관련하여 방송심의규정의 위법성문제를 전술한 의회유보론의 입장에서 언급할 필요가 있는데, 이 논점이 앞에서 언급하지 아니한 경우 이 부분에서 서술해도 좋을 것이다. 방송심의규정에 대한 사법통제의 길로서 동 심의규정에 근거하여 행해지 방송중지명령에 대한 취소소송을 제기하면서 동 심의규정의 위법성을 다투는 소위 구체적 규범통제를 언급한 것은 타당하며, 방송심의규정에 대하여 직접 권리구제형 헌법소원이나, 항고소송을 제기할 수 없다는 논지는 역시 옳다.

3. 〈설문 3〉

대체로 무난한 답안 내용으로 평가된다. 다만, 재허가거부와 행정행위의 철회의 제도적 차이를 설명하면 족할 것이다. 이러한 점에서 양자의 상호관계라고 하는 물음은 다소간 문제가 있다. 엄밀히 보면 양자간 상호관계는 존재하기 않기 때문이다. 답안에서 방송허가에 부가된 기한의 의미를 '갱신을 고려한 기한'으로 파악한 것은 타당하며, 이와 같은 사안에 있어서는 법령의 개정이나 법령상 요건적 사실의 변경이 없는 한, 행정청은 재허가신청이 있을 경우에는 재허가를 해주어야 하는 것이 신뢰보호의 원칙에 부합한다는 점에서 수익적 행정행위의 철회제한의 법리와 유사성이 있다고 할 것이다. 이와 같은 재허가제도에 관하여 답안은 그 신청이 허가기간만료 전인가 혹은 그 후에 이루어졌는가하는 점을 구분하여 후자인 경우를 신규허가라고 표현하고 있는데, 그러한 구분에 의한 제도적 차이를 논하는 것은 근본적으로 타당한 것이라고 할 것이지만, 실제적으로는 그 구분의 실익이 크다고 할 수 없을 것이다. 왜냐하면 재허가신청 여하는 방송법상 재허가신청절차에 관한 규정에 따라 이루어질 것이기 때문이다. 만약 재허가의 신청이 허가기간 만료 전에 반드시 하여야 하는 것으로 법령에 규정되어 있음에도 불구하고 그 기간을 도과한 이후에 재허가를 신청하였다면 그 신청은 신규허가신청으로 보아야 할 것이지만, 그와 같은 재허가신청의 엄격한 절차규정이 없을 경우에는 굳이 이와 같은 엄격한 사유구분에 근거한 법리는 적용하기 어렵다고 할 것이다.

기타 재허가신청거부 및 행정행위의 철회에 있어 별도의 법적 근거가 있어야 하는가에 관한 쟁점과 그 각각의 사유에 관한 답안의 내용은 무난하다. 다만 각각의 사유에 관해서는 재허가거부 및 행정행위 철회권 행사제한에 관한 법리를 좀 더 상세하게 서술할 필요가 있다고 할 것이다.

택지개발업무처리지침의 법적 성질

정 선 균 강사

행시 제52회(08년)

택지개발촉진법시행령 제7조 제5항에는 택지개발계획의 수립기준 기타 필요한 사항을 국토해양부장관이 따로 정하도록 하고 있다. 이에 따라 국토해양부장관이 정하는 '택지개발업무처리지침'의 법적 성질을 검토하시오. (25점)

C/O/N/T/E/N/T/S

Ⅰ. 소위 행정규칙형식의 법규명령(=법령보충적 행정규칙)의 법적 성질

1. 문제의 제기

훈령·예규·지침 등 행정규칙의 형식을 갖추고 있으나, 그 내용은 당해 행정입법의 근거가 되는 법령의 규정과 결합하여 법규적 성질을 갖는 경우에 그 법적 성질을 둘러싸고 견해가 대립되고 있다.

2. 견해의 대립

(1) 행정규칙설(형식설)

헌법은 법규명령의 형식으로 대통령령·총리령·부령만을 한정적으로 열거하고 있으므로, 법령의 위임에 의해 제정된 고시·훈령·규정 등은 그 형식에 따라 행정규칙으로 보아야 한다는 견해이다.

(2) 위헌무효설

헌법은 법규명령의 형식으로 대통령령·총리령·부령만을 한정적으로 열거하고 있으므로, 행정규칙형식의 법규명령은 허용되지 않아 위헌·무효라는 견해이다.

(3) 법규명령설(실질설)

헌법이 인정하고 있는 법규명령의 형식은 예시적이므로, 상위법령의 위임이 있고 상위법령을 보충·구체화하는 기능이 있는 행정규칙은 위임의 근거법령과 결합하여 전체로서 대외적 구속력이 있는 법규명령의 성질을 가진다는 견해이다.

(4) 규범구체화 행정규칙설

이 견해는 위 행정규칙의 대외적인 법적 구속력은 인정하지만 행정규칙의 형식을 취하고 있으므로, 통상의 행정규칙과는 달리 독일의 과학기술법 영역에서 발견되는 규범구체화행정규칙으로 보자는 견해이다.

3. 판례

대법원은 재산제세사무처리규정과 같은 국세청훈령 및 노인복지사업지침과 같은 보건복지부고시가 그 형식은 행정규칙으로 되어 있지만, 근거법령에 의하여 위임을 받아 제정되었으므로 실질적으로는 법규명령으로서 대외적 효력을 가지고 있다고 판시하고 있다.

헌법재판소도 헌법이 인정하고 있는 위임입법의 형식은 예시적이고 입법자가 규율의 형식도 선택할 수 있기 때문에, 입법자에게 상세한 규율이 불가능한 것으로 보이는 영역이라면 행정부는 법률의 위임에 따라 필요한 보충을 할 수 있다고 판시하여 법령보충적 행정규칙에 대하여 긍정적인 입장을 취하고 있다.

4. 검토

대법원의 일관된 판례와 헌법재판소의 결정을 보건대 헌법에 명시된 법규명령의 형식은 예시적이며 이에 따라 행정규칙형식의 법규명령(법령보충적 행정규칙)의 인정은 이미 되돌릴 수 없는 것처럼 보인다. 한편 행정규제기본법 제4조 제2항 단서는 이러한 법령보충적 행정규칙의 실정법적 근거가 되고 있다.

그러나 상당수의 행정규칙형식의 법규명령들은 설문의 택지개발업무처리지침과 같이 법률의 위임이 아니라 대통령령의 위임에 의하여 발하여지고 있는바, 이 경우 법률이 아니라 법규명령에 의하여 새로운 형식의 법규명령이 창설되는 것을 의미하게 되므로 이들은 위 헌법재판소의 입장에 의하여도 위헌적인 규정임을 면하지 못할 것이다. 향후 이에 대하여는 입법실무상의 개선이 요구된다고 할 것이다.

Ⅱ. 사안의 경우

사안의 '택지개발업무처리지침'은 비록 그 형식은 행정규칙이지만, 택지개발촉진법시행령 제7조 제5항의 위임을 받아 국토해양부장관이 정한 것으로서 법령보충적 행정규칙에 해당한다. 이런 법령보충적 행정규칙의 법규성을 인정하는 판례에 의하면 사안의 택지개발업무처리지침도 법규명령으로서 대외적 구속력이 인정된다 할 것이다.

교/수/강/평

정 하 중 (서강대학교 법대 교수)

행정입법에 있어서 형식과 실질이 일치하지 않는 이른바 법규명령형식의 행정규칙과 행정규칙형식의 법규명령은 각종 국가고시에 빈번이 나오는 문제이다. 사안에서 택지개발업무처리지침은 행정규칙형식의 법규명령(법령보충규칙)에 해당하는바, 이러한 행정규칙형식의 법규명령의 나타나는 이유는 상위법령에서 "OOO 장관이 부령으로 정한다"라는 수권방식 대신에 "OOO 장관이 고시로 정한다", 'OOO장관이 정하는 사항', 'OO청장이 지정하는 사항'등의 수권방식을 채택하는데 기인하고 있다. 행정규칙형식의 법규명령의 법적 성격에 대하여는 행정규칙설, 법규명령설, 규범구체화 행정규칙설 등 견해가 대립하고 있으나 법규명령설이 판례와 다수설의 입장이다. 모범답안은 학설의 대립을 체계적으로 설명하고 행정규칙형식의 법규명령이 갖고 있는 문제점을 잘 지적하고 있다.

고시의 법적 성질 및 권리구제수단

제53회 행정고시 일반행정직 합격 이 철 희

행시 제54회(10년)

약사법 제23조 제6항은 "한약사가 한약을 조제할 때에는 한의사의 처방전에 따라야 한다. 다만, 보건복지부장관이 정하는 한약처방의 종류 및 조제 방법에 따라 조제하는 경우에는 한의사의 처방전 없이도 조제할 수 있다."고 규정하고 있다. 이 조항에 근거하여 보건복지부장관은 한약사가 임의로 조제할 수 있는 한약처방의 종류를 100가지로 제한하는 보건복지부고시('한약처방의 종류 및 조제방법에 관한 규정')를 제정하였다. 그런데 한약사 甲은 보건복지부고시를 위반하여 한약을 조제하였다는 사실이 적발되어 약사법에 따라 乙시장으로부터 약국업무정지 1개월에 갈음하여 2,000만원의 과징금을 납부하라는 통지서를 받았다. 이에 甲은 보건복지부고시가 위헌이며, 따라서 과징금부과처분도 위법이라고 생각한다. 甲이 주장할 수 있는 법적 논거와 그에 대한 자신의 견해를 논술하고 권리구제수단을 설명하시오. (40점)

C/O/N/T/E/N/T/S

Ⅰ. 논점의 정리

(1) 우선 한약사 甲의 임의조제를 제한하는 보건복지부고시 (이하 고시)의 법적 성질이 법령보충규칙으로 법규성을 인정할 수 있는지 여부 및 위반에 따른 제재로서 과징금의 법적 성질을 검토할 필요가 있다.

(2) 다음으로 甲이 주장할 수 있는 법적 논거로 고시가 헌법상 포괄위임금지원칙에 위배되는지 여부, 비례원칙 및 평등원칙에 위배되는지를 검토한 후 만약 위배된다면 위법한 법률에 근거한 처분의 효력에 대해 검토하겠다. 또한 과징금 부과 처분에 재량의 일탈 남용이 있는지도 살펴볼 필요가 있다.

(3) 마지막으로 甲의 권리구제수단으로서 위헌위법명령규칙심사, 헌법소원, 취소소송, 집행정지 및 가처분, 국가배상청구소송을 검토하겠다.

Ⅱ. 법적 성질

1. 보건복지부고시의 법적 성질

(1) 법령보충규칙 의의

법령보충규칙은 고시, 훈령, 지침 등의 행정규칙 형식을 갖추고 있으나 그 실질적 내용에 있어서는 법령의 내용을 보충하는 기능을 갖는 규범을 말한다. 이는 급변하고 복잡한 행정현실에 탄력적으로 대응하기 위해서 행정의 전문성을 활용한다는 측면에서 필요하며 행정규제기본법 제4조 제2항에서도 법령보충규칙을 인정하고 있다.

사안의 보건복지부고시의 경우 수권규정을 약사법 제23조 제6항으로 볼 수 있으며, 이에 따라 고시의 형식으로 제정되었으므로 법령보충규칙으로 보인다.

(2) 법규성 인정 여부

1) 학설

이에 대해 학설은 (ⅰ) 행정입법의 형식보다는 내용을 중시하는 입장에서 '법규명령'이라고 보는 견해, (ⅱ) 형식을 중시해 '행정규칙'이라고 보는 견해, (ⅲ) 행정규칙으로 보되, 대외적인 구속력을 인정하는 '규범구체화행정규칙'으로 보는 견해, (ⅳ) 헌법에서 법규명령의 형식으로 대통령령, 총리령, 부령만을 한정적으로 인정하고 있으므로 '위헌무효'라는 견해가 대립하고 있다.

2) 판례

판례는 국세청 훈령인 재산제세사무처리규정에 대해 소득세법시행령과 결합하여 대외적으로 구속력있는 법규명령의 성질을 갖는다고 판시하고 있다.

3) 검토 및 사안

헌법에 나열된 법규명령의 형식은 예시적이라고 해석해야하며, 상위 법령의 구체적인 위임에 근거하여 제정되는 경우 상위 법령을 보충하는 것으로 대외적 구속력이 발생한다고 보는 것이 타당할 것이다.

따라서 사안의 고시는 법령보충규칙으로 법규성을 인정할 수 있을 것이다.

2. 과징금의 법적 성질

과징금이란 행정법상 의무를 위반하거나 이행하지 않음으로써 경제적 이득을 얻게 되는 경우에 당해 위반으로 인한 경제적 이득을 박탈하기 위해 부과하는 제재금을 뜻한다.

사안에서 甲이 고시를 위반한 것을 이유로 업무정지 1개월에 갈음하여 2000만원의 과징금을 부과하였으므로 변형적 과징금으로 볼 수 있다.

또한 설문의 주어진 법만으로는 기속과 재량을 판단하기 어렵지만 일반적으로 이러한 형태의 과징금은 행정권의 재량적 선택으로 규정되어 있는 경우가 많으므로 재량행위로 볼 수 있을 것이다.

Ⅲ. 甲의 논거 및 견해

1. 고시의 위헌위법 여부 검토

(1) 포괄위임금지원칙 위반 여부

1) 의의

헌법 제75조는 '구체적으로 범위를 정하여 위임받은 사항'에 대해서만 위임명령을 발할 수 있다고 하여 법률에 의한 포괄적 위임은 허용되지 않고 개별적 위임이 있어야 한다고 규정되어 있다. 이를 위해서는 대상을 특정해야 하며, 기준이 명확해야 한다.

2) 사안

사안에서는 약사법 제23조 제6항에 의해 '한약처방의 종류 및 조제 방법'이라는 구체적 위임이 이뤄지고 있는 바 포괄위임금지원칙에 위반되지 않는다고 보인다.

(2) 비례원칙 위반 여부

1) 의의 및 근거

비례원칙이란 행정청이 행정목적 실현함에 있어서 그 목적과 수단 간에 합리적 비례관계가 있어야 한다는 원칙이다. 헌법 제37조 제2항을 법적근거로 한다.

2) 내용

비례원칙의 내용으로는 행정작용이 그 목적달성에 적합해야 한다는 적합성의 원칙, 행정목적 달성을 위한 여러 수단 중 국민의 권익을 최소로 침해하는 수단을 선택해야 한다는 필요성 원칙, 마지막으로 달성되는 공익과 침해되는 이익 중 후자가 더 커서는 안된다는 상당성 원칙이 있다.

3) 사안

사안의 경우 한약사의 임의조제를 방지함으로써 국민이 좋은 약을 조제받을 수 있는 건강권을 달성할 수 있으므로 적합한 수단으로 보이며, 이를 위한 한약사 권익을 덜 제한하는 다른 특별한 수단이 있다고 보기도 어렵고, 국민의 건강권과 한약사의 조제자율권 중 후자가 더 크다고 보기도 어려우므로 비례원칙 위반으로 보기 힘들다.

(3) 평등원칙 위반 여부

1) 의의 및 근거

평등원칙이란 동일한 사안에서 합리적 사유가 존재하지 않는 이상 차별적 행정작용을 하지 않아야 한다는 원칙이다.

법적 근거로는 헌법 제11조에 근거한 성문법원으로 보는 견해와 동 규정으로부터 도출되는 불문법원으로 보는 견해가 있다.

2) 요건 및 한계

평등원칙에 위반되는 경우는 (i) 동일 사안일 것, (ii) 행정작용이 차별에 해당할 것, (iii) 합리적 차별사유가 없는 경우이며, 그 한계로는 위법한 행정작용에 있어 평등원칙을 주장할 수 없다는 것이다.

3) 사안

사안에서 한의사와 한약사에 대한 대우가 다르다는 것을 평등원칙 위반으로 주장할 수 있을 것이나, 한약사와 한의사의 전문성의 분야가 다르다는 점, 처방 남용의 방지를 위한 의약분업의 일부분이라는 점 등을 고려할 때 한의사와 한약사의 차별이 비합리적 차별이 아니라고 보인다. 따라서 평등원칙 위반으로 보기 힘들 것이다.

2. 과징금부과 처분의 위법 여부

고시가 적법하다면 이에 따른 과징금 부과 처분도 위법하지 않다. 다만 과징금 액수 결정에 있어 행정청의 재량이 인정된다면 과징금 액수에 있어 비례원칙 위반 여부가 검토될 필요가 있을 것이다.

고시가 위법하다면 위법한 법규명령에 근거한 처분으로 그 효력이 문제될 것이다. 우리나라 다수설과 판례인 중대명백설에 따르면 고시의 위헌위법이 결정되기 전까지는 하급행정기관이 위법에 대해 판단할 수 없으며 이에 따라야 하는 것이므로, 명백한 하자로 보기 어렵기 때문에 취소 사유가 된다고 볼 것이다.

3. 소결

고시의 위법여부는 포괄위임금지원칙, 비례원칙, 평등원칙 검토 결과 적법하다고 보이며, 과징금 부과 처분도 특별한 위법 사유가 있다고 보기는 힘들다.

Ⅳ. 권리구제 수단

1. 위헌위법명령규칙심사

이는 헌법 제107조 제2항에 의해 인정되는 것으로 명령규칙의 위헌, 위법 여부가 재판의 전제가 되는 경우에 선결문제로서 법규명령의 위헌위법여부를 다투는 것을 의미한다. 사안의 경우 고시의 위헌위법 여부에 따라 과징금의 위법여부도 달라지게 되므로 재판의 전제가 된다고 볼 수 있다. 따라서 甲은 법원에 위헌위법명령규칙심사를 신청할 수 있을 것이다.

2. 헌법소원

헌법소원이 가능한지 여부에 대해서는 (ⅰ) 헌법 제107조가 대법원에 명령규칙의 위헌 여부에 대한 심사권을 부여한 것은 명령규칙이 재판의 전제가 된 경우에 한하는 것이고, 명령규칙의 위헌 여부 심판은 헌재의 권한이라는 긍정설, (ⅱ) 명령규칙이 국민의 권리를 직접 침해하는 경우에는 항고소송이 가능하므로 헌법소원의 보충성 원리에 반한다는 부정설이 있다.

사안에서는 고시 자체가 한약사의 제조의 자율권을 제약하고 있다는 점에서 국민의 기본권리를 직접 제약하고 있으므로 헌법소원이 가능하다고 보는 것이 타당할 것이다. 물론 이 경우 항고소송을 제기할 수 없는 경우에 한해야 할 것이다.

그러나 헌법소원이 가능하다고 해도 당해 전술한 바대로 한약사의 권리를 과도하게 제한한다고 보기 힘들므로 합헌 결정이 나올 가능성이 크다.

3. 취소심판

과징금부과 처분에 대해 甲은 청구기간, 청구인・피청구인 적격 등의 취소심판의 요건을 갖춘 경우 취소심판을 제기할 수 있을 것이다. 전술한 바대로 과징금 부과에 특별한 위법이 없는 경우라면 기각재결이 나올 것이다.

4. 취소소송 및 집행정지

과징금 부과는 강학상 급부하명에 해당하는 행정행위이므로 이에 대한 취소소송 제기가 가능하다. 이와 함께 행정소송법 제23조의 집행정지 신청도 고려해 볼 수 있는데, 동법 동조 제1항의 회복하기 어려운 손해 요건에 해당하는지 여부가 가장 중점적으로 다퉈질 것이다. 만약 과징금 2000만원이 甲의 경영상 회복할 수 없는 손해를 입히는 경우라면 집행정지 신청이 받아들여질 것이다.

5. 국가배상청구소송

이미 甲이 과징금을 납부했다면 과징금에 대한 국가배상청구소송을 제기할 수도 있을 것이다. 국가배상청구의 요건 중 법령위반심리는 처분의 위법성 심리를 하는 것이므로 처분의 유효성 추정인 구성요건적 효력에 반하지 않으므로 가능하다. 그러나 고의·과실의 문제 있어서는 乙시장은 법령에 따른 처분을 한 것이므로 고의 과실이 있다고 보기 힘들다. 따라서 국가배상청구소송은 인용되기 힘들 것이다.

Ⅴ. 결

(1) 고시는 법령보충규칙으로 법규성을 인정할 수 있을 것이다. 과징금부과는 변형된 형태의 과징금으로 재량행위로 볼 수 있다.

(2) 甲이 주장할 수 있는 논거는 고시의 위법으로 포괄위임금지, 비례원칙, 평등원칙이 있으나 위법이 있다고 보기 힘들다. 또한 과징금부과 처분 또한 위법하다고 보기 힘들다.

(3) 권리구제수단으로 위헌위법명령규칙심사, 헌법소원, 취소심판, 취소소송 및 집행정지, 국가배상 등을 고려할 수 있겠으나 고시 및 과징금 처분이 적법하다고 보이는바 인용 가능성은 낮다.

교/수/강/평

김 향 기 (성신여대 법대 교수)

(1) 모범답안이 주요한 쟁점을 거의 검토하고 있으나, 일부 보완 및 추가할 사항을 지적하고자 한다. 모범답안이 보건복지부고시를 법규성이 있다고 전제하고 논리를 전개하고 있는데, 법규명령으로 보는 경우와 행정규칙에 불과하다고 보는 경우로 나누어 검토하는 것이 바람직할 것이다. 고시가 법규인 경우에는 과징금부과는 고시의 요건에 기속되므로 고시의 위헌·위법을 따져야 할 것이고, 고시가 행정규칙이라면 과징금은 이에 기속되지 않고 재량권의 일탈·남용의 법리로 검토해야 할 것이다.

(2) 고시가 법령보충규칙으로서 법규라고 보는 경우에는 모범답안과 같이 쟁점들을 검토하면 되는데, 고시는 헌법이 예정한 법규명령형식이 아닌 점에서 위헌·무효라는 주장을 甲이 할 수 있다는 점도 추가하여 검토할 필요가 있다. 또한 포괄적위임금지원칙 위반 여부에서 포괄적위임금지원칙의 내용인 위임의 한정성과 위임의 구체성·명확성·예측가능성에 관해 좀 더 자세한 언급을 한 다음 보건복지부고시가 이에 위반되지 않음을 좀 더 상세히 검토하였으면 하는 아쉬움이 있다. 비례의

원칙 위반여부에서 위 고시의 내용이 적합한 수단이고 의약분업의 목적을 달성하기 위해 필요성의 원칙에 부합하며, 의약분업에 의해 달성되는 공익과 이로 인해 침해되는 한약사의 사익의 비교형량에서 법익균형성이 유지된다고 좀 더 구체적으로 지적하면 좋을 것이다.

(3) 권리구제수단으로서 위헌위법명령규칙심사는 구체적 규범통제에 의하므로 과징금부과처분취소소송을 제기하면서 처분의 근거가 된 고시의 위헌·위법을 주장해야 한다는 점을 지적할 필요가 있다.

법규명령형식의 재량준칙

행시 제49회(05년)

제47회 사법시험 합격 김 형 석

A행정청은 법위반 행위에 대한 제재처분기준과 관련하여 '제재금산정방법 및 부과기준'을 부령(部令)으로 작성하여 이를 관보 및 인터넷 상에 공표하였다. 그 후에 당해 행정청은 위 기준에 의거하여 甲에게 500만원의 제재금을 부과하였다. 그런데 당해 행정청은 동일하게 법위반을 한 乙에 대해서는 위 제재금산정 기준에도 불구하고 근거법률에서 정한 범위에서 800만원의 제재금을 부과하였다. 이런 사정을 알게 된 乙이 자신에 대한 제재금 부과처분의 위법성을 주장하고자 한다.

(1) 乙의 주장에 대해서 법원이 어떤 판단을 내릴 것이라 예상하는가? (30점)

(2) 만약 위의 '제재금산정방법 및 부과기준'을 대통령령으로 정하였다면 어떻게 되겠는가? (20점)

advice

법규명령형식의 재량준칙의 법적 성격이 주된 논의로 목차를 예시한다.

C/O/N/T/E/N/T/S

Ⅰ. 문제의 제기
Ⅱ. (1)문의 경우 제재금부과처분의 법적 성질
Ⅲ. (1)문의 제재금부과처분의 위법성여부
1. 부령형식의 제재적 처분기준의 위반이 위 제재금부과처분의 위법사유가 되는지 여부(행정규칙의 법적 성질 논의)
2. 평등의 원칙 및 자기구속의 법리 위배여부
3. 비례의 원칙 위배여부
Ⅳ. (2)문의 경우-대통령령형식의 제재적 처분기준의 법적 성질 및 제재금부과처분의 위법여부
1. (2)문의 제재금부과처분의 법적 성질
2. 법규명령형식의 제재금산정기준의 성질
3. 제재금부과처분의 위법여부

Ⅰ. 문제의 제기

Ⅱ. (1)문의 경우 제재금부과처분의 법적 성질

판례는 행정처분이 식품위생법 제58조 제1항에 의한 처분의 기준을 정한 같은법 시행규칙 제53조에 위반되었다 하여 바로 위법한 것으로 되는지 여부에 대해서, 형식만 부령으로 되어 있을 뿐, 그 성질은 행정기관 내부의 사무처리준칙을 정한 것으로서 행정명령의 성질을 가지는 것이고, 대외적으로 국민이나 법원을 기속하는 힘이 있는 것은 아니므로 같은 법 제58조 제1항에 의한 처분의 적법 여부는 같은법시행규칙에 적합한 것인가의 여부에 따라 판단할 것이 아니라 같은 법의 규정 및 그 취지에 적합한 것인가의 여부에 따라 판단하여야 한다(대판 1995.3.28, 94누6925)고 판시한 바 있다(판례에 따를 경우의 검토: 행정규칙설—재량행위).

Ⅲ. (1)문의 제재금부과처분의 위법성여부

1. 부령형식의 제재적 처분기준의 위반이 위 제재금부과처분의 위법사유가 되는지 여부(행정규칙의 법적 성질 논의)

2. 평등의 원칙 및 자기구속의 법리 위배여부[1)]

3. 비례의 원칙 위배여부

Ⅳ. (2)문의 경우－대통령령형식의 제재적 처분기준의 법적 성질 및 제재금부과처분의 위법여부

1. (2)문의 제재금부과처분의 법적 성질

판례는 대통령령형식의 제재적 처분기준의 법적 성질에 대해서 당해 처분의 기준이 된 주택건설촉진법시행령 제10조의3 제1항 〔별표 1〕은 주택건설촉진법 제7조 제2항의 위임규정에 터잡은 규정형식상 대통령령이므로 그 성질이 부령인 시행규칙이나 또는 지방자치단체의 규칙과 같이 통상적으로 행정조직 내부에 있어서의 행정

1) 평등의 원칙과 자기구속의 법리의 관계
행정의 자기구속의 법리는 평등의 원칙의 파생법리로서 평등의 원칙의 적용요건 중 "합리적 사유가 없을 것"에 대한 원고의 입증책임의 곤란성을 완화시키기 위하여 인정된 법리이다. 사안의 경우 불평등조치가 있었고, 합리적 사유가 없었다는 점을 입증하여 乙은 평등의 원칙 위반으로 위법성을 인정받을 수 있으나, 사안의 경우 선례와 재량준칙이 존재하므로 자기구속의 법리를 주장하여 위법성을 인정받음이 더 용이하다.

명령에 지나지 않는 것이 아니라 대외적으로 국민이나 법원을 구속하는 힘이 있는 법규명령에 해당한다(대판 1997.12.26, 97누15418)고 판시한 바 있다(판례에 따른 결론: 법규명령설-기속행위).

2. 법규명령형식의 제재금산정기준의 성질

정액설과 최고한도액설이 대립하나, 판례는 최고한도액이라고 본다.

구 청소년보호법(1999.2.5. 법률 제5817호로 개정되기 전의 것) 제49조 제1항, 제2항에 따른 같은법시행령(1999.6.30. 대통령령 제16461호로 개정되기 전의 것) 제40조 〔별표 6〕의 위반행위의 종별에 따른 과징금처분기준은 법규명령이기는 하나 모법의 위임규정의 내용과 취지 및 헌법상의 과잉금지의 원칙과 평등의 원칙 등에 비추어 같은 유형의 위반행위라 하더라도 그 규모나 기간 · 사회적 비난 정도 · 위반행위로 인하여 다른 법률에 의하여 처벌받은 다른 사정 · 행위자의 개인적 사정 및 위반행위로 얻은 불법이익의 규모 등 여러 요소를 종합적으로 고려하여 사안에 따라 적정한 과징금의 액수를 정하여야 할 것이므로 그 수액은 정액이 아니라 최고한도액이다(대판 2001.3.9, 99두5207).

법규명령형식의 행정규칙

행시 제50회(06년)

제47회 사법시험 합격 김 형 석

「식품위생법」 제58조는 유해식품을 판매한 자에 대해서는 영업허가를 취소하거나 6월 이내의 기간을 정하여 그 영업의 전부 또는 일부를 정지하거나, 영업소의 폐쇄를 명할 수 있다고 규정하고 있다. 그런데 각 지역간 제재처분의 불균형이 문제되자, 보건복지부는 보건복지부령으로 제재처분의 기준을 정하였다. 보건복지부령이 정하고 있는 제재처분기준에는 유해식품 판매금지 1회 위반에 대해서는 1월의 영업정지로 규정되어 있다. 그런데 A시의 시장 甲은 유해식품을 판매하다 처음 적발된 乙에 대하여 3월의 영업정지처분을 내렸다. (총 40점)

(1) 위 보건복지부령에 대한 사법적 통제에 대하여 설명하시오. (20점)

(2) 그런데 乙에 대한 영업정지처분에 대한 제소시간이 종료되고 영업정지기간도 지난 후 乙이 판매한 식품이 유해하지 않다고 판명되었다. 이에 乙은 영업정지처분의 취소소송과 위법한 영업정지처분으로 인한 손해배상청구소송을 제기하고자 한다. 양자의 인용가능성을 논하시오. (20점)

advice

법규명령형식의 행정규칙에 대하여 그 법적 성질을 판단할 필요가 있다. 행정규칙이라고 본다면 재량의 행사기준에 불과하므로 이에 근거한 처분의 위법성 판단시에 재량의 일탈남용이 주된 논의가 되나, 법규명령이라고 할 경우 근거한 처분이 이에 반하는지가 위법성 판단의 주요사항이 될 것이다.

C/O/N/T/E/N/T/S

Ⅰ. 논점의 정리

(1) 설문 (1)의 경우에 재제처분의 기준을 정한 보건복지부령의 법적 성질이 무엇인지 살펴보고, 만일 법규명령이라면 그 사법적 통제로 법원과 헌법재판소에 의한 통제를 각각 살펴본다.

(2) 설문 (2)의 경우에 취소소송의 인용가능성에 대해서는 제소기간의 종료 등이 문제되고, 손해배상청구소송에서는 국가배상청구의 요건을 충족하는지 살펴볼 필요가 있다.

Ⅱ. 설문 (1)의 해결 - 보건복지부령에 대한 사법적 통제

1. 보건복지부령의 법적 성질

(1) 문제제기

행정입법이란 일반적으로 국가 등의 행정주체가 일반적 추상적인 규범을 정립하는 작용 또는 그에 따라 정립된 규범을 의미하는데, 사안과 같이 상위법령의 수권을 받아 행정입법이 이루어지는 과정에서 법규명령의 형식으로 제정되지만 행정조직 내부의 사무처리기준으로서의 성질을 갖는 경우 그 법적 성질의 취급에 대해 논의가 있었다.

(2) 견해대립

① 형식설은 법규는 내용과 관계없이 일반국민에 대하여 구속력을 가지므로 행정규칙이 법규형식을 취하면, 설령 그 내용이 국민의 자유와 재산에 관계없는 사항을 포함하더라도 법규의 형식으로 규정된 이상 법규명령으로서의 성질을 갖는다고 하고, ② 실질설은 행정규칙사항을 법규명령 형식으로 규정한다고 하여 비법규성이 변하는 것은 아니므로 행정규칙으로 보는 입장이고, ③ 수권여부기준설은 법령의 수권에 근거한 경우와 그렇지 않은 경우를 나누어 전자는 법규명령이고 후자는 행정규칙이라는 견해이다.

(3) 판례

판례는 종래부터 법령의 위임을 받아 부령으로 정한 행정처분의 기준을 행정규칙으로 판시(대판 1991.11.8, 91누4973)하였으나, 대통령으로 정한 행정처분의 기준은 법규명령으로 판시(대판 1997.12.26, 97누15418)하였고 또한 대통령으로 정한 행정처분의 기준을 법규명령으로 보면서도 그 기준을 단순히 처분의 한도로 본 판례(대판 2001.3.9, 99두5207)도 있다.

(4) 검토 및 사안의 경우

법규명령 형식의 행정조직 내부의 사무처리기준에 대해서 제정과정에서 국민에게 예측가능성이 부여되고, 고유한 법규명령사항이 정하여진 것은 아니라는 점에서 형식설이 타당하다.

따라서 설문의 경우에 유해식품을 판매한 자에 대한 제재처분의 기준을 마련한 보건복지부령은 법규명령으로 봄이 타당하다.

2. 법규명령의 사법적 통제 수단

(1) 법원에 의한 통제

1) 구체적 규범통제

명령 · 규칙 또는 처분이 헌법이나 법률에 위반되는 여부가 재판의 전제가 된 경우에는 대법원은 이를 최종적으로 심사할 권한을 가진다(헌법 제107조 제2항). 재판의 전제가 된 경우란 특정의 사건의 재판할 때에 그 사건에 적용되는 명령, 규칙의 위헌, 위법여부가 문제됨을 말하고 여기서의 명령은 법규명령을 말한다. 구체적 규범통제의 경우에는 개별적 사건에서 그 적용거부만을 그 내용으로 한다는 것이 다수의 입장이나 대법원은 구체적 규범통제를 하면서 법규명령의 무효를 일반적으로 선언하고 있다.

2) 처분적 법규명령에 대한 항고소송

법규명령에 대한 항고소송이 가능한지에 대해서는 법규명령의 처분성인정 여부와 관련하여 긍정설과 부정설이 대립하나, 원칙적으로는 법규명령은 일반·추상적인 법규범이므로 항고소송의 대상인 처분으로 볼 수 없으나 법규명령이 직접 개인의 권리를 침해하는 경우에는 당해 법규명령은 구체적 처분의 성질을 갖는 것이므로 보아 항고소송의 대상이 될 수 있다고 함이 타당할 것이다. 판례도 법규명령에 대한 항고소송을 부정하면서도 처분적 법규명령의 경우에는 행정소송법상 처분이라고 판시(대판 1996.9.20, 95누8003)한 바 있다.

(2) 헌법재판소에 의한 통제 - 헌법소원의 가부

1) 문제제기

헌법 제107조 제2항의 법문상으로 대법원이 명령, 규칙, 처분에 대한 최종적인 심사기관으로 보일 수 있는데, 이에 대해서 헌법재판소가 헌법소원에서 명령, 규칙의 심사권을 갖는지 논의가 있다.

2) 견해 대립

① 부정설은 헌법 제107조 제2항, 헌법소원에서의 직접성과 보충성 요건을 결여를 이유로 헌법재판소의 명령, 규칙 심사권을 부정하고 ② 긍정설은 헌법재판소법 제68조 제1항은 법원의 재판을 제외한 모든 공권력에 대한 헌법소원을 인정하는 바, 헌법재판소의 명령규칙심사권을 긍정한다.

3) 헌법재판소의 입장

헌법 제107조 제2항이 규정한 명령 · 규칙에 대한 대법원의 최종심사권이란 구체적인 소송사건에서 명령 · 규칙의 위헌여부가 재판의 전제가 되었을 경우 법률의 경우와는 달리 헌법재판소에 제청할 것 없이 대법원이 최종적으로 심사할 수 있다는 의미이며, 명령 · 규칙 그 자체에 의하여 직접 기본권이 침해되었음을 이유로 하여 헌법소원심판을 청구할 수 있다고 판시(헌재 1990.10.15, 89헌마178)하여 긍정설의 입장을 취한 바 있다.

4) 검토

헌법소원 기본권 보장성에 비추어 볼 때 그 대상에서 법규명령을 제외할 이유가 없고, 대법원의 최종심사권은 구체적 규범통제의 범위에서 인정되는 바, 긍정설이 타당하다.

(3) 설문의 경우

법규명령에 대해서 법원의 구체적 규범통제, 항고소송, 헌법재판소에 의한 헌법소원의 절차적 통제가 인정될 것이나 설문의 경우에는 제재처분이 직접 그 자체로서 기본권을 침해하는 것이 아니라 그에 기초한 구체적인 처분을 통하여 국민의 권리에 영향을 줄 수 있는 바, 보건복지부령에 대해서는 구체적 규범통제의 방식이 인정될 것이다.

Ⅲ. 설문 (2)의 해결 - 취소소송과 국가배상청구의 인용가능성

1. 소제기의 방식의 문제

乙이 영업정지처분의 취소소송과 위법한 영업정지처분으로 인한 손해배상청구소송을 제기함에 있어서 소장에 주된 취소소송에 손해배상청구소송의 관련청구를 포함시키는 형식의 원시적인 병합청구(행정소송법 제10조 제2항)를 제기할 수 있을 것인데, 행정소송법상의 관련사건의 병합은 각 청구가 적법할 것을 전제로 하나 후술하는 바와 같이 주된 청구인 취소소송이 제소기간의 도과로 부적법 하므로 병합청구 방식의 소 제기시 부적법 각하될 것이다. 이하에서는 별도의 소제기를 전제로 살펴본다.

2. 취소소송의 인용가능성

(1) 취소소송의 적법요건

취소소송은 ① 처분이 존재하고 ② 원고적격을 갖춘 원고가 ③ 피고적격자에 대해서 ④ 일정한 기간 내에 소를 제기하였을 것이며 ⑤ 원고에게는 처분 등의 취소, 변경을 구할 이익이 있을 것 ⑥ 일정한 경우에는 행정심판전치 등을 그 적법요건으로 하고 있다.

(2) 설문의 경우

설문의 경우에 제소기간과 협의의 소의 이익의 인정여부가 문제되는데, ① 제소기간은 처분 등이 있음을 안 날부터 90일 이내, 처분 등이 있은 날부터 1년 이내에 제기하여야 하고 이 기간은 불변기간이다(행정소송법 제20조). ② 협의의 소의 이익이란 취소로 인하여 구제가 현실로 될 수 있어야 함을 의미하는데, 제재기간이 도과한 경우 원칙적으로 부정하나 가중적 제재처분이 문제되는 경우에는 예외적으로 긍정된다. ③ 설문의 경우에는 원칙적으로 협의의 소의 이익이 인정되지 않을뿐더러 제소기간이 지났기 때문에 乙의 취소소송은 부적법하여 각하될 것이다.

3. 국가배상청구의 인용가능성

(1) 불가쟁력과 국가배상청구의 가부

1) 견해대립

① 적극설은 처분의 효력을 다투는 취소소송과 피해의 배상을 구하는 국가배상은 그 제도의 취지를 달리하는 바 취소판결이 없더라도 국가배상을 청구할 수 있다는 견해이고, ② 소극설은 국가배상을 인정하면 불가쟁력을 잠탈하는 효과가 되므로 국가배상을 부정하는 입장이다.

2) 판례

판례는 쟁송기간을 도과한 과세처분에 대해서도 국가배상청구소송을 제기해 정당한 세액의 초과범위를 반환받을 수 있다고 본다(대판 1979.4.10, 79다262)고 하여 적극설의 입장이다.

3) 검토

제소기간을 도과하여 불가쟁력이 발생한 처분이라도 국가배상의 경우에 그 위법이 인정될 수 있고 이 점이 정의에 부합하는 바, 적극설의 입장이 타당하다.

(2) 국가배상청구의 요건의 충족 여부

1) 국가배상청구의 요건

국가 또는 지방자치단체는 공무원이 그 직무를 집행함에 당하여 고의 또는 과실로 법령에 위반하여 타인에게 손해를 가한 경우에 국가배상책임이 인정된다(국가배상법 제2조 제1항). 설문의 경우에는 공무원, 직무행위, 직무관련성의 인정에는 문제가 없으나 위법성과 시장 甲의 고의, 과실의 인정여부를 논의할 필요가 있다.

2) 위법성 인정여부

① 위법성의 개념

국가배상에서의 위법성이란 법령에 반함을 의미하는데, 법령의 범위에는 성문법 이외에 불문법과 행정법의 일반원칙도 포함된다. 위법성의 본질에 대해서는 ① 결과불법설 ② 상대적 위법성설, ③ 행위위법설이 대립하는데 법률에 의한 행정의 원리 또는 국가배상소송의 행정통제기능을 고려하여 공권력행사의 행위규범에의 적합여부를 기준으로 하는 행위위법설이 타당하다고 할 것이고, 국가의 기본권 보장의무에서 도출되는 공무원의 일반적 손해방지의무의 준수도 기준으로 고려하는 광의의 행위위법설이 타당하다고 할 것이다.

② 설문의 경우

설문의 보건복지부령의 법적 성질을 법규명령으로 할 경우에는 그에 반하는 바 공권력의 행위규범에 반하는 위법이 당연히 인정될 것이고, 다만 행정규칙으로 볼 경우에는 재량의 일탈 남용이 있었는지에 대해서 추가적으로 검토해 볼 필요가 있을 것이다. 설문의 경우에 유해식품 판매금지에 처음 위반했음에도 불구하고 3개월의 비교적 장기의 영업정지처분을 내렸고, 그 후에 乙이 판매한 식품이 유해하지도 않았던 것에 비추어 재량권을 일탈남용했다고 볼 수 있어 위법성은 어느 견해에 따르더라도 인정된다고 할 것이다.

3) 고의, 과실의 인정여부

① 국가배상에 있어서의 고의, 과실의 의미

고의란 일정한 위법행위의 발생가능성을 인식하고 그 결과를 적극적으로 인용한 경우를 말하고, 과실이란 통상적으로 갖추어야 할 주의의무를 해태한 경우를 말하는데 주의의무의 정도는 당해 직무를 담당하는 평균적 공무원의 주의의무를 기준으로 한다. 과실의 경우에 그 입증의 곤란 등을 이유로 고도의 주의의무를 인정하는 입장, 조직과실이론, 위법성과 과실의 일원화, 입증책임의 완화 등의 과실의 객관화 경향이 존재한다.

② 설문의 경우

설문의 경우에 甲 시장의 고의, 과실을 나타낼 수 있는 특별한 사정이 언급되어 있지는 않으나 과실의 객관화 경향에 의할 경우에는 위법함을 이유로 하여 과실 등이 인정될 수 있을 것이다. 영업정지처분을 내림에 있어서 甲 시장의 주의의무 위반의 사정이 있다면 당연히 요건을 충족할 것이다.

(3) 소결

영업정지처분에 대해서 취소소송의 제소기간의 도과로 불가쟁력이 발생하였다고 하더라도 국가배상청구를 제기할 수 있고, 甲 시장의 영업정지처분은 위법하고 甲 시장의 과실 등이 인정된다면 국가배상청구는 인용될 수 있을 것이다.

Ⅳ. 결 어

(1) 보건복지부령의 법적 성질은 법규명령으로 봄이 타당하고, 이에 대한 사법적 통제로는 구체적 규범통제에 의한 통제가 가능할 것이다.

(2) 乙의 취소소송은 제소기간의 도과로 인하여 부적법하여 각하될 것이나, 손해배상청구의 경우에는 甲 시장의 영업정지처분은 위법하고 甲 시장의 과실 등이 인정된다면 국가배상청구는 인용될 수 있을 것이다.

교/수/강/평

김 향 기 (성신여대 법대 교수)

1. 설문 (1)에 관하여

위 설문은 A시의 시장이 乙에 대하여 보건복지부령에 의한 영업정지처분이 문제되는 사안이므로 위 보건복지부령의 법적 성격을 먼저 파악한 다음, 그러한 보건복지부령에 대한 사법적 통제방법을 검토해야 한다. 그런데 위 보건복지부령은 '식품위생법' 제58조에 의한 행정처분기준을 구체적으로 규정한 행정청의 재량준칙이라 할 수 있다. 따라서 위 보건복지부령은 형식은 부령인 법규명령으로 되어 있으나 내용은 행정사무처리기준인 행정규칙이라 할 수 있어, 소위 법규명령형식의 행정규칙(재량준칙)이라 하겠다. 이에 관한 각 학설 · 판례에 따른 결론과 문제점을 검토하고 사견을 추가하면 좋을 것이다. 또한 형식설에 의하는 경우에도 상위법령에 위임 없이 규정된 경우와 위임을 받았다 하더라도 위임의 한계를 벗어난 경우에는 무효가 될 수 있다는 점을 언급하면 좋을 것이다.

2. 설문 (2)에 관하여

먼저 취소소송과 관련하여, 취소소송의 적법요건 중 이 설문에서 문제되는 것은 제기기간과 협의의 소익이다. 원칙적으로 처분의 효력이 소멸한 경우에는 소의 이익이 없다고 하겠으나, 처분의 효력이 소멸된 뒤에도 그 처분 등의 취소로 인하여 회복되는 법률상 이익이 있는 경우에는 소의 이익을 인정하고 있다(행정소송법 제12조 후단). 특히 가중적 제재요건이 정해져 있는 경우에는 비록 제재처분에서 정한 제재기간이 경과하였다 하더라도 향후의 가중된 제재조치로 인하여 당해 업무를 행할 수 있는 법률상 지위에 대한 위험이나 불안을 제거하고, 향후의 불이익을 사전에 막기 위하여 처분의 취소를 구할 이익이 있다고 할 것이다(통설). 판례는 법규명령에 가중적 제재요건이 정해져 있는 경우에는 소의 이익을 인정하나(대판 2005.3.25, 2004두14106; 대판 2001.3.15, 2001두10622 등), 부령 등 행정규칙으로 되어 있는 경우에는 사실상 불이익에 불과하다고 하여 소의 이익을 부인한다(대판 2002.7.26, 2000두7254 등). 그러나 행정규칙인 경우에도 당해 공무원은 내부관계에서 법령준수의무 및 복종의 의무상 이와 달리 처분하기를 기대하기 곤란하고 평등원칙 및 행정의 자기구속의 법리가 성립된 경우에는 법규명령의 경우와 달리 볼 것은 아니다.

설문의 경우, 1회 위반의 경우 영업정지 1월인 것으로 보아 2회 이상의 경우 영업허가취소 등 가중처벌을 받을 것으로 볼 수 있으므로 乙로서는 유해식품판매가 아니어서 영업정지처분을 취소하여 법령위반이 아님을 확인받을 소의 이익이 있다고 할 것이다.

이와 같이 소의 이익은 충족된다고 하더라도 취소소송제기기간이 이미 지난 후이므로 취소소송제기는 부적법하게 되어 각하될 것이다.

국가배상청구소송의 요건 중 문제되는 것은 영업정지처분의 위법성과 고의 · 과실여부가 핵심쟁점이다.

위법성과 관련하여 먼저 문제되는 것은, 국가배상청구소송의 관할법원(민사법원)이 당연 무효가 아닌 영업정지처분의 위법을 판단할 수 있는가이다. 여기서는 영업정지처분의 효력유무가 선결문제가 아니라 영업정지처분의 위법여부가 문제인바, 통설인 적극설과 판례는 공정력의 본질을 실체법상의 적법성 추정에 있는 것이 아니라 사실상 유효한 것으로 통용됨에 있다고 보아 효력부인이 아닌 위법성에만 국한시킨 판단은 국가배상청구소송의 관할법원이 할 수 있다고 본다.

다음 위법성판단기준에 대해서 학설 · 판례가 나뉘고 있으나, 설문에서 乙의 판매식품이 유해하지 않다고 판명된 이상 협의설인 행위불법설 중 공권력발동요건결여설에 의하더라도 위법으로 판단하는데 무리가 없다. 다만 고의 · 과실여부는 위법성여부와 일치한다는 견해에 의하지 않고, 위법성은 객관적 배상책임요건이고 고의 · 과실은 공무원의 주관적 배상책임요건이라고 구별하더라도, 고의·과실에 관한 어느 견해에 의하건 A시 시장의 판단에 과실을 인정할 여지가 없다고 단정할 수는 없는 것이라 할 것이므로 국가배상책임요건의 충족을 인정할 수 있다는 점이 좀 더 보충되면 좋을 것이다.

법규명령형식의 행정규칙, 국가배상법 제2조, 변경처분에 있어서 소대상

제54회 사법시험 합격 안 0 0

행시 제57회(13년)

일반음식점을 운영하는 업주 甲은 2012. 12. 25. 2명의 청소년에게 주류를 제공한 사실이 경찰의 연말연시 일제 단속에 적발되어 2013. 2.15. 관할 구청장 乙로부터 영업정지 2개월의 처분을 통지 받았다. 甲은자신의 업소가 대학가에 소재하고 있어서 주된 고객이 대학생인데, 고등학생이 오는 경우도 있어 신분증으로 나이를 확인하고 출입을 시키도록 종업원 A에게 철저히 교육을 하였다. 그런데 종업원 A는 사건 당일은 성탄절이라 점포 내 많은 손님들로 북적거려서 신분증을 일일이 확인하는 것은 어렵겠다고 판단하여 간헐적으로 신분증 확인을 하였고, 경찰의 단속에서 청소년이 발견된 것이다. 한편 甲은 평소 청소년 선도활동을 활발히 한 유공으로 표창을 받았을 뿐 아니라 지금까지 관계 법령위반으로 인한 영업정지 등 행정처분과 행정벌을 받은 바가 전혀 없으며, 간암으로 투병중인 남편과 초등학생인 자식 2명을 부양하고 있다. (총 50점)

(1) 남편에 대한 간병과 영업정지처분의 충격으로 경황이 없던 甲은 2013. 4.25. 위 영업정지 처분에 대한 취소소송을 제기하였다. 甲의 소송상 청구의 인용가능성을 설명하시오. (25점)

(2) 만약, 위 (1)의 소송에서 甲이 인용판결을 받아 확정되었고 이에 甲은 위법한 영엉정지처분으로 인한 재산적 ·정신적 손해에 대한 국가배상청구소송을 제기한다면, 법원은 어떤 판결을 내려야 하는가?(15점)

(3) 만약, 위 사례에서 영업정지 2개월의 처분에 대해 2013. 2.20. 乙이 영업정지 1개월의 처분에 해당하는 과징금으로 변경하는 처분을 하였고 甲이 2013.2.23. 이 처분의 통지를 받았다면, 甲이 이에 대해 취소소송을 제기할 경우 취소소송의 기산점과 그 대상을 설명하시오. (10점)

〈참조조문〉

식품위생법

제44조(영업자 등의 준수사항)

② 식품접객영업자는 「청소년 보호법」 제2조에 따른 청소년(이하 이 항에서 "청소년"이라 한다)에게 다음 각 호의 어느 하나에 해당하는 행위를 하여서는 아니 된다.

4. 청소년에게 주류(酒類)를 제공하는 행위

제75조(허가취소 등)

① 식품의약품안전처장 또는 특별자치도지사·시장·군수·구청장은 영업자가 다음 각 호의 어느 하나에 해당하는 경우에는 대통령령으로 정하는 바에 따라 영업허가 또는 등록을 취소하거나 6개월 이내의 기간을 정하여 그 영업의 전부 또는 일부를 정지하거나 영업소 폐쇄(제37조제4항에 따라 신고한 영업만 해당한다. 이하 이 조에서 같다)를 명할 수 있다.

13. 제44조제1항·제2항 및 제4항을 위반한 경우

제82조(영업정지 등의 처분에 갈음하여 부과하는 과징금 처분)

① 식품의약품안전처장, 시·도지사 또는 시장·군수·구청장은 영업자가 제75조제1항 각 호 또는 제76조제1항 각 호의 어느 하나에 해당하는 경우에는 대통령령으로 정하는 바에 따라 영업정지, 품목 제조정지 또는 품목류 제조정지 처분을 갈음하여 2억원 이하의 과징금을 부과할 수 있다. 다만, 제6조를 위반하여 제75조제1항에 해당하는 경우와 제4조, 제5조, 제7조, 제10조, 제12조의2, 제13조, 제37조 및 제42조부터 제44조까지의 규정을 위반하여 제75조제1항 또는 제76조제1항에 해당하는 중대한 사항으로서 총리령으로 정하는 경우는 제외한다.

식품위생법 시행규칙

89조(행정처분의 기준) 법 제71조, 법 제72조, 법 제74조부터 법 제76조까지 및 법 제80조에 따른 행정처분의 기준은 별표 23과 같다.

[별표 23]

Ⅰ. 일반기준

15.다음 각 목의 어느 하나에 해당하는 경우에는 행정처분의 기준이, 영업정지 또는 품목·품목류 제조정지인 경우에는 정지처분 기간의 2분의 1 이하의 범위에서, 영업허가 취소 또는 영업장 폐쇄인 경우에는 영업정지 3개월 이상의 범위에서 각각 그 처분을 경감할 수 있다.

마. 위반사항 중 그 위반의 정도가 경미하거나 고의성이 없는 사소한 부주의로 인한 것인 경우

Ⅱ. 개별기준

3. 식품접객업

위반사항	근거 법령	행정처분 기준		
		1차 위반	2차 위반	3차 위반
11. 법 제44조 제2항을 위반한 경우 라. 청소년에게 주류를 제공하는 행위(출입하여 주류를 제공한 경우 포함)를 한 경우	법 제75조	영업정지 2개월	영업정지 3개월	영업허가·등록 취소 또는 영업소 폐쇄

C/O/N/T/E/N/T/S

I. 설문(1)의 해결

1. 문제의 소재

① 우선 당해 행정작용인 영업정지처분과 그 근거규정인 식품위생법 시행규칙 〔별표23〕(이하 '〔별표23〕')의 법적 성질을 검토한다. ② 소의 적법여부에서는 특히 협의의 소익이 문제된다. ③ 소가 적법하다면, 영업정지처분이 재량행위인 경우 비례원칙을 위반하여 위법한지 여부를 살핀다.

2. 〔별표23〕 및 영업정지처분의 법적 성질

(1) 〔별표23〕의 법적 성질

1) 문제점

사안의 경우 행정규칙의 실질인 제재적 행정처분의 기준이 법규명령인 시행규칙의 형식으로 규정되어 있어 형식과 실질이 불일치하는 바, 그 법적 성질이 문제된다.

2) 학설

① 구체적 타당성 확보를 위해 행정규칙으로 보는 행정규칙설, ② 법적 안정성을 중시하여 법규명령으로 보는 법규명령설, ③ 법률의 수권에 근거하여 제정된 경우 법규명령으로 보자는 수권여부기준설 등이 대립한다.

3) 判例

① 대통령령으로 정한 행정처분의 기준은 법규명령에 해당한다고 보면서도, ② 사안과 같은 시행규칙과 관련해서는 부령의 형식으로 되어 있으나 그 성질과 내용이 행정기관내부의 처리지침에 불과한 것으로서 대외적으로 국민이나 법원을 기속하는 효력이 없다고 판시한 바 있다.

4) 검토 및 사안의 경우

判例는 시행령과 시행규칙을 합리적 이유 없이 차별 취급하여 일관성을 상실한 것으로 보인다. 법규명령설에 의하더라도 가중・감경규정을 두어 구체적 타당성을 확보할 수 있으므로 법적 안정성의 측면에서 법규명령설이 타당하다. 따라서 사안의 경우 법규명령으로 봄이 타당하다. 다만 判例에 따르면 시행규칙 형식으로 되어 있으므로 행정규칙으로 볼 것이다.

(2) 영업정지처분의 법적 성질

사안의 경우 식품위생법 제75조 제1항은 '할 수 있다'고 하여 규정하고 있고, 동법 시행규칙에서도 〔별표23〕에서 감경규정을 두어 구체적 타당성을 도모하고 있는

바, 이러한 근거법령의 해석에 의하면 영업정지처분은 재량행위로 볼 것이다. 또한 부작위하명으로서 침익적 행정행위에 속한다.

3. 소의 적법여부

(1) 문제점

1) 사안에서 ① 영업정지처분은 침익적 행정행위로서 대상적격이 인정되고(행정소송법 제19조, 이하 법명생략), ② 甲은 처분의 직접상대방으로서 원고적격이 인정된다(제12조). ③ 또한 2013. 2. 15. 처분의 통지를 받은 날로부터 90일 이내에 소를 제기하여 제소기간을 준수하였고(제20조 제1항), ④ 예외적으로 필요적 행정심판전치주의에 해당하는 사정은 보이지 않는다(제18조 제1항). ⑤ 나아가 피고적격(제13조)과 관할(제9조)은 설문에 별다른 언급이 없으므로 충족된 것으로 본다.

2) 그런데 문제는 사안의 경우 소를 제기할 당시 영업정지기간이 도과하여 당해 처분의 효력이 상실하였는바, 이 경우에도 취소소송을 제기할 수 있는지가 협의의 소익과 관련하여 문제된다.

(2) 협의의 소익 인정 여부

1) 의의 및 근거

협의의 소익이란 소송경제를 위한 소송요건으로서 원고의 소송상 청구가 본안판단을 받을 현실적 필요성을 의미한다. 제12조 제2문을 원고적격에 관한 규정으로 보는 견해도 있으나, 일반적으로 협의의 소익을 규정한 것으로 본다. 기간경과로 처분의 효력이 상실된 경우 원칙적으로는 그 처분의 취소를 구할 법률상 이익이 인정되지 않으나, 사안과 같이 시행규칙에 가중적 제재처분의 요건이 규정되어 있는 경우 예외적으로 협의의 소익이 인정될 것인지 문제된다.

2) 가중요건이 시행규칙에 규정되어 있는 경우 법률상 이익 인정 여부

(가) 학설

시행규칙의 법적성질에 대하여 ① 법규명령으로 보아 소의 이익을 긍정하는 견해, ② 행정규칙으로 보아 소의 이익을 부정하는 견해, ③ 그 성질과 무관하게 소의 이익을 긍정하는 견해 등이 대립한다.

(나) 判例

判例는 ① 이전에 행정명령에 불과한 행정처분기준에 관한 규정에서 위반 횟수에 따라 가중처분하게 되어 있다 하여 법률상 이익이 있는 것으로 볼 수 없다고 판시한 바 있으나, ② 이후 태도를 변경하여 제재적 처분기준을 행정규칙으로 보면서도, 그 법적 성질이 법규명령인지 여부와는 상관없이 관할 행정청이나 담당공무원은 이를

준수할 의무가 있으므로 그 규칙에 정해진 바에 따라 행정작용을 할 것이 당연히 예견되므로, 선행처분을 받은 상대방이 후행처분을 받을 위험은 구체적이고 현실적인 것이라고 하여 법률상 이익을 긍정하였다. ③ 이에 대하여 소수의견은 제재적 처분기준을 법규명령으로 보면서 소의 이익을 인정한다.

(다) 검토 및 사안의 경우

행정청이나 공무원이 법령에 구속당할 뿐 아니라, 국민의 권리구제측면에서 상대방의 법률상 지위의 불안 해소를 위해서도 당해 규칙의 법적 성질과 무관하게 소의 이익을 인정하는 判例의 태도가 타당하다. 사안의 경우 〔별표23〕에서 가중요건을 규정하고 있는바, 선행처분인 영업정지처분의 기간이 도과한 후라도 甲으로서는 후행처분을 받을 위험을 제거하기 위해 영업정지처분을 다툴 법률상 이익이 있다고 볼 것이다.

(3) 소결

소송요건을 모두 갖추어 소의 적법성은 인정된다.

4. 본안판단 - 비례원칙 위반 여부

(1) 비례원칙이란 행정목적과 그 수단 사이에 합리적 비례관계가 있어야 된다는 원칙으로서(헌법 제37조 제2항) 적합성의 원칙, 필요성의 원칙, 상당성의 원칙의 단계적 검토를 내용으로 한다.

(2) 사안의 경우 ① 영업정지처분은 청소년 보호를 위한 입법목적에 적합한 수단으로서 적합성의 원칙에는 부합한다. 그러나 ② 甲은 평소에 종업원 A를 철저히 교육하였으나 위반 당일은 점포 내 많은 손님들로 북적거려서 신분증을 일일이 확인할 수 없었다는 점, 평소에 甲은 청소년 선도활동을 활발히 하였고 지금까지 법령위반으로 벌을 받은 바가 전혀 없었다는 점 등을 고려하면 그 위반의 정도가 경미하거나 고의성이 없는 사소한 부주의로 인한 것으로 볼 여지가 충분하여 〔별표23〕의 경감규정에 의한 약한 제재를 통해서도 甲에게 경각심을 일으켜 청소년에 대한 주류판매금지의 행정목적을 달성할 수 있는 것으로 보임에도 불구하고 필요 이상의 제재를 가하여 필요성의 원칙에 반하고, ③ 영업정지처분으로 인해 달성되는 공익보다 이로 인한 甲의 손해가 훨씬 큰 것으로 보여 상당성의 원칙에도 반한다.

(3) 소결

따라서 乙의 영업정지처분은 비례원칙에 위배되어 위법하고, 중대명백설에 의하면 사안의 하자는 중대하나 명백하진 않으므로 취소사유에 해당된다.

5. 사안의 해결

甲의 소송상 청구는 인용될 것이다(제27조).

II. 설문(2)의 해결

1. 문제점 - 국가배상법 제2조의 성립요건

(1) 법원의 판단은 甲의 청구가 국가배상법 제2조의 손해배상청구권의 성립요건을 충족하는지에 따라 달라지는 바, 이는 ① 공무원이 ② 직무를 집행하면서 ③ 고의 또는 과실로 ④ 법령에 위반하여 ⑤ 타인에게 손해를 가하였고 ⑥ 상당인과관계가 있을 것을 요건으로 한다.

(2) 사안은 ① 공무원인 관할 구청장 乙의 행위이고, ② 권력작용인 영업정지처분을 하여 ③ 이로 인하여 ④ 甲은 영업을 하지 못하는 손해를 입었음을 인정할 수 있다. 그런데 사안에서 ⑤ 위법성과 관련하여 당해 처분의 취소소송이 전소로써 제기되어 인용판결이 확정되었는바 후소인 국가배상청구소송의 위법성 판단에 취소판결의 기판력이 미치는지 문제된다. 이는 국가배상법상의 위법개념과 취소소송의 위법개념이 일치하는 것인지의 문제이다. ⑥ 또한 乙의 고의·과실 인정여부가 문제된다.

2. 취소판결의 기판력이 국가배상청구의 후소에 미치는지 여부 - 위법성 인정여부

(1) 학설

국가배상법상 위법개념에 대하여 ① 취소소송의 위법개념과 동일한 협의의 행위불법으로 보아 전부 기판력이 미친다고 보는 전부기판력긍정설 ② 그보다 넓은 광의의 행위불법으로 보아 전소에서 인용판결이 나면 기판력이 미치고 기각판결이 나면 기판력이 미치지 않는다고 보는 제한적기판력긍정설, ③ 취소소송의 위법개념과 별개인 상대적 위법성이나 결과불법으로 보아 전부 기판력이 부정된다는 전부기판력부정설 등이 대립한다.

(2) 判例

判例는 어떠한 행정처분이 취소소송에서 취소되었다고 할지라도 그 기판력에 의하여 당해 처분이 곧바로 불법행위를 구성한다고 단정할 수는 없다고 판시한바 있다.

(3) 검토 및 사안의 경우

분쟁의 일회적 해결 및 국민의 권리구제 측면에서 제한적 기판력긍정설이 타당하다. 따라서 사안의 경우 전소인 취소소송에서 甲은 인용판결을 받아 확정되었으므로 후소인 국가배상청구에 기판력이 미쳐 위법성에 대해 달리 판단할 수 없으므로 위법성이 인정된다고 할 것이다. 判例에 의하더라도 사안의 영업정지처분은 甲이 처한 구체적 상황을 고려하지 않은 채 발령된 것으로서 공·사익 형량을 제대로 하지 않아 객관적 정당성을 상실하여 위법성이 인정된다고 볼 것이다.

3. 고의 또는 과실의 인정여부

(1) 고의란 위법행위의 발생가능성을 인식하고 이를 용인한 경우를 말하고, 과실이란 공무원이 직무를 수행함에 있어 당해 직무를 담당하는 평균적 공무원이 보통 갖추어야할 주의의무를 게을리한 것이다(判例). 나아가 判例는 반드시 가해공무원이 특정되어 있어야 하는 것은 아니라고 하여 과실개념을 추상화·객관화하는 바, 현대행정의 복잡성에 따른 입증곤란을 구제하기 위해 타당하다.

(2) 사안의 경우 〔별표23〕은 위반 정도가 경미하거나 고의성이 없는 사소한 부주의의 경우에는 영업정지처분의 기간을 경감할 수 있는 규정을 두고 있는바, 乙로서는 적법한 재량권 행사를 위해 행정절차법 제21조의 사전통지와 동법 제22조의 의견청취절차 등을 통해 위 규정에 해당하는 사정이 있는지를 조사해야할 주의의무가 있다고 볼 수 있다. 그런데 사안에서는 乙이 위 절차를 통해 甲의 사정을 알았거나 모르는데 과실이 있는 채로 영업저지처분을 발령한 것인지 명확하지 않은 바, 고의·과실의 입증책임이 원고인 甲에게 있음에 비추어볼 때 일단 〔별표23〕의 개별기준에 따라 영업정지처분을 행한 乙에게 고의나 과실을 인정하기 어렵다.

4. 사안의 해결

甲의 국가배상청구는 고의 또는 과실의 요건을 충족하지 못하였으므로 법원은 기각판결을 해야 한다.

III. 설문(3)의 해결

1. 문제점

취소소송은 처분 등을 대상으로 하고(제19조, 제2조1항 제1호), 처분 등이 있음을 안 날로부터 90일, 처분 등이 있은 날로부터 1년을 제소기간으로 한다(제20조). 일단 ① 1차의 영업정지처분과 2차 과징금으로의 변경처분은 모두 일정한 의무를 부과하는 하명으로서 각각 처분에 해당한다. 그러나 ② 1차, 2차 처분의 각각의 통지는 처분의 효력발생요건으로서 그 자체만으로써 국민의 권리·의무에 변동을 초래하는 것은 아니므로 별도로 소의 대상된다고 보기 어렵다. 결국 ③ 당초의 2개월의 영업정지처분을 소의 대상으로 삼을 것인지, 아니면 영업정지 1개월의 처분에 해당하는 과징금으로 변경하는 처분을 대상으로 삼을 것인지 문제되고, ④ 이에 따라 기산점도 결정될 것이다.

2. 변경처분이 있는 경우 소의 대상

(1) 학설은 ① 원처분은 소멸되었고 변경처분이 새로운 처분으로서 소의 대상이 된다는 견해, ② 변경처분은 원처분의 강도를 변경한 것에 불과하므로 변경된 원처분이 소의 대상이라는 견해 등이 대립된다.

(2) 判例는 유사한 사안에서 행정제재처분을 한 후 그 처분을 유리하게 변경하는 처분을 한 경우 변경처분에 의하여 당초 처분은 소멸하는 것이 아니고 당초부터 유리하게 변경된 내용의 처분으로 존재하는 것이라고 하여 소의 대상은 변경처분이 아니라 변경된 내용의 원처분이라고 한 바 있다.

(3) 생각건대, 변경처분은 원처분에 대한 질적 일부 취소에 불과하므로 아직 취소되지 않고 남아 있는 부분이 위법하다고 하여 다투는 경우에 소의 대상은 변경된 원처분으로 보는 것이 타당하다. 따라서 사안의 경우 소의 대상은 과징금으로 변경된 당초의 원처분이라고 할 것이다.

3. 취소소송의 기산점

소의 대상을 변경된 원처분으로 보는 경우 제소기간의 준수 여부도 변경된 원처분을 기준으로 판단하여야 할 것이다. 判例도 같다. 따라서 사안에서 취소소송의 기산점은 당초 처분이 있었음을 안 날인 2013. 2. 15.이다.

4. 사안의 해결

사안의 취소소송은 2013. 2. 15.을 기산점으로 하고, 과징금으로 변경된 당초의 원처분을 소의 대상으로 삼아야 할 것이다.

교/수/강/평

김 향 기(성신여자대학교 법대 교수)

1. 설문 (1)의 경우

구청장 乙의 이미 실효된 영업정지처분에 대한 취소소송에서 甲의 청구의 인용가능성이 문제이므로 소송요건과 본안에서의 이유유무가 쟁점이다. 즉, 이미 영업정지처분기간이 경과되어 실효된 영업정지처분에 대해 취소소송으로 다툴 실익이라는 협의의 소의 이익이 있는지 문제되고, 소의 이익이 인정되어 소송요건을 충족한 경우에 본안에서 인용판결을 받을 수 있는지가 문제된다. 여기서 소송요건과 이유유무에 공통적으로 관련되는 영업정지처분의 법적 성질을 먼저 검토할 필요가 있다는 점에서 모범답안의 답안구성은 잘 되어 있다. 그런데 영업정지처분의 법적 성질을 검토함에 있어서는, 그 근거규정인 식품위생법 제75조 제1항에 따른 경우(모법에 따라 재량행위성을 판단하는 경우)와 같은 법 시행규칙 제89조 별표23에 따른 경우(처분기준에 따라 재량행위성을 판단하여야 하는 경우)로 나누어 검토함이 필요하다(김향기, 행정법연습 제4판, 대명출판사, 133쪽~139쪽 참조). 법 제75조 제1항에 의할 경우 '할 수 있다'는 규정의 문언만으로 판단할 것이 아니라 법의 취지·목적 등 재량행위의 구체적인 판단기준을 적시하여 종합적으로 판단하여야 한다. 또한 같은 법 시행규칙 제89조 별표23에 의할 경우, 법규명령형식의 재량준칙인 별표23의 법적 성질에 관하여는 잘 검토했으나, 이 별표23의 법규성을 인정하는 경우에 이에 따른 행정처분의 법적 성질에 관하여 개별기준과 감경규정을 두고 있는 일반기준을 종합적으로 고려하여 판단하는 검토가 필요하다. 재량준칙의 법규성을 부인하는 경우에도 행정의 자기구속의 법리에 따라 재량권의 일탈·남용 여부를 판단할 수 있다는 점도 고려할 필요가 있다.

소송요건의 검토에서 모범답안은 문제점에서 잘 정리를 하였고 협의의 소익의 여부에 관해 잘 설명하고 있다. 그런데 행정소송법 제12조 후문의 '법률상 이익'의 의미에 관하여 검토한 후 처분의 효력이 소멸한 경우에는 원칙적으로 소익이 부정되나, 예외적으로 처분 등의 효과가 기간의 경과, 처분 등의 집행 그 밖의 사유로 인하여 소멸된 뒤에도 그 처분 등의 취소로 인하여 회복되는 법률상 이익이 있는 경우에는 소의 이익이 인정되는데, 사안의 경우와 같이 가중적 제재요건이 법령 또는 행정규칙으로 정해진 경우에는 소익이 있는지 문제된다는 점을 검토하면 된다. 법령으로 정해진 경우에는 소의 이익을 인정하는데 이론이 없으나 행정규칙으로 정해진 경우에 문제된다. 모범답안에서도 잘 적시하고 있지만 이 경우 종래 판례는 소의 이익을 부인하여 왔으나(대법원 1995.10.17. 94누14148 등) 최근에 판례변경을 통하여 소의 이익을 인정하고 있다는 점(대판 2006.6.22. 2003두1684)이 빠져서는 아니 된다(김향기, 행정법개론 제10판, 탑북스, 550쪽~551쪽 참조).

본안에서의 이유유무에 대해서는, 절차상의 하자나 주체 및 형식에는 문제가 없고 내용상의 문제인 영업정지처분의 위법여부가 문제인바, 그 근거규정인 식품위생법 제75조 제1항에 의하건 같은법 시행규칙 제89조 별표23에 의하건 재량행위라는 점에서 재량권의 일탈・남용의 여부가 문제되며, 재량권의 일탈・남용의 사유 중 비례의 원칙과 고려요소의 흠결이 문제된다는 점이다.

2. 설문 (2)의 경우

국가배상법 제2조의 배상책임요건이 문제되는데, 그 중에서도 위법성여부와 고의・과실이 핵심쟁점이다. 위법성 여부의 문제는 소송물이 동일한 경우에 취소소송의 기판력이 국가배상청구소송에 미치는지가 문제된다. 이는 위법성의 판단기준에 관한 결과불법설, 협의의 행위불법설(공권력발동요건결여설), 광의의 행위불법설(직무행위기준설), 상관관계설 등 학설에 따라 기판력이 미치는지의 여부에 관해 긍절설, 부정설, 제한적 긍정설 등으로 견해가 나뉘나, 기판력을 부인하면 국가배상청구소송에서 선결문제로 처분의 위법을 다투어야 하는 절차의 번잡성이 문제된다는 점 등에서 기판력긍정설이 타당하다(김향기, 행정법개론 제10판, 탑북스, 412쪽~414쪽 참조). 다음, 고의・과실의 문제에서는 과실과 위법성의 관계에서 과실을 객관적인 주의의무위반으로 파악하는 입장에서는 위법성과 과실 중 어느 하나가 존재하면 다른 요건도 존재하는 것으로 인정하나, 판례는 위법성을 배상책임성립의 객관적 요건으로 보고 과실은 공무원의 주관적 요건으로 보아 구별하고 있다는 점을 언급할 필요가 있다. 과실의 입증책임에 있어서 민법상의 일응추정의 법리를 원용하여 평균적 공무원으로서 갑과 위반행위의 전후 사정 등을 종합적으로 고려하고 식품위생법 시행규칙 제89조 별표 23의 일반기준에 의할 때 과실이 있는 것으로 추정할 수 있고 구청장 을이 무과실을 반증하도록 한다는 입장에서 보면 과실을 인정할 여지가 있다는 결론도 가능하다는 점을 설명하면 좋을 것이다.

3. 설문 (3)의 경우

당초의 원처분이 유리하게 변경된 경우의 소의 대상과 제소기간 기준시점에 관한 문제이다. 이 경우 소의 대상에 관해, 학설은 ① 원처분설 ② 변경처분설 ③ 변경된 원처분설로 나뉘고, 판례는 변경된 원처분설을 취한다(대법원 2007.4.27. 2004두9302, 식품위생법 위반 과징금부과처분 취소)는 점을 검토하여 해결하고, 제소기간 기준시점도 위 견해에 따라 다를 것이나 통설과 판례인 변경된 원처분설에 따라 변경된 내용의 당초처분을 기준으로 판단한다.

3. 기타 행정의 행위형식

신뢰보호의 원칙과 계획재량

제48회 사법시험 합격 윤 정 현

甲은 식품업에 종사하는 자로서 물류창고를 건축하기 위해 준비를 하고 있다. 그러던 중 경기도지사 乙은 도시관리계획안에 따라 성남시 분당구 내 21필지에 대한 용도지역을 자연녹지지역으로 지정·결정하였다가 그보다 규제가 엄격한 보전녹지지역으로 지정·결정하는 내용으로 도시계획변경결정을 하고, 고시 및 관보에 게재하였다. 그러나 甲은 도시계획변경과정에서 토지의 이용상황, 교통량, 도시의 자연환경, 경관, 수림 등 필요한 사항을 정당하게 고려하지 아니하고 이루어졌다고 주장하고 있다. 이 경우 甲이 취할 수 있는 항고소송상의 구제수단과 인용가능성은? (30점)

C/O/N/T/E/N/T/S

Ⅰ. 문제의 소재

설문에서 경기도지사 乙은 자연녹지지역으로 지정·결정하였던 바를 보전녹지지역으로 도시계획변경결정을 하였는바, 甲은 이 도시계획변경결정의 위법성을 다투고자 한다.

이 경우 甲이 고려할 수 있는 항고소송상의 구제수단으로 도시계획변경결정에 대한 취소소송 내지 무효확인소송을 들 수 있다. 이 취소소송 내지 무효확인소송의 인용가능성을 판명하기 위해서는 우선 적법성을 살펴보아야 하는데, 사례의 경우 그 적법성과 관련하여 특히 도시계획시설결정의 처분성이 문제된다.

또한 취소소송 내지 무효확인소송이 적법하다면, 도시계획변경결정의 위법성이 판명되어야 하는데, 경기도지사 乙의 결정이 신뢰보호의 원칙에 반하는지 여부, 행정계획으로서의 재량에 반하는지 여부를 살펴보아야 한다. 甲의 청구가 인용될 경우 사정판결의 가능성은 없는지도 고려해야 한다.

Ⅱ. 소의 적법성

1. 문제점

사례의 경우 甲이 취소소송이나 무효확인소송을 제기할 경우 각 소송의 적법요건과 관련하여 특히 문제되는 것은 도시계획변경결정의 처분성이다. 도시계획변경결정은 그 토지에 대한 도시관리계획의 필요에 의하여 정하여지는바, 도시관리계획의 법적성질을 규명함으로써 그 처분성 인정여부를 해결할 수 있다.

2. 도시관리계획의 법적 성질

(1) 학설

1) 입법행위설

도시계획결정은 일반・추상적인 규율을 행하는 입법행위로서, 법규명령의 성질을 갖는다고 보는 견해이다. 서울고등법원 1980.1.29,79구416 판결도 같은 입장이다.

2) 행정행위설

도시계획・국토이용계획 등은 공고 또는 고시되면 법률규정과 결합하여 개인의 권리 내지 법률상의 이익을 구체적으로 규제하는 효과를 가져온다고 보는 입장에서 행정행위로 보는 견해이다.

3) 개별검토설

도시계획 가운데는 법규명령적인 것도 있고 행정행위적인 것도 있을 수 있으므로, 개별적으로 검토하여야 한다는 견해이다.

4) 독자성설

행정계획은 법규범도 아니고 행정행위도 아닌, 그 자체로서 독자적인 법형식이지만, 구속력을 가진다는 점에서 행정행위에 준하여 행정소송의 대상이 된다는 견해이다.

(2) 판례

대법원은 도시계획법 제12조 소정의 도시계획결정이 고시되면 도시계획 구역 안의 토지나 건물소유자의 토지형질변경, 건축물의 신축, 개축 또는 증축 등 권리행사가 일정한 제한을 받게 되는 바, 이런 점에서 볼 때 고시된 도시계획결정은 특정 개인의 권리 내지 법률상의 이익을 개별적이고 구체적으로 규제하는 효과를 가져오게 하는 행정청의 처분이라 할 것이고, 이는 행정소송의 대상이 되는 것이라고 판시하여, 도시관리계획의 처분성을 인정하였다.

(3) 검토 및 소결론

도시계획결정이 있으면 각 도시계획별로 국민의 권리·의무에 구체적·개별적인 영향을 미치게 된다. 그러므로 도시계획 및 이와 유사한 성질을 갖는 행정계획에는 행정행위로서의 성질이 인정되어야 한다고 본다. 따라서 도시관리계획의 법적 성질을 행정행위로 이해하는 견지에서 도시계획변경결정의 처분성이 인정된다. 甲은 다른 소송요건이 문제되지 않는 이상, 취소소송 내지 무효확인소송을 제기하는 경우, 그 소송은 적법하다.

Ⅲ. 소의 이유유무

1. 신뢰보호의 원칙 위배여부

(1) 문제점

경기도지사 乙은 용도지역을 자연녹지지역으로 지정·결정하였다가 후에 보전녹지지역으로 도시계획변경결정을 하였는바, 이에 따라 자연녹지지역임을 신뢰하여 물류창고를 건축하기 위해 준비 중이던 甲의 이익이 침해되어 신뢰보호의 원칙에 위배되는지 여부가 문제된다.

(2) 신뢰보호의 원칙에 위배되는지 여부

1) 신뢰보호원칙의 의의

신뢰보호의 원칙은 개인이 행정기관의 일정한 적극적·소극적 행위의 정당성 또는 존속성에 대하여 신뢰한 경우, 그 신뢰가 보호받을 가치가 있는 한, 그 신뢰를 보호해야 한다는 원칙이다.

2) 신뢰보호의 근거

신뢰보호의 이론적 근거에 대하여 신의성실의 원칙에서 구하는 견해, 법적 안정성에서 구하는 견해, 기본권 또는 사회국가원리에서 찾는 견해 또는 여러 관점을 중첩적으로 적용하여 도출하는 견해 등이 있으나, 법적 안정성을 법치국가의 구성부분으로 보면서 신뢰보호의 원칙의 근거를 헌법에서 찾고 있는 견해가 타당하다.

또한 실정법적 근거는 행정절차법 제4조 제2항 및 국세기본법 제18조 제3항을 들 수 있다.

3) 신뢰보호의 요건

① 일반적 요건

신뢰보호원칙에 의하여 보호받기 위해서는 (ⅰ) 행정기관의 선행행위, (ⅱ) 보호할만한 가치 있는 신뢰, (iii) 신뢰에 따른 관계인의 처리, (iv) 선행행위에 대한 신뢰와 관계인의 처리 사이의 인과관계, (v) 선행행위에 반하는 후행조치 등의 요건이 충족되어야 한다.

판례도 신뢰보호의 원칙이 적용되기 위하여는, 첫째 행정청이 개인에 대하여 신뢰의 대상이 되는 공적인 견해표명을 하여야 하고, 둘째 행정청의 견해표명이 정당하다고 신뢰한 데 대하여 그 개인에게 귀책사유가 없어야 하며, 셋째 그 개인이 그 견해표명을 신뢰하고 이에 따라 어떠한 행위를 하였어야 하며, 넷째 행정청이 위 견해표명에 반하는 처분을 함으로써 그 견해표명을 신뢰한 개인의 이익이 침해되는 결과가 초래되어야 한다고 판시하였다.

② 사례의 경우

판례는 위와 같은 사안에서 피고가 용도지역을 자연녹지지역으로 결정한 것만으로는 자연녹지지역을 그대로 유지하거나 보전녹지지역으로 변경하지 않겠다는 취지의 공적인 견해표명을 한 것이라고 볼 수 없으므로 신뢰보호의 원칙이 적용되지 않는다고 판시하였다.

그러나 신뢰의 대상이 되는 행정기관의 선행조치로는 행정처분 등 고권적 조치뿐만 아니라, 확언·행정지도 등도 포함하여 넓게 보아야 하고, 명시적·적극적 언동에 제한되지 않으며, 묵시적인 언동도 포함된다고 보아야 한다. 따라서 용도지역을 자연녹지지역으로 결정한 것 차체는 행정청의 선행조치로 볼 수 있다. 또한 甲은 乙의 계획결정을 신뢰해 일정한 준비행위를 하였다는 점에서 선행조치에 대한 신뢰와 원고의 준비행위는 상당한 인과관계도 성립하고, 행정청의 선행조치에 반하는 계획변경결정으로 인해 재산상의 손해도 입은 것으로 보인다.

4) 신뢰보호의 한계

① 문제점

甲의 신뢰는 보호요건을 모두 충족하나, 신뢰보호의 원칙은 공익상의 필요, 기득권보호, 법적 안정성 등을 비교형량하여 적용여부를 결정하여야 한다.

② 판례

판례는 신뢰보호의 원칙이 적용되기 위한 요건을 충족하는 경우라 하더라도 행정청이 앞서 표명한 견해에 반하는 행정처분을 함으로써 달성하려는 공익이 행정청의 견해표명을 신뢰한 개인이 그 행정처분으로 인하여 입게 되는 이익의 침해를 정당화할 수 있을 정도로 강한 경우에는 신뢰보호의 원칙을 들어 그 행정처분이 위법하다고 할 수 없다고 판시하였다.

③ 사례의 경우

사례에서 경기도지사 乙이 용도지역을 자연녹지지역에서 보전녹지지역으로 변경결정한 것은 무질서한 시가화 방지, 공해 또는 재해의 방지, 녹지보전 등을 위함임을 상정할 수 있다. 비록 甲이 자연녹지지역임을 신뢰하여 물류창고를 건축하기 위해 준비하고 있었다하더라도 보전녹지지역으로 변경하여야 할 공익상 이유가 우월한 것으로 보이고, 실제로 甲이 건물을 건축한 것이 아니라, 준비과정에 있었으므로 그 재산상 손해도 크지 않을 것으로 보인다. 따라서 甲의 신뢰를 보호하는 것은 그 한계를 일탈한 것이다.

(3) 소결론

甲은 乙의 자연녹지지역 결정을 신뢰하여 물류창고를 건축하기 위해 준비하는 등 보호요건을 충족하나, 행정청의 보전녹지지역으로의 변경 결정은 공익상의 이유가 우월하므로 甲의 신뢰를 보호하는 것은 그 한계를 일탈한 것으로 볼 수 있다.

2. 형평의 원칙 위배여부

(1) 문제점

도시관리계획을 함에 있어 시・도지사에게 넓은 폭의 계획재량이 인정된다. 이러한 계획재량을 통제하기 위한 법리로 발달된 것이 형량명령인데, 사례의 경우 경기도지사 乙이 계획재량을 행사함에 있어 이에 위반하여 형량의 하자가 존재하는지 문제된다.

(2) 형량명령과 형량의 하자

1) 형량명령이론의 의의

계획법규범의 경우 계획행정기관에는 넓은 범위의 형성의 자유가 인정되고 있기는 하나, 계획재량의 행사 역시 법령, 행정상의 법원칙을 위반할 수 없으며, 특히 공익과 사익 상호간, 공익 상호간 및 사익 상호간에 정당한 형량이 행해질 것이 요구된다.

2) 형량의 하자

형량명령이론에 의하면, 형량을 전혀 행하지 않은 경우(형량의 해태), 형량의 대상에 마땅히 포함시켜야 할 사항을 빠뜨리고 형량을 행하는 경우(형량의 흠결), 관계제이익의 형량을 행하기는 하였으나 그 형량이 객관성, 비례성을 결하는 경우(오형량)에는 형량의 하자로 보아 당해 행정계획은 위법한 것으로 보게 된다.

판례 또한 행정주체가 가지는 형성의 자유는 무제한적인 것이 아니라 그 행정계획에 관련되는 자들의 이익을 공익과 사익 사이에서는 물론이고 공익 상호간과 사익 상호간에도 정당하게 비교 교량하여야 한다는 제한이 있는 것이고, 따라서 행정주체가 행정계획을 입안, 결정함에 있어서 이익형량을 전혀 행하지 아니하거나 이익형량의 고려대상에 마땅히 포함시켜야 할 사항을 누락한 경우 또는 이익형량을 하였으나 정당성, 객관성이 결여된 경우에는 그 행정계획결정은 재량권을 일탈, 남용한 것으로서 위법한 것으로 보아야 한다고 판시한바 있다.

3) 사례의 경우

사례에서 용도지역을 변경결정하기 위해서 기초조사가 이루어졌는바, 형량이 행해진 것으로 보인다. 또한 기존의 자연녹지지역으로의 지정 · 결정을 신뢰하고 후행조치를 하였을 관계인의 사익에도 불구하고, 녹지보전 등을 이유로 차단지대 및 완충지대로서 기능하기 위한 공익을 비교형량하여 보전녹지지역으로 변경하였는바 용도지역변경결정은 재량권을 일탈 · 남용한 것으로 볼 수 없다.

그러나 용도지역변경을 함에 있어 도시의 자연환경, 경관, 수림이나 토지의 이용상황, 교통량 등을 고려하지 아니하고 변경 결정을 하였는바, 이는 형량의 대상에 마땅히 포함시켜야 할 사항을 빠뜨리고 형량을 행하는 경우인 형량의 흠결에 해당한다.

그러므로 당해 용도지역변경결정은 정당한 형량의 원리를 그르친 것으로 계획재량의 한계를 일탈, 남용하여 위법하다.

(3) 위법성의 정도

중대 · 명백설에 의할 때 당해 용도지역변경은 정당한 형량의 원리를 위반한 것으로서 그 하자가 중대하기는 하나 관련된 모든 제반 사정을 고려하였는지 여부는 일반인의 관점에서 객관적으로 명백하다고 할 수는 없으므로 그 하자의 정도는 취소사유에 불과하다.

(4) 소결론

당해 용도지역변경은 정당한 형량의 원리를 위반한 것으로서 계획재량의 한계를 일탈, 남용하여 위법하고 그 위법성의 정도는 취소사유이므로 취소소송의 경우에는 취소판결이 선고될 것이고, 무효확인소송의 경우에는 사실심 변론종결시까지 취소소송으로 소를 변경하지 않는 이상 기각판결이 선고될 것이다.

3. 사정판결 가능성

(1) 문제점

사례의 변경결정이 위법한 이상 甲의 청구가 이유있기는 하나 이를 취소하는 것이 현저히 공공복리에 반하는 경우에 해당하여 甲의 청구를 기각할 수 있는지, 즉 사정판결을 할 수 있는지 여부가 문제된다.

(2) 사정판결의 요건 충족 여부

1) 사정판결의 요건

사정판결을 하기 위해서는 ① 원고의 청구가 이유 있다고 인정되어야 하고, ② 처분 등을 취소하는 것이 현저히 공공복리에 적합하지 아니하다고 인정되어야 한다. 현저히 공공복리에 적합하지 아니한가의 여부를 판단함에 있어서는 위법·부당한 행정처분을 취소·변경하여야 할 필요성과 그로 인하여 발생할 수 있는 공공복리에 반하는 사태 등을 비교·교량하여 그 적용 여부를 판단하여야 한다.

2) 사례의 경우

위에서 살펴본 바와 같이 甲의 청구는 이유 있다고 인정된다. 경기도지사 乙이 비록 형량과정에서 도시의 자연환경, 경관, 수림이나 토지의 이용상황, 교통량 등을 고려하지 아니하고 변경 결정을 하였으나, 도시계획구역 안에서의 녹지지역은 보건위생·공해방지, 보안과 도시의 무질서한 확산을 방지하기 위하여 녹지의 보전이 필요한 때 지정되고 특히 보전녹지지역은 녹지보전필요성이 현저한 경우에 행하여지므로 사인의 건축행위라는 사익보다 공익상 필요가 현저하게 크다고 할 것이다. 또한 보전녹지지역으로의 지정·결정으로 인하여 이 사건 토지들에 대한 건축 상의 제한이 강화되기는 하나 건축이 전면적으로 금지되는 것은 아니어서 그 목적달성에 필요한 합리적인 정도에 그친다고 볼 수 있다. 이와 같은 사정을 고려할 때 위 용도지역변경결정을 취소하는 것이 현저히 공공복리에 적합하지 아니하다고 판단되므로 사정판결을 하는 것이 적합하다.

Ⅳ. 사례의 해결

도시관리계획의 법적 성질을 행정행위로 이해하여야 하므로 도시계획변경결정은 처분성이 인정되고 그밖에 문제되는 소송요건은 발견되지 않으므로 甲의 청구는 적법하다. 甲의 청구는 신뢰보호요건을 모두 충족하나, 공익상의 이유가 현저하므로 그 한계에 의해 도시계획변경결정은 신뢰보호의 원칙에 반하지 않는다. 또한 당해 변경결정은 정당한 형량의 원리를 위반한 것으로 형량의 흠결이 있어 위법하고 그 위법성의 정도는 취소사유이다.

그러나 용도지역변경결정을 취소하는 것은 현저히 공공복리에 반하므로 사정판결을 하는 것이 적합하다.

교/수/강/평

김 철 용 (건국대학교 법대 명예교수)

'강평'란은 고득점을 위한 것이다. 이러한 관점에서 보면 답안에 대하여 다음과 같은 점이 지적될 수 있을 것이다.

(1) 답안은 도시관리계획의 법적 성질에 관하여 여러 학설을 기술하고 있다. 이 도시관리계획이 우리나라 '국토의 계획 및 이용에 관한 법률'상의 도시관리계획을 지칭하는 것이라면, 학설은 아직 다양하지 않다. 도시관리계획의 법적 성질에 관하여 항고쟁송의 대상이 되는 처분이고 그것도 재량처분이라는 것이 학설의 지배적 견해일 뿐이다. 학설을 소개할 때에는 정확하게 기술해 주어야 할 것은 말할 나위가 없다.

(2) 답안은 신뢰보호원칙의 적용요건과 관련하여 "용도지역을 자연녹지지역으로 결정한 것 자체는 행정청의 선행조치로 볼 수 있다"라고 기술하고 있다. 물론 우리나라 다수 견해는 '선행조치'를 법령·행정규칙·행정행위·확약·행정계획·행정지도 등 사실행위 그 밖에 국민이 신뢰를 갖게 될 일체의 조치를 포함한다는 것이다. 그러나 판례는 '선행조치'를 공적인 견해표명에 한정하고 있다. 법령의 규정 내용 및 행정규칙 자체는 여기서 말하는 공적인 견해표명에 해당하지 아니한다는 것이 대법원의 입장이다(대법원 2003.9.5. 선고 2001 두 403 판결 등 참조). 따라서 도시관리계획이 여기서 말하는 공적인 견해표명에 해당하는가의 여부가 쟁점이 되어야 한다. 답안에는 신뢰보호원칙을 논하면서 행정계획의 특성에 대하여는 아무런 언급이 없다. 행정계획의 특성의 관점에서 신뢰보호원칙을 논하는 것도 필요하다. 행정계획은 현재의 사회·경제적 모든 상황의 조사를 바탕으로 장래를 예측하여 수립되고 또한 장기간에 걸쳐 있으므로, 그 기간 사이에 사회·경제적 여러 상황 등이 변화해서 부득이 당초의 행정계획을 변경·중지·폐지하지 않으면 아니 되는 경우가 있음을 판례도 인정하고 있기 때문이다(대법원 1995. 8. 25. 선고 94누12494 판결 등 참조).

(3) 답안은 "용도지역변경을 함에 있어 도시의 자연환경, 경관, 수림이나 토지의 이용 상황, 교통량 등을 고려하지 아니하고 변경 결정을 하였는바, 이는 형량의 대상에 마땅히 포함시켜야 할 사항을 빠뜨리고 형량을 행하는 경우인 형량의 흠결에 해당한다"고 단정하고 있다. 청구인의 주장을 사실이라고 단정하고 있는 것이다. 문제가 사례문제로서는 지나치게 단순하기 때문에 나타난 결과로 보인다(피고의 답변을 사례에 넣었으면 어떨까 생각되지만). 따라서 사례문제의 해답으로 가정해서는 이런 경우라면 이런 결론이 나올 것이고, 저런 경우에는 저런 결론이 나온다고 기술하는 것이 좋을 것이다.

기 출

행정계획, 원고적격, 절차상 하자의 독자적 위법성 인정여부

제54회 행정고시 일반행정직 합격 이 형 재

행시 제55회(11년)

A시는 자신의 관할구역 내의 국유하천에 대한 주변자연환경개선계획(이하 '자연환경개선계획')을 발표하면서 현재 A시 소유의 시민체육공원이 포함된 부지를 시민자연생태공원용지로 그 지목과 용도를 변경하여 생태공원을 조성하고 생태학습장 및 환경교육센터 등을 설치한다고 고시하였다. 이러한 자연환경개선계획을 발표하는 과정에서 법령상 정해진 도시계획위원회의 심의는 거치지 않았다. 이 계획에 대해 인근 주민과 환경관련 시민사회단체(NGO)등은 적극적인 찬성 입장을 표명하였으나, 시민체육공원의 위탁관리주체인 서울올림픽기념국민체육진흥공단(이하 '진흥공단')은 A시의 자연환경개선계획에 대하여 "이는 국가예산의 낭비일 뿐만 아니라 시민체육공원을 정기적, 부정기적으로 이용하는 국민 일반의 권리를 침해하는 것"이라면서 비판하고 있다. (총 40점)

(1) 진흥공단이 A시의 자연환경개선계획에 대해서 항고소송을 제기할 경우 당해 소송은 적법한가?(20점)

(2) A시의 국유하천주변 자연환경개선계획의 효력유무에 대해서 검토하시오. (단, 실체적인 요건은 모두 갖춘 것으로 전제한다)(10점)

(3) 인근 주민 甲은 평소 시민체육공원의 베드민천장을 정기적으로 이용하다가 A시의 자연환경개선계획으로 인해 이 시설을 더 이상 이용하지 못할 위험에 처했다. 이에 甲은 A시의 자연환경개선계획에 대해서 행정소송을 제기하려고 한다. 甲의 시민체육공원 시설이용의 법적 성질에 대해 검토하시오.(10점)

참·조·조·문

국민체육진흥법

제36조(서울올림픽기념국민체육진흥공단)

① 제24회 서울올림픽대회를 기념하고 국민체육 진흥을 위한 다음의 사업을 하게 하기 위하여 문화체육관광부장관의 인가를 받아 서울올림픽기념국민체육진흥공단(이하 "진흥공단"이라 한다)을 설립한다.

1. 제24회 서울올림픽대회 기념사업
2. 기금의 조성, 운용 및 관리와 이에 딸린 사업
3. 체육시설의 설치·관리 및 이에 따른 부동산의 취득·임대 등 운영 사업
4. 체육 과학의 연구
5. 그 밖에 문화체육관광부장관이 인정하는 사업

② 진흥공단은 법인으로 한다.
③ 진흥공단에 관하여 이 법에서 규정한 것 외에는 「민법」 중 재단법인에 관한 규정을 준용한다.
④ 진흥공단은 제1항 제3호에 따른 체육시설 중 제24회 서울올림픽대회를 위하여 설치된 체육시설의 유지·관리에 드는 경비를 충당하기 위하여 그 체육시설에 입장하는 자로부터 입장료를 받을 수 있다.
⑤ 제4항의 입장료를 받으려면 문화체육관광부장관의 승인을 받아야 한다. 승인받은 사항을 변경하려는 때에도 또한 같다.

체육시설의 설치 · 이용에 관한 법률
제6조(생활체육시설)
① 국가와 지방자치단체는 국민이 거주지와 가까운 곳에서 쉽게 이용할 수 있는 생활체육시설을 대통령령으로 정하는 바에 따라 설치·운영하여야 한다.
② 제1항에 따른 생활체육시설을 운영하는 국가와 지방자치단체는 장애인이 생활체육시설을 쉽게 이용할 수 있도록 시설이나 기구를 마련하는 등의 필요한 시책을 강구하여야 한다.

제8조(체육시설의 개방과 이용)
① 제5조 및 제6조에 따른 체육시설은 경기대회 개최나 시설의 유지·관리 등에 지장이 없는 범위에서 지역 주민이 이용할 수 있도록 개방하여야 한다.
② 제1항에 따른 체육시설의 개방 및 이용에 관하여 필요한 사항은 문화체육관광부령으로 정한다.

C/O/N/T/E/N/T/S

Ⅰ. 논점의 정리

(1) 설문 (1)에서는 대상적격과 관련하여 A시의 자연환경개선계획이 처분에 해당하는지 그리고 진흥공단이 원고적격을 갖는지 근거법규와 관련법규의 사익보호성 도출을 통해서 살펴보아야 하며,

(2) 설문 (2)에서는 자연환경개선계획의 절차적 하자가 독자적 위법성을 갖는지 그리고 그 위법의 정도는 어떠한지에 대한 검토를 통해 당해 계획의 효력유무에 대한 검토를 요한다.

(3) 설문 (3)에서는 甲의 시문체육공원 시설이용이 자유사용에 해당하는지 그리고 인접주민의 고양된 일반사용권이 인정될 수 있는지에 대한 검토를 요한다.

Ⅱ. 설문 (1)의 해결

1. 소의 적법요건

우리 행정소송법은 소가 적법하기 위해서는 대상적격과 원고적격을 갖추고 소의 이익이 있어야 함 등을 규정하고 있다. 사안의 경우 당해 자연환경개선계획이 항고소송의 대상이 되는 처분성을 갖는지 그리고 진흥공단이 원고적격을 갖추었는지에 대한 검토를 요한다.

2. 대상적격

(1) 행정계획의 의의 및 법적성질

1) 행정계획의 의의

행정계획이란 행정주체가 일정한 행정활동을 위한 목표를 예측하여 설정하고, 서로 관련되는 행정수단의 조정과 종합화의 과정을 통해 장래 일정한 시점에 일정한 질서를 실현할 것을 목적으로 하여 정립하는 활동기준을 말한다.

2) 행정계획의 법적성질

행정계획의 법적 성질과 관련하여 입법행위설, 행정행위설 등의 견해가 있으나 계획에 따라 법적 성질을 개별적으로 검토하여야 한다는 개별검토설이 통설, 판례의 입장이며 타당하다. 특히 국토의계획및이용에관한법률(이하, 토용법) 상의 도시계획결정은 그것이 공고나 고시되면 법률규정과 결합하여 각종의 권리제한의 효과를 가져오므로 행정청의 처분으로 볼 수 있을 것이다.

(2) 사안의 경우

사안에서 A시의 자연환경개선계획은 토용법 상의 관리계획에 해당하는 것으로 고시 이후 각종의 권리제한의 효과 특히 진흥공단과 시설을 이용하는 사인들의 권리제한의 효과를 가져오므로 행정청의 처분에 해당한다. 따라서 당해 계획은 항고소송의 대상이 되는 처분에 해당한다.

3. 진흥공단의 원고적격

(1) 진흥공단의 법적 성격

사안의 진흥공단은 국민체육진흥법 제36조제1항에 의할 때 공공의 목적을 달성하기 위해 문화체육관광부장관의 인가를 받은 기관으로 동조 제2항에서 법인으로 규정되어 있다. 따라서 사안의 진흥공단은 공법인에 해당한다.

(2) 행정소송법상 원고적격

행정소송법 제12조 제1문의 법률상이익과 관련하여 ① 취소소송의 목적은 위법한 처분으로 야기된 개인의 권리침해의 회복에 있으므로 권리가 침해된 자만이 소를 제기할 수 있다는 권리구제설 ② 위법한 처분으로 인해 권리 뿐만 아니라 법에 의해 보호되는 이익을 침해당한 자도 처분을 다툴 수 있다는 법률상보호이익구제설 ③ 법에 의해 보호되는 이익이 아니라 하더라도 그 이익이 실질적으로 소송법적 관점에서 재판상 보호할 가치가 있다고 판단되는 경우에는 그러한 이익을 침해당한 자도 소를 제기할 수 있다는 보호가치있는이익구제설 ④ 처분의 적법성 확보에 가장 이해관계가 있는 자는 원고적격이 인정된다는 적법성보장설의 견해가 대립되고 있으나 우리나라의 취소소송이 주관적쟁송이라는 점과 행정소송법 제12조 1문의 문언상으로 가장 합치되는 법률상보호이익구제설이 타당하다. 그리고 그 법률의 범위와 관련하여 학설은 근거법규와 관련법규 외에도 기본권까지 고려해야 한다는 입장이 통설의 입장이고 판례도 근거법규 외에도 관련법규까지 점차 사익보호성을 도출하는 법령의 범위를 점차 확대시키고 있다.

결국 사안의 경우 진흥공단의 원고적격이 인정되기 위해서는 근거법규와 관련법규에서 사익보호성을 도출하여야 할 것이다.

(3) 사안의 경우

사안의 경우 자연환경개선계획의 근거법인 토용법과 진흥공단의 설립근거법인 국민체육진흥법에서 사익보호성을 도출할 수 없으므로 진흥공단의 원고적격이 인정될 수 없다. 더욱이 진흥공단이 법인의 법익침해가 아닌 '국민 일반의 권리'침해를 이유로 소를 제기하는 것은 주관적 소송 체계를 유지하는 우리의 행정소송법 하에서 불가능하다.

4. 소 결

당해 자연환경개선계획은 항고소송의 대상이 되지만 진흥공단이 원고적격을 갖추고 있지 못하므로 당해 소송은 부적법하다.

Ⅲ. 설문 (2)의 해결

1. 당해 행정계획의 문제점

사안의 행정계획은 실체적 하자는 없지만 절차적 하자가 존재하는 바, 절차적 하자가 독자적인 위법사유가 되는지 그리고 인정된다면 위법의 정도는 어떠한지에 대한 검토를 요한다.

2. 절차상 하자의 독자적 위법성 인정여부

(1) 학설의 입장

1) 소극설

행정절차는 적정한 행정결정의 확보를 위한 수단에 불과하다는 점, 절차하자를 이유로 처분을 취소하더라도 동일한 처분이 나올 가능성이 크다는 점을 근거로 절차하자의 독자적 위법성을 부정하는 견해이다.

2) 적극설

타당한 결정은 타당한 절차에서 나오므로 절차적 요건의 의미를 중요시해야 한다는 점, 재처분을 하더라도 반드시 동일한 결론에 이른다는 보장이 없다는 점 등을 들어 절차하자의 독자적 위법성을 긍정하는 통설, 판례의 입장이다.

(2) 소 결

생각건대, 동일한 결론에 이를 가능성이 크다는 점을 근거로 절차하자의 독자적 위법성을 부정하는 것은 법치주의의 이념에 반한다. 더욱이 우리 행정소송법 제30조제3항은 취소소송 등의 기속력이 절차의 위법을 이유로 하는 경우에 준용된다고 규정하고 있어 실정법상으로도 절차하자의 독자적 위법성은 긍정되고 있으므로 적극설이 타당하다.

사안의 경우 도시계획위원회의 심의를 거치지 않은 것은 절차적 하자로서 당해 자연환경개선계획의 독자적인 위법사유가 된다. 다만 효력의 유무와 관련하여 절차하자의 위법사유가 무효사유인지 취소할 수 있는 사유인지에 대하여 검토를 요한다.

3. 위법의 정도

절차하자의 경우 다수설과 대법원 판례의 다수의견인 중대명백설에 의할 때 절차가 전혀 이행되지 않았거나 전혀 이행되지 않은 것과 같은 정도의 중대, 명백한 하자가 있다면 무효로 보고, 다소 미흡한 경우에 취소사유로 본다. 이에 대하여 대법원은 세액산출근거가 누락된 경우에도 당해 과세처분을 취소사유에 불과한 것으로 본 바 있다.

사안의 경우 법령상 정해진 심의를 거치지는 않았지만 그 하자가 일반인을 기준으로 외견상 일견 명백한 경우라고 볼 수 없으므로 중대하지만 명백하지 않은 사유로서 취소사유에 불과하다고 할 것이다.

4. 소 결

A시의 자연환경개선계획은 위법하나 그 하자가 취소사유에 불과하므로 권한있는 행정기관에 의해 취소되거나 법원에서 취소판결을 받기 전까지는 당해 계획은 유효하다.

Ⅳ. 설문 (3)의 해결

1. 시민체육공원의 법적 성질

행정법상 공물이란 공적목적에 공여된 유체물 내지 물적 설비를 말한다. 사안의 시민체육공원은 A시의 소유로 시민들의 건강과 도시환경을 위해 공여된 물적 설비이므로 공공용물로서 공물에 해당한다.

2. 공물의 자유사용

(1) 의의

공물의 자유사용 또는 일반사용이란 공물주체의 특별한 행위 없이 모든 사인이 공물의 제공목적에 따라 자유롭게 공물을 사용하는 것을 말한다. 甲의 시민체육공원이용은 특허나 허가가 필요치 않으며 공물의 제공목적에 따른 것이므로 자유사용에 해당한다.

(2) 법적 성질

공물의 자유사용권을 반사적 이익에 불과한 것으로 보는 과거와 달리 오늘날에는 이를 주관적 공권으로 본다. 다만, 자유사용권은 권리의 방해배제를 구하는 소극적 권리에 불과하다. 판례도 "시민생활에 있어 도로를 이용만 하는 사람은 그 용도폐지를 다툴 법률상의 이익이 있다고 말할 수 없다"고 판시한 바 있다.

(3) 인접주민의 고양된 일반사용권

도로에 접하여 생활하고 있는 인접주민은 도로사용과 관련하여 일반인에게 인정되지 않는 특별한 이익을 갖기도 하는데 이를 인접주민의 고양된 일반사용권이라고 한다. 이 권리가 성립되기 위해서는 도로의 존재와 이용이 인접주민에게 지대한 영향을 미쳐야 하며 타인의 자유사용을 중대하게 제약하지 않아야 한다.

3. 소 결

사안의 경우 甲의 시민체육공원의 배드민턴장 이용은 공물의 자유사용에 해당한다. 공물의 자유사용권은 권리의 방해배제를 구하는 소극적 권리에 불과하므로 甲은 이를 근거로 행정소송을 제기할 수 없으며 인접주민의 고양된 일반사용권 역시 인정될 수 없으므로 이를 근거로 행정소송을 제기할 수는 없을 것이다.

Ⅴ. 결 론

(1) 진흥공단이 A시의 자연환경개선계획에 대해 항고소송을 제기할 경우 당해 소송은 원고적격이 인정되지 않아 부적법 각하될 것이다.

(2) A시의 국유하천주면 자연환경개선계획은 취소사유에 해당하는 하자가 있는 위법한 처분으로 권한있는 행정기관이나 법원에 의해 취소되기 전까지는 유효하다.

(3) 甲의 시민체육공원 시설이용은 자유사용에 해당하여 권리의 방해배제를 구하는 소극적 권리를 행사할 수 있으나 인접주민의 고양된 일반사용권은 인정되지 않는다.

교/수/강/평

김 향 기 (성신여자대학교 법대 교수)

1. 설문 (1)의 경우

소송요건에 관한 문제로서 대상적격과 원고적격이 쟁점인바, 20점 배점짜리라는 점에서 좀 더 자세한 검토가 필요하다.

먼저, 대상적격과 관련하여, 자연환경개선계획이 항고소송의 대상적격이 되는지 문제되는바 행정계획의 법적 성질에 관하여 견해가 대립되고, 판례 또한 구체적 사례에 따라 처분성을 인정하기도 하고 부인하기도 한다. 행정계획은 그 종류와 내용이 매우 다양하므로 개별적으로 검토해야 한다는 개별적 검토설(복수성질설)이 타당한바, A시의 자연환경개선계획은 소위 도시관리계획으로 지목·용도의 변경에 따라 이해관계자에게 처분성을 인정할 수 있다고 할 것이다.

다음, 원고적격여부와 관련하여, (1) 진흥공단의 법적 성격(국민체육진흥법 제36조의 해석), (2) 원고적격 범위에 관한 학설·판례, (3) '법률상 이익'의 판단기준, 즉 ① '법률'의 의미'에서 근거법령과 관련법령 및 헌법 등 포함여부를 검토하고, ② 법률상 '이익'의 의미, ③ 법률상 이익이 '있는 자'의 의미를 각각 검토한 후 사안에 적용한다.

원고적격의 범위와 관련하여 항고소송의 주관적 쟁송성과 권리구제의 확대 등을 고려해 법률상 이익구제설이 통설·판례의 입장인바, 이러한 입장에서 '법률상 이익'의 의미가 논의되고 있다는 점이다.

'법률상 이익'의 해석과 관련하여, 법률상 이익이 '있는 자'에는 자연인과 법인 및 법인격 없는 단체를 포함한다는 점에서 진흥공단도 문제없다고 할 수 있다. 그런데 법률상 '이익'은 사익보호성이 인정되는 이익을 의미하는데, 시민체육공원이 시민자연생태공원으로 변경됨으로 인하여 진흥공단이 그 관리권을 상실하게 되는 경우라면 몰라도, 진흥공단이 비판하는 '국가예산낭비와 국민의 일반적 권리의 침해'라는 사유로는 사익보호성을 인정하기 곤란하다는 점이 쟁점사안이라 할 것이다.

2. 설문 (2)의 경우

실체적인 요건은 모두 충족하였다고 하므로 절차적인 요건을 검토하면 되는바, 도시계획위원회의 심의를 거치지 않은 것이 문제될 수 있다. 절차하자의 독자적 위법성 여부 및 절차하자의 위법성 정도를 각각 학설과 판례를 검토한 후 사안에 적용하면 된다.

3. 설문 (3)의 경우

甲의 시민체육공원 시설이용의 법적 성질을 검토하기 위해서는, (1) 시민체육공원시설의 법적 성격, (2) 공물의 자유사용의 의의와 법적 성질, (3) 인접주민의 고양된 자유사용의 의의와 법적 성질을 검토한 후 사안에 적용한다.

먼저 시민체육공원시설의 법적 성격을 파악하기 위해서는 '체육시설의 설치·이용에 관한 법률' 제6조와 제8조를 적용하여 검토한다. 시민체육시설은 공물이라 할 수 있으며 이곳을 사용하고자 하는 자는 다른 이용자의 자유사용을 침해하지 않는 범위에서 자유롭게 사용할 수 있다는 점에서 공물의 자유사용이라 할 수 있다. 이 경우 공물의 자유사용의 성질에서는 반사적 이익설 및 공법상 권리설 등 학설을 검토한다.

그리고 인접주민의 고양된 자유사용의 법적 성질에서는 관습법 또는 헌법상 재산권으로 보장되는 완전한 의미의 공권으로 보는 견해와 장소적 인접성으로 인해 상대적으로 누리는 사실상·경제상 이익으로 공물의 자유사용의 한 유형이라는 견해가 대립된다는 점을 검토한 후, 사안을 해결해야 한다. 특히 주어진 참조법률을 보기만 할 것이 아니고 이를 적극적으로 적용하여 해결함을 요한다.

행정지도와 권리구제

제47회 사법시험 합격 김 형 석

A주식회사는 제조커피를 만드는 회사인데, 동종의 B주식회사의 원재료구매를 방해하는 행위를 하고 있다. 이에 공정거래위원회는 A주식회사에 대하여 시정방안을 권고하였다. 이러한 시정방안에 대해서 A주식회사의 구제수단을 논하시오(20점).

참·조·조·문

독점규제및공정거래에관한법률

제3조의 2【시장지배적 지위의 남용금지】

① 시장지배적 사업자는 다음 각호의 1에 해당하는 행위(이하 "남용행위"라 한다)를 하여서는 아니된다. (96.12.30. 개정)

3. 다른 사업자의 사업활동을 부당하게 방해하는 행위

② 남용행위의 유형 또는 기준은 대통령령으로 정할 수 있다. (99.2.5. 개정)

제51조【위반행위의 시정권고】

① 공정거래위원회는 이 법의 규정에 위반하는 행위가 있는 경우에 당해 사업자 또는 사업자단체에 대하여 시정방안을 정하여 이에 따를 것을 권고할 수 있다. (90.1.13. 개정)

동법 시행령

제5조【남용행위의 유형 또는 기준】

③ 법 제3조의 2(시장지배적 지위의 남용금지) 제1항 제3호의 규정에 의한 다른 사업자의 사업활동에 대한 부당한 방해는 직접 또는 간접으로 다음 각호의 1에 해당하는 행위를 함으로써 다른 사업자의 사업활동을 어렵게 하는 경우로 한다. (01.3.27. 개정)

1. 정당한 이유없이 다른 사업자의 생산활동에 필요한 원재료구매를 방해하는 행위

advice

행정지도의 경우 그 법적 성질이 사실행위이므로 처분성이 인정될 수 있는지가 논의되고(특히 규제적 행정지도의 경우), 위법성 조각여부, 손해배상에서의 인과관계 등을 꼭 언급해야 할 것이다.

C/O/N/T/E/N/T/S

I. 논점의 정리

설문의 공정거래위원회의 권고의 법적 성질과 관련하여 규제적 행정지도로서의 성질을 갖는지 살펴보고, A의 구제수단으로 행정지도에 대한 행정소송의 제기 여부와 헌법소원의 가부 그리고 손해배상과 손실보상의 가부에 대해서 살펴본다.

II. 공정거래위원회의 권고의 법적 성질

1. 행정지도의 의의

행정지도란 행정기관이 그 소관사무의 범위 안에서 일정한 행정목적을 실현하기 위하여 특정인에게 일정한 행위를 하거나 하지 아니하도록 지도, 권고, 조언 등을 하는 행정작용(행정절차법 제2조 3호)을 말한다. 이는 비권력적 행정작용이며 사실행위이고 그 종류로는 규제적 행정지도, 조정적 행정지도, 조성적 행정지도로 나누어 살펴볼 수 있다.

2. 설문의 경우

공정거래위원회의 권고는 공정하고 자유로운 경쟁을 촉진이라는 행정목적의 달성이나 공익을 위하여 독점규제 및 공정거래에 관한 법률의 위반 행위를 예방, 억제하기 위한 행정지도로 규제적 행정지도라고 할 것이다.

III. 규제적 행정지도에 대한 구제수단

1. 사전적 권리구제수단

행정절차법은 그 행사가 비례의 원칙을 준수할 것과 상대방의 의사에 반하여 강요할 수 없으며, 일정한 경우의 당사자의 문서교부청구권과 행정지도의 상대방의 의견제출권도 인정하고 있다(동법 제48조 내지 제51조).

2. 취소소송의 가부

(1) 문제제기

공정거래위원회의 권고와 같은 규제적 행정지도가 취소소송의 대상적격에 해당하는지에 대하여 형식적 행정행위 개념의 인정여부와 함께 규제적 행정행위의 경우에 처분성이 인정되는지에 대해서 살펴볼 필요가 있다.

(2) 형식적 행정행위의 인정여부

1) 긍정설

행정기관 또는 이에 준하는 자의 행위가 공권력 행사로서의 실체는 갖지 않지만, 행정목적실현을 위해 국민의 법익에 계속적으로 사실상 지배력을 미치는 경우에, 국민의 실효적인 권익구제라는 관점에서 쟁송법상의 처분으로 파악하여 항고쟁송의 제기를 가능하게 하기 위한 형식적·기술적 의미의 행정행위라는 개념을 긍정하는 견해이다.

2) 부정설

행정청이 행하는 구체적 사실에 관한 법집행으로서의 공권력의 행사 또는 그 거부는 행정행위개념과 별 차이가 없다고 보고, 이에 준하는 행정작용도 권력적 성질을 갖는 행위에 한정해서 이해함으로써 형식적 행정행위개념을 부인하는 견해이다.

(3) 규제적 행정지도의 경우

1) 학설

① 처분성을 부정하는 견해 (통설적 견해)

행정지도는 일반적으로 행정쟁송법상의 처분개념에 해당하지 않는다. 그러므로 취소쟁송의 대상이 되지 않는다. 또한 행정지도는 상대방의 동의 또는 임의적 협력을 바탕으로 이루어지고 아무런 구속력도 인정되지 않으므로 취소쟁송으로 다툴 필요가 없다고 한다.

② 처분성을 긍정하는 견해

개인의 권리구제를 위하여 형식적 행정행위의 개념을 긍정하는 견해는 행정지도는 사실상의 강제력이 인정되므로 「그밖에 이에 준하는 행정작용」으로 보아 항고소송의 대상이 될 수 있다고 한다.

2) 판례

구청장이 도시재개발구역 내의 건물소유자 甲에게 건물의 자진철거를 요청하는 내용의 공문을 보냈다고 하더라도 그 공문의 제목이 지장물철거 촉구로 되어 있어서 철거명령이 아님이 분명하고, 행위의 주체면에서 구청장은 재개발구역 내 지장물의 철거를 요구할 아무런 법적 근거가 없으며, 공문의 내용도 甲에게 재개발사업에의 협조를 요청함과 아울러 자발적으로 협조하지 아니하여 법에 따른 강제집행이 행하여짐으로써 甲이 입을지도 모를 불이익에 대한 안내로 되어 있고, 구청장이 위 공문을 발송한 후 甲으로부터 취소요청을 받고 위 공문이 구 도시재개발법 제36조의 지장물 이전요구나 동 제35조 제2항에 따르는 행정대집행법상의 강제철거지시가 아니고 자진철거의 협조를 요청한 것이라고 회신한바 있다면, 이러한 회신내용과 법치행정의 현실 및 일반적인 법의식수준에 비추어 볼 때 외형상 행정처분으로 오인될 염려가 있는 행정청의 행위가 존재함으로써 상대방이 입게 될 불이익 내지 법적 불안도 존재하지 않는다고 볼 것이므로 이를 행정소송의 대상이 되는 처분이라고 볼 수 없다(대판 1989.9.12, 88누8883).

3) 검토

규제적 행정지도를 굳이 취소쟁송으로 다투지 않는다 하더라도 공법상 당사자소송이나 행정상 손해전보제도를 통해 권리구제가 가능하고, 무리하게 행정지도를 취소쟁송의 대상으로 삼아 취소쟁송의 성질을 불명확하게 한다는 비판이 가능할 것이다. 따라서 규제적 행정지도를 행정소송의 대상이 되는 처분이 아니라고 함이 타당하다. 다만, 행정지도에 불응함을 이유로 부담적 내용의 처분을 한 경우에는 그 처분에 대한 취소소송이 가능함은 물론이다.

(4) 헌법소원의 경우

헌법재판소는 교육인적자원부장관의 대학총장에 대한 학칙시정요구에 대해서 그 법적 성격은 대착총장의 임의적인 협력을 통하여 사실상의 효과를 발생시키는 행정지도의 일종이지만, 그에 따르지 않는 경우 일정한 불이익조치를 예정하고 있어 단순한 행정지도로서의 한계를 넘어 규제적, 구속적 성격을 상당히 강하게 갖는 것으로서 헌법소원의 대상이 되는 공권력의 행사라고 볼 수 있다(헌재 2003.6.26, 2002헌마337, 2003헌마7·8 병합)고 판시하여 그 헌법소원 대상성을 긍정한 바 있다.

3. 행정상손해배상

(1) 문제제기

행정지도를 따름으로 인해 손해가 발생한 경우에 행정지도도 공법상 비권력적 작용에 해당되어 직무관련성이 인정되므로, 국가배상법 제2조에 따라 행정상 손해배상청구가 긍정될 수 있다. 다만, 인과관계에 대한 검토가 필요하다.

(2) 인과관계의 판단

다수의 견해는 상대방이 그의 자유로운 판단에 따라 손해발생의 가능성을 인식하면서 위법한 행정지도에 따른 경우에는 "동의는 불법행위의 성립을 배제한다"는 법언과 같이 행정지도와 손해발생 사이의 인과관계가 부정되어 손해배상청구가 인정되지 않는다고 본다.

(3) 규제적 행정지도의 경우

행정기관이 관련 정보를 사실상 독점하고 있고, 특히 규제적 행정지도는 실제로 권력적 규제작용과 유사하다는 것을 이유로 국가 등의 배상책임이 성립될 수 있을 것이다. 판례도 하급심판례이기는 하나 권력층의 비리를 폭로한 서적에 대하여 판매금지를 종용하였다면 이로 인해 손해를 본 출판업자 및 저작자의 국가배상청구를 긍정한 예(서울민사지법 1989.9.26, 88가합4039)가 있다.

4. 행정상 손실보상

적법하게 한 행정지도에 의하여 상대방이 특별한 희생을 입은 경우에도 그 손실보상에 관한 특별한 규정이 없는 한, 손실보상의 대상이 되지 않는다. 그러나 행정지도로 인하여 불측의 손실을 입은 경우에는, 국가 스스로가 이에 대한 적정한 보상을 하는 것이 행정지도에 대한 국민의 신뢰를 보호하는 길이 될 것이라는 견해도 있고, 수용적 침해의 이론에 의하여 보상을 인정하려는 견해도 있다. 실제로 농촌진흥청의 벼 파종권고로 손실을 본 농가에 대해 국가가 보상을 해 준 경우도 있다. 그러나 이는 임의적 보상의 예에 속한다는 것이 일반적인 견해이다.

5. 설문의 경우

설문의 공정거래위원회의 권고에 대하여 행정소송은 부정되나, 헌법소원 등이 가능할 것이다. 설문상 명백하지는 않으나 만일 위 권고가 위법한 경우에는 국가배상청구, 적법한 경우에는 손실보상청구 등이 가능할 것이다.

IV. 결 론

설문의 공정거래위원회의 권고는 규제적 행정지도로서 형식적 행정행위 개념이 부정되어 취소소송은 제기 할 수 없고, 대신 행정지도에 불응함을 이유로 부담적 내용의 처분을 한 경우 그에 대한 취소소송의 제기는 가능하다. 그리고 행정지도를 따름으로 인해 손해가 발생한 경우에 인과관계가 인정된다면 배상청구가 가능하고, 적법한 행정지도에 의해 손실이 발생한 경우 손실보상청구도 가능하다.

제3부

행정절차와 정보공개

기 출

거부처분과 사전통지

제53회 행정고시 일반행정직 합격 김 고 현

행시 제54회(10년)

甲은 숙박시설을 경영하기 위하여 「건축법」 등 관계 법령이 정하는 요건을 구비하여 관할 A시 시장 乙에게 건축허가를 신청하였다. 그러나 시장 乙은 「건축법」 제11조 제4항에 따라 해당 숙박시설의 규모나 형태 등이 주거환경이나 교육환경 등 주변 환경을 고려할 때 부적합하다는 이유로 건축허가를 거부하였고, 甲은 이에 대해 건축허가거부처분취소소송을 제기하였다. 이와 관련하여 아래 물음에 답하시오.
甲이 乙의 거부처분과 관련하여 처분의 법적 근거, 의견제출기한 등을 사전에 통지하지 않았으므로 위법하여 취소되어야 한다고 주장한다면, 법원의 판단은 어떠해야 하는가?(20점)

C/O/N/T/E/N/T/S

Ⅰ. 논점의 정리

설문과 관련하여 우선 소송요건에 있어 대상적격에 있어 판례는 거부처분 취소소송의 경우 신청권을 요구하는 바 이에 대해 검토한다. 본안 판단에 있어서는 거부처분의 경우에도 행정절차법상의 불이익 처분에 해당하여 사전통지를 해야 하는지 검토한다.

Ⅱ. 설문의 해결

1. 건축허가거부처분취소소송의 소송요건 구비여부

(1) 소송요건 일반

① 甲의 거부처분취소소송은 관할권 있는 법원에 (행정소송법 제9조), 원고적격(동

법 제12조)과 피고적격을 갖추어 (동법 제13조), 처분 등을 대상으로 (동법 제19조), 제소기간 내에(동법 제20조) 제기하고, 그 밖에 권리보호필요성 요건을 갖추고 있어야 한다. ② 설문은 거부처분이므로 다른 요건은 문제되지 않고 대상적격과 원고적격이 특히 당사자의 신청권과 관련해 문제된다.

(2) 문제상황

행정소송법 제19조는 취소송의 대상을 처분 등으로 하면서, 동법 제2조 제1항 제1호는 '처분등'의 정의에 '공권력행사의 거부'를 포함하고 있어 거부가 공권력행사의 신청에 대한 것이라면 취소소송의 대상이 되는 처분임은 의문이 없으나, 대법원 판례는 거부처분의 성립요건으로 법규상 또는 조리상의 신청권을 필요로 한다고 하고 있어 문제된다.

(3) 신청권의 문제

신청권 문제에 대해 학설은 ① 판례가 말하는 신청권의 의미를 형식적 신청권 (특정한 행정결정을 요구할 수 있는 것이 아니라 단지 하자 없는 적법한 결정을 요구할 수 있다는 의미)으로 이해하면서 이를 대상적격의 문제로 보는 견해, ② 행정소송법 제2조 제1항 제2호의 정의 규정을 대상적격의 문제가 아니라 본안판단의 차원의 규정으로 해석하면서 판례의 신청권을 소송요건의 문제가 아니라 본안의 문제로 보는 견해, ③ 판례의 입장은 대상적격과 원고적격의 구분을 무시한 것이며, 어떠한 거부행위가 행정소송의 대상이 되는 처분에 해당하는가의 여부는 '그 거부된 행위가 행정소송법 제2조 제1항 제1호의 처분에 해당하는가'의 여부에 따라 판단하는 것이 타당하다는 이유로 판례의 신청권을 원고적격의 문제로 봐야 한다는 견해가 대립된다. ④ 판례는 신청권의 존부는 "신청인이 누구인가를 고려하지 않고 일반국민에게 그러한 신청권을 인정하고 있는가를 살펴 추상적으로 결정된다"라고 보아 신청권을 '단순히 응답받을 권리'로 보면서 대상적격의 문제로 보고 있다. ⑤ 대상적격은 객관적 · 외형적으로 판단해야 하고, 신청권의 판단은 객관적· 외형적 판단을 넘어서 사인의 개별· 구체적인 상황을 고려해야 가능하다. 따라서 신청권은 원고적격의 문제로 보는 것이 타당하다.

(4) 사안의 경우

甲은 숙박업을 하기 위해 건축허가를 신청하였는바 신청의 내용은 건축허가이고, 건축허가는 강학상 행정행위이므로 공권력행사에 해당한다. 그리고 乙 시장의 허가가 없다면 甲은 숙박업을 할 수 없게 되기에 건축허가의 거부는 甲의 권리·의무나 법률관계에 영향을 미치는 행위이므로 대상적격을 충족한다.

甲은 건축허가거부처분의 직접 상대방이므로 원고적격 또한 충족한다. 그리고 판례의 견해를 따르더라도 건축법상의 법규상 신청권과 조리상 신청권이 인정되므로 모든 소송요건을 충족한다.

2. 사전통지 불비의 위법성

(1) 문제 상황

행정절차법 제21조에는 "행정청은 당사자에게 의무를 부과하거나 권익을 제한하는 처분을 하는 경우에는 일정한 사항을 당사자 등에 통지하여야 한다"고 규정하고 있다. '권익을 제한하는 처분'이라 함은 수익적 행정행위의 취소 또는 정지처분 등을 말하고, '의무를 부과하는 처분'이라 함은 조세부과처분, 시정명령과 같이 행정법상의 의무를 부과하는 처분을 말한다. 이러한 불이익처분에 거부처분이 포함되는가가 문제된다.

(2) 불이익처분에 거부처분이 포함되는지 여부

1) 학설의 견해

수익적 행정행위에 대한 거부처분은 실질적으로 신청인에게 불리하므로 이를 긍정하는 견해도 있으나, 신청을 하였어도 아직 당사자에게 권익을 제한하는 처분에 해당한다고 볼 수 없으므로 부정하는 견해가 다수설이다.

2) 판례의 태도

판례는 "신청에 따른 처분이 이루어지지 않은 경우에는 아직 당사자에게 권익이 부과되지 아니하였으므로 특별한 사정이 없는 한 신청에 대한 거부처분이라고 하더라도 직접 당사자의 권익을 제한하는 것은 아니어서 신청에 대한 거부처분을 처분의 사전통지의 대상이 된다고 할 수 없다"라고 판시하였다.

3) 검토

신청을 하였어도 아직 당사자에게 권익이 부여되어 있다고 볼 수는 없으므로 현행법의 명문의 해석상 부정하는 판례와 다수의 견해가 타당하다. 다만, 실제적으로 당사자의 권익을 제한하는 불이익한 조치이므로 입법을 통한 보완을 고려해 볼만하다.

(3) 사안의 경우

① 판례와 다수설에 따르면 거부처분의 경우에는 불이익처분에 해당하지 않아 사전통지를 반드시 해야 할 필요가 없으므로 거부처분은 위법하지 않다. 따라서 법원은 기각판결을 해야 한다.

② 사전통지가 불이익처분에 포함된다는 견해에 따르면 거부처분의 경우에도 행정절차법 제21조 제4항의 예외사유에 해당되지 않는 한 사전통지를 반드시 해야 한다. 사안의 경우 공공의 안전복리, 객관적으로 증명된 경우, 명백히 불필요하다고 인정되는 경우라 볼 수 없으므로 예외사유에 해당하지 않는다. 따라서 절차상 하자에 해당하고, 다수설과 판례는 법률적합성의 원칙에 따라 행정행위는 내용상뿐만

아니라 절차상으로도 적법해야며 행정절차법이 강행규정이라는 점을 들어 절차상 하자를 독자적 위법사유로 인정하고 있다. 따라서 법원은 인용판결을 해야 한다.

Ⅲ. 사안의 해결

설문에서 소송요건과 관련하여 신청권은 원고적격의 문제로 보는 것이 타당하고, 모든 소송요건을 충족한다. 보안 판단에 있어서는 거부처분은 행정절차법상 불이익처분에 해당하지 아니하여 사전통지를 반드시 할 필요는 없는바, 법원은 기각판결을 하여야 한다.

교/수/강/평

김 향 기 (성신여대 법대 교수)

설문의 경우, 사전통지를 결한 거부처분은 위법하여 취소하여야 한다는 甲의 주장에 대한 법원의 판단을 묻는 것이다. 따라서 거부처분취소소송의 소송요건이 아니라 거부처분에서 사전통지의 흠결의 효력여부가 쟁점이다. 이 경우, 먼저 사전통지의 의의와 법적 근거, 사전통지 사항과 예외를 설명한 다음, 거부처분의 사전통지 대상여부에 관해 검토한다. 이에 대해 학설은 긍정설과 부정설로 나뉘며 판례는 부정설을 취하는바(대판 2003.11.28. 2003두674), 이들 논거를 검토한 후 설문을 해결한다.

처분기준의 설정 · 공표

행시 제50회(06년)

제47회 사법시험 합격 김 형 석

행정절차법 제20조는 처분기준을 설정 · 공표하도록 규정하고 있다. 만약 설정 · 공표된 처분기준과 다른 기준으로 행정청이 처분을 한 경우 당해 처분의 효력에 대해 약술하시오.(20점)

C/O/N/T/E/N/T/S

Ⅰ. 처분기준의 설정 · 공표의 의의

처분기준의 설정 · 공표는 행정청의 자의적인 권한행사를 방지하고 행정의 통일성을 기하며 처분의 상대방에게 예측가능성을 부여하기 위해 요청되는 것으로 행정절차법은 당해 처분의 성질에 비추어 될 수 있는 한 구체적으로 정하여 공표할 것을 규정하여 공표의무를 부과하고 있다(동법 제20조 제1항).

Ⅱ. 처분기준의 구속력

1. 법령으로 규정된 처분기준

법령으로 처분규칙을 만들 경우 처분규칙에는 구속력이 인정된다. 다만, 법규명령형식의 행정규칙의 경우에는 형식설, 실질설, 수권여부기준설에 따라서 구속력의 인정여부가 나뉘는데, 법규명령 형식의 행정조직 내부의 처분기준에 대해서 제정과정에서 국민에게 예측가능성이 부여되고, 고유한 법규명령사항이 정하여진 것은 아니라는 점에서 형식설이 타당하다. 따라서 법규명령 형식의 처분기준에 대해서도 구속력이 인정된다.

2. 행정규칙으로 규정된 처분기준

(1) **학설**

행정규칙은 내부적 효력 이외에, 시민에 대해서도 법적인 외부적 효력을 갖는지에 대해서 ① 행정규칙은 행정내부적 규율이고 외부관계에 대해서 법적 구속력이 없다는 견해와 ② 집행부도 민주적 정당성을 갖는 국가기관으로서 고유의 법정립권한을 가지므로 일정한 행정규칙도 법규명령과 마찬가지로 외부적 구속효를 갖는다는 견해, ③ 행정규칙은 원칙적으로 행정조직 내부에만 효력을 가지나, 재량준칙의 경우에는 평등원칙과 신뢰보호의 원칙을 매개로 간접적 외부적 효력을 갖는다는 견해가 대립한다.

(2) 판례

대법원은 행정규칙의 외부법으로서의 법규성을 부인하고 다만, 헌법재판소는 재량권행사의 준칙인 재량준칙의 경우 평등의 원칙이나 신뢰보호의 원칙에 따라 행정기관은 그 상대방에 대한 관계에서 그 규칙에 따라야할 자기구속을 당하게 된다고 판시(헌재 1990.9.3, 90헌마113)한 바 있다.

(3) 검토

행정규칙은 법규성을 갖지 않는 바, 외부적 효력은 사실적 효력에 불과하다고 보고 다만 재량준칙의 경우 신뢰보호의 원칙이나 자기구속의 원칙 등을 매개로 하여 외부적 효력을 갖는다고 할 것이다. 따라서 행정규칙으로 규정된 처분기준은 원칙적으로 구속력이 없으나 신뢰보호원칙이나 자기구속의 원칙을 통하여 간접적인 구속력을 가질 수 있을 것이다.

Ⅲ. 처분기준과 다른 기준의 행정청의 처분의 효력

1. 법령으로 규정된 처분기준

법령으로 규정된 처분기준은 이에 따라야 하는 구속력이 존재할 것이고 이에 반하는 행정청의 처분은 위법하다고 할 것이다. 위법한 하자가 중대하고 하자가 외관상 명백하다면 그 처분은 무효일 것이고 그 외의 경우에는 취소사유가 될 것이다.

2. 행정규칙으로 규정된 처분기준

(1) 원칙적인 경우

행정규칙과 다른 기준을 통하여 처분을 하였다고 하더라도 그 처분을 함에 별도의 법령에 반하거나 재량의 일탈 남용이 없는 한 행정규칙으로 규정된 처분기준과 다른 기준을 통하여 처분을 하였다는 이유만으로는 그 처분에 하자는 없다. 행정규칙의 경우에 원칙적으로 구속력이 인정되지 않기 때문이다.

(2) 신뢰보호의 원칙 또는 자기구속의 원칙을 매개한 경우

1) 신뢰보호의 원칙

① 의의

신뢰보호의 원칙이란 개인이 행정기관의 일정한 적극적·소극적 행위의 정당성 또는 존속성에 대하여 신뢰한 경우, 그 신뢰가 보호받을 가치가 있는 한, 그 신뢰를 보호해야 한다는 원칙이다. 다수설은 법적 안정성의 측면에서 그 근거를 찾는다.

② 요건

신뢰보호의 원칙이 적용되기 위하여는 첫째, 행정청이 개인에 대하여 신뢰의 대상이 되는 공적인 견해를 표명하여야 하고, 둘째, 행정청의 견해표명이 정당하다고 신뢰한 데 대하여 그 개인에게 귀책사유가 없어야 하며, 셋째, 그 개인이 그 견해표명을 신뢰하고 이에 따라 무엇인가 행위를 하여야 하고, 넷째, 행정청이 위 견해표명에 반하는 처분을 함으로써 그 견해표명을 신뢰한 개인의 이익이 침해되는 결과가 초래되어야한다.

③ 한계

신뢰보호의 원칙의 경우 행정의 법률적합성과의 관계에서 그 한계가 형성되는데, 양자의 관계에 대해서 법률적합성원칙을 우위로 보는 견해, 양자를 동위의 법칙으로 보아 공익과 사익의 비교형량을 통해 문제를 해결하는 견해가 있다. 후자의 견해가 타당하면 판례도 마찬가지이다(대판 1997.9.12, 96누18380).

2) 자기구속의 원칙

① 의의

행정의 자기구속의 원칙이란 행정청이 상대방에 대하여 동종의 사안에 있어서 제3자에게 행한 결정과 동일한 결정을 하도록 스스로 구속당하는 원리를 말한다. 헌법재판소는 자기구속의 법리의 근거를 명시적으로 평등의 원칙 또는 신뢰보호의 원칙에서 찾고 있다.

② 요건

행정의 자기구속의 원칙의 적용요건은 법적으로 비교할 수 있는 생활관계이고, 문제된 사건이 의미와 목적이 동일하여야 할 것이고, 처분을 한 행정청에만 적용되고, 적법한 행정관행의 경우에 인정되고, 행정규칙을 선취된 행정관행으로 보아 이를 적용할 수 있을 것이다.

③ 한계

행정관행의 유지에 결합된 법적 안정을 능가하고, 사인의 신뢰보호가 미치지 아니하고, 종래의 행정관행의 변경을 가져오는 사유가 새로운 행정결정에서 제시되는 경우에는 종전의 행정관행으로부터 이탈이 가능할 것이다.

3) 소결

행정규칙으로 규정된 처분기준이 신뢰보호원칙이나 자기구속의 원칙을 통하여 간접적인 구속력을 가질 경우에는 이와 다른 기준을 통하여 상대방의 신뢰 및 법적 안정성을 침해한 처분은 신뢰보호의 원칙이나 자기구속의 원칙에 반하여 위법하다고 할 것이다. 다만, 이때 신뢰보호의 원칙과 자기구속의 원칙의 한계를 벗어난 경우에는 이들 원칙을 매개로 하여 구속력을 가질 수 없는 바, 다른 기준을 통한 처분이 위법하지 않을 것이다.

교/수/강/평

김 향 기 (성신여대 법대 교수)

답안은 처분기준이 법령으로 규정된 경우와 행정규칙으로 규정된 경우로 나누어 아주 잘 설명하고 있다. 그런데 행정규칙으로 규정한 경우의 외부적 효력에 대하여 헌법상의 평등원칙을 매개로 한 행정의 자기구속의 법리에서 근거를 구함이 일반적이나 신뢰보호의 원칙에서 구하는 견해도 있다는 점이다. 또한 행정규칙으로 정한 처분기준이 국세청훈령인 재산제세사무처리규정 처럼 규범구체화규칙인 경우도 있는바, 근거법령의 수권에 의한 경우의 효력은 일반 행정규칙과 달리 취급할 여지가 있다는 점도 고려할 필요가 있다.

정보공개청구 소송

제50회 사법시험 합격 한 웅 희

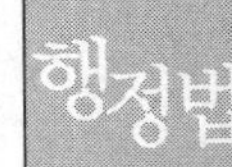

서울시 K교육청 교육장 A의 산하 학교환경위생정화위원회는, K구에 위치한 甲학교환경위생구역 내 금지행위(숙박시설)에 대한 해제결정을 하였다. 이에 K구는 명문인 甲학교의 학습환경을 해친다며 반발하였다. K구는 2009년 2월 9일에 A에게 '해제결정에 관한 학교환경위생정화위원회의 회의록, 그 회의록에 기재된 발언내용에 대한 해당 발언자의 인적사항 및 관련자료 일체'에 대해 정보공개청구를 하였다(이하 공공기관의 정보공개에 관한 법률은 공개법이라 한다, 각 설문들은 독립적이다).

(1) A는 2009년 3월 10일이 지나도록 아무런 응답조차 하고 있지 않다. 기초지방자치단체인 K구는 이를 비공개결정으로 보아 취소소송을 제기할 수 있는가?(5점)
(2) A는 2009년 2월 13일 '공개법상의 비공개사유에 해당하므로 당해 정보를 공개하지 않습니다'라고 K구에게 문서로 통지하였다. 동 문서에는 불복방법 및 불복절차가 구체적으로 명시되어 있었다. 절차적인 측면에서 A의 공개거부는 적법한가?(5점)
(3) A는 2009년 2월 13일 '회의록과 발언자의 인적사항에 관한 부분은 업무수행의 공정성과 충돌하여 이는 공개법 제9조 제1항 제5호 소정의 비공개대상에 해당합니다'라고 K구에게 문서로 통지하였다. 동 문서에는 불복방법 및 불복절차가 구체적으로 명시되어 있었다. 이에 K구는 정보공개청구거부처분 취소소송을 제기하였다. 법원은 어떠한 본안 판단을 해야 하는가?(30점)
(4) A는 K구의 공개청구에 응하려 하고 있다. 이에 학교환경위생정화위원회의 발언자 중의 한명인 B는 자신에 관한 사항이 공개되지 않기를 원하고 있다. B가 A의 공개결정 이전에 강구할 수 있는 구제수단에 대해 기술하시오(10점).

C/O/N/T/E/N/T/S

Ⅰ. 설문 (1)의 해결

1. 문제의 소재

공개법상 A의 부작위를 비공개결정으로 볼 수 있는지, K구의 법적 지위에 비추어 K구가 공개법 제5조 제1항의 국민에 해당하는지, 만약 그렇다면 K구에게 원고적격에서의 어떠한 법률상 이익이 있는지 문제된다.

2. A의 부작위에 대한 평가

정보공개를 청구한 날부터 20일 이내에 공공기관이 공개여부를 결정하지 아니한 때에는 비공개의 결정이 있는 것으로 본다(공개법 제11조 제5항). 설문상 2009년 2월 9일로부터 20일이 경과하였으므로 A의 부작위는 비공개의 결정으로 평가된다.

3. K구의 법적 지위와 원고 적격

K구는 지방자치단체로서 법인이다(지방자치법 제3조 제1항). 判例는 "정보공개법상 정보공개청구권자인 '국민'에는 자연인은 물론 법인도 포함되며 위 법인에 특별한 제한은 없으므로 지방자치단체인 자치구의 경우에도 다른 지방자치단체가 보유하는 정보의 공개를 청구할 권리가 있다"고 한다(서울행정법원 2001.11.27. 2001구12764).

살피건대, 정보공개소송은 행정통제의 객관적 의미가 강하게 작용하고 있으므로 공개법 제5조 제1항의 국민의 범위를 제한할 필요는 없다. 결국 판례는 타당하다.

4. K구의 법률상 이익

공개법 제5조 제1항에 의할 때 정보공개청구권은 법률상 보호되는 구체적인 권리이므로 K구가 A에 대하여 정보공개를 청구하였다가 거부처분을 받은 것 자체가 법률상 이익의 침해에 해당한다. 공개법상의 원고 적격에 관한 판례의 태도 역시 동일하다(대법원 2003. 12. 12. 선고 2003두8050).

5. 사안의 해결

A의 부작위는 비공개결정으로 그 대상적격이 인정된다. K구는 법인이고, 법인은 국민에 해당하므로 K구에게는 원고적격이 인정된다. K구는 취소소송을 제기할 수 있다.

Ⅱ. 설문 (2)의 해결

1. 문제의 소재

A의 공개거부는 정보공개의 청구를 받은 날부터 10일 이내에 이루어졌고, 문서에 의해 이루어졌으며, 비공개이유·불복방법 및 불복절차가 명시되어 있어 일응 공개법상의 절차를 모두 거친 것으로 보인다(공개법 제11조 제1항, 제13조 제4항). 다만 그 이유부기의 정도에 있어 절차법적으로 위법하다고 평가할 수 있는지 문제된다.

2. A의 개괄적 이유부기의 위법성

(1) 판례의 태도

대법원에 의하면 정보공개청구를 거부하는 경우, 대상이 된 정보의 어느 부분이 어떠한 법익 또는 기본권과 충돌되어 공개법 제9조 제1항 몇 호에서 정하고 있는 비공개사유에 해당하는지를 주장·입증하여야만 할 것이며, 그에 이르지 아니한 채 개괄적인 사유만을 들어 공개를 거부하는 것은 허용되지 아니한다(대법원 2003. 12. 11. 선고 2001두8827).

(2) 평가 및 사안의 경우

이러한 판시는 공개법의 목적에 근거한 동법의 '원칙적 공개'라는 태도와 합치하는 점에서 타당하다. 이유부기는 당사자에게 실효적인 불복절차를 강구할 수 있을 정도로 이루어져야 하기 때문이다. A가 몇 호의 거부 사유인지를 언급하지 않는다면, K구는 취소소송 등을 제기함에 있어 A 주장의 어떠한 부분을 다툴지를 특정할 수 없게 된다.

3. 사안의 해결

A는 단지 공개법상의 거부사유에 해당한다고 했을 뿐 그 구체적 이유 명시를 하지 않았으므로, 동 거부처분은 절차법적으로 위법하다.

Ⅲ. 설문 (3)의 해결

1. 문제의 소재

설문 (2)와 대조적으로 설문 (3)에서는 절차법적으로 적법한 거부처분이다. 다만 내용적으로 적법한 거부 사유에 해당하는지 문제될 뿐이다. K구가 정보공개를 요청한 부분은 ① 학교환경위생정화위원회의 회의록 ② 그 회의록에 기재된 발언내용에 대한 해당 발언자의 인적사항 ③ 관련 자료 일체, 이렇게 3가지이다. 공개법 제14조에 의해 각각에 대해 별도로 인용여부를 판단할 수 있을지 문제된다.

2. 공개법 제14조에 대한 해석

공개를 거부한 정보에 비공개대상 정보에 해당하는 부분과 공개가 가능한 부분이 혼합되어 있고 공개청구의 취지에 어긋나지 아니하는 범위 안에서 두 부분을 분리할 수 있을 때에는 청구취지의 변경이 없더라도 공개가 가능한 정보에 관한 부분만의 일부취소를 명할 수 있고, 여기에서 분리할 수 있다고 함은, 이 두 부분이 물리적으로 분리가능한 경우를 의미하는 것이 아니고 당해 정보에서 비공개대상 정보에 관련된 기술 등을 제외하고 그 나머지 정보만을 공개하는 것이 가능하고 나머지 부분만으로도 공개의 가치가 있는 경우를 의미한다(대법원 2004. 12. 9. 선고 2003두12707).

K구는 해제결정의 근거 및 그 타당성을 앎으로써 궁극적으로 자치구 내의 주민들의 복리를 위하려 하는데 후술하듯이 회의록에 대한 공개만으로도 그 목적을 달성할 수 있을 것이다. 즉, 그 부분만의 공개가 가능하고 공개의 가치가 있는 경우이므로 각각에 대한 분리 판단이 공개법 제14조에 의해 가능하다.

3. 회의록에 대한 판단

(1) 공개법 제9조 제1항 제5호에 해당할 여지가 있는지

판례는 설문과 유사한 사실관계에서 "공개법 제9조 제1항 제5호에서의 '감사·감독·검사·시험·규제·입찰계약·기술개발·인사관리·의사결정과정 또는 내부검토과정에 있는 사항'은 비공개대상정보를 예시적으로 열거한 것이므로 의사결정과정에 제공된 회의록 등은 의사가 결정된 경우 더 이상 의사결정과정에 있는 사항 그 자체라고는 할 수 없으나, 의사결정과정에 있는 사항에 준하는 사항으로서 비공개대상정보에 포함될 수 있다."고 판시한 바 있다(대법원 2003. 8. 22. 선고 2002두12946).

이는 동조문의 '구체적 규율의 형식과 그 취지'를 고려하여 유추 해석의 한계를 비교적 명확한 기준으로 설시한 것으로 평가된다. 그러므로 의사결정이 이미 종결되었다는 이유만으로 사안의 회의록이 동 조문에 해당할 여지가 없는 것은 아니다.

(2) 공개될 경우 업무의 공정한 수행에 현저한 지장을 초래하는지

1) 의의 및 판단기준

'업무의 공정한 수행에 현저한 지장을 초래한다고 인정할 만한 상당한 이유가 있는 경우'라 함은 같은 법 제1조의 정보공개제도의 목적 및 같은 법 제9조 제1항 제5호의 규정에 의한 비공개대상정보의 입법 취지에 비추어 볼 때 공개될 경우 업무의 공정한 수행이 객관적으로 현저하게 지장을 받을 것이라는 고도의 개연성이 존재하는 경우를 의미한다. 여기에 해당하는지 여부는 비공개에 의하여 보호되는 업무수행의 공정성 등의 이익과 공개에 의하여 보호되는 국민의 알권리의 보장과 국정에 대한 국민의 참여 및 국정운영의 투명성 확보 등의 이익을 비교·교량하여 구체적인 사안에 따라 신중하게 판단되어야 한다(대법원 2003. 8. 22. 선고 2002두12946).

2) 사안의 경우

K구는 자치구 내부의 甲학교에 다니는 학생과 같은 지역 학부모 등 주민들의 이익을 대변할 수가 있다. 비록 학교환경위생정화위원회의 결정의 전문성과 독립성은 고도의 정책적 판단으로 존중될 필요가 있지만, 회의록 그 자체는 공적인 토론의 산물로 그 공개에 의해 보장되는 甲학교의 학습환경 확보 등의 이익이 크다. 전문성과 밀행성이 동의어는 아닌 것이다. 그러므로 회의록은 공개되어야 한다.

4. 발언자의 인적사항에 대한 판단

(1) 판례 및 평가

판례는 설문과 유사한 사실관계에서 "학교환경위생정화위원회의 회의록에 기재된 발언내용에 대한 해당 발언자의 인적사항 부분에 관한 정보는 공개법 제9조 제1항 제5호 소정의 비공개대상에 해당한다"고 판시한 바 있다(대법원 2003. 8. 22. 선고 2002두12946). 동 판례는 그 근거로 '발언자의 인적 사항까지 공개된다면 정화위원들은 자신의 발언내용에 관한 공개에 대한 부담으로 인한 심리적 압박 때문에 심의절차에서 솔직하고 자유로운 의사교환을 할 수 없고, 심지어 당사자나 외부의 의사에 영합하는 발언을 하거나 침묵으로 일관할 우려마저 있는 점'을 제시한 바 있다. 지극히 타당한 논거이다.

(2) 사안의 경우

발언자의 인적 사항은 K구의 정보공개청구 목적에 기인하는 바가 없고, 판례의 지적처럼 그에 대한 공개는 학교환경위생정화위원회 심의의 충실화와 내실화를 저해시키는 측면이 크다. 그러므로 이는 A의 주장처럼 비공개대상에 해당한다.

5. 관련 자료 일체에 대한 판단

(1) 정보공개청구시 요구되는 대상정보 특정의 정도

공개법 제10조 제1항 제2호는 정보의 공개를 청구하는 자는 정보공개청구서에 '공개를 청구하는 정보의 내용' 등을 기재할 것을 규정하고 있는바, 청구대상정보를 기재함에 있어서는 사회일반인의 관점에서 청구대상정보의 내용과 범위를 확정할 수 있을 정도로 특정함을 요한다(대법원 2007.6.1. 선고 2007두2555).

상술하였듯이 A가 공개거부를 하기 위해서는 어떠한 부분이 공개법 제9조 몇 호에서 정하고 있는 비공개사유에 해당하는지를 밝혀야 한다. 그런데 청구대상정보의 내용과 범위를 확정할 수 없을 정도라면 A는 그러한 거부를 할 수 없을 것이다. 즉, 판례의 태도는 타당하다. 설문에서 관련 자료 일체 부분은 사회일반인의 관점에서 청구대상정보의 내용과 범위를 확정할 수 없으므로 특정이 되지 않았다고 보인다.

(2) 법원의 판단

공개를 청구한 정보의 내용 중 너무 포괄적이어서 사회일반인의 관점에서 그 내용과 범위를 확정할 수 있을 정도로 특정되었다고 볼 수 없는 부분이 포함되어 있다면, 이를 심리하는 법원으로서는 마땅히 공개법 제20조 제2항의 규정에 따라 공공기관에게 그가 보유·관리하고 있는 공개청구정보를 제출하도록 하여 이를 비공개로 열람·심사하는 등의 방법으로 공개청구정보의 내용과 범위를 특정시켜야 하고, 나아가 위와 같은 방법으로도 특정이 불가능한 경우에는 특정되지 않은 부분과 나머지 부분을 분리할 수 있고 나머지 부분에 대한 비공개결정이 위법한 경우라고 하여도 정보공개의 청구 중 특정되지 않은 부분에 대한 비공개결정의 취소를 구하는 부분은 나머지 부분과 분리하여 이를 기각하여야 한다(대법원 2007.6.1. 선고 2007두2555).

설문의 경우 공개법 제20조 제2항의 규정에 따라 A에게 그가 보유·관리하고 있는 공개청구정보를 제출하도록 하여 이를 비공개로 열람·심사하더라도 공개청구정보의 내용과 범위를 특정시킬 수 없을 것으로 보인다. 그러므로 관련 자료 일체 부분에 대해서는 나머지 부분과 분리하여 이를 기각하여야 한다.

6. 사안의 해결

법원은 K구가 정보공개를 요청한 부분 중에서 ① 학교환경위생정화위원회의 회의록 부분은 인용하고, ② 그 회의록에 기재된 발언내용에 대한 해당 발언자의 인적사항 및 ③ 관련 자료 일체 부분은 기각하여야 한다.

Ⅳ. 설문 (4)의 해결

1. 문제의 소재

이미 공개가 이루어진 단계에서는 B가 항고소송 등을 제기한다 하더라도 소의 이익이 없게 되어 그 실질적 권리구제가 어렵게 된다. A의 공개결정 이전에 예방적 금지소송을 제기할 수 있는지, 기타 공개법상의 구제수단 등이 문제 된다.

2. 예방적 금지 소송

(1) 의의

행정청이 특정한 행정행위나 그 밖의 행정작용을 하지 않을 것을 구하는 내용의 행정소송을 예방적 금지 소송이라 한다.

(2) 인정 여부

① 이에 대해 행정 소송법 제 4조의 항고소송의 유형의 규정은 제한적으로 이해되어야 한다는 소극설, (i) 처분이 이루어질 개연성 (ii) 처분요건의 일의성 (iii) 미리 구제할 필요성 (iv) 다른 구제방법이 없는 보충성의 요건 하에 소극적 의무이행소송으로서 인정하는 견해, 예방적 부작위의무확인소송으로서 인정하는 견해, 당사자소송의 한 형태로서 인정하는 견해 등의 대립이 있다.

② 판례는 부작위를 구하는 청구는 행정소송에서 허용되지 아니하는 것이므로 부적법하다고 판시한다(대법원 1987.3.24, 86누182).

③ 예방적 금지소송은 행정행위의 부작위뿐만 아니라 사실행위 기타의 직무행위에 대한 부작위를 포함하는 소송이므로, 무명항고소송으로서 예방적 금지소송은 부정되나 공법상 법률관계 일반을 대상으로 하는 당사자 소송의 한 형태로 인정할 수 있다고 보아야 한다.

(3) 사안의 경우

B는 A가 정보공개를 하지 아니할 것을 내용으로 하는 당사자 소송으로서의 예방적 금지 소송을 제기할 수 있다. 당사자 소송에는 항고소송의 집행정지에 관한 규정이 준용되지 않아(행정소송법 제44조 제1항), 민사집행법상 가처분 규정의 준용이 가능해지므로(행정소송법 제8조) B는 A의 부작위를 내용으로 하는 가처분 신청을 할 수 있다.

3. 공개법상의 구제 수단 등

B는 A로부터 공개청구가 있는 사실을 통지받은 날부터 3일 이내에 A에 대하여

자신과 관련된 정보를 공개하지 아니할 것을 요청할 수 있다(공개법 제21조 제1항). B의 비공개 요청에 대해 A가 거부처분을 내리면 B는 이에 대해 취소소송을 제기할 수 있다.

4. 사안의 해결

B는 예방적 금지소송을 제기할 수 있고, 비공개 요청거부처분에 대한 취소소송을 제기할 수도 있다. 다만 거부처분과 공개결정은 실질적으로 거의 동일하게 이루어질 것인 점, 판례에 의하면 거부처분에 대한 집행정지는 인정되지 않는 점 등을 고려할 때 예방적 금지소송이 더 실효적인 권리구제 수단일 것이다.

교/수/강/평

김 철 용 (건국대학교 법대 명예교수)

모범답안에 대하여는 지적해야할 것이 많다. 그것을 모두 지적한다면 꽤 많은 지면을 필요로 한다. 여기서는 간단히 지적 한다. 설문이 4개이므로 1개 설문 마다 1개씩 지적 한다.

1. 설문(1) 답안에 대하여

모범답안에서는 이유부기라는 용어를 사용하고 있다. 이유부기라는 용어는 우리 「행정절차법」이 제정되기 전에 일본 사람들이 사용하고 있던 것을 우리가 답습했던 용어이다. 우리 「행정절차법」은 이유제시(정확하게는 근거·이유제시이다)라는 개념을 사용하고 있다. 굳이 이유부기라는 용어를 사용할 필요는 없다.

2. 설문(2) 답안에 대하여

모범답안에는 "이유부기는 당사자에게 실효적인 불복절차를 강구할 수 있을 정도로 이루어져야한다"라고 기술하고 있다. 어느 행정법 교과서에도 이유제시의 필요성(실익)을 설명하면서 '실효적인 불복절차의 강구'만을 들고 있는 것은 없다. 불복 편의 외에도 자의 억제 ·결정과정 공개 ·투명성 향상, 신중성 확보, 설득기능, 화평기능 등이 있다〔필자의 行政法 I (제12판), 400쪽 참조〕. 이유제시의 필요성이 불복 편의에만 있다고 기술하는 것은 교과서를 철저히 읽지 않기 때문이다.

3. 설문(3) 답안에 대하여

설문에서는 학교환경정화위원회 회의록, 그 회의록에 기재된 발언 내용에 대한 해당 발언자의 인적 사항, 관련자료 일체를 공개청구하고 있다. 우선 지적되어야 할 것은 「공공기관의 정보공개에 관한 법률」 제13조 제4항이 공공기관이 비공개결정을 한 때에는 비공개이유를 구체적으로 명시할 것을 요구하고 있다는 점이다. 설문에는 공공기관이 비공개결정을 하면서 법률상 근거만 제시하고 있을 뿐이다. 이것은 법이 요구하고 있는 비공개이유를 구체적으로 제시한 것이라고 볼 수 없다. 그럼에도 불구하고 답안에는 이에 관한 아무런 언급이 없다. 이는 이유제시제도의 행정법 전체에서의 지위 및 기능에 대한 지식이 없기 때문이다. 공공기관이 비공개결정을 하면서 이유제시를 구체적으로 제시하지 아니하였다면 그 결정에는 흠이 있다. 이유제시에 흠이 있는 처분은 적어도 취소사유에 해당한다. 이 문제에 대하여는 더 이상 언급하지 않기로 한다. 「공공기관의 정보공개에 관한 법률」 제9조 제1항 제5호는 '감사·감독·검사·시험·규제·입찰계약·기술개발 ·인사관리·의사결정 과정 또는 내부검토과정에 있는 사항 등으로 공개될 경우 업무의 공정한 수행이나 연구·개발에 현저한 지장을 초래한다고 인정할 만한 상당한 이유가 있는 정보'이다. 이 제5호가 설문(3)에 대한 해답을 주는 기준이다. 특히 검토되어야 할 것이 '의사결정과정에 있는 사항이냐의 여부', '공개될 경우 업무의 공정한 수행에 현저한 지장을 초래한다고 인정할 만한 상당한 이유가 있느냐의 여부'이다. 이를 판다함에 있어서 정보공개가 원칙이라는 점, 따라서 비공개는 예외라는 점, 예외는 엄격하게 해석하여야 한다는 점이다. 여기에다 제9조 제1항 제5호의 취지를 명확하게 하여야 하고, 그 다음에 설문에서 묻고 있는 학교환경정화위원회 회의록, 그 회의록에 기재된 발언 내용에 대한 해당 발언자의 인적 사항, 관련자료 일체의 공개가 법에 정한 기준에 맞느냐의 여부를 검토하여야 한다.

4. 설문(4) 답안에 대하여

청구의 요체는 처분을 하지 말아달라는 것이다. 모범답안은 간단하다. 예방적 부작위소송은 당사자소송으로 제기하면 된다는 것이다. 그 논거에 대하여는 아무런 설명이 없다. 일부의 학자가 조심스럽게 당사자소송으로서의 가능성을 주장하고 있음은 사실이다. 그러나 그 주장 속에 처분을 하지 말아달라는 청구까지 포함되는 것인지, 허용요건을 어떻게 한정할 것인지 반드시 명백하게 주장하고 있는 것이 아니다. 그렇다면 설사 일부의 주장에 동조하고 싶지만 그 논거를 제시할 자신이 없으면 답안으로서는 다수의 학자들의 논쟁을 기술한 후, 그와 다른 일부의 주장이 있음을 첨언해 두는 것으로 족한 것이 아닌가 생각한다.

기 출

정보공개거부처분에 대한 구제수단, 간접강제 등

행시 제55회(11년)

제54회 행정고시 일반행정직 합격 고 승 진

서울특별시 X지구에 위치한 사설학원에서 대학입학전문상담사로 근무하는 甲은 과학적이고 체계적인 학생입학지도를 위해 「공공기관의 정보공개에 관한 법률」에 따라 교육과학기술부장관 乙에게 각 학교별 성적분포도를 포함하여 서울지역 2010년 대학수학능력시험평가 원데이터에 관한 정보(수능시험정보)의 공개를 청구하였다. 이에 대해 乙은 甲의 청구대로 응할 경우 학교의 서열화를 야기할 뿐만 아니라 업무의 공정한 수행에 현저한 지장을 초래한다는 이유로 비공개결정을 하였다. 甲의 권리구제와 관련하여 다음의 질문에 답하시오. (단, 무효등확인심판과 무효등확인소송은 제외한다)(총 50점)

(1) 甲이 현행 행정쟁송법상 권리구제의 수단으로 선택할 수 있는 방식에 대해 기술하시오. (10점)
(2) 乙이 비공개결정을 한 이유의 타당성을 검토하시오. (10점)
(3) 만약 甲이 행정심판을 제기한 경우에 행정심판위원회는 어떠한 재결을 할 수 있는지 행정심판 유형에 따라 기술하고, 이때 행정심판법상 甲의 권리구제수단의 한계에 대해서도 검토하시오. (20점)
(4) 만약 甲이 취소소송을 제기하여 인용판결이 확정되었음에도 불구하고 乙이 계속 정보를 공개하지 않을 경우 甲의 권리구제를 위한 행정소송법상 실효성 확보수단과 그 요건 및 성질에 대해 기술하시오. (10점)

C/O/N/T/E/N/T/S

Ⅰ. 설문 (1)의 해결
1. 문제의 소재
2. 행정소송
3. 행정심판
4. 집행정지

Ⅱ. 설문 (2)의 해결
1. 문제의 소재
2. 정보공개법 조문과 판단기준
3. 사안의 경우
4. 소 결

Ⅲ. 설문 (3)의 해결
1. 인용재결의 종류
2. 권리구제수단상의 한계

Ⅳ. 설문 (4)의 해결
1. 문제의 소재
2. 간접강제의 의의
3. 요 건
4. 성 질

Ⅰ. 설문 (1)의 해결

1. 문제의 소재

비공개결정을 甲의 공개신청에 대한 거부라고 한다면, 甲이 제기할 수 있는 행정쟁송법상 권리주제수단으로 취소소송, 의무이행소송, 거부처분취소심판, 의무이행심판을 들 수 있다. 이 밖에 보전소송으로서 집행정지를 생각해 볼 수 있다.

2. 행정소송

(1) 거부처분취소소송

정보공개거부처분에 대해 거부처분취소소송 제기를 고려해 볼 수 있다. 소가 적법하기 위해서는 판례에 따르면 법규상·조리상 신청권이 인정되어야 하는데 공공기관의 정보공개에 관한 법률(이하 정보공개법이라 한다) 제5조상 일반적 정보공개청구권이 인정되기 때문에 신청권이 인정된다.

(2) 의무이행소송

현행 행정소송법상 의무이행소송에 대해 긍정하는 입장은 행정소송법 제3조와 제4조의 쟁송형태는 예시적인 규정들에 불과하고 행정소송법 제4조 제1호의 변경을 적극적인 변경으로 해석하는데 반하여, 부정적인 입장은 권력분립상 불가능하고 동법 제3조와 제4조의 소송은 한정적이고 열거적인 것이며 제4조 제1호의 변경은 일부취소에 불과하다고 본다. 현행 행정쟁송법상 의무이행소송은 부정되므로 각하될 수밖에 없다. 다만 입법론적으로는 이러한 형태의 소송들이 적극적으로 도입되는 것이 국민의 권리구제와 재판청구권의 보장이라는 관점에서 타당하다고 본다.

3. 행정심판

(1) 거부처분취소심판

행정심판법 제5조 제1호에 근거해 교육과학기술부장관 乙의 정보공개거부처분에 대한 거부처분취소심판을 제기할 수 있다. 다만, 행정심판의 경우 권력분립의 문제가 없어 거부처분의 경우 의무이행심판을 통해 보다 적극적인 권리구제가 가능하다.

(2) 의무이행심판

행정심판법 제5조 제3호에 근거해 당사자의 신청에 대한 행정청의 위법 또는 부당한 거부처분이나 부작위에 대하여 일정한 처분을 하도록 하는 의무이행심판 제기가 가능하다.

4. 집행정지

거부처분에 대한 집행정지를 인정할 수 있는지에 대해 부정하는 입장이 일반적이나, 허가갱신 등의 제한적인 경우 인정하는 것이 타당하다고 본다.

Ⅱ. 설문 (2)의 해결

1. 문제의 소재

정보공개결정은 정보공개법 제9조의 조문의 취지와 정보비공개결정행위의 성질과 분야, 공익관련성을 고려하건대 재량행위이다. 이하에서는 수능시험정보가 비공개대상인지여부는 정보공개법 제9조의 조문을 분석한 후, 판례가 제시한 판단기준에 따라 판단해 본다.

2. 정보공개법 조문과 판단기준

설문에서 문제가 되는 조문인 정보공개법 제9조 제1항 제5호는 시험에 관한 사항으로서 공개될 경우 업무의 공정한 수행에 현저한 지장을 초래한다고 인정할 만한 상당한 이유가 있는 정보는 공개하지 아니한다고 규정하고 있다. 즉, 객관적으로 시험에 관한 정보여야 하고, 주관적으로 업무의 공정한 수행에 현저한 지장을 초래한다고 인정할 만한 상당한 이유가 있는 정보여야 한다.

판례에 따르면 공개될 경우 업무의 공정한 수행에 현저한 지장을 초래한다고 인정할 만한 상당한 이유가 있는 경우라 함은 공개될 경우 업무의 공정한 수행이 객관적으로 현저하게 지장을 받을 것이라는 고도의 개연성이 존재하는 경우를 의미한다.

3. 사안의 경우

설문의 수능시험 정보는 시험에 관한 정보로서 객관적 요건은 충족한다. 따라서 사안에서는 주관적 요건에 충족하는지가 문제되는데, 乙이 주장하는 것처럼 학교별 성적분포도를 포함하여 서울지역 2010년 대학수학능력시험평가 원데이터에 대한 정보(수능시험정보)가 공개되면 학교의 서열화를 야기하는 측면이 일부 존재한다.

그러나 현행 입시제도 하에서 수능점수가 대입에서 큰 비중을 차지하는 현실을 감안할 때 학교별 성적분포도를 공개함으로써 학생·학부모·교사의 입시혼란을 방지할 수 있고, 학교별 성적이 공개됨으로써 학생지도에 있어 학교의 책임성이 강화될 수 있다. 따라서 교육과학기술부장관 乙이 주장하는 학교 서열화의 우려보다 입시지도 편의성 및 학교 책임성 강화라는 공익이 더 크므로 수능시험정보는 그 공개로 인하여 수능시험 업무의 공정한 수행이 객관적으로 현저하게 지장을 받을 것이라는 고도의 개연성이 존재한다고 볼 수 없다. 따라서 수능시험정보는 정보공개법 제9조 제1항 제5호 소정의 비공개대상정보에 해당하지 아니한다.

4. 소 결

따라서 乙이 비공개결정을 한 이유는 타당하지 않으며, 甲이 거부처분취소심판·소송을 제기할 경우 행정심판위원회와 수소법원은 인용해야 한다.

Ⅲ. 설문 (3)의 해결

1. 인용재결의 종류

행정심판법 제43조 제3항에 의하면 청구인의 신청을 인용하는 재결의 형태로는 취소재결, 취소명령재결이 있다. 구법과 달리 개정 행정심판법 제43조 제3항에서 구법과 달리 취소명령재결의 규정이 삭제되어 있는 것과 관련하여 문리해석을 하는 입장에서는 취소명령재결이 불가능하다고 해석하게 되지만, 당해 행정청의 권한 존중 측면에서 취소명령재결도 가능하다고 볼 수 있다.

2. 권리구제수단상의 한계

(1) 거부처분취소심판의 경우

거부처분취소심판을 제기한 경우 행정심판위원회로부터 거부처분취소재결, 거부처분취소명령재결을 받을 수 있다. 그러나 현행 행정심판법 제43조에서는 의무이행심판의 이행명령에 대한 재처분의무만 규정하고 있고 취소심판의 인용재결에 대한 재처분의무는 존재하지 않는다. 이에 대해 국민의 권리구제에 유리하도록 동법 동조 제1항에 재처분의무도 포함하는 것으로 해석하는 경우에는 재처분의무가 존재한다.

(2) 의무이행심판의 경우

의무이행심판을 제기한 경우 행정심판위원회로부터 행정심판법 제43조 제5항에 따라 신청에 따른 처분재결, 처분명령재결을 받을 수 있다. 거부처분에 대한 처분명령재결의 경우 행정심판법 제49조 제2항에 의하여 재처분의무가 존재한다. 그러나 재처분의무를 불이행하는 경우가 문제되는데, 이때 행정심판법 제50조 제1항에 의

하여 시정명령을 내리고, 그래도 불이행하면 직접 처분이 가능하다.

그러나 정보를 행정청인 교육과학기술부 장관 乙이 독점하는 경우에는 행정심판 위원회의 정보공개와 관련된 시정명령이나 직접처분은 한계를 가질 수밖에 없다. 따라서 입법론으로 행정심판에 대하여도 행정소송법 제34조의 간접강제가 가능하도록 규정을 도입하자는 논의가 존재하며 타당하다고 본다.

Ⅳ. 설문 (4)의 해결

1. 문제의 소재

甲이 거부처분취소소송을 제기하여 인용판결을 받은 경우 행정소송법 제30조 2항의 기속력에 의해 乙에게 재처분의무가 발생한다. 그러나 乙이 이를 인용판결의 취지에 따른 재처분을 하지 않는 경우에 대비하여 행정소송법에서는 제34조에서 간접강제 규정을 두고 있다.

2. 간접강제의 의의

현행 행정소송법은 판결의 기속력을 담보하기 위하여 제34조에서 간접강제규정을 두고 있다. 수소법원은 당사자의 신청에 의하여 결정으로써 상당한 기간을 정하고 행정청이 그 기간 내에 이행하지 아니하는 때에는 그 지연기간에 따라 일정한 배상을 할 것을 명하거나 즉시 손해배상을 할 것을 명할 수 있다.

3. 요 건

① 거부처분취소판결 등이 확정되었을 것, ② 행정청이 재처분의무를 이행하지 않을 것, 즉 행정청이 아무런 처분을 하지 않고 있을 때 간접강제가 가능하다.

4. 성 질

간접강제는 판결을 이행할 때까지 손해를 배상하도록 하는 것인데, 금전적인 의무부과를 통하여 간접적으로 의무의 이행을 확보하고자 하는 것이다. 판례에 따르면 간접강제는 재처분의무를 이행한 이후에는 목적을 상실하므로 더 이상 배상금을 추심하는 것이 허용되지 않는다. 정보공개청구에 있어 정보를 乙이 독점하는 경우 간접강제가 정보를 공개하도록 만들 수 있는 가장 적절하고 유일한 수단이 될 수 있다.

교/수/강/평

김 향 기 (성신여자대학교 법대 교수)

1. 설문 (1)의 경우

현행 행정쟁송법상의 권리구제수단이므로 현행 행정심판법과 현행 행정소송법상의 수단인 취소심판과 의무이행심판 및 취소소송의 가능성을 검토하고(무효등확인쟁송은 제외하므로) 아울러 명문규정은 없지만 학설상 논의되는 의무이행소송의 가능성을 검토하면 된다. 그런데 단순히 권리구제수단을 나열하면 충분한 것이 아니라 이유(왜)의 논증이 중요한 부분이다. 즉, 항고쟁송의 제기가능성은 원고적격(청구인적격)과 대상적격이 핵심쟁점인바 이 부분을 좀 더 중점적으로 구체적인 검토를 필요로 한다.

원고적격의 문제에 있어서 '법률상 이익'의 의미와 정보공개법 제5조 제1항과 관련하여, 정보공개를 청구할 수 있다는 의미는 정보공개를 청구할 법률상 보호되는 구체적인 권리가 인정된다는 의미로서 정보공개거부처분을 받은 것 자체가 법률상 이익의 침해이므로 그 외에 추가로 어떠한 이익을 가질 것을 요구하지 않는다는 점(대법원 2004.9.23, 2003두1370 등)을 지적할 필요가 있다.

또한 대상적격과 관련하여, 거부처분의 성립요건 및 특히 거부처분의 전제요건이 되는 신청권의 존부와 관련하여, 구체적 사건에서 신청인과 상관없이 관계법규의 해석에 의하여 일반국민에게 그러한 신청권을 인정할 수 있는가에 따라 추상적으로 결정되는 것이라는 점에서, 정보공개법 제5조 제1항 '모든 국민이 정보공개를 청구할 수 있다'는 규정과 연결하여 검토한다.

이렇게 하여 취소심판·의무이행심판 및 취소소송이 가능하다는 점을 검토한 후, 거부처분에 대한 집행정지의 가능성과 의무이행소송의 가능성을 학설·판례를 통한 간단한 검토를 하면 된다.

2. 설문 (2)의 경우

먼저 정보공개법상 비공개대상정보의 해당여부를 검토한다. 즉, 乙의 비공개결정 이유인 '학교의 서열화 야기'와 '업무의 공정한 수행에 현저한 지장초래'가 각각 정보공개법 제9조 제1항 제 몇 호에 해당하는 것인지, 또 그 비공개사유의 의미는 구체적으로 무엇인지 검토한다. 즉, 동법 제9조 제1항 제5호의 사유와 제7호의 사유에 포함될 수 있는지 검토한다.

다음, 정보공개결정의 재량행위 여부와 비공개여부의 판단기준 및 비공개사유의 입증 등을 차례로 검토한다. 즉, 비공개대상정보는 비밀정보 또는 공개금지정보를 뜻하는 것이 아니므로 당해 정보의 공개로 달성될 수 있는 공익 및 사익과 비공개로 하여야 할 공익 및 사익을 종합적으로 비교·교량하여 구체적 사안에 따라 개별적으로 공개여부를 결정해야 한다는 점 및 정보공개를 거부하기 위해서는 어느 부분이 어떠한 법익 또는 정보공개법 제9조 제1항 제 몇 호에 정하고 있는 비공개사유에 해당하는지를 주장·입증하지 아니한 채 공개대상 전부에 대하여 개괄적인 사유만을 들어 공개를 거부하는 것은 허용되지 않는다(대법원 2007.2.8, 2006두4899 등)는 점을 지적할 필요가 있다.

3. 설문 (3)의 경우

20점 배점짜리 라는 점에서 좀 더 구체적 검토가 필요한데 모범답안은 이 점을 좀 소홀히 하였다. 먼저, 행정심판유형에 따른 재결유형을 설명하고, 다음, 재결의 기속력으로서 재처분의무와 직접처분의 각각의 한계를 검토한다.

행정심판의 유형으로서 거부처분 취소심판과 의무이행심판이 가능한바, 기각재결이 아닌 인용재결을 하는 경우 인용재결의 유형은 심판청구의 내용에 따라 취소재결과 의무이행재결로 구분할 수 있고, 그 효력에 따라 형성재결(처분재결)과 명령재결(처분명령재결 또는 이행재결)로 구분할 수 있다. 그런데 처분을 취소하는 재결은 재결의 형성력에 의하여 형성재결이라 할 수 있으나, 다른 처분으로 변경하는 재결이나 의무이행재결의 경우는 형성재결과 명령재결이 모두 가능하고 그 선택여부는 행정심판위원회의 재량이라 할 것인바, 사안의 경우 수능시험정보공개는 행정심판위원회가 대신 할 수 있는 성질의 것이 아니므로 형성재결은 곤란하고 乙이 甲에게 정보를 공개하도록 명하는 명령재결만이 가능할 것이다. 명령재결의 내용의 특정성 정도는, 심판청구의 대상인 처분이 기속행위인 경우에는 신청에 따른 처분을 하도록 재결할 것이나, 재량행위인 경우에는 하자 없는 재량권행사를 명하는 재결로 족하다고 본다.

다음, 행정심판법상 권리구제수단의 한계의 문제는 인용재결의 기속력의 한계문제이다. 따라서 기속력의 의의를 설명하고, 기속력의 내용으로서 재처분의무와 직접처분의 가능성을 검토하면 된다. 먼저, 재처분의무의 경우 행정심판법이 의무이행재결 및 절차하자로 인한 취소재결의 효력으로 규정하는 있는바(제49조 제2항, 제3항), 거부처분취소재결에 재처분의무의 인정여부에 대해 당연히 포함된다는 적극설과 명문규정이 있을 때에만 가능하다는 소극설의 대립이 있다. 甲이 거부처분취소심판으로 제기한 경우에는 소극설에 따르면 권리구제에 한계가 있다고 할 것이다. 다음, 직접처분의 경우, 의의·요건·한계의 순서로 검토하고 사안에 적용하면 되는바, 행정심판위원회는 피청구인이 재결의 내용에 따른 처분을 하지 아니하는 경우에는 당사자가 신청하면 기간을 정하여 서면으로 시정을 명하고 그 기간 내에 이

행하지 아니하면 직접처분을 할 수 있다(동법 제50조 제1항). 직접처분의 요건은 ① 의무이행심판의 인용재결이 존재할 것, ② 피청구인의 재결의 불이행이 있을 것, ③ 당사자의 신청이 있을 것, ④ 행정심판위원회가 시정명령을 하였을 것, ⑤ 시정명령의 불이행이 있을 것 등이다. 직접처분의 한계는, 직접처분의 요건을 모두 충족하고 있다 하더라도 해당 처분의 성질이나 그 밖의 불가피한 사유로 행정심판위원회가 직접처분을 할 수 없는 경우에는 직접처분을 아니할 수 있는바, 사안과 같이 해당 행정청만이 보유하고 있는 정보공개청구에 대한 이행재결이 이에 해당한다고 할 수 있다.

4. 설문 (4)의 경우

행정소송법상 간접강제의 의의와 요건 및 성질을 검토하면 된다. 간접강제의 요건은 거부처분취소판결이 확정되었을 것과 행정청이 판결의 취지에 따른 처분을 하지 않았을 것이다. 행정청이 판결의 취지에 따라 다시 이전의 신청에 대한 처분을 하지 아니한 경우는 물론, 재처분을 하였더라도 그것이 종전의 거부처분에 대한 취소의 확정판결의 기속력에 반하는 등으로 당연무효인 경우 간접강제를 신청할 수 있다. 다음, 간접강제 방법은 배상금을 추심하는 것인데, 이는 재처분의무의 이행을 확실히 담보하기 위한 것으로서, 재처분의 지연에 대한 제재나 손해배상이 아니고 재처부의 이행에 관한 심리적 강제수단에 불과하여 일종의 이행강제금에 유사한 성질의 것이라 할 것이다.

청문절차

제48회 사법시험 합격 전 정 일

A시는 주민의 건강을 증진하고 또한 시민의 여가생활 및 교육활동에 제공하기 위하여 지역에 생태공원을 설치하기로 결정하였다. 이에 B업체를 사업시행자로 선정하여 공사를 하도록 하였다. 그런데 B업체에 대하여 환경보호 의식이 없으며, 그간 자연을 파괴하고 개발위주의 건설만을 하여 왔기 때문에 생태공원의 조성에는 부적격자라고 하는 민원이 제기되었다. 이에 따라 A시는 환경보호 단체의 항의를 받아들여 B에 대한 사업자지정을 취소하였다. A시장은 청문을 실시하고자 B업체의 영업소 및 주거지에 2회에 걸쳐 청문통지서를 발송하였으나 수취인 부재 및 수취인 미거주로 통지서가 각각 반송되어 오자 공시송달하였다. 그러함에도 불구하고 B업체 대표에 대한 청문을 실시하지 아니하고 사업자 지정 취소처분을 하였다. B는 시에 대하여 지정 취소시에 관련법에서 정한 청문을 거치지 아니하였다고 하여 사업자지정 취소처분을 다투고자 한다. 한편, A시장은 이 업체와 사업시행과 관련된 협약을 할 때에

이미 지정취소를 하는 경우 청문을 거치지 않아도 되는 것으로 상호 협의를 하였기 때문에 지정 취소시에 청문을 불필요한 것이라고 주장한다. 위의 사실과 관련하여 다음의 질문에 답하라.
(1) 청문을 거치지 않은 사업자 지정의 취소는 정당한가?
(2) 협약에 의하여 법령상 정해진 청문을 배제할 수 있나?

참·조·조·문

국토의 계획 및 이용에 관한 법률 제86조, 제136조
행정절차법 제21조, 제22조

C/O/N/T/E/N/T/S

Ⅰ. 논점의 정리

(1) 설문 (1)에서는 청문을 흠결한 사업자지정취소가 위법한지 여부가 문제가 된다. ① 청문이 적법요건이 되는 사안인지, 요건에 해당한다고 하더라도 A시장이 주장하는 바와 같이 사안의 특수한 상황에서 청문을 배제해도 되는 것은 아닌지 행정절차법의 규정과 판례 및 판례평석을 중심으로 검토해 보고, ② 만일 청문을 생략할 수 없어서 청문이 적법요건이 되는 경우 절차하자만으로도 사업지정취소행위 전체가 위법이 되는지 여부와 ③ 만일 위법하다면 위법성의 정도는 무효인지 취소인지, ④ 또한 하자가 치유되었는지 여부 등의 순서로 논의해 보기로 한다.

(2) 설문(2)의 경우에는 협약에 의하여 국토의 계획 및 이용에 관한 법률 제136조상의 청문을 배제할 수 있는지 이에 관한 판례와 이론상의 검토를 해 보기로 한다.

Ⅱ. 청문을 거치지 않는 사업자지정의 취소는 정당한지 여부

1. 청문의 의의

'청문'이라 함은 행정청이 어떠한 처분을 하기에 앞서 당사자 등의 의견을 직접 듣고 증거를 조사하는 절차를 의미한다(행정절차법 제2조 제5호). 이러한 청문은 국민에게는 방어권보장의 의미를, 행정청에게는 신중한 행정을, 법원에게는 청문을 통해 문제가 다소 해소될 수 있다면 부담감경을 의미할 수 있다. 이러한 청문은 협조적 민주주의 내지는 열린 정부를 구현하기 위한 중요한 역할을 하는 법제도라고 보여진다.

2. A시장의 사업자지정취소의 법적 성질

A시장이 사업자 지정 취소를 행한 것은 ① B업체의 영업의 자유를 직접적으로 제한하는 것으로서 행정소송법 제2조의 처분 등에 해당하여 취소소송의 대상이 될 수 있다. ② 또한 이러한 사업자지정취소는 사안의 경우 법령의 명확한 제시가 없으나, 최초의 사업자 지정 자체에 위법한 하자가 존재하지 아니하고, 환경보호단체의 항의로 인한 사정변경으로 장래에 대하여 사업인정의 효력을 없애는 '철회'에 해당하는 것으로 보인다. ③ 또한 이러한 철회는 법령의 문언과 취지, 당해 행정행위의 성질 등을 검토하고, 또한 공익관련성과 기본권관련성을 비교하면 전자에 보다 비중이 있으므로 재량행위에 속한다고 보여 진다. ④ 이러한 수익적 행정행위의 취소·철회를 위하여는 이익형량을 철저하게 하여 그 취소나 철회를 제한하는 것이 급부국가의 요청인 것으로 보인다.

3. 사안에서 청문이 적법요건인지 여부

행정절차법 제22조 제1항에 의하면 청문은 법령에 규정되어 있는 경우에 절차상의 적법요건이라고 볼 수 있다. 판례는 예외적으로 건축사사무소등록취소를 건교부장관의 훈령상의 청문을 거치지 않고 행한 사건에서 위법하다고 판시한 적이 있으나. 주류적인 판례는 법령에 규정된 경우에만 청문흠결을 위법하다고 보고 있다.

사안의 경우 국토의 계획 및 이용에 관한 법률 제136조에서 사업시행자 지정 취소시 청문을 적법요건으로 규정하고 있으므로 원칙적으로 A시장은 청문을 준수하여야만 한다. 그러나 다만 다음에서 예외적으로 청문을 생략할 수 있는지 살펴보아야만 적법요건이 되는지 여부를 알 수 있다.

4. 청문을 생략해도 된다는 A시장의 주장의 타당성

행정절차법 제22조 제4항에 의하면, 행정절차법 제21조 제4항 각호의 1에 해당하는 경우와 당사자가 의견진술의 기회를 포기한다는 뜻을 명백히 표시한 경우에는 의견청취를 생략할 수 있다고 규정되어 있는 바, 사안에서 사업시행자인 B업체는 청문포기의 의사를 명백히 하였다고 단정하기에는 어렵고, 행정절차법 제21조 제4항 특히 제3호상의 성질상 의견청취가 현저히 곤란하거나 명백히 불필요하다고 인정될 만한 상당한 이유가 있는 경우에 해당하는지 여부가 핵심적인 문제로 보여 진다.

이에 대하여 대법원은 A시장이 주장하는 소재지 불명이나 수취인 불명으로 인한 청문통지의 반송이나, 공시송달 여부, 청문일 불출석 등은 청문을 흠결해도 되는 성질상의 예외라고 볼 수 없다고 엄격하게 보고 있다. 이러한 대법원의 입장에 의하다면 설문의 경우 A시장이 주장하는 사유들만으로는 청문흠결이 적법하다고 볼 수 없다.

생각건대, 위 사안의 경우 청문절차를 거친다고 하여 특별히 행정능률에 역행한다고 볼 수는 없고 행정절차를 통한 당사자의 권리보호기능을 고려하건데 위 사안의 경우 청문흠결이 적법하다고 볼 수 없다.

5. 청문흠결이 위법하다고 보는 경우의 추가적인 논의

(1) 절차위법의 독자적 위법성 인정 여부

다수설과 판례는 재량행위이건 기속행위이건 절차요건의 흠결만으로도 전체 행정행위를 위법하게 한다고 보는데 반하여, 유력설은 이와 다르게 기속행위의 경우는 그렇지 않다고 보고 있다. 특히 이러한 견해의 대립은 기속행위의 경우를 전제로 하고 있는 바, 설문의 경우는 재량행위라고 보여 지므로 독자적 위법성을 인정하는데 어려움이 없어 보인다. 다만 이러한 절차하자의 독자적 위법성 여부에 관한 대립은 절차의 중요성을 강조할 것인가 아니면 행정의 능률과의 조화도 고려할 것인가의 문제인데, 절차하자의 독자적 위법성을 인정함으로써 절차요건의 중요성을 법원의 판결을 통해 통제함을 통하여 공무원들에게 보다 절차준수에 철저하게 하는 것이 타당하고, 또한 행정소송법 제30조 제3항에서 절차요건을 강조하고 있는 취지에도 부합한다고 보여진다.

(2) 청문흠결의 위법성의 정도

따라서 청문을 흠결한 A시장의 사업자지정취소는 위법하며, 그 정도는 다수설·판례의 견해인 중대·명백설에 의할 때 절차하자가 외관상 명백하다고 볼 수는 없으므로 취소사유인 것으로 판단된다.

(3) **하자치유 여부**

하자치유의 인정여부에 관하여 행정의 능률을 강조하여 긍정하는 입장과 행정의 법률적합성을 강조하여 부정하는 입장 및 양자의 조화를 위하여 일정한 경우에만 긍정하는 제한적 긍정설의 대립이 있으나, 국민의 방어권보장을 저해하지 않는 범위 내에서 이를 인정하는 다수설과 판례의 입장이 타당하다.

다만, 시기에 관하여 쟁송제기이전설과 쟁송종결시설의 대립이 있는 바, 후자의 입장은 독일개정행정절차법의 입장을 반영한 것으로서 행정능률과 조화를 강조하나, 아직은 절차통제의 엄정성을 유지하기 위하여 쟁송제기이전시설이 취하는 다수설과 판례가 타당하다고 볼 것이다.

사안에서는 A시장이 청문을 흠결한 것에 하자치유를 위해 청문을 사후에 실시한 것으로 보여지지 않으므로 하자가 치유되었다고 볼 수도 없다.

5. 중간결론

사안의 경우 청문 절차를 생략할 수 있는 성질상의 사유에 해당한다고 보여지지 않으므로 위 절차를 생략한 사업자지정취소는 위법하고 특별히 하자치유의 사유도 보이지 아니하므로 취소사유에 해당한다. 따라서 위 처분은 정당하고 볼 수 없다.

Ⅲ. 협약에 의하여 법령상 정해진 청문의 배제가부

1. 협약의 법적 성질

A시장과 사업시행자간의 협약은 사업시행에 관한 협의 내용을 문서화한 것으로서, 이는 공법상의 계약에 해당하는 것으로 보인다. 공법상 계약의 구속력이 발생하더라도 법치주의적인 한계를 넘어서는 것은 안된다는 점을 고려하여 설문을 다음에서 검토하기로 한다.

2. 협약에 의한 청문배제가부

(1) **견해**

이에 대하여 ① 계약을 자유롭게 한 이상 구속력이 발생하고, ② 강제적으로 청문배제의 협약을 하도록 한 것이 아니라면 자유롭게 배제계약을 체결할 수 있다는 시각에 의하면 이러한 협약은 적법하다고 보는 적극설과 ① 청문은 헌법상의 적법절차를 행정에 구현한 것이고, ② 행정청에게 신중한 행정을 유도하고, ③ 이해관계인의 참여에 의하여 민주적인 정당성을 확보하기 위한 것이라는 점을 강조하여 이러한 협약에 대하여 위법하다고 보는 소극설이 있다.

(2) 판례상의 검토

판례는 안산시장이 대경 마이월드(주)와 유희시설조성사업협약을 체결하면서 청문실시배제 조항을 두었다고 하더라도, 국민의 행정참여를 도모함으로써 행정의 공정성·투명성 및 신뢰성을 확보하고 국민의 권익을 보호한다는 행정절차법의 목적 및 청문제도의 취지 등에 비추어 볼 때, 청문을 배제할 수 없다고 판시한 바 있다.

3. 중간결론

행정절차는 헌법상의 적법절차원리를 고려하고, 절차요건이 독자적인 위법사유에 해당되며, 절차의 중요성과 의미를 생각할 때, 이러한 협약으로 청문을 배제할 수 없다.

Ⅳ. 결 론

(1) 사안의 경우 청문 절차를 생략할 수 있는 성질상의 사유에 해당한다고 보여지지 않으므로 위 절차를 생략한 사업자지정취소는 위법하고 특별히 하자치유의 사유도 보이지 아니하므로 취소사유에 해당한다. 따라서 위 처분은 정당하고 볼 수 없다.

(2) 행정절차는 헌법상의 적법절차원리를 고려하고, 절차요건이 독자적인 위법사유에 해당되며, 절차의 중요성과 의미를 생각할 때, 이러한 협약으로 청문을 배제할 수 없다.

교/수/강/평

김 철 용 (건국대학교 법대 명예교수)

(1) 모범답안에서는 사업자의 지정 취소는 “사안의 경우 법령의 명확한 제시가 없으나, 최초의 사업자 지정 자체에 위법한 하자가 존재하지 아니하고 환경보호단체의 항의로 인한 사정변경으로 장래에 대하여 사업인정의 효력을 없애는 ‘철회’에 해당하는 것으로 보인다.”라고 기술하고 있다. 그렇게 간단하게 기술해도 문제가 없을 것인지는 좀 더 숙고를 필요로 하는 것은 아닐까? 사례문제에서도 지정을 받은 자가 “자연을 파괴하고”라는 지적이 있고, 행정절차법 제20조는 이익 행정행위라 하더라도 처분기준을 설정・공표하도록 행정청에게 의무를 과하고 있다. 따라서 설

정 · 공표된 처분기준에 반하여 지정을 받았을 가능성을 전혀 배제할 수 없기 때문이다.

(2) 모범답안은 하자 치유 여부에서 "국민의 방어권 보장을 저해하지 않는 범위 내에서 이를 인정하는 다수설과 판례의 입장이 타당하다."라고 기술하고 있다. 우리나라의 경우 행정절차법이 제정되어 시행된 이후에 어떤 판결이 이러한 판시를 하고 있는지 명백히 밝혀야 한다. 이것은 대단히 중요한 문제이기 때문이다. 독일 연방 행정절차법에는 이에 관한 명문의 규정이 있다. 독일의 판례라면 독일의 판례라고 밝혀야 한다.

(3) 모범답안은 "협약은 사업시행에 관한 협의의 내용을 문서화한 것으로서 이는 공법상의 계약에 해당하는 것으로 보인다."라고 기술하고 있다. 그러나 공법상 계약의 정의를 통설에 따라 이해하는 입장이라면 좀 더 친절한 이유 설명이 필요하다.

행정절차의 하자와 취소의 취소

제48회 사법시험 합격 윤 정 현

안산시장 乙은 甲에 대해 도시계획사업의 사업시행자로 지정한 처분을 하였고, 그에 따라 甲은 사업의 준비에 착수하였다. 그 후 乙은 청문의 실시 등 의견진술의 기회를 부여하거나 공청회를 개최하지 않은 채 사정변경을 이유로 사업시행자지정 취소처분을 하였다.

(1) 甲이 乙의 처분에 대해 취소소송을 제기한 경우, 인용가능성은?(25점)

(2) 乙이 사업시행자지정처분을 취소한 후 이를 다시 취소하여 지정처분을 소생시킬 수 있는가?(25점)

참·조·조·문

도시계획법

제23조(시행자) ①도시계획사업은 이 법 또는 다른 법령에 특별한 규정이 있는 경우를 제외하고는 그 행정구역을 관할하는 시장 · 군수가 이를 시행한다.

② 도시계획사업은 2이상의 시 · 군의 행정구역에 걸쳐 시행하게 될 때에는 관계시장 또는 군수가 협의에 의하여 시행자를 정한다.

③ 제11조제3항의 규정은 제2항의 규정에 의한 협의가 성립되지 아니한 경우에 이를 준용한다.

④ 건설부장관은 국가사업과 관련되거나 기타 특히 필요하다고 인정하는 때에는 제1항 내지 제3항의 규정에 불구하고 관계시장 또는 군수의 의견을 들어 직접 도시계획사업을 시행하거나 따로 시행할 자를 지정하여 도시계획사업을 시행하게 할 수 있다.

⑤ 제1항 내지 제4항의 규정에 의하여 시행자가 될 수 있는 자외의 자는 대통령령이 정하는 바에 의하여 관할시장 또는 군수로부터 시행자지정을 받아 도시계획사업을 시행할 수 있다.

제78조(법령등의 위반자에 대한 감독처분)관계행정청은 다음 각호의 1에 해당하는 자에 대하여 이

법에 의한 허가·인가 또는 승인을 취소하거나 공사의 중지·공작물등의 개축 또는 이전 기타 필요한 처분을 하거나 조치를 명할 수 있다.
1. 이 법 또는 이 법에 의한 명령이나 처분에 위반한 자
2. 부정한 수단으로 이 법에 의한 허가·인가 또는 승인을 받은 자
3. 사정의 변경으로 인하여 도시계획사업의 계속시행이 현저히 공익을 해할 우려가 있다고 인정되는 경우의 그 도시계획사업시행자

제78조의2(청문)관계행정청은 제78조의 규정에 의하여 다음 각호의 1에 해당하는 처분을 하고자 하는 경우에는 청문을 실시하여야 한다.
1. 제23조 제4항 또는 제5항의 규정에 의한 시행자지정의 취소
2. 제25조 제1항의 규정에 의한 실시계획승인의 취소

C/O/N/T/E/N/T/S

Ⅰ. 문제의 소재

사례에서 甲은 취소소송을 제기하고 있는바, 소의 적법성을 검토하고, 그 취소소송이 적법하다면 당해 소송의 이유유무와 관련하여 절차적 위법성이 있는지 여부, 내용적 위법성에 대해서는 신뢰보호의 원칙에 위배되는지 여부를 검토한다.

그 후 乙은 사업시행자지정처분을 취소한 후 다시 취소하였는데, 乙의 원취소행위가 절차적 위법성에 해당하거나 신뢰보호의 원칙에 반하여 위법하다면 재취소행위는 강학상의 직권취소에 해당할 것인 바, 안산시장 乙이 원취소행위를 재취소하여 사업시행자지정처분을 소생시킬 수 있는지 문제된다.

Ⅱ. 甲이 제기한 취소소송의 인용가능성 [사례(1)의 해결]

1. 소송요건의 구비 여부

취소소송이 적법하기 위하여는 (i) 원고적격(행정소송법 제12조 제1문), (ii) 협

의의 소의 이익(동법 동조 제2문) (iii) 피고적격(동법 제13조), (iv) 대상적격(동법 제19조 및 제2조), (v) 제소기간(동법 제20조), (vi) 임의적 행정심판 및 예외적인 행정심판전치주의(동법 제18조), (vii) 관할(동법 제9조) 등의 요건이 갖추어져야 한다.

사례에서 甲은 안산시장의 사업시행자 지정취소처분에 대해 취소소송을 제기하고 있는바, 위 처분은 도시계획사업의 사업시행자 지정을 취소하는 침해적 행정처분이고, 甲은 그 처분의 직접 상대방이므로 甲이 제기한 소송은 소송요건을 모두 구비하여 적법하다.

2. 소의 이유유무

(1) 문제점

사업시행자지정 취소처분의 절차적 위법성과 관련하여 당사자의 의견청취절차가 흠결된 채 처분이 이루어진 경우에 당해 처분이 위법하게 되는지, 만일 위법하다고 할 경우 그 위법성이 치유되지는 않았는지, 치유되지 않았다면 그 절차상 위법성이 독자적 위법사유가 되는 것인지, 독자적 위법사유가 된다면 그 위법성의 정도는 어떠한지가 문제된다.

또한 내용적 위법성과 관련하여서는 甲은 행정청의 처분을 신뢰하여 사업의 준비에 착수하였는바 甲의 이익이 침해되어 신뢰보호의 원칙에 위배되는지 여부가 문제된다.

(2) 절차상 위법성 유무

1) 청문 등의 흠결이 절차상 위법에 해당하는지 여부

① 판례

대법원은 청문제도는 행정처분의 사유에 대하여 당사자에게 변명과 유리한 자료를 제출할 기회를 부여함으로써 위법사유의 시정가능성을 고려하고 처분의 신중과 적정을 기하려는데 그 취지가 있음에 비추어 볼 때, 행정청이 침해적 행정처분을 함에 즈음하여 청문을 실시하지 않아도 되는 예외적인 경우에 해당하지 않는 한 반드시 청문을 실시하여야 하고, 그 절차를 결여한 처분은 위법한 처분으로서 취소사유에 해당한다(대판 2004.7.8, 2002두8350)고 판시한 바 있다.

② 사례의 경우

도시계획법 제78조, 제78조의2, 행정절차법 제22조 제1항 제1호, 제4항, 제21조 제4항에 의하면, 행정청이 도시계획법 제23조 제5항의 규정에 의한 사업시행자 지정처분을 취소하기 위해서는 청문을 실시하여야 하고, 다만 행정절차법 제22조 제4항, 제21조 제4항에 정한 예외사유에 해당하는 경우에 한하여 청문을 실시하지 아니할 수 있다.

사례에서 乙은 행정절차법에 규정된 예외사유에 해당하는 사정이 보이지 않음에도 불구하고, 甲에게 청문 등을 실시하지 않았는바, 乙의 처분에는 절차상의 위법성이 있다.

2) 하자의 치유 여부

① 하자치유의 개념 및 사유

행정행위의 하자치유란 성립 당시에 하자 있는 행정행위가 하자의 원인이 되었던 법적 요건을 사후에 보완하거나 그 하자가 취소원인이 될만한 가치를 상실한 경우에, 그 행위의 효력을 유지시키는 것을 말한다.

하자치유의 사유로 (ⅰ) 흠결된 요건의 사후보완, (ⅱ) 장기간 방치로 인한 법률관계의 확정, (ⅲ) 취소를 불허하는 공익상의 요구의 발생 등을 들 수 있다. 다만, 나머지는 취소의 제한사유로 봄이 타당한바, (ⅰ)만을 치유의 사유로 본다.

② 사례의 경우

사례에서 乙은 하자를 치유하기 위하여 청문 등을 실시하지 않았으므로 절차상 하자는 치유되지 않았다.

3) 절차상의 하자와 위법성의 정도

① 문제점

처분에 절차상의 하자만을 이유로 이를 취소하거나 무효확인하더라도 행정청으로서는 적법한 절차를 거쳐 동일한 처분을 행할 수 있다는 점에서 절차상의 하자를 독자적 위법사유로 인정하여 당해 처분을 취소하거나 무효확인하는 것이 행정경제에 반하는 것은 아닌지 문제된다.

② 절차상 하자의 독자적 위법성 인정여부

가. 학설

(가) 소극설

절차규정은 실체법적으로 적절한 행정결정을 하기 위한 수단인 점에 그 본질적 기능이 있고, 절차위반을 이유로 다시 처분하더라도 전과 동일한 처분을 하는 경우에는 행정경제 및 소송경제에 반하므로, 행정절차상의 하자만을 이유로 당해 행정행위를 무효 또는 취소할 수 없다고 보는 입장이다.

(나) 적극설

적정한 결정은 적정한 절차가 전제되어야 하고, 다시 처분하더라도 반드시 동일한 결론에 도달한다는 보장은 없으며, 절차적 요건의 의미를 살려야 하므로, 행정절차상의 하자 있는 행정행위는 그 자체만으로 독자적 위법사유가 된다는 견해이다.

나. 판례

과세표준과 세율, 세액, 세액산출근거 등의 필요한 사항을 납세자에게 서면으로 통지하도록 한 세법상의 제 규정들은 강행규정으로서 납세고지서에 그 기재가 누락되면 그 과세처분 자체가 위법한 처분이 되어 취소의 대상이 된다(대판 1984.5.9, 94누116)거나, 식품위생법 제64조, 같은 법 시행령 제37조 제1항 소정의 청문절차를 전혀 거치지 아니하거나 거쳤다 하더라도 그 절차적 요건을 제대로 준수하지 아니한 경우에는 가사 영업정지 사유가 인정된다 할지라도 그 처분은 위법하여 취소를 면할 수 없다(대판 1991.7.9, 91누971)고 판시한 바 있다.

다. 검토

행정소송법 제30조 제3항 규정이나 행정절차법은 강행규정임을 고려할 때 적극설이 타당하다. 따라서 청문 등 의견청취절차를 결한 행정행위는 실체적 하자 유무와 관계없이 그 자체 위법하다.

③ 위법성의 정도

가. 판단기준

행정행위의 효력을 판단하는 기준에 대해 학설은 당해 절차의 존재목적이 당사자의 권익보호를 위한 차원에서 인정되는 것이면 무효사유로 보고, 그 이외의 목적을 갖는 경우에는 취소사유로 보고 있으나, 판례는 일정하지 않다.

생각건대, 당해 행정행위의 위법성의 정도는 무효와 취소의 구별기준에 따라 판단하면 족하다고 본다.

나. 무효와 취소의 구별기준

무효와 취소의 구별기준에 관한 학설로는 (i) 중대설, (ii) 중대・명백설 (iii) 명백성보충요건설 등의 견해가 대립된다. 판례는 중대・명백설의 입장에서 판시하고 있다. 다만 대법원 판례 중 반대의견에서 명백성보충요건설을 취한 바 있다.

다. 검토

사례에서 중대・명백설에 의하면 甲이 청문 등 의견진술의 기회를 잃었다는 점은 그 하자가 중대하나, 청문을 인정할 것인지 여부가 일반인의 관점에서 객관적으로 명백하다고 볼 수 없다. 따라서 청문의 결여는 취소사유에 불과하다.

(3) 신뢰보호의 원칙 위배여부

1) 문제점

안산시장 乙은 사업시행자 지정처분을 하였다가 후에 취소처분하였는바, 이에 따라 사업시행자임을 신뢰하여 사업 준비 중이던 甲의 이익이 침해되어 신뢰보호의 원칙에 위배되는지 여부가 문제된다.

2) 신뢰보호의 원칙에 위배되는지 여부

① 신뢰보호원칙의 의의

신뢰보호의 원칙은 개인이 행정기관의 일정한 적극적·소극적 행위의 정당성 또는 존속성에 대하여 신뢰한 경우, 그 신뢰가 보호받을 가치가 있는 한, 그 신뢰를 보호해야 한다는 원칙이다.

② 신뢰보호의 근거

신뢰보호의 이론적 근거에 대하여 신의성실의 원칙에서 구하는 견해, 법적 안정성에서 구하는 견해, 기본권 또는 사회국가원리에서 찾는 견해 또는 여러 관점을 중첩적으로 적용하여 도출하는 견해 등이 있으나, 법적 안정성을 법치국가의 구성부분으로 보면서 신뢰보호의 원칙의 근거를 헌법에서 찾고 있는 견해가 타당하다.

또한 실정법적 근거는 행정절차법 제4조 제2항 및 국세기본법 제18조 제3항을 들 수 있다.

③ 신뢰보호의 요건

가. 일반적 요건

신뢰보호원칙에 의하여 보호받기 위해서는 (ⅰ) 행정기관의 선행행위, (ⅱ) 보호할만한 가치, (ⅲ) 신뢰에 따른 관계인의 처리, (ⅳ) 선행행위에 대한 신뢰와 관계인의 처리 사이의 인과관계, (ⅴ) 선행행위에 반하는 후행조치 등의 요건이 충족되어야 한다.

판례도 신뢰보호의 원칙이 적용되기 위하여는, 첫째 행정청이 개인에 대하여 신뢰의 대상이 되는 공적인 견해표명을 하여야 하고, 둘째 행정청의 견해표명이 정당하다고 신뢰한 데 대하여 그 개인에게 귀책사유가 없어야 하며, 셋째 그 개인이 그 견해표명을 신뢰하고 이에 따라 어떠한 행위를 하였어야 하며, 넷째 행정청이 위 견해표명에 반하는 처분을 함으로써 그 견해표명을 신뢰한 개인의 이익이 침해되는 결과가 초래되어야 한다고 판시하였다.

나. 사례의 경우

乙은 甲을 사업시행자로 지정하는 처분을 하였는바, 이는 공적인 견해표명으로 볼 수 있다. 또한 甲은 乙의 지정처분을 신뢰해 일정한 준비행위를 하였다는 점에서 선행조치에 대한 신뢰와 원고의 준비행위는 상당한 인과관계도 성립하고, 행정청의 선행조치에 반하는 취소처분으로 인해 사업의 준비에 소요된 비용 상당의 손해도 입은 것으로 보인다.

④ 신뢰보호의 한계

가. 문제점

甲의 신뢰는 보호요건을 모두 충족하나, 신뢰보호의 원칙은 공익상의 필요, 기득권보호, 법적 안정성 등을 비교형량하여 적용여부를 결정하여야 한다.

나. 판례

판례는 신뢰보호의 원칙이 적용되기 위한 요건을 충족하는 경우라 하더라도 행정청이 앞서 표명한 견해에 반하는 행정처분을 함으로써 달성하려는 공익이 행정청의 견해표명을 신뢰한 개인이 그 행정처분으로 인하여 입게 되는 이익의 침해를 정당화할 수 있을 정도로 강한 경우에는 신뢰보호의 원칙을 들어 그 행정처분이 위법하다고 할 수 없다고 판시하였다.

다. 사례의 경우

사례에서 안산시장 乙은 사정변경을 이유로 종전에 행했던 甲에 대한 사업자지정처분을 취소하고 있으나, 그 사정변경의 이유가 사안상 불분명하고, 그에 비해 甲이 입은 사업준비에 따른 손해는 상당하다고 보이는바, 甲의 신뢰가 우선하여 보호되어야 한다고 본다.

(4) 소결론

안산시장 乙은 청문 등 의견청취절차를 결여한 채 처분을 하였는바, 이는 절차상 위법사유에 해당하고, 그 하자가 치유된 사정도 보이지 아니하며, 독자적 위법성이 인정되므로 취소사유에 해당한다. 또한 甲의 신뢰는 보호되어야 하므로, 乙의 처분은 신뢰보호의 원칙에도 위배된다. 따라서 甲의 취소소송은 인용될 것이다.

Ⅲ. 직권취소의 직권취소가능성 [사례(2)의 해결]

1. 문제점

원직권취소의 위법성의 정도에 따라 직권취소의 직권취소의 가능성 여부가 결정되는바, 원직권취소의 위법성의 정도를 살펴볼 필요가 있다.

중대·명백설에 의하면 원직권취소는 절차상 하자나 신뢰보호의 원칙 위배는 그 하자가 중대하기는 하나 일반인의 관점에서 객관적으로 명백한지 여부가 불분명하므로 취소사유에 해당한다.

2. 원직권취소의 재직권취소가부

(1) 학설

(ⅰ) 법령에 명문규정이 없으면 취소에 의하여 소멸된 행위를 다시 소생시킬 수 없으므로 취소행위를 취소하여 원행정행위를 소생시키려면 원행정행위와 같은 내용의 행정행위를 다시 할 수 밖에 없다는 소극설, (ⅱ) 직권취소는 성질상 일반행정행위의 일종이므로 그에 흠이 있으면 행정행위에 대한 취소의 법리에 따라 취소할 수 있다는 적극설이 있다.

(2) 판례

(ⅰ) 행정행위의 취소처분의 위법이 중대하고 명백하여 당연무효이거나, 그 취소처분에 대하여 소원 또는 행정소송으로 다툴 수 있는 명문규정이 있는 경우는 별론, 행정행위의 취소처분의 취소에 의하여 이미 효력을 상실한 행정행위를 소생시킬 수 없고, 그러기 위하여는 원 행정행위와 동일내용의 행정행위를 다시 행할 수밖에 없다(대판 1979.5.8, 77누61)는 부정적인 판례와 (ⅱ) 광업권 허가에 대한 취소처분을 한 후에 새로운 이해관계인이 생기기 전에 취소처분을 취소하여 그 광업권의 회복을 시켰다면 모르되, 최소처분을 한 후에 제3자가 선출원을 적법히 함으로써 이해관계인이 생긴 이후에 취소처분을 취소하여 광업권을 복구시키는 조치는 제3자의 선출원 권리를 침해하는 위법한 처분이라고 하지 않을 수 없다(대판 1967.10.23, 67누126)는 긍정적인 판례가 있다.

(3) 검토

하자있는 취소의 취소가능성은 구체적인 사례에서 이익형량을 통하여 판단하는 것이 타당하다. 특히 원처분이 수익적인지 부담적인지 여부, 상대방의 기득권 내지 신뢰보호, 이해관계 있는 제3자의 권리보호, 법적 안정성, 법적 명확성, 합법성의 원칙, 행정경제 등이 고려되어야 한다.

(4) 소결론

사례에서 원처분인 사업시행자 지정처분은 이를 취소하는 처분과 비교하여 甲에게 수익적인 처분이다. 그리고 수익적 처분이 재취소에 의해 소생되기 전까지 이해관계 있는 제3자도 존재하지 않는다. 따라서 재취소에 의해 원처분인 사업시행자 지정처분을 소생시킬 수 있다고 본다.

Ⅳ. 사례의 해결

(1) 甲은 안산시장 乙의 사업시행자지정 취소처분에 대해 취소소송을 제기하고 있는데, 그 소송은 소송요건을 모두 구비하여 적법하고, 乙은 청문 등 의견진술의 기회를 부여하지 아니한 채 처분을 하였으므로 이는 절차상 하자에 해당한다. 그러나 이 하자가 치유된 사정은 보이지 아니하고, 독자적 위법성이 인정되며 그 정도는 취소사유이다.

(2) 또한 甲은 乙의 처분에 따라 사업의 준비를 하였는바, 이에 따른 甲의 신뢰는 보호되어야 하므로 乙의 취소처분은 신뢰보호의 원칙에도 위배된다. 따라서 甲의 소송은 인용될 것이다. 한편, 乙은 직권취소를 다시 직권취소하였는바, 원처분인 사

업시행자 지정처분은 甲에게 수익적인 처분이고 이익형량하여 甲의 이익이 우월하므로, 乙은 재직권취소하여 사업자지정처분을 다시 소생시킬 수 있다.

교/수/강/평

김 철 용 (건국대학교 법대 명예교수)

(1) 답안은 '하자의 치유 여부' 중 '위법성의 정도'에서 "청문을 인정할 것인지 여부가 일반인의 관점에서 객관적으로 명백하다고 볼 수 없다. 따라서 청문의 결여는 취소사유에 불과하다."라고 기술하고 있다. 여기서 말하는 '일반인의 관점'이 무엇을 말하는지가 분명하지 아니하나, '통상인의 평균적 인식능력을 기준'으로 판단한다고 보면, 청문을 완전히 결여한 것이 명백하지 아니하다고 단정할 수 있을 것인지 문제이다. 왜냐 하면, 행정절차법이 불이익처분에는 청문을 하여야 한다고 규정하고 개별법에서 불이익처분에는 청문을 거치도록 빠짐없이 규정하고 있으며, 학자들 중에는 청문의 완전한 결여는 무효사유로 보아야 한다는 견해를 표명하고 있기 때문이다. 또한 최근의 판례도 명백성 여부에 대하여 유연한 태도를 취하고 있음도 고려되어야 한다.

(2) '직권취소의 직권취소 가능성'의 문제는 "직권취소의 직권취소의 직권취소도 가능하냐"를 시야에 넣어 적극설과 소극설을 검토하여야 한다.

(3) 답안에는 침해적 (처분)과 부담적 (처분)을 동일한 개념으로 사용하고 있다. 강평자는 양자를 구별하고 있다(강평자의 行政法 I, 225쪽 주 1 참조). 통일하여 답안을 작성하는 좋겠다.

기 출

신뢰보호의 원칙, 이유부기, 절차상 하자

제55회 행정고시 일반행정직 수석 합격 이 영 희

행시 제56회(12년)

甲은 乙로부터 면적 300㎡인 토지에 건축면적 100㎡인 가옥과 담장을 1980. 12. 31일자로 매수하여 등기한 후 소유하고 있었다. 甲은 그 동안 해당 부동산에 대한 세금을 성실히 납부하였다. 그러나 토지가 소재하고 있는 지방자치단체 A市는 2012. 6. 1일자로 甲에게 도로를 침범하고 있는 담장을 철거하라는 통지서를 발부하였다. 철거통지서에는 甲이 점유하고 있는 토지의 30㎡는 A市소유의 도로로 현재 甲은 이를 불법점유하고 있으므로 2012. 7. 31일까지 위 담장을 철거하라고 기재되어 있었다. (총 40점)

(1) 甲은 아무런 하자 없이 乙로부터 토지와 가옥을 매수하여 소유권이전등기를 마쳐 평온히 소유하여 왔으나, 30여년이 지난 시점에서 A市는 토지의 일부가 A市소유의 도로인 토지라고 주장하고 있다. 甲은 어떻게 항변할 수 있겠는가? (15점)
(2) A市는 담장의 철거를 강제집행할 수 있겠는가? (10점)
(3) 철거통지서에는 철거 이유에 대한 구체적인 적시 없이 불법점유 상태이므로 철거하라고만 기재되어 있었다면, 甲은 이를 근거로 위 철거명령의 취소를 주장할 수 있겠는가? (15점)

C/O/N/T/E/N/T/S

Ⅰ. 논점의 정리

(1) 설문(1)에서 甲은 A시의 토지에 대해 시효취득을 주장할 수 있는지, 신뢰보호원칙의 적용을 주장할 수 있는지 여부를 검토한다.

(2) 설문(2)에서 행정상 강제집행의 종류에 대해 살펴보고, 담장의 철거가 대체적 작위의무에 해당하는지 여부를 판단하여 대집행이 가능한지와 대집행이 불가능한 경우 직접강제는 가능한지 논의한다.

(3) 설문(3)에서 철거명령처분이 행정절차법 제23조(이유부기)를 위반하여 하자가 인정되는지와 절차상하자가 독자적 위법사유가 되는지를 바탕으로 甲이 철거명령의 취소를 주장할 수 있는지를 검토한다.

Ⅱ. 설문 (1)의 해결

1. 문제점

甲은 아무런 하자 없이 토지와 가옥을 매수하고 소유권이전등기를 마쳐 평온히 30여년을 소유하여 온 바, 일반적인 경우 시효취득을 주장할 수 있다. 그러나 사안의 경우 당해 도로는 공유공물로서 공유재산 및 물품관리법 제6조 제2항에서 행정재산은 민법 제245조에도 불구하고 시효취득의 대상이 되지 아니한다고 규정하고 있으므로 시효취득을 주장할 수 없다. 다만, 甲은 해당 부동산에 대하여 소유권 등기를 하였고, 그 동안 성실히 세금을 납부해 온바, A시도 지난 30년간 甲이 해당 부동산을 점유해왔음을 알고 있다고 볼 수 있는 여지가 있으므로 신뢰보호원칙 적용 여부를 고려할 수 있다.

2. 甲이 신뢰보호원칙의 적용을 주장할 수 있는지

(1) 신뢰보호원칙의 의의

신뢰보호원칙이란 행정기관의 적극적 또는 소극적 행위의 정당성 또는 존속성에 대한 개인의 보호가치 있는 신뢰는 보호해주어야 한다는 원칙을 의미한다.

(2) 요건

신뢰보호원칙이 적용되려면 ① 행정청의 선행조치, ② 보호가치 있는 신뢰, ③ 상대방의 조치, ④ 인과관계, ⑤ 선행조치에 반하는 행정작용이 요구된다.

이때 행정청의 선행조치에 대하여 학설은 법령・규칙・처분 등 모든 행정작용이 해당하며 명시적・적극적 언동뿐만 아니라 묵시적・소극적 언동도 해당한다고 보고 있으나, 판례는 행정기관의 공적 견해표명으로 제한하고 있다.

(3) 한계

요건이 충족되더라도 관계인의 신뢰보호에는 사정변경, 법률적합성 원칙과의 관계, 제3자 등과의 이익형량 등에 의하여 적용상 일정한 한계가 존재한다.

(4) 사안의 경우

사안에서 A시는 甲이 매수하여 점유하여 온 토지 300㎡에 대하여 소유권 이전등기를 해주었고, 지난 30여년 동안 해당 토지에 대해 세금을 부과해 온 바, 선행조치가 있었다고 인정할 수 있다. 또한 甲에게는 귀책사유가 있었다고 볼 만한 여지가 없고, 甲은 A시의 선행조치를 신뢰하여 해당 토지에 가옥과 담장을 건축하는등 일정한 조치를 하였으며, 둘 사이에는 인과관계가 인정된다. 또한 선행조치에 반하여 A시는 30㎡ 토지에 대하여 반환을 요구하고 있으므로 신뢰보호원칙의 요건을 모두 충족한다. 나아가 甲의 신뢰를 보호해주어야 할 사익상의 요청이 30㎡ 토지를 반환받아야 할 공익상의 요청보다 크다고 보이는 등 한계에 해당하지 않는다.

3. 소 결

甲은 A시의 담장 철거명령에 대하여 시효취득을 주장할 수는 없지만, 신뢰보호원칙을 근거로 항변할 수 있다.

Ⅲ. 설문 (2)의 해결

1. 행정상 강제집행의 의의 및 종류

행정상 강제집행이란, 행정법상의 의무불이행에 대해 행정청이 장래를 향해 강제적으로 의무자로 하여금 의무를 이행시키거나 이행된 것과 같은 상태를 실현하는 작용이다. 강제집행에는 대집행, 이행강제금, 직접강제, 강제징수 등이 있다.

2. 문제점

행정상 강제집행은 상대방인 국민의 기본권을 제한하는 측면이 강하므로 법률유보범위에 관한 어느 학설에 따르더라도 법적 근거가 필요하다. 사안에서 강제징수는 해당사항이 없고, 이행강제금과 직접강제는 개별법적 근거가 존재하지 않는다. 따라서 공유재산 및 물품관리법 제83조와 행정대집행법을 근거로 하여 대집행이 가능한지 여부만이 논의의 대상이 된다.

3. 대집행이 가능한지

(1) 대집행의 의의 및 절차

행정대집행은 대체적 작위의무를 의무자가 이행하지 아니한 경우에 당해 행정청이 의무자가 행할 작위의무를 스스로 행하거나 또는 제3자로 하여금 이를 행하게 하고, 그 의무자로부터 비용을 징수하는 행정상의 강제집행수단이다. 대집행은 계고-통지-실행-비용징수의 절차를 거친다.

(2) 요건

① 대체적 작위의무의 불이행이 있어야 하고, ② 다른 수단에 의한 이행확보가 곤란해야 하며, ③ 그 불이행의 방치가 심히 공익을 해하는 것이어야 한다.

(3) 사안의 경우

사안에서 다른 요건은 모두 충족했다고 전제하더라도 담장 철거의무가 대체적 작위의무인지가 문제된다. 판례는 매점 퇴거 명령은 그 목적이 점유자가 설치한 불법 시설물을 철거하고자 하는 것이 아니라 매점에 대한 점유자의 점유를 배제하고 점유이전을 받는 데 있다고 보면서 매점점유이전의무는 비대체적의무이므로 대집행의 대상이 되지 아니한다고 판시한 바 있다.

판례의 취지에 따르면 A시가 담장의 철거를 명하는 것은 단순히 담장을 철거하고자 하는 것이 아니라 담장이 설치된 토지에 대한 甲의 점유를 배제하고 점유이전을 받는데 있다고 볼 수 있으므로 토지점유이전의무는 비대체적의무로서 대집행의 대상이 되지 않는다고 봄이 타당하다.

4. 소 결

A시는 담장의 철거를 강제집행 할 수 없다.

Ⅳ. 설문 (3)의 해결

1. 문제점

A시는 철거 통지서에 철거 이유에 대한 구체적인 적시 없이 불법점유 상태라고만 기재하였으므로 행정절차법 제23조의 이유부기에 하자가 있어 위법한 것은 아닌지 논의가 필요하다.

2. 이유부기에 하자가 존재하는지

(1) 이유부기의 의의 및 기능

이유부기란, 처분의 근거가 된 법적·사실적 사유를 처분시에 구체적으로 명시하게 하는 것으로서 행정의 자기통제기능 및 국민의 권리구제 기능을 수행한다.

(2) 이유부기의 대상 및 시기, 방법

이유부기는 모든 행정행위가 대상이 된다. 다만, 행정절차법 제23조 제1항에 제외사유가 존재하나 사안의 경우는 해당사항이 없다. 또한 이유부기는 처분시에 문서로서 해야 한다.

(3) 이유부기의 정도

이유부기는 법적 근거 및 사실적 사유를 구체적으로 명시하여야 한다. 법적 근거로는 처분의 근거가 된 구체적 근거법령 및 개별조항, 부관 등이 명시되어야 하며, 사실적 사유로는 사실의 확정 및 그 사실이 법령에 해당하는지의 여부를 포섭하는 과정이 제시되어야 한다.

(4) 사안의 경우

사안의 경우 행정절차법 제23조에 따라 철거통지서에 구체적인 법적 근거 및 사실적 사유를 적시하여야함에도 불구하고 이러한 적시 없이 단순히 불법점유 상태이므로 철거하라고만 기재되었다면 이유부기의 하자가 인정된다.

3. 절차상 하자의 독자적 위법성 인정여부

(1) 서

이유부기의 하자는 절차상 하자이므로 사안의 경우와 같이 다른 위법사유 없이 절차상 하자만으로 처분의 위법성을 인정할 수 있는지가 문제된다.

(2) 학설 및 판례

1) 긍정설

이 견해는 행정의 법률적합성 원칙 존중, 상대방의 절차적 권리 보호 등을 근거로 절차상 하자의 독자적 위법 사유를 긍정한다.

2) 부정설

이 견해는 절차규정은 내용상 적정한 행정결정을 확보하기 위한 수단에 불과하다는 점, 절차상 하자만으로 취소판결을 내리면 동일한 처분이 반복되어 행정경제에 반한다는 점 등을 근거로 절차상의 하자만으로 위법 사유가 되지 않는다고 본다.

3) 판례

판례는 이유부기의 하자만을 이유로 행정행위의 취소를 구할 수 있다고 판시하여 절차상 하자를 행정행위의 독자적 위법사유로 보고 있다.

(3) 검토

생각건대 행정절차법은 강행규정이라는 점, 행정소송법 제30조 제3항에서 취소소송의 판결의 기속력과 관련하여 "신청에 따른 처분이 절차의 위법을 이유로 취소되는 경우"를 규정하고 있다는 점 등을 고려할 때 긍정설과 판례의 견해가 타당하다.

4. 사안의 경우

甲은 철거 명령이 이유부기의 하자가 있어 위법하므로 당해 처분의 취소를 주장할 수 있다.

Ⅴ. 사안의 해결

(1) 설문 (1)에서 甲은 공유재산 및 물품관리법 제6조에 따라 시효취득은 주장할 수 없으나 행정법의 일반원칙 중 신뢰보호원칙의 적용을 주장하며 A시의 주장에 항변할 수 있다.

(2) 설문 (2)에서 A시가 고려할 수 있는 강제집행으로는 공유재산 및 물품관리법 제83조 및 행정대집행법상 근거가 있는 대집행이 있다. 그러나 담장의 철거를 명하는 A시의 주된 목적은 당해 토지의 점유이전에 있고, 토지의 점유이전의무는 비대체적의무이므로 대집행의 대상이 되지 않는다. 따라서 A시는 강제 집행을 할 수 없다.

(3) 설문 (3)에서 A시가 한 철거명령은 이유부기의 하자가 있어 위법하므로 甲은 이를 근거로 철거명령의 취소를 주장할 수 있다.

교/수/강/평

김 향 기 (성신여자대학교 법대 교수)

1. 설문 (1)의 경우

甲은 A시 소유권을 부인해야 하는 문제이므로, 1. 문제점, 2. 도로의 법적 성질, 3. 행정재산의 시효취득 가능성, 4. 행정재산의 묵시적 공용폐지와 신뢰보호, 5. 설문의 해결의 순서로 검토함이 바람직하다. 2에서 도로가 공공용물인 공물로서 국유재산법과 공유재산및물품관리법상 행정재산이라는 점을 밝히고, 3에서 공공용물인 행정재산의 취득시효의 여부에 대하여 부정설과 긍정설이 나뉘는데 위 법률에서 각각 행정재산의 시효취득을 금지하고 있다는 점을 지적한다. 4의 경우, 행정재산인 공공용물은 형태적 요소의 소멸과 공용폐지의 의사적 요소로 소멸하여 일반재산으로 취급될 수 있고, 이 경우에는 시효취득이 가능하다는 점을 지적한다. 의사적 요소는 명시적 의사표시여야 하는지 묵시적으로도 가능한지에 대하여 견해가 나뉘고 있으나, 전자의 입장에서도 예외적으로 주위의 사정으로 보아 객관적으로 공용폐지의 의사의 존재를 추측할 수 있는 경우에는 공용폐지행위가 있는 것으로 본다. 甲은 해당 토지의 담장을 포함하여 매수·등기하여 30여년간 소유하여 왔다면 공공용물인 도로로서의 형태적 요소는 소멸되었다고 볼 여지가 있고, 또한 A시가 30여년간 담장의 철거를 요구하지 아니하고 해당 토지에 대한 세금을 받아왔다면 묵시적인 공용폐지로 볼 여지가 있다. 그럼에도 불구하고 이제 와서 소유권을 주장하는 것은 신뢰보호원칙에 반하는 문제는 없는지 문제되는바, 신뢰보호원칙의 요건과 한계를 검토하여 관계법에 따라 A시의 소유로 할 공익과 甲의 신뢰보호라는 사익과의 구체적인 비교교량하여 볼 때 甲의 신뢰보호의 이익이 더 크다는 점을 주장할 수 있다. 결국 A시는 신뢰보호원칙상 자기 소유토지라고 주장할 수 없고 甲은 묵시적 공용폐지로 행정재산인 도로가 일반재산으로 되었다고 하여 시효취득을 주장할 수 있다.

2. 설문 (2)의 경우

모범답안 '1. 행정상 강제집행의 의의 및 종류'는 삭제하고 '1. 문제점'에서 언급하면 될 것이고, '2. 대집행의 의의와 요건' 및 '3. 설문의 해결'의 순서로 검토하면 된다. 사안을 보면 토지의 인도의무를 부과하는 것이 아니고 담장의 철거를 명하는 것인데, 담장철거명령은 대체적 작위의무의 이행을 명하는 것이므로 그 성질상 행정상 강제집행의 종류 중 대집행과 직접강제가 논의될 수 있으나, 직접강제는 관계법령에 근거가 없고 대집행의 경우 도로법 제43조 제3항에 '도로의 원상회복의무이행을 하지 아니하면 대집행을 통하여 원상회복할 수 있다'는 규정에 근거하여 논의될 수 있다는 점을 지적하면 될 것이다. 그리고 '3. 설문의 해결'에서 위 법적 근거와 대집행의 요건인 대체적 작위의무불이행의 여부 등을 검토하여 그 가능성을 지적하면 된다.

3. 설문 (3)의 경우

행정절차법 제23조는 '이유부기'가 아니라 '처분의 이유제시'이라고 규정한 바, 따라서 검토순서는 1. 문제점, 2. 처분의 이유제시의 충족여부, 3. 절차하자의 독자적 위법여부, 4. 설문의 해결의 순서로 검토함이 바람직하다. 이유제시의 정도에서 이는 당해 처분의 성질과 이유제시의 취지에 따라 개별적·구체적으로 판단해야 할 것이나, 일반적으로 당사자가 그 근거를 알 수 있을 정도로 상당한 이유여야 하며, 당사자가 충분히 납득할 수 있을 정도로 구체적이고 명확하게 하여야 한다는 점(대판 2002.5.17. 2000두8912, 토지형질변경불허가처분취소)을 지적할 필요가 있다. 3.의 경우 개별적 검토설의 입장도 있음을 지적하고, 재량행위인 경우에는 긍정설이 타당하나 기속행위인 경우에는 실체적 요건이 충족되어 있는 한 절차하자를 시정하여 적법한 절차를 거쳐 다시 처분을 하여도 결국 또 다시 동일한 처분을 하게 될 법적 기속을 받을 것이라는 점도 지적할 필요가 있다.

절차의 하자 등에 관한 권리구제

제50회 사법시험 합격 한 웅 희

K시장은 국토의 계획 및 이용에 관한 법률에 의거하여 甲 소유의 토지를 관통하여 도로를 설치하는 것 등을 내용으로 하는 도시관리계획안을 입안하였다. 이를 입안하면서 K시장은 K시를 주된 보급지역으로 하는 2 이상의 일간신문과 K시의 인터넷 홈페이지에 도로에 관한 내용을 다음과 같이 공고하였다.

'중로 132개 노선, 연장 85,563m, 면적 1,484,815㎡', '소로 1611노선, 연장 338,069m, 면적 2,663,676㎡', '합계 1743개 노선, 연장 423,632m, 면적 4,148,491㎡'

이후 K시장은 도시관리계획안의 내용을 읍·면·동사무소 게시판에 게시하고 도시관리계획구역 내 일부 가구에 배부 등의 조치를 하였다. 국토 해양부 장관은 국토의 계획 및 이용에 관한 법률에 의해 관할 도지사를 거친 K시장의 신청에 의하여, K시의회의 의견을 듣고 중앙도시계획위원회의 의결을 거쳐, K시장이 입안한 대로 도시관리계획결정을 하였다.

(1) 사안의 도시관리계획결정은 절차법적으로 위법한가?(20점)

(2) 甲은 도시관리계획결정에 대해 국가배상을 청구하였다. 사안의 도시관리계획결정이 절차법적으로 위법하다고 볼 경우 국가배상청구는 인용될 수 있는가?(20점)

(3) 甲이 도시관리계획결정에 대해 취소 소송을 제기 하였는데, 법원은 직권으로 K시장에 대하여 입안과정에서의 기초조사에 대한 자료 제출을 명하였다. 법원은 그에 대한 자료 제출이 없다는 이유로 K시장의 도시관리계획결정이 기초조사의 흠결로 위법하다고 판단하였다. 甲이 그러한 주장을 하지 아니한 경우, 법원의 이러한 판단에 대해 평가하시오.(10점)

참·조·조·문

국토의 계획 및 이용에 관한 법률

제13조 (광역도시계획의 수립을 위한 기초조사) ① 국토해양부장관, 시·도지사, 시장 또는 군수는

광역도시계획을 수립하거나 변경하려면 미리 인구, 경제, 사회, 문화, 토지 이용, 환경, 교통, 주택, 그 밖에 대통령령으로 정하는 사항 중 그 광역도시계획의 수립 또는 변경에 필요한 사항을 대통령령으로 정하는 바에 따라 조사하거나 측량하여야 한다.

제27조 (도시관리계획의 입안을 위한 기초조사 등) ① 도시관리계획을 입안하는 경우에는 제13조를 준용한다.

제28조 (주민과 지방의회의 의견 청취) ① 국토해양부장관, 시・도지사, 시장 또는 군수는 제25조에 따라 도시관리계획을 입안할 때에는 주민의 의견을 들어야 하며, 그 의견이 타당하다고 인정되면 도시관리계획안에 반영하여야 한다.

④ 제1항에 따른 주민의 의견 청취에 필요한 사항은 대통령령으로 정하는 기준에 따라 해당 지방자치단체의 조례로 정한다.

⑤ 국토해양부장관, 시・도지사, 시장 또는 군수는 도시관리계획을 입안하려면 대통령령으로 정하는 사항에 대하여 해당 지방의회의 의견을 들어야 한다.

국토의 계획 및 이용에 관한 법률 시행령

제22조 (주민 및 지방의회의 의견청취) ②특별시장·광역시장·시장 또는 군수는 법 제28조제4항의 규정에 의하여 도시관리계획의 입안에 관하여 주민의 의견을 청취하고자 하는 때〔법 제28조제2항에 따라 국토해양부장관(법 제40조에 따른 수산자원보호구역의 경우 농림수산식품부장관을 말한다. 이하 이 조에서 같다) 또는 도지사로부터 송부받은 도시관리계획안에 대하여 주민의 의견을 청취하고자 하는 때를 포함한다〕에는 도시관리계획안의 주요내용을 당해 특별시·광역시·시 또는 군의 지역을 주된 보급지역으로 하는 2 이상의 일간신문과 당해 특별시·광역시·시 또는 군의 인터넷 홈페이지 등에 공고하고 도시관리계획안을 14일 이상 일반이 열람할 수 있도록 하여야 한다.

③ 제2항의 규정에 의하여 공고된 도시관리계획안의 내용에 대하여 의견이 있는 자는 열람기간내에 특별시장·광역시장·시장 또는 군수에게 의견서를 제출할 수 있다.

④ 국토해양부장관, 시·도지사, 시장 또는 군수는 제3항의 규정에 의하여 제출된 의견을 도시관리계획안에 반영할 것인지 여부를 검토하여 그 결과를 열람기간이 종료된 날부터 60일 이내에 당해 의견을 제출한 자에게 통보하여야 한다.

⑤ 국토해양부장관, 시·도지사, 시장 또는 군수는 제3항의 규정에 의하여 제출된 의견을 도시관리계획안에 반영하고자 하는 경우 그 내용이 해당 특별시·광역시·시 또는 군의 도시계획조례가 정하는 중요한 사항인 때에는 그 내용을 다시 공고·열람하게 하여 주민의 의견을 들어야 한다.

⑥ 제2항 내지 제4항의 규정은 제5항의 규정에 의한 재공고·열람에 관하여 이를 준용한다.

제23조(도시관리계획결정의 신청) 시장 또는 군수(법 제29조 제2 항제2호부터 제4호까지의 어느 하나에 해당하는 도시관리계획의 결정을 신청하는 경우에는 시·도지사를 포함한다)는 법 제29조제1항에 따라 도시관리계획결정을 신청하려면 법 제25조 제2항에 따른 도시관리계획도서 및 계획설명서에 다음 각 호의 서류를 첨부하여 도지사(법 제29조 제2항 제2호 또는 제3호에 해당하는 도시관리계획의 결정을 신청하는 경우에는 국토해양부장관을 말하며, 법 제29조 제2항 제4호에 해당하는 도시관리계획의 결정을 신청하는 경우에는 농림수산식품부장관을 말한다)에게 제출하여야 한다. 다만, 시장 또는 군수가 국토해양부장관 또는 농림수산식품부장관에게 도시관리계획의 결정을 신청하는 경우에는 도지사를 거쳐야 한다.

1. 법 제28조제1항의 규정에 의한 주민의 의견청취 결과

C/O/N/T/E/N/T/S

Ⅰ. 설문 (1)의 해결

1. 문제의 소재

행정절차에 관하여 사안의 국토의 계획 및 이용에 관한 법률 및 국토의 계획 및 이용에 관한 법률 시행령은 행정 절차법에 우선하여 적용된다(행정절차법 제 3조). K시장의 공고가 국토의 계획 및 이용에 관한 법률 시행령이 요구하는 공고의 절차를 거친 것으로 평가되는지, 만약 그러하지 않다면 게시 등의 조치로 인해 절차상의 하자가 치유된 것으로 볼 수 있는지 문제된다.

2. K시장이 적법한 공고를 하였는지

(1) 국토의 계획 및 이용에 관한 법률 시행령상의 공고 및 공람의 취지

행정 절차는 국민의 행정참여를 도모함으로써 행정의 공정성·투명성 및 신뢰성을 확보하고 국민의 권익을 보호함을 목적으로 한다(행정절차법 제1조). 마찬가지로 국토의 계획 및 이용에 관한 법률 시행령 제22조에서 공고의 절차를 두고 있는 취지는 다수 이해관계자의 이익을 합리적으로 조정하여 국민의 권리 및 자유에 대한 부당한 침해를 방지하고 행정의 민주화와 신뢰를 확보하기 위하여 국민의 의사를 그 과정에 반영시키는데 있는 것이다. 즉 시행령상의 공고는 국토의 계획 및 이용에 관한 법률상의 의견 청취의 실효성을 확보하기 위해 존재한다. 판례 역시 유사한 사실관계 하에서 동일하게 판단한 바 있다(대판 1988. 5. 24. 87누388).

(2) 행정계획에서 절차적 적법성의 중요성

행정계획이라 함은 행정에 관한 전문적·기술적 판단을 기초로 하여 도시의 건설·정비·개량 등과 같은 특정한 행정목표를 달성하기 위하여 서로 관련되는 행정수단을 종합·조정함으로써 장래의 일정한 시점에 있어서 일정한 질서를 실현하기 위한 활동기준으로 설정된 것이다(대판 1996. 11. 29. 96누8567). 사안의 도시관리계획결정은 행정계획에 해당한다.

행정계획은 그 영향력이 광범위하므로 타 행정작용보다 다수 이해관계인의 참여하에 수립되는 바, 그 성격상 내용에 대한 사법적 통제가 상대적으로 어렵다. 그래서 그에 대한 사전적 권리구제수단으로서 절차적 통제가 중요하다.

(3) 검토

자신의 토지가 도로에 편입되는 甲의 입장에서는 국토의 계획 및 이용에 관한 법률 시행령 제22조 제3항의 의견 제출이 적절하게 이루어지는 것이 가장 실질적인 사전적 구제수단이 된다. 그런데 사안처럼 공고가 전체적으로만 표시되어 개별 도로의 신설·변경 여부나 그 위치·면적 등과 같은 최소한의 기본적인 사항을 밝히지 아니한 경우, 甲은 자신의 토지가 도로로 편입되는 것을 모르게 되어 이러한 의견제출을 할 수 없게 된다. 결과적으로 K시장이 도시관리계획의 결정 신청을 할 경우, 국토의 계획 및 이용에 관한 법률 시행령 제23조 제1호에 의해 첨부되어야할 甲의 의견요지도 누락되는 것이다. 결국 앞서본 공고 절차의 취지 등을 고려할 때 K시장의 공고는 형식상으로는 이루어졌지만 실질적으로는 이루어지지 않은 것이다.

3. 하자의 정도

무효와 취소의 구별에 대해 중대 명백설, 조사 의무설, 명백성 보충설, 구체적 가치형량설 등이 대립하나 판례는 중대 명백설에 의하고 있다. K시장은 일단 일간 신문과 인터넷 홈페이지에 공고하였다. 그러므로 중대 명백설에 의할 때 동 하자를 명백하다고 평가하기는 어려워서 단지 취소사유에 불과하다 할 것이다.

4. 하자의 치유 여부

(1) 의의 및 인부

하자 있는 행정행위의 치유라 함은 행정행위가 성립 당시에는 취소의 정도의 하자가 있었으나 사후에 요건이 보완되거나 기타 사유로 취소할 필요가 없는 것으로 인정되는 경우에 그의 성립 당시의 하자에도 불구하고 그 행정행위의 효력을 유지시킴을 의미한다. 하자의 치유는 행정행위의 성질이나 법치주의의 관점에서 원칙적으로 허용될 수 없고, 행정행위의 무용한 반복을 피하고 당사자의 법적 안정성을 보호하기 위하여 국민의 권익을 침해하지 아니하는 범위 내에서 예외적으로만 허용된다(대판 2001. 6. 26. 99두11592).

(2) **사안의 경우**

사전에 의견을 전혀 제출하지 못한 甲의 사전 권리구제를 고려할 때 사안의 절차상의 하자를 취소사유로 평가되지만, 아무런 제한 없이 하자의 치유를 인정할 만큼 하자가 경미하다고는 보이지 않는다. 문제는 K시장의 읍·면·동사무소 게시판에 게시 및 일부 가구에 배부 등의 조치로 인해 하자가 치유된 것으로 평가할 수 있는지이다. 그러나 이 역시 소극적으로 새김이 타당하다. 그러한 조치들로 인해 도시계획안의 내용이 공고와 마찬가지로 주민들에게 도달될 수 있는 것은 아니어서 甲의 권익을 침해하지 않는 범위 내로 평가되지 않기 때문이다. 판례 역시 유사한 사실관계 하에서 동일하게 판단한 바 있다(대판 1988. 5. 24. 87누388).

5. 사안의 해결

K시장의 공고는 국토의 계획 및 이용에 관한 법률 시행령이 요구하는 정도의 공고절차를 거치지 못한 것으로 평가되기 때문에 결국 사안의 도시관리계획 결정은 절차법적으로 위법하다. 그 하자의 정도는 취소 사유이며, 하자의 치유는 인정되지 않는다.

Ⅱ. 설문(2)의 해결

1. 문제의 소재

도시관리계획결정의 취소가 행정 계획의 특수성, 사정판결 가능성 등으로 어려울 수 있다. 그렇다면 甲에게는 국가 배상 청구가 사후적인 구제수단으로 유용할 수 있는 바, 설문 1에서 검토한 바와 같이 사안의 도시관리계획결정이 절차법적으로 위법하다고 볼 경우, 바로 국가배상에서의 위법성이 인정되는지 문제된다. 국가배상의 다른 요건을 검토한 후 위법성 요건을 검토하기로 한다.

2. 국가배상청구의 요건

(1) **의의**

공무원이 직무를 집행하면서 고의 또는 과실로 법령을 위반하여 타인에게 손해를 입힌 경우 국가 배상 책임이 성립한다(국가배상법 제2조 제1항). 여기서의 공무원은 최광의의 의미로 파악되고, 직무관련성은 광의설을 취하는 것으로 해석되며, 과실은 당해 직무를 담당하는 평균인이 통상 갖추어야 할 주의의무를 게을리 한 것을 의미한다(대판 1987.9.22. 87다카1164).

(2) 사안의 경우

K시장은 공무원에 해당하고, 직무관련성 및 과실 역시 인정되는 것으로 보인다. 甲에게는 의견제출 기회 상실이라는 손해가 있었으므로 위법성 외의 모든 요건은 충족된 것으로 보인다.

3. 국가배상소송에서의 위법성의 본질

(1) 학설의 대립

① 국가배상소송에서의 위법의 개념에 대해 행위불법설은 국가배상제도의 본질을 적법한 행정권행사의 담보라고 하는 손해배상의 행정통제기능을 강조한다. 이에 의하면 절차상 하자 있는 처분의 경우 국가배상에서의 위법성도 긍정된다.

② 주관적인 개인의 손해전보라고 하는 권익구제기능을 강조하는 국가배상에서의 위법성에 관한 결과불법설의 입장에서는 가해행위의 위법뿐 아니라 위법한 손해발생을 요구하게 되므로 통상 절차상의 하자만으로는 손해가 발생하였다고 볼 수 없기 때문에 국가배상에서의 위법성이 부정될 것이다.

③ 상대적 위법성설은 국가배상에서의 위법성은 행위자체의 적법·위법 뿐 아니라 피침해이익의 성격과 침해의 정도 및 가해행위의 형태 등을 종합적으로 고려하여 행위가 객관적으로 정당성을 결한 경우를 의미한다고 보는 견해이다. 이에 의하면 절차상 위법이 곧바로 국가배상에서의 위법을 의미하지는 않는다.

(2) 판례

대법원은 "금치처분이 행형법시행령 제144조의 규정에 반하는 것으로서 절차적인 면에서 위법하다고 하더라도, 교도소장이 아닌 일반교도관 또는 중간관리자에 의하여 징벌내용이 고지되었다는 사유에 의하여 당해 징벌처분이 위법하다는 이유로 공무원의 고의·과실로 인한 국가배상책임을 인정하기 위하여는 제반 사정을 종합적으로 고려하여 징벌처분이 객관적 정당성을 상실하고 이로 인하여 손해의 전보책임을 국가에게 부담시켜야 할 실질적인 이유가 있다고 인정되어야 할 것이다"라고 판시한다(대판 2004. 12. 9. 2003다50184).

이러한 태도는 상대적 위법성설을 취한 것으로 해석함이 일반적이다.

(3) 검토 및 사안의 경우

생각건대, 일반인의 법감정의 관점이나 국가배상제도의 행정통제의 측면에서 위법성을 일원적으로 파악하는 것이 타당하다. 사안의 도시관리계획결정은 절차법적으로 위법하므로 국가배상의 측면에서도 위법하다고 평가된다.

4. 사안의 해결

甲의 국가배상청구는 인용된다. 국가배상법 제2조 제1항의 요건을 모두 구비하였기 때문이다. 위법성의 경우 이설이 있으나 법질서의 일체성을 고려한 협의의 행위불법설에 의할 때 절차적으로 위법한 도시관리계획결정을 국가배상의 측면에서는 적법한 것으로 볼 수는 없다.

Ⅲ. 설문 (3)의 해결

1. 문제의 소재

행정소송법 제26조에 의하면 법원은 필요하다고 인정할 때에는 직권으로 증거조사를 할 수 있고, 당사자가 주장하지 아니한 사실에 대하여도 판단할 수 있다. 동 규정의 해석과 관련하여 취소소송의 심리에서는 어느 범위까지 법원이 직권으로 당사자가 주장하지 아니한 사실을 판단할 수 있는지 문제 된다.

2. 취소소송 심리의 원칙

(1) 학설

① 변론주의 보충설은 당사자가 주장하는 사실에 대한 당사자의 입증활동이 불충분하여 심증을 얻기 어려운 경우, 당사자의 증거신청에 의하지 아니하고 직권으로 증거를 조사할 수 있다는 규정으로 이해한다.

② 직권탐지주의설은 당사자가 주장한 사실에 대하여 보충적으로 증거조사를 할 수 있을 뿐 만 아니라 당사자가 주장하지 않은 사실에 대하여도 직권으로 이를 탐지하여 재판의 자료로 삼을 수 있다는 의미의 규정으로 이해한다.

(2) 판례

'행정소송법 제26조는 행정소송의 특수성에 연유하는 당사자주의, 변론주의에 대한 일부 예외 규정일 뿐 법원이 아무런 제한 없이 당사자가 주장하지 아니한 사실을 판단할 수 있는 것은 아니고, 일건 기록에 현출되어 있는 사항에 관하여서만 직권으로 증거조사를 하고 이를 기초로 하여 판단할 수 있을 따름이다'라고 판시하여 변론주의보충설을 취하고 있다(대판 1994.10.11. 94누4820).

(3) 검토

행정소송법 제26조의 문언, 법원의 심리 부담, 소송 당사자 간의 무기 평등 등을 고려할 때 변론주의 보충설이 타당하다.

3. 법원의 판단에 대한 평가

(1) 변론주의 원칙 위반

변론주의보충설에 의할 때 행정처분의 위법을 들어 그 취소를 청구함에 있어서는 직권조사사항을 제외하고는 그 취소를 구하는 자가 위법사유에 해당하는 구체적인 사실을 먼저 주장하여야 한다(대판 2000. 3. 23. 98두2768).

甲이 기초조사의 흠결이라는 사유 및 그에 해당하는 사실을 주장하지 않은 이상, 법원은 석명권 행사의 범위 내의 경우가 아닌 한 그러한 위법 사유를 판단할 수 없다. 그렇다면 법원의 사안과 같은 판단이 석명권 범위 내에서 행해진 것인지 후술한다.

(2) 석명권 행사의 한계 일탈

법원의 석명권 행사는 사안을 해명하기 위하여 당사자에게 그 주장의 모순된 점이나 불완전·불명료한 부분을 지적하여 이를 정정·보충할 수 있는 기회를 주고 또 그 계쟁사실에 대한 증거의 제출을 촉구하는 것을 그 내용으로 하는 것이며, 당사자가 주장하지도 않은 법률효과에 관한 요건사실이나 공격방어방법을 시사하여 그 제출을 권유하는 행위는 석명권 행사의 한계를 일탈한 것이다(대판 2000. 3. 23. 98두2768).

법원이 甲이 기초조사의 흠결에 대한 일체의 주장을 하지 않은 이상 이러한 사유에 관한 자료제출을 명하는 것은 적극적 석명에 해당한다. 불분명·불완전 등의 경우에 행해지는 소극적 석명과 달리 적극적 석명은 변론주의 원칙상 허용되지 않는다.

4. 사안의 해결

법원의 판단은 변론주의의 원칙에 위배되고 석명권 행사의 한계를 일탈한 것이다.

교/수/강/평

김 철 용 (건국대학교 법대 명예교수)

(1) 최근 「국토의 계획 및 이용에 관한 법률」의 개정이 있었다. 이에 의하면, 도시관리계획의 결정권자는 원칙적으로 시・도지사이다(동법 제29조 제1항). 국토해양부장관이 결정권자가 되는 경우는 동조 제2항에서 열거하고 있는 법정 각 호에 한정된다. 따라서 설문에서 K 시장이 입안한 도시관리계획의 결정권자는 개정 법률에 의하면 국토해양부장관이 아니라 도지사가 된다.

(2) 예상답안 Ⅱ.설문 (2)의 해결 3. 국가배상소송의 위법성의 본질 (1) 학설의 대립에서 행위불법설, 결과불법설, 상대적위법성설로 나누어 설명하고 있다. 어떤 기준에 의하여 이들 학설 셋으로 나누 수 있는지 강평자는 모른다. 강평자가 아는

바로는 국가배상제도의 의의와 기능을 기준으로 하여 행위불법설과 결과불법설로 나누어지고, 상대적위법성설은 위법성의 범위를 기준으로 분류하는 경우의 하나의 견해로서 논리적으로는 행위불법설 측에서나 결과불법설 측에서 모두 가능한 견해이다. 따라서 학설의 대립으로 행위불법설·결과불법설·상대적불법설로 나누기 위해서는 어떤 기준에 의하여 셋으로 나눴었는지 밝히는 것이 필요하다. 강평자의 교과서에서는 행위불법설·결과불법설의 구별과 별도로 「국가배상법」상의 법령 위반과 취소소송에 있어서의 처분의 위법과의 관련에서 상대적위법성설을 동일위법성설과 대칭하여 기술하고 있는 것이며, 강평자는 국가배상제도가 법치국가원리를 담보하는 제도로 보아 국가배상제도의 피해자구제기능도 중요하지만 그와 못지않게 재제기능·위법행위억제기능·위법상태배제기능을 중요시하기 때문에 행위불법설과 동일위법성설을 지지하고 있다〔강평자의 교과서 行政法 I(제12판), 484쪽 이하〕. 그러나 우리나라에서는 결과불법설의 입장에 선 상대적위법성설도 유력한 견해의 하나이다. 설문이 답안작성자의 견해를 요구하고 있지 아니한 경우에는, 결과불법설의 입장에 선 상대적위법성설의 견해를 밝힌 후, 행위불법설의 주장에 의하면 어떤 결론이 되고 결과불법설의 입장에 선 상대적위법성설의 주장에 의하면 어떤 결론에 이르게 되는지를 기술하는 것도 답안 작성의 한 방법이다.

기 출

비공개결정의 적법성 및 비공개결정사유의 추가 · 변경

제52회 행정고시 합격 일반행정직 민 차 영

행시 제53회(09년)

A고등학교 교장인 甲은 소속 교사인 乙의 행실이 못마땅하고, 그 소속 단체인 교사연구회에 대하여도 반감을 가지고 있던 중에 乙이 신청한 A학교시설의 개방 및 그 이용을 거부하였다. 그러자 평소 甲의 학교운영에 불만을 품고 있던 乙은 학교장 甲의 업무추진비 세부항목별 집행내역 및 그에 관한 증빙서류에 대하여 정보공개를 청구하였다. 이에 甲은 청구된 정보의 내용중에는 개인의 사생활의 비밀 또는 자유를 침해할 우려가 있는 정보가 포함되어 있다는 것을 이유로 乙의 청구에 대하여 비공개 결정하였다. (총 30점)

(1) 甲의 비공개결정의 적법성 여부에 대하여 검토하시오. (15점)

(2) 甲의 비공개결정에 대하여 乙의 최소소송을 제기하여 다투고 있던 중, 甲은 위 사유 이외에 학교장의 업무추진비에 관한 정보 중에는 법인·단체의 경영상의 비밀이 포함되어 있다는 것을 비공개결정 사유로 추가하려고 한다. 그 허용 여부에 대하여 검토하시오. (15점)

I C/O/N/T/E/N/T/S

Ⅰ. 설문 (1)에 대하여

1. 문제점

甲의 비공개결정의 적법성 여부를 살펴보기 위하여 乙의 정보공개청구가 적법한지, 甲의 비공개결정사유가 타당한지, 비공개결정을 하더라도 일부공개를 하였어야 하는 것인지 검토한다.

2. 乙의 정보공개청구의 적법성 여부

(1) 원칙적인 정보공개청구의 가능

공공기관의 정보공개에 관한 법률(이하 정보공개법이라 한다) 제5조에 따르면 모든 국민은 정보의 공개를 청구할 권리를 가진다. 이러한 정보공개청구권은 일반적으로 보호되는 권리라고 할 것이며, 정보공개거부를 당한 것 자체가 정보공개를 청구할 수 있는 '법률상 이익'의 침해에 해당한다고 할 것이다.

(2) 설문의 경우

고등학교는 정보공개의무가 있는 '각급학교'에 포함되고, A고등학교는 乙에 대하여 정보공개를 해야 할 의무를 지닌다. 또한 乙이 甲에 대하여 공개를 청구한 정보는 직무상 작성된 것으로 공개해야 할 대상에 해당한다. 설문상 乙이 학교운영에 불만을 품고 있었다 하더라도, 정보공개를 청구하는 것이 권리의 남용이라고 보기는 어려운 바, 乙의 정보공개청구에는 특별한 문제점이 없다.

3. 甲의 비공개결정사유의 타당성 여부

(1) 비공개대상정보

법 제9조 제1항에서는 정보의 공개를 거부할 수 있는 사유를 규정하고 있다. 이 중에서 제6호는 '당해 정보에 포함되어 있는 이름·주민등록번호 등에 의하여 특정인을 식별할 수 있는 개인에 관한 정보'는 공개를 거부할 수 있다고 규정하고 있는데, 이에 해당하는지 문제된다.

(2) 설문상 비공개대상정보인지 여부와 예외에 해당하는지 여부

甲의 주장대로 乙이 공개를 청구한 정보가 개인에 관한 정보라 하더라도, 당해 제6호 (다)목에서는 '공개하는 것이 공익을 위하여 필요하다고 인정되는 정보'에 해당할 경우 제외된다고 규정하고 있다. 이러한 예외에 해당하는지 여부에 대해서는 공익과 사익을 비교형량해야 한다는 것이 판례인 바, 甲의 프라이버시라는 사익과 학교장 甲의 업무추진비 내역 등을 공개함으로써 얻을 수 있는 공익을 비교형량할 필요가 있다. 설문상, 학교장의 업무추진비 집행내역 등은 공개를 통해 투명한 학교운영과 비리를 방지하려는 공익이 큰 반면, '업무'추진비라는 측면에서 甲의 프라이버시를 침해할 우려는 비교적 크다고 보이는 바, 비공개대상정보의 예외사유에 해당한다고 보인다. 따라서 甲의 비공개결정은 타당하지 않다.

4. 부분공개제도의 문제

(1) 제14조의 부분공개제도의 내용

법 제14조는 공개를 거부한 정보에 비공개대상 정보에 해당하는 부분과 공개가 가능한 부분이 혼합되어 있고 공개청구의 취지에 어긋나지 아니하는 범위 안에서 두 부분을 분리할 수 있음을 인정할 수 있는 때에는 공개가 가능한 정보에 관한 부분만의 일부취소를 명할 수 있다고 하고 있다.

(2) 설문의 경우

甲의 업무추진비 내역에 甲의 프라이버시에 관한 부분이 있다면, 甲은 비공개대상정보라 하여 전부 공개거부를 할 것이 아니라, 甲의 프라이버시와 관련된 부분이 분리가능하다면 이를 제외하고 공개결정처분을 했어야 할 것이다.

5. 설문의 해결

乙의 공개청구는 적법하고 권리남용에 해당하지 않으며, 乙이 공개를 청구한 정보는 비공개대상정보의 예외사유에 해당하는 바, 甲의 비공개결정은 타당하지 않다. 乙은 부분공개제도를 통해 가능한 한 정보를 공개해야 할 것이다.

Ⅱ. 설문 (2)에 대하여

1. 문제점

甲이 乙의 취소소송이 진행 중, 법인·단체의 경영상의 비밀이 포함되어 있다는 것을 비공개정 사유로 추가할 수 있는지와 관련하여 처분사유의 추가·변경이 가능한지 여부가 문제되는 바, 이에 대하여 살펴본다.

2. 처분사유의 추가 · 변경

(1) 의의

처분사유의 추가·변경이란 당초 처분시에는 존재하였지만 처분이유로 제시되지 아니하였던 사실 및 법적 근거를 소송계속 중 추가하거나 변경하는 것을 말한다. 이는 처분청이 처분 당시에는 이유로 하지 않았던 사유를 후에 주장하여 처분의 적법성을 주장할 수 있는지의 문제이다.

(2) 허용 여부

처분사유의 추가· 변경에 관한 규정이 없는 바, 인정 여부에 대하여는 긍정설과 부정설이 대립하나, 당초 처분의 근거사유와 '기본적 사실관계의 동일성'이 인정되는 범위 내에서 제한적으로 인정된다는 제한적 긍정설이 통설과 판례의 태도이다. 이를 허용하지 않을 경우 소송경제 및 분쟁의 일회적 해결에 문제가 생기는 바, 허용해야 하나 다만 원고의 방어권 보장을 위해 '기본적 사실관계의 동일성'을 한계로 삼는 제한적 긍정설이 타당하다고 본다.

(3) 처분사유의 추가 · 변경의 객관적 요건

처분사유의 추가·변경이 가능하기 위해서는 ① 취소소송 등이 적법하게 제기된 이후에, ② 기분적 사실관계의 동일성이 인정되고, ③ 동일한 행정청이 추가,변경해야 한다. 이 중에서 기본적 사실관계의 동일성의 의미가 문제되는 바, 살펴보면 다음과 같다.

판례는 기본적 사실관계의 동일성에 대하여 법률적 평가 이전 단계의 기초가 되는 사회적 사실관계가 기본적인 점에서 동일한지 여부에 따라 결정하여야 한다고 보고 있다. 이를 토대로 개별적인 사안에서 기본적 사실관계의 동일성이 인정되는지를 판단하고 있다. 그리고 처분의 사실관계에 변경이 없이 처분의 근거규정만 추가, 변경하는 경우, 또는 당초의 처분사유를 구체화하는 경에는 기본적 사실관계의 동일성이 인정된다고 본다.

(4) 처분사유의 추가 · 변경의 시간적 요건

법원의 위법판단의 기준시점에 관하여 처분시설과 판결시설이 대립하는데, 판결시설은 권력분립에 반하며 처분의 위법 여부는 처분시를 기준으로 해야 할 것이므로 처분시설이 타당하다. 이에 의할 경우 처분의 추가, 변경 사유는 처분시에 객관적으로 존재하던 사유여야 한다고 본다.

(5) 설문에의 적용

설문에서 개인의 프라이버시와 관련된 것의 문제점과 법인 및 단체의 경영상의 비밀에 관한 것은 모두 처분당시에 존재하는 사유이므로 처분사유의 추가・변경의 시간적 요건은 충족한다. 그리고 설문에서 소송 도중 추가된 사유는 법 제9조 제7호의 기업체의 영업상 비밀에 관한 것인데, 이는 제9조 제6호와 비교할 때 단순히 법조문이 다른 것이 아니라 기초가 되는 사실관계가 다른 경우에 해당한다고 보아야 할 것이다. 따라서 처분사유의 추가・변경의 객관적 요건을 충족하지 못하였다.

3. 설문의 해결

甲이 법인・단체의 경영상의 비밀이 포함되어 있다는 것을 비공개결정 사유로 추가할 수 있는지는 처분사유의 추가・변경의 요건을 갖추어야 가능한데, 甲이 주장하는 비공개결정 사유는 기존의 사유와 기본적 사실관계의 동일성이 인정되지 않아 추가가 불가능하다.

교/수/강/평

김 향 기 (성신여대 법대 교수)

1. 설문 (1)에 대하여

청구정보의 내용 중 일부가 개인의 사생활의 비밀과 자유의 침해우려가 있다는 이유로 비공개결정을 한 것이다. 따라서 乙의 정보공개청구권자여부나 甲의 비공개결정의 절차상의 문제 등은 다툼이 아니고, 甲의 비공개 이유가 타당하며(비공개대상여부) 그 이유가 타당하더라도 공개요청내용 전부를 거부할 수 있는지(부분공개가능여부)가 문제된다.

(1) 비공개대상 여부

1) 공개대상정보

공공기관이 보유・관리하는 정보는 공개대상이 되는바(공공기관의정보공개에관한법률 제9조 제1항), 여기서 공공기관이란 국가기관・지방자치단체・정부투자기관〔같은법 2(3)〕 기타 교육법 등에 의하여 설치된 각급학교가 포함되며〔같은법 시행령2(1)〕, 정보라 함은 그 직무상 작성 또는 취득하여 관리하고 있는 문서・도면 등 기록물을 말한다〔같은법 2(1)〕. 따라서 乙이 요구한 사항은 공개대상정보라 할 것이다.

2) 법 제9조 제1항 제6호에 의한 비공개대상정보와 그 예외

당해 정보에 포함되어 있는 이름・주민등록번호 등 개인에 관한 사항으로서 공개될 경우 개인의 사생활의 비밀 또는 자유를 침해할 우려가 있다고 인정되는 정보는 공개하지 아니할 수 있다. 다만, 가. 법령이 정하는 바에 따라 열람할 수 있는 정보, 나. 공공기관이 공표를 목적으로 작성하거나 취득한 정보로서 개인의 사생활의 비밀과 자유를 부당하게 침해하지 않는 정보, 다. 공공기관이 작성하거나 취득한 정보로서 공개하는 것이 공익 또는 개인의 권리구제를 위하여 필요하다고 인정되는 정보, 라. 직무를 수행한 공무원의 성명·직위, 마. 공개하는 것이 공익을 위하여 필요한 경우로써 법령에 의하여 국가 또는 지방자치단체가 업무의 일부를 위탁 또는 위촉한 개인의 성명·직업 등은 제외한다.

3) 법 제9조 제1항 제6호의 비공개대상정보와 그 예외의 판단기준

비공개정보는 비밀정보 또는 공개금지정보를 뜻하는 것이 아니므로, 당해 정보의 공개로 달성될 수 있는 공익 및 사익과 비공개로 하여야 할 공익 및 사익을 종합적으로 비교・교량하여 구체적 사안에 따라 개별적으로 공개여부를 결정해야 한다. 제6호의 비공개대상정보의 제외사항인 다목은 '공공기관이 작성하거나 취득한 정보로서 공개하는 것이 공익 또는 개인의 권리구제를 위하여 필요하다고 인정되는 정보'라고 규정하고 있다. 따라서 '공개하는 것이 공익을 위하여 필요하다고 인정되는 정보'에 해당하는지 여부는 비공개에 의하여 보호되는 개인의 사생활보호등의 이익과 공개에 의하여 보호되는 국민의 알권리의 보장과 국정에 대한 국민의 참여 및 국정운영의 투명성 확보 등의 공익을 비교・교량하여 구체적 사안에 따라 판단하여야 한다(대법원 2004.8.20.2003두8302 등).

4) 설문의 경우

乙이 요청한 정보는 원칙적으로 공개할 수 있으나, 공공기관의정보공개에관한법률 제9조 제1항 제6호에서 정한 사유에 해당하면 비공개로 할 수 있다. 그런데 甲의 주장인 '이름・주민등록번호 등 개인에 관한 사항으로서' 개인의 사생활의 비밀 또는 자유를 침해할 우려가 있는 정보인지는 불분명한데, 이에 의문이 없다 하더라도 乙이 공개요청한 정보가 비공개의 제외사유 중, 다목의 공개하는 것이 공익을 위하여 필요하다고 인정하는 정보인지가 문제될 수 있다. 이 경우 학교장의 업무추진비집행내역 등의 공개로 인한 개인의 사생활의 비밀과 자유의 침해 우려가 학교 구성원의 알권리 보장과 학교운영에 대한 교사의 참여 및 학교운영의 투명성 확보 등 공익을 훨씬 능가하는 현저한 침해인지도 불분명하다.

(2) 부분공개의 가능성여부

공개청구정보의 내용 중 일부가 비공개사유에 해당하는 경우에 공개청구정보 모

두를 거부할 수 있는지 문제된다. 공개청구한 정보가 제9조 제1항 각호의 1에 해당하는 부분과 공개가 가능한 부분이 혼합되어 있는 경우로서 공개청구의 취지에 어긋나지 아니하는 범위 안에서 두 부분을 분리할 수 있는 때에는 제9조 제1항 각호의 1에 해당하는 부분을 제외하고 공개하여야 한다(같은법 제14조). 즉, 당해 정보의 공개방법 및 절차에 비추어 당해 정보에서 비공개대상 정보에 관련된 기술 등을 제외 내지 삭제하고 그 나머지 정보만을 공개하는 것이 가능하고 나머지 부분의 정보만으로도 공개의 가치가 있는 경우에 그 나머지만의 부분공개를 하여야 한다는 의미이다. 따라서 甲은 개인의 사생활의 비밀과 자유를 침해할 정보는 제외 내지 삭제하고 그 나머지 정보만의 공개가 가능하고 또한 공개의 가치가 있는지를 판단하여 그 나머지 정보에 대하여 부분공개를 하여야 한다.

결국, 甲의 비공개사유가 정보공개법 제9조 제1항 제6호 전문 및 단서의 그 제외사유인 다목과 관련하여 반드시 비공개사유가 된다고 단정하기도 어렵거니와, 비공개사유에 해당한다 하더라도 그 나머지 부분은 부분공개를 하여야 했다고 볼 수 있다. 따라서 甲의 비공개결정은 부적법하다고 할 수 있다.

2. 설문 (2)에 대하여

취소소송 계속 중 처분사유의 추가가 가능한지가 문제되는바, 이러한 쟁점을 중심으로 잘 작성된 답안이나 좀 더 보충하면 아래와 같다. 즉, 처분사유 추가의 허용여부와 처분사유 추가의 요건 및 설문의 경우로 나누는 것이 보다 체계적일 것 같다. 또한 제6호는 개인의 사생활의 비밀과 자유의 존중 및 개인의 자신에 대한 정보통제권을 보장하는 등 정보공개로 인하여 발생할 수 있는 제3자의 법익침해를 방지하고자 함에, 제7호는 영업상 비밀에 관한 사항으로서 법인 등의 정당한 이익이 현저히 침해되는 것을 방지함에 각 그 취지가 있다고 할 것이다. 따라서 그 각 정보를 비공개대상정보로 한 근거와 입법취지가 다른 점 등 여러 사정을 합목적적으로 고려하여 보면, 甲이 처분사유로 추가한 제7호의 사유와 당초 처분사유인 제6호의 사유는 비록 당초 존재하였던 사유라 하더라도 기본적 사실관계가 동일하다고 할 수 없다는 점 등이다.

제4부

행정의 실효성확보수단

제1장 행정상 강제집행

기 출

행정대집행

조 현 강사

행시 제49회(05년)

A 시장이 택지개발지구로 지정된 구역내의 무허가 건축물에 대하여 소유자 甲에게 철거명령을 내렸는데 甲은 이를 이행하지 않고 있다. 이에 A 시장은 의무불이행 그 자체만을 염두에 두고서 곧바로 행정대집행을 실행하였다.
(1) 甲의 권리구제 가능성과 그 구제방법을 설명하시오. (35점)
(2) 만약 甲이 철거반의 접근을 실력으로 방해할 경우에 A 시장은 어떻게 대처할 수 있는가? (15점)

advice

대집행은 일련의 행정행위가 연속되는 경우이므로 행정행위의 하자의 승계 문제와 많이 연결된다. 그리고 구제수단에 대해서 판단함에 있어서 집행정지제도의 활용이 필요한 경우임에 주의를 요한다.

C/O/N/T/E/N/T/S

Ⅰ. 논점의 정리

1. (1)문의 경우

(1) 甲의 행정소송을 통한 권리구제 가능성과 관련하여 ① 철거명령에 대한 하자에 대한 취소소송의 제기가능성과 권리구제가능성이 문제되며, ② A시장이 계고 및 영장통지의 실행없이 대집행을 실행한 것이 대집행의 요건 및 대집행절차상의 하자로 대집행의 실행의 하자를 인정하여 취소소송 및 집행정지의 신청으로 인한 권리구제가 문제된다. ③ 마지막으로 공법상 결과제거청구권을 통한 권리구제가능성이 문제된다.

(2) 甲의 손해배상청구를 통한 권리구제와 관련하여 대집행의 실행이 이미 완성된 경우 국가배상청구에 의한 손해배상청구가 가능한지 여부가 문제된다.

2. (2)문의 경우

대집행의 실행과 관련해서 甲의 방해행위에 대해 실력으로 이를 배제하는 것이 대집행의 일부로서 인정되는가와 기타 다른 수단을 통해 A시장이 동원할 수 있는지가 문제된다.

Ⅱ. 철거명령의 적법여부와 권리구제가능성

1. 무허가건물에 대한 철거명령의 적법여부

택지개발지구내에서의 무허가건물의 축조금지의무는 법률상 부작위의무에 해당하나, 건축법 제69조 제1항에 위반건축물에 대한 철거 등의 시정조치를 허가권자인 시장 등이 할 수 있다고 보이므로 전환규범이 있고 이에 근거하여 A시장은 적법하게 대체적 작위의무로 변경한 것으로 보이므로 甲에 대한 철거명령은 적법하다고 볼 것이다.

2. 철거명령에 대한 권리구제가능성

(1) A시장의 철거명령은 처분성이 인정되므로, 이에 대한 취소소송을 제기할 수 있으나 위법성을 인정할 수 없어 승소가능성이 없다고 볼 것이다.

(2) 집행정지신청에 의한 권리구제도 취소청구가 이유 없음이 명백하므로 집행정지신청도 받아들여질 수 없다.

Ⅲ. 대집행실행에 대한 甲의 권리구제가능성

1. 대집행의 의의

행정대집행은 법률에 의하여 직접 명령되었거나 법률에 의거한 행정청의 명령에 의하여 명하여진 의무로서 타인이 대신하여 행할 수 있는 의무, 즉 대체적 작위의무를 의무자가 이행하지 아니한 경우에, 당해 행정청이 의무자가 행할 작위의무를 스스로 행하거나(자기집행) 또는 제3자로 하여금 이를 행하고(제3자집행), 그 의무자로부터 비용을 징수하는 행정상의 강제집행수단이다(행정대집행법 제2조).

2. 대집행의 요건

(1) 대체적 작위의무의 불이행

(2) 다른 수단으로 그 이행확보가 곤란할 것

(3) 그 이행의 방치가 심히 공익을 해하는 것으로 인정될 것

(4) 이상의 요건이 충족되면 대집행을 실행할 수 있다.

3. 대집행의 절차

(1) 계고 → (2) 대집행영장의 통지 → (3) 실행 → (4) 비용징수

4. 대집행의 실행에 대한 甲의 행정소송상 권리구제수단

(1) 대집행의 실행전의 甲의 행정소송상 권리구제수단

1) 대집행의 법적 성질－권력적 사실행위(처분성인정)

2) 취소소송 및 무효등확인소송의 제기

① 소송요건－처분성긍정, 대집행실행의 완료이전이라면 처분성 긍정된다.

② 본안판단－대집행의 4단계의 절차는 모두 대집행의 동일한 목적을 위하여 단계적으로 진행되는 것이므로 계고 및 영장통지의 결여는 대집행실행에까지 그 하자가 승계된다. 따라서 이를 이유로 甲은 원고승소판결을 받을 수 있다.

3) 집행정지의 신청

① 집행정지의 의의 및 요건

② 검토－甲의 본안청구는 이유가 없음이 명백하지 않고, 대집행실행이 완료되면 회복할 수 없는 손해발생의 우려가 있으므로 집행정지신청이 인용될 것이다.

다만, 공공복리상의 필요가 있는 경우에는 집행정지가 인정되지 아니할 수 있다.

(2) 대집행의 실행후의 甲의 행정소송상 권리구제수단

1) 취소소송 및 무효등확인소송의 제기

협의의 소익의 결여로 이러한 소는 부적법각하될 것이다.

2) 집행정지의 신청

본안소송이 부적법각하될 것이므로 집행정지신청의 가능성도 없다.

5. 대집행의 실행이후의 甲의 국가배상청구에 의한 권리구제가능성

(1) 국가배상청구의 의의

국배법 제2조 제1항에 의한 민사소송청구

(2) 국가배상청구의 인용요건

국가 또는 지방자치단체는 공무원이 그 직무를 집행함에 당하여 고의 또는 과실로 법령에 위반하여 타인에게 손해를 가한 경우에 국가배상책임이 인정된다(국가배상법 제2조 제1항).

(3) 선결문제와 구성요건적 효력

1) 소극설

이를 인정하는 명문의 규정이 없고, 법원은 공정력에 의한 기속을 받으며, 민사법원은 행정행위의 취소권이 없으므로 그 위법성 여부를 스스로 심리할 수 없다.

2) 적극설

손해배상소송에서는 행정행위의 효력에 대한 부인에까지 이르는 것은 아니고, 다만 당해 행위의 위법성만이 문제되는 것이므로 민사법원이 직접 그 위법성 여부를 심리 판단할 수 있다.

3) 판례

계고처분이 위법임을 이유로 배상을 청구하는 취지로 인정될 사건에 있어 미리 그 행정처분의 취소판결이 있어야만 그 위법임을 이유로 피고에게 배상을 청구할 수 있는 것은 아니다라고 하여 적극설을 취하고 있다.

4) 검토

공정력은 절차적 · 잠정적 통용력일 뿐, 당해 행위를 적법하게 만드는 것이 아닐뿐더러 행정소송법 제11조 제1항은 예시적인 규정이란 점, 현행 행정소송법상 행정행위의 효력을 상실시키는 취소의 경우에만 취소소송법원의 배타적 관할

이 인정되고 있으므로 행정행위의 효력을 부인하지 않고 행정행위의 위법성을 확인하는 것은 민사법원의 관할에 속한다고 볼 것이므로 적극설이 타당하다.

(4) 검토

철거반원은 국가배상법상 최광의의 공무원에 해당하고, 직무관련성 및 철거반원의 고의 또는 과실이 인정되며, 절차상 하자로 인한 법령위반도 인정된다. 문제는 손해의 발생인바 위법한 대집행의 실행으로 인해 위법건축물 이외의 甲의 재산권이 침해될 수 있으므로 손해도 긍정되어 국가배상청구권을 인정할 수 있다.

6. 대집행의 실행이후의 甲의 결과제거청구의 실현가능성

대집행의 실행이 완료된 경우에는 위법상태의 존재가 있다고 볼 수 없고, 또한 그 회복이 사실상 가능하지도 않으므로 공법상 당사자소송으로 결과제거청구권을 행사하는 것은 어려울 것으로 보인다.

Ⅳ. 甲이 철거반의 접근을 실력으로 배제할 경우 A시장의 조치수단

1. 실력배제가 인정되는지 여부

(1) 긍정설은 필요한 한도내에서 대집행의 실행에 필수불가결한 범위내에서 부득이한 실력배제는 대집행에 수반된 기능으로 보아 긍정한다(박윤흔).

(2) 부정설은 독일행정집행법과 같이 실력배제규정을 인정하고 있지 않은 우리나라의 경우 명문의 규정이 없는한 실력배제는 불가하다고 보는 견해이다(박균성). 명문의 규정이 없는 경우에 실력배제를 인정할 수 없다고 보는 부정설의 입장이 타당하다고 할 것이다.

2. 경찰에 의한 행정응원을 받는 경우

경찰에 조력을 받아 공무집행방해죄의 현행범으로 체포한 후 대집행을 할 수 있다.

행정대집행법상의 계고처분과 하자의 승계

제49회 사법시험 합격 김 상 민

甲은 유원건설로부터 유치원을 분양 받고 인천남부교육구청장으로부터 유치원 설립인가를 받아 유치원을 경영하면서, 위 유치원 내에 노후 건축물을 구청장의 허가를 받지 않고 대수선하였다. 그러나 대수선으로 인하여 단지 내 도로교통을 방해한다거나 아파트의 미관을 해한다거나 기타 관련조항을 위반한 바는 없었다. 인천광역시 남구청장이 1995. 4. 13.과 같은 해 6. 8. 甲에 대하여 주택건설촉진법 제38조 제2항 등 위반을 이유로 원상복구를 지시하였고, 甲이 이에 응하지 아니하자 같은 해 7. 10. 동일한 이유로 같은 달 15.까지 원상복구할 것을 명하고 만일 위 기한까지 이행하지 않을 때에는 인천광역시 남구청장이 이를 집행하거나 제3자로 하여금 집행하게 하고 이에 따른 비용은 甲으로부터 징수하겠다는 내용의 계고처분을 문서로 하였다.

(1) 甲은 인천남구청장을 상대로 계고처분의 취소를 구하는 소송을 제기하려고 한다. 甲의 청구는 인용될 수 있는가? (소송요건중 대상적격을 제외한 나머지 요건은 충족한 것으로 본다.)

(2) 甲은 인천 남구청장의 계고에 대해 행정쟁송기간이 지나도록 아무런 쟁송을 제기하지 않던 중, 구청장이 계고에 이어 대집행 영장을 발부하고 관련법령에 의거 대집행을 실시한 후 甲에게 대집행 비용납부명령을 발하자, 비로서 계고처분의 위법성을 주장하면서 취소를 구하는 취소소송을 제기하였다. 甲의 청구는 인용될 수 있는가?

참·조·조·문

주택건설촉진법 (가상의 법률임)

제38조(공동주택의 관리) ① 공동주택 및 부대시설·복리시설의 소유자·입주자·사용자·입주자대표회의 및 관리주체는 대통령령이 정하는 바에 의하여 이를 관리하여야 한다.

② 공동주택 및 부대시설과 복리시설의 소유자·입주자·사용자 및 관리주체는 다음 각호의 행위를 하여서는 아니된다. 다만, 대통령령이 정하는 기준·절차 등에 따라 구청장의 허가를 받거나 신고를 한 경우에는 그러하지 아니하다.

1. 공동주택과 그 부대시설 및 복리시설을 사업계획에 따른 용도 이외의 용도에 사용하는 행위
2. 공동주택과 그 부대시설 및 복리시설을 개축·증축·수선 또는 신축하는 행위
3. 공동주택과 그 부대시설 및 복리시설을 파손 또는 훼손하거나 당해 시설의 전부 또는 일부를 철거하는 행위
4. 기타 공동주택과 그 부대시설 및 복리시설의 효율적 관리에 지장을 주는 행위로서 대통령령이 정하는 행위

③ 시장·군수·구청장은 대지 또는 건축물이 이 법 또는 이 법의 규정에 의한 명령이나 처분에 위반한 경우에는 이 법의 규정에 의한 허가 또는 승인을 취소하거나 그 건축물의 건축주·공사시공자·현장관리인·소유자·관리자 또는 점유자(이하 "건축주등"이라 한다)에 대하여 그 공사의 중지를 명하거나 상당한 기간을 정하여 그 건축물의 철거·개축·증축·수선·용도변경·사용금지·사용제한 기타 필요한 조치를 명할 수 있다.

행정대집행법
제2조(대집행과 그 비용징수)
법률(법률의 위임에 의한 명령, 지방자치단체의 조례를 포함한다. 이하 같다)에 의하여 직접명령되었거나 또는 법률에 의거한 행정청의 명령에 의한 행위로서 타인이 대신하여 행할 수 있는 행위를 의무자가 이행하지 아니하는 경우 다른 수단으로써 그 이행을 확보하기 곤란하고 또한 그 불이행을 방치함이 심히 공익을 해할 것으로 인정될 때에는 당해 행정청은 스스로 의무자가 하여야 할 행위를 하거나 또는 제삼자로 하여금 이를 하게 하여 그 비용을 의무자로부터 징수할 수 있다.
제3조(대집행의 절차)
① 전조의 규정에 의한 처분(이하 대집행이라 한다)을 하려함에 있어서는 상당한 이행기한을 정하여 그 기한까지 이행되지 아니할 때에는 대집행을 한다는 뜻을 미리 문서로써 계고하여야 한다.
② 의무자가 전항의 계고를 받고 지정기한까지 그 의무를 이행하지 아니할 때에는 당해 행정청은 대집행영장으로써 대집행을 할 시기, 대집행을 시키기 위하여 파견하는 집행책임자의 성명과 대집행에 요하는 비용의 개산에 의한 견적액을 의무자에게 통지하여야 한다.
③ 비상시 또는 위험이 절박한 경우에 있어서 당해 행위의 급속한 실시를 요하여 전2항에 규정한 수속을 취할 여유가 없을 때에는 그 수속을 거치지 아니하고 대집행을 할 수 있다.

C/O/N/T/E/N/T/S

I. 설문(1)의 해결

1. 논점의 정리

행정의 실효성 확보수단의 일종인 대집행이란 대체적 작위의무, 즉 타인이 대신하여 행할 수 있는 의무의 불이행이 있는 경우 당해 행정청이 불이행된 의무를 스스로 행하거나 제3자로 하여금 이행하게 하고 그 비용을 의무자로부터 징수하는 것을 말한다. 사안에서는 계고의 취소소송 소송요건과 관련하여 계고가 취소소송의 대상인지 문제되고 다음으로 취소소송의 인용가능성과 관련하여 계고처분의 절차적·실체적 요건 충족여부가 문제된다.

2. 계고의 법적 성질

계고는 대집행을 하기 위하여 먼저 의무의 이행을 독촉하는 것을 말한다. 이 계고의 법적성질과 관련하여 통설은 준법률행위적 행정행위로서 통지행위에 해당한다고 하여 행정쟁송의 대상이 된다 하고 있다. 또한 판례도 행정처분으로 보아 행정소송의 대상임을 인정하고 있다. 생각건대 행정소송법상의 처분개념에 비추어 볼 때 통설과 판례의 태도는 타당하다. 따라서 계고처분은 행정소송의 대상인 처분이며 나머지 소송요건은 충족되었으므로 甲의 취소소송은 소송요건을 갖추었다.

3. 계고처분의 절차적 요건 충족여부

계고처분의 절차적 요건으로는 ① 계고시에 의무의 내용이 특정될 것 ② 계고시에 상당한 이행기간을 정할 것 ③ 계고는 문서로 할 것 등을 들 수 있다. 사안에서는 계고처분시 이행기간과 목적부동산을 명시하여 원상회복의무를 특정하였으므로 첫번째 요건을 충족한다. 또한 15일이라는 이행기간을 부여하고 있으므로 두번째 요건의 상당한 기간의 요건도 충족한다. 마지막 요건도 충족하므로 계고처분의 절차적 요건을 충족한다.

4. 계고처분의 실체적 요건 충족 여부

(1) 행정대집행법 제2조

계고처분의 실체적 요건 충족여부와 관련하여 계고처분이 행정대집행법 제2조에서 규정하고 있는 대집행의 요건을 충족하고 있는지가 문제된다. 행정대집행법 제2조에 규정된 대집행의 요건은 ① 불이행된 공법상 의무는 대체적 작위의무일 것 ② 다른 방법이 없을 것 ③ 공익상의 요청이 있을 것을 들 수 있다.

(2) 요건의 분설

1) 공법상 대체적 작위의무의 불이행이 있을 것

공법상의 의무는 타인이 대신하여 행할 수 있는 의무, 즉 대체적 작위의무이어야 한다. 따라서 부작위 의무는 철거명령 등을 통해 작위의무로 전환 시킨 후에 대집행의 대상이 될 수 있다. 작위의무로 전환 시킬 수 있는 전환규범이 없다면 법률유보의 원칙상 대집행은 불가능하다. 대법원도 금지규정에서 작위의무 명령권이 당연히 도출되는지 여부가 문제된 사안에서 "당해 법령에서 그 위반자에 대하여 위반에 의하여 생긴 유형적 결과의 시정을 명하는 행정처분의 권한을 인정하는 규정(예컨대, 건축법 제69조, 도로법 제74조, 하천법 제67조, 도시공원법 제20조, 옥외광고물등관리법 제10조 등)을 두고 있지 아니한 이상, 법치주의의 원리에 비추어 볼 때 위와 같은 부작위의무로부터 그 의무를 위반함으로써 생긴 결과를 시정하기 위한 작위의무를 당연히 끌어낼 수는 없으며, 또 위 금지규정(특히 허가를 유보한 상대적 금지규정)으로부터 작위의무, 즉 위반결과의 시정을 명하는 권한이 당연히 추론(추론)되는 것도 아니다." 하여 금지규정에서 작위의무 명령권이 당연히 도출되는 것은 아니라고 판시하였다.

2) 다른 방법이 없을 것

대법원은 이 요건의 의미와 관련하여 대집행이 인정되기 위해서는 불이행된 의무를 다른 수단으로 이행을 확보하기가 곤란하여야 함을 의미한다고 판시한바 있다. 다른 수단이란 비례원칙상 의무자에 대한 침해가 대집행보다 경미한 수단이어야 함을 의미한다.

3) 공익상의 요청이 있을 것

판례는 이 요건의 의미와 관련하여 의무의 불이행을 방치하는 것이 심히 공익을 해한다고 인정되는 경우에 비로소 대집행이 허용된다고 보고 있다. 즉 공익과 제이익의 비교형량의 요구를 의미한다.

(3) 사안의 경우

① '공법상 대체적 작위의무의 불이행이 있을 것' 요건과 관련하여 대체적 작위의무로의 전환명령을 내릴 수 있는 전환규범이 있는지가 문제되는데 주택건설촉진법 38조 3항에 의해 원상복구명령을 발함으로써 갑의 부작위 의무는 작위의무인 결과제거의무로 전환되었고 또한 공법상의 의무인 점, 대체적인 의무인 점에서 위 요건을 충족한다.

② 그리고 '다른 방법이 없을 것'의 요건과 관련하여 비례원칙상 의무자에 대한 침해가 대집행보다 경미한 수단이 없을 것을 요한다. 사안에서는 이미 원상회복 명령을 하였으나 이에 응하지 아니하고 있으므로 행정지도나 사실상의 권유등 더 경미한 침해를 가져오는 수단으로는 이행을 확보하기기 곤란하다. 따라서 위 요건을 충족한다.

③ 그러나 甲의 대수선 행위로 인해 도로교통이나 단지의 미관을 해한다거나 기타 관련조항을 위반한 적이 없다고 하였으므로 공익상의 침해는 크지 않은 반면 사익인 甲의 재산권 제한은 중대하여 인천남구청장은 공익과 사익을 제대로 형량하지 못했다. 따라서 인천 남구청장의 계고처분은 '공익상의 요청' 요건을 충족하지 못한다.

5. 결론

인천 남구청장의 계고처분은 행정소송의 대상인 처분에 해당하며 절차적 요건도 충족하지만 실체적 요건 중 공익상의 요청 요건을 충족하지 못한다. 따라서 인천 남구청장의 계고처분은 위법하다. 이는 중대명백설에 의할 때 중대한 하자이지만 일반인에게 명백한 것은 아니므로 취소사유에 해당한다. 따라서 甲의 청구는 인용될 것이다.

Ⅱ. 설문 (2)의 해결

1. 논점의 정리

둘 이상의 행정행위가 연속적으로 행해지는 경우 선행행위에 하자가 있으면 후행행위 자체에 하자가 없어도 선행행위의 하자를 이유로 후행행위를 다툴 수 있는지의 문제를 행정행위의 하자의 승계라고 한다. 사안에서는 이 하자의 승계와 관련하여 계고처분의 불가쟁력이 발생한 후 대집행 비용부과처분 취소소송에서 계고처분의 하자를 이유로 비용부과처분을 다툴 수 있는지가 문제된다.

2. 하자의 승계 논의의 전제요건 충족여부

(1) 전제요건

그 전제요건으로는 ① 선행행위와 후행행위가 모두 항고소송의 대상이 되는 행정처분일 것 ② 선행행위는 당연무효가 아닌 취소사유인 하자가 존재할 것 ③ 선행행위에는 하자가 존재하여 위법하나 후행행위에는 하자가 없어 적법할 것 ④ 선행행위의 하자를 제소기간 내에 다투지 않아 선행행위에 불가쟁력이 발생한 경우 일 것 등을 들 수 있다.

(2) 충족여부

사안에서는 ① 계고처분과 비용부과처분 모두 행정소송법상의 처분에 해당되고 ② 계고처분에는 취소사유인 위법사유가 존재하며 ③ 비용부과처분에는 위법사유가 존재하지 아니하며 ④ 계고처분의 위법사유를 다투지 않아 불가쟁력이 발생하였으므로 하자의 승계 논의의 전제요건을 충족한다.

3. 甲의 청구 인용여부(행정행위 하자의 승계인정 여부)

(1) 문제점

행정행위의 하자 승계 인정범위와 관련하여 학설이 전통적 견해와 구속력설로 나누어진다.

(2) 학설의 대립

1) 전통적 견해

다수설의 입장으로서 선행행위와 후행행위가 동일한 목적으로 하여 행해지는 지를 기준으로 하는 학설로서 선, 후행행위가 일련의 절차를 구성하면서 하나의 효과를 목적으로 하는 경우에는 선행행위의 위법이 후행행위에 승계된다고 한다.

2) 구속력설

이 학설은 제소기간 도과시 선행행위는 후행행위에 대해 일정한 범위의 구속력을 인정하는 학설이다. 그러나 그 구속력의 한계로서 동일한 결정대상이 문제되는 경우이어야 한다는 객관적 한계, 선·후행행위의 당사자가 동일한 경우이어야 한다는 주관적 한계, 사실적 법적 상황의 동일성을 전제로 하여야 한다는 시간적 한계를 들고 있고 추가적 요건으로 관련자에게 예견가능하고 수인가능해야 구속력이 미친다고 하고 있다.

(3) 판례의 태도

1) 원칙적 입장

대법원은 '두 개 이상의 행정처분이 연속적으로 행하여지는 경우 선행처분과 후행처분이 서로 결합하여 1개의 법률효과를 완성하는 때에는 선행처분에 하자가 있으면 그 하자는 후행처분에 승계되므로 선행처분에 불가쟁력이 생겨 그 효력을 다툴 수 없게 된 경우에도 선행처분의 하자를 이유로 후행처분의 효력을 다툴 수 있는 반면 선행처분과 후행처분이 서로 독립하여 별개의 법률효과를 목적으로 하는 때에는 선행처분에 불가쟁력이 생겨 그 효력을 다툴 수 없게 된 경우에는 선행처분의 하자가 중대하고 명백하여 당연무효인 경우를 제외하고는 선행처분의 하자를 이유로 후행처분의 효력을 다툴 수 없는 것이 원칙'이라 하여 전통적 견해와 같다.

2) 예외적 판례

대법원은 서부산세무서장의 원고에 대한 양도소득세 부과처분의 취소를 구한 사건에서 "선행처분과 후행처분이 서로 독립하여 별개의 효과를 목적으로 하는 경우에도 선행처분의 불가쟁력이나 구속력이 그로 인하여 불이익을 입게 되는 자에게 수인한도를 넘는 가혹함을 가져오며, 그 결과가 당사자에게 예측 가능한 것이 아닌 경우에는 국민의 재판받을 권리를 보장하고 있는 헌법의 이념에 비추어 선행처분의 후행처분에 대한 구속력은 인정될 수 없다."하여 원칙적으로 다수설 입장과 같으나 수인성 원칙상 예외적으로 하자의 승계를 인정한다.

(4) 소결 및 사안의 적용

구속력설은 그 구속력의 범위를 분명하게 확정하는 것이 용이하지 아니하고 또한 구속력을 인정하는 근거가 명확하지 아니하므로 타당하지 아니하다. 따라서 당사자의 권리보호의 측면에서 접근한 전통적 견해가 타당하다. 사안에서는 대집행의 계고처분과 비용부과처분은 행정의무의 이행을 확보하고자 하는 동일한 효과를 목적으로 하는 연속된 절차이므로 하자승계는 인정된다.

4. 결론

계고처분을 전제로 행하여진 대집행비용부과처분, 즉 납부명령은 위법하므로 甲의 청구는 인용될 것이다.

교/수/강/평

김 철 용 (건국대학교 법대 명예교수)

잘 정리된 답안이다. 계고처분과 비용납부명령은 서로 결합하여 하나의 법률효과를 발생시키는 것이므로 선행처분의 흠은 후행처분에 승계된다는 판결이 있다. 이 판결을 답안에 기술해 주는 것이 좋겠다. 다만, 설문 (2)의 물음이 "계고처분의 위법성을 주장하면서 취소를 구하는 취소소송을 제기하였다. 甲의 청구는 인용될 수 있는가?"라고 되어 있어서 무엇을 취소하여 달라는가 하는 점이 불명확하였다.

기 출

계고, 하자의 승계, 권리구제수단

제55회 행정고시 일반행정직 수석합격 이 영 희

행시 제56회(12년)

A시의 시장은 건물 소유자인 甲에게 건축법 제79조 및 행정대집행법 제3조에 따라 동 건물이 무허가건물이라는 이유로 일정기간까지 철거할 것을 명함과 아울러 불이행할 때에는 대집행한다는 내용의 계고를 하였다. 그 후 甲이 이에 불응하자 다시 2차계고서를 발송하여 일정기간까지 자진철거를 촉구하고 불이행하면 대집행한다는 내용을 고지하였다. 그러나 甲은 동 건물이 무허가건물이 아니라고 다투고 있다. (단, 대집행 요건의 구비 여부에 대하여는 아래 각 질문사항에 따라서만 검토하기로 한다) (총 50점)

(1) 甲은 위 계고에 대하여 취소소송을 제기하려고 한다. 계고의 법적 성질을 논하고, 소송의 대상이 되는 계고가 어느 것인지를 검토하시오. (15점)
(2) 철거명령과 함께 이루어진 1차 계고는 적법한가? (10점)
(3) 철거명령의 위법을 이유로 계고의 위법을 다툴 수 있는가? (10점)
(4) 위 사안에서 대집행에 대한 甲의 구제방안에 대하여 설명하시오. (15점)

C/O/N/T/E/N/T/S

Ⅰ. 논점의 정리

(1) 설문 (1)에서 계고가 준법률 행위적 행정행위 중 통지인지 검토하고, 동일한 내용의 계고처분이 여러 번 이루어진 경우 취소소송의 대상이 되는 계고는 무엇인지 관련 판례를 중심으로 논의한다.

(2) 설문 (2)에서 계고가 적법하기 위한 요건을 살펴보고, 철거명령과 계고를 1장의 문서로서 동시에 한 경우 계고가 위법한지를 특히 '상당한 이행기간'이라는 요건이 충족되었는지를 중심으로 검토한다.

(3) 설문 (3)에서 철거명령과 계고 사이에 하자 승계가 인정되는지 검토한다.

(4) 설문 (4)에서 사안의 대집행이 위법한 경우, 甲이 권리를 구제받기 위해서 행정심판, 행정소송, 국가배상청구, 결과제거청구 등의 방안을 활용할 수 있는지 논의한다.

Ⅱ. 설문 (1)의 해결

1. 계고의 법적 성질

(1) 의의

행정대집행법 제3조 제1항에 따르면 계고란, 대집행을 위하여 상당한 이행기간을 정하여 그때까지 이행되지 아니할 때에는 대집행을 한다는 뜻을 미리 문서로 통지하는 것을 의미한다.

(2) 법적 성질

계고는 행위자인 행정청의 효과의사 이외의 정신작용등을 구성요소로 하고, 그 법적 효과를 행정청의 의사여부를 떠나서 법규가 정하는 바에 따라 직접 발생하는 준법률행위적 행정행위에 해당한다. 또한 준법률행위적 행정행위 중에서도 특정인 또는 불특정 다수인에게 특정사실을 알리는 통지에 속한다.

2. 동일한 내용의 계고가 여러 번 있은 경우 소송의 대상

(1) 취소소송의 대상

1) 행정소송법 제19조 및 제2조

행정소송법은 제19조에서 취소소송의 대상적격과 관련하여 "처분등"이라 규정하면서, 동법 제2조에서 "처분등"이라 함은 "행정청이 행하는 구체적 사실에 대한 법집행으로서의 공권력의 행사 또는 그 거부와 그 밖에 이에 준하는 행정작용"이라고 정의하고 있다.

2) 계고가 처분인지

계고는 위에서 검토한 바와 같이 준법률 행위적 행정행위인 통지에 해당하는 것으로서 처분의 개념에 대한 어떠한 학설과 판례에 따르더라도 처분성이 인정된다. 다만, 사안의 경우 동일한 내용의 계고가 여러 번이 있었기 때문에 어떤 계고가 소의 대상이 되는지에 대해서는 특수한 논의가 필요하다.

(2) 동일한 내용의 계고가 여러 번 있은 경우 소송의 대상에 대한 판례의 견해

판례는 행정대집행법상 철거의무가 제1차 철거명령 및 계고처분으로 발생하는 것이며, 제2차 계고처분은 새로운 철거의무를 부과하는 것이라고 할 수 없으며 단지 종전의 계고처분에 의한 건물 철거를 독촉하거나 그 대집행 기한을 연기한다는 통지에 불과한 것으로서 독립된 처분으로 볼 수 없다고 판시하였다.

(3) 검토 및 사안의 경우

생각건대 취소소송의 대상이 되기 위해서는 국민의 권리의무에 직접 영향이 있는 공권력 작용이여야 하는 바, 제1차 계고처분과 동일한 내용의 계고처분은 새롭게 국민의 권리의무에 직접 영향을 미칠 수 있다고 볼 수 없는 바 판례의 견해가 타당하다.

따라서 甲은 제1차 계고처분에 대하여 취소소송을 제기하여야 한다.

3. 소 결

계고는 행정대집행법상 대집행을 한다는 뜻을 미리 문서로서 통지하는 것으로서 취소소송의 대상인 처분에 해당한다. 또한 사안처럼 동일한 내용의 계고처분이 여러 번 이루어진 경우 철거의무를 발생시킨 제1차 계고 처분에 대하여 취소소송을 제기하여야 한다.

Ⅲ. 설문 (2)의 해결

1. 계고의 요건

계고가 적법하기 위해서는 ① 상대방에게 상당한 이행기간이 주어져야 하며, ② 대집행 요건이 계고시에 이미 충족되어 있어야 하고, ③ 대집행 의무가 특정되어 있어야 하며, ④ 문서로서 이루어져야 한다.

사안의 경우 다른 요건은 모두 충족하나 ②요건과 관련하여 철거명령과 계고처분을 한 장의 문서로서 동시에 이루어져 계고처분시 상대방인 甲에게 의무 불이행이 인정되지 않아 대집행 요건이 충족되지 않은 것은 아닌지 문제된다. 따라서 철거명령과 계고처분이 한 장의 문서로서 동시에 이루어질 수 있는지를 검토하여 당해 계고처분의 위법여부를 판단해야 한다.

2. 철거명령과 계고처분을 한 장의 문서로서 동시에 할 수 있는지

(1) 판례

판례는 한 장의 문서로서 철거 명령과 계고 처분을 동시에 한 경우라도 각 처분은 독립하여 있는 것으로서 각각 그 요건이 충족되었다고 본다. 또한 이 경우 철거 명령에서 주어진 일정 기간이 자진 철거에 필요한 상당한 기간이라면 그 기간에 속에는 계고시 필요한 '상당한 이행기간'(행정대집행법 제3조 제1항)도 포함되어 있다고 본다.

(2) 판례에 대한 비판

건축법상 철거 명령과 행정대집행법상 계고처분은 각각 별개의 처분으로서 이 두 처분이 결합하여 한꺼번에 행해지는 것은 현행 법체계상 허용될 수 없다. 또한 철거 명령과 계고가 일정한 기간을 두고 각각 이루어져야 하는 것은 처분 상대방의 '상당한 이행기간'을 보장하기 위함이므로 특별한 필요가 없음에도 불구하고 이를 결합하여 한 장의 문서로서 행하는 것은 법치행정의 원칙과 국민의 권리 보호라는 관점에서 타당하지 않다.

3. 소 결

한 장의 문서로서 철거명령과 계고처분을 동시에 할 수 있다고 보는 판례의 견해는 타당하지 않으며, 처분 상대방이 행정대집행법상 보호받고 있는 '상당한 이행기간'을 가질 권리를 부당하게 침해하고 있는 사안의 계고처분은 위법하다.

Ⅳ. 설문 (3)의 해결

1. 문제점

하자승계란, 두 개 이상의 행정행위가 연속적으로 행해지는 경우 선행행위의 하자를 이유로 후행행위를 다툴 수 있는가에 관한 논의이다. 사안에서 철거명령과 계고는 각각 독립된 처분이므로 철거명령의 위법을 이유로 계고의 위법을 다투기 위해서는 하자승계가 인정되어야 한다.

2. 하자승계 논의의 전제

하자 승계문제는 ① 선행행위와 후행행위가 모두 항고소송으로 다툴 수 있는 행정처분이여야 하고, ② 선행행위는 당연무효가 아닌 취소사유인 하자가 존재하여야 하며, ③ 후행행위에는 고유한 하자가 없어야 한다. 또한, ④ 선행행위를 제소기간 내에 다투지 않아 발가쟁력이 발생하여야 한다.

사안의 경우 위 네가지 전제를 모두 충족한 것으로 전제하고 논의를 진행한다.

3. 하자 승계에 관한 학설과 판례

(1) 전통적 견해

전통적 견해는 선행행위와 후행행위가 동일한 법적 효과의 발생을 목적으로 하는 경우에만 하자의 승계를 인정한다.

(2) 새로운 견해(구속력설)

이 설은 둘 이상의 행정행위가 동일한 법적 효과를 추구하는 경우 선행행위는 후행 행위에 대하여 일정한 범위에서 구속력을 갖게 되며 구속력이 미치는 범위에서 후행 행정행위에 있어서 선행행정행위의 효과와 다른 주장을 할 수 없다고 본다.

(3) 판례

1) 원칙적 입장

판례는 두 개 이상의 처분이 연속적으로 행해지는 경우 선행처분과 후행처분이 서로 결합하여 1개의 법률 효과를 완성하는 때에만 선행처분의 하자를 이유로 후행처분의 효력을 다툴 수 있다고 본다.

2) 예외적 입장

판례는 개별공시지가결정과 양도세부과처분사이에 하자승계가 인정되는지와 관련하여 두 처분이 서로 독립하여 별개의 효과를 목적으로 하는 경우에도 선행처분의 불가쟁력이나 구속력으로 인하여 불이익을 입게 되는 자에게 수인한도를 넘는 가혹함을 가져오며, 그 결과가 당사자에게 예측가능한 것이 아닌 경우에는 국민의 재판받을 권리를 보장하고 있는 헌법의 이념에 비추어 선행처분의 후행처분에 대한 구속력은 인정되지 않아 하자승계를 인정하지 않을 수 없다고 판시한바 있다.

(4) 검토

생각건대 하자승계는 하자승계를 인정하여 침해되는 법적 안정성과 이를 인정하지 않음으로서 관계인이 입게 되는 재판청구권의 갈등관계를 적절히 조화하기 위한 것인 만큼 원칙적으로 동일한 법적 효과를 발생시키는지를 기준으로 하되 예외적으로 수인가능성과 예측가능성을 기준으로 구체적 타당성을 높이는 판례의 견해가 타당하다.

4. 사안의 경우

철거명령과 계고는 각각 독립한 처분으로서 철거명령은 상대방 甲에게 철거의무를 발생시키는 법적 효과를, 계고는 의무가 이행되지 아니할 때에는 대집행을 한다는 뜻을 미리 알리는 법적 효과를 발생시키는 등 각각 별개의 법적 효과를 발생시킨다. 또한 하자승계를 인정하지 않았을 때 예측가능성과 수인가능성에 비추어 甲에게 가혹한 결과를 낳는다고 보기도 어려우므로 하자승계는 부정됨이 타당하다.

5. 소 결

甲은 철거명령의 위법을 이유로 계고의 위법을 다툴 수 없다.

Ⅴ. 설문 (4)의 해결

1. 문제점

대집행은 계고, 통지, 실행, 비용징수 보두 각각 처분성이 인정된다. 사안에서 현재 대집행 절차는 계고까지 진행된 상황이므로 이를 바탕으로 甲의 권리 구제 방안을 논한다.

2. 행정심판

(1) 의의

행정심판이란, 행정심판법의 적용은 받는 행정쟁송제도로서 자율적 행정통제, 사법기능의 보완, 법원의 부담경감 등의 기능을 수행한다. 행정심판법 제5조에 따르면, 행정심판의 종류에는 취소심판, 무효등확인심판, 의무이행심판이 있다.

(2) 甲이 제기할 수 있는 행정심판

1) 취소심판

취소심판이란, 행정청의 위법 또는 부당한 처분의 취소 또는 변경을 구하는 심판이다. 甲은 계고처분의 위법성을 이유로 행정심판위원회에 계고의 취소를 구할 수 있다. 계고의 위법성이 인정될 경우 행정심판위원회는 계고처분 취소재결을 할 수 있다.

이때, 행정심판법 제30조 제1항의 집행부정지원칙으로 대집행의 절차가 진행되어 甲에게 회복할 수 없는 중대한 손해가 발생할 우려가 있으므로 甲은 취소심판을 제기함과 동시에 집행정지를 신청할 수 있다.

2) 무효확인심판

무효확인심판이란, 행정청의 처분의 효력유무에 대한 확인을 구하는 심판이다. 사안에서 계고처분의 위법성이 무효에 해당한다면, 甲은 무효확인심판을 제기할 수 있고, 甲의 신청 이유가 인정 될 때에는 행정심판위원회는 무효확인재결을 할 것이다.

3. 항고소송

(1) 의의

항고소송이란, 행정소송법 제3조 제1호에 따르면 행정청의 처분 등이나 부작위에 대하여 제기하는 소송이다. 동법 제4조에서는 항고소송을 취소소송, 무효등확인소송, 부작위위법확인 소송으로 구분하고 있다.

(2) 甲이 제기할 수 있는 항고소송

1) 취소소송

취소소송이란, 위법한 처분 등의 취소·변경을 구하는 소송이다. 甲은 계고처분의 상대방으로서 처분의 취소를 구할 법률상 이익이 있으며(원고적격), 계고처분의 처분성도 인정되므로 나머지 소송요건을 모두 갖추어 취소소송을 제기할 수 있다. 다만, 이때 행정소송법 제23조 제1항의 집행부정지원칙에 따라 대집행 절차의 속행으로 인해 甲이 회복하기 어려운 손해가 발생될 우려가 있으므로 동법 제23조 제2항의 집행정지를 함께 신청할 수 있다.

2) 무효확인소송

무효확인소송이란, 행정청의 처분 등의 효력유무를 확인하는 소송이다. 사안에서 계고처분의 위법성이 무효사유에 해당한다면, 甲은 무효확인소송을 제기하여 권리를 구제받을 수 있다.

4. 국가배상

국가배상이란 국가 또는 공공단체의 위법한 활동에 의하여 개인에게 가하여진 손해를 전보하여 주는 제도이다. 국가배상법 제2조 제1항 전단에 따르면 국가 또는 지방자치단체는 공무원이 그 직무를 집행하면서 고의 또는 과실로 법령에 위반하여 타인에게 손해를 가하는 경우 국가배상책임을 진다. 따라서 甲은 담당 공무원의 고의 또는 과실 및 손해 발생이 인정되는 경우 국가배상청구를 통해 권리를 구제받을 수 있다.

Ⅵ. 사안의 해결

(1) 설문 (1)에서 제2차 계고처분은 새로운 법적 효과를 발생시킨다고 볼 수 없는 바, 甲은 제1차 계고처분에 대하여 취소소송을 제기하여야 한다.

(2) 설문 (2)에서 한 장의 문서로서 철거명령과 계고처분을 동시에 하는 경우 처분 상대방이 행정대집행법상 보호받고 있는 '상당한 이행기간'을 가질 권리를 부당하게 침해하게 되므로 사안의 계고처분은 위법하다.

(3) 설문 (3)에서 철거명령과 계고처분은 서로 다른 별개의 법적효과를 발생시키므로 하자승계가 인정되지 않아 甲은 철거명령의 위법을 이유로 계고처분의 위법을 다툴 수 없다.

(4) 설문 (4)에서 甲은 취소심판, 무효확인심판, 취소소송, 무효확인소송, 국가배상 등을 통해서 권리구제를 받을 수 있다.

교/수/강/평

김 향 기 (성신여자대학교 법대 교수)

1. 설문 (1)의 경우

설문의 해결을 위한 쟁점으로 모범답안은 계고의 법적 성질과 반복된 계고의 항고쟁송의 대상여부로 나누어 잘 검토하였다. 그런데 계고의 법적 성질에서 '(1) 계고의 의의와 (2) 준법률행위적 행정행위'인 통지와 더불어 '(3) 항고쟁송의 대상인 처분여부'를 검토함이 바람직하다. 즉, 계고는 대집행의 필요적 절차이며 대집행영장교부의 기초가 되는 법적 행위인 바, 의무자 자신에 의한 의무의 이행을 촉구하고 강제집행의 수인을 요구하는 의사의 통지인 상대방에게의 예고행위라 점에서 상대방의 권리의무에 직접적인 변동을 초래하게 하는 처분에 해당한다는 점을 지적해야 할 것이다. 그 다음, 반복된 계고가 항고쟁송의 대상인 처분인지를 판례(대판 2000.2.22. 98두4665, 건물철거대집행계고처분취소) 등을 검토하여 설문을 해결하는 순서로 함이 바람직하다.

2. 설문 (2)의 경우

원처분과 계고의 결합가능성이 쟁점인바, 우선 원처분이 대집행의 요건을 갖추고 있는지를 검토한 후 원처분과 계고의 결합가능성을 검토하여 설문을 해결해야 할 것이다. 즉, 먼저, 무허가건물은 부작위의무의 위반의 경우이나 무허가건물의 철거명령은 대체적 작위의무를 부과하는 것이므로 대집행의 대상에 해당되어 대집행의 요건을 갖춘 것이라는 점이 지적되어야 할 것이다. 다음, 원처분과 계고의 결합가능성과 관련하여, (1) 원칙은 대집행의 요건은 계고할 때 이미 충족되어야 하므로 원처분인 철거명령과 동시에 계고처분을 하는 것은 허용되지 아니한다는 점을 지적하고, (2) 예외로서 ① 의무불이행이 예견되고 의무불이행을 제거해야할 긴급한 필요가 있는 경우, ② 충분한 이행기한이 주어졌다고 판단되는 경우 등에는 예외적으로 원처분과 계고가 결합될 수 있다는 판례의 입장을 검토한 후, 설문을 해결함이 바람직하다. 판례에 대한 비판은 필요하다면 위와 같은 사항들을 명확히 한 후에 가능할 수 있다.

3. 설문 (3)의 경우

하자의 승계여부가 쟁점인바, 먼저 하자승계의 전제요건으로서 연속하는 행정행위의 존재를 검토하고, 다음 선·후행위의 관계에 따른 하자승계의 여부를 검토하는 순서로 함이 바람직하다. 먼저, 연속하는 행정행위의 존재란 선행행위와 후행행위가 행정행위로서, 연속하는 단계적인 절차관계에 있는 것을 의미한다. 다음, 하자승계의 여부는, 선·후행위가 동일목적실현을 위한 경우와 선·후행위가 별개의 법률효과를 발생하는 경우로 나누어 검토함이 바람직하다. 즉, (1) 전자의 경우에는 하자가 승계되나, (2) 후자의 경우에는 ① 선행행위의 하자가 무효인 경우에는 승계되지만, ② 취소사유에 불과한 경우에는 원칙적으로 승계가 부정되나, 예외적으로 예측가능성과 수인한도의 법리를 보충적 기준으로 하여 승계를 인정함이 판례의 입장이기도 하다는 점을 검토한다. 그리고 규준력이론을 언급하고, 사례를 해결하는 방법이 좋을 것이다. 사안의 경우 무허가건물여부에 대하여 다툼이 있는 바, 그 철거명령이 무효인 경우에는 하자승계가 가능하다는 점과, 취소사유에 불과한 경우에는 건축법상의 목적실현을 위한 건물철거명령과 이를 이행하지 아니한 경우의 강제집행절차인 대집행의 계고는 각각 별개의 법률효과를 발생하는 행위이므로 예외적 승계요건인 예측가능성과 수인가능성을 검토하여야 한다는 점을 주의하여야 할 것이다.

4. 설문 (4)의 경우

이 사안에서 현재 대집행절차가 계고까지 진행된 상황을 전제로 한 점은 정확한 파악인 바, 이 경우 모범답안처럼 취소심판과 무효등확인심판 및 취소소송과 무효등확인소송과 더불어 행정심판 및 항고소송에서 각각 집행정지신청을 하는 방법이 검토되어야 할 것이다. 특히 강제집행절차의 진행을 막기 위해서는 집행정지의 실익이 크다. 그런데 국가배상청구의 경우 계고단계에서 손해발생을 인정할 수 있다거나 대집행절차의 진행을 놓아둔 채 손해배상을 청구하는 방법이 실익이 있는지는 의문이다.

행정대집행, 변상금부과처분과 이에 대한 구제수단

제47회 사법시험 합격 조 윤 상

乙은 1985년경 甲으로부터 서울 관악구 봉천동 100-1 대 300㎡ 및 그 지상 주택을 매수하여 소유권이전등기를 마친 후, 그 무렵 자기 소유의 토지를 측량하여 북쪽으로는 그 측량 결과에 따라 울타리를 치고 현재까지 점유하여 왔고, 서쪽으로는 측량 결과에서 甲 소유 명의로 되어 있던 같은 동 산 22 임야 1,000㎡ 중 200㎡를 침범하여 그 현황을 변경하지 아니한 채 그 임야상에 나무 등을 심고 울타리를 쳐 정원으로 꾸며 계속 무단 점유·사용해 왔다. 그 후 乙은 1994년경 위 임야를 평탄하게 고르고 축대 등을 쌓아 그 현황을 대지로 변경한 후 그 지상에 위 건물에 덧붙여 무허가로 건물을 증축 내지 신축하고 현재까지 계속 위 임야를 위 건물의 대지로 무단 점유·사용해 오고 있다.
한편, 甲 소유 명의로 되어 있던 토지 중 위 임야는 실은 국가 소유임에도 甲이 국가가 재산의 관리를 소홀히 하고 있음을 알고 관계서류를 위조하여 甲 앞으로 이전등기를 한 것이었는데, 그 후 국가가 이를 알고 甲을 상대로 소유권이전등기 말소청구의 소를 제기하여 승소확정판결을 받아 甲 명의의 등기를 말소하고 국가소유명의로 회복하였다.

(1) 국가가 乙을 상대로 취할 수 있는 공법상 및 사법상의 법적 조치로는 어떠한 것들이 있는가?(15점)

(2) 국가의 그러한 조치들에 대해 그것이 부당하다고 생각하는 乙이 취할 수 있는 쟁송수단은 무엇인가?(15점)

(3) 국가에서 乙에 대해 변상금을 부과한다고 할 때, 그 가액 산정의 기준이 되는 토지의 현황은 원래의 임야를 기준으로 하여야 하는가, 아니면 대지로 된 상태를 기준으로 하여야 하는가?(10점)

C/O/N/T/E/N/T/S

Ⅰ. 문제의 소재

乙은 국유재산을 무단으로 점유하고 있으므로, 건물을 철거하고 그 대지를 인도하는 등 점유를 해제하여야 할 의무를 부담한다. 이러한 의무를 실현하는 조치에 대하여 공법상의 것으로 행정대집행 및 국유재산법상 변상금부과처분과 사법상 조치에 대하여 검토해 보고, 이를 다투는 乙이 항고소송 또는 민사소송의 절차에 의할 수 있는지 살펴본 뒤, 변상금부과의 기준에 대한 논의를 해결하기로 한다.

Ⅱ. 설문 (1)의 해결

1. 공법상 조치의 검토

(1) 건물철거 대집행

1) 의무의 성격

국유재산에 건물을 축조하여 그 대지를 무단으로 점유하는 자는 불법점유자이므로 부지소유자인 국가에 대하여 그 건물을 철거하고 대지를 인도할 사법상의 의무를 진다. 따라서 이러한 의무에 대하여 대집행이 인정되지 않음이 원칙이지만, 국유재산법 제74조와 공유재산 및 물품 관리법 제83조의 규정에 의하여 국·공유재산의 무단점유자가 국가나 지방자치단체에 대하여 부담하는 건물철거의무는 그것이 사법상 의무임에도 불구하고 대집행을 할 수 있다.

2) 대집행의 가능성

그러나 무단 점유자가 그 점유 중인 대지를 인도할 의무는 그것을 강제적으로 실현함에 있어 직접적인 실력행사가 필요한 것이지 대체적 작위의무에 해당하는 것은 아니므로, 대집행이 인정될 수 있는지 문제될 여지가 있다.

이에 대하여 통설적인 견해와 판례는 법치행정의 원리에 근거하여 부정적인 견해를 취하고 있다(대판 1998. 10. 23. 97누157 참조).

3) 소결론

乙에게 인정되는 의무는 대체적 작위의무가 아니므로, 국가는 건물철거의 대집행 절차를 밟을 수는 없고, 사안의 사실관계가 불충분하므로 확정적인 판단은 어렵지만 그 요건이 충족된다면 직접강제에 의하여 건물을 철거할 수 있다고 본다.

(2) 변상금부과처분

1) 근거규정

국·공유재산을 무단으로 점유하는 자에 대하여는 만약 대부계약 또는 사용·수익허가에 기하여 점유하는 경우라면 부과하여야 할 대부료·사용료 상당액에 징벌적 의미로 20%를 가산한 금액을 부과하는데, 이 때 대부료·사용료의 120% 상당인 금원을 변상금이라고 한다(국유재산법 제72조, 공유재산 및 물품 관리법 제81조).

2) 변상금부과처분의 법적 성질

위 조항들은 "변상금을 징수한다."라고 규정하고 있는바 그 문언의 형식과 징벌이라는 입법 취지를 고려할 때 이를 기속행위로 해석하는 것이 일반적인 견해이다.

3) 소결론

국가는 乙에게 변상금부과처분을 발령하여야 한다.

2. 사법상 조치의 검토

乙에게 인정되는 건물철거의무는 소유권에 대한 방제를 제거하여야 할 의무로서 사법상 의무이므로, 그 의무 이행을 위해 민사소송과 그에 기한 강제집행에 의할 수 있다.

무단점유자에 대하여 민사상 부당이득반환이나 손해배상을 구할 것인지 아니면 국유재산법이나 지방재정법에 의한 변상금을 부과할 것인지의 여부는 국가나 지방자치단체가 선택적으로 할 수 있다고 보는 것이 일반적인 견해이고, 대법원도 유사한 취지로 판시한 바 있으므로(대판 1992. 4. 14. 91다42197 참조), 위에서 검토한 변상금부과처분과 선택적으로 행사할 수 있다고 본다.

Ⅲ. 설문 (2)의 해결

1. 공법상 조치에 대한 쟁송수단

(1) 행정대집행 또는 직접강제의 경우

계고를 비롯한 대집행의 각 절차들은 그 처분성이 인정되므로, 乙은 그에 대한 취소소송 내지는 무효확인소송으로 다툴 수 있다. 다만 계고처분에서 대집행실행까지의 각 처분에 대한 항고소송은 대집행의 실행행위가 완료되면 소의 이익이 없게 됨을 주의하여야 한다.

직접강제가 이루어진다면 이는 권력적 사실행위이므로 위와 마찬가지 수단으로 다툴 수 있다.

(2) 변상금부과처분의 경우

변상금부과처분은 관리청이 공권력을 가진 우월적 지위에서 행하는 행정처분이므로, 乙은 항고소송에 의하여 그 위법성을 다투어야 하고, 민사소송에 의할 수 없다.

2. 사법상 조치에 대한 쟁송수단

민사상 건물철거 및 대지인도, 부당이득반환청구 또는 손해배상청구의 경우에 민사소송의 절차를 통해 다툴 수 있음은 의문의 여지가 없다.

Ⅳ. 설문 (3)의 해결

1. 문제점

국·공유재산의 무단점유 중에 그 현황이 변경된 경우에 변경 전의 상태와 변경 후의 상태 중 어느 상태를 기준으로 변상금을 부과하여야 하는지 문제된다.

2. 견해의 대립

점유개시 당시의 상태를 기준으로 한 재산가액이어야 한다는 견해와 점유기간 중의 상태를 기준으로 한 재산가액이어야 한다는 견해 및 시가를 기준으로 하되 무단점유자에 의한 개량이 있었을 경우에 한하여 시가에서 개량비를 공제한 액을 기준으로 하여야 한다는 견해가 대립하고 있다.

3. 판례의 태도

판례는 원칙적으로 점유개시 당시의 상태를 기준으로 재산가액을 산정하여야 하고 점유개시 이후에 점유자가 원래의 토지용도와 다른 용도로 형질변경한 경우라 하더라도 변경된 상태를 기준으로 하여서는 안 된다고 한다(대판 2000. 1. 28. 97누4098).

4. 검토 및 소결론

변상금이 징벌적인 성격을 가진 것이라고 하더라도 점유개시 이후의 사정을 그 부과의 기준으로 삼는 것은 오히려 국가에 부당한 이득을 부여할 수 있고, 국유재산법이나 지방재정법의 변상금부과에 관한 규정의 입법취지가 재산적 이익 박탈에 있다고 할 수 없으므로 판례의 태도가 타당하다고 본다. 따라서 변상금부과의 기준시점은 점유의 개시 시점으로 하여야 하므로, 사안에서는 임야 상태를 기준으로 하여야 한다.

교/수/강/평

김 철 용 (건국대학교 명예교수)

(1) 예답은 (1) 건물의 대집행 (1) 대집행의 가능성에서 "통설적인 견해와 판례는 법치행정의 원리에 근거하여 부정적인 견해를 취하고 있다(대판 1998. 10. 23. 97누157 참조)"고 기술하고 있다. 그러나 대법원 1998. 10. 23. 선고 97 누 157 판결은 계쟁 "계고처분은 그 주된 목적이 매점의 원형을 보존하기 위하여 점유자가 설치한 불법 시설물을 철거하고자 하는 것이 아니라, 매점에 대한 점유자의 점유를 배제하고 그 점유이전을 받는 데 있다"고 보고, "점유이전"을 받는 것은 대집행의 대상이 되지아니한다고 판시하였다. 통설도 이와 동일하다. 사법시험을 준비하고 있는 수험생은 책을 정확하게 읽도록 노력하여야 한다.

(2) 예답은 (1) 건물의 대집행 3) 소결론에서 "사안의 사실관계가 불충분하므로 확정적인 판단은 어렵지만 그 요건이 충족되면 직접강제에 의하여 건물을 철거할 수 있다고 본다"라고 기술하고 있다. 직접강제에는 반드시 법률의 수권이 필요하다. 그렇다면 여기서 말하는 "그 요건"은 어떤 법률의 요건을 말하는가를 분명히 해야 한다.

제5부

행정구제

제1장 행정상 손해전보

Ⅰ. 행정상 손해배상(국가배상)

1. 공무원의 직무상 불법행위로 인한 손해배상

/관/련/기/출

국가배상법 제2조

외시 제37회(03년)

제47회 사법시험 합격 김 형 석

조합원총회의 개최를 준비하고 있는 A재개발조합의 장 甲은 재개발사업의 이권을 노린 폭력조직의 총회장 난입을 우려하여 경찰의 보호를 요청하였다. 그러나 관할경찰서장은 아무런 조치를 취하지 아니하였다. 조합원총회가 진행되는 중 실제로 조합원을 사칭한 폭력조직의 난동으로 총회장의 시설이 파괴되고, 조합장 甲을 비롯한 다수의 조합원이 중상을 입었다. 난동이 진행되는 동안에 조합원들이 경찰에 이 사실을 신고하고 재차 경찰권의 발동을 요청하였으나 경찰은 아무런 조치를 취하지 아니하였으며 폭력행위자의 검거나 신원파악에 나서지 아니하였다. 이에 A재개발조합은 조합원총회 중에 발생한 일체의 손해에 대하여 국가배상청구소송을 서울지방법원에 제기하였다.
A재개발조합의 승소가능성을 논하라.(50점)

advice

국가배상청구소송에서 승소하기 위해서는 국가배상법 제2조의 요건을 갖추어야 한다. 특히, 설문의 경우에는 경찰권 발동을 하지 아니한 부작위에 의한 것인바, 그 위법성 요건의 판단에 중점을 두어 설명하여야 할 것이다.

사례의 경우 ① 경찰관은 공무원이고, ② 폭력조직의 난동으로부터 사인을 보호함은 경찰관의 공법상의 직무이고, ③ A재개발조합의 손해에 경찰관의 직무불이행이라는 과실이 인정되고, ④ 폭력조직의 난동으로부터 사인을 보호함에 있어 재량권의 영으로의 수축이 인정되어 위법성이 인정되고, ⑤ A재개발조합은 타인에 해당하고, ⑥ 경찰관의 직무집행과 인과관계 있는 손해가 발생한 바, A재개발조합의 국가배상청구는 승소가능 할 것이다.

국가배상법 제2조의 책임

제44회 사법시험 최연소 합격 안 미 령

취객 甲은 서울시 내 밤길을 걷다가 맨홀에 빠져 전치 4주의 상해를 입었다. 甲이 걷던 길은 서울시의 상하수도 관리 사업에 의해 오전부터 맨홀 공사가 있었으나, 오후에 공사 인부들이 현장을 떠나면서 표지판 부착이나 차단장치의 설치 등 적정한 안전조치를 하지 않아 주의능력이 떨어진 甲이 맨홀에 빠지게 된 것이었다. 또한 닫혀 있던 맨홀 뚜껑이 甲이 지나가기 1시간 전에 길 위를 지나던 자동차에 의해 파손되었고 이때 생긴 구멍으로 甲이 빠진 사실이 밝혀졌다. 甲은 자신의 손해를 전보 받을 수 있는가?(30점)

advice

국가배상청구의 요건에 관한 문제이다. 국가배상법 제2조에 의한 국가배상청구요건과 관련되어 자주 묻는 쟁점은 ① 공무원(공무수탁사인의 경우), ② 고의, 과실(과실의 객관화), ③ 직무집행 함에 당하여(외형이론) ④ 위법성(위법성의 본질, 선결문제, 부작위의 경우 등) 등이고, 국가배상법 제5조의 경우에는 ① 하자의 의미, ② 면책사유 등이 주로 문제된다.

C/O/N/T/E/N/T/S

Ⅰ. 문제의 제기

(1) 사안은 국가배상이 문제되는 사례이다. 국가배상법은 제2조와 제5조의 책임으로 이원적으로 규정되어 있는데 위 사안에서는 인부를 공무원으로 보아 제2조의 책임을 물을 수 있고 나아가 도로라는 공물에 안전성의 결여로 보아 제5조의 책임을 물을 수 있다.

(2) 국가배상법 제2조의 책임이 성립되는지 살펴보기 위해서는 그 요건을 분설하여 살펴볼 필요가 있는데 이 경우 공무원의 행위인지 여부와 고의·과실을 인정할 수 있는지 여부가 주요 쟁점이 될 것으로 보인다.

(3) 국가배상법 제5조의 책임의 경우 설치관리상의 하자를 어떻게 볼 것인가하는 것이 학설상 대립이 있고 예측가능성과 회피가능성을 예외적으로 면책사유로 볼 수 있는지 하는 문제를 추가로 검토할 필요가 있다.

Ⅱ. 국가배상법 제2조의 책임

1. 책임의 성립여부

(1) 서설

국가배상법 제2조의 책임이 성립하려면 우선 공무원의 직무행위여야 하고 공무원이 직무를 집행함에 당하여 고의·과실로 위법하게 타인에게 손해를 입혔어야 한다. 이 요건을 분설하면 (ⅰ) 공무원의 직무행위일 것 (ⅱ) 집행함에 당할 것 (ⅲ) 가해공무원에게 고의·과실이 있을 것 (ⅳ) 위법성이 있을 것 (ⅴ) 상당인과관계있는 손해가 발생하였을 것으로 나눌 수 있을 것이다.

(2) 공무원의 직무행위 여부

1) 공무원의 범위

판례의 태도를 보면 소집중인 향토예비군이나 카츄사, 시청소차 운전수 등에는 공무원으로 인정한 바 있다. 반면 시영버스 운전사나 의용소방대원에 대해서는 공무원이 아니라고 하였다. 그러나 학설은 시영버스 운전사와 의용소방대원이라고 하더라도 공무원으로 인정해야 한다고 한다. 사실상 적법하게 공무를 수행하고 있다면 공무원으로 보는 것이 국가배상법 2조의 취지에 부합하는 것으로 보인다. 그렇게 해석하는 것이 '집행함에 당하여'를 외형설로 보는 판례의 태도와 일관되는 것으로 보인다.

학설의 태도에 따르면 상하수도 공사인부의 경우도 공무원으로 볼 수 있을 것으로 보인다.

2) 직무행위의 여부

학설대립이 있는데 행정행위 3분설에 의해 권력행위, 관리행위, 국고행위로 나눈다는 전제하에 최광의설은 이 모든 행위를 포함한다고 보며 광의설은 국고행위는 실질적으로 사법행위에 불과하므로 권력행위와 관리행위만 포함한다고 한다. 협의설에 의하면 관리행위도 민법에 의한 손해배상으로 가는 것이 타당하다고 하면서 권력행위만 순수하게 국가배상법의 적용을 받는다고 하고 있다.

판례는 국가 또는 지방자치단체가 순전히 대등한 지위에 있어서 사경제의 주체로 활동하였을 경우에는 그 손해배상책임에 국가배상법의 규정이 적용될 수 없다고 하여 광의설적 입장에 서 있는 것으로 보인다. 국고작용을 포함시키는 최광의설은 국가배상법의 적용범위를 과도하게 확장하는 것으로 보이며 협의설은 지나치게 축소하고 있다. 따라서 광의설적 입장이 타당하다고 본다.

사안의 경우는 상하수도 관리사업으로서 관리행위의 성질을 띠므로 광의설에 의할 때 직무행위에 해당한다.

(3) 집행함에 당할 것

공무원의 주관적 집행의사를 불문하고 외형상 객관적으로 보아 직무집행에 해당하면 된다는 외형설이 통설 판례이다. 이 사안에서 직무집행행위임이 명백하다.

(4) 고의 · 과실있을 것

1) 문제점

인부들의 고의 · 과실이 있는지 문제가 된다. 공무원의 과실의 경우 이를 인정하기 현실적으로 곤란한 경우가 많다. 따라서 학설은 입증책임을 완화하거나 가해공무원의 불특정의 경우에도 과실을 인정하려 하고 있다. 그 일환으로 과실을 객관화하려는 논의가 있다.

2) 과실의 객관화 경향

동일직종의 평균적 공무원의 주의력을 기준으로 하여 고도화된 객관적 주의의무에 위반한 경우 과실을 인정하자는 견해가 있다. 또 다른 견해는 공무원의 위법행위로 인한 국가작용의 흠으로 보고 있다. 기타의 견해들로 조직과실이론, 역무과실이론, 위법성 과실일원론 등이 있으나 판례는 이들을 받아들이지 않고 있다.

3) 가해공무원의 불특정

가해공무원이 특정되지 않더라도 사고 발생상황에서 공무원 지위에 있는 누군가에 의해 이루어진 행위임이 밝혀지면 과실을 인정하는 논의가 있다.

4) 소결

사안에서 인부들이 안전조치를 하지 않은 데에는 객관적으로 보아 과실이 있다. 다만 주관적인 과실유무를 밝히기 위해서는 부작위가 문제되는 사안이기 때문에 가해공무원을 특정하는데 어려움이 있을 수 있다. 그러나 과실의 객관화를 수용하는 견해에 의할 때 국가작용에 흠이 존재하므로 이 경우 과실이 인정된다고 볼 수 있다.

(5) 위법성 있을 것

협의설 광의설이 있으나 이 경우 위법성이 인정됨에는 이견이 없다.

(6) 상당인과관계 있는 손해가 발생하였을 것

2. 배상책임자

국가배상법 제6조는 공무원의 선임감독자 또는 공무원의 봉급 급여 기타의 비용부담자라고 정하고 있다. 이 사안에서는 서울시가 국가배상자임에 의문이 없다.

3. 소결

甲은 국가배상법 제2조의 요건을 충족시키므로 서울시를 상대방으로 하여 국가배상을 청구할 수 있다.

Ⅲ. 국가배상법 제5조의 책임

1. 책임의 성립여부

(1) 공공의 영조물

행정주체에 의하여 공공목적에 제공된 유체물 즉 강학상 공물을 의미한다. 이 사안의 경우 도로에 해당하므로 공물에 해당한다.

(2) 설치관리상의 하자 유무

객관설의 경우에는 사회통념상 갖추어야 할 물적 안전성이 결여된 것을 하자라고 한다. 이 견해에 따르면 주관적인 하자 즉 공무원의 의무위반은 하자 판단시 고려되지 않는다. 반대견해인 주관설은 안전확보의무와 사고방지의무 위반에 기한 물적 위험상태를 하자라고 본다. 이 경우 공무원의 주관적 의무 위반을 확인해야 한다. 절충설은 물적 하자 뿐만 아니라 관리상 과오까지 하자로 보는 견해이다.

판례는 국가배상법 제5조 제1항에 정해진 영조물의 설치 또는 관리의 하자라 함은 영조물이 그 용도에 따라 통상 갖추어야 할 안전성을 갖추지 못한 상태에 있음을 말하는 것이며, 다만 영조물이 완전무결한 상태에 있지 아니하고 그 기능상 어떠한 결함이 있다는 것만으로 영조물의 설치 또는 관리에 하자가 있다고 할 수 없는 것이고, 위와 같은 안전성의 구비 여부를 판단함에 있어서는 당해 영조물의 용도, 그 설치장소의 현황 및 이용 상황 등 제반 사정을 종합적으로 고려하여 설치 · 관리자가 그 영조물의 위험성에 비례하여 사회통념상 일반적으로 요구되는 정도의 방호조치의무를 다하였는지 여부를 그 기준으로 삼아야 하며, 만일 객관적으로 보아 시간적 · 장소적으로 영조물의 기능상 결함으로 인한 손해발생의 예견가능성과 회피가능성이 없는 경우 즉 그 영조물의 결함이 영조물의 설치·관리자의 관리행위가 미칠 수 없는 상황 아래에 있는 경우임이 입증되는 경우라면 영조물의 설치·관리상의 하자를 인정할 수 없다(대판 2001.7.27, 2000다56822)고 판시한 바 있다.

제2조와 제5조의 책임을 병렬적으로 규정하고 있는 국가배상법의 취지에 비추어 객관설이 타당하다고 생각한다. 이 사안에서는 도로 위의 맨홀에 구멍이 생기는 하자는 객관설이 말하는 하자에 해당한다고 볼 수 있다.

(3) 상당인과관계가 있는 손해가 발생하였을 것

사안에서 甲이 입은 상해가 손해에 해당함은 의문이 없다.

2. 면책가능성 - 예측가능성과 회피가능성의 유무

대법원은 1997.4.22, 97다3194 에서 사회통념상 일반적으로 요구되는 정도의 방호조치의무가 있다고 하면서 사고발생 33분 내지 22분 전에 교대차량이 통과하였으나 발견하지 못한 사실이 인정된다고 하면서 더 짧은 간격으로 일일이 순찰하면서 낙하물을 제거하는 것은 현실적으로 불가능하므로 손해배상책임이 없다고 하여 예측가능성과 회피가능성을 예외적으로 고려한 판시를 한 바 있다.

이러한 판례에 대하여 비판적인 견해가 없는 것이 아니나 현실적으로 도로관리 업무의 활성화를 위해서 어쩔 수 없는 판시였다고 생각한다. 이러한 판례의 태도를 위 사안에 적용한다면 1시간 전에 불명의 자동차에 의해 파손된 맨홀까지 일일이 수리할 의무를 인정할 수 있을지 의문이다.

3. 소결

일응 제5조의 책임의 요건을 충족시키나 예측가능성과 회피가능성의 유무에 따라서 면책의 여부가 논의 될 수 있다. 1시간 전이라는 시간적 간격과 또 야간이라는 상황적 특수성에 비추어 예외적으로 면책을 허용하는 판례의 취지가 여기에도 적용되어야 할 것으로 보인다.

Ⅳ. 사안의 결론

제5조의 책임이 성립한다면 청구권경합설에 의해 제2조의 책임과 제5조의 책임을 동시에 물을 수 있으나 사안의 경우 면책을 허용하여야 할 것으로 보인다. 그렇다면 甲은 서울시에 대하여 국가배상법 제2조의 책임을 물음으로써 자신의 손해를 전보받을 수 밖에 없다고 본다.

교/수/강/평

김 철 용 (건국대학교 법대 명예교수)

(1) 잘 정리된 답안으로 평가된다.

(2) 답안의 쟁점은 서울시의 상하수도 관리사업의 공사인부들이라고 하는 자가 국가배상법 제2조의 공무원에 해당하느냐 하는 것과 이들의 고의 과실 여부이다. 공무원 여부는 설문의 모호성 때문에 단정적인 해답은 어려울 것 같다.

쟁점인 공무원 여부 고의 과실 여부는 판례와 학설로 나누어 해답을 정리하는 것이 고득점을 얻는 길이 될 수 있지 않을까 하는 것이 강평자의 생각이다. 사례문제는 논리의 과정을 검정하는 것이 특히 중요하기 때문이다.

기 출

부작위에 의한 국가배상 책임, 공무원의 대외적 책임인정여부

제54회 행정고시 일반행정직 합격 이 형 재

행시 제55회(11년)

A시 소재의 유흥주점에서 여종업원 甲이 화재로 인하여 질식 · 사망하였다. 화재가 발생한 유흥주점은 관할 행정청의 허가를 득하지 아니하고 용도가 변경되었고, 시설기준을 위반하여 개축되었다. 특히 화재 발생시 비상구가 확보되어 있지 않았다. (총 30점)

(1) A시 담당공무원 乙이 식품위생법상 유흥주점의 관리 · 감독과 관련하여 시정명령 등 취하여야 할 직무상 조치를 해태한 사실이 밝혀진 경우, A시의 배상책임이 인정되는가?(15점)

(2) 만약 화재발생 1주일 전에 실시된 점검에서 유흥주점이 관련법령에 위반되었음을 인지하고서도 담당공무원 乙이 '이상없음' 이라는 보고서를 작성하고 시정조치를 취하지 아니한 경우, 乙의 배상책임에 대해 검토하시오. (15점)

C/O/N/T/E/N/T/S

Ⅰ. 논점의 정리
Ⅱ. 설문 (1)의 해결
  1. 국가배상법 제2조의 요건
  2. 부작위에 의한 손해배상책임
  3. 소 결
Ⅲ. 설문 (2)의 해결
  1. 국가배상책임의 본질
  2. 공무원의 대외적 책임인정여부
  3. 소 결
Ⅳ. 결 론

Ⅰ. 논점의 정리

(1) 설문 (1)에서는 국가배상법 제2조의 요건을 통해 A시의 배상책임 유무에 대한 검토를 요한다. 특히 사안의 경우 부작위로 인하여 손해가 발생하였으므로 그 전제로 작위의무의 존부와 반사적 이익론의 도입 여부에 대한 검토를 요한다.

(2) 설문 (2)에서는 국가배상책임의 본질과 공무원의 대외적 책임인정여부에 대한 검토를 통해 乙의 직무상 과실로 인하여 국가배상책임이 성립될 경우 을의 대외적 배상책임여부에 대한 검토를 요한다.

Ⅱ. 설문 (1)의 해결

1. 국가배상법 제2조의 요건

국가배상법 제2조에 의한 국가배상책임이 성립하기 위해서는 공무원이 직무를 집행하면서 타인에게 손해를 가하였고, 공무원의 가해행위는 고의 또는 과실로 법령에 위반하여 행하여 져야 하고, 손해가 발생하였고 가해행위와 손해 사이에 인과관계가 있을 것이 요구된다.

사안에서 다른 요건은 충족되며, A시는 해당 사무의 사무주체로서 배상책임자에 해당한다. 다만 공무원 乙이 직무상 조치를 해태한 행위가 문제되므로 부작위에 의한 손해배상책임의 문제를 검토하기로 한다.

2. 부작위에 의한 손해배상책임

(1) 작위의무 존부

부작위에 대하여 국가배상청구권이 성립하려면 작위의무가 존재하여야 하는 바, 그 작위의무는 법령을 통해서 찾아보아야 할 것이다. 그러나 법령에 명문으로 규정되어 있지 않은 경우에도 구체적 사안에서 관련 실정법 전체의 구조, 침해의 가능성이 있는 법익의 종류 및 법익침해의 위험성의 정도 등을 고려하여 손해를 방지할 구체적 의무가 있다고 해석될 수 있는 경우에는 조리에 의한 작위의무를 인정할 수 있을 것이다.

(2) 부작위로 인한 국가배상과 반사적이익론

1) 학설의 대립

부작위로 인한 국가배상의 경우 항고소송에서의 반사적 이익론을 국가배상의 문제에 도입할 수 있는가 하는 문제와 관련하여 행정권의 작위의무를 규정한 법령이 공익뿐만 아니라 국민 개인의 이익도 보호하는 것을 목적으로 하는 경우에만 그 행정권의 작위의무는 법적인 작위의무가 되어 그 위반만이 국가배상법상 위법한 것이라고 보아 반사적 이익론을 위법성의 문제로 보는 견해와 국가배상법상 손해는 법익의 침해를 의미하는 것으로 반사적 이익은 이에 포함되지 아니하므로 반사적 이익론을 손해의 문제로 보는 견해가 있다. 또한 국가배상법 상의 당사자적격과 행정소송법상의 원고적격은 다르기 때문에 반사적 이익론의 도입을 부정하면서 국가배상책임이 무한정으로 확대되는 것을 막는 것은 인과관계이론에 의해야 한다는 견해도 있다.

2) 판례

대법원은 반사적 이익론을 부작위에 의한 국가배상책임에 적용한 바 있는데 이러한 판례에 대하여 국가배상책임상의 반사적 이익론을 상당인과관계의 문제로 보았다는 견해가 있으나 위법성의 문제로 보았다고 해석하는 견해가 타당하다.

3) 검토

국가의 손해배상책임을 인정하려면 국가의 국민에 대한 일반적 직무수행의무와 구별되는 정도의 개별적 관련성이 인정되어야 한다는 점에서 반사적 이익론이 국가배상에 인정된다고 보아야 할 것이다. 이 경우 공무원의 직무의무를 규정한 관계법규가 사익도 보호하는 경우에만 그 행정권의 작위의무는 법적인 의무가 되고 그 위반이 위법한 것이 되므로 반사적 이익론을 위법성의 문제로 보는 것이 타당할 것이다.

(3) 사안의 경우

부작위에 대하여 국가배상청구권이 성립하려면 작위의무가 존재하여야 하는 바, 사안의 경우 담당공무원 乙은 식품위생법 제74조와 동법 제75조에 의거 용도변경과 비상구 미확보에 대하여 시정명령 등의 행위를 하여야할 의무가 인정된다. 그리고 비상구 미확보는 식품위생법뿐만 아니라 소방법의 구조를 통해서도 그 의무를 도출할 수 있고 乙의 부작위로 인하여 사인의 신체 및 재산에 침해가 발생할 수 있으므로 乙에게는 이를 방지할 작위의무를 인정할 수 있을 것이다. 또한 식품위생법은 동법 제1조를 통해 살펴볼 때, 공익만을 목적으로 하는 것이 아니고 국민 개개인의 식품상의 안전을 도모하여 국민의 신체를 보호하는 것도 목적으로 하고 있으므로 사익보호성이 인정된다고 할 것이다.

3. 소 결

사안의 경우 작위의무와 사익보호성이 인정되고 국가배상법상의 다른 요건에도 저촉되는 점이 보이지 않으므로 A시는 국가배상법 제2조 또는 기관위임사무라면 동법 제6조제1항에 의해 국가배상책임이 인정된다.

Ⅲ. 설문 (2)의 해결

1. 국가배상책임의 본질

(1) 학설의 입장

1) 대위책임설

공무원의 불법행위는 국가의 행위가 될 수 없으므로 공무원 개인의 행위일 뿐이나, 국가배상책임은 피해자를 위하여 국가가 가해자인 공무원을 대위하여 책임을 부담하는 것이라는 견해이다. 이 경우 공무원 개인의 책임은 부정된다.

2) 자기책임설

국가 등이 지는 배상책임은 그의 기관인 공무원의 행위라는 형식을 통하여 직접 자기의 책임으로 부담하는 것이라고 보는 견해이다. 자기책임설에 의할 때 공무원 개인의 책임은 긍정된다.

3) 절충설

공무원의 고의·중과실에 대한 국가의 배상책임은 대위책임이나, 경과실에 대한 국가의 배상책임은 자기책임의 성질을 가진다고 보는 견해이다. 고의·중과실의 경우 공무원의 대외적 책임여부에 따라 공무원의 대외적 책임을 긍정하는 절충설과 이를 부정하는 중간설로 구분하는 견해도 있다. 절충설에 의할 경우 고의·중과실이 있는 경우에 한하여 대외적 책임이 긍정되고 중간설에 의하면 공무원은 어느 경우나 대외적 책임이 부정된다.

(2) 판례의 입장

종전 판례는 자기책임설의 입장과 대위책임설의 입장을 오가기도 하였으나, 1996년 이후 대법원은 절충설의 입장이다. 다만, 반대의견은 대위책임설의 입장, 별개 의견으로 자기책임설의 입장이 각 주장되기도 하였다(대법원 1996.2.15 선고 95다38677).

(3) 소결

공무원의 불법행위는 그 자체가 당연히 국가의 행위로 귀속되는 것이라고 보기는 어렵다. 기관의 행위가 법인격체의 행위로 되는 것은 원칙적으로 적법한 행위에 한정되기 때문이다. 따라서 공무원 개인의 행위에 대하여 정책적으로 국가가 대신 책임을 부담하는 것으로 파악하는 대위책임설의 입장이 타당하다.

2. 공무원의 대외적 책임인정여부

(1) 학설의 입장

국가배상책임의 본질과 공무원 개인의 대외적 배상책임을 연계시키는 경우 각 학설에 따라 공무원의 대외적 책임여부가 달라진다. 공무원 개인의 대외적 배상책임의 인정여부를 입법정책의 문제로 보아 국가배상책임의 본질과 공무원 개인의 대외적 배상책임을 연계시키지 않는 입장에서는 피해자의 보호, 공무원의 신중한 직무집행을 논거로 대외적 책임을 긍정하는 견해와 공무원의 사기진작과 국가의 무한자력은 근거로 공무원의 대외적 책임을 부정하는 견해가 있다.

(2) 판례의 입장

판례는 절충설의 입장에서 고의·중과실의 경우에 한하여 공무원 개인의 대외적 배상책임을 인정하였다. 별개의견은 자기책임설의 입장에서 대외적 책임을 긍정하였고, 반대의견은 대위책임설의 입장에서 대외적 책임을 부정하였다.

(3) 소결

생각건대, 국가배상은 근본적으로 공무원의 행위에서 비롯되므로 국가배상책임의 본질과 공무원 개인의 책임을 연계시키는 것이 타당하다. 따라서 대위책임설의 입장에서 공무원의 대외적인 배상책임을 부정함이 타당하다. 피해자는 자력이 풍부한 국가를 상대로 배상청구를 하면 족한 것이고 공무원의 사기진작과 안정적인 직무집행을 위해서라도 대외적 책임을 부정함이 타당하다.

3. 소 결

사안의 경우 공무원 乙의 중과실로로 인하여 A시가 국가배상의 책임을 지게 되었지만 대위책임설에 따를 때 공무원 乙은 대외적인 배상책임은 없다. 다만, A시가 배상한 경우 A시는 공무원 乙에 대하여 구상권을 행사할 수 있다.

Ⅳ. 결 론

(1) 공무원 乙의 직무상 조치 해태로 인하여 국민에게 손해가 발생하였고 다른 부작위의 손해배상을 위한 국가배상청구권이 성립에 문제가 보이지 않으므로 A시의 배상책임이 인정된다.

(2) 공무원 乙의 배상책임과 관련하여 대위책임설의 입장에서 A시가 공무원 乙을 대신하여 배상의 책임이 있을 뿐 乙의 대외적 책임은 없다. 다만 A시가 구상권을 청구할 경우에는 구상권이 인정될 수 있다.

교/수/강/평

김 향 기 (성신여자대학교 법대 교수)

1. 설문 (1)의 경우

국가배상법 제2조의 배상책임요건과, 그 요건 중에 특히 직무상 조치를 해태한 부작위의 위법성의 문제가 쟁점이라 할 것이다.

먼저, 국가배상법 제2조 제1항에 의한 손해배상책임이 성립하기 위해서는, 공무원이 직무를 집행하면서 고의 또는 과실로 법령을 위반하여 타인에게 손해를 입힐 것을 요건으로 한다. 사안에서 乙은 공무원이며, 직무상 조치를 해태하였는바 부작위도 직무행위에 포함되고, 직무상 조치의 해태로 과실이 인정된다고 할 것이며, 화재발생시 비상구확보가 되어 있지 아니하여 사망에 이르게 되었다는 손해가 발생하였다고 할 것이므로 인과관계가 인정된다. 따라서 문제는 직무상 조치의 해태라는 부작위가 위법성의 요건을 충족하느냐라 할 것이므로, 법령위반의 여부와 그 중에서도 부작위의 위법성 여부를 검토하면 된다.

법령위반의 여부의 경우, 법령의 범위는 명문의 법규위반 및 재량권의 일탈·남용을 포함하는 객관적 정당성을 결한 행위라는 광의설이 통설·판례의 입장이다. 위법성의 판단기준에 관해서 학설은 결과불법설·행위불법설·상관관계설 등으로 나뉘며, 판례는 상관관계설 내지 행위불법설을 취하고 있다. 행위불법설에도 법령에서 규정한 공권력발동요건을 결여한 경우를 위법으로 보는 공권력발동요건결여설(협의설)과 공무원으로서 직무상 주의의무를 태만히 한 것을 위법이라고 보는 직무행위기준설(광의설)로 나뉘는바, 후설이 통설의 입장이다. 그런데 사안의 경우는 부작위의 문제이므로 이 경우에 위법성의 판단을 어떻게 해야 하는지 문제된다.

부작위의 위법성의 문제는, 작위의무의 도출 여부와 재량권수축의 요건충족 여부 및 사익보호성 여부(반사적 이익의 문제)라 할 것이다. 첫째, 작위의무의 도출의 경우, 부작위가 위법으로 되기 위해서는 행정청에 작위의무가 인정되어야 하는바, 작위의무가 명문으로 법정되어 있는 경우에는 문제가 없지만 법정되어 있지 않은 경우에는 조리에 의해 작위의무가 도출될 수 있다는 것이 학설과 판례의 일반적 입장이다. 사안의 경우 식품위생법상 시정명령 등 직무상 조치를 해태하였다고 하므로 작위의무가 명문으로 법정되어 있다고 할 것이다.

둘째, 재량권수축의 요건의 경우, 사안에서 어떠한 경우에 시정명령 등 직무상 조치를 할 것인지는 행정청의 재량행위라 하더라도 일정한 한계가 있기 때문에, 재량적 권한의 불행사도 조리에 의해 작위의무를 도출하는 재량권수축론에 의해 위법의 평가를 받을 수 있다. 즉, 부작위의 위법성을 인정할 수 있는 재량권수축의 요건으로, ① 피해법익의 대상성, ② 구체적 위험의 절박성, ③ 예견가능성, ④ 결과회피가능성, ⑤ 규제권한발동의 기대가능성 등을 들 수 있다. 즉, 피해법익은 생명·신체·재산이어야 하고, 위험의 정도가 추상적 위험으로는 불충분하고 구체적이어야 하며, 절박성의 정도는 개연성이 있으면 된다. 사안의 경우 화재로 인한 사망이므로 피해법익과 구체적 절박성의 요건을 충족한다. 또한 구체적 위험의 절박성의 존재를 행정측이 예견할 수 있는 상황이 필요하고, 회피가능성의 유무는 행정측의 사정이 아니라 사회통념에 의해 판단하고, 피해자의 노력만으로는 위험의 회피가 곤란하기 때문에 행정에 의한 규제권한의 발동을 기대할 수 있는 사정이 존재해야 한다. 사안의 경우, 시설기준을 위반하고 화재발생시 비상구가 확보되지 않았다는 점에서, 화재발생시 사망에 이를 수 있다는 예견가능성이 인정되고, 사회통념상 시정조치 등을 하였더라면 이러한 끔직한 사망사건의 발생을 회피할 수 있다고 판단할 수 있으며, 사망자의 노력만으로는 위험의 회피가 곤란하기 때문에 행정에 의한 시정조치 등 규제권한의 발동을 기대할 수 있는 사정이 존재한다고 볼 수 있다. 위와 같은 재량권수축의 요건은 오늘날 완화되는 경향이 있는바, 위 요건에 의하더라도 설문의 사안은 위와 같은 요건을 모두 충족하고 있다고 할 수 있다.

셋째, 사익보호성의 여부(반사적 이익의 문제)의 경우, 사익보호성은 법률상 이익의 여부의 문제로서 항고소송의 원고적격의 문제이므로 국가배상책임의 문제에는 적용될 수 없다는 견해도 있다. 그러나 사익보호성은 부작위책임의 인정여부와 관련하여, 권한행사에 의하여 받게되는 이익이 반사적 이익인 경우에는 당해 권한의 불행사로 인해 그 이익을 향유할 수 없어도 그 불이익에 대하여는 국가배상책임을 지지 않는다고 할 것인바, 국가배상책임문제에 어떻게 적용되는지 문제된다. 이에 대해 학설은 위법성설, 손해설, 직무관련성설 및 상당인과관계설로 견해가 대립되며, 판례는 상당인과관계설을 취하는 것으로 보인다(대법원 2001.4.13, 2000다34891 등). 생각건대, 국가배상책임은 현실로 발생한 손해의 배상을 청구하고자 하는 것이고, 법적으로 보호되는 이익의 침해인지 단순히 반사적 이익의 침해에 불과한지는 국가배상책임의 성립을 좌우하는 것은 아니라고 할 것이다. 다만, 공무원의 가해행위로 인한 손해의 범위를 결정함에 있어서 반사적 이익의 침해인지가 하나의 고려사항이 될 수 있다고 할 것이므로, 상당인과관계의 판단요소로 반사적 이익이 작용한다고 할 것이어서 상당인과관계설이 타당하다고 본다. 사안의 경우, 공무원의 시정명령 등 직무상 조치는 화재예방 등 사회공공의 이익은 물론 당해 건물의 출입자 개개인의 안전과 이익도 보호하기 위한 것으로 볼 수 있어 사익보호성을 인정할 수 있다고 볼 수 있다.

본 사안의 부작위의 위법성과 관련하여 관련판례(대법원 2008.4.10, 2005다48994)에 의하면, "공무원이 직무상 의무를 게을리 한 경우 그 의무위반이 직무에 충실한 보통 일반의 공무원을 표준으로 할 때 객관적 정당성을 상실하였다고 인정될 정도에 이른 경우에는 국가배상법 제2조에서 말하는 위법의 요건을 충족하게 된다. 그리고 행정권한 행사가 관계 법률의 형식상 공무원의 재량에 맡겨져 있다고 하더라도 공무원에게 그러한 권한을 부여한 취지와 목적에 비추어 볼 때 구체적인 상황 아래에서 공무원이 그 권한을 행사하지 않은 것이 현저하게 합리성을 잃어 사회적 타당성이 없는 경우에는 직무상 의무를 위반한 것으로서 위법하게 된다." 또한 "공무원에게 부과된 직무상 의무의 내용이 단순히 공공 일반의 이익을 위한 것이거나 행정기관 내부의 질서를 규율하기 하기 위한 것이 아니고 전적으로 또는 부수적으로 사회구성원 개인의 안전과 이익을 보호하기 위하여 설정된 것이라면, 공무원의 그와 같은 직무상 의무를 위반함으로 인하여 피해자가 입은 손해에 대하여는 상당인과관계가 인정되는 범위 내에서 국가배상을 지는 것"이라고 판시하고 있는 점을 참고할 필요가 있다.

2. 설문 (2)의 경우

담당공무원 乙이 유흥주점의 법령위반을 인지하고서도 시정조치를 취하지 않았으므로 공무원의 고의 내지 중과실을 인정할 수 있는바, 이 경우 (1) 배상책임의 성질과 관련하여, (2) 공무원의 직접적인 배상책임의 인정여부와, (3) 구상권에 응하는 책임여부가 문제된다.

첫째, 배상책임의 성질의 경우, 대위책임설과 자기책임설 및 중간설 등 학설과 판례의 입장을 검토하고, 둘째, 공무원의 직접적인 배상책임여부의 경우에 학설은 긍정설과 부정설 및 절충설로 나뉘고, 판례는 절충설을 취하고 있는바 사안의 경우 어는 입장에 서느냐에 따라 결론이 나뉠 수 있다. 셋째, 구상권에 응하는 책임문제의 경우, 구상권의 의의·성질 및 구상권행사의 요건, 즉 ① 국가 등이 피해자에 대하여 현실로 손해배상금을 지불했을 것과 ② 가해 공무원에게 고의 또는 중대한 과실이 있을 것을 검토한다. 사안의 경우 乙의 고의·중과실이 인정되므로 A시가 손해배상금을 지불한 후 乙은 A시의 구상에 응할 책임이 있다고 할 것이다.

2. 영조물의 설치 · 관리상의 하자로 인한 손해배상

국가배상법상 배상청구의 상대방

제50회 사법시험 합격 김 상 민

甲은 자동차 운송업자로서 천안시장 乙로부터 사업체를 완전 직영으로 경영하는 것을 조건으로 25대의 차량에 대하여 자동차 운송사업 면허를 받았다. 그러나 그 이후 천안시장 乙은 甲이 차량을 지입 받아 사업체를 경영하였다고 하여 사업면허 조건위반을 이유로 甲에게 20대의 차량에 대해 운송사업면허의 일부취소(감차처분)를 하였다. 그렇지만 甲의 지입운영은 사실이 아니었으며 천안시장 乙은 부주의로 사실관계를 제대로 파악하지 못한 상태에서 감차처분을 내렸음이 밝혀졌다(사안에서는 교통부장관(현 국토해양부 장관)이 충남도지사에게, 충남도지사는 천안시장에게 운송사업면허 및 취소 업무를 위임하고 있다).

(1) 甲은 국가를 상대로 국가배상법 제2조 제1항에 의거하여 손해배상청구를 할 수 있는가?
(2) 甲이 국가배상법 제6조 제1항에 기하여 손해배상청구 할 수 있는 상대방은 누구인가?
(3) 만약 천안시가 甲에 대해 손해배상을 하였다면 천안시는 국가에 대해 구상을 할 수 있는가?

참·조·조·문

(구) 자동차운수사업법(법률 제3913호, 이하 법이라고 한다)
법 제4조 ①자동차운송사업을 경영하고자 하는 자는 사업계획을 제출하고 교통부장관의 면허를 얻어야 한다.
② 교통부장관은 자동차운송사업의 종류별로 노선 또는 사업구역을 정하여 면허한다.
③ 교통부장관은 자동차운송사업의 면허를 할 때에는 자동차운송사업의 질서를 확립하기 위한 필요한 조건을 붙일 수 있다.
법 제31조 ①자동차운송사업자가 면허조건에 위반한 때에는 교통부장관은 면허의 일부 또는 전부를 취소할 수 있다.
법 제59조 ①교통부장관은 이 법에서 규정하는 그 권한의 일부를 대통령령이 정하는 바에 의하여 도지사 또는 소속기관의 장에게 위임할 수 있다.
법 제69조· 도지사는 위 규정에 의하여 교통부장관으로부터 위임받은 권한의 일부를 교통부장관의 승인을 얻어 시장, 군수 또는 구청장에게 재위임할 수 있다.
지방자치법 제141조(경비의 지출) 지방자치단체는 그 자치사무의 수행에 필요한 경비와 위임된 사무에 관하여 필요한 경비를 지출할 의무를 진다. 다만, 국가사무나 지방자치단체사무를 위임할 때에는 이를 위임한 국가나 지방자치단체에서 그 경비를 부담하여야 한다.
지방재정법 제21조(부담금과 교부금) ②국가가 스스로 행하여야 할 사무를 지방자치단체 또는 그 기관에 위임하여 수행하는 경우에, 그 소요되는 경비는 국가가 그 전부를 당해 지방자치단체에 교부하여야 한다.
국가배상법 제6조(비용부담자 등의 책임) ① 제2조·제3조 및 제5조에 따라 국가나 지방자치단체가 손해를 배상할 책임이 있는 경우에 공무원의 선임·감독 또는 영조물의 설치·관리를 맡은 자와 공무원의 봉급·급여, 그 밖의 비용 또는 영조물의 설치·관리 비용을 부담하는 자가 동일하지 아니하면 그 비용을 부담하는 자도 손해를 배상하여야 한다.
② 제1항의 경우에 손해를 배상한 자는 내부관계에서 그 손해를 배상할 책임이 있는 자에게 구상할 수 있다.

C/O/N/T/E/N/T/S

《설문 (1)문》

I. 쟁점의 정리

국가배상법 제2조 제1항은 국가나 지방자치단체는 공무원이 직무를 집행하면서 고의 또는 과실로 법령을 위반하여 타인에게 손해를 입힌 경우 그 손해를 배상하여야 한다고 규정하고 있다. 甲이 국가를 상대로 하여 국가배상법 제2조 1항에 근거하여 손해배상청구를 할 수 있는지와 관련하여 우선 국가가 자동차운송사업 면허 및 취소 업무의 귀속자인지가 문제되는데 이는 그 업무의 성질이 무엇인지와 관련이 있다. 다음으로 천안시장 乙의 행위가 국가배상법 제2조 제1항의 요건 충족되는지 여부가 문제된다.

II. 자동차운송사업면허 업무의 성질

1. 문제점

자동차운송사업면허 및 취소업무의 성질이 문제된다. 이는 업무의 귀속주체가 누구인지와 관련 있는 것으로서 본 업무가 지방자치단체의 업무 중 무엇에 해당하는지 문제된다.

2. 구별기준

헌법 제117조에 의할 때 국가와 지방자치단체의 권한 배분은 법률에서 정한 바에 따라야 한다. 다만 법령상 지방자치단체의 장이 처리하고 있는 사무가 자치사무인지 또는 기관위임사무인지 불분명한 경우 ① 법령의 규정, 형식, 취지를 우선 고려하고 ② 그 사무의 성질이 통일적인 처리가 요구되는 사무인지 여부나 그에 관한 경비 부담과 최종적인 책임귀속의 주체등을 아울러 고려하여 판단하고 ③ 지방자치법 제9조, 제11조도 보충적인 기준이 된다.

3. 사안의 경우

구 자동차운수사업법 제59조 제1항, 제69조 제2항에 비추어 볼 때 자동차운송사업의 면허 및 그 취소는 교통부장관이 관장하는 국가행정사무로서 甲에 대하여 내려진 감차처분은 천안시장이 교통부장관으로부터 위임받은 도지사로부터 재위임 받아 지방자치단체의 장이 아닌 국가행정기관의 지위에서 한 것이라 할 것이다. 따라서 자동차운송사업의 면허 및 그 취소업무는 기관위임사무로서 천안시장은 위임의 주체인 국가의 행정기관으로서의 지위를 가지게 되며 그 사무는 위임 주체인 국가의 직접적인 행정에 속한다.

III. 국가배상책임의 성립여부

1. 의의 및 요건

국가배상법 제2조 제1항은 국가나 지방자치단체는 공무원이 직무를 집행하면서 고의 또는 과실로 법령을 위반하여 타인에게 손해를 입힌 경우 그 손해를 배상하여야 한다고 규정하고 있다. 그 요건으로는 ① 공무원이 ② 직무를 함에 당하여 ③ 고의 또는 과실로 ④ 법령에 위반하여 ⑤ 타인에게⑥ 손해를 가한 경우 들 수 있다.

2. 사안의 경우

천안시장 乙은 국가의 행정기관으로서의 지위를 가진 공무원에 해당하며 자동차운송사업의 면허 및 취소업무는 직무에 해당되며 또한 직무를 수행중이 었으며 천안시장은 부주의가 있었으므로 과실에 근거한 위법행위가 있었다. 또한 甲에게 손해를 입혔으므로 국가배상법 제2조 제1항의 요건을 충족한다.

IV. 결 론

자동차운송사업의 면허 및 그 취소는 교통부장관이 관장하는 국가행정사무로서 기관위임사무에 해당하며 천안시장은 위임의 주체인 국가의 행정기관으로서의 지위를 가진다. 또한 천안시장의 행위는 국가배상법 제2조 제1항의 요건을 충족하므로 甲은 국가를 상대로 손해배상청구를 할 수 있다.

《설문 (2)문》

I. 쟁점의 정리

甲이 국가배상법 제6조 제1항에 기하여 손해배상청구 할 수 있는 상대방은 누구인지와 관련하여 본조의 해석이 문제된다. 특히 기관위임사무의 경우 비용부담자를 누구로 볼 것인가와 관련하여 문제된다.

II. 국가배상법 제6조의 의미

1. 문제점

국가배상법 제6조 제1항은 제2조·제3조 및 제5조에 따라 국가나 지방자치단체가 손해를 배상할 책임이 있는 경우에 공무원의 선임·감독 또는 영조물의 설치·관리를 맡은 자와 공무원의 봉급·급여, 그 밖의 비용 또는 영조물의 설치·관리 비용을 부담하는 자가 동일하지 아니하면 그 비용을 부담하는 자도 손해를 배상하여야 한다고 규정하고 있다. 사안과 관련하여 '공무원의 선임 감독'자의 의미와 '그 밖의 비용을 부담하는 자'의 의미가 문제된다.

2. 공무원의 선임, 감독자의 의미

이에 대해 판례는 사무의 귀속주체를 의미한다고 본다. 국가배상법 제2조와의 관계에 비추어 볼 때 판례의 태도는 타당하다.

3. 비용부담자의 의미

(1) 학설의 대립

국가배상법 제6조 제1항의 '비용을 부담하는 자' 의미와 관련하여 ① 비용의 실질적, 궁극적 부담자를 의미한다는 실질적 부담자설 ② 단순히 대외적으로 비용을 부담하는 자를 의미한다는 형식적 비용부담자설 ③ 피해자의 그릇된 피고선택의 위험성을 배제하기 위해 실질적 비용부담자와 형식적 비용부담자를 모두 포함한다는 병합설이 대립한다.

(2) 판례의 태도

대법원은 천안시진성운송(주)차량지입사건에서 "지방자치단체의 장이 기관위임된 국가행정사무를 처리하는 경우 그에 소요되는 경비의 실질적, 궁극적 부담자는 국가라고 하더라도 당해 지방자치단체는 국가로부터 내부적으로 교부된 금원으로 그 사무에 필요한 경비를 대외적으로 지출하는 자이므로, 이러한 경우 지방자치단체는 국가배상법 제6조 제1항 소정의 비용부담자로서 공무원의 불법행위로 인한 위법에 의한 손해를 배상할 책임이 있다고 할 것이다." 하여 병합설의 입장을 취하고 있는 것으로 보인다.

(3) 검토

생각건대 형식적 비용부담과 실질적 비용부담의 구분은 곤란하고 피해자인 국민을 두텁게 보호할 필요가 있으므로 이를 구분하지 않고 형식적·실질적 비용부담자 모두에게 배상책임의 부담을 인정하는 병합설이 타당하다.

III. 사안의 경우

1. 국가

국가의 경우 사무의 귀속주체로서 국가배상법 제2조 제1항에 의하여 배상책임을 부담할 뿐 만 아니라 천안시장에 대한 직무상의 감독권자로서 국가배상법 제6조 제1항의 '선임 감독자'에 해당한다. 또한 지방재정법 제21조, 지방자치법 제141조에 의할 때 실질적인 비용부담자로서 '비용부담자'에도 해당하므로 병합설에 의할 때 국가는 국가배상법 제6조 제1항의 배상책임자에 해당한다.

2. 천안시

천안시는 천안시장에 대한 봉급의 부담자에 해당한다. 또한 위 감차처분 및 개별운송사업면허처분에 관련된 사무에 소요되는 경비는 일단 천안시가 지출하였을 것이므로 천안시는 위 법 제6조 제1항 소정의비용부담자(형식적 비용부담자)로서 이로 인한 손해를 배상할 책임이 있다.

Ⅳ. 결 론

甲이 국가에 대하여는 국가배상법 제6조 제1항의 '선임 감독자'로서, 또한 실질적인 비용부담자로서 손해배상청구를 할 수 있다. 그리고 천안시에 대하여는 봉급부담자로서 또한 형식적 비용부담자로서 손해배상청구를 할 수 있다.

《설문 (3)문》

Ⅰ. 쟁점의 정리

국가배상법 제6조 제2항은 "제1항의 경우에 손해를 배상한 자는 내부관계에서 그 손해를 배상할 책임이 있는 자에게 구상할 수 있다." 하여 내부적인 구상을 규정하고 있다. 사안에서는 만약 천안시가 甲에 대해 손해배상을 하였다면 천안시는 국가에 대해 구상을 할 수 있는지가 문제되는데 이는 누가 종국적인 비용부담자인가와 관련이 있다.

Ⅱ. 국가배상법 제6조 제2항

1. 문제점

본조는 "내부관계에서 손해를 배상할 책임 있는 자에게 구상할 수 있다"고만 규정하고 있고 배상할 책임 있는 자가 누구인지는 구체적으로 규정하고 있지 아니하여 '배상할 책임'의 해석과 관련하여 문제된다.

2. 학설의 대립

이에 대해 ① 사무귀속주체가 최종적인 책임을 부담한다는 사무귀속자설 ② 실질적 비용부담자와 형식적 비용부담자가 다르다면 실질적 비용부담자가 최종적 비용부담자라고 보는 비용부담자설 ③ 각자의 책임이 병존하므로 기여한 정도에 따라 책임을 분배하여 비용을 부담하여야 한다는 기여도설 ④ 개별적인 사정을 반영하여 결정하는 개별검토설이 대립한다.

3. 판례의 태도

대법원은 폐아스콘 사건에서 " 원고와 피고 모두가 도로의 점유자 및 관리자, 비용부담자로서의 책임을 중첩적으로 지는 경우에는, 원고와 피고 모두가 국가배상법 제6조 제2항 소정의 궁극적으로 손해를 배상할 책임이 있는 자라고 할 것이고, 결국 원고와 피고의 내부적인 부담 부분은, 이 사건 도로의 인계· 인수 경위, 이 사건 사고의 발생 경위, 원・피고의 이 사건 도로에 관한 분담비용 등 제반 사정을 종합하여 결정함이 상당하다" 하여 기여도설 내지 개별검토설의 입장을 취한 것으로 보인다.

4. 검토

생각건대 사무 처리의 효과는 사무를 위임한 행정주체에게 귀속되는 점과 책임의 원리상사무귀속자가 책임을 부담함이 타당한 점에 비추어 사무귀속자설이 타당하다.

III. 사안의 경우

사안에서의 업무는 기관위임사무이고 그 사무귀속주체는 국가이므로 종국적인 비용부담자는 국가이다. 따라서 천안시는 甲에 대해 손해배상을 하고 국가에 대해 구상을 할 수 있다.

IV. 결 론

천안시는 甲에 대해 손해배상을 하고 국가에 대해 구상을 할 수 있다.

교/수/강/평

김 철 용 (건국대학교 법대 명예교수)

전체적으로 보면 잘 정리된 답안으로 평가된다. 설문 (1)에 대하여 다음의 점을 보완하는 것이 좋겠다.

국가배상법 제2조에 의한 국가배상책임의 요건으로 가장 쟁점이 되어 있는 것이 '고의, 과실'의 요건과 '법령에 위반하여'의 요건이다. 설문 (1)에서는 이 두 요건을 충족하고 있는 이유를 알기 쉽게 설명해 주는 것이 답안의 요체이다. 가장 좋은 답안은 법률을 모르는 사람에게 알기 쉽게 설명해 주는 것처럼 기술하는 답안이다. 이 경우 행정상 손해배상책임은 제2차 권리구제제도인 점〔필자의 行政法 I 〈제11판〉 466쪽 참조〕을 유념할 필요가 있다.

Ⅱ. 행정상 손실보상

기 출

생활보상

행시 제49회(05년)

조 현 강사

행정상의 손실보상과 관련하여 생활보상에 대하여 설명하시오.(25점)

C/O/N/T/E/N/T/S

Ⅰ. 생활보상의 의의 및 인정취지

1. 의의

생활보상이란 '재산권침해로 인하여 생활근거를 상실하게 되는 재산권의 피수용자 등에 대하여 생존배려적인 측면에서 생활재건에 필요한 정도의 보상을 해주는 것'을 말한다.

2. 인정취지 - 종래 보상제도의 문제

(1) 과거 재산권의 자본재로서의 가치를 강조하여 교환가치의 보장이면 충분하다고 보았다.

(2) 공공사업의 대규모로 인하여 손실보상의 성격이 변화하였다.

(3) 그러나 시장이 존재하지 않은 경우(시장의 완전성에 대한 회의) 교환가치의 파악이 불가능하고, 재산권의 침해를 독립적으로 분리하여 평가하여 보상하는 것이 어려워졌다.

(4) 따라서 재산권보상으로 전보되지 않는 생활기초의 박탈에 대하여 생활재건을 위한 생활보상이 중요해졌다.

3. 생활보상과 생활권보상

(1) 양자를 구분하지 않는 견해

생활보상을 생활권 보장과 같게 보는 견해이다.

(2) 양자를 구분하는 견해

1) 생활보상(↔금전보상)－생활재건에 중점(종전과 같은 생활유지하도록 하는 것을 실질적으로 보장하는 보상)을 두는 견해이다.

2) 생활권보상(↔재산권보상)－피수용자가 종전에 누렸던 생활상 이익에 대한 보상으로 보는 견해이다.

Ⅱ. 법적 근거

1. 헌법적 근거

(1) 헌법 제23조와 제34조설

제23조의 '정당한 보상'－부대적 손실보상의 근거, 헌법 제34조－생활권보장

(2) 헌법 제34조설

(3) 구별설

1) 생활보상－제34조

2) 생활권보상－제23조

2. 법률상 근거

(1) 공익사업을위한토지등의취득및보상에관한법률상의 개별규정

대표적으로 잔여지의 손실과 공사비보상(제73조), 건축물등 물건에 대한 보상(제75조), 영업의 손실등에 대한 보상(제77조) 등

(2) 공토법 제79조 제2항

개별법규에서 생활보상에 관한 근거규정을 두고 있지 않은 경우 공토법 제79조 제2항이 보충적 근거규정이 된다(기타 공익사업의 시행으로 인하여 발생하는 손실보상 등에 대하여는 건설교통부령이 정하는 기준에 따라 보상된다).

Ⅲ. 생활보상의 내용

1. 협의설

(1) 현재 당해장소에서 현실적으로 누리는 생활이익의 상실로서 재산권보상으로 전보되지 않는 손실에 대한 보상을 말한다.
(2) 재산권보장 이외에 현재와 동일한 정도의 생활재건을 위한 보상이다(주거의 총체적 가치 : 이농비, 주거비, 세입자에 대한 주거대책비, 주거용건물의 최저가보상).
(3) 생활재건조치나 간접손실에 대한 보상은 별도로 검토한다(보상개념의 확대로 파악).

2. 광의설

(1) 수용전과 같은 생활상태의 보장이다.
(2) 협의설+이주대책, 고용알선, 직업훈련과 같은 생활재건조치도 포함된다(여기에 간접손실까지 포함시키면 최광의설).
(3) 판례는 이주대책도 생활보상으로 파악한다.

3. 공토법상 생활보상의 구체적 내용

(1) 이주대책(공토법 제78조 제1항, 제2항)
(2) 생활재건조치(공토법 제78조 제4항, 제5항)
(3) 소수잔존자보상(공토법시행규칙 제61조)

→(재산권보장+α=주거의 총체적 가치)+생활재건조치+간접손실
대물적 보상+(α:이농비, 주거대책비 등)
협의의 생활보상
광의의 생활보상(다수설)
최광의설

제2장 행정쟁송

Ⅰ. 행정소송의 한계

기 출

행정소송의 피고적격

제48회 사법시험 합격 최 영

행시 제51회(07년)

현행법상 행정소송의 유형별로 피고적격에 관하여 설명하시오. (25점)

C/O/N/T/E/N/T/S

Ⅰ. 서 설

현행법상 인정되는 행정소송은 취소소송, 무효소송, 부작위위법확인소송 등의 항고소송과, 당자사 소송, 민중소송 및 기관소송으로 구별할 수 있다(행정소송법 제3조). 이하에서는 각 소송 유형별로 피고적격을 검토하고 아울러 개별법상 인정되는 행정소송에서의 피고적격도 검토하기로 한다.

Ⅱ. 항고소송의 피고적격

1. 서설

항고소송의 피고적격은 원칙적으로 처분 등을 행한 행정청이다(행소법 13조). 그러나 처분 등을 행한 행정청이 아니면서 피고적격을 갖는 예외적인 경우도 있다.

2. '행정청'의 의미

(1) 의의

국가 또는 공공단체의 의사를 결정하여 외부에 표시할 수 있는 권한, 즉 처분권한을 가진 기관을 말한다. 각부의 장관, 공정위, 금감위, 지방자치단체장 등이 그 예로써 반드시 행정조직법상의 행정청의 개념과 일치하는 것은 아니다.

(2) 구체적인 경우

① 공정거래위원회, 토지수용위원회, 배상심의회 등 합의제 행정기관이 한 처분에 대해서는 원칙적으로 합의제 행정청 자체가 피고가 된다. 다만 합의제의 대표를 피고로 정한 경우도 있다(중앙노동위원회의 처분에 대한 소는 중앙조동위원장을 피고로 한다).

② 지방의회의원에 대한 징계의결이나 지방의회의장에 대한 불신임의결 등은 행정처분이며, 이에 대한 항고소송의 피고는 지방의회이다. 의사결정기관과 의사표시기관이 모두 지방의회이기 때문이다.

③ 처분적 조례의 경우 의사결정기관은 지방의회이지만, 의사표시기관은 공포권자인 지방자치단체장이다. 대법원은 두밀분교폐지조례에 대한 무효확인소송에서 지방자치단체 장이 피고가 되고, 교육 및 학예에 관한 것은 시도교육감이 피고가 된다고 판시하였다.

3. '처분을 한' 행정청

(1) 의의

행정처분 등을 외부적으로 그의 명의로 행한 행정청이 피고가 된다.

(2) 권한위임의 경우

권한위임의 경우에는 수임청의 명의로 권한을 행사하게 되므로 수임청이 피고가 된다. 또한 성업공사 등의 공법인이나 공무수탁사인도 위임받은 사무를 처리하는 범위 내에서는 처분을 한 행정청에 속하고 피고적격을 갖는다.

(3) 권한의 내부위임과 대리의 경우

① 내부위임의 경우 수임청이 위임청의 명의로 권한을 행사하므로 위임청이, 대리의 경우 대리청이 피대리청의 명의로 권한을 행사하므로 피대리청이 피고가 된다.

② 다만, 수임청이나 대리청이 권한 없이 자신의 명의를 사용하였다면 국민의 권리보호 차원에서 수임청이나 대리청이 피고가 된다.

4. 권한의 승계 및 폐지의 경우

(1) 처분이 있은 뒤 그 처분에 관계되는 권한이 다른 행정청에 승계된 때에는 이를 승계한 행정청을 피고로 한다(행소법 제13조 제1항 단서).

(2) 처분 등을 한 행정청이 없게 된 때에는 그 처분등에 관한 사무가 귀속되는 국가 또는 공공단체를 피고로 한다(행소법 제13조 제2항).

(3) 승계 및 폐지가 취소소송 제기 이후에 발생한 것이라면, 피고 경정의 문제가 된다.

5. 개별법령에 특별 규정이 있는 경우

(1) 대법원이 행한 처분에 대해서는 법원행정처장이 피고가 된다(법원조직법 제70조).

(2) 헌법재판소장이 행한 처분에 대해서는 헌법재판소사무처장이 피고가 된다(헌재법 제17조 제5항).

(3) 국가공무원법에 의한 처분 기타 본인의 의사에 반한 불리한 처분으로 대통령이 행한 처분에 대해서는 소속장관이 피고가 된다(국공법 제16조).

Ⅲ. 당사자소송의 피고적격

1. 의의

당사자소송은 행정청의 처분 등을 원인으로 하는 법률관계에 관한 소송과 그 밖에 공법상의 법률관계에 관한 소송으로서 그 법률관계의 한쪽 당사자를 피고로 하는 소송을 말한다(행소법 제3조 제2호).

2. 피고적격 - 권리주체

(1) 항고소송의 경우와 달리 행정청이 피고가 아니라, 국가·공공단체 그 밖의 권리주체가 당사자소송의 피고가 된다(행소법 제39조).

(2) 국가를 당사자로 하는 소송의 경우에는 '국가를당사자로하는소송에관한법률'에 의하여 법무부장관이 국가를 대표한다(동법 제2조).

(3) 지방자치단체를 당사자로 하는 소송의 경우에는 지방자치단체의 장이 당해 지자체를 대표한다(지자법 제92조).

3. 형식적 당사자소송의 경우

(1) 법적 성격

① 형식적 당사자소송은 행정청의 처분이나 재결에 의해 형성된 법률관계의 일방 당사자를 피고로 하여 제기하는 소송을 말한다.

② 이에 대해 실질적으로 행정청의 처분을 다투는 것이므로 항고소송의 일종이라는 견해도 있으나, 처분 등에 대한 불복이 아니라 처분 등의 결과로써 생긴 법률관계를 다투는 것이므로 당사자 소송으로 봄이 타당하다.

(2) 개별법규정이 있는 경우

① 공익사업을위한토지등의취득및보상에관한법률 제85조 제2항은 보상금 증감소송인 경우 토지소유자 등은 '사업시행자'를, 사업시행자는 '토지소유자 또는 관계인'을 피고로 하여 소송을 제기하도록 하고 있다.

② 특허법 제187조 단서의 특허무효심판청구, 권리범위확인심판청구 등에 관한 심결취소소송은 '특허청장'을 피고로 하여야 한다.

③ 특허법 제191조의 보상금결정에 대한 소송은 보상금을 지급할 '관서 또는 출원인 및 특허권자'등을 피고로 하여야 한다.

④ 의장법 제75조, 실용신안법 제56조, 상표법 제86조에 의한 소송에서도 특허법 제191조가 준용된다.

Ⅳ. 민중소송 및 기관소송의 피고적격

1. 민중소송

(1) 의의

① 민중소송이란 국가 또는 공공단체의 기관이 법률에 위반되는 행위를 한 때에 직접 자기의 법률상 이익과 관계없이 그 시정을 구하기 위하여 제기하는 소송을 말한다(행소법 제3조 제3호).

② 민중소송은 객관적 소송이며, 이는 객관소송법정주의에 따라 법률이 규정하고

있는 경우에 한해 제기할 수 있다(행소법 제45조).

③ 현행법상 선거소송, 당선소송, 국민투표무효소송, 주민소송, 주민투표소송 등이 그 예이다.

(2) **피고적격**

① 공직선거법상의 선거소송은 당해 선거구선거관리위원회위원장(공선법 제222조), 대통령선거와 국회의원선거의 당선소송은 경우에 따라 당선인 또는 당선인을 결정한 중앙선거관리위원회위원장이나 국회의장, 당해 선거구 선거관리위원회위원장을 피고로한다(공선법 제223조).

② 국민투표법상의 국민투표무효소송은 중앙선거관리위원회위원장이 피고가 되며(국민투표법 제92조),

③ 지방자치법상 주민소송은 해당 지방자치단체의 장 또는 해당 사항의 사무처리에 관한 권한을 소속 기관의 장에게 위임한 경우에는 그 소속 기관의 장이 피고가 된다(지자법 제17조).

④ 주민투표법상 주민투표소송은 관할선거관리위원회위원장을 피고로 한다(주민투표법 제25조 제2항).

2. 기관소송

(1) **의의**

기관소송이란 국가 또는 공공단체의 기관 상호간에 있어서의 권한의 존부 또는 그 행사에 관한 다툼이 있을 때에 이에 대해 제기하는 소송을 말하는 것으로(행소법 제3조 제4호), 단일의 법주체내부에서 행정기관상호간의 권한분쟁에 관한 소송이다(협의설).

② 기관소송은 객관적 소송이며, 이는 객관소송법정주의에 따라 법률이 규정하고 있는 경우에 한해 제기할 수 있다(행소법 제45조).

③ 지자법 제157조 제2항에 따른 소송, 157조의2 제3항 1문에 따른 소송 등 감독청의 감독처분에 대한 소송을 기관소송으로 보는 견해도 있으나(광의설), 기관소송은 기본적으로 동일한 법주체 내부의 문제라는 점에서 항고소송의 일종으로 봄이 타당하다(협의설).

(2) **피고적격**

① 국가기관간의 분쟁은 헌법재판소의 권한쟁의의 문제가 되므로(헌재법 제62조 제1항 제1호), 현행 행정소송법상 기관소송은 동일 지방자치단체의 기관간에서 문제된다.

② 지자법 제98조 제3항 또는 제159조 제3항에 의거하여 지방자치단체장이 제소하는 기관소송은 지방의회를 피고로 하며,

③ 지방교육자치에관한법률 제38조 제3항에 의거하여 교육감이 제소하는 기관소송은 시도의회 또는 교육위원회를 피고로 한다.

교/수/강/평

김 해 룡 (한국외국어대학교 법대 교수)

답안은 현행법상 행정소송의 유형과 그에 따른 피고적격을 상세하게 논술하고 있어 좋은 평가가 가능하다.

Ⅱ. 항고소송

1. 취소소송의 소송요건

기 출

행정상 즉시강제에 대한 취소소송의 적법요건

행시 제54회(10년)

제53회 행정고시 일반행정직 합격 김 고 현

A시에서 육류판매업을 영위하고 있는 乙은 살모넬라병에 감염된 쇠고기를 보관·판매하였던바, A시 시장은 이를 인지하고 「식품위생법」 제5조와 제72조에 근거하여 담당공무원 甲에게 해당 제품을 폐기조치 하도록 명하였다. 이에 따라 甲은 乙이 보관·판매하고 있던 감염된 쇠고기를 수거하여 폐기행위를 개시하였고, 乙은 즉시 甲의 폐기행위에 대해 취소소송을 제기하였다. 이 소송의 적법 여부를 설명하시오. (25점)

참·조·조·문

식품위생법시행규칙

제4조(판매 등이 금지되는 병든 동물 고기 등) 법 제5조에서 '보건복지부령으로 정하는 질병'이란 다음 각 호의 질병을 말한다.

1. 「축산물가공처리법시행규칙」 별표 3 제1호다목에 따라 도축이 금지되는 가축전염병
2. 리스테리아병, 살모넬라병, 파스튜렐라병 및 선모충증

■ C/O/N/T/E/N/T/S

Ⅰ. 논점의 정리

(1) 대상적격과 관련하여 '폐기행위'의 법적성질이 권력적 사실행위로서 즉시 강제인지, 즉시강제의 처분성을 인정할 수 있어 대상적격을 충족하는지 검토한다.

(2) 원고적격 및 협의의 소익과 관련하여 乙에게 폐기행위에 대해 취소소송을 제기할 법률상 이익이 있는지 검토하고, 즉시강제와 같이 단시간 종료되는 경우에 협의의 소익이 있는지 검토한다.

Ⅱ. 취소소송의 적법 여부

1. 소송요건 일반

(1) 乙의 폐기행위취소소송은 관할권 있는 법원에 (행정소송법 제9조), 원고적격 (동법 제12조)과 피고적격을 갖추어 (동법 제13조), 처분 등을 대상으로 (동법 제19조), 제소기간 내에(동법 제20조) 제기하고, 그 밖에 권리보호필요성 요건을 갖추고 있어야 한다.

(2) 설문의 경우 다른 요건들은 특별히 문제되어 보이지 않으나 대상적격, 원고적격, 협의의 소익이 문제 된다.

2. 대상적격 충족 여부

(1) 행정소송법상 처분개념

① 행정소송법 제19조 본문은 "취소소송은 처분 등을 대상으로 한다"고 하고, 동법 제2조 제1항 제1호는 "처분 등이라 함은 행정청이 행하는 구체적 사실에 관한 법집행으로서의 공권력의 행사 또는 그 거부와 그밖에 이에 준하는 행정작용 및 행정심판에 대한 재결을 말한다"라고 규정하고 있다.

② 처분 개념을 분석하면 (ⅰ) 행정청(기능적 의미의 행정청을 말하며, 합의제 기관과 행정소송법 제2조 2항의 행정청도 포함된다), (ⅱ) 구체적 사실에 대한 법집행행위 (관련

자가 개별적이고 규율대상이 구체적이어야 하며, 법의 집행행위라야 한다)이며, (iii) 공권력 행사 (행정청이 공법에 근거하여 우월한 지위에서 일방적으로 행사하여야 한다)이거나, (iv) 이에 준하는 행정작용 (처분적 법규명령, 일반처분, 권력적 사실행위 등이 논의 되고 있다) 이어야 한다.

(2) 법적 행위

'법적 행위'는 행정소송법 제2조 제1호에서 명시적으로 표현되고 있는 처분개념의 요소는 아니다. 그러나 판례와 전통적인 견해는 취소소송을 형성소송으로 보아 취소소송의 본질을 법률관계의 위법성을 소급적 제거로 이해함으로 인해 법적 행위를 항고소송의 대상이 되는 처분개념의 요소로 보고 있다. 이러한 견해에 따르면 항고소송의 대상이 되는 처분은 행정소송법 제2조 제1항 제1호의 처분의 개념요소를 구비하는 것 외에 법적 행위일 것을 요한다. 행정소송법 제29조 제1항을 고려할 때 취소소송은 형성소송이며 따라서 항고소송의 대상을 법적행위에 한정하는 판례와 전통적인 견해는 타당하다. 결국 항고소송의 대상인 처분은 처분개념에 해당하고 법적인 행위라야 한다. 판례에 따르면 법적행위란 '국민의 구체적인 권리의무에 직접적 변동을 초래하는 행위'를 말한다.

(3) 사안의 경우

1) 즉시강제의 의의

행정상 즉시강제란 급박한 행정상의 장해를 제거할 필요가 있는 경우에 미리 의무를 명할 시간적 여유가 없을 때 또는 성질상 의무를 명하여 가지고는 목적달성이 곤란할 때에 즉시 국민의 신체 또는 재산에 실력을 가하여 행정상의 필요한 상태를 실현하는 행정작용을 말한다. 사안의 작용은 살모넬라병의 위해를 제거하기 위해 재산에 실력행사를 가하여 행정상 필요한 상태를 실현시키는 것이므로 즉시강제에 해당한다.

2) 처분성 인정여부

(i) 일반적 견해는 권력적 사실행위인 즉시강제는 순수한 사실행위가 아니라 법적 규율로서 수인의무를 부과하는 요소(수인하명)와 물리적 집행행위가 결합된 합성행위로서의 성질을 갖는 바, 수인하명의 요소에 대하여 처분성을 인정할 수 있다고 한다. 그리고 수인하명의 제거의 목적이 취소소송의 대상이 되는 부분이라고 설명한다. 다만, 권력적 사실행위가 처분개념의 요소 중 공권력의 행사에 해당하는지 기타 이에 준하는 작용에 해당하는지에 대한 학설의 대립이 있다. (ii) 일부 견해는 사실행위는 법적 효과의 제거의 대상이 될 수 없다는 점, 합성행위로 보더라도 통지의 결여를 정당화 할 수 없다는 점, 수인의무가 발생하려면 상대방이 인식하여야 하는데 대부분의 권력적 사실행위는 인식이 결여되어 있다는 점을 논거로 즉시강제의 처분성을 부정하고 있다. (iii) 대법원은 단수처분, 이송조치 등에 있어서 처분성을

긍정하고 있고, 헌재도 "수형자의 서신을 교도소장이 검열하는 행위는 이른바 권력적 사실행위로서 행정심판이나 행정소송의 대상이 되는 행정처분으로 볼 수 있다." 라고 판시하여 권력적 사실행위가 항고소송의 대상인 처분에 해당된다는 점을 분명히 밝히고 있다.

③ 소결

즉시강제는 처분개념에 해당하고 당사자인 乙의 권리를 개별적이고 구체적으로 제한을 하는 법적인 행위이므로 처분성이 긍정된다. 이는 즉시강제의 처분성 인정여부에 관한 일반적 견해와 일치한다.

처분성을 부정하는 일부견해를 따르더라도 처분개념의 확장론에 따르면 항고소송의 대상으로 포함 시킬 수 있다. 즉 '이에 준하는 행정작용'으로 보거나, 형식적 행정행위로 인정하자는 견해, 항고소송을 객관적 소송으로 그리고 취소소송의 본질을 확인소송으로 본다면 항고소송의 대상인 처분에 사실행위나 법규명령을 포함시킬 수 있다는 견해 등이 있다. 따라서 폐기행위는 대상적격을 충족한다.

3. 원고적격 충족 여부

행정소송법 제12조 제1문은 "취소소송은 처분의 취소를 구할 법률상 이익이 있는 자가 제기할 수 있다"고 규정하고 있다. 이 법률상 이익에 대해 (i) 권리구제설, (ii) 법률상 보호이익설 (iii) 보호가치 있는 이익구제설, (iv) 적법성 보장설 등의 견해가 있으나, 다수설과 판례는 행정소송법 문언상 가장 합치되고 주관적 쟁송임을 근거로 법률상 보호이익설의 입장이다. 乙은 폐기행위에 의해서 재산권에 대해 직접적이고 구체적인 이익의 침해를 받는 직접상대방이므로 법률상 이익이 있고, 원고적격이 인정된다.

4. 협의의 소익

소방장애물의 파괴와 같이 행정상 즉시 강제가 단시간에 종료되는 경우에는 협의의 소익이 없기 때문에 행정쟁송을 제기가 가능하지 않다. 이 경우에는 원상회복이나 행정상 손해배상을 통하여 권리구제를 받을 수 밖에 없다. 그러나 전염병 환자의 강제격리, 정신질환자의 강제입원과 같이 즉시강제가 계속적 성질을 갖는 경우에는 행정쟁송으로 다툴 소의 이익이 있다. 사안의 경우에는 폐기행위를 개시한 즉시 취소소송을 제기하였으므로 폐기행위가 아직 완료되었다고 볼 수 없으므로 협의의 소익이 있다고 보여 진다. 다만 집행정지 신청한다면 취소소송을 통한 권리구제의 실효성을 보다 높일 수 있을 것이다.

Ⅲ. 사안의 해결

즉시강제의 처분성이 인정되어 대상적격을 충족하고, 원고적격, 협의의 소익도 충족하므로 모든 소송요건을 충족한다. 따라서 乙의 폐기행위에 대한 취소소송은 적법하다.

교/수/강/평

김 향 기 (성신여대 법대 교수)

설문은 행정청의 명에 따른 甲의 폐기행위에 대한 乙의 취소소송의 적법여부를 묻고 있다. 따라서 먼저 폐기행위의 법적 성질을 검토한 후 취소소송의 소송요건 중 특히 쟁점이 될 수 있는 소송요건을 구체적으로 검토해야 한다. 폐기처분의 근거규정인 식품위생법 제5조는 병든 동물고기 등의 판매등 금지를, 제72조는 폐기처분 등을 규정하고 있는바, 설문에서는 소송의 적법여부를 묻는 것이므로 소송요건충족 여부만 검토하면 되고 본안에서의 문제인 법규위반여부는 문제되지 않는다. 취소소송의 소송요건인 원고적격, 대상적격, 협의의 소익이 문제될 수 있고, 제소기간이나 제기절차는 문제가 없어 보인다. 앞에서 검토한 폐기행위의 성질은 행정상 즉시강제에 해당하는바, 행정상 즉시강제의 성질상 협의의 소익의 문제와 대상적격이 핵심쟁점이라 할 것이다. 따라서 원고적격의 경우, 乙은 행정청의 폐기조치의 상대방이므로 취소를 구할 법률상 이익의 여부에 대해 일반적으로 검토하면 되는데, 협의의 소익과 관련하여 즉시강제의 성질상 일시적으로 상황이 종료되는 것이 보통이라는 점에서 구체적 검토가 필요하다. 즉, 소의 이익의 의의와 관련규정을 검토한 후 처분의 효력이 소멸한 경우의 원칙적 소익 부정과 예외적 소익 인정의 경우를 비중 있게 검토하여 설문을 해결해야 한다. 또한 대상적격의 경우, 행정상 즉시강제의 성질과 관련하여 수인의무를 내포한 합성적 사실행위의 문제와 행정청의 공권력 행사와 이에 준하는 행정작용의 검토에 비중을 둘 필요가 있다.

불문경고의 법적 성질 및 행정법상의 권리구제 수단

제52회 행정고시 일반행정직 합격 민 차 영

행시 제53회(09년)

A郡의 주택담당 지방공무원으로 근무하던 甲은 신규아파트가 1동의 건물로 되어 있기 때문에 동별(棟別) 사용승인이 부적합함에도 불구하고 동별 사용승인을 하였다.
이에 A군의 인사위원회는 이러한 사용승인으로 말미암아 민원이 야기됨은 물론, 건축승인조건인 도로의 기부체납이 지연되거나 이행되지 않을 우려가 있음을 이유로 지방공무원법 제48조 성실의무 위반을 들어 甲을 징계의결하려고 한다. A郡의 인사위원회는, 「A郡지방공무원징계양정에 관한 규칙」 제2조 제1항 및 〔별표 1〕 '징계양정기준'에 의하여 이 같은 비위사실에 대하여는 견책으로 징계를 하여야 할 것이지만, 동 규칙 제4조 제1항 및 〔별표 3〕 '징계양정감경기준'에 따라 甲에게 표창공적이 있음을 이유로 그 징계를 감경하여 불문으로 하되, 甲에게 경고할 것을 권고하는 의결을 하였고, 이에 따라 A군의 군수는 甲을 '불문경고'에 처하였다. 한편 A郡이 소속한 B道 도지사의 「B道지방공무원인사기록및인사사무처리지침」에는 불문경고에 관한 기록은 1년이 경과한 후에 말소되어 또한 불문경고를 받은 자는 각종 표창의 선정대상에서 1년간 제외하도록 규정하고 있다. (총 30점)
(1) 불문경고의 법적 성질 및 징계와의 관련성을 검토하시오. (10점)
(2) 불문경고에 대한 甲의 행정쟁송상 권리구제 수단을 검토하시오. (20점)

C/O/N/T/E/N/T/S

Ⅰ. 설문 (1)에 대하여

1. 불문경고의 법적 성질

불문경고는 지방공무원법상의 징계처분에는 포함되지 않으나 행정규칙에 근거하여 그 동안의 표창 등을 감안하여 경고로 그치고 더 이상의 징계를 하지 않는 조치를 의미한다. 행정규칙은 외부적 직접적 효과를 가지지 않으나, 내부적으로는 직접적 구속력이 있다는 점에서 공무원에 대하여는 이러한 행정규칙에 의거한 불문경고도 법적인 구속력을 가지게 한다. 따라서 공무원 甲에 대한 관계에서 행정규칙에 근거한 불문경고는 권리, 의무와 법적 지위에영향을 미치게 되는 바, 처분성이 인정된다고 해야 할 것이다.

2. 징계와의 관계

불문경고로 인해 승진이나 호봉 등에 어떠한 영향을 받는다고 하더라도 이는 불문경고가 징계에 해당하기 때문이 아니라 행정규칙에 규정된 것을 따르게 됨으로 인해 발생하는 효과에 불과하다고 볼 것이다. 다만 이는 징계처분에 유사한 효과를 발생시키는 것으로 보아야 할 것이다. 따라서 징계에 준하는 것으로 징계에 관한 불복수단과 같은 불복수단을 통해 권리구제를 받아야 할 필요성이 있다.

Ⅱ. 설문 (2)에 대하여

1. 소청심사청구

국가공무원법 제16조에 따라, 공무원에 대하여 징계처분을 할 때나 강임,휴직,직위해제 또는 면직처분 기타 본인의 의사에 반하는 불리한 처분에 대해서 행정소송을 하기 위하여는 소청심사위원회의 심사,결정을 우선 거쳐야 한다. 이는 행정심판전치주의에 필요한 개별 규정으로 이해되는바, 甲의 행정쟁송상의 제1차적 권리구제수단이라고 볼 수 있다.

2. 취소소송이나 무효확인소송

(1) 소의 적법요건

우선, 앞서 본 것처럼 공무원인 甲은 행정심판전치주의가 적용되는 경우이므로, 소청심사청구를 거친 후에야 행정소송을 제기할 수 있다. 그리고 취소소송이나 무효확인소송을 제기하기 위한 요건은 처분 등을 대상으로 하여야 하고, 원고적격이 존재하여야 하며, 제소기간 등을 준수하여야 하는데, 설문에서는 원고적격이나 제소기간 등의 요건은 특별히 문제되지 않으나, 불문경고가 항고소송의 대상적격이 있는지 문제된다.

(2) 대상적격의 문제

1) 판례의 태도

판례는 처분의 근거나 법적인 효과가 행정규칙에 규정되어 있다고 하더라도, 그 처분이 행정규칙의 내부적 구속력에 의하여 상대방에게 권리의 설정 또는 의무의 부담을 명하거나 기타 법적인 효과를 발생하게 하는 경우에는 항고소송의 대상이 되는 행정처분이라고 하여, 이에 따라 불문경고를 받은 공무원에게 일정한 법적 효과가 발생하게 되는 경우, 불문경고 역시 항고소송의 대상이 되는 행정처분이라고 하였다.

2) 설문의 경우

설문상 A군지방공무원징계양정에 관한 규칙에 따라 甲에게 불문경고가 발하여졌고, B도지방공무원인사기록및인사사무처리지침에 따라 불문경고를 받은 자는 표창대상에서 제외되는 효과가 있는 바, 甲은 이로 인해 직접적으로 법적 지위에 영향을 받게 된다. 이는 앞서 살펴본 것처럼 내부적인 지침에 의거한 것이라 하더라도 마찬가지라는 판례에 따르면 항고소송의 대상이 되는 처분개념을 충족한다고 할 것이다. 따라서 甲은 불문경고에 대해 취소소송이나 무효확인소송의 제기가 가능하다.

3. 국가배상청구소송

(1) 국가배상의 요건

국가배상을 청구하기 위해서는 ① 공무원의 ② 법령위반의 ③ 직무행위로 ④ 고의・과실로 5타인에게 손해를 발생시킬 것을 요한다.

(2) 설문의 검토

설문상 甲에 대해서 불문경고가 발하여진 것은 공무원의, 직무행위이며, 표창에서 제외되는 손해가 발생하였다는 요건은 충족한다. 그런데 이러한 불문경고처분은 甲이 동별 사용승인이 부적법한 상황에서 동별 사용승인을 한 것에 따라 성실의무위반을 이유로 한 것인바, 이러한 처분이 재량의 일탈・남용이거나 법령위반의 경우라고 할 수 없어 국가배상청구소송의 요건을 충족하지 못한다.

4. 공법상 결과제거청구소송

(1) 요건

결과제거청구권을 행사하기 위해서는 ① 공행정작용으로 인한 위법한 상태가 초래되었고 ② 권리의 침해가 있고, ③ 결과제거의 사실적・ 법적 가능성이 있고, ④ 취소소송이 선행되어 위법상태가 존재하고 계속되는 상태여야 한다.

(2) 설문의 검토

설문상 불문경고처분으로 인해 甲에게 권리가 침해되었고, 이러한 결과의 제거가 능성이 존재한다. 그러나, 이러한 상태를 위법한 상태로 볼 것인지는 불명확한바, 취소소송을 통해 위법상태임을 먼저 확인받아야 결과제거청구권을 행사할 수 있을 것으로 보인다.

교/수/강/평

김 향 기 (성신여대 법대 교수)

(1) 이 문제의 사실관계는 대법원 2002.7.26. 선고2001두3532(견책처분취소) 사건내용과 같은바, 이 사건에서 '불문경고조치'의 법적 성질과 관련하여 원심(부산고등법원)은 '불문경고는 가장 가벼운 징계인 견책을 감경하여 불문으로 하되 단지 앞으로 유사한 잘못을 되풀이 하지 않도록 업무에 더욱 충실할 것을 권고하거나 지도하는 행위에 불과하고, 그로 인하여 승진이나 호봉승급 등에 어떠한 영향을 미친다 하더라도, 이는 불문경고 자체보다는 그 원인이 된 비위사실이 승진이나 호봉승급 등 인사평정상의 참작사유로 고려되는데서 기인한 사실상 또는 간접적인 효과에 불과하고 불문경고 자체로 인하여 법률상 효과로서 원고의 신분에 직접적으로 불이익을 끼치는 사유가 있다고 인정할 수 없다'고 하여 처분성을 부인하고 있다. 이에 대해 상고심인 대법원은, '불문경고는 그 근거와 법적 효과가 행정규칙에 규정되어 있다 하더라도, 불문경고를 받지 아니하였다면 차후 다른 징계처분이나 경고를 받게 될 경우 징계감량사유로 사용될 수 있었던 표창공적의 사용가능성을 소멸시키는 효과와 1년 동안 인사기록카드에 등재됨으로써 그 동안은 장관표창이나 도지사표창 대상자에서 제외시키는 효과가 있는 등, 행정규칙의 내부적 구속력에 의하여 상대방에게 권리의 설정 또는 의무의 부담을 명하거나 기타 법적 효과를 발생하게 하는 등으로 원고의 권리의무에 직접 영향을 미치는 행위'라고 하여 그 처분성을 인정하고 있다.

(2) 답안은 잘 작성되어 있으나 그 내용을 좀 더 보충하면 다음과 같다.

즉, 설문 (1)의 불문경고의 법적 성질과 관련하여, 불문경고는 앞으로 잘못을 되풀이 하지 않도록 업무를 충실히 할 것을 권고·지도하는 행위에 불과하고 직접 공무원의 신분에 불이익을 초래하는 법률상 효과가 발생하는 것은 아니므로 행정소송의 대상인 행정처분이 아니라는 처분성부정설이 있을 수 있다(위 사건의 원심판결 및 서면경고에 관한 대법원 1991.11.12. 선고 91누2700 판결). 그러나 불문경고는 행정규칙에 근거한다 하더라도 행정조직 내부에 대한 구속력이 있고, 불문경고의 기록이 말소되지 않은 1년 동안은 각종 표창 대상자에서 제외되는 효과가 있으며, 불문경고처분을 받지 아니하였다면 차후 다른 징계처분이나 경고를 받게 될 경우 징계감경사유로 사용될 수 있는 표창공적의 사용가능성을 소멸시키는 효과가 있다 할 것이므로 공무원의 신분상 지위에 직접적인 영향을 미친다고 할 것이어서 처분성긍정설이 타당하다고 할 것이다. 다만, 불문경고와 같은 불이익이 없는 서면경고는 처분성이 부인된다고 할 것이다(대법원 1991.11.12. 선고 91누2700등).

다음, 징계와 관련하여, 공무원의 비위사실이 원인이며, 공무원의 신분상 지위에 직접 불이익을 줄 수 있어 행정쟁송을 제기할 수 있는 처분성이 인정된다는 점이 공통되나, 징계는 지방공무원법 제70조에서 징계의 종류를 파면・해임・강등・정직・감봉 및 견책으로 구분하고, 같은 법 제71조 제5항에서 징계처분을 받은 공무원에 대하여 그 처분을 받은 날 또는 집행이 종료된 날로부터 일정한 기간 동안 승진임용 또는 승급할 수 없다고 규정하여, 법률에 근거하고 법률에 의한 효과가 발생하는데 대하여, 불문경고는 행정규칙에 근거하고 징계와 같은 효력은 없으나 행정규칙의 내부적 구속력에 의해 일정한 효과가 발생한다는 점이 차이점이다.

(3) 설문 (2)와 관련하여, 행정쟁송상의 권리구제수단이므로, ① 소청심사청구 ② 취소소송 또는 무효등확인소송과 이와 더불어 ③ 집행정지신청과 ④ (당사자소송으로서의) 국가배상청구소송 및 ⑤ 공법상 결과제거청구송송을 검토하면 된다. 위 쟁송수단을 단순히 열거할 것이 아니라, 소청심사는 필요적 전치주의라는 점, 취소소송과 무효등확인소송의 경우에는 소송요건으로서 피고가 원처분청인 A군수인지 아니면 소청심사위원회인지의 문제, 취소소송과 무효등확인소송을 병합하는 경우의 방법 등을 논급하여 답안의 수준을 높일 필요가 있다. 또한 공법상 결과제거청구소송의 제기문제는 소청결정이나 취소소송 또는 무효등확인소송의 판결의 기속력에도 불구하고 제거해야할 위법상태가 남아있을 경우 '당사자소송'으로 독자적으로 제기하거나 취소소송에 '관련청구소송'으로 병합하여 제기하는 경우가 있을 수 있다는 점이다.

협의의 소의 이익

행시 제44회(OO년)

제42회 사법시험 합격 박 정 삼

甲은 건축사법을 위반으로 6개월의 업무정지 처분을 받았다. 甲은 이에 불복하여 취소소송을 제기하였으나, 변론종결일까지 이 사건 처분의 효력 또는 집행정지에 관한 아무런 판단도 받지 못하고 위의 제재기간이 경과되기에 이르렀다.

(1) 이 경우 수소법원은 어떤 판결을 내려야 하는가? (20점)

참고조문

건축사법 제28조

① 中 제1~4호 생략

제5호 : 년 2회이상 건축사의 업무정지명령을 받은 경우 그 정지기간이 통산하여 12월 이상이 된때

(2) 이 경우 만일 건축사법 제28조 제1항이 아래의 예시와 같이 규정되어 있고 상기의 건축사법 제28조 제1항 제5호의 내용이 법률에 규정되지 않고 시행령에 규정된 경우, 시행규칙에 규정된 경우 및 훈령에 규정된 경우로 나누어 수소법원은 어떤 판결을 내려야 하는지 검토하시오. (30점)

예시 : 건축사법 제28조 제1항의 내용 중 "다만, ……"이하 생략한 것이 예시 조문임

advice

행정처분 효력기간 경과 시의 협의의 소의 이익에 대해서 원칙과 예외를 파악하고 제재적인 행정처분의 가중요건이 시행규칙에 규정된 경우를 다른 경우와 달리 취급되는 종전판례에 대해 비판적 접근과 최근 변경된 대법원의 입장을 소개함이 바람직하다.

C/O/N/T/E/N/T/S

Ⅰ. 문제의 소재

(1) 문제 (1)에 관하여는 甲에 대한 업무정지처분이 정지기간의 경과로 효력이 소

멸되었으므로 이 경우에도 처분의 취소를 구할 이익이 있는지가 문제이다. 즉, 취소소송에 있어서의 협의의 소의 이익에 관해 검토하여야 한다.

(2) 문제 (2)에 관하여는 협의의 소의 이익이 역시 문제되나, 가중처분 규정이 법률이 아닌 시행령, 시행규칙, 훈령에 규정된 경우이므로 각 규정이 대외적 구속력을 가지는지에 따라 법원의 심사척도가 될 것인지 여부가 결정되므로 대외적 구속력 유무를 살펴볼 필요가 있다.

Ⅱ. 취소소송에 있어서의 협의의 소의 이익－[설문 (1)]

1. 원칙

취소소송 역시 일반소송과 마찬가지로 분쟁을 소송을 통해 해결할 현실적인 필요성 또는 권리보호의 필요성이 있을 때 한하여 허용된다. 이러한 권리보호의 필요성을 소의 이익이라고 한다.

취소소송은 위법한 처분 등에 의해 발생한 위법상태를 배제하여 원상으로 회복시키고, 그 처분으로 인하여 침해되거나 방해받은 권리나 이익을 구제하는 소송인바, 소익이 인정되기 위해서는 처분 등의 효력이 존속하고 있어야 된다. 따라서 처분의 효력이 소멸된 경우나 원상회복이 불가능한 경우 및 처분 후의 사정으로 이익침해가 해소된 경우에는 원칙적으로 소익이 없다.

2. 예외

행정소송법 제12조 후문에 따르면 처분 등의 효과가 기간의 경과, 처분 등의 집행 그 밖의 사유로 인하여 소멸한 뒤에도 그 처분 등의 취소로 인하여 회복되는 법률상 이익이 있는 경우는 소의 이익이 있다.

이 때 법률상 이익의 의미는 동조 전문의 원고적격에서와 마찬가지로 법적 보호이익으로 파악하는 것이 통설 및 판례의 입장이며, 따라서 회복할 수 있는 이익이 단지 사실상의 이익이나 명예, 신용 등 인격적 이익에 불과한 경우는 이에 해당하지 않는 것으로 보고 있다.

3. 판례의 검토

효력기간이 도과한 건축사에 대한 업무정지처분의 취소소송에서, 대법원은 건축사법상의 규정에 의해 장래에 가중처분을 받게 될 우려가 있으므로 업무정치처분의 취소를 구할 소의 이익이 있다고 판시한 바 있다.

4. 사안에의 적용

기간의 경과로 업무정지처분의 효과는 소멸하였으나, 법률상 가중처분 규정이 있으므로 처분의 취소로 인해 회복되는 법률상 이익을 인정할 수 있을 것이다. 따라서, 소의 이익이 인정되므로 법원은 본안 판단으로 들어가 처분의 취소 여부를 판단하여야 한다.

Ⅲ. 설문 (2)

법률상 이익 유무에 판단을 위해 먼저 각 가중처분 규정의 대외적 구속력이 인정될 것인지를 검토해 보도록 한다.

1. 시행령의 규정된 경우

(1) 법규명령(시행령)의 형식의 행정규칙의 법적 성격

1) 학설의 검토

법규명령의 형식으로 제정되어 있는 한 대외적 구속력을 인정해야 한다는 적극설과, 행정규칙은 법규명령 형식으로 제정되어도 행정규칙으로서의 성질에는 변함이 없으므로 대외적 구속력이 없다는 소극설이 있다.

2) 판례의 입장

판례는 대통령으로 정한 행정처분의 기준은 법규명령으로 판시(대판 1997.12.26, 97누15418)하였고 또한 대통령으로 정한 행정처분의 기준을 법규명령으로 보면서도 그 기준을 단순히 처분의 한도로 본 판례(대판 2001.3.9, 99두5207)도 있다.

3) 사견

법규명령의 형식을 갖는 행정규칙에 대해 대외적 구속력을 인정할 경우, 당해 규정이 법원의 심사 척도가 되므로 그 효력을 부인하기 위해서는 선결문제방식의 규범통제에 의할 수밖에 없게 되어 행정청의 입법재량남용에 대한 사법심사의 폭이 제한된다. 따라서 대외적 구속력을 인정하지 않는 소극설의 입장이 타당하다고 보며, 판례의 입장처럼 시행령을 시행규칙과 달리 취급하는 것은 근거가 부족하다고 본다.

(2) 협의의 소의 이익의 인정여부

법규명령으로 보는 견해에 의하면 처분청은 그 규칙에 따라야 할 법적의무를 갖는바 이를 집행함으로 인해 당사자는 위반횟수에 따라 가중처벌될 개연성이 있는바 당해 행정처분의 그 위법성을 확인하여 사후에 불리한 가중처분을 받을 우려를 제거할 필요성이 인정된다. 따라서 당해 사안은 소익이 인정된다. 또한 행정규칙으로 보는 견해에 의하면 대외적 구속력의 유무와 별도로 취소를 구할 법률상 이익의 범위를 보다 넓게 파악하여, 사실상의 이익은 제외하되 널리 법적인 이익의 침해가 우려되는 경우에는 소의 이익을 인정하여 본안 판단을 하는 것이 타당하다고 본다.

2. 시행규칙에 규정된 경우

(1) 법규명령(시행규칙)의 형식의 행정규칙의 법적 성격

시행령의 경우와 마찬가지의 학설 대립이 있으며, 다만 판례는 시행령의 경우와 달리 시행규칙형식의 행정규칙의 경우에는 행정규칙의 성격을 갖는 것으로 본다.

(2) 협의의 소의 이익의 인정여부

1) 학설

학설은 시행령의 경우와 같은 구조이나 시행규칙 형식의 가중적 제재요건에 대해서 종전판례의 입장은 학설과 달리한다.

2) 종전 대법원의 입장

종전 대법원의 다수의견은 행정처분에 효력기간이 정하여져 있는 경우, 그 처분의 효력 또는 집행이 정지된 바 없다면 위 기간의 경과로 그 행정처분의 효력은 상실되므로 그 기간 경과 후에는 그 처분이 외형상 잔존함으로 인하여 어떠한 법률상 이익이 침해되고 있다고 볼만한 별다른 사정이 없는 한 그 처분의 취소를 구할 법률상의 이익이 없고, 행정명령에 불과한 각종 규칙상의 행정처분 기준에 관한 규정에서 위반 횟수에 따라 가중처분하게 되어 있다 하여 법률상의 이익이 있는 것으로 볼 수는 없다. 라고 판시하여 당해사안의 경우 소익을 부정하였다. 그러나 소수의견은 제재적 행정처분을 받은 전력이 장래 동종의 처분을 받을 경우에 가중요건으로 법령에 규정된 것은 아니더라도 부령인 시행규칙 또는 지방자치단체의 규칙 등으로 되어 있어 그러한 규칙의 규정에 따라 실제로 가중된 제재처분을 받은 경우는 물론 그 가중요건의 존재로 인하여 장래 가중된 제재처분을 받을 위험이 있는 경우 선행의 제재처분을 받은 당사자가 그 처분의 존재로 인하여 받았거나 장래에 받을 불이익은 직접적이고 구체적이며 현실적인 것으로서 결코 간접적이거나 사실적인 것이라고 할 수는 없다고 하여 협의의 소의 이익을 긍정한 바 있다.

3) 변경된 대법원의 입장

제재적 행정처분이 그 처분에서 정한 제재기간의 경과로 인하여 그 효과가 소멸되었으나, 부령인 시행규칙 또는 지방자치단체의 규칙의 형식으로 정한 처분기준에서 제재적 행정처분을 받은 것을 가중사유나 전제요건으로 삼아 장래의 제재적 행정처분을 하도록 정하고 있어 그 규칙이 정한 바에 따라 선행처분을 가중사유 또는 전제요건으로 하는 후행처분을 받을 우려가 현실적으로 존재하는 경우에는, 선행처분을 받은 상대방은 비록 그 처분에서 정한 제재기간이 경과하였다 하더라도 그 처분의 취소소송을 통하여 그러한 불이익을 제거할 권리보호의 필요성이 충분히 인정된다고 할 것이므로, 선행처분의 취소를 구할 법률상 이익이 있다고 보아야 할 것이다(대판 2006.6.22, 2003두1684).

3. 훈령에 규정된 경우

(1) 서설

사안의 가중처분을 규정한 훈령은 형식상 행정규칙인 재량준칙에 해당하며, 행정규칙의 대외적 구속력 인정여부에 관하여는 견해의 대립이 있다.

(2) 학설의 검토

전통적으로 행정규칙은 행정조직의 내부적 효력만을 인정하였으나, 재량준칙에 있어서 재량권 행사가 일정한 관행을 형성하는 경우 헌법상 평등원칙을 매개로 한 행정의 자기구속원리에 따라 대외적 구속력을 가지게 된다는 견해가 통설적 입장이다.

(3) 판례의 입장

원칙적으로 행정규칙의 대외적 구속력을 부정하고 있으며, 예외적으로 행정청의 전문적 판단을 요하는 분야에서 소위 규범구체화 행정규칙에 대해서 대외적 구속력을 인정하고 있다.

(4) 사견

사안의 가중처분 규정은 고도의 전문성을 갖는 영역이 아니라 단순한 사무처리기준을 정한 것에 불과하여 사법심사가 용이하고 필요하므로 대외적 구속력을 부정하는 것이 타당하다고 본다. 따라서 대외적 구속력의 유무와 별도로 취소를 구할 법률상 이익의 범위를 보다 넓게 파악하여, 사실상의 이익은 제외하되 널리 법적인 이익의 침해가 우려되는 경우에는 소의 이익을 인정하여 본안 판단을 하는 것이 타당하다고 본다.

4. 검토

대외적 구속력의 유무가 바로 소의 이익의 유무로 연결되어야 하는 것은 아니라고 본다. 한편, 대외적 구속력을 부정하여 소를 각하할 경우 장래에 가중처분이 있으면 법원은 또 다시 처분의 적법여부를 판단해야 하기 때문에 분쟁의 일회적 해결을 도모할 수 없게 되는 문제가 발생한다. 따라서, 대외적 구속력의 유무와 별도로 취소를 구할 법률상 이익의 범위를 보다 넓게 파악하여, 사실상의 이익은 제외하되 널리 법적인 이익의 침해가 우려되는 경우에는 소의 이익을 인정하여 본안 판단을 하는 것이 타당하다고 본다.

5. 소결

위 결론에 의할 때 문제 (2)의 각 경우에 가중처분 규정의 대외적 구속력은 부인되더라도, 관계규정 및 취지를 살펴볼 때 구체적 · 직접적 불이익의 발생 위험이 인정되므로 소의 이익을 인정하여야 할 것이다. 따라서 법원은 위 각 경우 모두 본안판단으로 들어가서 취소여부를 심판해야 할 것이다.

Ⅳ. 문제의 해결

(1) 처분의 효과가 소멸한 경우에도 법률상 가중처분 규정이 있는 경우에는 취소소송의 소의 이익이 인정된다. 따라서 문제 (1)의 경우 법원은 본안 판단을 해야 할 것이다.

(2) 가중처분 규정이 시행령, 시행규칙, 훈령에 각 규정되어 있는 경우, 그 대외적 구속력을 인정할 것인지에 관해 학설은 견해가 대립되며 판례는 시행령의 경우에만 구속력을 인정하는 입장이나, 사안과 같이 단순한 사무처리기준을 규정한 경우에는 전면적인 사법심사가 필요하다고 할 것이므로 대외적 구속력을 모두 부정하는 것이 타당하다고 본다.

(3) 소의 이익의 판단에 있어서 법률상 이익의 개념을 구체적 · 실질적인 개념으로 파악하여, 가중처분 규정의 대외적 구속력 여부와는 독립적으로 판단하는 것이 타당할 것이다.

(4) 따라서 문제 (2)의 각 경우에 모두 소의 이익이 있다고 보아 법원은 본안 판단을 하여야 할 것이다.

경원자소송

정 선 균 강사

행시 제52회(08년)

甲은 LPG 충전사업허가를 신청하였다. 이에 대하여 乙시장은 인근 주민들의 반대여론이 있고 甲의 사업장이 교통량이 많은 대로변에 있어서 교통사고시 위험이 초래될 수 있다는 이유로 사업허가를 거부하였다. 한편, 乙시장은 丙이 신청한 LPG충전사업에 대하여 허가를 하였다. 관련 법령에 의하면 乙시장의 관할구역에는 1개소의 LPG 충전사업만이 가능하고, 충전소의 외벽으로부터 100 m 이내에 있는 건물주의 동의를 받도록 되어 있다. 그런데 丙은 이에 해당하는 건물주로부터 동의를 얻지 아니한 채 위의 허가신청을 하였다. (총 50점)

(1) 乙시장의 丙에 대한 허가처분에 대하여 甲은 취소소송을 제기할 수 있는가? (30점)

(2) 만약 丙이 처분이 내려진 후에 인근 주민의 동의를 받았다면 위의 허가처분에 대한 하자는 치유되는 것인가? (20점)

C/O/N/T/E/N/T/S

Ⅰ. 쟁점의 정리

(1) 설문 (1)에서는 허가처분의 제3자인 甲이 丙에 대한 허가처분의 취소를 구하는 소송을 제기할 수 있는 이익이 있는지와 관련하여 대상적격, 원고적격, 협의의 소의 이익 등을 갖추고 있는지 여부를 검토하기로 한다.

(2) 설문 (2)에서는 위법한 허가처분에 대하여 丙이 사후에 인근 주민의 동의를 받은 경우 그 하자가 치유되는지 여부와 관련하여, 경원자관계의 특수성을 고려하여 살펴보도록 한다.

Ⅱ. 丙에 대한 LPG충전사업허가의 법적 성질

甲과 丙이 허가를 신청하였고 그 중 丙에 대한 허가는 甲에 대하여는 필연적으로 거부가 되므로 당해 허가는 '제3자효 행정행위'의 성질을 갖는다.

그리고 비록 허가라는 명칭을 사용하고 있으나, 업소제한규정 등을 고려할 때 LPG충전사업허가는 자연적 자유의 회복이라기 보다는, 특정인에 대하여 새로이 일정한 권리를 설정하여 주는 강학상 '특허'로 보아야 할 것이다.

또한 특허는 공익상의 필요에 따라 특정인에게 법률상의 힘을 부여하는 것이기 때문에 특허를 할 것인지 여부는 행정청의 재량에 속하는 것이 일반적이다. 따라서 법률에 특별한 규정이 없는 한 '재량행위'로 보아야 할 것이다.

Ⅲ. 甲의 취소소송제기 가능여부

1. 대상적격 충족여부

(1) 처분의 개념요소

행정소송법 제19조에서 "취소소송은 처분을 대상으로 한다"고 규정하고 있고, 동법 제2조 제1항 제1호는 처분의 개념을 '행정청이 행하는 구체적 사실에 관한 법집행으로서 공권력의 행사 또는 그 거부와 그 밖에 이에 준하는 행정행위' 라고 정의하고 있다.

이와 같은 행정소송법의 처분개념을 분석하면, ① 행정청의 행위이어야 하고, ② 구체적 사실에 관한 법집행행위로서, ③ 공권력의 행사에 해당하여야 하며, ④ 외부에 대한 법적 행위로서 국민의 권리·의무에 직접적 영향을 미치는 것이어야 한다.

(2) 사안의 경우

丙에 대한 허가처분은 강학상 특허로서 乙시장의 구체적 사실에 관한 법집행으로서 공권력의 행사에 해당하며, 丙에게 LPG충전사업을 영위할 수 있는 권리를 설정하여 줌과 동시에 甲의 권리를 제한하는 제3자효 행정행위이므로 취소소송의 대상이 되는 처분에 해당한다.

2. 원고적격 충족여부

(1) 원고적격의 의의

원고적격이란 구체적인 소송에서 원고로서 소송을 수행하여 본안판결을 받을 수 있는 자격을 말한다.

(2) 행정소송법 제12조 제1문의 '법률상 이익'의 의미

행정소송법 제12조는 제1문은 "취소소송은 처분 등의 취소를 구할 법률상의 이익이 있는 자가 제기할 수 있다"라고 원고적격을 규정하고 있는바, 이때 '법률상 이익'이 무엇을 의미하는지에 대해서 취소소송의 기능과 관련하여 견해가 나뉘어져 있다.

1) 학설

① 취소소송의 기능은 위법한 처분으로 야기된 개인의 권리침해의 회복에 있으므로, 권리가 침해된 자만이 소를 제기할 수 있다는 권리구제설, ② 위법한 처분으로 권리뿐만 아니라 법에 의해 보호되는 이익을 침해당한 자도 처분을 다툴 수 있다는 법률상보호이익구제설, ③ 법에 의해 보호되는 이익이 아니라 하더라도 그 이익이 소송법적 관점에서 재판상 보호할 가치가 있다고 판단되는 경우에는 그러한 이익을 침해당한 자도 소를 제기할 수 있다는 보호가치있는 이익구제설, ④ 처분의 적법성 확보에 가장 이해관계가 있는 자에게 원고적격이 인정된다는 적법성보장설 등의 견해가 대립하고 있다.

2) 판례

판례는 "행정처분의 직접 상대방이 아닌 제3자라도 당해 행정처분의 취소를 구할 법률상 이익이 있는 경우에는 원고적격이 인정되는바, 여기서 말하는 법률상 이익이라 함은 당해 처분의 근거 법규 및 관련 법규에 의하여 보호되는 개별적·직접적·구체적 이익을 말하고, 다만 공익보호의 결과로 국민 일반이 공통적으로 가지는 일반적·간접적·추상적 이익은 여기에 포함되지 않는다"고 판시하여 법이 보호하는 이익구제설의 입장이라고 할 수 있다.

3) 검토

현행 행정소송법이 취소소송을 주관적 소송으로 규정하고 있고, 원고적격을 법률상 이익이 침해된 자에게 있다고 규정하고 있으므로 현행법의 해석상으로는 법이 보호하는 이익구제설이 타당하다고 생각된다.

다만 최근 판례의 태도와 같이 근거 법률뿐 만이 아니라 관련 법률 및 그 취지에 의해 보호되는 이익도 고려하여 최대한 권리구제의 폭을 넓히는 것이 바람직하다고 본다.

(3) 경원자소송의 경우

경원자소송은 수인의 신청을 받아 일부에 대하여만 인·허가 등의 수익적 행정처분을 할 수 있는 경우에 인·허가 등을 받지 못한 자가 인·허가처분에 대하여 제기하는 소송을 말한다.

이러한 경원자 관계에 있는 경우에는 각 경원자에 대한 인·허가 등이 배타적 관계에 있으므로 자신의 권익을 구제하기 위하여는 타인에 대한 인·허가 등을 취소할 법률상 이익이 있다고 보아야 한다.

판례도 "인·허가 등의 수익적 행정처분을 신청한 여러 사람이 서로 경쟁관계에 있어 일방에 대한 허가 등의 처분이 타방에 대한 불허가 등으로 귀결될 수밖에 없는 때에는 허가 등의 처분을 받지 못한 사람은 처분의 상대방이 아니라 하더라도 당해 처분의 취소를 구할 당사자적격이 있다" 고 판시하여 이를 긍정하고 있다.

(4) 사안의 경우

관련 법령에 의하면 乙시장의 관할구역 내에는 1개의 업소에 한해 LPG충전사업에 대한 허가가 가능하므로 허가를 신청한 甲과 丙은 경원자관계에 해당한다. 따라서 허가를 받지 못한 甲은 비록 당해 허가처분의 상대방이 아니라도 丙에 대한 허가처분에 대하여 취소를 구할 법률상 이익이 인정된다.

3. 협의의 소의 이익 인정여부

(1) 일반론

협의의 소의 이익(=권리보호의 필요성)이란 원고의 청구가 소송을 통하여 분쟁을 해결할 만한 현실적인 필요성을 의미하는 바, 소송을 제기하여 인용판결을 받는다 할지라도 원고의 권리구제에 전혀 도움이 되지 않을 때에는 법원은 이익 흠결로 원고의 소제기를 각하하고 있다.

사안에서 丙에 대한 허가 처분이 소송을 통하여 취소된다 하더라도 甲에게 허가처분을 받지 못한 불이익이 회복된다고 볼 수 없을 때에는 당해 처분의 취소를 구할 이익이 없다고 할 것이다.

(2) 사안의 경우

인근주민들이 반대한다는 사정이라든가 甲의 사업장이 대로변에 있다는 사정 등은 허가여부를 결정함에 있어 참작요소는 될 수 있으나, 관련 법령에서 정한 허가제한사유가 아니므로 그 자체만으로는 허가를 거부할 사유가 될 수 없다.

따라서 이 사건 처분이 취소된다면 甲이 허가를 받을 수 있는 지위에 있음에 비추어볼때, 처분의 취소를 구할 정당한 이익도 있다고 하여야 할 것이다(대판 1992.5.8, 91누13274).

4. 그 밖의 소송요건 충족여부

甲이 丙에 대한 허가처분이 있음을 안 날로부터 90일 이내에(행정소송법 제20조), 처분청인 乙시장을 피고로 하여(행정소송법 제13조), 乙이 속해 있는 지방법원 본원에(행정소송법 제9조) 취소소송을 제기하였다면 적법한 소제기로 볼 수 있다.

Ⅳ. 허가처분에 대한 하자치유 인정여부

1. 문제의 제기

관련 법령에 의하면 LPG충전사업에 대한 허가를 받기 위해서는 충전소의 외벽으로부터 100m 이내에 있는 건물주의 동의를 받도록 되어 있는 바, 丙은 이런 동의를 얻지 아니한 채 허가를 받았으므로 丙의 허가에는 하자가 존재한다.

다만 처분을 받은 후 인근 주민의 동의를 받았다면 허가처분에 대한 하자가 치유되는지 여부가 문제된다.

2. 하자의 치유

(1) 의의

행정행위의 하자의 치유라 함은 성립당시에 하자가 있는 행정행위가 사후에 하자의 원인이 되는 법률요건을 충족하였다든지 또는 그 하자가 취소를 요하지 않을 정도로 경미한 경우에는 그 성립당시의 하자에도 불구하고 적법한 것으로 다루는 것을 말한다.

(2) 허용여부

하자의 치유는 법치주의의 관점에서 볼 때 원칙적으로 허용할 수 없는 것이지만, 국민의 권익을 침해하지 아니하는 범위 내에서 행정행위의 무용한 반복을 피하기 위해 예외적으로 허용될 수 있다고 보는 것이 판례 및 통설의 입장이다.

(3) 적용범위

무효와 취소의 구별이 상대적이라는 이유로 무효인 행위에 대해서도 하자의 치유를 인정하는 견해가 있으나, 무효인 행정행위를 치유의 대상으로 할 경우에는 오히려 이해관계인의 신뢰 및 법적 안정성을 해치는 결과가 될 것이므로, 취소할 수 있는 행정행위에 대하여만 하자의 치유가 인정된다는 다수의 견해 및 판례의 입장이 타당한 것으로 보인다.

(4) 하자치유의 사유

학설 중에는 치유의 사유로 ① 흠결된 요건의 사유보완 ② 장기간 방치로 인한 법률관계의 확정 ③ 취소를 불허하는 공익의 요구의 발생 등을 드는 견해가 있으나, ②와 ③은 취소권의 제한사유로 보는 것이 다수의 견해이다.

판례는 흠결된 요건의 사후보완 중 형식·절차에 관한 하자의 경우에만 하자치유를 인정하고, 내용상 하자에 대해서는 하자치유를 인정하지 않는 입장이다.

(5) 하자치유의 한계

1) 실체적 한계

행정행위의 하자의 치유는 국민의 권리와 이익을 침해하지 않는 범위내에서만 허용된다.

특히 경원자관계의 경우 위법한 수익적 행정행위에 대해 치유를 인정한다면 타방당사자의 이익을 침해할 수 있으므로, 하자치유를 허용할 수 없다는 것이 판례의 입장이다.

2) 시간적 한계

행정행위의 절차·형식상의 하자의 치유가 어느 시점까지 가능한지에 대하여 다툼이 되고 있다.

가. 학설의 대립

① 개인의 권리보호라는 관점에서 행정쟁송 제기 이전까지만 하자치유를 인정하는 견해(=행정쟁송제기 이전시설) ② 행정심판은 행정내부의 자율적인 통제수단에 불과하므로 행정심판에 대한 불복시까지 하자가 보완될 수 있는 것으로 보는 견해(=행정소송제기 이전시설) ③ 분쟁의 일회적 해결이라는 소송경제적 관점에서 행정소송절차에서도 하자치유가 가능하다는 견해(=행정소송종결 이전시설) 등이 대립하고 있다.

나. 판례

판례는 하자치유를 허용하려면 '불복 여부의 결정 및 불복신청에 편의를 줄 수 있는 상당한 기간 내에 하여야 할 것'이라고 하여 행정쟁송제기 이전시설의 입장으로 보인다.

다. 검토(=행정소송제기 이전시설)

행정소송절차에서 특히 절차상 하자의 치유를 인정할 경우 행정의 효율성 및 소송경제를 일방적으로 강조하여 행정절차가 갖고 있는 법치국가적인 사전권리구제의 기능을 훼손하는 결과가 초래할 수 있으므로, 하자의 치유는 행정심판절차가 종료되기 전까지 또는 행정심판 절차를 거칠 필요가 없는 경우에는 행정소송제기전까지 인정하는 것이 바람직하다고 생각한다.

3. 사안의 경우

하자 있는 행정행위의 치유는 국민의 권리나 이익을 침해하지 않는 범위에서 구체적 사정에 따라 합목적적으로 인정해야 할 것인바, 본 사안과 같은 경원자관계의 경우에서 丙에 대한 위법한 수익적 행정행위에 대해 치유를 인정한다면 원고인 甲에게 불이익하게 되므로 하자치유를 허용할 수 없다고 보아야 할 것이다.

V. 사안의 해결

(1) 설문 (1)에서 甲과 丙은 경원자관계에 해당하므로 허가를 받지 못한 甲은 비록 당해 허가처분의 상대방이 아니라도 丙에 대한 허가처분에 대하여 취소를 구할 법률상 이익이 인정된다. 따라서 甲은 취소소송을 제기할 수 있다.

(2) 설문 (2)에서 甲과 丙은 경원자관계에 해당하므로 丙에 대한 위법한 허가처분에 대해 치유를 인정한다면 원고인 甲에게 불이익하게 되므로, 丙이 처분이 내려진 후에 인근 주민의 동의를 받았다 할지라도 허가처분에 대한 하자는 치유되지 않는다고 본다.

교/수/강/평

정 하 중 (서강대학교 법대 교수)

(1) 여기서는 경원자소송에 있어서 원고적격과 권리보호의 필요에 관한 문제이다. 모범답안은 제3자효 행정행위에 대한 취소소송에 있어서 원고적격문제를 정확하게 다루었으며, 아울러 판례(대판 1992. 5. 8, 91누14274)의 입장에 따라 권리보호의 필요성을 인정하였다. 그러나 강학상 허가인 주유소설치허가, 산림훼손허가 등의 경우에 법에서 정한 요건이 충족이 된다고 하더라고 중대한 공익을 이유로 거부할 수 있다는 판례들이(대판 2002. 10. 25. 2002두6651) 있음을 고려할 때 위 판례를 숙지하지 않은 수험생들의 경우에 정답을 쓰기가 매우 어려웠으리라 생각된다. 왜냐하면 사안의 LPG 충전사업허가는 강학상 특허로서 행정청에게 재량권이 인정되며, 아울러 사업장이 교통량이 많은 대로변에 위치하고 있어 교통사고의 위험이 발생할 수 있다는 사정은 중대한 공익에 해당하는 사유가 될 수 있기 때문이다.

(2) 행정행위의 하자의 치유가능성 및 사간적 한계에 관한 문제이다. 이 문제도 위 판례를 공부한 학생들에게는 쉽게 해결될 수 있는 문제이다. 모범답안은 경원자관계의 경우 위법한 수익적 행정행위의 하자의 치유를 인정한다면 타방 당사자의 이익을 침해할 수 있다는 이유로 그 가능성을 부인하고 있는 위 판례의 입장을 정리하고 있다.

취소소송의 원고적격

제53회 행정고시 일반행정직 합격 이 철 희

행시 제54회(10년)

한국전력공사는 OO도 A군내 지역에 발전소를 건설하고자 「전원개발촉진법」 에 근거하여 전원개발사업실시계획의 승인을 관계당국에 신청하였다. 그런데 발전소 건설사업은 환경영향평가 대상사업이다. 아래 관련 법조문을 참조하여 다음의 질문에 답하시오. (총 30점)

(1) 전원개발사업실시계획의 법적 성질을 논하시오. (5점)

(2) A군 내의 지역주민으로서 자신의 재산상, 환경상의 이익에 영향을 받는 자가 법률상 이익이 있는지 여부를 논하시오. (10점)

(3) 발전소 건설예정지에 자주 출입하는 임산물채취업자, 환경보호단체 등의 원고적격 인정여부와 본안소송을 진행하기 위한 논거를 제시하시오. (15점)

참·조·조·문

전원개발촉진법

제1조 (목적) 이 법은 전원개발사업(전원개발사업)을 효율적으로 추진함으로써 전력수급의 안정을 도모하고, 국민경제의 발전에 이바지함을 목적으로 한다.

제5조 (전원개발사업 실시계획의 승인)

① 전원개발사업자는 전원개발사업 실시계획(이하 "실시계획"이라 한다)을 수립하여 지식경제부장관의 승인을 받아야 한다. 다만, 대통령령으로 정하는 전원개발사업에 대하여는 그러하지 아니하다.

③ 실시계획에는 다음 각 호의 사항이 포함되어야 한다.

6. 국토자연환경 보전에 관한 사항

환경영향평가법

제1조(목적) 이 법은 환경영향평가 대상사업의 사업계획을 수립·시행할 때 미리 그 사업이 환경에 미칠 영향을 평가·검토하여 친환경적이고 지속가능한 개발이 되도록 함으로써 쾌적하고 안전한 국민생활을 도모함을 목적으로 한다.

제3조(국가 등의 책무)

① 국가와 지방자치단체는 정책이나 계획을 수립·시행하려면 환경영향을 고려하고 이에 대한 대책을 강구하여야 한다.

제14조(의견수렴 및 평가서초안의 작성)

① 사업자는 평가서를 작성하려는 때에는 대통령령으로 정하는 바에 따라 설명회나 공청회 등을 개최하여 환경영향평가대상사업의 시행으로 영향을 받게 되는 지역 주민(이하 "주민"이라 한다)의 의견을 듣고 이를 평가서의 내용에 포함시켜야 한다.

■ C/O/N/T/E/N/T/S

Ⅰ. 논점의 정리

(1) 당해 계획이 강학상 행정계획인지, 법적성질이 행정계획인지 검토하겠다.

(2) 행정소송법 제12조 제1문의 '법률상 의미'의 해석 및 '법률'의 범위에 대해 검토해야한다.

(3) 임산물채취업자와 환경보호단체에게 원고적격이 있는지 여부와 본안소송에서의 논거로 형량하자에 대해 검토하겠다.

Ⅱ. 설문 (1)의 해결

1. 행정계획인지

행정에 관한 전문적, 기술적 판단을 기초로 특정한 행정목적 달성을 위해 서로 관련되는 행정수단을 종합·조성하는 행위를 행정계획이라 한다.

사안의 전원개발사업실시계획의 경우 전원개발촉진법에 따라 국토자연환경 보전 및 전력 수급의 안전을 도모하기 위해 행정청이 여러 행정 수단을 조정 통합하는 것으로 행정계획으로 볼 수 있다.

2. 법적 성질

(1) 학설

행정계획의 법적성질에 대해 학설은 (ⅰ) 일반추상적 규율이라는 점에서 입법행위로 보는 견해·(ⅱ) 권리제한의 효과를 발생시키므로 행정행위라는 견해, (ⅲ) 개별적으로 검토해야한다는 견해, (ⅳ) 특수한 법제도이지만 구속력을 가진다는 점에서 행정행위에 준하여 파악하는 견해가 대립한다.

(2) **판례**

이에 대해 판례는 특정개인의 권리 내지 법률상 이익을 구체적으로 규제하는 도시계획결정을 처분으로 파악하면서 항고소송의 대상으로 인정하였다.

(3) **검토 및 사안**

사안의 전원개발사업실시계획의 경우 당해 계획에 의해 한국전력공사에게 발전소를 건설할 수 있는 권리가 생기고 지역 주민에게 이를 수인할 의무를 부여하게 되므로 행정행위라고 보아야 한다.

3. 소결

전원개발사업실시계획은 강학상 행정계획이며, 법적성질은 행정행위로 보아야 한다.

Ⅲ. 설문 (2)의 해결

1. 문제점

행정소송법 제12조 제1문의 '법률상 이익'의 의미에 관한 학설·판례를 검토하고, 이에 따라 A군내의 지역주민에게 법률상 이익이 있는지 여부를 검토해야 한다.

2. 법률상 이익의 의미

(1) **학설**

(ⅰ) 권리의 침해를 받은 자만이 원고가 될 수 있다는 권리구제설, (ⅱ) 법률에 의해 보호되는 이익을 침해받은 자도 가능하다는 법적이익구제설, (ⅲ) 실질적으로 보호가치 있는 자도 가능하다는 보호가치 있는 이익구제설, (ⅳ) 소송에 있어 적합한 이해관계를 가지는 자에게 원고 적격을 인정하는 적법성 보장설 등이 있다.

(2) **판례**

판례는 '법률상 직접적이고 구체적인 이익을 가지게 되는 사람'이 행정소송을 제기할 수 있다고 판시해 법적이익구제설의 입장이다.

(3) **검토**

적법성 보장설은 우리나라 취소소송은 주관적 쟁송이라는 점에서, 보호가치 있는 이익구제설은 법률상 이익에 대한 객관적 기준을 제시하지 못한다는 점에서 문제가 있다. 또한 권리 구제설은 오늘날 원고적격의 범위를 지나치게 좁게 보는 문제점이 있으므로 법적이익구제설이 타당하다.

3. '법률'의 범위에 관한 문제

(1) 학설 및 판례

이에 대해 학설은 (ⅰ)처분의 근거법규에 한정하는 견해, (ⅱ) 관련법규까지 포함시키는 견해, (ⅲ) 헌법상 기본권까지 포함시키는 견해가 있다.

판례는 과거에는 근거법규에 한정해서 파악했으나 최근에는 그 범위를 계속해서 넓혀가고 있는 중이다.

(2) 검토

처분의 근거법규에 한정할 경우 원고적격의 범위가 지나치게 좁아지는 문제가 있으며, 헌법상 기본권까지 확대할 경우 남소가 우려가 있는바 관련법규까지 포함시키는 견해가 타당하다고 보인다.

4. 사안 및 판례

법적 보호가치 있는 이익설에 따르고 법률의 범위를 관련법률까지로 보는 견해에 따라 판단해보면, 사안에서 A군내 지역주민들은 전원개발사업실시계획의 근거법인 전원개발촉진법에 적용을 받으며, 관련법인 환경영향평가법 제14조에 의해서 원고적격이 인정된다.

판례의 경우에도, 지역주민의 경우 특단의 사정이 없는 한 환경상 이익에 대한 침해 또는 침해 우려가 있는 것으로 사실상 추정되어 법률상 이익이 있다고 판시한 바 있다.

Ⅳ. 설문 (3)의 해결

1. 판례

판례는 행정계획의 영향권 밖의 주민들은 당해 처분으로 인하여 그 전과 비교하여 수인한도를 넘는 환경상 이익에 대한 침해를 증명함으로써 법률상 이익이 있다고 보았다.

2. 원고적격 인정여부

(1) 임산물채취업자

임산물채취업자의 경우 설문의 전원개발사업실시계획으로 인해 자신의 직업적 자유를 직접적으로 침해 당한다고 볼 수 없으며, 근거법이나 관련법에서 보호하고 있는 이익으로 보기 힘들므로 원고적격을 인정하기 어렵다.

(2) 환경보호단체

환경보호단체 또한 법률의 범위를 관련법규까지로 보는 견해에 따르는 이상, 헌법상 환경권을 침해 당했다는 사실만으로는 법률상 이익을 인정받을 수 없을 것이며, 판례도 새만금 사례에서 이와 같은 입장이다.

4. 본안소송을 위한 논거

(1) 계획재량과 형량명령

행정청이 행정계획을 함에 있어서는 법적으로 그 내용을 미리 결정할 수 없을 정도의 넓은 범위의 형성여지를 갖는데 이를 계획 재량이라 한다. 형량명령은 행정계획을 수립함에 있어서 관련된 이익을 정당하게 형량하여야 한다는 원칙을 말하며, 계획재량의 통제에 관한 개념이다.

(2) 형량하자

형량명령에 반하는 경우를 형량 하자라고 하며, 이는 (ⅰ) 형량을 행하지 않았거나, (ⅱ) 고려해야 할 이익을 빠뜨리거나, (ⅲ) 관련 공, 사익 가치를 잘못 평가하거나, (ⅳ) 형량에 있어 비례성을 결한 경우를 의미한다.

(3) 사안

사안에서 만약 임산물채취업자와 환경단체의 원고적격이 인정되어 본안판단으로 들어가게된다면, 이들은 형량하자에 대해 주장할 수 있을 것이다. 그 밖의 환경영향평가법 상의 절차상의 문제의 경우 이들이 환경영향평가 대상이 아닌 한 제기할 수 없을 것으로 보인다.

5. 소결

법률상 이익의 의미에 대해 법적이익구제설의 입장을 취하고, 법률의 범위를 관련법규까지 파악하는 입장에서는 임산물채취업자나 환경단체의 원고적격을 인정할 수 없을 것이다. 이들은 본안소송을 위해서 당해 행정계획에 형량하자가 있다는 점을 주장할 수 있다.

V. 결

(1) 전원개발사업실시계획은 강학상 행정계획으로 행정행위이다.

(2) 법률상 이익을 판례와 다수설에 따라 판단할 경우 지역주민은 근거법 및 관련법에 의해 법률상 이익이 있다고 볼 수 있다.

(3) 임산물 채취업자와 환경단체는 원고적격이 없으며, 본안 소송에서는 당해 행정계획의 형량하자를 논거로 제시하여야 할 것이다.

교/수/강/평

김 향 기 (성신여대 법대 교수)

사안은 전원개발사업실시계획의 승인을 신청한 단계이지만, 승인 전에는 문제가 되기 어려우므로 설문에 대한 검토는 환경영향평가를 받은 것인지는 알 수 없으나 승인을 받았기 때문에 그 취소소송을 제기한 경우를 상정하고 검토해야 할 것 같다.

(1) 설문(1)은 5점짜리 이므로 전원개발사업실시계획의 의의와 그 처분성여부 및 계획재량여부를 핵심만 검토하면 된다. 전원개발사업 실시계획이란 정부의 전력수급기본계획에 따른 전원개발사업의 실시에 관한 세부계획을 말한다(전원개발촉진법 제2조 제3호). 사안에서는 전원개발사업실시계획의 개념이나 효과에 관한 근거규정을 적시하고 있지 아니하므로 일반적인 개발사업 실시계획에 관해 검토하면 된다. 그런데 관할청의 승인을 받기 전의 개발사업 실시계획은 행정기관 내부 예정표에 불과하므로 설문의 취지를 볼 때 관할청의 승인을 받은 개발사업 실시계획의 법적 성질을 검토해야 할 것 같다. 판례는 실시계획승인은 시행자에게 단순히 공사의 시공권을 부여하는데 그치지 않고 해당 사업을 시행할 수 있는 권한을 설정해주며, 실시계획시행지역의 토지가 수용되는 등 재산권행사에 제약을 가져오므로 처분성을 인정할 수 있다고 한다(대판 1994.5.24, 93누24230 등).

(2) 설문(2)는 어떤 경우의 법률상 이익인지 명시되어 있지 아니하나, 환경영향평가 대상지역 주민의 항고쟁송의 원고적격을 묻고 있는 것으로 이해하면 될 것 같다. 제3자의 원고적격 그 중에서도 인인소송의 원고적격을 검토해야 할 것이다. 따라서 모범답안은 잘 작성되어 있으나, 인인소송의 원고적격의 의의와 그 허용가능성 및 환경영향평가 대상지역 안의 주민인 경우와 그 대상 밖의 주민인 경우를 비중있게 추가 검토함이 필요하다.

(3) 설문(3)의 경우, 법률상 이익에 관한 법률상 이익구제설에 의할 경우 근거 법규뿐만 아니라 관계법규에서 사익도 보호하는 것으로 해석되는 경우에 원고적격이 인정된다고 할 수 있다. 그런데 전원개발촉진법이나 환경영향평가법에서는 임산물채취업자나 환경보호단체 등의 이익을 보호하는 것이라고 해석할 수 있는 규정을 발견하기 어렵다. 그렇다면 관계법규에 헌법 등을 포함할 수 있는지 문제되는데 견해가 나뉘고 있으나 통설과 판례는 이를 부정하고 있다. 판례는 헌법상의 기본권으로서의 환경권에 관한 규정 만으로서는 그 보호대상인 환경권의 내용과 범위, 권리의 주체가 되는 권리자의 범위 등이 명확하지 못하기 때문에 직접적인 권리부여의 규정이라고 볼 수 없고, 따라서 헌법이 여기의 법률에 포함된다고 볼 수 없다고 판시하고 있다(대판 1995.5.23, 94마2218 등). 이러한 입장에서 임산물채취업자가 그 지역에 자주 출입하여 임산물을 채취하였다는 것만으로는 헌법상의 직업의 자유와 영업의 자유 및 생존권을 개별적·직접적으로 침해받았다고 보기 어려울 것이다. 마찬가지로 환경보호단체도 헌법상의 기본권으로서의 환경권에 관한 규정 만으로서는 개별적이고 직접적인 권리부여의 규정이라고 보기 어려울 것이므로, 원고적격을 인정받기 어려울 것이라는 점을 지적하면 된다.

다음, 본안소송을 진행하기 위해서는 해당 처분이 위법해야 하는 것은 아니고, 소송요건을 충족하고 있어야 하고, 원고가 관할청의 처분에 대해 위법주장을 하는 것으로 족하다. 따라서 먼저 임산물채취업자나 환경보호단체가 원고적격을 인정받기 위한 방안을 검토한 다음, 해당 처분의 위법의 논거를 주장하여야 할 것이다. 판례에 의하면, 환경영향평가 대상지역 밖의 주민은 해당 처분으로 그 처분전과 비교하여 수인한도를 넘는 환경피해 등을 받았거나 받을 우려가 있다는 자신의 환경상 이익 등에 대한 침해 또는 침해 우려가 있음을 입증해야 한다고 판시하고 있다(대판 2010.4.15. 2007두16127; 대판 2007.6.1. 2005두11500 등). 따라서 임산물채취업자나 환경보호단체는 법원에서 해당 처분 전과 비교하여 수인한도를 넘는 영업상 이익 등 생존권 또는 환경상 이익에 대한 침해 또는 침해우려가 있음을 입증해야 한다는 점을 지적해야 한다. 다음, 형량하자가 존재해야만 하는 것은 아니고 형량하자가 있다는 주장만으로 본안소송은 계속될 수 있으므로, 그 형량하자의 논거를 검토하면 된다. 즉, 형량하자의 실체상 및 절차상의 흠결 가능성을 검토한다.

/관/련/기/출

취소소송의 원고적격

외시 제37회(03년)

댐건설사업실시계획 승인처분에 대한 취소소송에 있어 환경영향평가 대상지역에 거주하는 주민의 원고적격을 설명하라.(50점)

advice

(1) 환경영향평가에 관한 자연공원법령 및 환경영향평가법령의 규정들의 취지는 집단시설지구개발사업이 환경을 해치지 아니하는 방법으로 시행되도록 함으로써 집단시설지구개발사업과 관련된 환경공익을 보호하려는 데에 그치는 것이 아니라 그 사업으로 인하여 직접적이고 중대한 환경피해를 입으리라고 예상되는 환경영향평가대상지역 안의 주민들이 개발 전과 비교하여 수인한도를 넘는 환경침해를 받지 아니하고 쾌적한 환경에서 생활할 수 있는 개별적 이익까지도 이를 보호하려는 데에 있다 할 것이므로, 위 주민들이 당해 변경승인 및 허가처분과 관련하여 갖고 있는 위와 같은 환경상의 이익은 단순히 환경공익 보호의 결과로 국민일반이 공통적으로 가지게 되는 추상적·평균적·일반적인 이익에 그치지 아니하고 주민 개개인에 대하여 개별적으로 보호되는 직접적 · 구체적인 이익이라고 보아야 한다(대판 1998.4.24, 97누3286).

(2) 환경영향평가 대상지역 밖의 주민이라 할지라도 공유수면매립면허처분 등으로 인하여 그 처분 전과 비교하여 수인한도를 넘는 환경피해를 받거나 받을 우려가 있는 경우에는, 공유수면매립면허처분 등으로 인하여 환경상 이익에 대한 침해 또는 침해우려가 있다는 것을 입증함으로써 그 처분 등의 무효확인을 구할 원고적격을 인정받을 수 있다(대판 2006.3.16, 2006두330).

협의의 권리보호이익

지시 제3회(01년)

甲은 허가를 받아 유흥음식점을 경영하던 중 위생불량을 이유로 1개월의 영업정지처분을 받았다. 甲은 이 처분에 승복할 수 없어 행정소송을 제기하였으나 이미 1개월의 영업정지기간이 만료되었다. 이 경우 법원은 어떠한 판결을 해야 할 것인가?(단, 행정심판은 이미 거친 것으로 본다)(50점)

advice

설문의 경우 유흥음식점 영업허가에 대한 제재적 처분의 기준을 정하는 식품위생법시행규칙을 행정규칙으로 보는 입장에서는 각하판결을 할 것이나, 이는 부당하고 법원은 협의의 권리보호이익을 인정하여 본안판단에 들어가야 할 것이다.

관련청구의 이송 및 병합

법행 제20회(02년)

제47회 사법시험 합격 김 형 석

관련청구의 이송 및 병합에 관하여 논하라.(50점)

C/O/N/T/E/N/T/S

Ⅰ. **관련청구의 이송 및 병합**
1. 관련청구의 이송
2. 관련청구의 병합
3. 관련청구의 의의

Ⅱ. **관련청구의 이송**
1. 이송의 요건
2. 절차
3. 이송결정의 효과

Ⅲ. **관련청구소송의 병합**
1. 민사소송법상의 병합규정과의 관계
2. 병합의 유형
3. 병합의 요건
4. 청구절차 및 심리

위법한 사실행위와 취소소송

제47회 사법시험 합격 김 형 석

S市는 시내의 X하천의 옆에 쓰게기 소각장을 설치하기로 계획하고 Y회사와 건설계약을 체결하여 시설을 갖추었다. 이 전부터 이곳에 살고 있던 甲은 이웃에 쓰레기 소각장이 설치된 후 이 소각장에서 나오는 심한 악취와 소음으로 생활에 큰 고통을 받고 있다. 甲은 쓰레기 유치장 설치에 대해서 취소소송을 제기할 수 있는가?(20점)

advice

설문은 사실행위에 대해서 취소소송의 제기가 가능한가에 대해서 묻고 있다. 만일 범위는 넓혀 甲의 구제수단이 무엇인가라고 물었다면 결과제거청구권, 손해배상청구권, 행정소송상의 가구제 등도 함께 논의할 수 있을 것이다.

C/O/N/T/E/N/T/S

Ⅰ. 논점의 정리

행정주체의 행위 중에서 행정행위는 외부에 대해 직접 법적 효과를 발생함을 그 요소로 한다. 이에 대해 법적 효과의 발생이 아니라 일정한 사실상의 결과의 발생만을 목적으로 하는 행위는 행정상의 사실행위라고 하며 사안에서 S시가 쓰레기 소각장을 설치하는 것은 이에 속하는 것이다. 따라서 이러한 사실행위가 행정소송법상의 처분에 해당하는가, 그리고 해당한다면 甲은 원고적격이 있는가가 문제된다.

Ⅱ. 처분성의 인정여부

1. 개설

행정소송법 제4조에서는 취소소송의 대상을 '처분'과 '처분등'으로 규정하고, 처분을 제2조에서 행정청이 행하는 구체적 사실에 관한 법집행으로서의 공권력의 행사 또는 그 거부와 그 밖에 이에 준하는 행정작용이라고 정의하고 있다.

2. 실체법상 처분 개념설

먼저 행위의 성질을 기준으로 실체법적으로 행정행위의 개념(행정청이 법 아래에서 구체적 사실에 대한 법집행으로서 행하는 권력적 단독행위인 공법행위)으로 정의하고 이를 처분이라고 보며 이에 해당하지 않는 경우 당사자 소송이나 민사소송에 의해 구제될 수 있을 뿐이다. 권력적 사실행위의 경우에는 수인하명이라는 처분이 물리적 행위와 결합된 것으로 보거나 또는 법문상의 공권력의 행사에 해당한다고 보아 처분성을 인정한다. 이에 반해 정신적 사실행위나 공공시설의 설치 등 비권력적 사실행위는 처분성이 없다.

3. 쟁송법상 처분 개념설

(1) 국내의 쟁송법상 처분 개념설

행정쟁송법상의 행정쟁송의 대상인 처분개념을 실체법상의 행정행위개념보다 넓게 파악하여 양자를 이원적으로 이해하는 입장이다. 그 논거에 대해서는 행정심판법과 행정소송법에서 행정행위개념과는 달리 처분의 개념적 징표로 그밖에 이에 준하는 행정작용이라는 표현과 권력적 단독행위가 아니라 공권력 행사라고 표현한 것은 행정쟁송법상의 처분개념이 실체법상의 행정행위개념보다 넓다는 것을 의미한다고 한다. 이것은 행정쟁송을 통한 국민의 권익구제를 확대하기 위하여 행정쟁송의 대상이 되는 행정청의 행위인 처분에 다양한 성질의 행정작용이 포함되어야 한다고 주장한다.

(2) 형식적 행정행위 개념 긍정설

실체법상 행정행위 이외에 공권력 행사의 실체를 갖지 않으나 일정한 행정목적을 위하여 개인의 권익에 대하여 계속적으로 사실상의 지배력을 미치는 행위를 형식적 행정행위라 하여 처분에 포함시킨다. 이 입장은 처분이란 소송법상 개념이며, 실체법상 행정행위와 권력적 사실행위뿐만 아니라 비권력적 사실행위와 내부행위 등도 모두 처분성이 인정된다고 본다.

4. 판례

판례는 처분의 개념을 ① 공권력 발동으로서의 행위라야 한다는 것, ② 국민에 대하여 권리설정 또는 의무부담을 명하거나 기타 법률상의 효과를 발생해야 한다는 것, ③ 국민의 권리·의무와 직접 관계가 있는 행위, 즉 행정의사를 구체화하기 위한 일련의 행정과정을 구성하는 행위 중에서 최종적으로 직접효과를 발생하는 행위 단계라야 한다는 것을 중심으로 이해하는 것이 기본입장이다(대판 1980.10.14. 78누379).

5. 검토

쟁송법적 처분 개념설은 처분개념의 확대를 통해 취소소송에 의한 국민의 권익구제를 충실히 할 것을 강조하며 또 법문상 이에 준하는 행정작용은 쟁송법상 개념을 채택한 것이라 한다. 그러나 민사소송 또는 당사자 소송에 의한 구제가 가능하고 또 소송유형을 다양화 한다는 점에서 처분의 확대를 해야만 할 이유가 없고 대법원 판례의 태도에 비추어 실체법적 처분개념설이 따른다.

Ⅲ. 취소소송의 기타 요건

(1) 실체법상 처분 개념설에 따른다면 비권력적 사실행위의 처분성을 부정하는 이상 다른 요건을 검토할 필요가 없다.

(2) 처분성이 인정된다면 원고적격, 권리보호이익, 제소시간 등도 논의할 수 있다. 설문의 경우에 甲은 이웃이므로 인인 소송으로서 원고적격이 추가로 논의될 수 있다. 행정소송법 제12조의 법률상 이익에 대해서 ① 법률상 이익구제설, ② 보호가치 있는 이익구제설 등의 대립이 있으나 지나친 원고적격의 확대를 막는다는 점에서 법률상 이익구제설이 타당하다고 할 것이다. 따라서 설문의 甲의 이익이 관계법률의 해석상 그 보호가 인정된다면 원고적격 또한 긍정되어 취소소송 제기는 적법할 것이다.

Ⅳ. 결 론

쓰레기 소각장의 설치는 비권력적 사실행위로서 그 과정의 요소들, 즉 설치의 결정, 건설계약, 공사 어느 것에도 처분성을 인정할 수 없다. 따라서 甲은 취소소송을 토하여 구제받을 수 없다고 할 것이다.

재결취소소송의 대상과 제3자에 의한 재심청구

제46회 사법시험 합격 최 유 신

자동차운수사업자인 甲은 경기불황으로 인해 영업상 이익이 급격히 감소하자 「여객자동차운수사업법」에 따라 건설교통부장관으로부터 면허를 받은 자신의 사업구역을 벗어나 영업이 잘되고 있는 甲은 운송사업자 乙의 사업구역에까지 상주하여 영업하며 일정한 이익을 누리고 있다. 이에 乙은 이 지역 도지사 丙에게 여러차례 이러한 사실을 고발하였고, 丙은 동법 및 동시행령에 따라 甲에게 사업구역위반을 이유로 과징금부과처분을 하였다. 그러나 甲은 위 과징금부과처분에 대하여 행정심판을 청구하였고, 재결청은 위 사안은 동법상 규제되는 사업구역위반행위라고 볼 충분한 증거가 없다는 이유로 위 과징금부과처분취소재결을 하였다.

(1) 甲의 사업구역외의 영업행위로 인하여 막대한 손해를 입게 되는 乙이 위 과징금부과처분취소재결에 대하여 취소소송을 제기하였다면, 이는 적법한 소인가?(30점)

(2) (1)의 결과에 관계없이 만약 위 취소소송에서 乙의 청구를 인용하는 원고승소확정판결이 나왔다면, 甲은 이러한 판결에 불복하여 재심을 청구할 수 있는가? 甲이 또한 위 취소소송에 보조참가를 하였어도 그러한가?(20점)

C/O/N/T/E/N/T/S

I. 문제의 제기

(1) 설문(1)의 경우, 乙이 제기한 과징금부과처분취소재결에 대한 취소소송이 적법하기 위해서는, 취소소송에서 본안판단을 받기 위하여 요구되는 소송요건을 갖추고 있어야 한다. 특히 乙은 재결에 대한 취소소송을 제기하였는바, 대상적격과 관련하여 재결자체의 고유한 하자가 있었는지와 원고적격과 관련하여 이를 경쟁자소송으로 볼 수 있는지를 검토해 보아야 한다.

(2) 설문(2)의 경우, 甲이 재심을 청구하기 위해서는 제3자에 의한 재심청구에 관한 행정소송법 제31조의 요건을 충족하여야 하는바, 특히 甲이 행정소송법 제29

조 제1항에 따라 취소소송의 대세효를 받는 제3자에 해당하는가를 검토해 보아야 한다. 또한 甲이 취소소송에 보조참가한 경우에는 보조참가의 법적성격과 관련하여 보조참가인인 甲에게 제31조에 의한 재심청구를 인정할 것인지가 문제된다.

II. 乙이 제기한 재결취소소송의 적법 여부 – 설문 (1)의 경우

1. 소송요건의 구비 여부

취소소송이 적법하기 위하여는, ① 원고적격(행정소송법 제12조 제1문, 이하 법명은 생략한다), ② 협의의 소의 이익(동조 제2문), ③ 피고적격(제13조), ④ 대상적격(제19조 및 제2조), ⑤ 제소기간(제20조), ⑥ 임의적 행정심판 및 예외적인 행정심판전치주의(제18조), ⑦ 관할(제9조) 등의 요건이 갖추어져야 한다.

사안에서는 재결에 대한 항고소송의 적법요건 충족여부가 문제되는바, ② 재결의 효력이 존속하고 있으며 이를 취소함으로써 원상회복이 가능하고, 이익침해가 계속되고 있는 상태이므로 협의의 소의 이익은 인정되며, ③ 피고적격, ⑤ 제소기간, ⑥ 행정심판전치주의 및 ⑦ 관할은 문제삼지 않고 있다. 따라서 ① 경쟁자소송의 경우에도 제12조 제1문의 '법률상 이익'이 있다고 보아 원고적격을 인정할 수 있는가와 ④ "재결자체의 고유한 위법이 있는" 것으로 보아 대상적격을 인정할 수 있는지가 문제된다.

2. 대상적격의 구비 여부

(1) 원처분주의와 재결주의

원처분주의란 원처분의 위법은 원처분에 대한 항고소송에서만 주장할 수 있고, 재결에 대한 항고소송에서는 원처분의 하자가 아닌 재결 자체의 고유한 하자에 대해서만 주장할 수 있도록 하는 제도를 말한다. 반면 재결주의란 원처분에 대해서는 제소 자체가 허용되지 않고, 재결에 대해서만 행정쟁송의 대상으로 인정하되, 여기에서 원처분의 위법사유도 아울러 주장할 수 있도록 하는 제도를 말한다.

(2) 행정소송법의 태도 - 원처분주의

제19조는 "취소소송은 처분등을 대상으로 한다. 다만, 재결취소소송의 경우에는 재결 자체에 고유한 위법이 있음을 이유로 하는 경우에 한한다"고 규정하여 원처분주의의 원칙을 규정하고 있다. 따라서 예외적으로 재결을 소송의 대상으로 삼기 위하여는 재결 자체의 고유한 위법이 있어야 한다.

(3) 재결자체의 고유한 위법이 있는지 여부

1) 재결 자체의 고유한 위법의 의미

재결 자체의 고유한 위법이란 재결 자체에 주체·절차·형식의 위법 또는 내용상의 위법이 있는 경우를 의미한다(대판 1993.8.24, 92누1865). 내용의 위법이 포함되는지가 문제되나 다수설과 판례는 이를 긍정한다. 또한 원처분의 사유과 동일한 재결사유는 재결의 내용에 고유한 위법이 있다고 볼 수 없다(대판 1994.2.8, 93누17873).

2) 기각재결과 인용재결의 경우

원처분과 동일한 이유로 원처분을 유지하는 기각재결에 대하여 내용상의 하자가 있음을 주장하면 이는 재결 자체의 고유한 하자라고 볼 수 없다. 그러나 인용재결의 경우에는 복효적 행정행위에서 원처분의 취소 또는 변경으로 제3자의 권익이 침해될 수 있으므로 이를 다툴 수 있다고 본다. 판례도 이와 같은 입장이다(대판 1995.6.13, 94누15592).

3) 명령재결과 형성재결의 경우

인용재결에는 재결청 스스로 직접 처분을 취소 또는 변경하는 형성재결과 처분청에게 취소 또는 변경을 명하는 이행재결이 있다. 형성재결의 경우에는 재결의 효력에 의하여 당연히 행정처분이 취소되어 소멸되는 것이므로 재결자체를 소의 대상으로 하여야 한다. 반면 이행재결의 경우에는 국민의 권익침해는 재결에 따른 처분이므로 행정청의 처분을 대상으로 하여야 한다는 것이 대체적인 견해이나 판례는 명령재결과 행정청의 처분을 각각 독자적인 항고소송의 대상으로 보고 있다(대판 1993.9.29, 92누15092; 1993.8.24, 92누17723).

4) 사안의 경우

사안에서 乙이 제기한 취소소송의 대상이 되는 재결은 원처분과 독립적으로 여객자동차운수사업법상 규제되는 사업구역위반행위라고 볼 충분한 증거가 없다는 이유로 과징금부과처분을 취소하는 재결을 하였으므로, 이는 재결 자체에 내용상의 하자가 있는 인용재결이자 형성재결에 해당하는 것이다. 따라서 제19조 소정의 재결자체의 고유한 하자가 있는 경우에 해당하므로 乙의 재결취소소송은 대상적격을 갖추고 있다.

3. 원고적격의 구비 여부

(1) 행정소송법 제12조 제1문

행정소송법은 판결로써 보호받을 이익을 가지지 않는 자를 소송에서 배제하여 남소를 방지하고 소송경제를 도모하기 위하여, 원고적격에 관한 제12조의 규정을 두고 있다. 따라서 "취소소송은 처분등의 취소를 구할 법률상 이익이 있는 자가 제기할 수 있는 것이다". 이와 관련하여 '법률상 이익'의 의미에 관하여 견해가 대립된다.

(2) 법률상 이익의 의미

1) 학설의 대립

학설은 ① 권리를 침해당한 자만이 취소소송을 제기할 수 있다는 권리구제설, ② 전통적인 의미의 권리뿐만 아니라 처분의 근거법률 등에 의하여 보호되는 것으로 해석되는 이익을 침해당한 자도 법률상 이익이 있다고 보는 법률상 보호되는 이익구제설, ③ 실체법적인 이익뿐만 아니라 쟁송법적으로 보호할 만한 가치가 있는 이익이 있는 자도 법률상 이익이 있는 자로 보아야 한다는 보호가치 있는 이익구제설, ④ 당해 처분을 다툴 가장 적합한 상태에 있는 자라면 원고적격을 인정하여야 한다고 보는 적법성보장설 등이 대립된다.

2) 판례의 태도

판례는 당해 처분의 근거법률에 의하여 보호되는 직접적이고 구체적인 이익이 있는 경우를 법률상 이익이 있는 경우로 보고, 단지 간접적이나 사실적·경제적 이해관계를 가지는데 불과한 경우에는 이에 포함되지 않는다고 판시(대판 1995.9.26. 선고 14544)하여, 법률상 보호되는 이익구제설과 같은 입장이다.

3) 검토

권리구제설은 원고적격의 범위를 지나치게 좁히는 문제가 있으며, 보호가치 있는 이익구제설과 같이 실체법상 권리나 이익이 아닌데도 쟁송법상 보호되는 이익이 있다고 보는 것은 모순이며, 적법성 보장설은 현행 행정소송법의 주관소송의 원칙에 반하여 객관소송화할 우려가 있다. 따라서 법률상 보호되는 이익구제설이 타당하다.

그러나 이와 관련하여 어떠한 범위의 법에 의하여 보호되는 이익까지를 포함된다고 볼 것인지가 문제된다. 이를 보호규범이론이라 한다.

(3) 법률의 범위

1) 학설의 대립

학설은 ① 당해 법률의 규정과 취지만을 고려하여야 한다는 견해, ② 당해 법률의 규정과 취지 외에 관련법률의 취지도 고려하여야 한다는 견해, ③ 당해 법률의 규정과 취지와 관련법률의 취지, 그리고 기본권 규정도 고려하여야 한다는 견해 등이 대립한다.

2) 판례의 태도

판례는 기본적으로 당해 처분의 근거되는 법률만을 고려하지만, 근거법규에 개인의 이익을 보호하는 명문의 규정이 없다고 하더라도 근거법규와 관련법규의 합리적 해석상 개인의 구체적 이익을 보호하는 취지가 포함되어 있다고 해석되는 경우에는 법률상 보호되는 이익으로 판단하는 입장이다.

3) 검토

법률상 이익의 유무를 판단하는 기준은 당해 법률에 한할 것이 아니라 관련법규와의 합리적인 해석에 의하여 개별적·구체적으로 판단함이 타당하다. 따라서 당해 처분의 근거법률뿐만 아니라 행정법의 일반원리에 의하여 보호규범의 범위를 설정하는 판례의 태도가 타당하다.

(4) 경쟁자소송과 원고적격 인정 여부

1) 경쟁자소송의 의의

경쟁자소송이란 서로 경쟁관계에 있는 자들 사이에서 특정인에게 주어지는 수익적 행위가 제3자에게는 법률상 불이익을 초래하는 경우에 그 타인이 자기의 법률상 이익의 침해를 다투는 소송을 말한다(대판 1992.7.10, 91누1907). 경쟁자소송은 경업자소송이라고도 한다.

2) 법률상 이익의 인정 여부

경쟁자소송에서 원고인 기존업자에게 법률상 이익, 즉 원고적격이 인정되는지가 문제되는데, 기존업자의 이익이 관련법규상 배타적·독점적으로 보호되는 강학상 특허인 경우에는 원고적격이 긍정되나, 기존업자의 이익이 관련법규상 배타적·독점적으로 보호되지 못하는 강학상 허가인 경우에는 원고적격이 부정된다.

3) 판례의 태도

판례는 자동차운수사업법상 사업구역위반행위에 대한 과징금부과처분을 취소하는 취소재결에 대해 경쟁업자들이 그 위법을 다투는 소송에서, 자동차운수사업법의 규정은 각 지역 국민의 편익을 위한 것이고, 동종업자의 영업을 보호하기 위한 것이 아니므로 기존업자들은 재결의 취소를 구할 법률상의 이익이 없다고 판시하였다.

4) 검토 및 사안의 경우

경쟁자소송의 경우에도 일반적인 소송과 마찬가지로 근거법률과 관련법률의 합리적인 해석에 의하여 법률상 보호할 만한 권리 내지 이익을 가지고 있는가를 기준으로 원고적격의 유무를 결정함이 타당하다. 따라서 사안의 경우 여객자동차운수사업법상 사업구역제도는 각 지역 국민들의 편익을 위한 것으로 경쟁업자들이 이로 인하여 받는 이익은 반사적 이익에 불과하다고 보아야 하며, 이에 따라 기존업자인 乙은 이에 대하여 취소소송을 제기할 원고적격이 있다고 볼 수 없다.

4. 소결

乙의 재결취소소송은 재결자체의 고유한 하자가 있는 경우에 해당하여 제19조의 대상적격은 인정되나, 이는 경쟁자소송에 관한 것으로 그 원고적격의 유무는 일반적인 소송에서와 같이 법률상 보호되는 이익구제설에 따라 결정되어야 하는 바, 사업구역제도에 관한 여객자동차운수사업법은 기존업자의 이익을 보호하고자 하는 법률이 아니므로 乙에게는 원고적격이 인정되지 아니한다. 따라서 乙이 제기한 과징금부과처분취소재결에 대한 취소소송은 부적법한 소이다.

III. 甲의 재심청구 가부 – 설문(2)의 경우

1. 甲에게 취소판결의 제3자효가 미치는지 여부

(1) 취소판결의 제3자효의 의의

제29조 제1항은 "처분 등을 취소하는 확정판결은 제3자에 대하여도 효력이 있다"고 규정하여 대세효 내지 제3자효를 인정하고 있다. 이는 법률관계를 획일적이고 통일적으로 규율하려는데 그 취지가 있다.

(2) 제3자의 범위

취소판결의 제3자효와 관련하여서는 그 효력이 미치는 제3자의 범위가 문제되는 바, 이는 소송참가인에 한정하는 것은 아니며 판결과 직접적으로 법적인 이해관계를 맺는 자를 포함한다.

(3) 사안의 경우

사안에서 乙의 과징금부과처분취소재결에 대한 취소소송이 인용될 경우 甲은 과징금을 납부하여야 할 의무를 부담하게 된다. 따라서 甲은 乙이 제기한 재결취소소송에서의 판결과 법적이해관계를 맺는다고 할 수 있으므로, 甲은 乙에 대한 판결의 효력을 받는다.

2. 甲의 보조참가 및 판결의 효력

(1) 제3자의 보조참가의 의의

제29조 제1항은 명문으로 취소판결의 대세효를 인정하고 있으므로, 이러한 판결의 효력을 받게 되는 제3자의 권익을 보호하기 위한 제도적 장치가 요구된다. 따라서 제16조에서는 이러한 제3자의 소송참가를 인정하고 있다. 이를 보조참가라고도 한다.

(2) 보조참가의 요건 충족 여부

보조참가를 하기 위하여는 제3자는 소송의 결과에 따라 권리 또는 이익의 침해를 받을 자여야 한다. 이때 이익이란 단순한 경제상의 이익이 아니라 법률상의 이익을 의미한다.

(3) 보조참가인에게 기판력이 미치는지 여부

이는 보조참가의 법적성격과 관련된 문제로서, 제29조에 의하여 대세효를 받는 제3자는 합일확정이 필요하므로 공동소송적 보조참가의 성격을 갖게 된다. 따라서 공동소송적 보조참가의 경우에는 민사소송법 제69조가 준용되어 ① 자료 및 주장의 공통, ② 진행의 공통, ③ 재판의 공통의 효과를 받게 되므로 참가인에게도 동일한 절차보장의 기회가 인정되어 기판력이 미치는 것으로 봄이 타당하다. 판례도 이와 같은 입장이다.

3. 甲의 재심청구의 가능성

(1) 재심의 의의

제31조 제1항에서는 "처분등을 취소하는 판결에 의하여 권리 또는 이익의 침해를 받은 제3자는 자기에게 책임없는 사유로 소송에 참가하지 못함으로써 판결의 결과에 영향을 미칠 공격 또는 방어방법을 제출하지 못한 때에는 이를 이유로 확정된 종국판결에 대하여 재심의 청구를 할 수 있다"고 규정하여 제3자에 의한 재심청구를 인정하고 있다.

(2) 재심의 요건

재심이 적법하기 위하여는 ① 처분등을 취소하는 종국판결이 확정되어야 하며, ② 당사자가 권리 또는 이익의 침해를 받은 제3자이어야 하고, ③ 재심사유는 자기에게 책임없는 사유로 소송에 참가하지 못하였어야 하고, 소송에 참가하지 못함으로써 판결의 결과에 영향을 미칠 공격 또는 방법방법을 제출하지 못한 때이어야 한다. 또한 ④ 제소기간을 준수하여야 한다.

특히 판례는 재심사유와 관련하여 '자기에게 책임 없는 사유'의 유무는 사회통념에 비추어 사안에 따라 결정되어야 할 것이며 사유에 관한 입증책임을 그러한 사유를 주장하는 재심원고인 제3자에게 있다고 판시하였다.

(3) 사안의 경우

1) 보조참가를 한 경우

제31조 소정의 제3자에 의한 재심청구는 소송에 참가하지 못한 제3자의 이해관계를 보호하기 위한 비상적 구제절차이고, 또한 甲이 보조참가인으로 소송에서 절

차상의 권리를 보호받은 경우에는 기판력이 미친다고 볼 것이므로 甲은 판결이 확정된 후에 행정소송법 제31조의 재심을 청구할 수 없다.

2) 보조참가를 하지 않은 경우

甲이 보조참가를 하지 않은 경우에는 그것이 甲에게 책임 없는 사유로 인한 것인지가 문제되는바, 이는 과징금부과취소재결이 이해관계인인 甲에게 통지되었는지의 여부에 따라 판단될 수 있다. 따라서 甲이 통지를 받은 경우에는 재심을 청구하는 것은 불허되나, 통지되지 않아 甲이 그러한 사실을 알 수 없었다면 자기에게 책임 없는 사유로 인하여 소송에 참가하지 못한 경우라 할 수 있으므로 甲의 재심청구는 허용된다.

IV. 사안의 해결

(1) 설문(1)의 乙이 제기한 과징금부과처분취소재결에 대한 취소소송은, 제19조의 원처분주의에 관한 예외로서 재결을 대상으로 하고 있으나 동조 단서의 재결자체에 고유한 위법이 있는 때에 해당하여 대상적격은 인정된다. 그러나 乙은 경쟁자관계에 있는 자로서 원고적격의 유무는 법률상 보호되는 이익구제설의 입장에 따라 판단하건데 동처분의 근거법률인 여객자동차운수사업법은 기존업자의 이익을 보호하기 위한 것이 아니므로 원고적격을 인정할 수 없다. 따라서 乙의 당해 재결취소소송은 부적법하다.

(2) 설문(2)에서 甲은 제29조 제1항에 따라 판결의 효력을 받는 자로서 판결에 의하여 권리 또는 이익의 침해를 받는 제3자에 해당하므로 당해 취소재결에 대한 통지를 받지 못하여 소송에 참가하지 못한데 책임을 져야할 사유가 없는 한 제31조에 의한 제3자의 재심을 청구할 수 있다. 그러나 甲이 제17조에 의하여 보조참가를 한 경우에는 절차상 권리가 보장되었고 기판력을 받게 되는 공동소송적 보조참가인의 지위에 있게 되는바, 제3자에 의한 재심을 청구할 수 없다.

2. 취소소송과 가구제

기 출

거부처분과 집행정지

제48회 사법시험 합격 최 영

행시 제51회(07년)

B는 도시가스사업 허가를 받아 경영하던 중 부관에서 정한 기간이 만료되자 갱신허가를 신청하였으나 거부되었다. B는 이 거부처분에 대해 행정쟁송을 제기하면서 집행정지신청을 할 수 있는가? (30점)

C/O/N/T/E/N/T/S

Ⅰ. 논점의 정리

집행정지신청이 가능한지의 문제인바, 설문의 처분이 갱신신청에 대한 거부처분이라는 점에서 집행정지의 대상이 될 수 있는지 문제되며, 기타 요건의 충족여부도 검토하여야 한다. 전제로서 먼저 허가갱신 거부처분의 법적 성질을 검토하여야 한다.

Ⅱ. 갱신신청허가 거부처분의 성질

1. 도시가스사업허가와 기한

(1) 도시가스사업허가는 행정소송법 제2조의 처분에 해당하며, 또한 강학상의 특허이자 재량행위라고 보아야 할 것이다.

(2) 도시가스사업허가에 부가된 기간은 '기한'인데, 이러한 기한은 주된 행정행위의 존속기간에 불과하여 기한의 도래로서 허가는 실효된다. 다만, 허가의 기한이 영

업의 성질에 비추어 지나치게 짧은 경우에는 갱신을 고려하는 것으로 보아야 하는데, 설문의 경우 도시가스업은 그 물적 시설 등을 고려할 때 장기적인 영업이 필요하므로 갱신을 고려한 것에 해당한다고 볼 수 있다.

2. 갱신신청허가 거부처분

(1) 위의 기한이 갱신을 고려한 것으로 본다 하더라도 갱신신청은 부관에서 정한 기간이 만료되기 이전에 신청하여야 하며, 기간이 만료된 이후의 신청은 새로운 허가신청으로 보아야 한다.

(2) 설문은 기간만료 이후에 신청한 경우이므로 B에 대한 갱신허가신청거부는 신규도시가스사업특허신청에 대한 거부라고 보아야 할 것이다.

Ⅲ. 집행정지의 가부

1. 행정소송법의 입법태도

(1) 집행부정지의 원칙(행소법 제23조 제1항)

취소소송의 제기는 처분 등의 효력이나 그 집행 또는 절차의 속행에 영향을 주지 아니한다고 규정하여 집행부정지를 원칙으로 한다.

(2) 예외적 집행정지(제23조 제2항 내지 제6항)

일정한 요건 아래 예외적으로 집행정지를 허용하고 있다. 원고가 승소해도 집행이 종료되어 회복불가능한 손해를 입을 수 있음을 고려한 것이다.

2. 집행정지의 요건

(1) 요 건

집행정지는 ① 형식적 요건으로써 (ⅰ) 취소소송이나 무효확인소송일 것 (ⅱ) 본안소송이 적법하게 계속되어 있을 것 (ⅲ) 대상인 처분이 있을 것이 요구되고, ② 실체적 요건으로써 (ⅰ) 본안청구의 이유 없음이 명백하지 않을 것 (ⅱ) 회복할 수 없는 손해일 것 (ⅲ) 긴급성이 있을 것 (ⅳ) 공공복리에 영향이 없을 것 등이 요구된다.

(2) 사안의 경우

설문의 경우에는 '대상인 처분'일 것과 관련하여 거부처분이 문제되고, 기타 '긴급성'과 '회복하기 어려운 손해'인지 문제된다.

3. 거부처분에 대한 집행정지의 가부

(1) 견해의 대립

1) 긍정설

집행정지결정에는 기속력이 인정되므로 거부처분의 집행정지에 따라 행정청에게 재처분의무가 생기므로 거부처분의 집행정지의 이익이 있다는 견해이다(행소법 제23조 제6항).

2) 부정설

집행정지를 인정하여도 거부처분이 없는 상태로 돌아가는 것에 불과하고, 행정소송법 제23조 제6항은 취소판결의 기속력에 관한 원칙규정인 행정소송법 제30조 제1항을 준용할 뿐, 재처분의무를 규정한 제30조 제2항의 규정을 준용하고 있지 않기 때문에 거부처분의 경우에는 집행정지를 인정할 수 없다고 한다.

3) 제한적 긍정설

집행정지에 의해 거부처분이 행하여 지지 아니한 상태로 복귀됨에 따라 신청인에게 어떠한 법적 이익이 인정되는 경우에는 예외적으로 집행정지신청이 인정된다는 견해이다.

(2) 판 례

홍성교도소장의 접견허가 거부처분에 대한 집행정지 신청 사건에서 대법원은 이로 인하여 위 교도소장에게 접견의 허가를 명하는 것이 되는 것도 아니고 당연히 접견이 되는 것도 아니므로 효력정지의 필요성이 없다고 판시하였다.

(3) 검토 및 사안의 경우

① 거부처분이 정지되더라도 그 처분이 없었던 것과 같은 상태를 만드는 것에 지나지 아니하므로 거부처분에 대한 집행정지는 원칙적으로 부정되나, 외국인의 체류기간 연장신청 등과 같이 일정한 경우 집행정지신청의 이익이 있으므로 집행정지를 예외적으로 긍정하여야 한다고 본다. 신규허가신청거부의 경우와 달리 기존에 허가업을 영위하고 있는 자의 계속적인 영업에 대한 신뢰를 고려할 때 제한적 긍정설이 타당하다.

② 사안에서 B의 경우 허가기간이 만료된 이후에 갱신허가를 신청한 자이므로 신규허가신청자이다. 그러나 B는 일반적인 신규허가신청자와는 달리 기존 업자였다는 점에서 기간만료전의 갱신신청자와 보호필요성에 있어서는 차이가 없으므로, 권익구제라는 측면에서 기간만료후의 신청자라도 집행정지를 긍정함이 타당하다.

4. 기타 요건의 충족여부

(1) 회복할 수 없는 손해

① 판례는 이에 대하여 금전보상이 가능한 경우에는 이에 해당하지 않는다고 하며, 금전보상이 가능하더라도 그것만으로는 사회관념상 당사자가 참고 견디기가 현저히 곤란하여 수인불가능한 경우에 인정한다.

② 설문의 경우 도시가스사업은 취소소송의 본안판결에서 인용 받은 후 금전배상으로 회복이 가능한 영업상의 손해이므로 판례와 다수설에 의하면 B의 집행정지신청은 기각결정을 받게 될 것이다.

(2) 긴급성

집행정지를 인용하지 않으면 안되는 시간상의 절박성과 손해발생의 개연성이 있어야 하는데, 기업체의 경우 특별한 사정이 없는 한 인용되기가 용이하지 않을 것이다.

5. 소결

거부처분이 예외적으로 집행정지의 대상이 된다고 보더라도 사안의 경우 긴급성이나 회복할 수 없는 손해라는 요건을 충족하지 못해 집행정지신청은 부정된다.

Ⅳ. 사안의 해결

1. 거부처분에 대한 집행정지를 부정하는 입장에서

사안의 경우 대상성이 부정될 것이나, 예외적 긍정설에 따를 때 대상성은 긍정된다. 다만 판례에 의할 때 회복할 수 없는 손해이거나 긴급성의 요건이 부정되기 쉬울 것으로 보인다.

2. 입법론 - 갱신거부에 대한 의무이행소송과 가처분의 허용

현행 행정소송법상의 집행정지는 그 요건이 엄격하여 권리구제의 실효성에 문제가 있으므로 요건을 완화하여야 하며, 나아가 거부처분에 대한 가처분의 도입과 그 전제로서 의무이행소송을 긍정하는 것이 바람직하다. 행정소송법 개정시안에서는 요건완화와 가처분제도 및 의무이행소송을 인정하고 있다.

교/수/강/평

김 해 룡 (한국외국어대 법대 교수)

도시가스사업 허가기간 만료 후 갱신허가를 신청한데 대하여 행해진 거분처분에 대하여 항고소송을 제기하였을 경우에 부수적으로 집행정지신청 사유가 인정되는가 하는 것이 질문의 요체이다.

답안은 비교적 잘 서술되어 있다. 도시사스사업허가에 있어 기간을 두는 제도의 의미, 갱신허가 거부에 대하여 원고에게 인정할 집행정지신청의 이익여부에 관하여 잘 언급하고 있다.

아마도 허가기간이 만료된 경우 영업행위를 계속할 법적인 권리가 없다고 할 것이고, 그러한 관점에서 보면 갱신허가신청에 대하여 거분하였다고 하여 그 거부처분을 다투는 소송에 있어 거부처분의 집행정지를 통해 지킬 수 있는 법적 이익은 존재하지 아니한다는 이유로 동 집행정시신청의 핵심적 요건이 성립되지 아니한다는 논거도 전개할 수 있을 것이다. 그러나 다른 한편으로 보면 도시가스사업허가에 부가되는 기간은 답안에서도 언급한 바와 같이 도시가스업의 물적 시설비용 등을 감안할 때 갱신을 고려한 기간제도라고 보아야 하고, 따라서 그 갱신허가 여부를 판단함에 있어 갱신허가신청기간을 도과한 사유가 결정적인 흠결로 인정되는 경우가 아닌 한에서는 갱신허가를 거부한 행위에 대한 항고소송에 있어 그 거부처분의 집행정지를 신청할 법적 이익이 인정될 수 있다는 논거도 가능할 것이다.

그러나 엄격히 보면 법령에 다르게 규정하고 있지 않는 한 도시가스영업허가기간이 도과한 이후에는 도시가스사업을 계속 영위할 수 없다는 점과, 그와 같이 영업행위가 종지된 상황에서 갱신허가를 신청한데 대하여 이를 거부한 처분이 있었다는 점에서, 그 거부처분에 대한 항고소송에서의 집행정지신청에 따라 보호될 수 있는 영업행위의 계속이라는 이익은 존재지 않는다는 논지를 전개하는 것이 동 사안을 보다 심도있게 파악한 것으로 편가될 수 있을 것이다. 동 사안에서 원고인 B가 도시가스영업 갱신허가 거부처분을 다투어서, 영업시설이 노후화되기 전에 동 갱신허가를 받고자하는 사안의 긴급성은 인정될 수 있다. 그러나 갱신허가에 대한 이행소송제도가 없는 사정에서 이와 같은 사유가 곧 갱신허가거부처분의 집행정지를 신청할 수 있는 직접적인 요건으로 인정하기 어려울 것이다. 그 이유는 관계 법령에서 영업허가 기간이 만료된 이후에도 갱신허가를 신청하면 영업을 계속할 수 있다는 내용의 규정이 없는 한, 원고는 허가기관 만료로서 영업행위를 중단하여야 하고, 그러한 한에서는 갱신허가에 대한 집행정지신청이 받아들여진다고 해도 당해 영업을 재개할 수 있는 사정이 아니기 때문이다.

3. 취소소송의 심리

처분사유의 추가 변경

제44회 사법시험 합격 박 성 욱

A는 여객자동차운수사업(일반택시운송사업)을 경영하기 위하여 사업계획을 작성하여 관할행정청(B)에게 면허를 신청하였던 바, 차고설비가 여객운수사업법시행규칙이 정한 시설기준(별표1)에 미달하고, 주위에 주택이 많아 위치가 부적당하며, 주민이 차고설치를 반대함을 이유로 반려되었다. A는 자신의 차고설비가 법정의 기준에 적합함에도 불구하고 면허신청이 거부되었음을 이유로 B의 거부처분의 취소소송을 제기하였다.

B는 소송중에 A의 차고지가 당초부터 당해 자치단체의 건축조례에 저촉되어 건축될 수 없는 지역에 위치하고 있음을 A에게 고지하고, 그러한 이유를 내세워 자신의 처분의 적법성을 주장하고 있다. 반면에 A는 B의 주장이 처분의 이의유보의 법리에 어긋남을 이유로 위법하다고 주장하고 있다. A, B의 주장의 당부에 관하여 검토하라(30점).

참·조·조·문

〔여객자동차운수사업법〕

제5조(면허등) ① 여객자동차운송사업을 경영하고자 하는 자는 사업계획을 작성하여 건설교통부령이 정하는 바에 의하여 시·도지사의 면허를 받아야 한다. 다만, 대통령령이 정하는 여객자동차운송사업을 경영하고자 하는 자는 특별시장·광역시장·도지사(이하 "시·도지사"라 한다)의 면허를 받거나 사업계획을 작성하여 건설교통부령이 정하는 바에 의하여 시·도지사에게 등록하여야 한다.

제6조(면허등의 기준) ①여객자동차운송사업의 면허기준은 다음 각호와 같다.

1. 사업계획이 당해 노선 또는 사업구역의 수송수요와 수송력공급에 적합할 것
2. 최저의 면허기준대수·보유차고면적·부대시설 기타 건설교통부령이 정하는 기준에 적합할 것

〔동법시행규칙〕

제12조(시설등 면허기준) ①법 제6조 제1항의 규정에 의하여 여객자동차운송사업자(이하 "운송사업자"라 한다)가 갖추어야 할 최저의 면허기준대수·보유차고면적·운송부대시설 등(이하 "시설등"이라 한다)의 기준은 별표 1의2와 같다.

·별표 1의2(보유차고의 면적기준) 일반택시운송사업 : 13-15평방미터

·별표 1의2 비고 : 차고는 자기소유일것. 다음 각목의 1에 해당하는 경우 전용으로 사용하는 부분은 자기소유로 본다.

가. 운송사업자가 터미널의 주차장소를 차고로 사용하는 계약을 체결하거나, 주차장의 일부를 2년 이상 사용하는 계약을 체결한 경우

나. (생략)

advice

B의 거부처분의 사유가 소송 도중 변경된 처분사유의 추가 변경의 문제로 특히 판례의 기본적 사실관계에 있어서 동일성이 인정되는 한도에 대한 일련의 판례에 대하여 숙지할 필요가 있다.

■ C/O/N/T/E/N/T/S

Ⅰ. 문제의 소재

(1) 우선 여객자동차운수사업면허의 법적 성질이 재량행위인지 기속행위인지를 검토하여야 한다.

(2) B는 거부처분 당시 차고설비가 여객운수사업법시행규칙이 정한 시설기준(별표1)에 미달하고, 주민이 차고설치를 반대함을 이유를 들었다가 소송 도중에 당해 자치단체의 건축조례에 저촉되어 건축될 수 없는 지역에 위치하고 있다고 이유를 변경하였는 바, 처분사유의 추가・변경의 개념과 허용여부에 관하여 검토하기로 한다.

(3) 여객자동차운수사업면허의 법적 성질이 재량행위라고 볼 경우 재량행위에서도 처분사유의 추가・변경이 허용되는지 문제된다.

(4) 처분사유의 추가・변경이 허용되지 않는다고 볼 경우 법원이 어떠한 조치를 취하여야 하는지 검토하기로 한다.

Ⅱ. 여객자동차운수사업면허의 법적 성질

1. 기속행위와 재량행위의 구별기준

전통적으로 기속행위와 재량행위의 구별기준에 관하여 요건재량설과 효과재량설이 존재하였다. 요건재량설은 사실인정과 행정행위의 법률요건의 해당성 판단에 있어서 재량이 인정된다는 견해이고, 효과재량설은 어떠한 법률효과를 발생시킬 것인가에 대하여 재량이 인정된다고 보는 견해이다. 그러나 오늘날 통설과 판례는 그 구별에 관하여 우선 법규정의 문언으로 판단하고 있다. 문언에 의하여 판단하기 곤란한 경우에 당해 행위의 성질, 근거법의 취지, 기본권 규정 등을 고려하여 판단한다고 본다.

2. 사안의 경우

여객자동차운수사업면허는 특정인에게 권리나 이익을 부여하는 강학상 특허에 해당한다고 보여진다. 따라서 관계법령에 특별한 규정이 없으면 그 법령의 해석에 있어 공익적 요소를 고려하여야 할 것이므로 행정청의 재량행위로 볼 것이다.

Ⅲ. 처분사유의 추가·변경

1. 의의

처분사유의 추가·변경이라 함은 행정청이 처분을 하면서 이유부기 절차에서 처분사유를 밝혔으나, 이에 관한 취소소송의 계속 중에 그 처분의 적법성을 유지하기 위하여 처분 당시에 처분사유로 삼았던 것과 다른 사유를 추가하거나 변경하는 것을 말한다. 이는 일단 처분 당시에 처분사유를 제시하였다는 점에서 처분시에 아무런 사유를 제시하지 않다가 사후에 제시하는 처분이유의 추완에 의한 하자의 치유와는 구별된다.

2. 허용여부

(1) 문제점

이를 절대적으로 허용하지 아니하면 취소소송의 원고가 일단 승소하였다 하더라도 이후 행정청이 다른 사유로 동일한 처분을 하게 되고, 원고가 이에 대하여 다시 소송을 제기하여야 하는 소송불경제가 발생한다. 반대로 처분사유의 추가·변경을 무한정으로 인정하게 되면 원고에게 예기치 못한 손해를 입히게 되는 경우가 발생하게 된다. 그러므로 양자간에 조화를 이루는 것이 중요하게 된다.

(2) 학설

1) 무제한 허용설

법원은 모든 법적·사실적 측면에서 검토하여 처분의 적법성 여부를 심사할 수 있다고 보아 소송에서 처분사유의 추가·변경은 원칙적으로 제한되지 아니한다고 보는 견해이다.

2) 불허용설

당초의 이유를 다른 이유로 대체하는 것은 새로운 처분으로 행해져야 함을 이유로 처분사유의 추가·변경은 허용되지 않는다고 보는 견해이다.

3) 제한적 허용설

당초의 처분사유의 기초가 되는 사실관계의 동일성을 해하지 아니하는 범위에서만 처분사유의 추가·변경이 허용될 수 있다고 보는 견해이다.

(3) 판례의 태도

처분청은 당초의 처분사유와 기본적 사실관계에 있어서 동일성이 인정되는 한도 내에서만 새로운 처분사유를 추가하거나 변경할 수 있는 것이나, 이는 사실심 변론 종결시까지만 허용된다고 판시하여 제한적 허용설의 입장에 있다(대판 1999.8.20, 98두17043).

(4) 검토

무제한 허용설에 따르면 원고의 방어방법에 지장을 초래하여 법치주의에 근거한 신뢰보호에 반할 소지가 있고, 불허용설에 따르더라도 분쟁의 일회적 해결이라는 소송경제적 측면에서 문제가 있으므로 양자간에 조화를 꾀하는 제한적 허용설이 타당하다.

3. 구체적 판단기준

다수설과 판례가 취하는 제한적 허용설을 취할 경우에도 처분사유의 추가·변경이 허용되는 구체적인 경우가 어떠한 경우인지 정하기에 어려움이 있으므로, 그에 대한 구체적 판단기준이 필요하게 된다.

독일의 경우 대상 행정행위가 기속행위이고, 처분이유가 이미 처분시에 존재하였고, 이유보완을 통하여 행정행위의 본질에 변경이 없고, 처분의 상대방이 그의 권리방어에 있어 불이익을 받지 않는다면 처분사유의 추가·변경이 허용된다고 보고 있다.

판례는 기본적 사실관계의 동일성 유무는 처분사유를 법률적으로 평가하기 이전의 구체적인 사실에 착안하여 그 기초가 되는 사회적 사실관계가 기본적인 점에서 동일한지 여부에 따라 결정하고, 처분청이 처분 당시에 적시한 구체적 사실을 변경하지 아니하는 범위 내에서 단지 그 처분의 근거법령만을 추가·변경하는 것은 새로운 처분사유의 추가라고 볼 수 없어 이를 토대로 그 처분의 적법 여부를 판단하여도 무방하다고 하고 있다(대판 1987.12.8, 87누632).

행정절차법 제23조에서 행정청은 처분시에 당사자에게 '처분의 근거와 이유를 제시하여야 한다'고 규정하고 있는 점에 비추어 볼 때, 사후에 처분사유를 추가·변경하는 것은 제한적으로만 인정되어야 할 것이다. 따라서 처분의 이유와 근거를 보충·정정하는 것만 허용된다고 보아야 할 것이다.

Ⅳ. 재량행위에서도 처분사유의 추가 · 변경이 허용되는지 여부

1. 견해대립

(1) 부정설

재량행위에서도 처분사유의 추가 · 변경이 허용되는지 여부에 관하여 부정설은 재량행위에 있어서 고려사항은 그 재량행위의 동일성 판단에 있어 결정적인 요소로 작용하는 것이므로, 고려사항의 변경은 새로운 처분을 한 것이 되어 처분사유의 추가 · 변경은 허용되지 않는다고 보고 있다.

(2) 긍정설

그에 반해 긍정설은 재량행위의 경우에 처분사유의 추가 · 변경이 금지되는 것은 아니고, 처분사유의 추가 · 변경이 있더라도 이것이 처분의 본질적 내용이 변경된 것이 아니라면 일정한 한계 내에서 허용된다고 본다.

(3) 검토

검토하건데 재량행위이더라도 기본적인 사실관계의 동일성이 인정되어 원고의 방어권 행사에 불이익을 초래하지 아니한 경우에는 처분사유의 추가 · 변경이 허용된다고 보는 것이 타당하다.

2. 사안의 경우

여객자동차운수사업면허는 재량행위이고, 재량행위이더라도 기본적인 사실관계의 동일성이 인정되는 경우에는 처분사유의 추가 · 변경이 허용된다. B는 거부처분당시 차고설비가 여객운수사업법시행규칙이 정한 시설기준(별표1)에 미달하고, 주민이 차고설치를 반대함을 이유로 들었다가 차고설비는 법정기준에 적합하여, 소송도중에 당해 자치단체의 건축조례에 저촉되어 건축될 수 없는 지역에 위치하고 있다고 이유를 변경하였는바, 이는 당초의 처분사유와 새로운 처분사유 간에 기본적 사실관계에 있어서 동일성을 인정하기 어려우므로, 처분 사유의 추가 · 변경이 허용될 수 없다고 할 것이다.

Ⅴ. 처분사유의 추가 · 변경이 허용되지 않는 경우의 법원의 조치

법원은 피고인 B가 소송과정에서 처분사유를 새로이 주장 · 입증하였더라도 이는 당초의 처분사유와 새로운 처분사유 간에 기본적 사실관계에 있어서 동일성을 인정하기 어려우므로, 처분사유의 추가·변경이 허용될 수 없어 당초의 처분사유만을 근거로 심리하고, 그러한 처분사유가 인정되지 아니하면 甲의 청구를 인용하여야 할 것이다.

Ⅵ. 사안의 해결

(1) 여객자동차운수사업면허는 특정인에게 권리나 이익을 부여하는 강학상 특허에 해당하고 이는 재량행위라고 할 것이다.

(2) 피고인 B는 소송 도중에 당해 자치단체의 건축조례에 저촉되어 건축될 수 없는 지역에 위치하고 있다고 이유를 변경하였는 바, 이는 당초의 처분사유와 새로운 처분사유 간에 기본적 사실관계에 있어서 동일성을 인정하기 어려우므로, 처분사유의 추가·변경이 허용될 수 없다고 할 것이다.

(3) 법원은 처분사유의 추가·변경이 허용될 수 없어 당초의 처분사유만을 근거로 심리하고, 그러한 처분사유가 인정되지 아니하면 甲의 청구를 인용하여야 할 것이다. 다만 甲이 처분변경으로 인하여 다른 청구를 원하는 경우에는 소변경이 허용되어야 한다.

교/수/강/평

김 철 용 (건국대학교 법대 명예교수)

(1) 설문에서 묻고 있는 문제는 B가 소송 중에 처분사유를 'A의 차고지가 당초부터 당해 자치단체의 건축조례에 저촉되어 건축될 수 없는 지역에 위치하고 있음'으로 추가·변경한 것이 "당초의 처분사유와 기본적 사실관계에 있어서 동일성이 인정되는 한도 내에 있는 것인가"이다. 이 문제는 다수설과 판례에 따라 기술하면 족하다. 모범답안에는 처분사유의 추가·변경 허용 여부에 관하여 학설이 나뉘는 것으로 기술하고 있다. 여기서 말하는 학설은 종래의 세 가지 입장을 말하는 것 같으나, 현재 우리나라에서 무제한 허용설, 불허용설을 주장하고 있는 학자는 거의 없는 것 같다. 또한 다수설과 판례는 재량처분에 있어서도 처분사유의 추가·변경을 허용하고 있다.

(2) 그러나 설문에는 묻고 있지 아니하나, 처분사유가 청문 등 행정절차를 거쳐 처분에 붙여진 처분이유의 내용인 처분사유인 경우에는 문제는 달라진다. 이런 새로운 시각의 문제를 다룬 글로는 고시연구 2002년 3월호에 게재되어 있는 김광수 교수의 처분사유의 추가·변경이 있다. 또한 고시계 2002년 5월호 예상문제에 게재되어 있는 이한진 사법연수원생의 처분사유의 추가·변경도 수험생에게 도움이 되는 글이다. 일독을 권한다.

4. 취소소송의 판결

기 출

행정소송법상 구제방법과 새로운 거부처분의 적법성

행시 제45회(01년)

제44회 사법시험 합격 양 우 석

甲은 여관을 건축하기 위해 관할 군수 乙에게 건축허가 신청을 하였으나 乙은 관계법령에 근거가 없는 사유를 들어 거부처분을 하였다. 이에 甲은 乙을 상대로 거부처분취소소송을 제기하여 승소하였고 이 판결은 확정되었다. 그런데도 乙은 위 판결의 취지에 따른 처분을 하지 아니하였다.
다음의 물음에 대하여 논하시오.(50점)
(가) 乙이 위 판결의 취지에 따른 처분을 하지 않고 있는 동안 甲이 강구할 수 있는 행정소송법상 구제방법은?
(나) 위 승소판결 확정 후 관계법령이 개정되어 위 건축허가를 거부할 수 있는 근거가 마련되자 乙이 한 새로운 거부처분은 적법한가?
(다) 만일 위 나. 사항의 개정법령에서 당해 개정법령의 시행 당시 이미 건축허가를 신청 중인 경우에는 종전 규정에 따른다는 경과규정을 두었다면, 乙이 한 새로운 거부처분의 효력은?

C/O/N/T/E/N/T/S

Ⅰ. 문제의 소재

(1) 설문 (가)에서는 甲의 구제수단으로서 간접강제제도를 떠올릴 수 있는데, 그 전제로서 거부처분의 취소판결이 어떠한 효력을 갖는지 살펴보아야 할 것이다. 이밖에 행정소송법의 규정들을 확대해석하여 기타의 구제수단을 도출할 수 있는지도 문제된다.

(2) 설문 (나)에서는 乙의 반복된 거부처분이 취소판결의 기속력에 저촉되는 것이 아닌지 문제되며, 설령 기속력에 저촉되지는 않는다 하더라도 이미 진행 중인 사항에 관한 소급입법으로서의 문제를 야기하지는 않는지도 문제된다.

(3) 설문 (다)에서는 경과규정이 존재하는 경우엔 새로운 처분사유가 없는 경우로서 취소판결의 기속력에 반하는 것이 아닌지 문제된다. 만일 저촉된다면 그 처분이 당연무효인지, 취소사유를 내포한 채 유효인지도 문제된다.

Ⅱ. 설문 (가)에 대하여

1. 취소판결의 기속력

취소판결의 기속력이란 행정청에 대하여 처분이 위법이라는 판결의 내용을 존중하여 그 사건에 대하여 판결의 취지에 따라 행동할 의무를 지우는 것을 말한다. 기속력은 반복금지효와 재처분의무를 그 내용으로 한다.

처분 등을 취소하는 확정판결은 그 사건에 관하여 당사자인 행정청과 그 밖의 관계행정청을 기속한다(행정소송법 제30조 제1항). 특히 판결에 의하여 취소되는 처분이 당사자의 신청을 거부하는 것을 내용으로 하는 경우에는 그 처분을 행한 행정청은 판결의 취지에 따라 다시 이전의 신청에 대한 처분을 하여야 한다(행정소송법 제30조 제2항).

설문에서는 乙이 행정소송법 제30조 제2항의 재처분의무를 이행하지 않은 경우로서 그 구제수단이 문제되는 것이다.

2. 간접강제

(1) 의의

행정청이 제30조 제2항의 규정에 의한 처분을 하지 아니하는 때에는 제1심 수소법원은 당사자의 신청에 의하여 결정으로써 상당한 기간을 정하고 행정청이 그 기간내에 이행하지 아니하는 때에는 그 지연기간에 따라 일정한 배상을 할 것을 명하거나 즉시 손해배상을 할 것을 명할 수 있다(행정소송법 제34조 제1항). 설문과 같이 거부처분을 취소하는 판결이 내려졌음에도 재처분을 하지 않는 경우, 손해배상명령을 내려서 재처분을 간접적으로 강제하는 제도인 것이다. 이는 취소판결의 기속력을 제도적으로 담보하기 위함이다.

(2) 설문의 경우

乙의 거부처분을 취소한 판결이 확정되었음에도 乙이 판결의 취지에 따른 재처분을 하고 있지 않기에 간접강제의 요건이 구비되었다. 따라서 甲은 법원에 손해배상 명령을 신청할 수 있다.

3. 기타 구제수단의 가부

(1) 문제점

간접강제는 재처분의무가 이행되지 않을 경우를 대비해 행정소송법상 명문으로 인정되는 제도이기는 하나, 甲이 바라는 건축허가를 직접 받을 수는 없다는 점에서 그 구제가 완벽하지 못한 점이 있다고 할 수 있다. 이런 점에서 법원이 직접 허가를 내주는 것을 구하는 소송이 가능한지의 문제를 고민해봐야 할 필요가 있다. 민사소송법상의 가처분이 행정소송에서도 가능한 것인가의 문제도 맥락을 같이 한다고 하겠다.

(2) 견해의 대립

부정설은 행정소송법 제4조가 규정한 항고소송의 종류는 제한적 열거규정이며, 법원이 직접 행정처분을 하게되면 권력분립원칙에 반한다는 것을 근거로 한다. 긍정설은 국민의 재판청구권의 실질적 보장과 기능적 권력분립을 근거로 한다. 판례는 무명항고소송 일체를 부정하고 있다.

(3) 검토

행정심판법 제4조는 의무이행심판을 명문으로 인정하고 있으나, 행정소송법은 그러하지 않다. 이는 현행법의 취지가 의무이행소송을 불허하는 것이라고 해석할 수 밖에 없음을 보여준다고 하겠다. 입법론은 별론으로 하고, 현행 행정소송법상 의무이행소송이 인정된다고 볼 수는 없겠다.

Ⅲ. 설문 (나)에 대하여

1. 기속력에 반하는지 여부

(1) 기속력의 범위

(ⅰ) 주관적 범위로서 기속력은 피고인 행정청 기타 관계행정청에 미친다. (ⅱ) 객관적 범위로서, 기속력은 판결이유에 적시된 위법사유에 한하여 미친다. 따라서 위법사유를 시정한 경우, 처분사유가 다른 경우에는 행정소송법 제30조 제2항의 재

처분에 해당하기에 기속력에 반하는 것이다. 처분사유가 '다르다'는 것의 판단은 처분사유의 추가·변경의 한계인 기본적 사실관계의 동일성이 제공한다.

즉, 기본적 사실관계의 동일성은 기속력에서는 그 객관적 범위로서 기능하는 것이다. (iii) 시간적 범위로서, 거부처분의 위법성 판단은 처분시를 기준으로 하기에 처분시 이후 변경된 사실관계나 법률에 의거하여 다시 거부처분을 한 경우에는 기속력에 반하지 않는다.

(2) 설문의 경우

乙은 판결 후 개정된 법령에 근거하여 거부처분을 하였는데, 이는 위법사유를 시정한 것이며 원처분의 사유와 동일한 것도 아니다. 결국 乙의 후속 거부처분은 행정소송법 제30조 제2항의 재처분에 해당되며 취소판결의 기속력에 저촉되지 아니한다.

판례도 "행정처분의 적법 여부는 그 행정처분이 행하여진 때의 법령과 사실을 기준으로 하여 판단하는 것이므로 거부처분 후에 법령이 개정·시행된 경우에는 개정된 법령 및 허가기준을 새로운 사유로 들어 다시 이전의 신청에 대한 거부처분을 할 수 있으며 그러한 처분도 행정소송법 제30조 제2항에 규정된 재처분에 해당된다(대판 1998.1.7, 97두22)"고 하여 같은 취지이다.

2. 부진정소급입법의 문제

(1) 부진정소급입법

부진정소급입법이란 현재 진행 중인 사실관계 또는 법률관계에 대해 신법을 적용하는 경우인데, 신법에 근거한 처분은 원칙적으로 적법하다. 하지만 부진정소급입법의 경우에도 당사자의 신뢰를 언제나 무시할 수는 없으므로 신법의 공익적 요청과 상대방의 신뢰보호와의 형량이 필요하다 할 것이다. 당사자의 신뢰보호의 요청이 더 큰 경우에는, 당해 처분은 위법이라는 평가를 면하기 어려울 것이다.

(2) 판례의 검토

판례는 "행정행위는 처분당시에 시행중인 법령 및 허가기준에 의하여 하는 것이 원칙이고, 인·허가신청 후 처분 전에 관계 법령이 개정되어 있는 경우에 이미 허가신청이 있는 때에는 종전의 규정에 의한다는 취지의 경과규정을 두지 아니한 이상 당연히 허가신청 당시의 법령에 의하여 허가여부를 판단하여야 하는 것은 아니며, 소관 행정청이 허가신청을 수리하고도 정당한 이유 없이 처리를 늦추어 그 사이에 법령 및 허가기준이 변경된 것이 아닌 한 새로운 법령 및 허가기준에 따라서 한 불허가처분은 위법하다고 할 수 없다(대판 1992.12.8, 92누13813)"라는 입장이다.

판례가 비록 일정한 예외적인 사정을 염두에 두고는 있으나, 당사자의 신뢰보호에까지 고려의 폭을 넓히지 못함은 문제라 하겠다. 법률적합성에만 급급하고 있다는 인상을 지울 수 없다.

(3) 설문의 경우

판례에 의할 경우 행정청이 정당한 이유 없이 처리를 늦춘 것이 아닌 한, 乙의 처분은 적법하다는 평가를 받을 것이다. 하지만 여기에 더해 甲의 신뢰와 개정법의 공익적 요청을 비교형량해야 함은 위에서 밝힌 바와 같다. 이러한 과정을 거쳐 공익적 요청이 더 크다고 판단되는 경우에만 판례와 같은 결론이 도출될 수 있다. 설문의 사정만으로는 구체적인 형량을 하기 힘들다 하겠다.

Ⅳ. 설문 (다)에 대하여

1. 기속력에 반하는지 여부

경과규정이 존재하는 경우에는 그 규정에 따라 행정행위를 하여야 함은 법치국가의 당연한 요청이다. 따라서 乙은 경과규정에 따라 구법에 의거하여 처분을 해야 한다. 그런데 구법에 의하면 후속 거부처분의 근거가 없으므로, 이 처분은 법령의 개정으로 인해 새로운 사유를 들어 한 처분이 아니다. 그러므로 乙의 후속처분은 기속력에 반하는 것으로서 위법하다.

대법원 역시 "…시행령과 조례 시행 당시 개발행위허가를 신청 중인 경우에는 당해 개발행위에 관하여는 종전의 규정을 적용한다는 경과 규정을 두고 있으므로, 위 시행령이나 조례가 시행되기 이전에 행하여진 이 사건 사업승인신청에 대하여는 도시계획법령이나 위 조례가 아닌 종전 규정에 따른 재처분이 이루어져야 할 것이고, 따라서 상대방이 내세운 새 거부처분의 사유는 확정된 종전 거부처분 취소판결의 기속력이 미치지 않는 법령의 개정에 따른 새로운 사유라고는 할 수 없으므로, 새 거부처분은 확정된 종전 거부처분 취소판결의 기속력에 저촉되는 것으로서…"(대결 2002.12.11, 2002무22)라고 설시하여 같은 태도이다.

2. 당해 처분의 효력

(1) 무효, 취소의 구별기준

무효와 취소사유의 구별기준에 관해서는 중대설, 중대명백설, 명백성보충요건설의 대립이 있다. 통설은 하자가 중대하고 명백한 경우에 무효라는 중대명백설이다. 판례는 소수의견으로 명백성보충요건설이 개진된 바 있으나, 다수의견은 중대명백설에 입각해 있다.

(2) **설문의 경우**

기속력에 반하는 처분은 그 하자가 중대하고도 명백하여 당연무효라 할 것이다. 대법원 역시 "개정된 도시계획법령에 그 시행 당시 이미 개발행위허가를 신청 중인 경우에는 종전 규정에 따른다는 경과규정을 두고 있으므로 위 사업승인신청에 대하여는 종전 규정에 따른 재처분을 하여야 함에도 불구하고 개정 법령을 적용하여 새로운 거부처분을 한 것은 확정된 종전 거부처분 취소판결의 기속력에 저촉되어 당연무효"(대결 2002.12.11, 2002무22)라고 판시하였다. 또한 이 판결에서는 "원심이 인용한 대결 1998.1.7, 97두22은 개정법령에서 변경된 규정에 관한 경과규정을 두지 아니한 사안에 관한 것으로서, 이 사건에 원용하기에는 적절하지 아니하다"라고 덧붙였는데, 경과규정의 존재여부는 이러한 사안에서 커다란 의미를 갖음을 알 수 있다.

Ⅴ. 사안의 해결

1. 설문 (가)

甲은 취소판결의 기속력에 따른 乙의 재처분을 간접적으로 강제하기 위하여 법원에 손해배상명령을 신청할 수 있다. 의무이행소송이나 의무이행가처분은 불가능하다.

2. 설문 (나)

乙이 새로한 거부처분은 당해 개정법률의 공익적 요청이 甲의 신뢰보호의 요청보다 우월한 경우에 적법하다. 판례에 의하면 이러한 고려 없이 적법하게 될 것이다.

3. 설문 (다)

乙이 새로한 거부처분은 취소판결의 기속력에 저촉되는 것으로서 그 하자가 중대하고도 명백하여 당연무효이다.

교/수/강/평

김 철 용 (건국대학교 법대 명예교수)

위의 기출문제는 사례문제이지만 주관식문제에 가깝다. 행정법을 어느 정도 공부한 수험생이면 어렵지 않게 쓸 수 있는 문제이다. "논하시오"로 출제되어 있다.

그러나 '논하시오'에 그렇게 신경 쓸 필요가 없다. 답안의 내용이 학설과 판례간에 크게 차이가 나지 않는 것이 대부분이다. 그러므로 우리나라의 유권해석기관인 법원의 판례에 따라 기술하면 무난할 것으로 보인다. 판례는 나름대로의 이유가 있는 것이므로 초보자인 수험생이 판례를 비판하는 것은 삼가는 것이 좋겠다. 겸손해서 손해볼 것이 없고, 제시된 사례로는 구체적으로 언급하기도 어렵기 때문이다.

1. 설문 (가) 행정소송법상 구제방법

(1) 행정소송법상 구제방법이므로 행정소송법 내에서 구제방법을 찾으면 된다. 모범답안은 이를 잘 기술하고 있다.

(2) 모범답안에는 간접강제 이외의 구제수단으로 무명항고소송 일반에 대하여 기술하고 있으나, 의무이행소송을 가지고 구체적으로 기술하는 것이 좋을 듯하다.

학설이 나뉘는 경우 각 학설의 논거를 명확히 해주어야 하고, 또한 어느 한 학설을 취하는 경우 그 논거를 제시하는 것이 중요하기 때문이다.

2. 설문 (나) 새로운 거부처분의 적법성

여기서는 '기속력의 시간적 범위문제'와 '허가와 신청의 문제'가 중심이 된다.

(1) 모범답안에는 기속력의 시간적 범위외에 주관적 범위와 객관적 범위까지 기술하고 있다. 불필요한 기술이다. 더욱이 처분사유의 추가·변경의 문제까지 언급하고 있으나, 제1문과는 아무런 관계가 없다. 불필요한 기술은 자제하는 것이 좋다. 아무런 도움이 되지 않을 뿐 아니라 감점요인이 될 가능성이 있기 때문이다.

(2) "행정청이 허가신청을 수리하고도 정당한 이유없이 처리를 늦추어 그 사이에 법령 및 그 허가기준이 변경된 것이 아닌 한 새로운 법령 및 허가기준에 따라서 행한 불허가처분이 위법하다고 할 수 없다"는 것은 이제 확립된 판례(예: 대판 1996.8.20, 95누10877, 대판 1988.3.23, 96누19772 등)이다.

3. 설문 (다) 기속력위반행위의 효과

(1) 기속력위반행위의 효과에 관하여는 기속력의 성질을 어떻게 보는가에 따라 견해가 나뉠 수 있다. 그러나 무효원인으로 보는 것이 우리나라의 확립된 판례이다(대판 1982.5.11, 80누104, 대판 2002.12.11, 2002무22 등).

(2) 판례를 언급하는 경우 판결의 선고년·월·일과 사건번호를 명시하기도 하고, 하지 아니하기도 하나, 가급적 통일하는 것이 좋을 듯하다.

거부처분 취소판결에 따른 재처분의무와 기속력의 의미

제53회 행정고시 일반행정직 합격 김 고 현

행시 제54회(10년)

甲은 숙박시설을 경영하기 위하여 「건축법」 등 관계 법령이 정하는 요건을 구비하여 관할 A시 시장 乙에게 건축허가를 신청하였다. 그러나 시장 乙은 「건축법」 제11조 제4항에 따라 해당 숙박시설의 규모나 형태 등이 주거환경이나 교육환경 등 주변 환경을 고려할 때 부적합하다는 이유로 건축허가를 거부하였고, 甲은 이에 대해 건축허가거부처분취소소송을 제기하였다. 이와 관련하여 아래 물음에 답하시오.
한편, 甲의 취소소송은 인용되었으나, 동 소송의 계속 중 A시 건축조례가 개정되어 건축허가 요건으로 「건축법」 제49조 등 건축법령의 규정보다 강화된 피난시설의 구비를 요구하게 되었으며, 甲이 허가 신청한 건축물은 현재에도 여전히 이를 구비하지 못한 상태이다. 이 경우 시장 乙은 위 취소소송의 인용판결에도 불구하고 강화된 피난시설요건의 미비를 이유로 甲에게 재차 건축허가거부처분을 할 수 있는가? (단, A시 개정건축조례가 적법함을 전제로 함)(20점)

C/O/N/T/E/N/T/S

Ⅰ. 논점의 정리

설문과 관련하여 취소판결 후 개정된 조례에 따라 다시 건축허가거부처분을 할 수 있는지 여부는 다시 발령한 거부처분이 취소판결의 기속력에 반하지 않는가의 문제이다. 특히 시장 乙은 개정된 조례를 근거로 거부처분을 발령한 것이므로 기속력의 시적 범위가 문제된다.

Ⅱ. 설문의 해결

1. 기속력의 의의

기속력은 처분 등을 취소하는 확정판결이 당사자인 행정청과 관계행정청에 대하여 판결의 취지에 따라야 할 실체법상의 의무를 발생시키는 효력을 말한다(행정소송법 제30조 제1항).

2. 기속력의 내용

기속력은 ① 당사자인 행정청과 그 밖의 관계 행정청이 확정판결에 저촉되는 처분을 할 수 없는 반복금지의무와 ② 행정청에 대하여 판결의 취지에 따라 신청에 대한 새로운 처분을 하여야 할 의무를 부과하는 재처분의무 (행정소송법 제30조 제2항·제3항) 그리고 ③ 취소소송의 경우에도 인용판결이 있게 되면, 행정청은 위법처분으로 인해 야기된 상태를 제거하여야 할 의무인 결과제거의무를 그 내용으로 한다.

사안의 경우에는 취소소송을 제기하여 인용판결을 받았음에도 재차 건축허가거부처분을 할 수 있는지의 문제이므로 반복금지의무 위반여부가 문제된다.

3. 기속력의 범위

(1) 주관적 범위

처분 등을 취소하는 확정판결은 그 사건(취소된 처분)에 관하여 당사자인 행정청과 그 밖의 관계 행정청을 기속한다. 여기서 그 밖의 관계 행정청이란 당해 판결에 의하여 취소된 처분 등에 관계되는 어떠한 처분권한을 가지는 행정청, 즉 취소된 처분 등을 기초로 하여 그와 관련되는 처분이나 부수되는 행위를 할 수 있는 행정청을 총칭하는 것이다.

(2) 객관적 범위

기속력은 판결주문 및 그 전제가 된 요건사실의 인정과 효력의 판단에만 미치고, 판결의 결론과는 직접 관련 없는 방론이나 간접사실의 판단에는 미치지 않는다. 기속력은 기판력과 달리 '판결에 적시된 개개의 위법사유'에 관해서만 발생하므로 법원이 위법이라고 판단한 것과 동일한 이유나 자료를 바탕으로 동일인에 대하여 동일행위를 하는 것을 금할 뿐이다. 구체적으로 보면, 판결에 적시된 개개의 위법사유는 처분사유의 추가 · 변경과의 관계로 인해 판결에 적시된 기본적 사실관계가 동일한 위법사유를 말한다. 따라서 기본적 사실관계가 동일하지 아니한 별도의 이유에 기하여 동일한 내용의 처분을 하는 것은 기속력에 위반되지 않는다.

(3) 시간적 범위

기속력의 시적 범위는 항고소송의 위법판단 기준시와 밀접한 관련이 있다.

① 처분시설은 처분시 이후의 사정고려는 법원에 의한 행정권의 권한 침해를 의미하며, 법원은 행정청의 처분에 대해 사후적인 판단을 하는 역할에 그친다고 보아 처분시를 기준으로 판단해야한다는 견해이다.

② 판결시설은 취소소송의 목적이 현행법규에 처분이 위법한가를 판단하는 것이며, 법원은 판결당시에 처분의 효력이 계속적으로 유지시킬 것인가 여부까지 결정

해야 된다고 보아 판결시를 기준으로 판단해야한다는 견해이다.

③ 절충설은 원칙적으로 처분시기준설을 취하면서, 예외적으로 영업허가취소나 교통표지판 설치 등과 같이 계속효 있는 행정행위에 대하여는 판결시설을 취해야 한다고 본다.

④ 판례는 "사실심 변론종결 이전의 사유를 내세워 다시 거부처분하는 것은 확정판결의 기속력에 저촉되어 허용되지 아니한다"라고 판시하여 처분시설을 따르고 있다.

⑤ 판결시설은 판결의 지체 여하에 따라 판결의 내용이 달라질 수 있다는 문제점이 있고, 특별한 사정이 없는 이상 처분당시의 법령 및 기초사실에 터 잡아 처분을 하는 것이 바람직하므로 처분시설이 타당하다. 따라서 기속력의 시간적 범위에 있어서도 처분시설을 기준으로 종전의 거부처분 후 법령 및 사실상태에 변경이 있는 경우에는 처분청은 재처분으로 다시 거부처분을 할 수 있다.

(4) 사안의 경우

조례의 개정은 처분시 이후의 사정이므로 취소판결의 기속력이 미치지 않는다. 따라서 乙 시장은 기속력의 제한을 받지 않으며, 처분시 이후의 사정인 개정된 조례를 근거로 재차 건축허가거부처분을 할 수 있다.

Ⅳ. 사안의 해결

설문에서 기속력의 시적범위 판단은 처분시를 기준으로 하여야 하고, 따라서 처분 이후 개정된 조례에 따라 내려진 건축허가 거부처분은 기속력에 반하지 않는다. 따라서 재차 건축허가 거부처분을 할 수 있다.

교/수/강/평

김 향 기 (성신여대 법대 교수)

위 기출문제의 경우, 甲은 거부처분취소소송의 인용판결을 받았는데 처분청은 소송계속 중 개정된 조례에 의하여 다시 거부처분을 할 수 있는지를 묻고 있다. 따라서 확정판결의 기속력의 내용으로서 재처분의무와 특히 거부처분취소판결에 따른 재처분의무를 검토하고, 기속력의 객관적 범위로서 기본적 사실관계에 있어서 동일성이 인정되는 사유인지와 시간적 범위가 핵심쟁점이므로 이를 비중 있게 검토할 필요가 있다.

처분기준의 설정 및 공표, 허가신청 거부처분과 취소판결 및 기속력

제55회 행정고시 일반행정직 수석 합격 이 영 희

행시 제56회(12년)

甲은 위치정보의 보호 및 이용 등에 관한 법률에 의한 위치정보사업을 하기 위하여 위치정보사업 허가신청서에 관련 서류를 첨부하여 방송통신위원회에 허가신청을 하였다. 방송통신위원회는 甲의 위치정보사업 관련 계획의 타당성 및 설비규모의 적정성 등을 종합 심사한 후에 허가기준에 미달되었음을 이유로 이를 거부하였다. (총 30점)

(1) 방송통신위원회가 설정 · 공표한 위 사업의 허가기준에 적합함에도 불구하고 甲의 허가신청이 거부되었다면 이에 대하여 甲은 어떠한 주장을 할 수 있겠는가? (15점)

(2) 허가신청 거부에 대한 甲의 취소청구를 인용하는 수소법원의 판결이 확정되었고, 그 후에 방송통신위원회가 다시 허가신청을 거부하였다면, 이는 취소판결의 효력과 관련하여 어떠한 문제점이 있는지 설명하시오. (15점)

C/O/N/T/E/N/T/S

Ⅰ. 논점의 정리

(1) 설문 (1)에서 처분기준의 설정 및 공표가 가지는 의미를 살펴보고, 처분기준의 형식(법규명령인지 혹은 행정규칙인지)에 따라 그 효력을 논하여 甲이 방송통신위원회의 거부처분이 위법함을 주장할 수 있는 논거를 검토한다.

(2) 설문 (2)에서 허가신청 거부처분 취소판결이 확정되었으므로 행정소송법 제30조의 기속력이 발생하는 바, 그 후 다시 방송통신위원회가 허가거부처분을 할 경우 반복금지효에 반하여 위법한 것은 아닌지 논한다. 더불어 거부처분취소소송의 경우 기속력이 인정되는 범위가 좁아 국민의 실효적인 권리구제수단으로 한계가 있는 것은 아닌지 검토한다.

Ⅱ. 설문 (1)의 해결

1. 문제점

처분기준의 설정 및 공표는 행정절차법 제20조에서 규정하고 있으며, 행정청의 자의적인 권한행사를 방지하고 행정의 통일성을 기하며 처분의 상대방에게 예측가능성을 부여하기 위하여 요청된다.

그런데 사안에서 방송통신위원회는 설정·공표한 위 사업의 허가 기준에 적합함에도 불구하고 甲의 허가신청을 거부하였으므로 당해 거부처분이 위법한 것은 아닌지 문제된다. 이 때 처분기준이 규정된 형식이 법규명령인지 혹은 행정규칙인지에 따라 처분 기준의 효력이 달라지므로 이를 나누어 살펴본다.

2. 처분기준의 효력 및 처분 기준을 위반한 처분의 효력

(1) 처분기준이 법규명령의 형식으로 된 경우

법규명령은 대외적으로 구속력을 가진다. 따라서 법규명령으로 규정된 처분 기준을 따르지 않은 처분은 위법하다.

(2) 처분기준이 행정규칙의 형식으로 된 경우

처분기준이 훈령, 지침, 예규 등의 행정규칙의 형식으로 된 경우 처분기준의 구속력은 행정규칙의 구속력의 문제가 된다. 행정규칙의 대외적 구속력을 인정하지 않는 통설과 판례의 견해에 따르면 행정규칙으로 규정된 처분 기준을 따르지 않은 처분은 행정규칙 위반으로 위법하지는 않다. 그러나 이 경우에도 신뢰보호의 원칙 또는 자기구속의 원칙이 적용되어 처분 기준을 따르지 않은 처분이 위법해질 수는 있다. 즉, 처분 기준이 행정청의 선행조치로 인정되고, 이를 신뢰한 상대방에게 귀책사유가 없으며, 이를 바탕으로 일정한 조치를 취하였으나, 행정청이 선행관행(처분기준)에 반하는 행정작용을 한 경우 처분이 신뢰보호원칙 위반으로 위법할 수 있다. 또한 처분기준이 재량준칙으로 되어 있고, 그에 따른 선행관행이 형성되어 있는데 선행관행과 동일한 사안에서 합리적 이유없이 처분기준과 달리 재량권을 행사하였다면 그러한 재량행위는 자기구속 원칙으로 위법하다.

3. 甲이 할 수 있는 주장

(1) 처분 기준이 법규명령으로 규정된 경우

법규명령을 위반한 방송통신위원회의 거부처분이 위법하다고 주장할 수 있다.

(2) **처분기준이 행정규칙으로 규정된 경우**

1) 신뢰보호원칙 적용

甲이 방송통신위원회가 설정·공표한 처분을 신뢰하고, 그러한 甲의 신뢰가 보호가치 있는 신뢰이며, 甲이 이에 기반하여 사업 투자 등 일정한 조치를 취하였으나 방송통신위원회가 처분기준과 다르게 허가를 거부처분한 경우에 해당한다면 甲은 허가거부처분이 신뢰보호원칙 위반으로 위법하다고 주장할 수 있다.

2) 자기구속원칙 적용

방송통신위원회가 이전에 甲과 동일한 요건을 갖춘 사업자에 대하여 처분기준에 따라 허가를 한 선행관행이 형성되어 있는 경우, 甲은 허가거부처분이 자기구속원칙 위반으로 위법하다고 주장할 수 있다.

Ⅲ. 설문 (2)의 해결

1. 기속력의 의의

기속력은 처분이나 재결을 취소하는 확정판결이 그 내용에 따라 처분청과 관계행정청에게 판결의 취지에 따라 행동할 의무를 지우는 효력을 의미한다. 행정소송법 제30조 제1항에서 취소판결의 기속력을 규정하고 있다.

2. 기속력의 내용

(1) **반복금지효**

반복금지효란 행정청은 동일한 사실관계하에서 동일한 이유로 동일인에 대하여 동일한 내용을 처분하여서는 안되는 기속력의 소극적 효력이다.

(2) **원상회복의무**

원상회복의무란 당해처분으로 법률관계나 사실관계가 변동된 경우 당해 처분이 취소되면 변동된 관계에도 원상회복 의무를 진다는 것이다.

(3) **재처분의무**

재처분의무란 신청을 요하는 처분에 대한 행정청의 거부처분이 판결에 의해 취소된 경우 행정청의 판결의 취지에 따라 처분해야 할 의무를 의미한다.

3. 사안의 경우 문제점

허가거부처분에 대한 취소판결이 확정되었으므로 방송통신위원회는 재처분의무와 반복금지의무를 지는데, 또 다시 허가신청을 거부한 것이 기속력을 위반한 것은 아닌지 문제된다. 즉, 다시 내려진 거부처분이 거부처분 취소판결의 기속력 범위에 포함되는지가 문제된다.

4. 방송통신위원회가 재차 허가거부한 것이 기속력 위반인지

(1) 기속력의 인정 범위

1) 주관적 범위

행정소송법 제30조 제1항에서 취소확정판결은 당사자인 행정청과 그 밖의 관계행정청을 기속한다고 규정하고 있다.

2) 객관적 범위

기속력은 판결 주문 및 그 전제가 되는 처분의 구체적인 위법사유에 관한 이유중의 판단에 대하여 인정되며 판결의 결론과 직접 관계없는 방론이나 간접사실에 미치지 않는다는 것이 통설과 판례이다. 다수설에 따르면 당초 처분의 근거로 삼은 이유와 기본적 사실관계가 동일한지 여부에 따라 처분의 동일성이 판단되고, 당초 처분과 이후 처분이 동일한 경우 기속력의 객관적 범위에 포섭된다.

3) 시적범위

기속력의 시적범위는 항고소송의 위법판단기준시와 밀접한 관련이 있는데, 통설과 판례인 처분시설에 따르면 기속력은 처분시까지의 사실상태 혹은 법률관계에 미친다.

(2) 방송통신위원회가 재차 허가를 거부한 것이 기속력 위반인지

설문에서 방송통신위원회가 다시 허가를 거부한 사유가 구체적으로 적시되지 않았으나 만일 처분시에 존재한 사유나 혹은 기존의 거부사유와 기본적 사실관계가 동일한 사유로 재차 거부한 경우 재거부처분은 취소판결의 기속력을 위반한 것으로 위법하다.

그러나 방송통신위원회가 취소판결에서 판단한 처분의 위법사유를 시정한 경우나 취소판결에서 판단한 처분과 동일성이 없는 새로운 처분을 한 경우, 당초 처분시 이후에 발생한 사유로 재 거부처분한 경우에는 기속력 위반이 아니다.

5. 소 결

방송통신위원회가 취소판결의 확정 이후 다시 한 거부처분이 당초 처분과 기본적 사실관계의 동일성이 인정되지 않거나 당초 처분시 이후의 사유에 기인한 것인 경우 재거부처분은 위법하지 않다.

이처럼 거부처분에 대해 상대방인 국민이 거부처분취소소송을 제기하는 경우 다른 사유로 거부처분이 무한히 내려질 수 있어 국민의 권리구제가 실효적으로 이루어질 수 없는 문제점이 지적된다. 따라서 이러한 문제를 해결하기 위해 거부처분취소소송의 경우에는 처분의 위법성 판단시를 판결시로 보아 분쟁의 일회적 해결을 도모하거나 의무이행소송을 도입하여 보다 실효적인 권리구제수단을 보장할 필요가 있다.

Ⅳ. 사안의 해결

(1) 甲은 처분기준이 법규명령으로 규정된 경우 이러한 법규명령에 따르지 않은 방송통신위원회의 거부처분이 위법하다고 주장할 수 있다. 또한, 처분기준이 행정규칙으로 규정된 경우에는 신뢰보호원칙 위반이나 자기구속원칙 위반을 통해 거부처분의 위법성을 주장할 수 있다.

(2) 거부처분취소판결이 확정된 이후 재차 허가거부처분하더라도 취소판결에서 판단한 처분의 위법사유를 시정하였거나 취소판결에서 판단한 처분과 동일성이 없는 새로운 처분을 한 경우 등 기속력의 범위에 포섭되지 않는 재거부처분은 적법하다. 따라서 분쟁의 일회적 해결과 국민의 실효적 권리구제가 어려운 문제점이 발생하므로 이에 대한 보완 장치가 필요하다.

교/수/강/평

김 향 기 (성신여자대학교 법대 교수)

1. 설문 (1)의 경우

방송통신위원회는 대통령소속하의 중앙행정기관인 바(방송통신위원회의 설치 및 운영에 관한 법률 제3조), 이 방송통신위원회의 허가기준의 법적 성질이 문제된다. 위 허가기준은 방송통신위원회가 정한 것이므로 헌법이 정한 법규명령형식은 아니고 그 형식은 행정규칙이라 할 것인데 그 법규성여부가 문제될 수 있다. 이 허가기준이 법규성이 없는 행정규칙에 불과한 경우에는 재량권의 일탈·남용의 법리로서 신뢰보호의 원칙 및 행정의 자기구속의 법리의 위반을 주장할 수 있는지 문제된다. 따라서 검토의 순서는, 1. 문제점, 2. 허가기준이 법규성 여부, 3. 신뢰보호원칙의 위반여부, 4. 행정의 자기구속의 법리의 위반여부, 5. 설문의 해결의 순서로 검토함이 바람직하다. 2의 경우, 허가기준이 법령의 위임에 따라 방송통신위원회가 정한 것이라면 소위 법령보충적 행정규칙으로서 그 법적 성질에 관하여 견해가 나뉘며, 판례는 위임법령과 결합하여 법규명령으로서의 효력을 가진다고 본다(대판 2008.4.10. 2007두4841 등). 그런데 설문의 내용이나 위치정보의 보호 및 이용 등에 관한 법률에 위임규정이 없으므로 위 허가기준은 법규성이 없는 행정규칙에 불과하다고 볼 것이다. 따라서 허가거부처분의 위법여부는 재량권의 일탈·남용의 여부에 따라 판단해야 하는 데, 재량권의 일탈·남용의 법리로서 신뢰보호원칙과 행정의 자기구속의 법리 등의 위반여부가 문제될 수 있다. 먼저, 3의 경우, 방송통신위원회가 설정·공표한 허가기준은 행정시관의 선행조치에 해당하는 등 신뢰보호원칙의 요건에 모두 해당되며 신뢰보호원칙의 한계에 해당한다고도 볼 수 없어 결국 위 거부처분은 신뢰보호원칙에 반한다고 할 것이다. 다음, 4의 경우, 행정의 자기구속의 법리의 성립요건인 재량행위, 동종사안, 행정선례의 존재를 충족하는지 문제된다. 위치정보사업의 허가여부는 위 설문의 내용상으로 보면 관련계획의 타당성 등 종합심사를 하여 결정하는 것이므로 방송통신위원회의 재량행위라 할 수 있고, 허가기준인 행정규칙만으로 행정선례의 존재를 인정할 수 있는지에 대해 견해가 대립되나 담당공무원은 복종의무와 법령준수의무에 따라 특별한 사정이 없는 한 행정규칙에 따를 것이라는 점에서 행정선례의 존재를 인정할 여지가 있고, 또한 행정의 자기구속의 법리의 한계를 벗어난 것이라 할 수 없어 행정의 자기구속의 법리의 위반을 주장할 여지도 있다. 결국 갑은 방송통신위원회의 거부처분에 대하여 신뢰보호원칙과 행정의 자기구속의 법리를 위반하여 재량권의 일탈·남용의 위법이라고 주장할 수 있다.

2. 설문 (2)의 경우

이 문제는 취소판결의 효력으로서 기속력에 반하는지의 문제인바, 1. 문제점, 2. 기속력의 의의, 3. 기속력의 내용, 4. 기속력의 범위, 5. 기속력 위반의 효과, 6. 설문의 해결의 순서로 검토함이 바람직하다. 3의 경우, 거부처분에 대한 취소판결이므로 재처분의무에 중점을 두고, 4의 경우 주관적 범위와 객관적 범위만을 간단히 설명하면 될 것이다. 결국 허가신청 거부를 취소하라는 판결일 것이므로 방송통신위원회는 그 판결의 취지에 따라 다시 이전의 신청에 대한 처분을 하여야 할 재처분의무가 있음에도 불구하고 또 다시 거부처분을 하였으므로 기속력에 반하는 문제가 발생하고, 따라서 방송통신위원회의 재거부처분은 당연 무효라는 문제가 발생한다.

제1부

행정조직법

제1장 개 설

I. 행정관청의 대리와 위임

기 출

행정관청의 대리와 위임

이 병 철 교수

행시 제47회(03년)

도지사 A는 환경개선비용부담법 제9조 제1항의 규정에 의한 환경개선부담금 부과징수권한을 같은 법 제22조 및 같은 법 시행령 제28조 제1항 제1호에 의해 환경부장관으로부터 위임을 받았다. 그런데 A는 이 권한을 직접 행사하지 않고, 재위임에 관하여 법에 아무런 규정이 없기 때문에 행정권한을 도 조례에 의해 구청장에게 재위임하였는 바, 구청장 B는 이에 의거하여 甲에 대하여 환경개선부담금을 부과하였다.(50점)

(1) 이에 대하여 甲은 무효확인소송을 제기하였다. 甲의 권리구제의 가능성을 논하라.

(2) 이 경우 일반적인 재위임의 법적 근거와 문제점을 논하라.

참·조·조·문

〔환경개선비용부담법〕

제9조(환경개선비용부담금의 부과. 징수) ① 환경부장관은 유통·소비과정에서 환경오염물질의 다량 배출로 인하여 환경오염의 직접적인 원인이 되는 건물 기타 시설물(이하 '시설물'이라 한다)의 소유자 또는 점유자와 자동차의 소유자로부터 환경개선 부담금(이하 '개선부담금'이라 한다)을 부과·징수한다.

제22조(권한의 위임) 이 법에 의한 환경부장관의 권한은 대통령령이 정하는 바에 따라 그 일부를 시·도지사, 환경관리청장 또는 지방환경관리청장에게 위임할 수 있다.

〔환경개선비용부담법시행령〕

제28조(권한의 위임) ① 환경부장관은 법 제22조의 규정에 의하여 다음 각호의 권한을 시·도지사에게 위임한다.

1. 법 제9조 제1항의 규정에 의한 개선부담금의 부과·징수

〔행정권한의위임및위탁에관한규정〕

제4조(재위임) 특별시장 · 광역시장 · 도지사(특별시 · 광역시 및 도의 교육감을 포함한다) 또는 시장 · 군수 · 구청장(자치구의 구청장을 말한다. 이하 같다)은 행정의 능률향상과 주민의 편의를 위하여 필요하다고 인정되는 때에는 수임사무의 일부를 그 위임기관의 장의 승인을 얻어 규칙이 정하는 바에 따라 시장 · 군수 · 구청장 (교육장을 포함한다) 또는 읍 · 면 · 동장 기타 소속기관의 장에게 다시 위임할 수 있다.

■ C/O/N/T/E/N/T/S

[설문 (1)]

Ⅰ. 쟁점의 정리

이 사안에서는 (i) 甲이 환경개선부담금부과처분에 대해 무효확인소송을 제기하였는데, 이 소송에서 재판의 전제로 甲이 道조례에 대한 명령규칙심사를 신청할 수 있고 그 결과 동조례가 위법무효인지 여부, (ii) 이를 판단하기 위한 전제로 부담금부과처분의 성질이 국가사무인지, 나아가 기관위임사무인지 여부, (iii) 기관위임사무에 관하여 조례로 재위임을 규율할 수 있는지 여부, (iv) 명령규칙심사의 결과 일반적 효력이 발생하는지 여부, (v) 무효인 조례에 근거한 행정처분의 효력과 관련하여, 무효와 취소의 구별기준, (vi) 사안의 경우 환경개선금부과처분이 당연무효인지 여부, (vii) 취소사유에 해당할 때 무효확인소송을 제기받은 법원의 조치 등이 검토되어야 한다.

Ⅱ. 道조례에 대한 명령규칙심사

1. 명령규칙심사

법규명령의 위헌위법여부가 재판의 전제가 된 경우 법원은 당사자의 신청 또는 직권으로 당해 법규명령을 심사할 수 있다(헌법 제107조 제2항). 이 사안에서 道조례는 법규명령이므로 명령규칙심사의 대상이 된다.

2. 환경개선부담금부과처분에 관한 사무가 기관위임사무인지 여부

(1) 기관위임사무와 자치사무 · 단체위임사무의 구별기준

통설과 판례에 의할 때, 기관위임사무인지를 판단함에 있어서는 법령의 규정 형식과 취지를 우선 고려해야 하고, 나아가 당해사무의 성질이 전국적으로 통일적인 처리가 요구되는 사무인지, 경비부담, 최종적인 책임귀속의 주체 등도 아울러 고려하여 판단하여야 한다.

(2) 사안의 검토

본 사안에서 환경개선부담금법상의 부담금부과권한은 환경부장관의 권한으로 규정되어 있을 뿐만 아니라 금전급부를 명하는 처분은 전국적으로 통일적인 처리가 요망되는 것으로 판단되므로 동사무는 국가사무로 보아야 하고, 환경부장관은 이 권한을 법령에 의하여 지방자치단체장인 A도지사에게 위임한 것이므로 이는 기관위임사무에 해당한다.

3. 기관위임사무를 규율하는 조례의 효력

(1) 조례제정권의 범위

지방자치법 제15조 본문은 "지방자치단체는 법령의 범위 안에서 '그 사무에 관하여' 조례를 제정할 수 있다"고 규정하고 있고, 지방자치법 제9조 제1항은 지방자치단체의 사무로 '자치사무'와 '법령에 의하여 지방자치단체에 속하는 사무(단체위임사무)'를 규정하고 있다. 따라서 지방자치단체가 조례로써 규율할 수 있는 범위는 자치사무와 단체위임사무에 국한되고, 기관위임사무를 대상으로 조례를 제정할 수는 없다.

(2) 기관위임사무를 규율하는 조례

1) 원칙

통설과 판례에 의하면, 기관위임사무는 조례제정범위밖이므로 이를 규율한 조례는 지방자치법 제15조 본문과 지방자치법 제9조 제1항에 위배되어 위법이고 무효이다.

2) 위임조례

다만, 기관위임사무라 하더라도 법령에서 일정한 사항을 조례로 정하도록 위임하고 있는 경우에는 조례로 규율할 수 있으며 이를 위임조례라 한다. 그러나 위임조례도 위임입법의 한계를 준수하여야 하므로 개별법령이 위임한 사항에 관하여 개별법령의 위임취지에 부합하여야 한다는 것이 판례의 태도이다.

(3) 사안의 검토

이 사안에서 기관위임사무인 A도지사의 환경개선부담금부과권한을 조례로 규율할 수 있다는 취지의 법령상 근거가 없으므로 동처분을 B구청장에게 재위임할 수 있다는 내용의 道조례는 위법이고 무효이다.

다수설과 판례에 의하면, 국가사무가 기관위임된 경우, 개별법령에 재위임의 근거조항이 없다면 일반조항인 정부조직법 제6조 제1항 및 행정권한의위임및위탁에관한규정 제4조에 따라 도지사는 환경부장관의 승인을 받은 후 도지사의 규칙으로 재위임을 하여야 한다. 이에 대하여는 〔제1~2문〕에서 상세히 검토하기로 한다.

(4) 명령규칙심사의 효력

헌법재판소가 내린 법률에 대한 위헌결정은 그 법률의 효력을 소멸시키는 일반적 효력을 갖는다(헌법재판소법 제47조 제2항). 그런데 명령규칙심사의 경우에는 명문규정이 없으므로 해석상 문제된다.

이에 대해 당해 행정입법은 일반적으로 무효가 된다는 견해도 있으나, 통설은 법원이 내린 행정입법에 대한 위헌·위법판단에 대해서는 명문규정이 없으므로 일반적 효력을 인정할 수는 없고 개별적 효력만을 인정하고 있다. 즉, 당해 행정입법은 당해 사건에 한하여 무효이고 그 효력은 여전히 존속한다는 것이다. 그러나 행정소송법 제6조에 따라 대법원이 행정자치부장관에게 통보하고, 행정자치부장관은 이를 관보에 게재하도록 규정하고 있으므로, 위헌·위법인 행정입법이 반복 적용되는 것은 시정할 수 있어 사실상 일반적 효력의 효과를 기대할 수 있을 것이다.

Ⅲ. 무효인 조례에 근거한 영업정지처분의 효력

1. 무효와 취소의 구별기준

(1) 중대설

하자가 내용상 중대하기만 하면 행정처분은 당연무효이고 명백성 요건을 요하지 않는다는 견해이다.

(2) 명백성보충요건설

제3자의 이익이 관련된 경우에는 제3자의 입장에서 보아 중대하고도 명백한 하자인 경우에만 무효인 행정처분이라고 판단하고, 행정처분의 상대방만 관련되어 있거나 또는 제3자의 이익보다는 상대방의 권익을 구제해야 할 필요성이 더 큰 경우에는 중대한 하자만 있으면 그 행정처분을 당연무효로 하자는 견해이다.

(3) 중대명백설

내용상 하자가 중대하고 외견상 명백한 하자인 경우만 무효이고, 이러한 정도에 이르지 않은 하자는 취소사유에 불과하다는 견해이다. 여기서 하자의 '중대성'이란 행정행위가 중요한 법률요건(주체 · 내용 · 형식 · 절차 등)을 위반하여 하자가 내용적으로 중대하다는 것이다. 그런데 중대명백설은 '명백성'요건을 누구의 시각에서 판단하느냐에 따라 조사의무설과 외견상 일견명백설로 나뉜다.

1) 조사의무설

공무원에게 직무의 성실한 수행상 당연히 요구되는 조사에 의하여 판명되는 사실관계에 비추어 보면 당해 처분의 위법성이 명백하게 인정될 수 있는 경우에는, 명백한 하자라는 견해이다.

2) 외견상 일견명백설

일반 제3자의 시각에서 판단할 때 행정처분이 당연히 무효라고 볼만큼 하자가 명백한 경우에만 그 행정처분은 당연무효라는 것으로 통설적 견해이다. 이 견해에 따르면, 명백한 무권한, 명문의 중요한 절차규정 위반, 문서상의 중대한 기재사항의 결여, 처분대상에 대한 명백한 오인 등 극히 제한된 경우에만 무효가 된다.

(4) 구체적이익형량설

행정처분이 당연무효인지 여부는 추상적인 이론적 기준으로 판단되어서는 안 되고, 국민의 권익구제와 행정의 법률적합성 원칙, 행정법관계에서 법적 안정성, 행정처분의 목적과 기능 등의 차원에서 개별적인 사안에 따라 구체적으로 판단하자는 견해이다.

(5) 판례의 검토

대법원은 중대명백설 중 외견상 일견명백설의 원칙하에 구체적 사안의 특수성을 고려하는 태도를 취하고 있다.

(6) 검토

중대설은 무효사유를 넓게 인정함으로써 수익적 행정행위나 제3자효 행정행위의 경우에는 오히려 상대방 또는 이해관계인에게 불리한 결과를 가져올 수 있고, 조사의무설은 '직무의 성실한 수행으로 당연히 요구되는 조사'가 무엇인지가 명확하지 않다.

무효와 취소의 구별은 구체적 사안에 따라 상대방의 권익구제의 요청과 행정목적 달성 · 법적안정성 · 제3자의 권익보호의 요청을 형량하여 판단될 문제이므로, 통설과 판례의 태도인 외견상 일견명백설의 입장에 입각하면서도 하자의 중대성과 명백성을 판단함에 있어 구체적 사안의 특수성을 고려함으로써 명백성보충요건설의 장점을 포섭할 수 있게 될 것이다.

2. 무효인 조례에 근거한 영업정지처분이 당연무효인지 여부

기관위임사무에 관한 재위임을 규정하여 무효인 조례에 근거한 B구청장의 환경개선부담금부과처분은 주체 · 내용상의 하자가 있으므로 위법하지만 그 효력이 당연무효인지 취소사유인지가 문제된다.

(1) 중대명백설(외견상 일견명백설) : 대법원 다수의견

통설과 판례의 태도인 외견상 일견명백설에 의할 때, 무효인 조례에 근거한 행정처분은 중대한 하자이지만 일반 제3자의 시각에서 평가할 때 명백한 하자로 판단하기 어려우므로 취소사유로 보아야 할 것이다.

유사사안에서 대법원 다수의견도, 무효인 서울시위임조례에 근거하여 구청장이 건설업영업정지처분을 한 경우, 그 처분은 결과적으로 권한 없는 자에 의하여 행해진 것이어서 그 하자가 중대하나, 조례와 규칙은 조례가 보다 상위규범이라 할 수 있고, 또한 헌법 제107조 제2항의 '규칙'에는 지방자치단체의 조례와 규칙이 모두 포함되는 등 규칙의 개념이 경우에 따라 상이하게 해석되는 점 등에 비추어 위임과정의 하자가 객관적으로 명백한 것으로 할 수 없으므로, 취소사유에 불과하다고 판시한 바 있다.

(2) 명백성보충요건설 : 대법원 소수의견

그런데 대법원 소수의견은, 구청장의 건설업영업정지처분은 그 처분의 존재를 신뢰하는 제3자의 보호나 행정법 질서에 대한 공공의 신뢰를 고려할 필요가 크지 않다는 점, 위임에 관한 조례가 무효이어서 처분청에게 권한이 없다는 것은 극히 중대한 하자라는 점 등에 비추어, 하자가 외관상 명백하지 않더라도 당연무효라고 보아야 한다는 견해를 피력한 바 있다.

Ⅳ. 수소법원의 조치

이 사안과 같이 취소사유에 대해 무효확인소송을 제기한 경우 법원의 조치는 다음 두가지로 구별하여 검토해야 한다.

1. 취소소송의 제기요건을 갖추지 못한 경우

무효사유가 아니므로 법원은 기각판결을 한다는 것이 판례의 태도이다.

2. 취소소송의 제기요건을 갖춘 경우

(1) 무효확인청구가 취소청구를 당연히 포함한다고 볼 수 없으므로, 무효확인소송을 취소소송으로 '소변경'하지 않는 한, 기각판결을 하여야 한다는 견해이다.
(2) 무효확인청구는 취소청구를 포함하지만, 법원은 석명권을 행사하여 무효확인소송을 취소소송으로 '정정'한 후 취소판결을 하여야 한다는 견해이다.
(3) 무효확인청구는 취소청구를 포함하므로, 법원은 취소판결을 하여야 한다는 견해 등이 대립한다. 대법원은 제3설을 취하고 있다.

[설문 (2)]

Ⅰ. 일반적인 재위임의 법적 근거

1. 위임위탁규정 제4조 등을 일반조항으로 해석할 수 있는지 여부

권한의 위임이란 행정관청이 그의 권한의 일부를 다른 행정기관에 실질적으로 이전하여, 그 다른 기관, 즉 수임기관의 권한으로 행사하게 하는 것을 의미한다. 권한의 위임은 법률상의 권한을 다른 행정관청에 이전하여 권한의 법적 귀속을 변경하는 것이므로 반드시 법적 근거를 요한다. 이와 관련하여 재위임에 관하여 개별법령에 근거규정이 없는 경우 정부조직법 제6조, 위임위탁규정 제4조 또는 지방자치법 제95조가 재위임의 일반적인 근거규정이 되는지에 관하여 견해가 대립한다.

다수설은 행정능률의 향상, 행정기관의 권한 및 책임을 일치시키기 위하여 위임・재위임하여야 할 현실적 필요성이 있다는 점, 행정사무의 간소화 등을 논거로 정부조직법 제6조, 위임위탁규정 제4조 등에 의한 권한의 위임・재위임을 인정하고 있다.

2. 판례의 태도

(1) 국가사무의 위임

판례는 (구)정부조직법 제5조 제1항(현행 제6조 제1항)과 행정권한의위임및위탁에 관한규정 제4조가 권한의 위임, 재위임에 관한 일반규정이며, 동법이 국가행정기관의 설치, 조직, 직무범위의 대상을 정하는데 그 목적이 있다는 이유만으로 권한위임, 재위임에 관한 위 규정마저 권한위임 등에 관한 대강을 정한 것에 불과할 뿐 권한위임의 근거규정이 아니라고 할 수는 없다고 판시하고 있다. 따라서 국가사무인 기관위임사무를 재위임하는 경우 개별법령에 근거가 없다면 위임위탁규정 제4조에 따라 위임한 장관의 승인을 받은 후 조례가 아니라 자치단체장의 규칙에 따라 하급자치단체장에게 재위임할 수 있다.

(2) 지방자치단체사무의 위임

판례는, 자치사무의 위임에 대해 개별법상 규정이 없는 경우에는 지방자치법 제95조가 위임, 재위임의 일반조항이 되므로, 액화석유가스의안전및사업관리법상 액화석유가스 충전사업의 허가권이 직할시장에게 있으므로 부산직할시장이 위임조례로써 허가권한을 구청장에게 위임하였다면 구청장은 적법한 권한자라고 판시하였다.

Ⅱ. 문제점

위와 같은 다수설, 판례의 태도에 관하여 일부견해는 다음과 같은 문제점을 지적하면서 정부조직법 제6조 및 위임위탁규정 제4조, 지방자치법 제95조를 일반조항으로 볼 수 없다고 주장한다. 그 근거로는, 첫째, 정부조직법 제6조와 위임위탁규정 제4조는 국가사무에 관한 일반적인 권한의 위임·재위임의 가능성만 규정한 것이고, 둘째, 개별법규 자체에 위임·재위임의 근거규정이 없음에도 일반법에 의해 위임·재위임하는 것은 행정기관의 권한에 관하여 정하고 있는 개별법령의 규정을 무력화시킨다는 점 등을 들고 있다.

Ⅲ. 검 토

(1) 현행 실정법에 권한의 위임·재위임의 근거규정이 미비되어 있고, 행정능률과 권한의 규분이라는 점에서 판단할 때 중앙행정기관으로부터 지방행정청 또는 지방자치단체에 권한의 위임·재위임을 할 현실적 필요성이 있으므로, 긍정설이 타당하다.

정부조직법 제6조 제1항은 국가사무에 대한 권한의 위임의 일반규정이고, 지방자치법 제95조는 지방자치사무에 관한 권한의 위임의 일반규정이다. 그리고 지방자치법 제95조 제1항은 자치단체의 사무를 소속 행정기관이나 하부행정기관에 위임하는 경우를 규정한 것이고, 제95조 제2항은 상급자치단체의 사무를 기초자치단체에게 단체위임 또는 기관위임하는 경우를 규정한 것이다.

(2) 따라서 국가사무가 자치단체장에게 기관위임된 경우, 이를 다시 재위임하려면 위임기관의 장의 승인을 얻어 자치단체장의 규칙으로 하여야 한다(행정권한의위임및위탁에관한규정 제4조).

(3) 그리고 상급자치단체의 사무(기관위임사무를 제외한 자치사무와 단체위임사무)를 기초자치단체장에게 기관위임하려면 규칙뿐만 아니라 조례로도 위임할 수 있고(지방자치법 제95조 제2항), 위임받은 기초자치단체장이 이를 다시 재위임하려면 위임한 상급자치단체장의 승인을 얻어 조례 또는 규칙으로 재위임할 수 있다(지방자치법 제95조 제4항).

Ⅳ. 사안의 경우

이 사안에서 도지사 A는 환경부장관의 승인을 받은 후 道조례가 아니라 위임규칙에 따라 부담금처분권한을 구청장 B에게 재위임하여야 한다.

Ⅱ. 행정관청 상호간의 관계

동 의

제47회 사법시험 합격 김 형 석

「소방시설설치유지및안전관리에관한법률」 제7조에 의하면, 건축허가 등의 권한이 있는 행정기관은 건축허가 등을 함에 있어 미리 그 건축물 등의 공사시공지 또는 소재지를 관할하는 소방본부장 또는 소방서장의 동의를 받도록 되어 있다. 甲은 상가건물을 신축하고자 「건축법」 상 허가권자인 도지사 乙에게 건축허가를 신청하였는데, 관할 소방본부장 丙은 건물신축허가에 대한 동의를 거부하였다. 이 경우 소방본부장 丙의 동의의 법적 성질과 그 동의거부에 대한 甲의 권리구제수단을 설명하시오. (30점)

advice

소방본부장의 동의에 대하여 처분성이 인정되는지 언급한 다음 처분성을 긍정하는 입장과 부정하는 입장의 양자의 경우를 모두 상정하여 논의를 각각 전개하는 것이 논리구조를 잘 이해함을 보여줄 수 있는 답안이다. 또한 권리구제수단을 논하라는 물음에 대해서는 취소소송, 집행정지, 행정심판, 손해배상, 손실보상 등 가능한 모든 경우를 그 요건을 간단히 설시하면서 언급하여야 할 것이다.

C/O/N/T/E/N/T/S

Ⅰ. 논점의 정리

甲의 건축허가신청에 대한 소방본부장의 동의거부의 법적 성질에 대해서는 단순한 내부행위인지, 행정행위성(처분성)을 긍정할 수 있는지 살펴보아야 하고, 그 동의거부에 대한 구제수단에 대해서는 동의거부자체에 대한 취소소송, 허가거부처분에 대한 취소소송, 집행정지, 의무이행심판, 손해배상 등에 대해서 살펴보고자 한다.

Ⅱ. 丙의 동의의 법적 성질

1. 행정관청간의 상호협력관계와 동의

(1) 동의의 의의

행정업무가 둘 이상의 행정청의 권한과 관련되어 있고 관계 행정청 모두 주된 지위에 있는 경우에 업무처리의 편의를 위하여 보다 업무와 관계가 깊은 행정청을 주무행정청을 하는 경우에 주무행정청은 업무처리에 관한 결정을 함에 있어서 주된 지위에 있는 다른 행정청의 동의를 받아야 한다.

(2) 동의의 법적 성질

1) 견해 대립

① 내부행위라는 견해는 행정업무가 서로 관련되어 있는 경우에 업무처리의 편의를 위해서 관련 행정기관이 주된 행정청의 의사결정에 내부적으로 참여하는 것이므로 처분이 아니라는 입장이고, ② 행정행위로 보는 견해는 동의가 처분의

상대방인 국민의 권익에 직접적인 법적 효과를 미치는 경우에는 행정행위로 보는 것이 타당하다는 입장이다.

2) 판례

건축허가권자가 건축불허가처분을 하면서 그 처분사유로 건축불허가 사유뿐만 아니라 구 소방법(2003.5.29. 법률 제6916호로 개정되기 전의 것) 제8조 제1항에 따른 소방서장의 건축부동의 사유를 들고 있다고 하여 그 건축불허가처분 외에 별개로 건축부동의처분이 존재하는 것이 아니라고 판시(대판 2004.10.5, 2003두6573)한 바 있다.

3) 검토

동의는 원칙상 내부행위로 보아 처분성을 부정하는 것이 타당하다. 다만 예외적으로 내부행위인 동의에 구속력이 인정되고 동의의 여부가 행정처분의 전제가 되는 경우라면 상대방의 권익에 직접 영향을 미치는 것으로 보아 처분성을 인정할 수도 있을 것이다.

2. 사안의 경우

소방시설설치유지및안전관리에관한법률 제7조에서 건축허가 등을 함에 있어서 허가권자는 소방본부장이나 소방서장의 동의를 받도록 필요적으로 규정하고 있는데 동의는 단순한 협의와 달리 일반적으로 허가권자를 구속하므로 허가권자는 동의거부에 구속되어 허가거부처분을 할 수밖에 없고 이를 위반하여 동의를 거부했음에도 허가처분하면 원칙상 무효이거나 절차상의 하자가 있는 위법한 처분이 되므로 동의 자체가 건축허가처분의 전제가 되는 예외적인 경우로 보아 처분성을 인정하는 것이 타당하다고 할 것이다.

Ⅲ. 甲의 권리구제 수단

1. 동의거부 자체에 대한 항고소송

동의의 법적 성질에 대해서 내부행위로 보는 경우에는 처분성이 부정되므로 원칙적으로는 甲은 동의거부 그 자체를 다툴 수는 없을 것이다. 다만 설문의 경우와 같이 동의의 여부가 행정처분의 전제가 되는 경우에는 동의자체에 대한 취소소송도 가능할 것이다.

2. 도지사 乙의 건축허가 거부처분에 대한 甲의 권리구제

동의를 별개의 처분으로 인정하지 않는 판례의 경우에 건축불허가처분을 받은 사람은 그 건축불허가처분에 관한 쟁송에서 건축법상의 건축불허가 사유뿐만 아니라 소방서장의 부동의 사유에 관하여도 다툴 수 있다(대판 2004.10.5, 2003두6573)고 판시한 바 있다. 따라서 丙의 동의 거부를 근거로 도지사 乙이 상가건물의 건축허가를 거부한 경우에 처분청인 乙을 상대로 그 거부처분을 취소소송을 통하여 다툴 수 있을 것이다.

3. 집행정지와 가처분

집행정지란 취소소송이 제기된 처분 등이나 그 집행 또는 절차의 속행으로 인하여 생길 회복하기 어려운 손해를 예방하기 위하여 긴급한 필요가 있다고 인정할 때 법원이 당사자의 신청 또는 직권에 의해 그 집행을 잠정적으로 정지하도록 결정하는 것(행정소송법 제23조 제2항)을 말한다. 거부처분의 경우에 집행정지가 인정될 수 있는지에 대해서 견해가 대립하나 판례는 허가신청에 대한 거부처분은 그 효력이 정지되더라도 그 처분이 없었던 것과 같은 상태를 만드는 것에 지나지 아니하는 것을 이유로 거부처분의 효력을 정지할 필요성이 없다(대판 1991.5.2, 91두15)고 판시하여 부정하는 입장을 취한 바 있다. 판례의 입장에 따를 경우 甲의 동의거부와 허가거부에 대한 구제수단으로서 집행정지는 부정될 것이다.

4. 의무이행심판

의무이행심판은 행정청의 위법 또는 부당한 거부처분이나 부작위에 대하여 일정한 처분을 하도록 하는 행정심판이다(행정심판법 제4조 제3호). 설문의 경우에 동의거부와 허가거부에 대한 의무이행심판이 가능할 것이다.

5. 국가배상

소방본부장 丙의 동의의 거부와 건축허가권자인 乙의 허가 거부가 위법하고 丙과 乙의 고의 내지 과실이 인정된다면 甲은 국가배상청구를 통하여 가치보장의 구제를 받을 수 있을 것이다.

Ⅳ. 결 론

설문의 소방본부장의 동의는 예외적으로 내부행위인 동의에 구속력 인정되고 동의의 여부가 행정처분의 전제가 되는 경우로 그 처분성이 인정된다고 함이 타당할 것이고 甲의 구제수단으로는 동의거부 자체에 대한 항고소송, 도지사 乙의 건축허가 거부처분에 대한 취소소송, 의무이행심판, 국가배상청구 등이 인정될 수 있을 것이다.

교/수/강/평

김 향 기 (성신여대 법대 교수)

답안은 소방본부장 丙의 동의의 법적 성질과 그 거부에 대한 권리구제수단을 잘 검토하여 정리하고 있다. 그런데 설문에서 동의거부에 의해 건축허가가 거부되었는지의 여부에 대해서는 언급이 없다. 따라서 건축허가여부라는 본처분이 행해지기 전의 단계에서 동의거부에 대한 소송제기가능여부와 본처분인 건축허가거부처분이 행해진 경우에 거부처분의 사유인 동의거부에 대한 권리구제방법 및 동의거부에도 불구하고 건축허가가 있은 경우의 절차문제 등이 문제될 수 있다는 점 등 처분단계별 검토도 고려할 사항이라고 하겠다. 본처분인 건축허가여부가 결정되기 전의 단계에서 동의거부에 대해서는 그 동의거부의 법적 성질여하에 따라 다르겠으나 통설·판례에 의할 때 동의거부 자체가 甲에게 아직 구체적인 권리·의무에 직접 변동을 초래하게 한 것은 아니라고 할 것이므로 동의거부 자체에 대한 항고쟁송은 곤란하다고 할 것이다. 다음, 동의거부에 의하여 본처분인 건축허가거부처분이 행해진 경우에, 본처분인 건축허가거부처분은 그대로 놓아둔 채 그 원인행위인 동의거부만을 다툴 법률상 이익이 있는지는 의문의 여지가 있다. 그러나 건축허가거부처분의 취소쟁송에서 그 원인행위인 동의거부의 위법을 주장할 수 있는지는 소송물에 관한 견해에 따라 다를 수는 있겠으나 일반적으로 다투어질 여지가 있다고 할 수 있을 것이다. 이 경우 국가배상청구의 경우에 국가배상법 제2조에 의한 공무원의 직무집행행위에 동의거부도 포함될 여지가 있다고 할 것이므로 위법성과 고의·과실 및 손해발생 등 국가배상청구의 다른 요건이 충족되었다면 국가배상청구소송에 의한 권리구제가능성을 검토할 수 있을 것이다. 마지막으로, 동의거부에도 불구하고 건축허가가 있는 경우에는 甲의 권리가 침해된 것이 아니므로 甲의 권리구제수단이 논의될 여지가 없다고 하겠다.

제2장 지방자치법

Ⅰ. 지방자치 일반론

기 출

주민의 법적 지위

행시 제50회(06년)

제47회 사법시험 합격 김 형 석

A시에 사는 주민 甲등은 시장 乙이 재선을 위한 사전선거운동에 업무추진비를 위법하게 지출하였다고 주장하고 있다. 이 경우 주민 甲등이 시장 乙의 위법행위에 대하여 취할 수 있는 지방자치법상의 수단에 대해서 설명하시오. (30점)

C/O/N/T/E/N/T/S

Ⅰ. 논점의 정리

시장 乙의 위법한 업무추진비의 지출에 대한 주민 甲 등의 지방자치법상의 수단으로 주민감사청구(지방자치법 - 이하 "법"이라한다 - 제13조의4), 주민소송제도(법 제13조의5), 주민소환제도(법 제13조의8), 주민청원제도(법 제65조)에 대해서 살펴보도록 한다.

Ⅱ. 주민감사청구권

1. 의의

지방자치단체의 19세 이상의 주민은 당해 지방자치단체와 그 장의 권한에 속하는 사무의 처리가 법령에 위반되거나 공익을 현저히 해한다고 인정되는 경우에는 감사를 청구할 수 있다(법 제13조의4). 주민감사청구제도는 주민의 지방자치행정에의 참여를 도모하고, 주민을 통한 지방행정의 통제기능을 확보함에 그 취지를 갖는다.

2. 청구의 대상

주민감사청구는 법에 규정된 일정수의 주민들이 주무부장관 또는 시도지사에게 청구할 수 있는데 그 대상은 지방자치단체와 그 장의 권한에 속하는 사무로서 그 사무의 처리가 법령에 위반되거나 공익을 현저히 해한다고 인정되는 사항이다. 다만, ① 수사 또는 재판에 관여하게 되는 사항, ② 개인의 사생활을 침해할 우려가 있는 사항, ③ 다른 기관에서 감사했거나 감사중인 사항, ④ 동일한 사항에 대하여 주민소송이 계속중이거나 그 판결이 확정된 사항은 제외된다(제1항). 한편 감사청구의 대상이 되는 당해 사무의 처리가 있었던 날 또는 종료된 날부터 2년을 경과한 때에는 감사를 청구할 수 없다(제2항).

3. 감사의 실시

주무부장관 또는 시・도지사는 감사청구를 수리한 날부터 60일이내에 감사청구된 사항에 대하여 감사를 종료하여야 하며, 그 감사결과를 청구인의 대표자와 당해 지방자치단체의 장에게 서면으로 통지하고 이를 공표하여야 한다(제3항). 주무부장관 또는 시・도지사는 당해 지방자치단체의 장에게 제3항의 규정에 의한 감사결과에 따라 필요한 조치를 요구할 수 있다. 이 경우 당해 지방자치단체의 장은 이를 성실히 이행하여야 하고, 그 조치결과를 지방의회와 주무부장관 또는 시・도지사에게 보고하여야 한다(제6항).

4. 사안의 경우

감사대상은 단체장의 모든 사무이므로 업무추진비의 위법한 지출은 당연히 그 대상이 되고 사안에서 특별한 언급이 없으므로 수사나 재판 등의 제외사항도 아니므로 주민 甲이 19세 이상이라면 지방자치법이 요구하는 요건을 갖추어 도지사에게 감사청구를 할 수 있을 것이다.

Ⅲ. 주민소송제도

1. 의의

지방자치법은 주민의 직접참여에 의한 지방행정의 공정성과 투명성 강화를 위하여 주민소송제도를 도입하고 있다(법 제13조의5). 주민소송은 지방자치단체의 재정사항에 대하여 감사청구한 주민이 감사를 해태하거나 감사결과 및 그에 따른 이행조치에 불복이 있는 경우 감사결과와 관련한 위법한 행위나 해태사실에 대하여 당해 지방자치단체의 장을 상대로 소송을 제기하는 것을 말한다(제1항). 이는 지방재정의 투명성과 건전성을 확보하고 주민의 감사청구를 실질화 한다는 점에서 그 기능적 의의가 있다고 할 것이다.

2. 소송제기요건

주민소송은 지방자치단체의 공금의 지출에 관한 사항, 재산의 취득・관리처분에 관한 사항, 당해 지방자치단체를 당사자로 하는 계약의 체결 및 이행에 관한 사항 또는 지방세 등 공금의 부과・징수의 해태에 관한 사항에 대해 감사청구한 주민이 ① 주무부장관 또는 시・도지사가 감사청구를 수리한 날부터 60일을 경과하여도 감사를 종료하지 아니한 경우, ② 감독청의 감사결과 또는 그에 따른 필요조치의 요구에 불복이 있는 경우, ③ 감사청구의 감사결과에 따른 감독청의 조치요구를 지방자치단체의 장이 이행하지 않는 경우, ④ 감독청의 조치요구에 따른 지방자치단체의 장의 이행조치에 불복이 있는 경우에 제기할 수 있다(제1항).

3. 주민소송의 유형

① 부작위(중지)청구소송(위 행위를 계속할 경우 회복이 곤란한 손해를 발생시킬 우려가 있는 경우에 당해 행위의 전부 또는 일부의 중지를 구하는 소송), ② 취소 또는 무효확인소(행정처분인 당해 행위의 취소 또는 변경을 구하거나 효력의 유무 또는 존재 여부의 확인을 구하는 소송), ③ 부작위위법확인소송(당해 해태사실의 위법확인을 구하는 소송), ④ 손해배상 또는 부당이득반환청구소송(당해 지방자치단체의 장 및 구성원의 행위와 관련 있는 상대방에게 손해배상청구 또는 부당이득반환청구를 할 것을 요구하는 소송)의 4가지 유형이 있다(제2항).

4. 제소기간 및 관할법원

주민소송은 감사결과 또는 조치요구내용에 대한 통지를 받은 날 또는 감사청구의 수리 후 60일이 종료된 날, 조치요구시 그 처리기간이 만료된 날부터 90일 이내에 제기하여야 하며(제4항), 지방자치단체의 사무소소재지를 관할하는 행정법원을 관할로 한다(제9항).

5. 판결의 효력

판결의 기속력이 인정되어 관계 행정청은 위법한 행위를 중지하거나 취소 또는 무효확인이 되어 효력을 상실하게 되고 판결의 취지에 따른 재처분의무가 발생한다. 그리고 지방자치단체에 손해를 입힌 관계 공무원은 손해를 배상하여야 하고 하지 않으면 배상청구를 당하게 되거나 강제징수를 당하게 된다.

6. 사안의 경우

업무추진비의 위법한 지출은 공금의 지출에 관한 사항이므로 주민소송의 대상이 되나 감사청구전치주의가 적용되므로 주민 甲이 감사청구를 한 경우에만 주민소송이 가능하다. 또한 시장 乙이 부당하게 공금인 업무추진비를 부당하게 집행한 것이므로 제4호 손해방배상청구등이행소송도 가능할 것이다

Ⅳ. 주민소환제도

지방자치단체의 장의 자의적 권한행사와 지방의회의 비효율적·비합리적인 운영 등에 대한 견제수단 방법으로서 주민은 당해 지방자치단체의 장 및 지방의회의원(비례대표지방의회의원은 제외한다)을 소환할 권리를 가진다(지방자치법 제13조의8). 선출직 지방공직자인 지방자치단체의 장 또는 지방의회의원의 위법·부당행위, 직무유기 또는 직권남용 등을 통제하고 주민의 직접 참여를 확대하고 지방행정의 민주성과 책임성을 제고와 주민복리의 증진을 도모함에 그 취지가 있다. 이를 위해 주민소환에 관한 법률이 제정되었다. 이에 따라 주민 甲등은 시장 乙을 주민소환투표를 통해 그 직을 상실시킬 수 있다.

Ⅴ. 주민 청원

주민은 지방의회에 청원할 수 있다. 지방의회에 청원을 하고자 하는 자는 지방의회의원의 소개를 얻어 청원서를 제출하여야 한다(법 제65조). 다만, 재판에 간섭하거나 법령에 위배되는 내용의 청원은 거부된다(법 제66조). 주민 甲은 시장 乙의 업무추진비 위법지출에 대해서 지방의회에 청원할 수 있을 것이다. 그러나 청원의 경우 청원내용의 처리에 대한 법적 구속력이 없어 큰 실효성이 없는 제도이다.

Ⅵ. 결 론

시장 乙의 업무추진비의 위법지출에 대해서 주민 甲등은 주민감사청구를 통하여 지방자치법이 요구하는 요건을 갖추어 도지사에게 감사청구를 할 수 있고, 공금의 지출에 관한 주민소송을 제기할 수 있고, 주민소환투표의 실시를 통한 시장 乙의 직위상실, 지방의회에의 청원 등을 할 수 있을 것이다.

교/수/강/평

김 향 기 (성신여대 법대 교수)

답안은 甲등이 A시의 시장 乙의 위법행위에 대한 지방자치법상의 수단에 대하여 빠짐없이 잘 설명하고 있다. 그런데 그 수단들에 대하여 근거와 요건, 절차 및 효력 등을 중심으로 좀 더 통일성있고 상호비교 되게 정리하면 좋을 것 같고, 주민소환제는 2007년 5월 이후에 시행된다는 점을 지적할 필요가 있을 것이다.

지방자치법상 주민의 권한(감사청구, 주민소송)

제55회 행정고시 일반행정직 수석합격 이 영 희

행시 제56회(12년)

A광역시 B구는 2011년 2월 1일 A광역시 B구 의회 의원의 의정활동비 등 지급에 관한 조례를 개정하여 구의원들에게 전년대비 50만원이 인상된 금원 350만원에 해당하는 월정수당을 지급하도록 하였다. 이에 주민들은 의정활동비의 지급결정 과정에서 의정비심의위원회의 위원이 부적절하게 선정되었으며, 월정수당 인상이 재정자립도, 물가상승률 등을 제대로 감안하지 못하였고, 그 동안 의정활동을 위한 업무추진비 집행이 적정하지 못하였다는 이유로 불만을 제기하고 있다. 특히 월정수당의 지급결정 시에는 지역주민들의 의견수렴절차를 의무적으로 거치도록 규정한 지방자치법 시행령 제34조 제6항에 의해 여론조사가 이루어졌으나, 심의위원회가 잠정적으로 결정한 월정수당액의 지급기준액, 지급기준 등을 누락하고, 설문문안 역시 월정수당 인상을 유도하기 위한 설문으로 구성되는 등 그 결정과정상의 문제점을 지적하고 있다. (총 30점)

(1) 주민들은 의정활동비 인상을 위한 의사결정과정에 대해 감사를 청구하고자 한다. 감사청구제도에 대하여 설명하시오. (10점)

(2) 주민들은 기 지급된 의정활동비 인상분에 대해 이를 환수하고자 한다. 주민들이 취할 수 있는 방법과 그 인용가능성에 대해 설명하시오. (20점)

참·조·조·문

지방자치법 시행령

제33조(의정활동비·여비 및 월정수당의 지급기준 등)

① 법 제33조 제2항에 따라 지방의회 의원에게 지급하는 의정활동비·여비 및 월정 수당의 지급기준은 다음 각 호의 범위에서 제34조에 따른 의정비심의위원회가 해당 지방자치단체의 재정 능력 등을 고려하여 결정한 금액 이내에서 조례로 정한다.

1. 의정활동비:별표 4에 따른 금액
2. 여비:별표 5와 별표 6에 따른 금액
3. 월정수당:별표 7에 따른 금액

제34조(의정비심의위원회의 구성 등)

⑤ 심의회는 위원 위촉으로 심의회가 구성된 해의 10월 말까지 제33조 제1항에 따른 금액을 결정하고, 그 금액을 해당 지방자치단체의 장과 지방의회의 의장에게 지체없이 통보하여야 하며, 그 금액은 다음 해부터 적용한다. 이 경우 결정은 위원장을 포함한 재적위원 3분의 2 이상의 찬성으로 의결한다.

⑥ 심의회는 제5항의 금액을 결정하려는 때에는 그 결정의 적정성과 투명성을 위하여 공청회나 객관적이고 공정한 여론조사기관을 통하여 지역주민의 의견을 수렴할 수 있는 절차를 거쳐야 하며, 그 결과를 반영하여야 한다.

C/O/N/T/E/N/T/S

Ⅰ. 논점의 정리

(1) 설문 (1)에서 지방자치법 제16조의 감사청구의 의의 및 청구 주체, 청구 대상, 법적 효과 등에 대하여 살펴본다.

(2) 설문 (2)에서 주민들이 기 지급된 의정활동비 인상분에 대하여 주민소송제도를 통해 이를 환수할 수 있는지 논한다.

Ⅱ. 설문 (1)의 해결

1. 감사청구제도의 의의 및 기능

감사청구제도란, 지방자치단체의 19세 이상의 주민이 당해 지방자치단체와 그 장의 권한에 속하는 사무의 처리가 법령에 위반되거나 공익을 현저히 해한다고 인정되는 경우에 청구할 수 있는 지방자치법상의 제도이다.

이러한 주민감사청구제도는 주민의 참여를 도모하고 주민을 통한 지방행정에의 통제기능을 확보하는 기능을 수행한다.

2. 감사청구의 주체

지방자치단체의 19세 이상의 주민은 시・도는 500명, 지방자치법 제175조에 따른 인구 50만 이상 대도시는 300명, 그 밖의 시・군 및 자치구는 200명을 넘지 아니하는 범위에서 그 지방자치단체의 조례로 정하는 19세 이상의 주민 수 이상의 연서로, 시・도에서는 주무부장관에게, 시・군 및 자치구에서는 시・도지사에게 그 지방자치단체와 그 장의 권한에 속하는 사무의 처리가 법령에 위반되거나 공익을 현저히 해친다고 인정되면 감사를 청구할 수 있다.

3. 감사청구의 상대방

주민의 감사청구의 상대방은 당해 지자체가 아니라 감독청을 상대로 한다.

4. 청구대상

당해 지방자치단체 또는 그 장이 행하는 일체의 사무로서, 그 사무처리가 법령에 위반되거나 공익을 현저히 해한다고 인정되는 사항이다.

그러나 ① 수사나 재판에 관여하게 되는 사항, ② 개인의 사생활을 침해할 우려가 있는 사항, ③ 다른 기관에서 감사하였거나 감사 중인 사항(다만, 다른 기관에서 감사한 사항이라도 새로운 사항이 발견되거나 중요한 사항이 감사에서 누락된 경우와 지방자치법 제17조 제1항에 따라 주민소송의 대상이 되는 경우에는 그러하지 아니하다)은 감사청구대상에서 제외된다.

5. 청구 기간(동법 제16조 제2항)

사무처리가 있었던 날이나 끝날 날부터 2년이 지나면 제기할 수 없다.

6. 법적 효과(동법 제16조 제3항 내지 제7항)

주무부장관이나 시·도지사는 감사청구를 수리한 날부터 60일 이내에 감사청구된 사항에 대하여 감사를 끝내야 하며, 감사결과를 청구인의 대표자와 해당 지방자치단체의 장에게 서면으로 알리고, 공표하여야 한다. 다만, 그 기간에 감사를 끝내기가 어려운 정당한 사유가 있으면 그 기간을 연장할 수 있다. 이 경우 이를 미리 청구인의 대표자와 해당 지방자치단체의 장에게 알리고, 공표하여야 한다.

Ⅲ. 설문 (2)의 해결

1. 문제점

지방자치법상 주민들이 지방자치단체를 통제할 수 있는 권리로는 주민투표권, 조례의 제정 및 개폐청구권, 감사청구권, 주민소송제도 등이 있으나 기 지급된 의정활동비 인상분에 대해 환수하기 위해 취할 수 있는 방법은 주민소송제도만 가능하다.

따라서 이하에서는 주민들이 주민소송제도를 제기할 경우 인용될 수 있는지를 논한다.

2. 주민소송제도의 의의 및 기능, 유형

(1) 의의 및 기능

주민소송은 지방자치단체의 재정사항에 대하여 감사청구한 주민이 감사를 해태하거나 감사결과 및 그에 따른 이행조치에 불복이 있는 경우 감사결과와 관련한 위법행위나 해태사실에 대하여 당해 지방자치단체의 장을 상대로 소송을 제기하는 것을 의미한다.

주민소송은 지방재정의 투명성과 공정성을 확보하고 주민의 감사청구를 실질화하는 기능을 수행한다.

(2) 유형

지방자치법 제17조 제2항에 따르면 주민소송에는 손해발생행위중지소송, 취소 또는 무효확인소송, 해태사실위법확인소송, 손해배상 및 부당이득반환청구소송이 있다.

사안에서 주민들이 기 지급된 의정활동비 인상분을 환수하기 위해서는 손해배상 또는 부당이득반환청구소송을 제기하여야 한다.

3. 주민소송의 소송제기 요건 충족 여부

지방자치법 제16조 제1항에 따라 공금의 지출에 관한 사항, 재산의 취득·관리·처분에 관한 사항, 해당 지방자치단체를 당사자로 하는 매매·임차·도급 계약이나 그 밖의 계약의 체결·이행에 관한 사항 또는 지방세·사용료·수수료·과태료 등 공금의 부과·징수를 게을리한 사항을 감사청구한 주민은 동법 제17조 제1항 각 호의 어느 하나에 해당하는 경우 그 감사청구한 사항과 관련이 있는 위법한 행위나 업무를 게을리 한 사실에 대하여 해당 지방자치단체의 장을 상대방으로 소송을 제기할 수 있다.

사안의 경우 주민이 동법 제16조의 감사 청구를 제기하였고, 동법 제17조 제1항 제2호에서 정한 제16조 제3항 및 제4항에 따른 감사결과에 불복하는 경우를 전제한다면 주민소송의 소송제기 요건을 갖추었다고 볼 수 있다.

4. 제소기간 및 관할 법원

동법 제17조 제4항에 따라 주민소송은 감사 결과 또는 조치요구에 대한 통지를 받은 날 또는 감사청구의 수리 후 60일이 종료된 날, 조치요구시 그 처리기간이 만료된 날부터 90일이내에 제기하여야 하며, 지방자치단체의 사무소소재지를 관할하는 행정법원을 관할로 한다.

사안의 경우 해당 이행조치 결과에 대한 통지를 받은 날로부터 90일이내에 소를 제기하여야 한다.

5. 본안판단

사안에서 A광역시 B구 의회 의원의 의정활동비의 지급결정은 지역주민들의 의견수렴절차를 의무적으로 거치도록한 지방자치법 시행령 제34조 제6항에 의해 여론조사가 이루어지기는 했으나 월정수당액의 지급기준액, 지급기준 등을 누락하고 설문문안 역시 월정수당 인상을 유도하기 위한 문안으로 구성되는 등 지역주민들의 의견수렴절차에 위법성이 인정된다. 또한 의정비심의위원회위원이 부적절하게 선정되었고, 월정수단 인상이 재정자립도, 물가상승률 등을 제대로 감안하지 못한 사정도 인정되는 바, 지역주민들이 제기한 주민소송은 인용될 것이다.

6. 손해배상 및 변상명령

지방자치단체의 장은 지방자치법 제17조 제2항 제4호 본문에 따른 소송에 대하여 손해배상청구나 부당이득반환청구를 명하는 판결이 확정되면 그 판결이 확정된 날부터 60일 이내를 기한으로 하여 당사자에게 그 판결에 따라 결정된 손해배상금이나 부당이득반환금의 지불을 청구하여야 한다.

따라서 A광역시 B구의 구청장은 판결에 따라 구의원들에 대하여 기 지급된 월정수당비의 인상분만큼을 손해배상금이나 부당이득반환금의 지불을 청구할 수 있다.

Ⅳ. 사안의 해결

(1) 설문 (1)에서 지방자치법 제16조의 감사청구는 지방자치단체와 그 장의 권한에 속하는 사무의 처리가 법령에 위반되거나 공익을 현저히 해한다고 인정되는 경우에 제기할 수 있는 주민의 지방자치단체에 대한 통제수단이다.

(2) 설문 (2)에서 A광역시 B구의 주민들은 지방자치법 제17조 제2항 제4호에 근거하여 구의원들에 대해 손해배상 또는 부당이득반환청구소송을 통해 기 지급된 월정수당비 인상분에 대하여 환수를 요구할 수 있다.

교/수/강/평

김 향 기 (성신여자대학교 법대 교수)

1. 설문 (1)의 경우에는 감사청구제도의 일반에 관한 설문이므로 모범답안과 같이 감사청구의 의의, 청구의 요건·대상·효과 등을 중심으로 설명하면 된다.

2. 설문 (2)의 경우, 모범답안과 같이 주민들이 의정활동비 인상분 등 지방자치단체의 위법한 재무회계행위를 시정 또는 그로 인한 손해를 회복하기 위한 방법으로 지방자치법상 주민소송제도가 있다. 그런데 객관적 소송인 이 소송의 인용가능성의 여부는 1. 소제기요건의 충족여부와 2. 본안에서의 이유유무라 할 것이므로 이를 중심으로 검토하면 된다. 먼저 소제기요건은 (1) 감사청구전치주의, (2) 소송당사자(원고와 피고), (3) 소의 대상, (4) 제소사유로 나누어 검토함이 바람직하다. 먼저, (1)의 경우, 주민소송은 감사청구를 한 후 그 처리에 대한 불복소송이므로 먼저 감사청구를 거쳐야 하고 그 감사청구가 적법하여야 한다는 점을 지적하여야 한다. (2)의 경우, 원고는 감사청구를 한 주민이며, 피고는 해당 지방자치단체의 장이라는 점, (3)의 경우 그 대상은 주민감사청구의 대상과 동일하여야 한다는 점, (4)의 경우에는 감사가 60일 이상 지연되거나 감사결과에 불복 등 지방자치법 제17조 제1항에서 정한 요건이어야 된다는 점 등을 지적해야 한다. 다음, 본안에서의 이유유무는 (1) 위원회 구성상의 하자, (2) 의견수렴절차상의 하자, (3) 월정수당 인상의 재량권 일탈·남용으로 나누어 검토한다. 이상과 같이 제기요건과 이유유무만을 종합하여 인용가능성을 검토하면 된다.

Ⅱ. 지방의회

기 출

조례제정의 한계

제48회 사법시험 합격 최 영

행시 제48회(05년)

C도는 지방세수의 적정한 확보와 지방세의 성실납부를 독려하기 위하여 법률과는 별도로, 지방세성실납부기업에 대해서는 지방세의 일부를 경감하고, 지방세불성실납부기업에 대해서는 C도 및 C도 내의 개별 기초지방자치단체가 발주하는 일체의 공공사업 입찰에 참여할 수 없도록 하는 내용으로 하는 조례를 제정하였다.
이 조례는 적법한가? (20점)

C/O/N/T/E/N/T/S

Ⅰ. 논점의 정리
Ⅱ. 조례제정사무에 해당하는지 여부 - 사항적 한계
  1. 조례제정권의 범위
  2. 사무종류의 판단기준(판례)
  3. 설문의 경우
Ⅲ. 법률유보원칙
  1. 지방자치법 제22조 단서의 해석
  3. 설문의 경우
Ⅳ. 법률우위원칙
  1. 조례와 법률의 관계
  2. 수정법률선점이론에 따른 조례와 법률의 관계
  3. 설문의 경우
Ⅴ. 일반원칙
  1. 부당결부금지원칙
  2. 비례의 원칙
Ⅵ. 사안의 해결

Ⅰ. 논점의 정리

지방지치단체의 자치권을 고유권이 아니라 국가의 통치권에서 전래된 것이라고 보는 한 조례는 법령에 위반할 수 없다는 한계가 인정된다. 조례는 사항적 한계, 법률유보, 법률우위, 일반원칙 등의 기준을 충족하여야 적법하게 되므로, 이하에서는 지방세 감경부분과 입찰참여금지부분으로 나누어 조례제정권의 한계를 준수하였는지 검토한다.

Ⅱ. 조례제정사무에 해당하는지 여부 - 사항적 한계

1. 조례제정권의 범위

지방자치법 제22조 본문의 '사무'란 지방자치단체의 사무로써 자치사무와 단체위임사무를 의미한다. 따라서 기관위임사무는 조례제정권의 범위 밖이며, 기관위임사무를 규율한 조례는 위법이고 무효이다. 다만 기관위임사무라도 법령에 의해 특별히 위임받은 경우(위임조례)에는 예외적으로 가능하다(판례).

2. 사무종류의 판단기준(판례)

우선 근거법규의 권한규정에 따라 판단하며, 권한규정이 불분명한 경우에는 개별법상의 비용부담, 수입규정, 감독규정을 고려하여 판단하며, 지방자치법 제9조 제2항과 제11조의 예시규정을 보충적으로 고려하여 판단한다. 나아가 그 사무의 성질이 전국적으로 통일적인 처리가 요구되는 사무인지 여부와 그에 관한 경비부담 및 최종적인 책임귀속의 주체 등도 아울러 고려하여 판단한다.

3. 설문의 경우

① 지방세는 수익과 비용 모두 지방자치단체에게 귀속하고, ② 지방자치법 제9조 제2항 제1호 바목에서 '지방세와 지방세외수입의 부과 및 징수'를 자치사무로 예시하고 있다. 따라서 C도의 조례는 지방자치법 제22조 본문과 헌법 제117조의 법령의 범위내에서 허용되는 지방세에 관한 '자치사무'를 규율하고 있다.

Ⅲ. 법률유보원칙

1. 지방자치법 제22조 단서의 해석

(1) 합헌 여부

① 이에 대하여 합헌이라는 견해와 위헌이라는 견해가 대립하고 있으나, 대법원은 기본권 제한에 대하여 법률유보원칙을 선언한 헌법 제37조 제2항의 취지에 부합하므로 위헌이라 볼 수 없다고 판시한 바 있다.

② 생각건대, 헌법에 의한 자주입법권의 보장 범위는 입법정책의 문제라고 할 것이며, 주민의 권리의무에 관한 규율은 국가적인 통일을 기할 필요가 있으므로 법률위임이 요구된다고 할 것이다.

(2) 지방자치법 제22조 단서의 규정

① 지방자치법 제22조를 합헌으로 본다면, 주민의 권리제한 또는 의무의 부과에 관한 사항이나 벌칙을 정할 때에는 법률의 위임이 있어야 한다.

② 위임의 정도는 지방의회의 지역적 민주적 정당성, 조례의 자주법성, 헌법이 포괄적 자치권을 부여한 취지에 비추어 포괄적인 것으로 족하다. 다만 벌칙의 위임은 죄형법정주의 원칙상 구체적 위임을 요한다.

③ 그러나 그 내용이 주민의 권리의 제한 또는 의무의 부과에 관한 사항이거나 벌칙에 관한 사항이 아니라면 지자체는 법률의 위임이 없더라도 그의 사무에 관하여 조례를 제정할 수 있다(청주시 정보공개조례안사건).

3. 설문의 경우

(1) 지방세 일부 경감 규정의 경우

지방세 일부 경감 규정은 해당 기업체의 권리를 제한하거나 의무를 부과하는 사항이 아니므로 법률과 별도로 법률의 규정 없이 제정되었다고 하더라도 지방자치법 제22조 단서에 위반되는 것이 아니다.

(2) 불성실기업에 대한 입찰참여금지 규정의 경우

그러나 불성실기업체에 대하여 일체의 공공사업 입찰에 참여할 수 없도록 하는 내용의 조례는 권리를 제한하고 의무를 부과하는 것이므로 법률의 규정이 없이 조례로 규정한 것은 위법하고 무효라고 보아야 할 것이다.

Ⅳ. 법률우위원칙

1. 조례와 법률의 관계

(1) 법률선점이론

조례가 법률과 동일한 목적으로 당해 법률의 규율대상 이외의 사항을 규율하거나 법률의 규제기준 이상의 엄격한 기준을 두어 규제하는 것은 법률에 이를 허용한다는 특별규정이 없는 이상 허용될 수 없다는 이론이다.

(2) 수정법률선점이론

조례는 법률의 우위라는 관점에서 볼 때 법률과 동일한 대상에 대하여 동일한 목적으로 규정되어서는 안 된다(법률선점이론). 그러나 이를 엄격히 적용하면 환경행정이나 급부행정 등에 있어 지역의 특수성에 맞는 환경규제나 급부수준을 선택할 수 없는 문제가 있다. 따라서 법률선점이론을 완화하여 그 법률의 취지를 고려하여 판단해야 한다.

2. 수정법률선점이론에 따른 조례와 법률의 관계

(1) 법령에 규정이 없거나, 규율목적이 상이한 경우

법령의 규정과 대상 또는 목적이 상이한 조례제정은 지자법 제22조 본문에 의해 적법하다.

(2) 추가조례의 경우

법령과 동일한 목적이라도 당해 법령의 대상 외의 사항을 규율하는 경우에는 법령에 위반되지 않는다. 다만, 권리제한 · 의무부과 · 벌칙의 경우 법령의 위임이 필요하다(지자법 제22조 단서).

(3) 침익적초과조례의 경우

① 법률이 전국적으로 일률적 기준을 규정한 취지라 해석될 때에는 법령의 근거가 없는 이상 엄격한 조례는 허용되지 않는다.

② 그러나 전국적으로 최소한의 규제만 설정한 것으로 보이는 경우 조례에 의한 엄격한 규제도 허용된다고 본다.

(4) 수익적초과조례의 경우

수익적초과조례의 경우에는 법률이 전국적으로 일률적으로 기준을 두어 평등한 혜택을 부여하려는 취지라면 조례로 이를 완화할 수 없지만, 최소한의 기준마련의 취지라면 이를 완화할 수 있다.

3. 설문의 경우

(1) 지방세 감경부분

① 지방세를 경감한 부분은 수익적 초과조례로써, '지방세'에 관한 사항은 원칙적으로 지방자치단체별로 실정에 맞는 규율이 허용되는 자치사무이다. 그러나 '지방세 경감'의 경우 제도의 남용으로 국민의 조세부담 불균형 또는 지자체간 지방세 과세체계에 혼란을 초래할 우려가 있으므로, 과세 면제제도는 전국적 통일적 규율이 필요한 사항으로 보인다.

② 따라서 지방세 경감 부분은 위법하다. 대법원도 사안과 유사한 인천시의 개정조례안 중 시세감면조례는 위법하다고 판시한 바 있다.

(2) **입찰참여금지부분**

불성실한 납세자에 대한 입찰참여금지부분은 침익적 초과조례로 전국에 걸쳐 통일적 규율을 해야 하므로 위법하다고 본다.

V. 일반원칙

1. 부당결부금지원칙

(1) 지방세 성실납세 기업에 대한 조세감면은 성실 납세를 유도하기 위한 수익적인 조치로서 부당결부의 원칙에는 반하지 않는 것으로 보인다.

(2) 그러나 조례에 의하여 지방세 불성실납세 기업에 대하여 일체의 공공사업 입찰에 참여할 수 없도록 하는 것은 관허사업제한이라는 행정작용과 성실납세라는 반대급부 사이에 원인적 관련성이나 목적적 관련성을 발견할 수 없어 실질적 관련성을 충족하고 있지 못한다. 따라서 부당결부금지의 원칙에 반한다.

2. 비례의 원칙

① 위 조례 중 일체의 입찰참여를 금지한 부분은 지방세수의 적정한 확보와 지방세의 성실납부를 독려하기 위한 정당한 공익목적을 달성하기 위한 적합한 수단일 수는 있어도, ② 최소침해를 할 수 있는 다른 대체수단들이 제공될 수 있다는 관점에서 필요성의 원칙에 반하고, ③ 세수확보의 공익보다 기업체의 영업의 자유가 더 크게 침해되므로 상당성의 원칙에도 반한다.

Ⅵ. 사안의 해결

(1) 지방세 감경은 사항적 한계, 법률유보, 일반원칙 등은 충족하였으나, 수익적 초과조례로써 전국적 통일적 규율이 필요한 부분이라는 점에서 법률우위원칙에 위반된다.

(2) 입찰참여금지부분은 사항적 한계는 충족하였으나, 권리제한의 조례로써 법률유보, 법률우위, 일반원칙에 위반된다.

(3) 조례의 내용이 일부가 무효인 이상 전부 무효이다.

교/수/강/평

김 해 룡 (한국외국어대학교 법대 교수)

이 문제는 첫째, 조례로서 지방세 감면근거를 규정하는 것이 허용되는가, 즉 법률유보원칙에 반하지 아니하는가 하는 쟁점과 둘째, 지방세불성실납부자에 대하여 관허사업을 제한하는 조례의 규정이 부당결부금지원칙에 반하는가 여부에 관하여 묻는 것이다. 답안의 내용은 비교적 충실한 것으로 평가된다.

(1) 답안이 지방세부과 및 그 감면에 관한 사무가 자치사무인가의 여부와 관련하여 조례제정권의 범위, 지방자치법 제22조의 해석론, 특히 법령의 선점론과 관련하여 추가조례의 가능성 등에 관하여 논의한 점은 높이 평가된다. 답안에서 지방세감면에 관한 사항이 비록 당사자에게 침익적인 것을 아니라고 할지라도 조세감면에 관한 사항은 전국적 통일성과 형평성의 원칙이 준수되어야 한다는 논거 하에 조례로 정할 사항이 아니고 법률유보사항으로 본 것은 타당하다고 할 것이다.

(2) 지방세불성실납부자에 대한 관허사업제한 근거를 조례에 규정한 것과 관련하여, 그와 같은 사항 역시 국민의 기본권제한 사항이라는 점에서 조례제정의 한계를 넘는 것 아닌가 하는 쟁점이 있을 수 있다. 답안에서는 이 관점에 관한 서술이 없어 아쉽다.

그리고 지방세불성실납부자에 관한 관허사업제한 규정이 조례로 제정될 수 있다고 하더라도 그러한 규정이 부당결부금지원칙에 반하는 것이 아닌가하는 점이 논의되어야 한다. 이에 따라 답안은 양자간에 별다른 논거없이 단순히 원인적 관련성과 목적적 관련성이 없다는 이유를 들어 이를 부당결부금지원칙에 반하는 것이라고 주장하고 있다. 그러나 개별 법령들 중에는 관허사업의 인가나 허가 또는 승인 등의 요건으로 관허사업신청자의 성실성, 신뢰성 등에 관한 사항이 의미적으로 존재하는 경우도 있고, 다른 한편 대체적으로 특허적 의미를 가지는 관허사업의 승인에 폭넓은 재량이 인정된다는 점에서 헌법상의 납세의무와 관련된 지방세납부를 불성실하게 이행하는 자는 근본적으로 공공기관이 공익목적을 감안하여 발주하는 관허사업에서 요구되는 사업수행상의 성실성 을 결여한 자로 인정될 수 있다는 점에서 최소한 목적적 관련성이 존재한다고 할 수 있을 것이다. 독일 등지에서는 이상과 같은 이유로 조세의무의 불성실한 의무자에 대한 관허사업의 제한 법률의 합헌성을 인정하고 있는 판례가 많다. 참고할 사항이라고 여겨진다.

초과조례

행시 제50회(06년)

제47회 사법시험 합격 김 형 석

사업자 A는 울산광역시와 경기도에 각각 염색공장을 건설하여 현재 조업 중에 있다. 그러던 중 울산광역시에서는 기존 시 조례에서 정한 지역환경기준을 유지하기 어렵다고 판단하여, 환경관련 법령상의 기준보다 엄격한 배출허용기준을 내용으로 하는 조례를 새로 제정하였다. 한편, 사업자 A는 제품생산을 확대하기 위하여 경기도지사와 울산광역시장에 대하여 폐수배출시설을 포함한 공장증설 허가를 각각 신청하였다. A의 공장증설허가신청에 대해 경기도지사로부터는 허가가 내려졌으나, 울산광역시장으로부터는 A가 신청한 폐수배출시설이 시조례가 정한 지역환경기준을 달성하기 어렵고 조례에서 정한 배출허용기준을 충족하지 못한다는 이유로 공장증설허가가 거부되었다. 이에 대하여 A는 울산광역시 조례가 법령보다 엄격한 규정을 두고 있으며 또한 경기도의 배출 허용기준에 관한 조례와 비교하더라도 형평에 어긋나므로, 울산광역시 조례에 근거한 공장증설허가거부처분이 위법하다고 주장하고 있다. A가 취할 수 있는 권리구제수단 및 그 인용가능성을 논하시오. 단, 환경관련 법령에서 정한 기준보다 조례에 의해 엄격한 배출허용기준을 설정할 수 있다는 법규정이 없음을 전제로 한다. (40점)

advice

설문의 경우에 조례가 위법한지의 사유로 논의할 수 있는 것은 초과조례의 문제이고 초과조례의 경우 법령과 조례의 입법목적의 동일여부, 법령의 요건의 법적 성질 등을 검토할 필요가 있다. 조례가 위법한 경우 위법한 조례에 근거한 처분의 효과는 늘 함께 논의될 수 있는 것임에 주의한다.

C/O/N/T/E/N/T/S

Ⅰ. 논점의 정리

A의 공장증설허가신청에 대해서 울산광역시장이 거부처분을 한바, 이에 대한 권리구제수단으로 존속보장으로 의무이행심판과 거부처분에 대한 항고소송, 가치보장

으로서 국가배상청구 등이 문제될 수 있다. 이러한 각 구제수단에 대한 인용가능성과 관련하여 A의 공장증설허가신청에 대한 울산광역시장의 거부처분이 적법한지 살펴볼 필요가 있다. 이 때 조례에 위법이 있는지, 위법하다면 위법한 조례에 따른 처분의 하자가 무효사유인지 취소사유인지 등에 대해서 논의할 필요가 있다.

Ⅱ. 울산광역시의 조례에 대한 직접적 구제수단

1. 조례에 대한 직접적인 사법적 통제

조례에 대한 직접적인 통제로서 법원에 의한 처분적 조례에 대한 항고소송과 헌법재판소에 의한 헌법소원이 논의될 수 있다. ① 처분적 조례에 대한 항고소송은 원칙적으로는 조례는 일반·추상적인 법규범이므로 항고소송의 대상인 처분으로 볼 수 없으나 법규명령이 직접 개인의 권리를 침해하는 경우에는 당해 조례는 구체적 처분의 성질을 갖는 것이므로 보아 긍정하는 것으로 판례도 처분적 조례에 대한 항고소송을 인정(대판 1996.9.20, 95누8003)한 바 있다. ② 조례에 대한 헌법소원에 대해서는 헌법재판소가 명령, 규칙의 심사권을 갖는지와 관련하여 논의가 견해가 대립하나, 헌법소원 기본권 보장성에 비추어 볼 때 그 대상에서 법규명령을 제외할 이유가 없고, 대법원의 최종심사권은 구체적 규범통제의 범위에서 인정되는 바, 긍정설이 타당하고 헌법재판소의 입장(헌법재판소 1990.10.15, 89헌마178)도 그러한 바, 조례가 직접 그 자체로서 기본권을 침해하는 것이라면 헌법소원도 가능할 것이다.

2. 설문의 경우

설문의 경우에 조례에 대한 직접적인 구제수단은 당해 조례가 일반, 추상적인 법규범이 아니라 그 자체로서 국민의 권리의무에 직접 영향을 미치는 처분성을 지녀야 할 것이나, 설문의 조례는 허가기준에 대한 것이므로 이를 처분적 조례라고 하거나 국민의 권리의무에 직접영향을 미치는 경우로 보기 어려워 조례에 대한 직접적인 구제수단의 인용가능성은 없을 것이다.

Ⅲ. 공장증설허가거부처분에 대한 취소소송

1. 거부처분에 대한 취소소송의 요건

(1) 판례

국민의 적극적 행위신청에 대하여 행정청이 그 신청에 따른 행위를 하지 않겠다고 거부한 행위가 항고소송의 대상이 되는 행정처분에 해당하는 것이라고 하려면, ① 그 신청한 행위가 공권력의 행사 또는 이에 준하는 행정작용이어야 하고 ② 그 거부행위가 신청인의 법률관계에 어떤 변동을 일으키는 것이어야 하며, ③ 그 국민에게 그 행위발동을 요구할 법규상 또는 조리상의 신청권이 있어야만 한다(대판 1998.7.10, 96누14036)고 판시한 바 있다.

(2) 설문의 경우

거부한 행위가 공장증설허가로서 행정행위이고, 그 거부행위로 인하여 공장허가를 얻지 못하여 증설이 제한되었으며, 증설허가 신청권은 법규상 인정되는바, A는 공장증설허가거부처분에 대해서 취소소송을 제기할 수 있을 것이다.

2. 거부처분의 인용가능성

(1) 공장증설허가의 법적 성질

강학상 허가인 공장증설허가에 대해서 허가를 수익적으로 보아 기속행위라고 보는 입장도 가능할 것이지만 공장증설의 허가의 경우에 대상지역의 현상과 위치 및 주위의 상황을 고려하여 국토 및 자연의 유지와 환경의 보전 등 중대한 공익상의 고려가 필요한 경우라 할 것이므로 재량행위로 봄이 타당하다.

(2) 울산광역시장의 A에 대한 거부처분의 적법여부

1) 문제제기

설문의 경우에 A는 초과조례 및 조례가 다른 지역과의 평등에 반함을 이유로 위법한 처분이라고 주장하고 있다. 우선 이와 관련하여 초과조례의 위법여부 등을 살펴보고, 취소소송의 소송물은 처분의 위법성 일반이므로 A가 주장한 것 이외의 위법사유가 있는지 살펴본다.

2) 울산광역시조례의 적법여부

① 조례제정권

지방자치단체는 법령의 범위 안에서 그 사무에 관하여 조례를 제정할 수 있다(지방자치법-이하 '법'이라한다-제15조). 따라서 지방자치단체는 지방의회를 통하여 자치사무, 단체위임사무에 대하여 조례를 제정할 수 있는데, 법률우위의 원칙에 따라 법률에 반하면 안 되고, 주민의 권리제한 또는 의무부과에 관한 사항의 경우에는 법률의 위임이 있어야 한다.

② 초과조례의 허용여부

법령과 동일한 목적과 대상에 대해서 규율정도의 강도를 강화하는 초과조례의 경우에 원칙적으로 그러한 조례의 제정은 인정되지 않을 것이다(법률선점이론). 그러나 국가의 법령은 각 지역의 개별적인 사정을 고려하여 제정된 것이 아니므로 경우에 따라서는 그 지역의 특수성에 따라 법령과 다른 내용의 조례를 허용하여야 할 필요가 있다. 그러므로 국가의 법령과 다른 목적으로 규율하는 조례, 국가의 법령과 같은 목적이더라도 법령의 대상 이외의 사항에 대한 조례, 동일한 목적과 대상이더라도 법령상의 요건이 최저기준이고, 요건을 설정할 수 있도록 위임한 경우 그 위임의 취지가 지역의 특성을 고려하여 달리 취급함을 허용하고 있는 경우에는 초과조례는 허용될 것이다.

③ 설문의 경우

설문의 경우에 배출허용기준에 대한 조례는 주민의 권리제한에 관한 사항이므로 배출허용기준을 지방자치단체가 설정할 수 있도록 하는 법률의 위임이 있어야 할 것이다. 그러나 사안이 명확하지 않은바 경우를 나누어 살펴보면, ① 법률의 위임이 없는 경우에는 설문의 조례는 위법할 것이다. ② 법률의 위임이 있는 경우에는 위임법령의 취지가 법령의 기준보다 엄격한 울산광역시의 조례를 허용하는 것으로 해석되지 않는다면 위법한 조례가 된다. 다만 설문의 경우와 같이 환경과 관련된 분야에서는 법률선점이론의 완화를 통하여 법령의 조건이 최소한의 조건으로 해석될 여지가 클 것이다.

3) 조례가 위법한 경우 거부처분의 하자

① 견해대립

위법한 조례에 근거해 행해진 처분은 법적 근거인 조례의 무효로 인해 법적 근거를 결한 처분으로서 무효라고 하는 견해와 중대명백설의 입장에서 이러한 하자는 중대하기는 하나 명백하지 않으므로 단순취소의 사유로 보는 것이 견해가 대립한다.

② 판례

대법원은 조례제정권의 범위를 벗어나 국가사무를 대상으로 한 무효인 서울특별시행정권한위임조례의 규정에 근거하여 구청장이 건설업영업정지처분을 한 경우, 처분의 위임과정의 하자가 객관적으로 명백한 것이라고 할 수 없으므로 이로 인한 하자는 결국 당연무효사유는 아니(대판 1995.7.11, 94누4615 다수의견)라고 판시한 바 있다. 다만 같은 판결에서 소수의견은 하자가 중대하고 처분의 존재를 신뢰하는 제3자의 보호나 공공의 신뢰보호 필요가 크지 않은 점 등을 이유로 하자가 명백하지 않더라도 당연 무효라고 한 바 있다.

③ 검토 및 설문의 경우

무효・취소의 구별기준의 문제는 원활한 행정운영과 개인의 권익보호라는 양 가치를 어떻게 조화할 것인가가 그 핵심이다. 개인의 권리구제와 현행 쟁송제도의 취지를 고려할 때에 중대명백설이 타당하므로 이에 따라 단순취소의 사유로 볼 것이다. 설문의 조례가 법률의 위임이 없거나, 초과조례를 허용하지 않는 위임법령이 있는 경우에 해당하여 위법할 경우 설문의 공장증설허가거부처분은 취소사유에 해당하는 하자를 갖는다고 할 것이다.

4) 조례가 적법한 경우 거부처분의 하자

설문과 같은 환경과 관련된 분야에서는 법률선점이론의 완화를 통하여 법령의 조건이 최소한의 조건으로 해석될 여지가 클 것이다. 이러한 경우에 공장증설의 허가에 대상지역의 현상과 위치 및 주위의 상황을 고려하여 국토 및 자연의 유지와 환경의 보전 등 중대한 공익상의 고려를 할 수 있는 재량이 부여되었다고 판단한다면 재량의 일탈, 남용여부를 고려해야 할 것이다. 당해 행정행위가 사실오인, 비례・평등의 원칙 위배, 당해 행위의 목적위반이나 부정한 동기 등에 근거하여 이루어짐으로서 재량권을 일탈 남용한 위법이 있는지 여부를 검토해 보아야 할 것이다.

(3) 소결

A의 주장에 대해서 살펴보면, ① 법률의 위임이 없는 경우, 위임법령의 취지가 법령의 기준보다 엄격한 울산광역시의 조례를 허용하는 것으로 해석되어 위법한 조례가 되면 공장증설허가거부처분은 취소사유에 해당하는 하자가 있어 위법하고 그 취소도 인용될 것이나 ② 환경과 관련된 분야로 법률선점이론의 완화를 통하여 법령의 조건이 최소한의 조건으로 해석된다면 재량의 일탈, 남용이 없는 한 거부처분은 적법하여 그 취소의 인용은 부정될 것이다.

Ⅳ. A가 취할 수 있는 다른 구제수단

1. 의무이행심판

의무이행심판은 행정청의 위법 또는 부당한 거부처분이나 부작위에 대하여 일정한 처분을 하도록 하는 행정심판이다(행정심판법 제4조 제3호). 설문의 공장증설허가거부처분의 하자가 인정될 경우에 A의 구제수단으로서 가능하다.

2. 집행정지의 인용가능성

집행정지란 취소소송이 제기된 처분 등이나 그 집행 또는 절차의 속행으로 인하여 생길 회복하기 어려운 손해를 예방하기 위하여 긴급한 필요가 있다고 인정할 때 법원이 당사자의 신청 또는 직권에 의해 그 집행을 잠정적으로 정지하도록 결정하는 것(행정소송법 제23조 제2항)을 말한다. 거부처분의 경우에 집행정지가 인정될 수 있는지에 대해서 견해가 대립하나 판례는 허가신청에 대한 거부처분은 그 효력이 정지되더라도 그 처분이 없었던 것과 같은 상태를 만드는 것에 지나지 아니하는 것을 이유로 거부처분의 효력을 정지할 필요성이 없다(대판 1991.5.2, 91두15)고 판시하여 부정하는 입장을 취한 바 있다. 판례의 입장에 따를 경우 A가 취할 구제수단으로서 집행정지는 부정될 것이다.

3. 국가배상청구의 인용가능성

(1) 국가배상청구의 요건

국가 또는 지방자치단체는 공무원이 그 직무를 집행함에 당하여 고의 또는 과실로 법령에 위반하여 타인에게 손해를 가한 경우에 국가배상책임이 인정된다(국가배상법 제2조 제1항). 설문의 경우에 공무원, 직무행위, 직무관련성, 위법성 요건을 인정하는 무리가 없으나, 공무원에게 과실이 인정되는지 문제된다.

(2) 공무원의 과실여부

국가배상청구에서 과실이란 통상적으로 갖추어야 할 주의의무를 해태한 경우를 말하는데 주의의무의 정도는 당해 직무를 담당하는 평균적 공무원의 주의의무를 기준으로 한다. 조례에 따른 공무원에게는 특별한 사정이 없는 한, 과실이 인정된다고 보기는 어려울 것이다. 근거법령이 처분 후에 위법한 경우에도 공무원에게 법령심사권이 없어 명백하게 무효가 아닌 한 과실이 인정되기 어려운데, 조례의 경우도 마찬가지라고 할 것이다.

(3) 설문의 경우

설문의 조례가 명백하게 무효라고 보기 어렵고, 따라서 그 조례에 근거한 울산광역시장의 공장증설허가 거부처분에 대해서 국가배상법상의 과실이 인정되기는 어렵다고 할 것이므로 특별한 사정이 없는 한 국가배상청구의 인용가능성은 부정될 것이다.

Ⅳ. 결 론

(1) 조례에 대한 직접적인 구제수단은 울산광역시의 조례는 허가기준에 대한 것이므로 이를 처분적 조례라고 하거나 국민의 권리의무에 직접영향을 미치는 경우로 보기 어려워 조례에 대한 직접적인 구제수단의 인용가능성은 없을 것이다.

(2) 거부처분의 취소소송의 인용가능성을 살펴보면, ① 법률의 위임이 없는 경우, 위임법령의 취지가 법령의 기준보다 엄격한 울산광역시의 조례를 허용하는 것으로 해석되어 위법한 조례가 되면 공장증설허가거부처분은 취소사유에 해당하는 하자가 있어 위법하고 그 취소도 인용될 것이나 ② 환경과 관련된 분야로 법률선점이론의 완화를 통하여 법령의 조건이 최소한의 조건으로 해석된다면 재량의 일탈, 남용이 없는 한 거부처분은 적법하여 그 취소의 인용은 부정될 것이다.

(3) 기타의 경우 의무이행심판의 경우도 구제수단으로 가능할 것이고, 집행정지는 거부처분에 대해서 부정되는 바, A의 구제수단으로 부적절하고, 국가배상청구의 경우에는 과실의 인정여부가 어려워 인용가능성은 낮을 것이다.

교/수/강/평

김 향 기 (성신여대 법대 교수)

1. 총평

논점에 따라 빠짐없이 잘 정리된 답안이다. 그런데 답안구성이 좀 더 명쾌하고 핵심쟁점이 부각되도록 하기 위하여 '조례에 의한 공장증설허가거부처분의 위법여부'를 장으로 따로 떼어 검토한 다음 그 위법여부에 따른 권리구제수단을 검토하는 순서가 좋을 것 같다.

2. 조례에 의한 공장증설허가거부처분의 위법여부에 관하여

울산광역시 조례의 위법여부를 검토한 다음, 위법한 조례에 근거한 처분의 효력에 대하여 검토하여야 한다. 먼저 A의 주장과 관련하여 울산광역시 조례의 위법여부를 판단하기 위하여 조례제정권의 범위와 한계를 넘어선 것은 아닌지와 다른 지방자치단체의 조례와의 형평성문제를 살펴보아야 할 것이다. 조례제정권의 범위와 한계와 관련하여 법률우위의 원칙과 법률유보의 원칙에 관한 학설·판례를 살펴보고, 특히 법률우위의 원칙과 관련하여 지방자치법 제15조 단서의 의미와 초과조례의 허용여부에 대한 보다 상세한 검토가 필요하다고 하겠다. 지방자치단체의 특수성을 고려하여 자율적으로 정할 수 있는 경우에, 침익초과조례는 법령의 규율사항을 달리하는 추가조례나 수익초과조례와 달리 상위법령의 제한범위를 초과하는 것으로 무효로 볼 수 있다는 점(대판 1997.4.25, 96추251 등)이 지적될 수 있을 것이다. 다른 지방자치단체의 조례와의 형평성문제는 지방적 특수성을 고려한 자율적 사항에 대해 정한다는 조례의 특성상 고려할 여지가 적다고 할 것이다.

이와 같이 무효인 조례에 근거한 행정처분의 효력에 관해서는 학설 · 판례가 나뉘고 있으나 통설과 판례는 당연무효설 보다는 취소사유설을 취하고 있다는 점 등이 검토되어야 할 것이다.

3. A의 권리구제수단에 관하여

A의 권리구제수단으로는 조례에 대한 직접적인 구제수단, 거부처분에 대한 취소소송, 의무이행심판 및 국가배상청구 등이 답안에서 잘 정리되고 있으나 몇 가지 보충을 하면 다음과 같다. 즉, 공장증설허가거부처분에 대한 위법여부판단은 그 근거인 조례의 위법여부판단이 전제가 되는데, 행정심판의 재결청은 조례에 대한 위법여부심사권이 없으므로 의무이행심판 등 행정심판에 의한 구제방법은 곤란하다고 할 것이다. 또한 헌법소원의 가능성여부도 검토할 수 있다고 하겠다.

조례제정권의 범위와 무효인 조례에 근거한 허가거부처분의 효력

제47회 사법시험 합격 전 정 일

경기도지사는 사설묘지 등 설치허가사무를 경기도의회가 정한 경기도사무위임조례에 근거하여 양평군수에게 위임하였다. 양평군의회에서는 "군수는 묘지 등의 설치허가민원을 처리함에 있어서 의견청취 대상 주민 3분의 2의 찬성 없이는 허가할 수 없다"(제3조 제1항)는 내용의 양평군묘지등설치허가시주민의견청취에관한조례를 제정하였다. 사설묘지업을 하고자 하는 甲은 매장및묘지등에관한법률 및 시행령이 정하는 요건을 갖추어 양평군수에게 사설묘지설치허가를 신청하였으나 양평군수는 주민들이 대부분 반대한다는 이유로 위 조례 제3조 제1항에 의거하여 허가를 거부하였다.

(1) 위 양평군의 조례는 적법한가?

(2) 양평군수의 위 허가거부처분의 효력은?

참·조·조·문

이장및묘지등에관한법률

제8조 [사설묘지·사설화장장 또는 신설납골당의 설치] ① 누구든지 이 법에 의하지 아니하고는 사설묘지·사설화장장 또는 사설납골당을 설치할 수 없다. ② 대통령령으로 정하는 사설묘지·사설화장장 또는 사설납골당을 설치하고자 하는 자는 도지사의 허가를 받아야 한다.

이장및묘지등에관한법률시행령

제5조 [사설묘지등의 설치기준 등] ① 법 제8조 제2항에서 "대통령령으로 정하는 사설 묘지·사설화장장 또는 사설납골당"이라 함은 재단법인·종중·문중 또는 자연인이 설치하는 묘지·화장장 또는 납골장을 말한다. ② 제1항의 규정에 의한 사설묘지·사설화장장 또는 사설납골당의 설치기준은 다음 각호와 같다. -이하 생략-

C/O/N/T/E/N/T/S

Ⅰ. 문제의 제기

(1) 설문(1)에서의 쟁점은 사설묘지 등 설치허가사무가 경기도의 자치사무인지 양평군의 자치사무인지 여부, 도지사로부터 군수에게 사설묘지 등 허가권을 위임한 것은 단체위임인지 기관위임인지 여부, 기관위임사무라면 기관위임사무에 관하여 수임청이 소속한 지방의회가 그 사무를 규율하는 조례를 제정할 수 있는지이다.

(2) 설문(2)에서의 쟁점은 무효인 조례에 근거한 행정처분의 효력이 당연무효인지 여부이다.

Ⅱ. 사설묘지 설치허가사무의 법적 성질

1. 사무의 구별기준

자치단체장이 수행하는 사무의 성질이 무엇인가 하는 문제는 객관적인 사무의 성질에 의해 결정되는 것이 아니라 입법정책의 문제이다. 따라서 근거법령의 해석을 통해 이를 결정할 수밖에 없다. 근거법령의 규정형식과 내용을 검토함에 있어서 가장 중요한 것은 권한규정이다. 근거법령이 권한규정으로 이를 구분할 수 없을 때에는 근거법령의 비용부담규정, 수임 및 지출규정, 감독규정 등을 고려하여야 하고, 지방자치법 제9조 제2항, 제11조의 예시규정도 아울러 고려하여야 한다.

2. 사설묘지 설치허가사무의 성질

사안에서 매장및묘지등에관한법률 제8조는 사설묘지·사설화장장 또는 사설납골당을 설치하고자 하는 자는 도지사의 허가를 받아야 하도록 규정하고 있고, 지방자치법 제9조 제2항 제2호 (사)목에 의하면 묘지 등의 운영·관리를 지방자치단체의 사무로 규정하고 있으며, 같은 법 제10조 제2항, 같은법 시행령 제8조, 별표 1의 제2호 (아)목에 의하면 묘지운영·관리의 사무를 도의 사무로 규정하고 있다. 따라서 사설묘지설치허가사무는 경기도의 자치사무이다.

3. 기관위임인지 단체위임인지 여부

사안에서 경기도지사가 사설묘지 설치허가권한을 경기도사무위임조례에 의해 양평군수에게 위임하였는데, 그 위임의 성질이 기관위임인지 단체위임인지가 문제된다.

위임의 성질을 결정함에 있어서도 위임의 근거규정이 가장 중요한 기준이 된다. 위임의 근거규정인 경기도사무위임조례는 도지사가 관장하는 사무를 '시·군'이 아니라 '시장 · 군수'에게 위임한다고 규정하고 있는 점에 비추어 보면, 경기도지사로부터 시장 · 군수에게 묘지등의 허가권을 위임한 것은 단체위임이 아니라 기관위임이라고 보아야 할 것이다.

Ⅲ. 양평군 조례의 위법성

1. 문제의 소재

양평군의 위 조례는 사설묘지설치허가사무에 대하여 규율하고 있고, 이 사무는 위에서 본 바와 같이 도사무가 기관위임된 것이다. 그렇다면 기관위임사무에 관하여 수임청이 소속한 지방의회가 조례로 제정할 수 있는 것인지가 문제된다.

2. 조례제정권의 범위

지방자치단체는 자치사무와 법령에 의하여 지방자치단체에 속하는 사무, 즉 단체위임사무를 지방자치단체 사무로 규정하고 있고(지방자치법 제9조 제1항), 법령의 범위 안에서 그 사무에 관하여 조례를 제정할 수 있다(지방자치법 제22조 본문). 따라서 지방자치단체가 조례로 제정할 수 있는 범위는 자치사무와 단체위임사무에 국한되고, 기관위임사무에 대하여서는 조례를 제정할 수 없다.

3. 기관위임사무에 대한 조례제정의 효력

위에서 본 바와 같이 사설묘지설치허가사무는 경기도사무이고, 경기도사무가 양평군수에게 기관위임된 것이다. 사설묘지설치허가사무는 양평군 고유사무도 아니며 양평군에 단체위임된 사무도 아니므로 양평군의회는 그 사무를 규율하는 조례제정을 할 수 없다. 따라서 위 사무에 대하여 규율한 양평군 조례는 조례정의 사물적 범위를 넘어선 것이므로 무효이다.

Ⅳ. 무효인 조례에 근거한 허가거부처분의 효력

1. 문제의 소재

양평군수는 甲의 사설묘지설치허가신청에 대하여 무효인 조례의 요건을 구비하지 못하였다는 이유로 이를 거부하였는바, 이 조례는 사설묘지설치허가 여부를 결정하는 근거법령이 되지 않음에도 이를 근거로 하여 거부처분을 한 것이므로 이 처분이 위법함은 당연하다. 그런데 이 거부처분의 위법의 정도가 무효인지 아니면 취소할 수 있는 것인지가 문제된다.

2. 무효와 취소의 구별기준

통설과 판례는 무효의 구별기준을 종래의 중대명백설에 입각하고 있다. 즉, 하자 있는 행정처분이 당연무효가 되기 위하여서는 그 하자가 법규의 중요한 부분을 위반한 중대한 것이고, 또한 그 하자가 일반인의 정상적인 인식능력을 기준으로 하여 객관적으로 명백한 것이어야 한다는 것이다. 그리고 하자가 중대하고 명백한 것인지 여부를 판별함에 있어서는 그 법규의 목적·의미·기능 등을 목적론적으로 고찰함과 동시에 구체적인 사안 자체의 특수성에 관하여도 합리적으로 고찰함을 요한다고 한다.

3. 허가거부처분의 당연무효 여부

무효인 조례에 근거한 양평군수의 허가거부처분에는 중대한 하자가 있음은 틀림없다. 그러나 당해 사설묘지설치허가사무가 기관위임사무인지 단체위임사무인지 구별하기가 용이하지 않다는 점에서 볼 때 그 하자가 일반인의 시각에서 반드시 명백하다고 할 수 없으므로 이 처분을 당연무효인 처분이라 할 수는 없고 취소할 수 있는 처분이라고 할 것이다.

V. 결 론

(1) 양평군묘지등설치허가시주민의견청취에 관한 조례는 기관위임사무를 대상으로 한 조례이어서 무효이다.

(2) 위 무효인 조례에 근거한 양평군수의 허가거부처분은 위법한 처분이나 당연무효는 아니고 취소할 수 있는 처분에 해당한다.

답안이 풍부하지 못하다는 인상을 준다. 즉 결론을 기계적으로 이끌어내고 있다는 느낌을 준다. 같은 결론이더라도 아는 지식을 모두 동원하여 풍부한 논거를 제시하여 주는 것이 설득력 있는 결론이 된다. 예컨대 무효인 조례에 근거한 허가거부처분의 효력을 기술하면서 판례를 제시해 주는 것 등이다.

기 출

조례제정권의 범위, 법률우위의 원칙, 기관위임 사무

제55회 행정고시 일반행정직 수석합격 이 영 희

행시 제56회(12년)

B市 의회는 공공기관의 정보공개에 관한 법률의 정보공개에 관한 규정이 정보공개제도 본래의 취지를 완전히 충족시키지 못한다고 판단하여 주민의 정보공개에 관한 수요에 대응하기 위하여 B市 정보공개조례를 제정하였다. B市 정보공개조례와 관련하여 다음 물음에 답하시오. (총 30점)

(1) B市 정보공개조례는 지방자치법과 공공기관의 정보공개에 관한 법률에 비추어 적법한가? (10점)

(2) B市 정보공개조례가 공공기관의 정보공개에 관한 법률 이 규정하고 있는 비공개대상 정보에 대해서도 공개할 것을 규정하는 경우 적법하다고 할 수 있는가? (10점)

(3) B市 정보공개조례가 자치사무만이 아니라 기관위임사무와 관련된 행정정보에 대해서도 공개하도록 규정한 경우 제기되는 법적 문제를 설명하시오. (10점)

C/O/N/T/E/N/T/S

Ⅰ. 논점의 정리

(1) 설문 (1)에서 B시 정보공개조례가 지방자치법 제22조 단서에 근거하여 상위 법률의 위임이 필요한 경우에 해당하여 위법한지와 동법 제22조 본문의 법률우위 원칙 위반이 아닌지 논한다.

(2) 설문 (2)에서 B시 정보공개조례에 의해 정보공개에 관한 법률상 비공개정보에 대해서도 공개 되도록 한 것이 상위법인 정보공개에 관한 법률에 위반되어 위법한 것은 아닌지 논한다.

(3) 설문 (3)에서 기관위임사무와 관련된 행정정보에 대한 정보공개업무가 조례제정 범위에 해당하는 사무인지 논한다.

Ⅱ. 설문 (1)의 해결

1. 조례의 의의 및 조례제정권의 범위

조례는 지방자치단체가 자신의 사무를 규율하기 위해 지방의회의 의결로 자율적으로 제정하는 규범이다. 조례는 자치사무와 단체위임사무에 대해서만 제정할 수 있으며, 기관위임사무의 경우 위임조례만 제정할 수 있다.

사안의 경우 자치사무에 관한 정보를 공개하도록 조례에서 제정하였다면 조례제정권의 범위를 위반한 것은 아니다.

2. 법률유보 위반여부

(1) 서

조례는 지방자치법 제22조 단서에서 '주민의 권리제한 또는 의무부과에 관한 사항이나 벌칙을 정할 때'에는 법률의 위임이 있어야 한다'고 규정하고 있다. 이에 대하여 동조 단서가 위헌이라는 견해가 존재하는 바, 논의가 필요하다.

(2) 지방자치법 제22조 단서의 위헌성 여부

1) 위헌설

이 견해는 헌법 제117조 제1항은 '법령의 범위 안에서'라고만 규정했다는 점, 지방자치단체에게 인정되는 포괄적인 자치권에 반한다는 점을 근거로 한다.

2) 합헌설(다수설)

이 견해는 지방자치법 제22조 단서는 헌법 제37조 제2항을 확인하는 조항이라는 점, 조례도 국가작용이므로 당연히 기본권에 기속된다는 점 등을 근거로 한다.

3) 판례

판례는 동법 동조 단서가 기본권 제한에 대하여 법률유보원칙을 선언한 헌법 제37조 제2항의 취지에 부합하므로 조례제정에 있어서 위와 같은 경우 법률의 위임근거를 요구하는 것이 위헌성이 있다고 할 수 없다고 판시한 바 있다.

4) 검 토

생각건대 헌법의 기본권 제한의 한계를 규정한 헌법 제37조 제2항은 모든 공권력 행사를 구속하는 조항이므로 조례도 예외가 될 수 없다는 점에서 합헌설이 타당하다.

(3) 사안이 법률의 위임이 필요한 경우인지

판례는 이와 유사한 사안에서 행정정보공개조례안은 주민의 알 권리의 실현을 근본내용으로 하면서도 이로 인한 개인의 권익침해 가능성을 배제하고 있으므로 그 제정에 있어서 반드시 법률의 개별적 위임이 따로 필요한 것은 아니라고 판시한 바 있다. 판례의 견해가 타당하다. 따라서 사안의 조례는 법률의 위임 없이도 제정할 수 있다. 즉, 사안의 조례는 법률유보 원칙을 위반하지 않는다.

3. 법률우위 위반 여부

(1) 서

지방자치법 제22조 본문은 '지방자치단체는 법령의 범위 안에서 그 사무에 관하여 조례를 제정할 수 있다'고 규정하고 있는바, 조례는 국가의 법령에 위반할 수 없다. 이와 관련하여 이미 상위 법률인 정보공개에 관한 법률에 의해서 규율되고 있는 사항에 대해 조례로 제정한 것이 법률우위 원칙에 반하는지 여부가 문제된다.

(2) 법률우위 위반 기준에 대한 학설 및 판례

1) 엄격한 법률선점이론

이 견해는 국가법령이 이미 정한 사항에 대해 조례로 정하는 것은 위법하다고 보는 견해이다. 그러나 이에 대해 통설은 자치입법권을 지나치게 제한한다는 비판을 하고 있다.

2) 완화된 법률선점이론(통설)

이 견해는 국가법령이 정한 사항이더라도 국가법령의 입법목적이 조례의 입법목적과 다르거나 전국적인 견지에서 최소기준을 정한 것에 불과하다면 조례가 국가법령과 다르게 규율할 수 있다고 본다.

3) 판례

판례는 조례가 법령과 별도의 목적에 기하여 규율함을 의도하는 것이거나 양자가 동일한 목적일지라도 각 지방자치단체가 그 지방의 실정에 맞게 별도로 규율하는 것을 용인하는 취지라고 해석되는 때에는 그 조례가 국가의 법령에 위반되는 것은 아니라고 판시한 바 있다.

(3) 검토 및 사안의 경우

생각건대 지방자치단체의 자치입법권을 보장하고, 상위 법률과의 법질서를 합리적으로 유지하기 위해서 판례 및 통설의 견해가 타당하다.

또한 판례는 이와 유사한 사안에서 행정정보공개조례안이 국가위임사무가 아닌 자치사무 등에 관한 정보만을 공개대상으로 하고 있다고 풀이되는 이상 반드시 전국적으로 통일된 기준에 따르게 할 것이 아니라 지방자치단체가 각 지역의 특성을 고려하여 자기고유사무와 관련된 행정정보의 공개사무에 관하여 독자적으로 규율할 수 있다고 판시한 바 있다.

따라서 이러한 점을 모두 고려할 때, 사안의 정보공개조례는 자치사무에 관한 정보만을 공개대상으로 규율하고 있는 이상 법률우위 원칙을 위반하지 않는다.

4. 소 결

B시의 정보공개조례는 지방자치법과 정보공개에 관한 법률에 비추어 적법하다.

Ⅲ. 설문 (2)의 해결

1. 문제점

설문 (1)의 해결에 비추어 비공개대상정보를 공개하도록 규정한 사안의 조례는 주민의 권리를 제한하거나 의무를 부과하는 조례가 아니므로 상위 법률의 위임을 필요하지 않는다. 또한 당해 조례에서 자치사무에 관한 사항을 정보공개하도록 규정하였다고 가정하는 경우 조례 제정 범위의 한계도 위반하지 않는다. 다만, 상위 법률인 정보공개에 관한 법률에서 비공개대상 정보로 규율하고 있는 정보도 공개할 것을 규정하는 것이 법률우위 원칙 위반은 아닌지 문제된다.

2. 법률우위원칙 위반여부

(1) 서

설문 (1)의 해결에서 살펴본 바와 같이 통설과 판례의 견해에 따를 때 조례의 입법목적이 상위 법률의 입법목적과 다르거나 법률이 전국적인 견지에서 최소기준을 정한 것에 불과하면 조례는 법률과 다르게 규율할 수 있다.

(2) 사안의 경우

정보공개에 관한 법률과 B시의 정보공개조례는 국민(또는 주민)의 알권리를 충실히 보장하기 위한 입법목적을 가지고 있다는 점에서 동일하지만, 정보공개에 관한 법률이 반드시 전국적으로 동일한 기준에 따르게 하는 것이 아니고, 지방자치단체가 각 지역의 특성을 고려하여 자기고유사무와 관련된 행정정보의 공개여부를 독자적으로 규율할 수 있다고 봄이 타당하다. 또한 정보공개에 관한 법률 제9조에서 비공개대상정보로 규정된 것일지라도 개별법상 공개가 금지되는 비밀정보가 아닌 이상 공개가 금지되는 것은 아니고, 공개여부에 대하여는 행정청의 재량이 인정되므로 조례로서 공개할 것을 규정하는 것이 위법하다 볼 수 없다.

(3) 소결

B시정보공개조례가 정보공개에 관한 법률이 규정하고 있는 비공개대상정보에 대해서도 공개할 것을 규정하고 있더라고 해당 정보가 자치사무에 관한 것인 이상 위법하다 볼 수 없다.

Ⅳ. 설문 (3)의 해결

1. 문제점

기관위임사무와 관련한 행정정보를 공개하는 것이 조례제정권의 범위에 포함되는지가 문제된다.

2. 조례제정권의 범위

위에서 살펴 본 바와 같이 조례는 자치사무와 단체위임사무에 대해서만 제정할 수 있고, 기관위임사무의 경우 위임조례만 제정이 가능하다. 따라서 기관위임사무과 관련한 행정정보공개가 자치사무인지 기관위임사무인지에 대한 검토가 필요하다.

3. 사무의 구별 기준

(1) 각 사무의 구별 기준

개별법에서 각 사무의 유형을 분명하게 구별하고 있는 경우는 별 문제가 되지 않지만, 대부분의 경우 그 유형이 불분명하게 되어 있다. 이러한 경우 가장 중요한 단서가 되는 것은 근거법령의 권한 규정이고, 그 다음으로 개별법상의 비용부담, 수입규정, 감독규정등을 고려하여야 하며, 지방자치법 제9조 제2항과 제11조의 예시규정을 보충적으로 고려하여야 한다.

(2) 사안의 경우

기관위임사무와 관련된 행정정보를 공개하는 것은 개별법상 그 사무의 유형을 규정하고 있지 않고, 근거법령의 권한 규정도 불분명하지만 기관위임 사무의 성질상 그 사무를 수행하는 과정에서 취득하여 관리하고 있는 정보에 대한 공개여부도 위임자의 권한으로 보는 것이 타당하다. 따라서 기관위임사무와 관련된 행정정보에 대한 공개여부 결정 또한 기관위임사무로 보아야할 것이다.

4. 소결

기관위임사무와 관련된 행정정보에 대해서도 공개하도록 조례에 규정하는 경우 조례제정범위를 위반하는 것은 아닌지 문제되며, 이 때 기관위임사무와 관련된 행정정보에 대해서는 조례로서 공개하도록 규정할 수 없다고 봄이 타당하다.

Ⅴ. 사안의 해결

(1) 설문(1)에서 B시의 정보공개조례는 법률우위 및 법률 유보원칙을 모두 준수하였고, 다른 위법 사유도 없는 바 적법하다.

(2) 설문(2)에서 B시정보공개조례가 정보공개에 관한 법률이 규정하고 있는 비공개대상정보에 대해서도 공개할 것을 규정하고 있더라고 해당 정보가 자치사무에 관한 것인 이상 위법하다고 볼 수 없다.

(3) 설문 (3)에서 기관위임사무와 관련한 정보에 대하여 공개하도록 조례로 규정하는 것은 조례의 제정범위를 벗어난 것으로서 위법하다.

교/수/강/평

김 향 기 (성신여자대학교 법대 교수)

1. 설문 (1)의 경우

B시 정보공개조례의 한계의 문제이므로, 검토순서는 1. 문제점, 2. 법률유보원칙의 위반여부, 3. 법률우위원칙의 위반여부, 4. 설문의 해결의 순서로 하면 된다. 2의 경우, 조례가 주민의 권리제한·의무부과·벌칙에 관한 것인 경우에만 법률유보원칙의 적용이 있으므로(헌법 제117조, 지방자치법 제22조), 이 사안은 주민의 정보공개에 관한 수요에 대응하기 위하여 법률을 보충하려는 것이므로 법률유보원칙과의 충돌문제가 없다는 점을 지적하면 되므로 지방자치법 제22조 단서의 위헌여부에 관해 학설의 검토는 불필요하다. 3의 경우, 헌법 제117조 제1항 및 지방자치법 제22조 본문의 '법령의 범위안에서'의 해석에 관해 법률선점수정론이 통설과 판례의 입장임을 지적하고, 이에 따라 법률우위원칙의 위반여부의 판단기준을 구체적으로 검토할 필요가 있다. 즉, 조례규율사항에 관하여 법령에 규정이 없는 경우에는 문제가 없으나, 법령에 규정이 있는 경우에 문제되는데, 이 경우에도 입법목적이 다른 경우와 추가조례 및 수익초과조례는 문제되지 아니하나 침익조례나 침익초과조례는 법률우위원칙에 위반되는 문제가 발생한다는 점을 지적한 후, 사안의 경우를 적용하여 문

제를 해결하여야 할 것이다.

2. 설문 (2)의 경우

정보공개법 제9조 제1항 단서의 각호에 해당하는 비공개대상정보에 대하여 조례로 공개하도록 규정할 수 있는가의 문제이다. 따라서 우선 법률우위원칙의 위반여부가 문제되고, 다음 비공개대상정보를 규정한 정보공개법 제9조의 목적·효과가 문제된다. 먼저, 법률유보원칙의 위반여부의 판단기준으로서 조례규율대상에 관하여 법령에 규정이 있지만 입법목적이 다른 경우가 문제된다. 이 경우 조례가 법령상의 목적과 다른 목적으로 규율되고 그 법령의 목적·효과를 저해하지 아니하면 문제되지 않는다(대판 2007.12.13. 2006추52). 따라서 공개를 규정한 조례가 정보공개법 제9조의 목적·효과를 저해하는지가 또한 문제된다. 정보공개법 제9조 비공개정보는 비밀정보 또는 공개금지정보를 뜻하는 것이 아니므로 당해 정보의 공개로 달성될 수 있는 공익 및 사익과 비공개로 하여야 할 공익 및 사익을 종합적으로 비교·교량하여 구체적 사안에 따라 개별적으로 공개여부를 결정하여야 한다(대판 2008.11.27. 2005두15694 등)는 점을 지적하고, 이에 따라 설문의 해결을 하면 된다.

3. 설문 (3)의 경우

설문은 기관위임사무의 조례제정가능여부가 문제되는 것으로 조례제정권의 범위에 관한 문제이므로 사무의 구별기준은 불필요한 검토이다. 조례제정권의 범위는, 자치사무와 법령에 따라 지방자치단체에 속하는 단체위임사무의 전반에 걸친 자치조례와, 개별법령에서 기관위임사무 중 일정한 사항을 조례로 정하도록 위임하는 있는 경우의 위임조례를 제정할 수 있다는 점을 지적한다. 다음, 개별법령의 위임없는 기관위임사무는 원칙적으로 조례규정사항이 아닌바(대판 2000. 5.30. 99추85, 공원조례중개정조례안 무효 등), 기관위임사무는 지방자치단체의 장이 국가의 하급행정관청의 지위에서 처리하는 사무이지 지방자치단체의 장의 지위에서 처리하는 사무가 아니기 때문이며, 기관위임사무를를 규율하는 조례는 지방자치법 제22조 본문과 제9조 제1항에 위배되어 위법의 문제가 있다는 점을 지적할 필요가 있다.

조례의 적법성과 통제

제50회 사법시험 합격 한 웅 희

甲개발공사는 지방공기업법에 의하여 A도가 출자하여 설립된 지방공기업이다. A도의회는 A도지사로 하여금 甲개발공사의 대표에 대한 임명권의 행사에 앞서 A도의회의 인사청문회를 거치도록 한 甲개발공사사장임명에관한조례안을 의결하여 A도지사에게 이송하였다. 지식 경제부장관을 주무부 장관으로 볼 경우 다음에 답하시오(각 설문은 별개의 것이다).

1. 사안의 조례는 적법한가?(15점)

2. 사안의 조례에 대한 A도지사와 지식 경제부장관의 통제방법은?(15점)

3. A도지사는 임기가 종료된 甲개발공사의 사장을 연임시켰다. 지식 경제부 장관이 이는 재량권의 일탈·남용 내지 현저한 부당의 경우에 해당한다며 기간을 정하여 A도지사에게 서면으로 시정할 것을 명하였는데, 그 기간 내에 A도지사가 시정하지 않자, 연임처분을 지방 자치법 제 169조 제 1항에 의해 취소하였다. A도지사는 그 취소 처분을 지방 자치법 제 169조 제2항에 의해 다투려고 한다. 귀하가 A도지사 측의 변호사라면 어떠한 논리 구성을 할 것인가?(20점)

참·조·조·문

지방공기업법 제1조 (목적) 이 법은 지방자치단체가 직접 설치·경영하거나, 법인을 설립하여 경영하는 기업의 운영에 관하여 필요한 사항을 정하여 그 경영을 합리화함으로써 지방자치의 발전과 주민의 복리증진에 기여하게 함을 목적으로 한다.

제58조 (임원의 임면 등)②사장과 감사는 대통령이 정하는 바에 의하여 지방공기업의 경영에 관한 전문적인 식견과 능력이 있는 자중에서 지방자치단체의 장이 임면한다. 다만, 제50조제1항의 규정에 의하여 설립된 공사의 경우에는 지방자치단체간의 규약이 정하는 바에 의한다.③지방자치단체의 장이 제2항에 따라 사장과 감사(조례 또는 정관으로 정하는 바에 따라 당연히 감사로 선임되는 사람은 제외한다)를 임명할 때는 대통령령으로 정하는 임원추천위원회(이하 "임원추천위원회"라 한다)에서 추천된 자 중에서 임명하여야 한다. 다만, 제4항에 따라 사장을 연임시키려는 경우에는 임원추천위원회의 심의를 거쳐야 한다. ④지방자치단체의 장은 사장의 경영성과에 따라 임기 중 해임하거나 임기종료에도 불구하고 연임시킬 수 있다. 이 경우 다음 각 호의 사항을 고려하여야 한다.

1. 제58조의2의 규정에 따른 경영성과계약 이행실적
2. 제78조제1항 및 제2항의 규정에 따른 경영평가 결과
3. 제78조제3항의 규정에 따른 사장의 업무성과 평가결과

⑤제4항의 규정에 따른 사장의 연임 또는 해임기준 등에 관하여 필요한 사항은 대통령령으로 정한다. ⑥ 이사(조례 또는 정관으로 정하는 바에 따라 당연히 이사로 선임되는 사람은 제외한다)는 임원추천위원회에서 추천된 자 중에서 임명하되, 상임이사는 사장이 임면하고 비상임이사는 지방자치단체의 장이 임면한다. 이 경우 이사의 임면에 관하여 필요한 사항은 대통령령으로 정한다. ⑦ 임원추천위원회는 임원후보자를 추천하고자 하는 경우 대통령령으로 정하는 바에 따라 후보자를 공개모집하여야 한다

지방공기업법 시행령 제56조 (사장 및 감사의 임면) ①사장은 법 제58조 제3항의 규정에 의하여 사장추천위원회에서 추천한 인사중에서 당해지방자치단체의 장이 임명한다.→삭제

제56조의3 (임원추천위원회의 구성과 운영) ① 법 제58조제3항 및 제6항에 따른 임원추천위원회(이하 "추천위원회"라 한다)는 공사에 두며 다음 각호의 자로 구성한다. 다만, 공사를 설립하는 때에는 그 지방자치단체의 장이 추천하는 자 4인과 그 지방의회에서 추천하는 자 3인으로 구성한다.

1. 그 지방자치단체의 장이 추천하는 자 2인
2. 그 지방의회가 추천하는 자 3명
3. 그 공사의 이사회가 추천하는 자 2명

② 그 지방자치단체의 공무원인 당연직이사는 제1항제3호에 규정된 이사회의 의결에 참여할 수 없다.

③ 추천위원회의 위원은 다음 각호의 1에 해당하는 자이어야 한다.

1. 경영전문가
2. 경제관련단체의 임원
3. 4급 이상 공무원 또는 고위공무원단에 속하는 일반직공무원으로 퇴직한 자
4. 공인회계사
5. 공기업경영에 관한 지식과 경험이 있다고 인정되는 자

④ 공사의 임·직원(비상임이사를 제외한다) 및 그 지방자치단체의 공무원(지방의회의원을 포함한다)은 추천위원회의 위원이 될 수 없다. ⑤추천위원회는 재적위원 과반수의 찬성으로 의결한다. ⑥ 추천위원회의 위원장은 위원중에서 호선하며, 위원장은 추천위원회를 대표하고 회의를 주재한다. ⑦ 공사는 임원의 임기만료 그 밖의 사유로 임원을 새로이 임명하고자 하는 때에는 지체없이 추천위원회를 구성하여야 하며, 지방자치단체의 장 및 지방의회에 추천위원회 위원의 추천을 요청하여야 한다. ⑧ 추천위원회는 추천된 자가 임원에 임명되는 때까지 존속한다. ⑨ 이 영에서 규정한 사항 외에 추천위원회의 구성 및 운영 등에 필요한 사항은 공사의 정관으로 정한다.

제56조의4 (임원후보의 추천절차) ① 추천위원회는 법 제58조제7항에 따라 임원후보를 공개모집하는 경우에는 해당 지방자치단체와 공사의 인터넷 홈페이지, 제44조의2제4항에 따른 행정안전부장관이 지정하는 인터넷 사이트 및 1개 이상의 전국을 보급지역으로 하는 일간신문 또는 해당 지방자치단체의 지역을 주된 보급지역으로 하는 일간신문에 임원의 모집공고를 하되 그 모집 기간은 15일 이상으로 하여야 한다. 다만, 신속한 채용을 위하여 부득이한 경우에는 지방자치단체의 장의 승인을 받아 모집기간을 단축할 수 있다. ② 추천위원회는 제1항에 따른 공개모집에 응모한 사람 중에서 공사 임원의 업무수행에 필요한 학식과 경험이 풍부하고 능력을 갖춘 사람을 임원후보로 추천하여야 한다. ③ 추천위원회가 임원후보를 추천하려는 때에는 특별한 사유가 없는 한 두 사람 이상을 추천하여야 한다. ④ 임명권자인 지방자치단체의 장 또는 공사의 사장은 추천된 임원후보가 법 제60조에 따른 임원의 결격사유에 해당하거나 공사의 경영에 현저하게 부적당하다고 인정되는 때에는 추천위원회에 임원후보의 재추천을 요구할 수 있다. 이 경우 추천위원회는 지체 없이 임원후보를 재추천하여야 한다. ⑤ 추천위원회는 임원후보의 모집·조사 등의 업무를 전문기관에 대행시킬 수 있다.

■ C/O/N/T/E/N/T/S

Ⅰ. 설문 1의 해결

1. 문제의 소재

사안의 조례가 지방공기업법 제58조 제 2항에 위반하여 위법하다고 볼 것인지 A도의회의 A도지사에 대한 통제권의 한계와 관련하여 문제된다.

2. A도공기업사장임명에관한조례안의 위법성

(1) 조례의 의의

조례라 함은 지방자치단체가 법령의 범위 내에서 지방의회의 의결을 거쳐 그 사무에 관하여 제정하는 법이다.

(2) 지방의회의 집행기관에 대한 통제권의 한계

1) 의의

판례에 의하면 지방의회는 고유권한으로서 지방자치단체의 집행기관의 사무집행에 관한 감시·통제기능을 가진다(대법원 1997. 4. 11. 선고 96추138). 이에 지방자치법은 서류제출요구권, 행정사무 감사권 및 조사권, 행정사무처리상황의 보고와 질문응답을 규정하고 있다(지방자치법 제40조 ~ 제42조).

2) 사안의 경우

같은 맥락에서 설문의 지방공기업법령은 A도지사에게 지방공기업 사장에 대한 임명권을 부여하는 한편, 사장추천위원회에서 추천된 인사 중에서 지방공기업의 경영에 관한 전문적인 식견과 능력이 있는 자를 임명하도록 하는 제한과 사장추천위원회를 A도지사가 추천하는 자 2인, A도의회가 추천하는 자 2인, 그 공사의 이사회가 추천하는 자 3인으로 구성하도록 하는 제한을 둠으로써 지방공기업 사장의 임명에 있어서 A도지사와 A도의회와의 사이에 견제와 균형을 이루도록 하고 있다.

문제는 지방 자치법과 설문의 법령에 나와 있지 않은 'A도 의회의 인사청문회'라는 통제를 추가 하는 것이 가능한가 인데, 지방공기업법령이 구체적인 A도 의회의 견제의 범위를 열거하였으므로, 소극적으로 봄이 타당하다. 판례 역시 유사한 사례에서 "지방공기업 사장의 임명에 있어서 지방자치단체의 장과 지방의회와의 사이에 견제와 균형을 이루도록 하고 있을 뿐 달리 지방자치단체의 장의 임명권행사에 대한 제약을 할 수 있는 규정을 두고 있지 아니하므로 지방공기업법 제58조 제2항은 지방자치단체의 장에게 지방공기업법령상의 제한 하에서 전속적으로 지방공기업 사장에 대한 임명권을 부여하였다"고 판시한 바 있다(대법원 2004. 7. 22. 선고 2003추44).

(3) 조례의 한계

1) 의의

지방자치단체는 법령의 범위 안에서 그 사무에 관하여 조례를 제정할 수 있다(헌법 제 117조 제1항, 지방자치법 제 22조). 따라서 조례는 ① 법령에 위반하지 않는 범위 안에서(법령상의 한계) ② 지방자치단체의 사무(사항적 한계)에 관하여 규율하여야 한다.

①과 관련하여 판례에 의하면, 조례가 규율하는 특정사항에 관해 국가의 법령이 이미 존재하더라도 조례가 법령과 별도의 목적을 의도하는 것으로서 그 적용에 의하여 법령의 목적과 효과를 전혀 저해하는 바가 없는 때, 또는 양자가 동일한 목적에서 출발한 것이라고 할지라도 국가의 법령이 반드시 전국에 걸쳐 일률적으로 동일한 내용을 규율하려는 취지가 아니고 각 지방자치단체가 그 지방의 실정에 맞게 별도로 규율하는 것을 용인하는 취지라고 해석되는 때에는 그 조례가 국가의 법령에 위반되는 것은 아니다(대법원 2006.10.12. 선고 2006추38). 이러한 태도는 이른바 수정법률선점이론의 입장이라 해석된다.

2) 사안의 경우

지방공기업법 제58조 제2항이 A도지사에게 전속적으로 지방공기업 사장에 대한 임명권을 부여하였다고 보는 이상, 하위법규인 조례로써는 A도지사의 임명·위촉권을 제약할 수 없다. 그리고 상술하였듯이 A도의회의 지방자치단체 사무에 대한 비판, 감시, 통제를 위한 행정사무감사 및 조사권의 행사의 일환으로 설문과 같은 제약을 규정하는 조례를 제정할 수도 없다.

그리고 판례에 의한 초과조례의 적법성이 인정되는 경우라고 할 수도 없다. 지방공기업법과 설문의 조례 사이의 목적의 차이를 발견할 수 없고, 지방공기업법이 A

도의 실정에 맞게 별도로 규율하는 것을 용인하는 취지라고 해석될 만한 자료도 없기 때문이다.

결국, 사안의 조례안은 A도지사의 임명권에 대한 제약에 해당하므로 지방공기업법 제58조 제2항을 위반하였다. 판례 역시 유사한 사례에서 동일한 판단에 이르고 있다(대법원 2004. 7. 22. 선고 2003추44).

3. 사안의 해결

사안의 조례안은 법률 우위 원칙 위반으로 위법하다.

Ⅱ. 설문 2의 해결

1. 문제의 소재

사안의 조례가 위법하다면 A도지사와 지식 경제부장관이 지방 자치법상 어떠한 방법으로 이러한 조례를 통제할 수 있는지 문제 된다.

2. A도지사의 통제 수단

(1) 재의 요구권

1) 의의

A도지사는 이송받은 조례안에 대하여 이의가 있으면 20일 이내에 이유를 붙여 A도의회로 환부하고, 재의를 요구할 수 있다(지방자치법 제26조 제2항, 제3항). 또한 A도지사는 A도의회의 의결이 월권이거나 법령에 위반되거나 공익을 현저히 해친다고 인정되면 그 의결사항을 이송받은 날부터 20일 이내에 이유를 붙여 재의를 요구할 수 있다(지방자치법 제107조 제1항).

2) 양자의 관계

조례안에 대한 A도지사의 재의 요구와 관련해서는 지방자치법 제 26조만이 적용된다. 지방자치법 제107조는 지방의회의 의결이 월권이거나 법령에 위반되거나 공익을 현저히 해친다고 인정되는 경우의 것이고, 지방의회의 조례 이외의 의결사항에 대한 것으로 보기 때문이다.

(2) 제소권

재의 요구된 조례안이 A도의회의 재의결을 통해 확정되었는데 재의결된 사항이 법령에 위반될 경우, A도지사가 대법원에 소를 제기할 수 있는지 문제된다. 지방자치법 제26조에는 제소권에 관한 명문의 규정이 없어 지방자치법 제107조 제3항에 근거하여 대법원에 소를 제기할 수 있는가이다. 일반적으로 조례안에 대한 재의결도 지방자치법 제107조 제3항의 재의결에 포함된다고 본다.

구지방자치법 하의 판례 역시 "지방자치법 제19조 제3항은 조례안에 대하여 지방자치단체의 장에게 재의요구권을 폭넓게 인정한 것으로서 지방자치단체의 장의 재의요구권을 일반적으로 인정한 지방자치법 제98조 제1항에 대한 특별규정이라고 할 것이므로, 재의요구에도 불구하고 조례안이 원안대로 재의결되었을 때에는 지방자치단체의 장은 지방자치법 제98조 제3항에 따라 그 재의결에 법령위반이 있음을 내세워 대법원에 제소할 수 있다"고 판시한 바 있다(대법원 1999. 4. 27. 선고 99추23).

3. 지식 경제부장관의 통제 수단

(1) 재의요구명령

A도의회의 의결이 법령에 위반되거나 공익을 현저히 해친다고 판단되면 지식 경제부장관이 재의를 요구하게 할 수 있고, 재의요구를 받은 A도지사는 의결사항을 이송 받은 날부터 20일 이내에 A도의회에 이유를 붙여 재의를 요구하여야 한다. 이때 재의의 결과 재적의원 과반수의 출석과 출석의원 3분의 2 이상의 찬성으로 전과 같은 의결을 하면 그 의결사항은 확정된다(지방자치법 제172조 제1항, 제2항).

(2) 제소지시 또는 직접제소

1) 재의요구에 A도지사가 불응한 경우

지식 경제부장관의 재의 요구에 A도지사가 불응한 경우, 이를 다투는 소송은 그러한 소의 근거 규정이 없으므로 허용되지 않는다는 것이 판례의 입장이었다(대법원 1999. 10. 22. 선고 99추54). 그러나 개정 지방자치법은 A도의회의 의결이 법령에 위반된다고 판단되어 지식 경제부장관으로부터 재의요구지시를 받은 A도지사가 20일이 지나도 재의를 요구하지 아니하는 경우에는, 지식 경제부장관은 그로부터 7일 이내에 대법원에 직접 제소 및 집행정지결정을 신청할 수 있도록 하였다(지방자치법 제172조 제7항).

신설된 동 조항에 따른 소송의 성질에 대해서는 ① 특수한 규범통제소송으로 보는 견해와 ② 기관소송으로 보는 견해가 대립한다.

2) 재의결된 사항에 대한 제소 지시 및 직접 제소

A도지사는 재의결된 사항이 법령에 위반된다고 판단되면 재의결된 날부터 20일 이내에 대법원에 소를 제기할 수 있다. 이 경우 필요하다고 인정되면 그 의결의 집

행을 정지하게 하는 집행정지결정을 신청할 수 있다(지방자치법 제172조 제3항). 지식경제부장관은 재의결된 사항이 법령에 위반된다고 판단됨에도 불구하고 A도지사가 소를 제기하지 아니하면 A도지사에게 제소를 지시하거나 직접 제소 및 집행정지결정을 신청할 수 있다(지방자치법 제172조 제4항).

지식 경제부장관이 A도의회의 의결에 대해 A도지사를 대신해서 대법원에 제소하는 소송의 성질을 어떻게 볼 것인지 견해가 대립된다. 이에 대해 ① 특수한 형태의 항고소송으로 보는 견해, ② 지식경제부장관은 후견적 지위에 있음에 불과하여 A도지사와 A도의회의 소송과 마찬가지이므로 기관소송이라는 견해, ③ 본 소송의 본질은 조례의 추상적 규범통제에 있으므로 재판의 전제성을 요하지 않는 특수한 규범통제소송이라는 견해가 대립된다.

4. 사안의 해결

A도지사는 재의요구를 할 수 있고, 재의결된 경우에는 그 위법성을 이유로 대법원에 소를 제기할 수 있다. 지식 경제부장관은 A도지사에 대해 재의요구를 할 수 있고, A 도지사가 이에 응하지 않을 경우 직접제소를 할 수 있으며, 재의결된 조례안에 대해 A도지사가 제소하지 않는다면 제소 지시 내지 직접 제소를 할 수 있다.

Ⅲ. 설문 3의 해결

1. 문제의 소재

A도지사 측의 변호사는 지식 경제부장관의 취소처분에 대해 대법원에 소를 제기하는 방법을 강구할 수 있다(지방자치법 제169조 제2항). 다만 이러한 방법은 자치 사무에 관한 처분에 한정되므로 A도지사의 연임 처분을 어떻게 자치 사무로 구성할 수 있을지 문제된다. 만약 자치사무라면 동 처분을 재량행위로 구성하는 것이 A도지사에게 더 유리한지, 재량행위라면 지방자치법 제169조 제1항 후문상의 '법령 위반'에 '재량권의 일탈·남용'(행정소송법 제27조)이 포함되지 않는다는 결론을 어떻게 지지할 수 있을지 문제된다.

2. 다투는 방법

A도지사는 지식 경제부장관의 취소처분을 통보받은 날부터 15일 이내에 지식 경제부장관을 피고로 하여 대법원에 소를 제기할 수 있다(지방자치법 제169조 제2항). 이러한 소송은 동일한 지방자치단체 내에 있는 기관간의 소송은 아니므로 기관소송

으로 볼 수 없고, 특수한 형태의 항고소송으로 보아야 할 것이다. 다만 이 방법은 자치 사무에 관한 처분으로 한정된다.

3. 연임처분의 법적 성질

(1) 자치 사무에 해당하는지

1) 지방자치단체의 사무의 구별 기준

판례는 "법령상 지방자치단체의 장이 처리하도록 하고 있는 사무가 기관위임사무에 해당하는지 여부는 그에 관한 법령의 규정 형식과 취지를 우선 고려할 것이지만 그 외에도 그 사무의 성질이 전국적으로 통일적인 처리가 요구되는지 여부나 그에 관한 경비부담과 최종적인 책임귀속의 주체 등도 아울러 고려할 것이다"라고 한다(대법원 1999. 9. 17. 선고 99추30).

2) 사안의 경우

지방공기업의 설치 및 운영은 주민의 복지증진에 관한 사무로서 지방자치법 제9조 제2항 제2호 (차)목에 규정되어 있는 점, 지방공기업법 제58조 제4항에 의한 연임 사무는 동조 제2항의 임명 사무와 밀접한 관련이 있는 점, 지방공기업법의 목적은 지방자치의 발전 등에 있는 점, 그 사무는 각 지방공기업의 특성에 맞추어 이루어져야 하므로 전국적으로 통일적인 처리가 요구된다고 할 수 없는 점 등을 고려할 때 동 사무는 자치사무라고 A도지사 측의 변호사는 주장할 수 있다.

자치사무로 주장할 경우 법령 위반의 경우에 한하여 지식 경제부 장관이 통제할 수 있기 때문에 A도지사 측에 더 유리하다(지방자치법 제169조 제1항 후문). 자치사무가 아니라고 할 경우 지식 경제부 장관은 '현저히 부당하여 공익을 해하는 경우'까지 통제할 수 있게 되어 A도지사에게 더 불리하다.

(2) 재량행위에 해당하는지

1) 재량행위의 판단기준

판례에 의할 때, 기속행위와 재량행위의 구분은 당해 행위의 근거가 된 법규의 체재·형식과 그 문언, 당해 행위가 속하는 행정 분야의 주된 목적과 특성, 당해 행위 자체의 개별적 성질과 유형 등을 모두 고려해야 한다(대법원 2001. 2. 9. 선고 98두17593).

2) 사안의 경우

지방공기업법 제58조 제4항의 문언이 "연임시킬 수 있다"고 하는 점, 이는 수익적 행정의 영역인 점, 장기간 연속성을 요하는 지방공기업의 속성상 경영평가 결과는 고도의 정책적 판단이 개입하는 점 등을 고려할 때 이는 재량 행위라고 A도지사 측의 변호사는 주장할 수 있다. 재량행위에 대한 통제는 기속행위에 대한 통제보다 더 완화되므로 이렇게 주장하는 것이 A도지사 측에 더 유리하다.

4. 지방자치법 제169조 제1항 후문 상 '법령 위반'의 축소 해석의 주장

(1) 판례의 태도

다수 의견은 법령에 위반되는 경우라 함은 현저히 부당하여 공익을 해하는 경우, 즉 합목적성을 현저히 결하는 경우와 대비되는 개념으로, 재량권을 일탈·남용하여 위법하게 되는 경우를 포함한다고 한다. '현저히 부당하여 공익을 해하는 경우'가 재량권 일탈·남용이 되기 위해서는 현저히 부당하여 공익을 해하는 것에서 나아가 법의 규정뿐만 아니라 일반조리, 평등의 원칙, 비례의 원칙, 신뢰보호의 원칙 등 법 원칙의 위배 여부까지 고려해야 한다는 것을 논거로 한다.

이에 대해 반대의견은 헌법이 보장하는 지방자치제도의 본질상 재량판단의 영역에서는 국가나 상급 지방자치단체의 개입을 엄격히 금지하여야 하므로, 일반적으로 '법령위반'의 개념에 '재량권의 일탈·남용'도 포함되지만, 지방자치법 제169조 제1항에서의 '법령위반'이라는 문구는 '현저히 부당하여 공익을 해한다고 인정될 때'와 대비적으로 쓰이고 있고, 재량권의 한계 위반 여부를 판단할 때에 통상적으로 '현저히 부당하여 공익을 해하는' 경우를 바로 '재량권이 일탈·남용된 경우'로 보는 것이 일반적이므로, '법령에 위반하는 때'의 개념 속에는 '재량권의 일탈·남용'은 포함되지 않는다고 한다(대법원 2007.3.22. 선고 2005추62).

A도지사 측 변호사는 반대의견에서 주장되었듯 가사 이론적으로는 합목적성과 합법성의 심사가 구분된다고 해도 실무적으로는 구별하기 매우 어렵다는 점을 지적할 필요가 있을 것이다.

(2) 이론적 근거

지방자치단체의 권한의 성질에 대한 ① 고유권설 ② 전래설 ③ 제도적 보장설 중에서 고유권설을 상술한 결론의 근거로 추가할 수 있다. 통설인 제도적 보장설에 의할 때에도, 지방공기업법 제1조상의 목적인 '지방자치의 발전과 주민의 복리증진에 기여'는 헌법 제117조 제1항의 '주민의 복리에 관한 사무를 처리하고 재산을 관리'에 연결되므로, 그러한 목적 달성을 위해 재량 행위의 영역에서는 지방자치단체의 권한의 자율성을 최대한 보장할 필요가 있다는 점을 추가할 수 있다.

5. 사안의 해결

A도지사 측은 연임처분은 자치사무에 해당하고, 성질상 재량행위이며, 재량의 일

탈·남용은 지방자치법 제169조 제1항 후문상의 '법령 위반'에 포함되지 않는다는 주장을 할 수 있다.

교/수/강/평

김 향 기 (성신여대 법대 교수)

1. 총평

답안은 정확한 쟁점을 찾아 체계적으로 검토하여 해결하려고 한 점에서 좋은 평가를 할 수 있다. 다만, 전체적으로 좀 더 명쾌하고 군더더기 없는 짜임새 있는 답안 구성과 문제해결에 필요한 핵심부분에 대한 좀 더 구체적이고 심도 있는 검토가 요구된다.

2. 설문 1의 경우

조례의 적법여부는 도의회의 도지사에 대한 통제권의 문제라기보다는 조례의 범위와 한계의 문제이다. 조례의 범위와 한계는 조례의 소관사항의 범위와 국가의 법령에 위배되지 않는다는 법률우위원칙과 법률유보원칙과의 관계의 문제이다. 조례의 소관사항의 경우 지방자치법 제9조(지방자치단체의 사무의 범위)와 관련하여 자치사무와 단체위임사무가 해당되고 기관위임사무는 제외된다는 점, 특히 지방자치단체의 장의 고유권한에 관한 사항은 조례로 침해할 수 없다는 점이다. 다음, 조례의 한계문제는 지방자치법 제22조(조례)와 관련하여 법률우위의 원칙과 법률유보의 원칙과의 관계이며, 설문의 해결부분에서 인사청문회를 거치도록 한 것이 조례의 소관사항 및 법률우위원칙과 법률유보원칙과 관련하여 어떠한 문제가 있는지를 검토하여 해결하면 된다.

3. 설문 2의 경우

통제방법은 지방자치단체의 장의 재의요구・소송제기・집행정지결정신청과 감독청의 재의요구・소제기지시・직접제소・집행정지결정신청 등이다. A도지사의 통제수단의 경우 소송제기와 관련하여 좀 더 보충을 요한다. 즉, 근거조항과 관련하여 지방자치법 제26조 제3항과 제107조 제3항의 관계 및 제소기간과 판결의 효력 등의 보충이 필요하다. 또한, 대상적격과 관련하여, 지방자치법 제107조 제3항 '재의결된 사항이 법령에 위반된다고 인정되면'이라는 표현이 구체적으로 '재결 그 자체'를 의미하는 것인지, '재의결된 사항'을 의미하는지 다툼이 있는바, 각 견해의 입장과 판례의 입장을 검토함이 요구된다〔필자의 행정법개론(제8판), 667~668쪽 및 행정법연습(전정판), 644~645쪽 참조〕. 다음, 감독청의 직접제소는 재의결된 사항에 대한 제소지시의 불응의 경우와 재의요구지시불응의 경우가 있는바, 전자의 경우 제소지시를 받은 날부터 7일이 지난날부터 7일 이내에 직접 제소할 수 있다(지방자치법 제172조 제6항). 이들 감독청의 직접제소의 성질에 관하여 견해가 나뉘는바, 본인의 입장을 밝히는 것이 좋을 것 같다. 첨언하면, 행정소송법 제3조는 기관소송을 대등관청간의 다툼으로 한정하지 아니하고 있고 기관소송에 관한 행정소송법 제46조의 준용규정을 배제할 아무런 이유가 없다고 할 것이다. 이것이 기관소송이 아니고 다른 소송이라면 소제기요건이나 효력면에서 기관소송 이외에 어떤 소송규정을 적용해야 한다는 것인지 의문이다.

4. 설문 3의 경우

A도지사 측에서는 지방자치법 제169조 제1항과 관련하여 자치사무인 경우와 그렇지 않은 경우에 따라 시정명령과 취소·정지권의 요건에 차이가 있으므로, 먼저 자치사무의 여부를 검토해야 한다. 다음, 자치사무인 경우 그 요건이 '법령위반'에 한하는데, '법령위반'의 의미에 관하여 재량권의 일탈·남용의 포함여부가 문제되며, 이에 관한 포함된다는 적극설과 포함되지 아니한다는 소극설의 입장과 판례의 입장을 살펴야 한다〔필자의 행정법개론(제8판), 691~692쪽 및 행정법연습(전정판), 661쪽 참조〕. 다음, 설문의 경우 A시장의 사장연임처분이 재량행위인지를 검토한 후, 그 재량행위여부에 따른 결론을 도출하면 된다. 따라서 지방자치단체의 권한의 성질로서, 고유권설과 전래설 및 제도적 보장설 등의 언급은 불필요하다고 할 것이다.

Ⅲ. 지방자치단체의 장

기 출

■ 지방자치단체장의 통제수단

행시 제48회(04년)

제47회 행정고시 일반행정직 합격 신 용 희

■ 지방자치단체장의 선결처분에 관하여 기술하라. (20점)

C/O/N/T/E/N/T/S

Ⅰ. 의 의

지방자치단체의 장은 지방의회가 성립되지 아니한 때와 지방의회의 의결사항 중 주민의 생명과 재산보호를 위하여 긴급하게 필요한 사항으로서 지방의회를 소집할 시간적인 여유가 없거나 지방의회에서 의결이 지체되어 의결되지 아니한 때에는 선결처분을 할 수 있다(지자법 제100조 제1항).

선결처분권은 지방자치단체의 장의 임무수행에 지방의회의 협력이 요구되는 영역에서 그것이 기대될 수 없는 경우에 지방자치단체의 장이 갖는 일종의 긴급권이다.

Ⅱ. 요 건

선결처분은 먼저 ① 지방의회가 성립되지 아니한 경우에 가능하다. 지방의회가 성립되지 아니한 때로 지방자치법은 의원의 구속 등의 사유로 제56조의 규정에 의한 의결정족수에 미달하게 된 때를 말한다고 규정하고 있다(지방자치법 제100조 1문).

그러나 의원의 사직 등으로 인하여 재적의원이 의원정수의 반에 미달하는 경우에도 지방의회가 성립되지 아니하는 경우로 볼 것이다.

② 지방의회가 성립되었다고 하여도 다음의 요인을 모두 구비하는 경우에 장은 선결처분을 할 수 있다(지자법 제100조 2문). 즉 (ⅰ) 처분대상은 주민의 생명과 재산보호에 관한 사항이어야 하며, (ⅱ) 그 보호의 요구가 시간적으로 보아 긴급한 것이어야 하고, (ⅲ) 지방의회를 소집할 시간적 여유가 없거나 지방의회에서 의결이 지체되어 의결되지 아니한 경우이어야 한다.

Ⅲ. 통 제

지방자치단체의 장이 선결처분을 하면, 지체없이 지방의회에 보고하고 승인을 얻어야 한다(지자법 제100조 제2항). 만약 지방의회에서 승인을 얻지 못한 때에는 그 선결처분은 그 때부터 효력을 상실한다(지자법 제100조 제3항). 그리고 지방자치단체의 장은 선결처분의 보고와 의회의 승인여부 및 승인 거부시 선결처분의 효력상실을 공고하여야 한다(지자법 제100조 제4항).

Ⅳ. 기관소송 제기가능 여부

지방자치단체의 장의 선결처분에 대해서 지방의회가 기관소송을 제기할 수 있는지 여부에 대해서 문제될 수 있는데, 이에 대해서는 지방자치법 제103조 제2항, 제3항에서 단지 승인을 하지 않으면 효력을 잃는다고 규정하고 있으므로, 기관소송을 제기할 수 없다고 보는 것이 타당하다.

Ⅴ. 특수문제

선결처분의 특수한 형태로 예산상 선결처분제도, 즉 예산 불성립시 예산집행제도인 준예산제도가 있다. 예산상 선결처분제도는 처분의 내용이 미리 고정되어 있다는 점에서 원래의 선결처분과 다르다.

Ⅵ. 결 론

지자체장과 지자체 의회간의 상호 견제와 협력관계라는 시각과 상호 통제 메카니즘의 시각에서 선결처분권을 바라보아야 한다. 지자체장과 지방의회의 상호 통제권한의 분류는 이러한 점에서 의미를 갖는다. 따라서 예외적인 통제수단으로서의 선결처분권은 그 요건을 엄격하게 판단하여야만 한다.

Ⅳ. 지방자치단체의 통제

기 출

자치사무에 대한 국가기관의 감독

정 선 균 강사

행시 제52회(08년)

A市의 의회는 시민들의 문화예술공간을 확보한다는 명분으로 과도한 예산을 들여 대규모 문화예술 회관을 건립하기로 의결하였다. 그러나 이 사업의 실상은 차기 지방선거와 국회의원 총선거를 대비한 선심성 사업에 지나지 않는 것이었다. 이에 감독기관인 B는 의회의 의결이 현저히 공익에 반한다는 이유로 A市의 시장으로 하여금 의회에 재의결을 요구하도록 지시하였다. 그러나 A市의 시장은 위와 같은 감독기관의 재의요구지시를 묵살한 채 이 사업을 시행하려고 한다. (총 30점)

(1) 감독기관인 B가 이 사업을 제지할 방안에 대해서 검토하시오. (15점)

(2) 만약 A市의 시장이 B의 지시를 수용하여 재의를 요구하였으나 의회가 동일한 내용으로 재의결한 경우 이 사업을 제지할 방안에 대해서 검토하시오. (15점)

C/O/N/T/E/N/T/S

Ⅰ. 쟁점의 정리

Ⅱ. 당해 사업이 자치사무에 해당하는지 여부

Ⅲ. 감독기관의 재의요구지시를 A시장이 묵살한 경우, 감독기관인 B가 이 사업을 제지할 방안

1. 지방자치법 제172조 제7항에 의한 대법원에 직접 제소 및 집행정지결정의 신청
2. 지방자치법 제169조에 의한 시정명령 등
3. 지방자치법 제170조에 의한 직무이행명령
4. 지방자치법 제171조에 의한 자치사무에 대한 감사

Ⅳ. 의회가 동일한 내용으로 재의결한 경우, 이 사업을 제지할 방안

1. 지방자치법 제172조 제3항에 의한 지방자치단체장의 제소 및 집행정지결정의 신청
2. 지방자치법 제172조 제4항에 의한 감독기관의 제소지시 또는 직접제소 및 집행정지결정의 신청
3. 감사청구 및 주민소송
4. 주민소환

Ⅴ. 사안의 해결

Ⅰ. 쟁점의 정리

(1) 설문 (1)에서는 일단 당해 사업이 자치사무에 해당하는지 여부를 살펴본 후, 감독기관인 B가 이 사업을 제지할 방안과 관련하여 '국가의 지도 및 감독'에 관하여 규정하고 있는 지방자치법 제166조 내지 172조를 중심으로 살펴보기로 한다.

(2) 설문 (2)에서는 감독기관이 할 수 있는 이 사업에 대한 제지 방안으로서 지방자치법 제172조 제3항, 제4항을 검토하며, 그 밖의 수단으로서 감사청구 및 주민소송 그리고 주민소환 등을 검토하기로 한다.

Ⅱ. 당해 사업이 자치사무에 해당하는지 여부

문화예술회관의 건립은 주민의 복지증진에 관한 사무로서 지방자치법 제9조 제2항 제2호에 따라 자치사무에 해당한다.

Ⅲ. 감독기관의 재의요구지시를 A시장이 묵살한 경우, 감독기관인 B가 이 사업을 제지할 방안

1. 지방자치법 제172조 제7항에 의한 대법원에 직접 제소 및 집행정지결정의 신청

(1) 일반론

종전에는 지방자치단체의 장이 재의요구지시에 불응하는 경우에 대한 대응수단이 없었으나, 2005년에 개정된 지방자치법에 의하여 제172조 제7항이 신설되어 이제는 감독기관이 직접제소 및 집행정지결정을 신청할 수 있다.

감독기관은 지방의회의 의결이 '법령에 위반된다고 판단되는 경우'에는 대법원에 직접제소 및 집행정지결정을 신청할 수 있다.

한편 이때 감독기관이 제소하는 소송의 성격이 문제가 되는 바, 동일한 행정주체에 속해 있는 기관간의 쟁송이 아니므로 기관소송에 해당한다고 볼 수는 없고, 국가의 지방의회의결에 대한 통제수단으로서 감독소송의 성격을 갖는 특수한 소송이라고 해야 할 것이다.

(2) 사안의 경우

사안의 의결은 '현저히 공익에 반하는 경우'에 해당하므로, 감독기관 B의 지방자치법 제172조 제4항에 의한 직접제소 및 집행정지결정의 신청은 부정된다고 본다.

2. 지방자치법 제169조에 의한 시정명령 등

사안은 지방자치단체장의 명령이나 처분이 문제가 되는 경우가 아니므로, 감독기관의 시정명령 등의 대상이 되지 않는다.

3. 지방자치법 제170조에 의한 직무이행명령

사안은 지방자치단체장이 위임사무의 관리와 집행을 게을리 하는 경우가 아니므로, 직무이행명령의 대상이 되지 않는다.

4. 지방자치법 제171조에 의한 자치사무에 대한 감사

감독기관 B는 자치사무가 법령에 위반하는 경우에만 감사를 할 수 있는 바, 사안은 '현저히 공익에 반하는 경우'에 해당하므로 역시 이에 해당하지 않는다.

Ⅳ. 의회가 동일한 내용으로 재의결한 경우, 이 사업을 제지할 방안

1. 지방자치법 제172조 제3항에 의한 지방자치단체장의 제소 및 집행정지결정의 신청

(1) 일반론

지방자치단체의 장은 재의결된 사항이 '법령에 위반된다고 판단'되는 때에는 재의결된 날로부터 20일 이내에 대법원에 소를 제기할 수 있다. 이 경우 필요하다고 인정되는 때에는 그 의결의 집행을 정지하게 하는 집행정지결정을 신청할 수 있다. 여기에서의 소송의 성질이 문제되는 바, 동일한 지방자치단체의 기관상호간의 쟁송으로서 기관소송에 해당한다고 생각한다.

(2) 사안의 경우

사안의 재의결은 '현저히 공익에 반하는 경우'에 해당하므로, A시장의 지방자치법 제172조 제3항에 의한 제소 및 집행정지결정의 신청은 부정된다고 본다.

2. 지방자치법 제172조 제4항에 의한 감독기관의 제소지시 또는 직접제소 및 집행정지결정의 신청

(1) 일반론

감독기관은 지방의회에서 재의결된 사항이 법령에 위반된다고 판단됨에도 당해 지방자치단체의 장이 소를 제기하지 아니하는 때에는 당해 지방자치단체의 장에게 제소를 지시하거나 직접 제소 및 집행정지결정을 신청할 수 있다.

이때 감독기관이 제소하는 소송의 성격이 문제가 되는 바, 동일한 행정주체에 속해 있는 기관간의 쟁송이 아니므로 기관소송에 해당한다고 볼 수는 없고, 국가의 지방의회 재의결에 대한 통제수단으로서 감독소송의 성격을 갖는 특수한 소송이라고 해야 할 것이다.

(2) 사안의 경우

사안의 재의결은 '현저히 공익에 반하는 경우'에 해당하므로, 감독기관 B의 지방자치법 제172조 제4항에 의한 제소지시 또는 직접제소 및 집행정지결정의 신청은 부정된다고 본다.

3. 감사청구 및 주민소송

(1) 주민의 감사청구

지방자치단체의 19세 이상의 주민은 그 지방자치단체의 조례로 정하는 주민 수 이상의 연서로, 감독기관에게 그 지방자치단체와 그 장의 권한에 속하는 사무의 처리가 법령에 위반되거나 공익을 현저히 해한다고 인정되면 감사를 청구할 수 있다(지방자치법 제16조).

(2) 주민소송

지방자치단체의 재정과 관련한 사항을 감사청구한 주민은 그 감사청구한 사항과 관련이 있는 위법한 행위나 업무를 게을리 한 사실에 대하여 해당 지방자치단체의 장을 상대방으로 하여 소송을 제기할 수 있다(지방자치법 제17조).

(3) 사안의 경우

자치사무에 대한 감독기관의 감사는 법령위반사항에 한하므로(지방자치법 제171조 참조), 사안과 같이 현저히 공익에 반하는 경우에는 주민의 감사청구가 부정된다고 본다.

그에 따라 감사청구 전치주의를 채택하고 있는 주민소송도 부정될 것이다.

4. 주민소환

주민은 그 지방자치단체의 장 및 비례대표 지방의원을 제외한 지방의회의원을 소환할 권리를 가지는 바, 이러한 주민소환 제도를 통하여 간접적으로 당해 사업을 제지할 수도 있다(지방자치법 제20조).

V. 사안의 해결

(1) 설문 (1)에서 감독기관인 B가 이 사업을 제지할 방안으로서 가장 주된 수단은 지방자치법 제172조 제7항에 의한 대법원에 직접 제소 및 집행정지결정의 신청이 될 것이나, 사안의 의결이 '현저히 공익에 반하는 경우'에 해당하므로 감독기관의 직접 제소 및 집행정지결정의 신청은 부정될 것이다.

(2) 설문 (2)에서 의회가 동일한 내용으로 재의결한 경우 이 사업을 제지할 방안으로서 가장 주된 수단은 지방자치법 제172조 제3항에 의한 지방자치단체장의 제소, 지방자치법 제172조 제4항에 의한 감독기관의 제소지시 및 직접제소 등이 될 것이나, 사안의 재의결이 '현저히 공익에 반하는 경우'에 해당하므로 이런 방안들 역시 부정될 것이다.

교/수/강/평

정 하 중 (서강대학교 법대 교수)

(1) A시의 시장이 감독기관인 B의 재의요구를 묵살한 채 사업을 시행하려고 하는 경우에 B가 사업을 제지할 방안에 대하여 묻고 있다. 모범답안은 우선 문화예술회관의 건립사업이 사무의 성격에 대하여 기술한 다음, 지방자치법 제172조 제7항에 의한 직접 제소 및 집행정지결정의 신청의 가능성여부, 지방자치법 제169조에 의한 시정명령 등의 가능성, 지방자치법 제170조에 의한 직무이행명령의 가능성, 지방자치법 제171조에 의한 감사가능성에 대하여 검토하였다. 좋은 점수를 받기에 무난한 답안이라고 판단된다.

(2) A시장의 재의요구에 대하여 의회가 동일한 내용으로 재의를 요구하였으나 의회가 동일한 내용으로 재의결할 경우에 제지할 방안에 대하여 묻고 있다. 이에 대하여 모범답안은 ① 지방자치법 제172조 제3항에 의한 지방자치단체장의 제소 및 집행정지결정의 신청, ② 지방자치법 제172조 제4항에 의한 감독기관의 제소지시 또는 직접제소 및 집행정지결지결정의 신청, ③ 주민의 감사청구, ④ 주민소송, ⑤ 주민소환 등을 검토하고 있는바, 대체로 무난한 답안이라고 본다. 다만 주민의 감사청구나 주민소송은 A시의 시장이 지방의회의 의결에 따라 사업을 시행한 경우에 비로소 가능하다고 볼 것이다.

규칙에 대한 통제방법

행시 제51회(07년)

제48회 사법시험 합격 최 영

A광역시 B구의 을구청장은 구립체육관의 수영장이용규칙을 제정하면서, 주말과 공휴일 그리고 수용능력을 초과하는 경우에는 B구의 주민이 우선적으로 해당 수영장을 이용할 수 있도록 규정하였다. 또 B구 주민은 해당 수영장을 무료로 이용할 수 있도록 규정하고, B구 이외의 시민은 이용이 가능한 경우에도 B구 乙구청장이 정하는 바에 의하여 실비의 입장료를 내고 해당 수영장을 이용하도록 하였다. (총 50점)
(1) 이에 A광역시 甲시장은 B구 乙구청장이 제정한 규칙의 내용이 법령에 위반되는 것으로 판단하여 시정명령을 내렸다. 이와 관련된 법적인 쟁점을 검토하시오. (25점)
(2) A광역시 C구 주민 丙은 자신도 B구 주민과 동등한 조건으로 해당 수영장을 이용할 수 있도록 권리구제 수단을 강구하려고 한다. 이와 관련된 권리구제 제도를 검토하시오. (25점)

C/O/N/T/E/N/T/S

Ⅰ. 논점의 정리

(1) 시정명령이 적법한지 여부가 문제되는데, 甲시장의 시정명령은 乙구청장이 제정한 규칙에 대한 것인바 시정명령의 대상과 관련하여 체육관관리사무의 성질을 검토해야 하고, 자치사무라면 적법성 통제에 그치므로 규칙이 위법한 것인지 검토해야 한다.

(2) C구 주민 丙은 규칙에 의해 B구의 주민과 차등이용이 허용되고 있는 바, 丙이 항고소송이나 헌법소원, 조례제정청구권 등을 통해 구제받을 수 있는지 문제된다. 이와 관련해서 공공시설이용권의 법적 성질을 검토해야 한다.

Ⅱ. 시정명령의 적법여부

1. 시정명령의 의의 및 성질

(1) 의의(지자법 제157조 제1항)

시정명령은 지방자치단체의 사무에 관한 그 장의 명령이나 처분이 법령에 위반되거나 현저히 부당한 경우 감독청이 기간을 정하여 그 시정을 요구하는 제도로써 사후적·부담적 감독수단이다.

(2) 성질

① 자치사무에 대한 감독청의 시정명령은 외부관계에서의 행위로써 행정소송법상 처분개념에 해당한다(견해대립유). 지자법 제157조 제2항이 시정명령 등에 대해 출소할 수 있음을 규정한 것도 자치사무에 대한 시정명령이 행정소송법상 처분개념에 해당한다는 것을 전제로 한 것이다.

② 그러나 단체위임사무에 대한 시정명령은 내부적 행위로 볼 것이다.

2. 시정명령의 대상 여부

(1) 시정명령의 대상

시정명령의 대상이 되는 지방자치단체의 사무 자치사무와 단체위임사무가 포함되는 것에는 의문이 없다. 기관위임사무의 경우 견해가 대립하고 있으나, 법문에 따라 부정함이 타당하다. 다만 지자법 제156조에 근거하여 국가기관의 일반적인 지휘감독을 받으므로 명문규정이 없더라도 시정명령을 발할 수 있다.

(2) 사무의 성질

사무의 종류는 ① 우선 근거법규의 권한규정에 따라 판단하며, 권한규정이 불분명한 경우에는 개별법상의 비용부담, 수입규정, 감독규정을 고려하여 판단하며, 지방자치법 제9조 제2항과 제11조의 예시규정을 보충적으로 고려하여 판단한다.

② 나아가 그 사무의 성질이 전국적으로 통일적인 처리가 요구되는 사무인지 여부와 그에 관한 경비부담 및 최종적인 책임귀속의 주체 등도 아울러 고려하여 판단하여야 한다.

③ 설문의 구립체육관의 이용에 관한 사무는 지자법 제9조 제2항 제5호 나목에서 예시하고 있고, 또한 이러한 체육관 등의 이용에 관한 사무의 성질상 지역적이고 자율적인 규율을 허용하는 것으로 판단된다. 따라서 설문의 체육관 관리사무는 자치사무에 해당한다.

(3) 자치사무에 대한 시정명령의 요건

① 자치사무에 대한 시정명령은 (ⅰ) 지자체장의 명령이나 처분이 위법한 경우에 한하여 (ⅱ) 이행하기 적합한 상당한 기간을 부여하여 (ⅲ) 권한 있는 감독기관이 서면으로 행해야 한다.

② 사안에서는 지자체장이 제정한 규칙이 위법한지가 문제된다. 자치사무에 대한 시정명령은 적법성통제에 한하기 때문이다.

3. 규칙의 위법성 여부

(1) 주민의 공공시설이용권(지자법 제13조 제1항)

① 주민은 법령이 정하는 바에 의하여 소속 지방자치단체의 재산과 공공시설을 이용할 권리를 가진다.

② 이용권의 대상은 지자체의 재산과 공공시설이며, 이용주체는 주민에 한정되는 것이 원칙이다. 비주민도 주민과의 차등을 전제로 이용이 허용된다. 다만 모든 사람에게 개방된 경우가 아니어야 하고, 이용의 차등은 합리적 범위 내이어야 한다.

③ 그러나, 공공시설이용권은 '법령이 정하는 바에 의하여' 인정되며(제13조 제1항), 당해 시설에 대한 공용지정에 의해 정해진 목적에 의해 제한을 받는다. 나아가 수용능력과 같은 사실상의 한계가 있을 수 있고, 공공시설의 관리목적 및 경찰행정목적상의 제한이 가능하다.

(2) 사안의 경우

위에서 본 바와 같이 주민의 공공시설이용권은 주민과 비주민 사이에 있어 합리적인 차별이 가능하고, 공공시설의 수용능력이나 관리목적 등에 의해 제한될 수 있으므로, 수용능력 초과시 B구 주민의 우선 사용권을 인정하고 B구 이외의 시민은 유료로 이용하게 한 것은 이러한 합리적 제한에 해당하여 乙구청장의 제정 규칙은 적법하다. 따라서 甲시장의 시정명령은 적법한 규칙에 대해 발령된 것으로 위법하다.

4. 위법한 시정명령에 대한 불복

지자법 제157조 제1항의 시정명령에 대해서는 이의제기가 규정되어 있지 않다. 이는 지자체의 이해관계보다는 감독청의 이해관계만을 반영한 것이라는 점에서 문제가 있다. 현행법상으로는 시정명령에 부여된 기간이 도과한 후 감독청이 제157조 제2항에 의하여 당해 명령이나 처분을 취소 또는 정지시키면 이에 대해 대법원에 제소할 수 있을 뿐이다.

5. 소결

사안의 구립체육관관리사무는 자치사무이므로, 이에 대한 감독은 적법성 통제에 그친다. 그러므로 규칙이 위법해야 시정명령이 적법하게 되는데, 乙구청장이 제정한 규칙은 비주민의 공공시설이용권에 대한 합리적 제한으로써 적법하다. 따라서 甲시장의 시정명령은 위법하다.

Ⅲ. 丙의 권리구제방안

1. 동등한 이용거부에 대한 취소소송

(1) 이용거부의 처분성 유무

① 거부행위가 처분이 되기 위해서는 (ⅰ) 공권력 행사의 거부이어야 하고, (ⅱ) 신청인의 권리의무에 직접적 영향을 미치는 것이어야 하며, (ⅲ) 법규상·조리상 신청권이 있어야 한다(판례).

② 신청권의 존부는 관계법규의 해석에 의하여 일반 국민에게 그러한 신청권을 인정하고 있는가를 살펴 추상적으로 결정된다(판례).

③ 공공시설이용권의 주체는 주민이지만, 비주민에게도 합리적인 차등을 전제로 인정될 수 있다. 설문의 규칙에도 비주민에 대해 유료이지만 이용을 허용하고 있다.

④ 따라서 B구 주민과 동등한 조건으로 수영장을 이용할 수 있도록 해달라는 丙의 신청에 대해 乙구청장이 거부한 경우, 비주민인 丙에게도 공공시설이용권이 인정되는 이상(합리적 차등 문제는 본안의 문제임) 적어도 평등하게 이용하게 해줄 것을 신청할 권리는 있다고 보이므로 항고소송의 대상이 되는 처분이라 할 것이다.

(2) 법률상 이익의 존재여부

① 취소소송이 적법하기 위해서는 법률상 이익이 존재해야 하는바, 법률상 이익은 당해 처분의 근거법률에 의해 보호되는 직접적이고 구체적인 이익이 있는 경우를 말하고, 공익보호의 결과 국민 일반이 가지는 추상적·평균적·일반적 이익과 같이 간접적이거나 사실적·경제적 이해관계를 가지는 경우에는 포함되지 않는다.

② 공공시설이용권의 성질에 대해 (ⅰ)주민의 공공시설이용권은 주민의 지위에서 공평하게 이용할 수 있다는 것이므로 그것은 권리라기 보다 일종의 반사적 이익에 불과하다는 견해(반사적 이익설)와, (ⅱ)정당한 이유 없이 공공시설의 이용이 거부되면 이의 시정을 구할 수 있는 청구권을 개인이 갖는다고 보아야 하므로 개인적 공권으로 보는 견해(개인적 공권설)가 대립한다.

③ 비주민인 丙에게도 차별적이나마 수영장 이용권이 인정되고 있고, 따라서 적어도 비합리적인 차별을 배제해달라는 소극적 의미에서는 권리로서 법률상 이익이 인정된다고 봄이 타당하다.

2. 규칙에 대한 위법심사 청구(헌법 제107조 제2항)

만약 규칙이 위법하다고 결정되면 비주민인 丙도 B구 주민과 동등한 조건으로 수영장을 이용할 수 있을 것이므로, 乙구청장이 제정한 규칙에 대해 평등원칙 위반을 이유로 위법심사를 청구할 수 있다.

3. 권리구제형 헌법소원 (헌재법 제68조 제1항)

(1) 공권력의 행사 또는 불행사로 헌법상 보장된 기본권을 침해받은 자는 법원의 재판을 제외하고는 헌법재판소에 헌법소원심판을 청구할 수 있다. 입법권의 행사도 공권력의 행사에 해당한다.

(2) 사안의 규칙은 B구의 수영장을 이용하는 주민 또는 비주민에게 모두 적용되는 물건의 이용관계에 대한 규율로써 일종의 일반처분으로 볼 수 있다. 또한 乙구청장이 제정한 규칙에 의해 별도의 처분 없이도 丙은 수영장 이용에 있어 직접적인 차별대우를 받게 된다. 따라서 직접성의 요건도 충족하므로 헌법소원은 가능할 것이다.

4. 조례제정청구(지방자치법 제15조)

(1) 지방자치단체의 19세 이상의 주민은 시·도와 인구 50만 이상 대도시에서는 19세 이상 주민 총수의 100분의 1 이상 70분의 1 이하, 시·군 및 자치구에서는 19세 이상 주민 총수의 50분의 1 이상 20분의 1 이하의 범위에서 지방자치단체의 조례로 정하는 19세 이상의 주민 수 이상의 연서로 해당 지방자치단체의 장에게 조례를 제정하거나 개정하거나 폐지할 것을 청구할 수 있다.

(2) 따라서 丙은 甲시장에게 A광역시 내의 공공시설에 대해 모든 광역시의 주민이 동등한 조건으로 이용할 수 있게 하는 조례를 제정하도록 청구할 수 있다.

5. 소결

요건을 갖춘다면 위의 항고소송, 규칙에 대한 위법심사, 헌법소원, 조례제정청구 등의 권리구제수단을 강구할 수 있으나, 합리적 차별이 가능하므로 실제적 권리구제는 어렵다고 본다.

Ⅳ. 사안의 해결

(1) 사안의 구립체육관관리사무는 자치사무이므로, 이에 대한 감독은 적법성 통제에 그친다. 그런데 乙구청장이 제정한 규칙은 비주민의 공공시설이용권에 대한 합리적 제한으로써 적법하므로 甲시장의 시정명령은 위법하다.

(2) 丙의 동등한 이용 신청에 대한 거부는 처분성이 긍정되고 공공시설이용권을 단순한 반사적 이익이 아닌 개인적 공권으로 보는 이상 항고소송이 가능하다. 기타 평등원칙을 근거로 한 헌법소원이나 상위지자체에 평등한 시설이용권을 내용으로 하는 조례를 제정해줄 것을 청구할 수 있다. 그러나 공공시설이용권은 합리적 차별이 가능한바, 사안에서는 실질적 권리구제는 어려울 것으로 보인다.

교/수/강/평

김 해 룡 (한국외국어대학교 법대 교수)

(1) 설문 (1)은 광역지방자치단체장이 기초지방자치단체장이 제정한 규칙에 대하여 내린 시정명령의 의의, 그 적법성 요건에 관하여 묻고 있다.

답안은 대체적으로 충실히 작성되었다. B구청장이 제정한 규칙에 있어 핵심쟁점은 B구청장이 제정한 규칙이 B구의 주민과 B구에 거주하고 있지 아니하는 자에 대하여 공공시설의 이용에 있어 차별을 두고 있는 것이 위법한 것인가 하는 사항인데, 이 문제는 바로 지방자치단체가 조성한 공공시설에 대한 이용관계에 관한 법리를 적용하여 논의필요가 있다. 동 규칙의 내용이 B구 주민에 대해서는 공물에 대한 무료이용을 허용하고 있다는 점에서 소위 공물의 일반사용관계라고 볼 수 있고, 그 주민이 아닌 자에 대해서는 일정한 입장료를 부과하는 한다는 점에서 소위 공물의 특별사용관계(입장료를 받고 입장을 허용한다는 점에서)에 관한 법리를 적용하여 설명할 수 있을 것이다. 당해 주민에게만 공물의 일반사용을 인정하는 것은 당해 주민의 재정적 부담에 의해 당해 공물이 조성, 유지 된다는 논거가 바탕이 되어야 할 것이고, 이러한 관점에서 B구청장이 제정한 규칙의 위법성 여부와 그 법적 감독수단으로서 행해진 A 광역시장의 시정명령의 위법성여부를 논해야 할 것이다.

(2) 〈설문 2〉의 문제는 C 구의 주민 丙에게 B 구가 설치한 공물의 일반사용청구권을 인정할 수 있는가 하는 쟁점이다. 이 쟁점은 전술한 바, B 구가 조성한 공물에 대하여 그 주민이 아닌 자가 당해 공물에 대한 차등적인 이용관계를 철폐할 것을 요구할 권리가 인정될 수 있는가 하는 문제이다. 차등적인 이용관계, 즉 일정한 입장료를 부담하지 아니하고 B구의 주민과 마찬가지의 이용관계를 丙이 요구할 수 있는 법적 이익, 즉 권리가 있는가하는 것은 관련 법령에서 찾아야 할 것인데. 전술한 바와 같이 B구청장이 제정한 규칙이 위법한 것이 아닌 한 丙이 주장할 법적 이익은

부인될 수 밖에 없다. 丙에게 인정되는 당해 규칙에 대한 다툼의 수단으로는 대법원에서 다룰 명령규칙의 위법성심사제도인 구체적 규범심사제도가 있다. 이때 丙은 당해 공물에 대한 무료입장을 거부당한 처분에 대하여 항고소송을 제기하고, 그에 부수하여 그 거부처분의 근거인 동 규칙의 위법성 여부를 심사청구를 제기하는 방법이 그것이다. 다른 한편으로 丙에게 당해 공물의 무료사용에 대한 법적 이익에 관한 규범이 존재하지 아니한다는 이유로 당해 공물에 대한 이용거부로 인해여 침해된 법적 이익(권리)이 당초부터 없었다고 보아 당해 공물에 대한 무료입장을 거부한 행위에 대한 행정처분성을 부인하여야 한다는 논거도 제시될 수 있으나, 그와 같은 공물의 이용행위에 대한 거부로 丙 의 법적 이익(권리)이 침해되었는가의 여부는 본안판단의 문제이고, 소제기 시점에 있어서는 그의 권리침해가능성 여부만으로 원고적격을 인정한다는 점을 유의할 필요가 있다. 이와 같은 법리 역시 답안에서 언급하는 것이 좋을 것이다.

답안에서는 B구청장의 동 규칙으로 인해 丙은 직접적인 차별을 받고 있다는 논거를 들어 丙이 권리구제형 헌법소원을 제기가능하다고 서술하고 있는데, 동 규칙만으로는 丙에 대한 직접적인 권리침해성을 인정할 수 없고 당해 공물의 무료이용거부를 당함으로써 비로소 침해여부를 따질 직접성이 인정된다고 할 것이므로 그와 같은 주장은 옳지 않다고 할 것이다. 즉 동 규칙이 처분적 규칙이라고 볼 수는 없기 때문이다.

지방자치법 제169조 제1항의 해석과 제2항 소송의 성질

행시 제54회(10년)

제53회 행정고시 일반행정직 합격 이 철 희

K도지사 甲은 공무원의 근무기강 확립차원에서 K도 내의 시장·군수에게 '근무지 이탈자에 대한 징계업무처리지침'을 시달하여 소속 공무원이 업무시간에 개인업무를 처리하기 위하여 자리를 비우는 일이 없도록 복무관리를 철저히 할 것을 당부하였다. 그런데 K도 Y시의 공무원 A가 근무시간 중에 자리를 비운 것이 사회적 문제가 되자 甲은 Y시 시장 乙에게 A에 대하여 징계의결을 요구할 것을 지시하였다. 그러나 乙은 오히려 근무성적평정이 양호한 것을 이유로 A에 대한 승진임용처분을 행하였는바, 이와 관련하여 다음의 질문에 답하시오. (총 30점)

(1) 乙의 승진임용처분에 대한 甲의 취소가능 여부를 논하시오. (20점)

(2) 만일 A에 대한 승진임용처분이 甲에 의하여 취소된 경우 乙이 다툴 수 있는 방법에 대해 논하시오. (10점)

C/O/N/T/E/N/T/S

Ⅰ. 논점의 정리

(1) 승진의 법적성질과 관련해 행정행위인지, 사무의 성질이 자치사무인지 검토해야한다.

(2) 설문 (1)에서는 지방자치법 제169조 제1항의 해석과 관련해 재량의 일탈 남용이 포함되는지 살펴보겠다.

(3) 설문 (2)에서는 지방자치법 제169조 제2항에서의 소제기 가능성 여부와 관련해 소송의 성질에 대해 검토하겠다.

Ⅱ. 승진의 법적 성질

1. 행정행위 / 재량행위 인지

행정행위란 행정청이 법 아래서 구체적 사실에 관한 법 집행으로서 행하는 권력적 단독행위인 공법행위를 뜻한다. 사안에서 승진 임용은 공무원 A의 권리 의무를 변동시키는 행위로서 강학상 행정행위에 해당한다.

또한 승진임용은 단순히 하나의 사건만으로 결정되는 것이 아니라 공직 생활 전체를 놓고 결정하는 것으로 임용권자의 재량이 요구된다고 보이는바 재량행위로 볼 수 있다.

2. 사무의 법적 성질

(1) 자치사무와 위임사무

자치사무란 주민의 복리증진에 관한 사무와 지방자치단체의 존립을 위하여 필요한 사무를 뜻한다. 위임사무란 국가 또는 상급 지자체로부터 지방자치단체 또는 지자체 장에게 위임된 사무를 뜻한다.

(2) 승진임용 사무가 자치사무인지

지자체의 승진임용 사무는 지역적이고 자치단체 존립에 관한 사무이며 국가나 상급 지자체에 의해 위임된 사무가 아니므로 자치사무로 봐야한다.

Ⅲ. 설문 (1)의 해결

1. 문제점

지자법 제169조 제1항에 의하면 "자치사무에 관한 명령이나 처분에 대하여는 법령을 위반하는 것에 한한다"라고 규정되어 있다. 이 때 법령위반의 의미에 대해 판례의 견해 대립이 있는 바 이에 대해 검토할 필요가 있다.

2. 승진의 위법 여부

(1) 법률우위 및 법률유보 위반 여부

1) 의의

법률우위 원칙은 국가의 행정작용은 헌법에 부합하는 법률에 위반되어서는 안된다는 원칙이며, 법률유보 원칙은 행정작용은 법률의 수권에 의하여 행해져야 함을 의미한다.

2) 사안

자리를 비운 사실만으로 승진을 금지시키는 지방공무원법상 규정이 없고, 승진은 공무원의 다양한 자질을 종합적으로 검토해 결정하는 것이므로 법률 우위 및 법률 유보 원칙 위반이라 보기 힘들다.

(2) 재량의 일탈, 남용 여부

1) 의의

재량의 일탈은 법령상의 한계를 넘은 재량처분을 내렸는지 여부를 의미하며, 재량의 남용은 사실오인, 목적위반 및 행정법 일반원칙 위반 등을 의미한다.

2) 사안

사안에서 A가 근무시간 중에 자리를 비운 것이 사회적 문제가 되었음에도 불구하고 乙시장은 A를 승진 임용시켜 공직 기강을 문란하게 하였는바 재량의 남용이 있다고 볼 수 있을 것이다.

3. 제169조 제1항 '법령위반' 해석에 대한 판례 검토

(1) 판례

이에 대해 다수의견은 재량의 일탈 남용까지도 포함하는 개념으로 본 반면에 반대의견은 재량의 일탈 남용은 포함하지 않는 개념으로 보았다.

(2) 검토

일반적으로 '법령위반'의 개념에는 재량의 일탈 남용까지 포함하는 의미로 사용하므로 반대의견과 같이 지방자치법 제169조 제1항에서만 이를 제외하는 것은 어렵다고 생각된다. 따라서 다수의견과 마찬가지로 법령위반은 재량의 일탈 남용까지 포함하는 개념으로 파악하는 것이 타당할 것이다.

4. 甲의 취소가능성 여부

다수의견과 같이 법령위반의 의미를 파악할 경우 지자법 제169조 제1항에 의해 甲은 乙에게 서면으로 시정할 것을 명하고, 그 기간에 이행하지 아니하면 이를 취소하거나 정지할 수 있을 것이다. 다만 반대의견에 따를 경우에는 甲은 이에 대해 시정명령이나 취소 정지할 수 없을 것이다.

5. 소결

당해 승진 처분은 재량의 남용이 있으며, '법령위반'의 의미를 다수의견과 같이 파악한다면 甲은 乙의 승진임용처분을 취소할 수 있다.

Ⅳ. 설문 (2)의 해결

1. 문제점

지자법 제169조 제2항에서는 지자체 장은 제1항에 의한 자치사무에 관한 명령이나 처분의 취소 또는 정지에 대해 이의가 있으면 그 처분을 통보받은 날로부터 15일 이내에 대법원에 소를 제기할 수 있다고 규정하고 있는 바, 이 소송의 성질에 대한 검토가 필요할 것이다. 만약 항고소송으로 볼 수 있다면 집행정지도 가능한지 검토하겠다.

2. 소송의 성질

(1) 학설

이에 대해 학설은 시정명령, 취소정지 처분의 처분성을 부정하면서 기관소송 해당한다고 보는 견해, 처분성을 인정하면서도 기관소송이 아닌 지자법 제169조 제2항에서만 인정되는 특별한 소송형태라고 보는 견해, 처분성을 인정해 항고소송에 해당한다는 견해가 대립한다.

(2) 검토

자치사무에 관한 명령이나 처분의 취소 또는 정지는 지자체의 자치권을 강제하는 행정소송법상의 처분에 해당한다고 볼 수 있고, 지자체 장은 자자체를 대표하는 행정주체로 독립된 법주체로 볼 수 있기 때문에 항고소송에 해당한다고 봐야한다.

3. 소결

따라서 乙시장은 甲을 피고로 지자법 제169조 제2항의 소송을 제기할 수 있으며, 이 소송의 형태는 항고소송의 형태라고 볼 수 있을 것이다. 따라서 이 경우 행정소송법 제23조 집행정지도 신청할 수 있다고 보는 것이 타당할 것이다. 다만 집행정지 요건에 있어서 회복하기 어려운 손해가 발생하는지 여부에 있어서는 공무원 A의 승진이 취소됨으로써 받는 손해가 주로 보수상의 손해인 경우라면 인용되기 힘들 것이다.

Ⅴ. 결

(1) 승진임용 처분은 임용권자의 재량이 인정되는 행정행위로 보이며, 자치사무이다.

(2) 설문 (1)에서 판례의 다수의견에 따라 甲은 乙이 행한 승진처분을 취소할 수 있다.

(3) 설문 (2)에서 지자법 제169조 제2항에 의해 乙은 甲을 상대로 항고소송을 제기할 수 있으며 집행정지를 신청할 수 있을 것이다.

교/수/강/평

김 향 기 (성신여대 법대 교수)

모범답안은 쟁점을 정확하게 찾아 잘 검토하였다. 다만 논리구성을 좀 더 체적적이며 구체적으로 정리하여 본다.

(1) 설문(1)의 경우, 시장·군수·구청장의 처분을 시·도지사가 취소할 수 있는지의 문제인바, 지방자치법 제169조 제1항 "법령에 위반되거나 현저히 부당하여

공익을 해친다고 인정되면 시정을 명한 후 이를 이행하지 아니하면 취소할 수 있으며, 자치사무의 경우에는 법령을 위반한 것에 한한다."는 조항이 관련된다. 따라서 우선 시장 乙의 승진임용처분이 자치사무인지 그리고 재량행위인지 문제되며, 다음 이것이 위법인지 문제되는바, 이러한 순서로 검토한다.

먼저, 승진임용의 자치사무여부인데, 자치사무여부는 법령의 규정, 사무의 성질 등에 의해 판단한다. 자치사무의 범위를 규정한 지방자치법 제9조 제1항 제1호 마목은 '소속공무원의 인사'를 열거하고 있고, 동법 제105조는 지방자치단체장의 권한으로서 소속직원에 대한 임면권을 규정하고 있는 점에서 자치사무임이 분명하다. 그리고 승진이란 동일직열내의 상위급류의 직에 임용하는 것을 말하는데, 승진임용 여부는 근무성적과 경력평정 기타 능력의 실증 등을 종합적으로 고려하여 판단해야 하는 것이므로 임용권자의 재량행위라 할 것이다. 그러나 징계의결요구 · 징계처분 · 직위해제 · 휴직 또는 시보임용기간 중 등 일정한 승진제한사유가 있으며, 징계사유 있는 자의 승진임용의 위법여부에 대해 위법설과 적법설이 나뉘고 있다. 판례는 임용권자의 승진임용에 관한 재량권을 일탈 · 남용한 것으로 위법이라고 한다(대판 2007.3.22. 2005추62).

다음, 甲의 취소가능성 여부의 판단을 위하여, 취소의 대상 및 요건을 검토하고 법령위반의 의미를 검토해야 한다. 지방자치법 제169조 제1항에 따라, 취소의 대상 및 요건의 경우, 시정명령은 지방자치단체의 사무에 관한 그 장의 명령이나 처분이 법령에 위반되거나 현저히 부당하여 공익을 해친다고 인정되는 때에 할 수 있으며, 취소 · 정지는 위 시정명령을 기간 내에 이행하지 아니한 때에 할 수 있다. 다만, 자치사무에 관한 명령이나 처분에 대하여는 법령에 위반하는 것에 한한다. 여기서 자치사무인 경우 법령위반에 한하는바, 이 법령위반의 의미에 대하여 재량권의 일탈 · 남용의 포함여부에 관해 적극설과 소극설이 나뉘며, 재량권의 일탈 · 남용을 포함한다는 적극설이 통설 · 판례의 입장이다(대판 2007.3.22. 2005추62). 결국 甲은 乙에게 승진임용처분을 취소하라는 시정명령을 한 후, 이를 이행하지 아니하면 승진임용처분을 취소할 수 있다고 할 것이다.

(2) 설문(2)의 경우, A에 대한 승진임용처분을 甲이 취소한 경우 乙이 불복이 있으면 지방자치법 제169조 제2항에 의한 대법원에의 소송제기라 할 수 있다. 그런데 이 소송의 성질에 대하여 항고소송에 해당한다는 입장은 납득하기 어렵다. 행정소송법 제3조 4호에서 기관소송은 국가 또는 공공단체의 기관상호간에 있어서의 권한의 존부 또는 그 행사에 관한 다툼이 있을 때에 제기하는 소송이라고 하며, 다만 헌법재판소법 제2조의 규정에 의하여 헌법재판소의 관장사항으로 되는 소송은 제외한다고 규정하고 있다. 이와 같이 기관소송은 대등관청상호간이든 상하관청상호간이든 구별하지 아니하고 있다. 따라서 기관상호간의 권한행사에 관한 다툼은 헌법재

판소법에 의한 권한쟁의심판 이외에는 기관소송이므로 행정소송법 제45조에 따라 각 개별법에 근거가 있는 경우에 한해 인정되며 그 근거법이 정하는 절차에 따라 다투게 된다. 그런데 이를 항고소송이라고 하여 구별한다면 소송절차나 그 효과 등에 있어서 기관소송과 구별의 실익이 있어야 할 텐데 단순히 주장차원인지 의문이다. 지방자치법 제169조 제2항에 의한 소송은 기관소송에 관한 행정소송법 제45조와 제46조가 적용되며, 따라서 처분 등의 취소를 구하는 소송에는 그 성질에 반하지 아니하는 한 취소소송에 관한 규정을 준용하므로(행정소송법 제46조 제1항) 집행정지의 신청도 가능하다고 할 것이다.

제3장 공무원법

임용결격사유 있는 공무원임용행위의 효력 및 퇴직금지급청구 제41회 사법시험 차석합격 조 원 경

甲은 사기죄로 1970년 2월에 징역 10월의 형을 선고받은 일이 있었으나, 1972년 10월에 순경으로 임명되었고, 1972년 12월에 일반사면령에 의해 형이 사면되었으며, 그 후 1980년경에 경찰공무원 정기신원조사시 이러한 甲의 전과사실이 문제된 적이 있었으나 당시 서울특별시 경찰국장은 원고가 임용결격자가 아니라고 보아, 당연퇴직의 대상이 아니라는 결정을 하였다. 그 이후 퇴직할 때까지 임명행위의 취소나 당연퇴직 결정없이 甲은 경찰공무원으로서 공무를 수행하였으며, 2000년 1월에 경찰서에서 정년퇴직을 하였다.

그런데 甲이 퇴직급여의 청구를 하자, 공무원연금관리공단은 甲의 임용에는 당시 국가 공무원법상 형의 집행을 종료한 때로부터 3년 이내에는 공무원으로 임용될 수 없다는 규정에 따라 甲의 임용에는 결격사유가 있었으므로 그 임용행위가 당연무효이고, 당연무효인 임용행위에 의해서는 적법한 공무원신분을 취득할 수 없으므로, 甲은 공무원연금법에 의한 퇴직금지급대상자가 아니라고 하여 그 청구를 반려하였다.

이에 甲은 (ⅰ) 결격사유가 있는 데에도 甲을 임용한 행위가 그 하자가 당연무효인 행위라고 볼 수 없으며, (ⅱ) 사면령에 의해 형이 실효됨으로써 결격사유의 하자가 치유되었다고 볼 수도 있으며, (ⅲ) 처음의 임용행위가 무효라 하더라도 1980년에 경찰국장이 이러한 결격사유에 대한 조사를 거쳐 당연퇴직의 대상이 아니라는 결정을 한 이상 새로운 임용처분이 있었다고 볼 수 있거나, 또는 하자있는 임용행위의 추인이 있었다고 볼 수 있을 것이며, (ⅳ) 甲이 이러한 결정에 따라 경찰공무원으로서의 공무를 수행하였음에도 불구하고, 퇴직금지급청구를 거절하는 것은 신뢰보호원칙에 반한다고 주장하고 있다.

이러한 甲의 주장이 타당한지, 결격사유 있는 임용행위의 법적 효력은 어떠한지, 퇴직금지급청구에 대한 반려는 적법한 것인지에 대해 판단하시오(대판 1996.2.27, 95누9617 판결에서 문제된 사안임).

advice

결격사유 있는 공무원 임용행위의 효력에 대해서는 임용행위의 법적 성질을 공법상계약으로 보는 견해(공법상 당사자 소송), 협력을 요하는 행정행위로 보는 견해(항고소송)에 따라 구제수단이 다를 수 있음에 유의하고, 임용결격자에 대한 임용시 판례의 당연무효의 법리에 대한 비판과 반박에 대해서 검토할 필요가 있다.

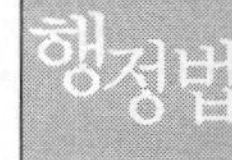

C/O/N/T/E/N/T/S

Ⅰ. 문제의 소재

사안에서 甲의 주장의 타당성과 권리구제가능성에 대해 판단하기 위해서는 우선 甲의 임용행위를 단순위법한 행위로 볼 것인가, 효력이 모든 사람에게 처음부터 부인되는 당연무효인 행위로 볼 것인가가 문제된다. 이에 대한 판단을 바탕으로, 무효인 행정행위의 하자치유가능성, 공무원임용처분에 있어서의 임용권자의 결정, 신뢰보호원칙의 요건 충족 여부가 문제된다. 그리고 퇴직금 전액에 대한 반려결정이 적법, 타당한 것인가에 관하여는 퇴직금의 법적 성격에 대한 검토가 필요할 것이다.

Ⅱ. 결격사유 있는 공무원임용행위의 효력

1. 공무원임용의 적법요건

공무원임명이 적법하려면, (i) 적법한 주체에 의한 임명이어야 하고, (ii) 국가공무원법 및 지방공무원법에서 규정하고 있는 일정한 결격사유가 없어야 하며, (iii) 적극적 요건으로 성적요건을 충족하여야 한다. 그런데 사안의 경우 甲에 대한 임용행위는 (ii)의 요건을 갖추지 못한 임용으로서, 위법한 행위에는 틀림이 없다. 그런데 이러한 위법한 행정행위가 그 효력에 있어서도 당연무효인 것인가가, 공무원연금관리공단의 처분의 적법성과 甲의 주장의 당부를 판단함에 있어서 문제가 된다.

2. 판례의 태도

판례는 국가공무원법에 규정되어 있는 공무원임용결격사유는 공무원으로 임용되기 위한 절대적인 소극적 요건으로서 임용당시 공무원임용결격사유가 있었다면 비록 국가의 과실에 의하여 임용결격자임을 밝혀내지 못하였다 하더라도 그 임용행위는 당연무효로 보아야 한다고 한다.

3. 검토

(1) 이러한 판례의 태도에 대해서, 하자의 무효와 취소의 구별기준에 대한 판례의 태도인 중대명백설에 따른다면, 이 경우의 하자가 중대한 것이기는 하나, 일반인이 일견 보기에 그 하자가 명백하다고는 볼 수 없으므로, 이를 당연무효로 본 것은 다소 문제가 있다고 보는 견해도 있다.

(2) 그러나 하자의 무효와 취소의 구별기준은 주로 제소기간이 도과하여 불가쟁력이 발생한 처분의 위법성을 개인이 다투는 경우에, 권리구제의 길을 열어줄 필요성과 법적 안정성・제3자의 신뢰보호간의 형량을 해결하기 위한 기준인 반면에, 사안의 경우에는 甲이 오히려 행정행위가 위법하지만 무효는 아니라고 보아야 한다는 주장을 하고 있는 것으로서, 문제측면이 다르다고 본다. 따라서 해당 규정에 따른 자격요건을 갖추지 못한 중대한 위법성이 인정되는 임용행위에 대하여 당연무효를 인정하는 것에 논리적으로 큰 문제가 없다고 본다.

(3) 또한 중대명백설에 의하더라도, 하자의 중대성과 명백성을 판단함에 있어서는 그 법규의 목적, 의미, 기능 등을 목적론적으로 고찰하여야 한다는 것이 판례인데, 이 경우 결격사유에 관한 규정의 원활한 공무수행과 공직전체에 대한 신뢰 보장이라는 취지를 고려한다면 판례의 판단에도 타당성을 인정할 수 있을 것이다.

(4) 결론적으로 甲에 대한 임용행위는 당연무효인 행위로 인정하는 것이 타당하다고 본다.

Ⅲ. 甲의 권리구제 가능성

1. 임용행위의 하자의 치유 인정여부

(1) 무효인 행정행위의 하자치유 가능성

우선 공무원임용행위를 당연무효의 행위로 본다면 무효인 행정행위에 대해서 하자의 치유를 인정할 수 있는가가 문제된다.

취소할 수 있는 행정행위는 일정한 요건하에 그 하자가 치유될 수 있다고 보지만, 무효인 행정행위에 있어서는, 처음부터 아무에게도 효력을 발생하지 않는 무효행위가 뒤늦게 유효인 행위로 될 수 있다면, 이는 오히려 관계인의 신뢰 및 법적 안정성을 해치게 된다고 생각되고, 따라서 하자의 치유가 인정되지 않는다고 본다.

(2) 사면의 법적 효과

일반사면령에 의한 형의 실효는, 사면 또는 시간의 경과에 의하여 형의 선고의 효력을 장래에 향하여 상실케 하는 것이지, 형의 선고에 의한 기존의 효과가 변경되는 것이라고 볼 수는 없으므로, 형의 실효에 의해 그 당시의 법률에 의한 임용행위의 하자가 치유되는 것은 아니라고 보아야 할 것이다.

(3) 소결

따라서 甲은 형의 실효라는 후발적 사유가 소급적으로 임용당시의 하자를 치유시킬 수 있음을 주장할 수는 없으며, 임용행위의 효력을 당연무효로 본다면 더욱 그러하다고 할 것이다.

2. 새로운 임용처분 또는 원래 임용처분의 추인 인정여부

(1) 문제점

원래의 임용처분은 무효였다 하더라도, 경찰국장이 후에 甲의 전과가 임용결격사유가 아니라는 결정을 한 것을 임용결격사유가 없어진 후의 새로운 임용처분 또는 원래 임용처분의 추인으로 볼 수 있는가가 문제된다.

(2) 판례의 태도

사안의 경우 판례는 甲의 임용권자는 당시 시행된 경찰공무원법 및 경찰공무원임용령의 규정상 서울특별시장이지 경찰국장이 아니므로, 경찰국장의 이러한 결정만으로는 새로운 임용처분 내지는 전 임용행위의 적법한 추인이 있었다고 볼 수 없다고 한다.

(3) 소결

경찰공무원법상 甲의 임용권자는 서울특별시장으로 보아야 할 것이고, 임용권자 아닌 자에 의한 임용처분 또한 당연무효인 것이므로, 경찰국장의 이러한 결정을 새로운 처분으로 볼 수는 없다고 본다. 다만 이러한 결정을 한 것이 서울특별시장이었다면, 이를 임용결격사유가 없어진 후의 새로운 임용처분으로 볼 수 있고, 이때부터 甲이 유효하게 공무원자격을 취득할 가능성도 있을 것이다.

3. 신뢰보호원칙 위반여부

신뢰보호원칙이 적용되기 위해서는 (ⅰ) 행정기관의 공적인 의사표시가 선행되어야 하고, (ⅱ) 보호가치 있는 신뢰에 의한, (ⅲ) 상대방의 조치가 있어야 하며, (ⅳ) 이들 사이에 인과관계가 인정되어야 한다.

그러나 판례는 국가가 공무원임용결격사유가 있는 자에 대하여 결격사유가 있는 것을 알지 못하고 공무원으로 임용하였다가 사후에 결격사유가 있는 자임을 발견하고 공무원임용행위를 취소하는 것은 당사자에게 원래의 임용행위가 당초부터 당연무효이었음을 통지하여 확인시켜 주는 행위에 지나지 아니하고, 또 그 상대방은 자신의 임용이 결격사유가 있었음을 알 수 있었을 것이므로 신뢰보호원칙을 적용시킬 수 없다는 입장이다.

검토하면 신뢰보호원칙이 적용되기 위한 (ⅰ), (ⅱ)의 요건을 갖추지 못한 것으로 보이므로 甲의 주장은 타당하지 않다고 본다.

Ⅳ. 퇴직금지급거절의 적법성 · 타당성

1. 문제점

당연무효인 임용행위에 의해서 공무원이 된 자의 경우에 있어서도 그 노무에 대한 대가로서의 보수 지급은 부당이득이 아니라고 본다면, 사회보장적 성격과 함께 후불임금적 성격도 갖고 있는 퇴직금에 대해서도 그 전액의 지급거절은 위법하거나 또는 부당하지 않은가가 문제될 수 있다.

2. 판례의 태도

판례는 공무원연금법이나 근로기준법에 의한 퇴직금은 적법한 공무원으로서의 신분취득 또는 근로고용관계가 성립되어 근무하다가 퇴직하는 경우에 지급되는 것이고, 당연무효인 임용결격자에 대한 임용행위에 의하여서는 공무원의 신분을 취득하거나 근로고용관계가 성립될 수 없는 것이므로, 임용결격자가 공무원으로 임명되어 사실상 근무하여 왔다고 하더라도 퇴직금청구를 할 수 없다고 본다.

3. 검토

법의 규정에 의하는 이상, 공무원임용행위가 무효라면 공무원의 신분을 취득할 수 없으므로, 동법의 적용대상에서 제외된다고 보는 것이 적법하고, 또한 사안의 경우에는 오히려 퇴직금, 연금의 후불임금적 성격이 아니라 사회보장적 성격이 중요한 것으로서, 당연무효인 임용행위에 의해 근무한 자에 대해서도 이러한 사회보장적 배려를 하는 것은 타당하지 않으므로 퇴직금 지급을 거절한 것은 적법, 타당하다고 본다.

V. 사안의 해결

결격사유 있는 甲에 대한 임용처분은 국민에 대한 봉사자로서의 공평한 직무수행과 성실성의 확보와 부적격자의 탈법적인 임용을 방지하기 위한 국가공무원법 규정의 취지와 그 하자의 중대성에 비추어 볼 때 당연무효인 처분이라고 볼 수 있다. 이러한 당연무효인 처분에 대해서 하자의 치유를 인정할 수 없고, 임용권자 아닌 경찰국장의 사후 결정이 새로운 임용이나 추인의 처분이라고 보기 곤란하며, 甲이 전과사실을 인지하고 있었던 이상 신뢰보호원칙을 주장하기도 힘들다고 본다. 그리고 임용 당시부터 공무원의 신분을 취득하지 못한 자에 대해서 그가 사실상 공무원으로 근무하였다고 해도 사회보장적 배려에 의한 퇴직급여를 인정할 필요는 없다고 할 것이다.

교/수/강/평

김 철 용 (건국대학교 법대 명예교수)

(1) 답안은 잘 짜여져 있어서 특별히 지적할 부분은 없다.

(2) 답안은 무효인 행정행위의 하자치유 가능성 문제에서 "무효인 행정행위에 있어서는, 처음부터 아무에게도 효력을 발생하지 않는 무효행위가 뒤늦게 유효인 행위로 될 수 있다면, 이는 오히려 관계인의 신뢰 및 법적안정성을 해치게 된다고 생각되고, 따라서 하자의 치유가 인정되지 않는다고 본다"라고 기술하고 있다. 하자의 치유와 위법행위의 전환의 문제를 전자는 취소할 수 있는 행정행위에만, 후자는 무효인 행정행위에만 인정할 것인가에 관하여는 견해가 나뉘는 바(김철용, 행정법, 193면, 198면 이하 참조), 답안의 기술은 다수설과 판례의 입장을 대변한 것으로 나무랄 수 없다. 그러나 사례문제의 경우에는 견해가 나누어지면 각각의 견해를 설명하고 각각의 견해에 따라 이르는 결론을 기술해 주어야 한다. 무효·취소의 상대화이론에 의하면 임용결격자에 대한 임용행위가 외관상으로는 유효한 행위로 나타나고 있고, 대상자가 공무원으로서 근무하고 있는 이상 관계인들은 오히려 당해 임용행위가 유효한 것이라는 신뢰를 갖고 있다고 볼 수 있으며 또한 치유를 인정한다고 하여 법적 안정성을 해치게 되는 것도 아니므로 하자의 치유가 인정된다는 결론에 이르게 될 것이다.

기 출

직위해제처분, 원고적격, 협의의 소의 이익

제54회 행정고시 일반행정직 합격 박 효 철

행시 제55회(11년)

甲은 A공단 소속 근로자로서 노동조합 인터넷 게시판에 A공단 이사장을 모욕하는 내용의 글을 게시하였고, A공단은 甲이 인사규정상 직원의 의무를 위반하고 품위를 손상하였다는 사유로 甲에 대하여 직위해제처분을 한 후 동일한 사유로 해임처분을 하였다. A공단의 인사규정은 직위해제기간을 승진소요 최저연수 및 승급소요 최저근무기간에 산입하지 않도록 하여 직위해제처분이 있는 경우 승진 승급에 제한을 가하고 있고, A공단의 보수규정은 직위해제기간 동안 보수의 2할(직위해제기간이 3개월을 경과하는 경우에는 5할)을 감액하도록 규정하고 있다. 甲은 중앙노동위원회에 직위해제처분 및 해임처분에 대해 부당해고 재심판정을 구하였으나 기각되었다. 이후 甲은 재심판정 중에서 해임처분의 취소를 구하는 소송을 제기하여 다투고 있는 중이다.(총 25점)

(1) 직위해제처분의 법적 성격과 해임처분이 직위해제처분에 미치는 효과에 대하여 검토하시오. (10점)

(2) 만약 甲이 위 해임처분에 관한 취소소송과는 별도로, 재심판정 중에서 직위해제 부분의 취소를 구하는 소송을 제기하는 경우 이러한 소의 제기는 적법한가? (15점)

C/O/N/T/E/N/T/S

Ⅰ. 설문 (1)의 해결

1. 직위해제처분의 법적 성격

(1) 처분성

행정소송법 제2호 1호에 따르면, 처분이라 함은 행정청이 행하는 구체적 사실에 관한 법집행으로서의 공권력의 행사 또는 그 거부와 그 밖에 이에 준하는 행정작용을 의미한다. 판례는 이에 더해 국민의 권리·의무에 직접적인 변동을 가져오는 경우 처분성이 인정된다고 본다. 설문의 직위해체처분은 공무원 신분은 유지하나, 그 직위를 박탈하여 설문에 설시된 바와 같이 보수와 승진 상의 권리·의무 변동을 가져오므로 행정소송법 소정의 처분에 해당한다.

(2) 잠정성

직위해제처분은 후행의 해임처분을 하기 전에 잠정적으로 甲의 직위를 박탈하는 것으로서 잠정성을 특징으로 한다.

2. 해임처분이 직위해제처분에 미치는 영향

(1) 양자의 관계

해임처분과 직위해제처분은 동일한 사유에 의해 행해지는 선·후행처분의 관계에 있다. 따라서 직위해제처분은 해임처분이라는 본 행위에 앞선 잠정적인 조치에 해당한다.

(2) 직위해제처분의 효력

판례에 따르면 동일한 사유에 대하여 본 행위인 해임처분이 있게 되면 잠정적인 조치로서 직위해제처분의 효력은 소멸한다. 이 때 직위해제처분의 효력은 소급적으로 소멸하는 것이 아니라 사후적으로 그 효력이 상실됨을 의미한다(대법원 2010.7.29. 2007두18406).

Ⅱ. 설문 (2)의 해결 : 직위해제처분 취소소송의 적법성

1. 문제의 소재

침익적 처분의 상대방으로서 甲에게는 원고적격이 쉽게 인정될 수 있고, 행정심판전치주의, 제소기간 등의 소송요건은 문제가 없어 보인다. 따라서 이하에서는 직위해제처분 재심 판정을 대상으로 제소하는 것이 적법한지 원처분주의와 재결주의의 문제, 직위해제처분을 다투는 것이 협의의 소의 이익이 있는지를 중심으로 검토한다.

2. 대상적격

(1) 원처분주의와 재결주의

행정소송법 제19조에 따르면 현행 행정소송법은 원처분주의를 따르고 있다. 다만 감사원의 재심판정, 중앙노동위원회의 재심판정, 특허심판원의 판정에 대해서는 재결을 소송대상으로 해야 한다.

(2) 재심판정의 대상적격

판례에 따르면 당사자가 지방노동위원회의 처분에 대하여 불복하기 위해서는 처분 송달일로부터 10일 이내에 중앙노동위원회에 재심을 신청하고 중앙노동위원회의 재심판정서 송달일로부터 15일 이내에 중앙노동위원장을 피고로 하여 재심판정 취소의 소를 제기하여야 한다(대법원 1995.9.15. 95누6724). 따라서 甲이 중앙노동위원회의 재심판정에 대해 불복하여 취소소송을 제기하는 경우 대상적격을 충족한다.

3. 협의의 소의 이익

(1) 의의

협의의 소의 이익이란 재판을 통한 권리보호의 필요로서 소의 이익 존재여부를 판단하여 소권남용을 방지하기 위한 취지에서 도입되었다. 행정소송법 제12조 제2문에 규정되어 있다.

(2) 입법상 과오여부

행정소송법 제12조 제2문에는 처분의 효력이 소멸된 뒤에도 법률상 이익이 있는 경우도 같다라고 규정되어 있다. 이에 대해 입법상 과오설과 입법상 비와오설이 대립한다.

(3) 제12조 제2문상 법률상 이익의 성질과 범위

이에 대해 다수설은 동법 동조 상의 법률상 이익이 계속적 확인소송의 정당한 이익이라 보는 반면, 취소소송의 권리보호의 필요에 불과하다고 보는 견해도 존재한다. 이 때의 법률상 이익의 범위에 대해 정치·경제·사회·문화적 이익까지 포함시켜 제1문에 비해 넓게 보는 것이 다수의 견해이며 국민의 권리구제측면에서 타당하다고 생각한다.

(4) 소의 이익이 없는 경우

일반적으로 ① 보다 간이한 방법이 있는 경우 ② 이론적 의미만 있는 경우 ③ 부당한 목적으로 제소한 경우 ④ 소권이 실효된 경우 ⑤ 처분의 효력이 소멸한 경우 소의 이익이 없다.

(5) 설문의 경우

일반적인 경우 후행 처분으로 인하여 선행 처분의 효력이 소급적으로 소멸된다면 선행처분을 다툴 소의 이익이 없다. 그러나 설문의 경우 직위해제처분이 있고 이후에 동일한 사유로 해임처분이 있다면 직위해제처분의 효력은 사후적으로 상실된다. 따라서 직위해제처분에 기하여 발생한 효과는 당해 직위해제처분이 실효되더라도 소급하여 소멸하는 것이 아니므로, 인사규정 등에서 직위해제처분에 따른 효과로 승진·승급에 제한을 가하는 등의 법률상 불이익을 규정하고 있는 경우에는 직위해제처분을 받은 근로자는 이러한 법률상 불이익을 제거하기 위하여 그 실효된 직위해제처분에 대한 구제를 신청할 이익이 있다.(대법원 2010.7.29. 2007두18406)

4. 소 결

甲의 직위해제처분 재심판정에 대한 취소소송은 적법하다.

교/수/강/평

김 향 기 (성신여자대학교 법대 교수)

1. 설문 (1)의 경우

먼저 직위해제처분의 법적 성격은 직무배제성, 잠정성, 제재적 처분성, 징계와 구별의 순으로 설명하면 된다. 즉, 직위해제는 직위해제사유가 있는 경우 정상적인 공무집행 및 사무의 공정성 등을 저해할 우려를 사전에 방지하고자 미리 공직에서 배제하기 위한 가처분적인 직무배제조치이고(직무배제성), 일시적으로 직무에 종사하지 못하게 하는 잠정적 조치이며(잠정성), 강제적인 보직의 해제이고 복직이 보장되지 않는 처분이다(제재적 처분성). 따라서 징벌적 제재인 징계와 법적 기초·성질·사유 등을 달리하므로 시효의 적용을 받지 않고 양자간에 일사부재리의 원칙이나 이중처벌금지의 원칙이 적용되지 않는다(징계와 구별성).

다음, 해임처분이 직위해제처분에 미치는 효과는, 직위해제의 소멸효이다. 즉, 해임처분이 행해지면 직위해제처분의 효력은 당연히 소멸된다. 해임처분에 의하여 직위해제처분이 소급하여 소멸되는 것이 아니라, 해임처분이 직위해제처분을 대체하는 것이므로 해임처분시부터 장래에 향하여 직위해제의 효력이 상실된다.

2. 설문 (2)의 경우

소송요건에 관한 문제로서 대상적격과 협의의 소의 이익이 문제된다. 대상적격은 중앙노동위원회의 재심판정과 원처분주의와의 관계에 주의해야 한다. 특히 해임처분에 의하여 직위해제처분의 효력은 소멸되었으므로 이러한 상태에서 직위해제처분의 취소소송을 제기하는 경우 협의의 소의 이익이 인정될 수 있는지가 중요한 쟁점이 된다. 따라서 행정소송법 제12조 후문이 협의의 소익에 관한 규정인지의 여부, 여기서 '법률상 이익'의 의미 등에 대한 학설 및 판례를 검토한다.

다음, 이 조항에서 소의 이익이 부인되는 사례에서 처분의 효력이 소멸한 경우를 검토하는바, 원칙적 소익 부정과 예외적 소익인정의 경우를 검토하여 본 사안을 적용한다. 분쟁사례에서 A공단 인사규정상의 직위해제처분의 효과에 대하여 상세하게 기술하고 있으므로, 그러한 직위해제처분의 효과에 의해 해임되기 이전의 직위해제상태로 인한 불이익이 남아 있다는 점을 일일이 적시하고, 따라서 협의의 소의 이익이 예외적으로 인정되는 경우라는 것을 설명하면 된다.

제2부

특별행정작용법

제1장 경찰행정법

기 출

행정개입청구권과 경찰권 발동의 한계

행시 제50회(06년)

제47회 사법시험 김 형 석

甲은 이웃집 주민 乙이 심야에 악기 연습을 하거나 친구들을 불러 악기를 연주하는 등 과도한 소음을 발생케 하는 일이 잦아 밤잠을 설치기 일쑤이다. 이에 甲은 수차례 乙에게 자제를 요청하였으나 묵살되었고, 결국 신경쇠약으로 정신과 치료를 받기에 이르렀다. 甲은 여러 차례 인근 경찰관서에 신고하고 단속을 요청하였으나 경찰관서에서는 사생활 및 사주소(私住所)에 대하여는 개입할 수 없다는 이유로 출동조차 하지 않고 있다. 이에 대하여 甲은 어떠한 권리구제수단을 갖는가? 단, 환경분쟁조정법에 의한 권리구제는 논외로 한다. (40점)

참·조·조·문

경찰법 제3조(경찰의 임무) 경찰은 국민의 생명-신체 및 재산의 보호와 범죄의 예방-진압 및 수사, 치안정보의 수집, 교통의 단속 기타 공공의 안녕과 질서유지를 그 임무로 한다.

advice

경찰권 행사에 있어서 결정재량이 존재하는바 출동하지 않은 것이 위법하게 되기 위해서는 이러한 결정재량이 영으로 수축하는 경우이어야 함을 언급해야 하고 이것을 甲의 측면에서 본다면 행정개입청구권의 문제라고 할 것이다. 또한 설문의 경우 경찰권행사의 한계사유가 없음(특히 경찰공공의 원칙)을 밝혀야 甲의 권리구제가 가능할 것이다.

C/O/N/T/E/N/T/S

Ⅰ. 논점의 정리

甲의 구제수단에 대하여 살펴보기 위해서는 먼저 경찰권이 출동하지 않은 부작위가 위법한 경우인지를 살펴보아야 할 것이다. 이와 관련하여 설문의 경우가 경찰권 발동이 가능한 경우인지, 가능하다면 甲에게 乙에 대한 경찰권 발동을 요구할 권리가 인정되는지 살펴본다. 다음으로 경찰권 발동의 불행사에 대한 항고소송의 가부와 국가배상청구의 구제가 가능한지 살펴본다.

Ⅱ. 경찰권의 불행사의 위법여부

1. 경찰권 발동이 가능한 경우인지

(1) 경찰권 발동의 근거

1) 문제제기

경찰권의 발동은 관련자의 권리에 명령적으로나 침익적으로 작용하므로, 법률유보의 원칙에 따라 법률상의 근거가 필요하다. 설문의 경우에 경찰법 제3조의 임무조항이 경찰권 발동의 근거가 될 수 있는지 살펴본다. 이는 일반조항의 인정가능성 문제이다.

2) 견해대립

① 일반조항에 대해서 입법의 공백을 메우기 위해 그 필요성을 인정하는 긍정설, ② 개별적인 작용법에 의한 수권 없이 일반적이고 포괄적인 수권은 허용되지 않는다는 부정설, ③ 현행법상 일반조항은 인정되지는 않지만 입법이 필요하다는 견해 등이 있다.

3) 판례

경찰관직무집행법 제2조에 의하면 경찰관은 범죄의 예방·진압 및 수사, 경비, 요인경호 및 대간첩작전수행, 치안정보의 수집·작성 및 배포, 교통의 단속과 위해의 방지, 기타 공공의 안녕과 질서유지 등을 그 직무로 하고 있으므로 … 청원경찰관이 허가 없이 창고를 주택으로 개축하는 것을 단속한 것은 그들의 정당한 공무집행에 속한다고 할 것이다(대판 1986.1.28, 85도2448)라고 판시한 바 있는데 이에 대해서 일반조항을 인정한 것으로 보는 평석과 반대의 평석이 있다.

4) 검토

입법보다 앞서는 기술의 진보, 사회의 변화, 위험발생상황의 다양성을 고려할 때, 일반조항은 필요하고 이를 인정하더라도 경찰권 행사의 비례의 원칙등이 요구되기에 남용의 여지가 적어 일반조항을 긍정함이 타당하다. 문제는 경찰법 제3조의 직무규정을 일반조항으로 볼 수 있는지 인데, 경찰법 제3조를 임무규정과 권한규정이 함께 규정된 것으로 보아 보충적인 수권조항으로 인정함이 타당하다. 설문의 경우 기타 공공의 안녕과 질서유지를 위한 경찰권 발동의 근거는 인정된다.

(2) 경찰권 발동의 요건

경찰권발동의 요건으로 공공의 안녕・질서에 대한 위해가 존재하고, 이를 제거할 필요성이 인정되어야 한다. 공공의 위해란 위험 또는 장해를 의미한다. 설문의 경우에는 주로 심야에 악기연습을 하여 과도한 소음을 발생시킨 점이 인정되고 그로 인해 甲이 신경쇠약으로 정신과 치료를 받은 정도라면 공공의 위해가 인정되어 경찰권 발동의 요건을 충족했다고 볼 수 있다.

(3) 경찰권 발동의 한계

1) 경찰권 발동의 한계

경찰권 발동의 한계로 ① 경찰소극의 원칙, ② 경찰공공의 원칙, ③ 경찰책임의 원칙, ④ 경찰평등의 원칙, ⑤ 경찰비례의 원칙 등이 있는데, 설문의 경우에 주로 문제되는 경우는 경찰공공의 원칙과 관련하여 사생활불간섭의 원칙에 반하는지 여부이다.

2) 경찰공공의 원칙

경찰공공의 원칙이란 경찰권은 공적 안정과 공적 질서의 유지를 위해서만 발동될 수 있으며, 사적 이익만을 위해서는 발동될 수 없다는 원칙을 말하며, 사생활불간섭의 원칙, 사주소불가침의 원칙, 민사관계불관여의 원칙을 내용으로 한다. 사생활불간섭의 원칙이란 경찰권은 공적 안전과 질서에 관계없는 개인의 사생활 영역에는 개입할 수 없다는 것이다. 그러나 사생활을 방치하는 것이 공적 안전이나 질서에 중대한 위험을 가져올 수 있다면 경찰의 개입이 사생활불간섭의 원칙에 반하는 것은 아니다.

3) 설문의 경우

소음을 일으켜 행위책임자인 乙에 대해서 경찰권을 발동하는 것에 대한 경찰관서의 거부사유가 타당한가에 대해서 살펴보면, 사생활을 방치하는 것이 공적 안전이나 질서에 중대한 위험을 가져올 수 있다면 경찰의 개입이 경찰공공의 원칙에 반하는 것이 아니라 할 것이므로 주로 심야에 악기연습을 하여 과도한 소음을 발생시킨 점이 인정되고 그로 인해 甲이 신경쇠약으로 정신과 치료를 받은 정도라면 이에 대한 경찰권의 발동은 경찰권 발동의 한계에 반하지 않는다고 할 것이다.

2. 경찰권 발동의 의무가 있는 경우인지 여부

(1) 문제제기

앞에서 살펴본 바와 같이 사안의 경우에 경찰권의 발동은 가능하다. 다만 경찰권 발동에 있어서 재량(결정재량과 선택재량)이 인정되는바, 경찰권 발동이 가능한 경우라고 하여 불행사가 무조건 위법하게 되는 것은 아니다. 이와 관련하여 설문과 같은 경우에 경찰권 발동의 의무가 인정되는 경우인지 살펴본다. 이는 甲에게 행정개입청구권이 인정되는지의 문제이다.

(2) 행정개입청구권

1) 의의

행정개입청구권은 행정권의 발동을 청구할 수 있는 실체적 공권을 말한다. 통상적으로는 자기를 위하여 타인에 대해 행정권의 발동을 요구할 수 있는 협의의 행정개입청구권을 의미한다.

2) 행정개입청구권의 인정여부

① 부정설은 행정개입이 요구되는 경우는 보통 사인간의 분쟁이 발생한 경우인데 이러한 분쟁해결에 대한 행정권 발동은 순전히 행정기관의 편의에 따라 재량으로 결정하는 것을 이유로 행정개입청구권을 부정하고, ② 긍정설은 사인간의 분쟁이라도 생명·신체 등의 중대한 법익에 대한 목전의 위험이 있는 경우에는 행정기관의 편의에 맡길 수는 없고, 일정한 요건의 충족 하에 행정개입청구권을 인정할 필요가 있다고 본다. 공권의 확대화 경향에 따라서 이를 인정함이 타당하다.

3) 성립요건

행정개입청구권의 성립요건으로 ① 행정권의 개입의무, ② 관계법규의 목적이 공익뿐만 아니라 사익도 보호법익으로 하고 있어야 한다. 행정권의 개입의무와 관련하여 행정권 발동에 대한 재량권이 영(0)으로 수축되는 경우일 것이 요구된다. 재량권이 영으로 수축하는 경우의 요건으로 일반적으로 사람의 생명, 신체 및 재산 등에 중대하고 급박한 위험이 존재하고, 그러한 위험이 행정권의 발동에 의해 제거될 수 있는 것으로 판단되고, 피해자의 개인적인 노력으로는 권익침해의 방지가 충분하게 이루어질 수 없다고 여겨지는 경우 재량권은 영(0)으로 수축한다고 한다.

4) 설문의 경우

설문의 경우에 주로 심야에 악기연습을 하여 과도한 소음을 발생시킨 점이 인정되고 그로 인해 甲이 신경쇠약으로 정신과 치료를 받은 정도라면 사람의 신체에 대한 위험이 인정되고, 경찰권의 발동으로 소음의 방지가 가능할 것이고 피해자인 甲이 여러번 요청하였으나 소음이 계속되는바 개인적인 노력으로 권익침해 방지에 불충분하므로 재량권이 영(0)으로 수축되는 경우라 할 것이고, 甲에게 행정개입청구권이 인정될 것이다.

(3) 소결

설문의 경우에는 경찰권의 발동여부에 대한 재량이 영으로 수축하여 甲에게 행정개입청구권이 인정되는 경우인바, 경찰권은 발동의무가 있어 그 불행사는 위법하다고 할 것이다. 이하에서는 이러한 위법한 경찰권의 불행사에 대한 구제수단을 살펴보겠다.

Ⅲ. 甲의 권리구제수단

1. 경찰권의 불행사에 대한 항고소송

(1) 경찰권 불행사의 법적 성질

경찰권의 행사는 권력적 사실행위라고 할 것이다. 권력적 사실행위의 처분성 인정여부에 대해서 견해가 대립하나, 권력적 사실행위는 상대방에게 수인의무를 부과하는 측면과 물리적으로 집행하는 측면이 있는데 수인의무를 부과하는 측면에서 항고소송이 가능하다. 따라서 설문의 경우에 경찰권의 불행사에 대해서 항고소송이 가능하고 그 종류는 경찰권 발동의 부작위로 볼 수도 있고 경찰권 발동의 거부로도 볼 수 있어 전자의 경우에는 부작위위법확인소송과 후자의 경우에는 거부처분에 대한 취소소송이 문제된다.

(2) 부작위위법확인소송

1) 부작위위법확인소송의 적법요건

부작위위법확인소송의 적법요건으로 ① 부작위의 존재, ② 원고적격, ③ 제소기간의 준소, ④ 부작위위법확인을 구할 이익 등이 요구된다. 부작위란 신청권을 갖는 당사자의 신청이 있음에도 불구하고 상당한 기간이 경과하도록 처분을 할 법률상의 의무에 반하여 행하지 아니함을 의미하고, 부작위의 위법을 구할 법률상이익이란 어떠한 응답의무에 대한 주관적인 관련성을 의미한다. 제소기간의 경우에는 명문의 규정이 없어 제소기간의 제한은 없다고 본다.

2) 부작위위법확인소송의 인용가능성

설문의 경우에 경찰권의 불행사라는 부작위가 존재하고 甲의 경우에는 신청에 대한 응답을 할 의무에 대해서 주관적인 관련을 갖는바, 부작위위법확인소송을 제기할 수 있고, 앞서 살펴본 바와 같이 위법한 경찰권의 불행사로 인해 인용될 수 있다. 다만 부작위위법확인의 범위에 대해서 다수설과 판례가 취하는 절차적 심리설에 의하면 부작위에 대한 처리방향을 제시할 수 없게 되어 권리구제에 미흡한 점이 있기도 하다.

(3) 거부처분취소소송

1) 거부처분의 적법요건

판례는 국민의 적극적 행위신청에 대하여 행정청이 그 신청에 따른 행위를 하지 않겠다고 거부한 행위가 항고소송의 대상이 되는 행정처분에 해당하는 것이라고 하려면, ① 그 신청한 행위가 공권력의 행사 또는 이에 준하는 행정작용이어야 하고, ② 그 거부행위가 신청인의 법률관계에 어떤 변동을 일으키는 것이어야 하며, ③ 그 국민에게 그 행위발동을 요구할 법규상 또는 조리상의 신청권이 있어야만 한다(대판 1998.7.10, 96누14036)고 판시한 바 있다.

2) 거부처분의 인용가능성

설문의 경우에 거부한 행위인 경찰권의 행사는 권력적 사실행위로서 처분성이 인정되고, 거부행위로 인하여 甲의 행정개입청구권의 침해가 있었고, 甲에게 행정개입청구권이 인정되는바, 거부처분의 취소소송의 적법요건을 모두 갖추었고, 설문의 경우에 경찰권의 행사의 거부는 재량이 영으로 축소된 경우인바, 위법하다고 할 것이므로 거부처분취소소송은 인용될 수 있을 것이다.

(4) 의무이행심판

의무이행심판은 행정청의 위법 또는 부당한 거부처분이나 부작위에 대하여 일정한 처분을 하도록 하는 행정심판이다(행정심판법 제4조 제3호). 설문의 위법한 경찰권의 불행사에 대해서 의무이행심판이 가능할 것이다.

2. 경찰권의 불행사에 대한 국가배상청구

(1) 국가배상청구의 인정여부

국가 또는 지방자치단체는 공무원이 그 직무를 집행함에 당하여 고의 또는 과실로 법령에 위반하여 타인에게 손해를 가한 경우에 국가배상책임이 인정된다(국가배상법 제2조 제1항).

다만 설문의 경우에는 공무원의 과실, 위법성, 손해와의 인과관계에 대해서 더 살펴볼 필요가 있다.

(2) 공무원의 과실 인정여부

국가배상청구에서 과실이란 통상적으로 갖추어야 할 주의의무를 해태한 경우를 말하는데 주의의무의 정도는 당해 직무를 담당하는 평균적 공무원의 주의의무를 기준으로 한다. 설문의 경우에는 경찰관은 결정재량이 영으로 수축한 경우임을 간과하고 경찰권 발동을 하지 않은 점에서 평균적인 공무원의 주의의무를 다하였다고 보기 어렵다고 할 것이다.

(3) 위법성

부작위에 의한 국가배상에서의 위법성에서는 직무상 의무위반인 점이 부각 되는데, 이때의 공무원의 작위의무는 기속행위는 물론이고 재량권이 영으로 수축한 경우에는 재량행위에서도 인정되며, 조리에 의한 작위의무도 인정된다.

(4) 반사적 이익론의 문제

부작위로 인한 국가배상에서 반사적 이익론을 도입하여 행정권의 작위의무규정이 공익뿐만 아니라 사익보호도 목적으로 하는 경우에만 법적인 작위의무가 된다고 하여 위법성 측면에서 반사적 이익론을 받아들이는 견해, 반사적 이익론을 손해 또는 인과관계의 측면에서 고려하는 견해, 국가배상에서 적용하지 않는 견해 등이 대립한다. 판례는 반사적 이익론의 문제를 인과관계의 문제로 취급하는 듯하다.

(5) 불행사와 손해와의 인과관계

판례는 공무원의 직무상 의무를 위반함으로 인하여 피해자가 입은 손해에 대하여 상당인과관계를 요구하는데 이는 일반적인 결과 발생의 개연성은 물론 직무상의 의무를 부과하는 법령 기타 행동규범의 목적이나 가해행위의 태양 및 피해의 정도 등을 종합적으로 고려하여 판단한다고 판시(대판 1997.9.9, 97다12907)한 바 있다.

(6) 설문의 경우

설문의 경우에 국가배상청구의 요건으로서 공무원인 경찰관이 부작위를 통해 직무집행을 한 점이 인정되고, 재량이 영으로 수축한 경우에 그에 반하여 불행사 하였으므로 위법성이 인정되고, 인과관계는 소음으로 인한 甲의 신경쇠약은 일반적인 결과발생의 개연성이 긍정되고 경찰권 발동의 목적 등을 고려함에 상당인과관계는 긍정된다고 보이므로 甲의 국가배상청구는 인용될 수 있을 것이다.

Ⅳ. 결 론

경찰권발동의 불행사는 경찰권의 발동이 가능하며 결정재량의 영으로 수축되어 발동을 하여야 함에도 불행사에 이른바, 위법하다고 할 것이고 이에 대한 甲의 구제수단으로는 경찰권행사의 부작위에 대해서 부작위위법확인 소송 또는 이를 거부처분으로 보아 취소소송을 제기할 수 있을 것이다. 의무이행심판도 가능하며, 설문과 같은 경우에는 국가배상청구도 인용될 수 있을 것이다.

교/수/강/평

김 향 기 (성신여대 법대 교수)

1. 총평

설문은 경찰권의 불행사가 위법한지가 쟁점이 되고, 그것이 위법하다면 어떠한 권리구제가 가능하가의 문제이다. 따라서 답안은 이러한 논점을 정확하게 파악하여 순서에 따라 잘 작성하였다. 다만 몇 가지 보충을 하자면 다음과 같다.

2. 경찰권불행사의 위법여부에 관하여

경찰권불행사의 위법여부는 경찰권발동의 가능여부와 甲의 행정개입청구권의 인정여부의 문제라 할 수 있다. 경찰권발동가능여부는 경찰권의 근거와 한계의 문제인바, 경찰권의 근거는 일반조항(개괄조항)의 인정여부가 문제되고 경찰권의 한계에서는 특히 경찰공공의 원칙이 문제된다. 그런데 경찰은 경찰불출동이유로 사생활 및 사주소를 들고 있으므로 이에 대한 검토가 필요하기 때문에 사주소불가침의 원칙에 대해서도 설명이 필요다. 즉, 사주소라 할지라도 직접 공중에 영향을 미치는 음향 · 매연 · 지나친 소음 등은 경찰권발동의 대상이 될 수 있다는 점이다.

그리고 행정개입청구권의 성립요건과 관련하여 일반적인 공권성립요건과 더불어 민사적 구제가 가능한 경우에는 해당되는 않는다는 보충성의 원리가 적용될 수 있다는 점도 유념할 필요가 있다.

3. 甲의 권리구제수단에 관하여

부작위위법확인소송의 적법요건으로서 부작위에 대한 설명이 좀 더 상세할 필요가 있고, 부작위위법확인소송과 거부처분취소소송의 판결의 기속력으로서의 간접강제에 대한 언급도 필요하다고 할 것이다. 국가배상책임의 인정과 관련하여 무장공비사건(세칭 1.21사건)에서 경찰불출동으로 인한 국가배상책임을 인정한 판례(대판 1971.4.6, 71다124)가 참고 될 수 있을 것이다.

경찰공공의 원칙과 경찰비례의 원칙

정 선 균 강사

행시 제52회(08년)

자신의 차량을 이용하여 외판업을 하는 甲은 호프집 주인이 국도에 진입하기 위하여 사비를 들여서 개설한 사설도로 위에 자신의 차를 주차시켜 놓고 친구들과 함께 술을 마시고 있었다. 그러던 중 다른 손님의 차를 빼기 위하여 甲은 음주상태에서 위 사설 도로상에서 약 10m 정도 운전을 하다가 때마침 순찰중인 교통경찰관이 음주측정을 요구하자 이를 거부하였다. 이에 관할 지방경찰청장은 음주측정 거부를 이유로 甲의 운전면허를 취소하였다. 甲은 위 사설도로상에서 경찰관이 음주측정을 할 수 없고, 다른 손님의 차를 빼기 위하여 운전한 경우까지 음주측정을 요구한 것은 과도한 것이며, 더구나 경찰의 운전면허취소는 가족의 생계를 책임지고 있는 자신의 입장에서 너무 가혹하다고 주장한다. (총 30점)

(1) 위 사안의 경우 경찰권의 한계에 대해서 설명하시오. (15점)

(2) 甲 주장의 타당성을 검토하시오. (15점)

C/O/N/T/E/N/T/S

Ⅰ. 쟁점의 정리
Ⅱ. 경찰권의 한계
  1. 법규상의 한계
  2. 경찰법상 일반법원칙의 한계
Ⅲ. 甲의 주장에 대한 타당성 검토
  1. 사주소불가침의 원칙 위반 여부
  2. 비례의 원칙 위반 여부
Ⅳ. 사안의 해결

Ⅰ. 쟁점의 정리

(1) 설문 (1)에서는 경찰편의주의 원칙에 따라 비교적 폭넓은 재량이 부여되는 경찰작용을 제한하기 위하여 논의되는 경찰권의 한계에 관하여 살펴보기로 한다.

(2) 설문 (2)에서는 사설도로에서 음주측정을 하는 것이 경찰권의 한계로서 사주소불가침의 원칙에 반하는지 여부와, 또한 다른 손님의 차를 빼기 위하여 10m 정도를 운전한 경우까지 음주측정을 요구한 것과 운전을 통하여 가족의 생계를 책임지고 있는 자에 대한 면허취소가 비례의 원칙에 반하는지 여부를 살펴보기로 한다.

Ⅱ. 경찰권의 한계

1. 법규상의 한계

(1) 법률유보의 원칙과 법률우위의 원칙

경찰작용은 명령과 강제를 위주로 하는 전형적인 권력적 작용에 해당하기 때문에 반드시 법률의 근거에 따라 행하여져야 하며, 아울러 법령에 위반하여서는 안된다.

(2) 경찰작용의 편의주의와 그 한계

다만 공공의 안녕과 질서에 대한 위해는 아주 다양하여 예견이 가능하지 않기 때문에, 경찰관직무집행법을 비롯한 대부분의 경찰작용에 대한 수권법률들은 법률요건에 불확정법개념을 사용하거나 법률효과를 가능규정으로 하여 경찰행정청에게 판단여지나 재량을 부여하고 있는바, 이를 경찰작용의 편의주의라고 한다. 그러나 경찰행정청에게 위해방지작용에 있어서 판단여지나 재량이 부여된다고 하더라도 그 한계를 준수하여야 한다.

2. 경찰법상 일반법원칙의 한계

(1) 개설

상술한 바와 같이 경찰의 위해방지작용에 있어서 편의주의원칙에 따라 비교적 폭넓은 재량이 부여되기 때문에 이를 제한하기 위한 경찰법상의 일반적인 법원칙이 발전되어 왔다. 이러한 경찰법상의 일반적인 법원칙으로는 ① 경찰소극의 원칙, ② 경찰공공의 원칙, ③ 경찰비례의 원칙, ④ 경찰평등의 원칙, ⑤ 경찰책임의 원칙 등이 있는바, 특히 사안과 관련해서는 경찰공공의 원칙과 경찰비례의 원칙이 관련이 깊다.

(2) 경찰공공의 원칙

경찰권은 공공의 안녕과 질서의 유지를 위하여만 발동될 수 있고, 그와 직접적인 관계가 없는 개인의 생활활동에 대하여는 원칙적으로 관여할 수 없는바, 이를 경찰공공의 원칙이라고 한다.

구체적으로 살펴보면, ① 사회질서에 영향을 끼치지 않는 개인의 사생활에 대해서 경찰이 간섭할 수 없다는 사생활불가침의 원칙과 ② 사회와 직접적 접촉이 없는 개인의 주거장소에는 경찰권을 발동할 수 없다는 사주소불가침의 원칙, 그리고 ③ 민사상 법률관계에 대한 분쟁은 경찰권의 개입사항이 아니라는 민사관계불가침의 원칙 등이 있다.

특히 사안과 관련해서는 사주소불가침의 원칙이 문제가 되는 바, 여기에서 '사주소'란 일반사회와 직접적인 접촉이 없는 개인의 거주장소를 의미하며 개인의 주거용의 가택뿐만 아니라, 회사 · 사무소 · 연구실 등도 여기에 포함된다. 그러나 여관 · 음식점 · 역 · 버스터미널과 같이 항상 불특정다수인이 자유로이 출입할 수 있는 이른바 경찰상 공개된 장소는 사주소에 포함되지 않는다.

(3) 경찰비례의 원칙

비례의 원칙은 행정목적과 이를 실현하는 수단사이에는 합리적인 비례관계가 있어야 한다는 원칙으로서 모든 행정영역에 적용되는 행정법의 일반원칙이다. 특히 경찰관직무집행법 제1조 제2항은 "경찰관의 직권은 그 직무수행에 필요한 최소한도 내에서 행사되어야 하며 이를 남용하여서는 안된다"라고 하여 경찰권발동에 있어서 비례의 원칙을 명시적으로 규정하고 있다.

경찰비례의 원칙은 공공의 안녕과 질서유지라는 공익목적과 이를 실현하기 위하여 개인의 권리나 재산을 침해하는 수단 사이에는 합리적인 비례관계가 있어야 한다는 원칙으로서 ① 적합성의 원칙, ② 필요성의 원칙, ③ 상당성의 원칙의 3요소를 그 내용으로 하고 있다.

Ⅲ. 甲의 주장에 대한 타당성 검토

1. 사주소불가침의 원칙 위반 여부

(1) 문제점

사안에서 도로교통법의 적용대상이 되는 도로의 개념에 사설도로가 포함된다고 해석하는 것이 사주소불가침의 원칙에 반하는 것이 아닌지가 문제된다. 만약 甲이 운전한 장소가 도로교통법 제2조 제1호 소정의 도로가 아닌 때에는 동법 제44조 제1항의 주취운전금지규정을 위반하였다고 볼 여지가 없어 같은 조 제2항 소정의 음주측정거부도 성립할 수 없기 때문이다.

(2) 도로교통법의 적용대상이 되는 도로

도로교통법의 적용대상이 되는 도로의 개념은 사비로 개설하였는지 와는 무관하게 "당해 통행로가 현실적으로 불특정 다수의 사람 또는 차량의 통행을 위하여 공개된 장소로서 교통질서유지 등을 목적으로 하는 일반 교통경찰권이 미치는 공공성이 있는 곳을 의미하는 것이므로, 특정인들만이 사용할 수 있고 자주적으로 관리되는 장소는 이에 포함된다고 볼 수 없다"는 것이 판례의 입장이다(대판 1998.3.27, 97누20755).

(3) 사안의 사설도로가 도로교통법의 적용대상이 되는 도로에 해당하는지 여부

甲이 음주 상태에서 승용차를 운전한 장소는 개인이 사비를 들여 개설한 교통로이기는 하지만, 그 교통로와 국도가 연결되어 있으므로 현실적으로 불특정 다수의 사람 또는 차량의 통행을 위하여 공개된 장소로서 교통질서유지 등을 목적으로 하는 일반 교통경찰권이 미치는 공공성이 있는 도로교통법상의 도로에 해당한다고 보아야 할 것이다.

(4) 소결

사안의 사설도로는 도로교통법의 적용대상이 되는 도로에 해당하므로 이는 사적인 주거에 해당하는 영역이라고 볼 수 없어, 甲에 대한 음주측정이라는 경찰권 발동은 사주소불가침의 원칙에 위반되지 않는다.

2. 비례의 원칙 위반 여부

비례원칙의 내용으로 검토되는 적합성·필요성·상당성의 원칙은 순차적·단계적으로 검토되어야 하며, 이 중 어느 하나에도 위반할 경우 그 경찰행정작용은 위법 내지는 위헌이 된다.

(1) 적합성의 원칙

적합성의 원칙이란 경찰행정기관이 취한 수단은 위험이나 장해의 극복이라는 경찰행정목적을 달성하기에 적합하여야 함을 의미한다. 따라서 사실상 또는 법상 불가능한 것을 내용으로 하는 수단은 부적합한 것이 되며, 또한 목적이 없거나 목적에 반하는 처분도 적합성의 원칙에 반하게 된다.

사안에서 음주운전으로 인한 위험을 방지하기 위한 수단인 음주측정요구와 그 거부에 따른 운전면허취소처분은 위험방지목적에 적합한 수단이라고 평가되므로, 적합성의 원칙에는 위반되지 않는다.

(2) 필요성의 원칙(최소침해의 원칙)

최소침해의 원칙이라고도 불리는 필요성의 원칙은 경찰행정목적을 달성하기 위한 경찰조치는 필요한 한도 이상으로 행하여져서는 안된다는 것을 의미한다. 즉 동일한 목적을 실현시킬 수 있는 적합한 수단이 여러 가지가 있는 경우에 행정의 상대방에게 가장 적은 침해를 주는 수단을 선택하여야 함을 의미한다.

사안에서 음주운전으로 인한 위험을 방지하기 위한 수단 중 운전면허취소처분이 목적 달성을 위한 가장 침해가 적은 수단이라고 보기에는 곤란한 측면이 있지만, 면허취소나 정지와 같은 제재적 처분의 수단들은 법위반행위의 정도에 따라 차등적으로 부과하는 것이므로 반드시 취소침해성의 원칙에 위반하는 수단이라고는 할 수 없다고 본다.

(3) 상당성의 원칙(협의의 비례원칙)

협의의 비례원칙이라고도 하는 상당성의 원칙은 최소로 침해를 주는 수단을 선택하는 경우에도, 경찰행정목적에 의하여 추구되는 이익이 행정의 상대방이 받는 손해보다 커야 함을 의미한다. 구체적인 경우에 경찰조치를 취하지 않을 경우에 침해될 공익과 취할 경우에 침해되는 상대방의 이익을 비교형량하여야 한다.

사안에서 甲은 자신의 차량 뒤에 주차한 다른 차량의 진로를 열어주기 위하여 부득이 이 사건 음주운전을 하게 되었고 그 운전 거리도 약 10m에 불과한 점과 또한 甲은 차량을 이용하여 외판업에 종사하는 자로서 가족의 생계를 책임지고 있다는 점을 감안하면, 甲의 운전면허를 취소함으로써 달성하려는 공익에 비하여 그로 인하여 甲이 입게 될 불이익이 막대하여 甲에게 지나치게 가혹하여 상당성의 원칙에 반한다고 할 것이다(대판 1998.3.27, 97누20755).

Ⅳ. 사안의 해결

(1) 경찰권의 행사에는 일정한 한계가 있는바, 법률유보의 원칙과 법률우위의 원칙을 준수하여야 하며, 특히 경찰공공의 원칙, 경찰비례의 원칙 등 경찰법상 일반법원칙상의 한계를 준수하여야 한다.

(2) 사안에서 사설도로에서 음주단속을 하는 것이 경찰공공의 원칙의 한 내용인 사주소불가침의 원칙에 위반되는 것이 아닌가 문제되는바, 사안의 사설도로가 현실적으로 불특정 다수인의 통행에 제공되고 있는 이상 도로교통법상의 도로에 해당한다고 할 것이므로, 사설도로상에서 경찰관은 음주측정을 할 수 없다는 甲의 주장은 타당하지 않다고 생각한다.

(3) 다만 차를 비켜주기 위한 10m 정도의 운행에 대해 운전면허취소처분을 하는 것은 그로 인해 달성하려는 공익에 비해 침해되는 甲의 사익이 지나치게 크다고 평가되므로, 운전면허취소가 너무 가혹하다는 갑의 주장은 타당성이 있다고 할 것이다.

교/수/강/평

정 하 중 (서강대학교 법대 교수)

(1) 사설도로상의 음주측정요구와 관련하여 경찰권의 한계에 관하여 묻고 있는 바, 여기서는 경찰공공의 원칙과 경찰비례의 원칙이 고려된다. 모범답안은 이에 대하여 잘 기술하였다.

(2) 모범답안은 사설도로도 현실적으로 불특정 다수의 사람 또는 통행을 위하여 공개된 장소인 경우에는 일반 교통경찰권이 미치는 공공성이 있는 곳을 의미한다는 판례(대판 1998. 3. 27, 97누20755)의 입장을 고려하여 음주측정요구는 사주소불가침의 원칙에 반하지 않는다는 입장을 취하고 있는바, 타당한 견해라고 판단된다. 아울러 음주측정요구 및 운전면허취소처분이 비례의 원칙에 위배되는지 여부를 ① 적합성의 원칙, ② 필요성의 원칙, ③ 상당성의 원칙과 관련하여 무리 없이 기술하였다.

경찰책임

제53회 행정고시 일반행정직 합격 김 고 현

행시 제54회(10년)

A 공연기획사는 연휴를 맞이하여 유명 가수 B를 초청하여 음악회를 열고자 계획하였다. 그런데 가수 B는 갑작스런 질병을 이유로 공연장에 나타나지 않았다. 공연장에 갔던 관람객들은 환불조치를 요구하였고, A사가 환불을 약속했음에도 분을 이기지 못해 거리를 점거하고 소동을 피웠으며 인근 상가의 간판을 떼어내어 도로에 바리케이트를 쳤다. 이 경우 경찰상 책임에 대하여 설명하시오. (25점)

C/O/N/T/E/N/T/S

Ⅰ. 논점의 정리
Ⅱ. 사안에서 경찰책임자가 누구인지
1. 경찰책임의 원칙의 의의
2. 경찰책임의 유형
3. 사안의 경우
Ⅲ. 경찰책임자의 경합과 비용상환
1. 경찰책임자의 경합
2. 비용상환청구의 문제
Ⅳ. 사안의 해결

Ⅰ. 논점의 정리

(1) 경찰책임의 유형으로 행위책임과 상태책임을 검토하여 행위책임자와 상태책임자를 판단한다.

(2) 설문의 경우 관람객이라는 다수의 행위자들이 존재하고, 행위책임자와 상태책임자가 일치하지 않는다면 책임자의 경합의 문제가 생길 수 있는바 이에 대해 검토한다. 그리고 비용상환청구의 문제를 추가적으로 검토한다.

Ⅱ. 사안에서 경찰책임자가 누구인지

1. 경찰책임의 원칙의 의의

경찰책임의 원칙이란 경찰권은 경찰상 위험의 발생 또는 위험의 제거에 책임이 있는 자에게 발동되어야 한다는 원칙을 말한다. 따라서 경찰권 발동은 경찰상의 위해방지나 장애제거의 의무가 주어지는 당사자에게 우선 행해지게 된다. 즉, 경찰권 발동의 상대방이 누구인가에 관한 문제이다.

2. 경찰책임의 유형

(1) 행위책임

① 행위책임이란 스스로의 행위나 자신의 보호 · 감독 하에 있는 사람의 행위로 인해 공공안녕이나 공공질서에 대한 위해나 장애를 야기한 경우에 발생되는 책임이다. 이때의 행위는 적극적인 작위 뿐 아니라, 부작위도 포함된다.

② 형사책임무능력자인 행위자 및 심신장애나 심실상실 상태에 있는 사람에 의한 행위에 대해서는 보호의무나 감독의무를 지는 친권자, 후견인 등이 행위책임을 진다. 또한 사용자에 대해서는 그를 감독하고 지시할 수 있는 관계에 있는 사용자도 행위책임을 진다. 이때의 행위책임은 개별적 행위자의 책임과 병존하는 책임의 성질을 가진다.

(2) 상태책임

① 상태 책임이란 물건이나 동물의 소유자, 점유자 또는 사실상의 지배권을 행사하는 사람이 당행 물건의 상태나 동물의 행위로부터 야기된 경찰상의 위해에 대해서 지는 책임이다. 물건의 상태란 물건 자체의 성질이나 공간적인 위치 등을 의미한다.

② 상태책임의 주체는 물건의 소유자뿐 아니라 사실상의 지배권을 행사하는 모든 사람이 대상이 된다. 사실상의 지배권에 대해서는 지배권의 권원의 직접성 여부는

묻지 않으며 소유권자는 이차적으로 경찰책임의 대상이 된다. 그러나 도난이나 압류처럼 사실상의 지배권자가 소유자의 의사에 반하여 지배권을 행사하는 경우에는 소유권자는 이러한 상태책임으로부터 면제된다.

3. 사안의 경우

우선 거리를 점거하고 소동을 피운 직접적 원인 제공자로서 관람객들은 행위 책임자이다. 상태책임자로는 공연을 총괄적으로 관리하는 위치에 있는 A 공연기획사와 도로의 바리케이트를 사실상 지배하고 있는 관람객이 상태 책임이 있다고 볼 수 있다. 따라서 사안의 경우에는 A 공연기획사와 관람객 다수가 경찰책임에 관여하는 복합적인 책임상태에 있다.

Ⅲ. 경찰책임자의 경합과 비용상환

1. 경찰책임자의 경합

(1) 의의

경찰상의 위해가 다수인의 행위 또는 다수인이 지배하는 물건의 상태로 발생하거나 행위책임자와 상태책임자가 경합하여 발생하는 경우를 말한다. 설문의 경우 경찰책임자가 다수인이므로 경찰책임자가 경합되는 경우이다.

(2) 책임자 경합시 경찰권 상대방 결정

기본적으로 경찰상의 처분은 위험이나 장해를 가장 신속하고도 효과적으로 제거할 수 있는 위치에 있는 자에게 행해져야 한다. 원칙적으로는 시간적으로나 장소적으로 위험에 가장 근접해 있는 자가 처분의 상대방이 될 것이지만, 종국적으로는 그것은 비례원칙을 고려하여 의무에 합당한 재량으로 정할 문제이다.

(3) 사안의 경우

관람객 다수와 A 공연기획사 모두 경찰책임자이다. 그러나 현재 관람객들은 A 공연기획사의 통제에서 벗어나 있으며 그들의 힘으로는 손 쓸 수 없는 지경이 되었다. 즉, 관람객 스스로가 경찰책임을 지는 것이 현재의 문제를 가장 신속하게 해결할 수 있는 길이다. 그리고 사태의 직접적 원인도 관람객들이 제공하였으므로 책임도 가장 무겁다. 따라서 바리케이트 철거명령과 해산명령 등을 관람객들에게 발령하여야 한다.

2. 비용상환청구의 문제

(1) 문제점

다수책임자의 경우 경찰권 발동이 적법한 경우에 경찰책임의 이행에 드는 비용을 각 책임자가 분담해야하는지가 문제된다. 이 경우 민법상 연대채무자 사이의 책임부담에 근거하여 비용상환을 청구할 수 있는지가 검토한다.

(2) 학설

① 민법상 연대책임자 사이의 책임의 분담에 관한 규정과 법리를 유추적용하여 가능하다고 보는 긍정설, ② 구체적인 경우 특정인만이 현실적인 경찰책임의 대상이 되고 있다고 평가되는 경우는 그 특정인에 대한 재량행사에 대해서는 다른 경찰책임자에게 비용상환청구권이 인정되지 않지만, 각 행위자 등에게 부과되어 있는 의무내용들이 서로 동일한 경우에는 민법상의 연대채무자간의 내부구상권이 유추적용 될 수 있다는 절충설, ③ 경찰책임자는 자신의 일을 하는 것이므로 민법상 사무관리규정을 유추적용할 수 없으며, 다수의 경찰책임자는 연대채무자가 아니라는 점 등을 근거로 부정하는 부정설이 있다.

(3) 검토 및 사안의 경우

경찰권발동의 문제와 다수책임자 사이의 비용부담문제는 별개라는 점, 다수책임자가 있는 경우 경찰권발동은 경찰상 위해의 효율적인 제거가 주된 기준이지만 다수책임자 사이의 비용부담의 문제는 책임분담의 원리에 따라 결정되는 것이 정의의 원칙에 비추어 타당하다는 점 등에 비추어 긍정설이 타당하다. 따라서 관람객들 사이에 연대 채무 법리에 따른 비용상환을 청구할 수 있다.

Ⅳ. 사안의 해결

(1) 관람객들은 행위책임자이자 상태책임자로서 경찰책임이 있고, A 기획사는 상태책임자로서 경찰책임이 있다.

(2) 다수의 경찰책임자가 경합하는 상황이나, 위해를 신속하고 효과적으로 제거할 수 있는 위치에 있는 관람객들에게 경찰권발동이 행해져야 한다. 그리고 비용상환청구권을 긍정하는 견해에 따라서 관람객들 사이에 비용의 부담이 이루어질 수 있다.

교/수/강/평

김 향 기 (성신여대 법대 교수)

A기획사의 가수B초청 차질로 관람객들이 도로점거와 바리케이트 설치로 인한 경찰책임의 문제이다. 이 문제의 모범답안은 대체로 쟁점을 잘 파악하여 검토하고 있다. 다만, 행위책임의 경우, 그 인과관계의 결정기준에 관해 견해가 나뉘는바(조건설, 상당인과관계설, 직접원인설), 견해에 따라 A와 B 및 관람객들 중 경찰책임의 소재가 다를 수 있다는 점을 좀 더 구체적으로 검토할 필요가 있다.

경찰책임의 주체, 경찰권발동의 법적근거와 한계

행시 제57회(13년)

제54회 사법시험 합격 안 00

A시는 문화예술 진흥을 목적으로 지역주민들을 위한 대규모 무료 콘서트 행사를 시립운동장에서 개최하였다. 행사 시작 전 이미 참석인원이 시설수용인원을 과도하게 초과하였음에도 A시에서는 안전요원의 배치 등 적정한 안전조치를 취하지 않은 채 무리하게 행사를 강행하였다. 이에 행사 참석자들의 안전에 대한 위험이 존재한다고 판단한 관할 경찰서장은 A시 시장에 대하여 행사중지명령을 발하고자 한다. A시 시장에 대한 경찰서장의 경찰처분은 적법한가?(20점)

C/O/N/T/E/N/T/S

I. 문제의 소재

경찰서장의 행사중지명령의 적법성과 관련하여 ① 행정기관인 A시 시장에게 경찰명령을 발령할 수 있는지가 형식적 경찰책임의 주체와 관련하여 문제되고, ② 법률유보·법률우위 원칙과 관련하여 경찰관직무집행법 제5조 제1항 및 경찰권의 한계를 준수 여부를 검토하여야 한다.

II. 행정기관에 대하여 경찰권을 발동할 수 있는지 여부 – 경찰책임의 주체

1. 문제점

① 사안에서 A시는 시립운동장에서 개최되는 행사의 참석인원이 시설수용인원을 과도하게 초과하였음에도 무리하게 행사를 강행하여 공공의 안녕·질서에 위험을 야기하여 실질적 경찰책임은 부담한다. ② 이러한 A시의 시장이 경찰명령에 복종하여야 하는지는 형식적 경찰책임의 문제이다.

2. 학설

① 이를 인정할 경우 다른 기관에 대한 경찰행정청의 우위를 뜻하게 되므로 부정된다는 견해, ② 모든 공법적인 기능이 가치에 있어서 동등함을 뜻하는 것은 아니라는 것을 전제로 긍정하는 견해, ③ 행정기관의 공적과제 수행과 공공의 안녕·질서를 비교·형량하여 후자의 이익이 더 큰 경우에 제한적으로 인정될 수 있다는 견해 등이 대립한다.

3. 검토 및 사안의 경우

국민의 신체, 재산 등 공적목적달성보다 우위에 있는 법익에 대한 위험방지가 급박한 경우에는 예외적으로 경찰권을 발동할 수 있다고 보는 것이 국민보호관점에서 타당하다. 다만 남용가능성 및 권한분배의 문제가 생길 수 있으므로 입법론적으로는 명문규정을 두는 것이 바람직하다. 사안의 경우는 문화예술 진흥의 공적 목적 달성에 비해 행사 참석자들의 신체, 재산에 대한 안전이 더 중요하다고 판단되는바, 관할 경찰서장은 예외적으로 A시 시장에 대하여 경찰권을 발동할 수 있다.

III. 행사중지명령의 법적 근거

경찰처분은 침익적 행정행위로서 법률상 근거를 요한다(법률유보의 원칙). 사안에서는 표준처분으로서 경찰관직무집행법 제5조 제1항이 문제되는데, 행사 시작 전부터 이미 참석인원이 시설수용인원을 과도하게 초과하여 극단한 혼잡상태가 존재하므로 관할경찰서장은 행사주최자이자 시립운동장의 관리주체인 A시의 시장에 대하여 위험방지를 위한 조치를 취할 수 있다. 따라서 당해 행사중지명령의 법적근거는 갖추어졌다.

IV. 경찰권발동의 한계 준수 여부

1. 한계의 내용 및 문제점

(1) 법률우위의 원칙상 성문법규를 위반해서는 안되고 경찰행정권의 재량의 일탈·남용을 방지하기 위해 ① 경찰소극의 원칙, ② 경찰공공의 원칙, ③ 경찰평등의 원칙, ④ 경찰책임의 원칙, ⑤ 경찰비례의 원칙 등의 준수가 요구된다.

(2) 사안에서 행사중지명령은 ① 행사에 참여한 지역주민의 안전을 위한 ② 소극적인 질서유지행위이고, ③ 시립운동장의 관리주체이자 행사를 개최하면서도 과도한 인파에 대한 적정한 안전조치를 취하지 않은 A시의 시장에 대한 것이며, ④ 경찰평등의 원칙은 달리 문제되지 않는다. ⑤ 다만 행사를 계속 진행하면서도 주민의 안전을 강구할 수 있는 조치를 고려하지 않고 행사중지명령을 발하는 것이 경찰비례의 원칙에 위반되는 것은 아닌지 문제된다.

2. 경찰비례의 원칙 위반 여부

(1) 경찰비례의 원칙은 경찰목적과 그 실현수단 간에 합리적 비례관계에 있어야 한다는 원칙으로서(헌법 제37조 제2항, 경찰관직무집행법 제1조 제2항) 적합성의 원칙, 필요성의 원칙, 상당성의 원칙을 내용으로 한다.

(2) 사안의 경우 ① 행사참석인원이 과도하여 발생할 안전상 위험을 방지하기 위해 행사 자체를 중단시키는 것은 그 목적을 달성하기에 적합하다. 그러나 ② 안전요원을 배치하거나 참석하고자 하는 인원을 선착순으로 하여 입장을 제한하는 등 행사를 계속 진행하면서도 과도한 인파로 인한 안전위험을 방지할 수 있는 대책이 존재함에도 불구하고 행사 자체를 중단할 것을 명하는 것은 과도한 제한으로서 필요성의 원칙에 반하며, ③ 달성하려는 경찰목적에 비해 침해되는 이익이 과도하여 상당성의 원칙에도 반한다. 따라서 경찰비례의 원칙에 반한다.

V. 사안의 해결

사안의 행사중지명령은 국민의 신체, 재산의 안전이라는 중요한 법익 보호를 목적으로 하는 것으로서 예외적으로 행정기관인 A시의 시장에 대하여도 발동이 가능하고 경찰관직무집행법 제5조 제1항 제3호에 의한 것이지만, 경찰비례의 원칙을 위반한 과도한 것으로서 위법하다.

교/수/강/평

김 향 기(성신여자대학교 법대 교수)

경찰서장의 A시장에 대한 행사중지명령으로서 경찰권의 근거와 한계가 문제된다. 즉, 법률유보의 원칙상 어떠한 법적 근거에 의하여 경찰권을 발할 수 있으며, 경찰권의 한계로서 행정기관에게도 경찰권을 발동할 수 있는 경찰책임을 부담하는지, 그리고 위 경찰권행사는 비례의 원칙에 위배되는 것은 아닌지 문제된다.

먼저, 경찰서장의 행사중지명령의 근거로서, 개별적 수권조항으로 경찰관직무집행법 제5조의 위험발생방지조치에 해당하는지 여부와, 일반적 수권조항으로서 경찰법 제3조 및 경찰관직무집행법 제2조의 제6호 '기타 공공의 안녕과 질서유지'의 적용가능성이 문제된다. 경찰관직무집행법 제5조 제1항 '인명 또는 신체에 위해를 미치거나 재산상 중대한 손해를 끼칠 우려가 있는 … 극단한 혼잡 기타 위험한 사태가 있을 때에는, … 관계인에게 위해방지상 필요한 조치를 할 수 있다'는 규정의 적용이 문제되고, 나아가 같은법 제2조 제6호의 일반적 수권조항의 적용여부를 검토할 수 있다.

다음, A 시장에게 행사중지명령과 같은 경찰권을 행사할 수 있는지 문제되는데, 이는 경찰권의 한계의 문제로서 경찰책임의 원칙에 관한 문제이다. 즉, 경찰책임의 원칙은 경찰권은 원칙적으로 질서위반의 행위 또는 상태의 발생이나 발생위험에 대하여 직접 책임질 지위에 있는 자에게 발동할 수 있다는 원칙인데, 경찰책임을 부담하고 경찰권 발동의 대상이 되는 자에 국민이 아닌 국가기관도 포함되는지에 대하여 부정설과 (한정적)긍정설로 견해가 나뉘고 있다는 점이다. 한편 사안은 행위책임에 해당한다고 할 수 있는바, 행위책임귀속의 결정기준에 관해 조건설, 상당인과관계설, 직접원인설 등 견해의 대립을 검토하고 A시장의 경찰책임문제를 해결하면 된다(이상 김향기, 행정법개론 제10판, 탑북스, 794쪽~803쪽 참조).

마지막으로 경찰권의 한계의 문제로서 문제될 수 있는 경찰비례의 원칙에의 위반 여부를 검토하면 된다.

시위진압행위의 행정법상 법률관계

제47회 사법시험 합격 최 유 신

농수산물수입개방에 반대하여 강원도 농민 약50여명이 승용차를 타고 상경하여 그들의 뜻을 관철시킬 목적으로 집회 및 시위에 관한 법률에 따라 신고를 거친 뒤 적법한 시위를 하였다. 시위 도중 일단의 대학생들과 합류하면서 집회장소를 벗어나 시위가 곧 과격해졌다. 농민 甲을 위시한 20여명이 부근에 세워 두었던 자신들의 승용차를 끌고 와서 도로를 검거하였다. 이에 청량리경찰서장 乙은 도로에서의 위험을 방지하고 교통의 안전과 원활한 소통을 위하여 시위진압이 긴급하다고 판단하고 최루탄과 공포탄을 사용하여 시위진압을 시도하였다. 이 과정에서 甲을 포함한 20여명의 농민들은 황급히 차량들을 도로상에 방치한 채 도주하였다. 청량리경찰서장 乙은 원활한 교통소통과 도로교통의 안전을 확보하기 위하여 도로에 방치한 차들을 견인하려고 인근에 위치한 차량정비소를 경영하는 丙에게 견인을 명하였다.
위 사안에서 ① 청량리경찰서장 乙과 농민 甲과의 행정법상의 법률관계와 ② 청량리경찰서장 乙과 차량정비업자 丙간의 행정법상 법률관계를 논하라.(30점)

C/O/N/T/E/N/T/S

I. 문제의 소재

(1) 乙와 甲간의 행정법상의 법률관계에 관하여는, 먼저 ① 乙의 시위진압행위에 대한 법적성질과 그 행위가 적법한 것인가를 검토하여야 한다. ② 또한 시위진압행위가 적법하더라도 최루탄과 공포탄을 사용한 행위가 적법한 것인지, 위법하다면 그 하자의 정도는 어떠한가를 살펴보아야 한다. ③ 위 시위진압행위의 위법성이 인정되는 경우에는 甲의 권리구제방법으로서 항고소송의 제기가 가능한지, 국가배상청구권이 가능한지, 乙에 대한 민사상 손해배상청구가 가능한지를 검토한다.

(2) 乙과 丙간의 행정법상의 법률관계에 관하여는, ① 경찰책임의 원칙과 그에 대한 예외로서 제3자의 경찰책임에 대한 이론을 살펴본 후, ② 비교란자인 丙에 대한 경찰권 발동이 적법한 것인지와 ③ 적법하다면 丙의 권리구제수단으로서 손실보상청구권을 보상규정이 없는 경우에도 인정할 수 있는지를 검토한다.

II. 乙의 시위진압행위와 관련된 행정법상 법률문제

1. 시위진압의 법적 성질

(1) 경찰상 즉시강제

경찰상 즉시강제란 경찰상 장해가 존재하거나 장해의 발생이 목전에 급박한 경우에 성질상 개인에게 의무를 명해서는 경찰목적을 달성할 수 없거나, 또는 미리 의무를 명할 시간적 여유가 없는 경우에 행정기관이 직접 개인의 신체나 재산에 실력을 가해 경찰상 필요한 상태의 실현을 목적으로 하는 작용을 말한다.

사안에서 乙은 도로에서의 위험을 방지하고 교통의 안정과 원활한 소통을 확보하기 위하여 시위진압이 긴급하다고 판단하고 최루탄과 공포탄을 사용하여 시위진압을 한 것이므로 경찰상 즉시강제에 해당한다.

(2) 즉시강제의 법적 성질

경찰상 즉시강제는 구체적인 의무부과행위이자 사실행위로서의 실력행사인 동시에 그 실력행사에 대해 참아야 하는 수인의무도 발생시키는 행위이다. 따라서 이는 사실행위와 법적 행위가 결합된 행위로서 경찰상 즉시강제는 항고소송의 대상이 되는 처분의 성질을 갖는다.

2. 시위진압의 적법성 여부

(1) 경찰상 즉시강제의 요건

경찰상 즉시강제는 ① 목전의 급박한 경찰상 위해를 제거하여야 할 필요가 있는 경우에 ② 미리 의무를 명할 시간적 여유가 없거나 또는 그 성질상 의무를 명해서는 그 목적을 달성하기 곤란한 때에 행할 수 있다.

(2) 사안의 경우

甲 등이 일정한 장소에서 적합하게 시위를 개최한 후에 도로를 점거한 시위는 신고한 장소, 방법 등의 범위를 현저히 일탈한 행위이므로, 집회 및 시위에 관한 법률 제16조 제4항 제3호, 제20조 제1항 제5호에 따라 관할경찰서장은 상당한 시간 내

에 자진해산할 것을 요청하고 이에 응하지 아니할 때에는 해산을 명할 수 있다. 따라서 성질상 미리 의무를 명할 수 없는 경우라고 볼 수 없고 또한 의무를 명할 시간적 여유가 없다고 보기도 어렵다. 그러므로 을의 시위진압행위는 경찰상 즉시강제의 요건을 충족하지 못하여 부적법하다.

3. 시위방법상 최루탄 · 공포탄 사용의 적법성 여부

(1) 문제점

乙의 시위진압행위는 즉시강제의 요건을 충족하지 못하여 부적법하나, 설사 이를 적법하다고 보더라도, 乙이 시위진압을 함에 있어서 최루탄 · 공포탄을 사용한 것이 적법한지가 문제된다. 따라서 이하에서는 乙의 시위진압행위가 적법하다는 전제하에서 최루탄 · 공포탄의 사용행위가 적법한 것인가를 검토하고자 한다.

(2) 법률유보원칙(근거)

경찰관직무집행법 제10조의3 제1항에서는 경찰관은 일정한 경우 최소한의 범위안에서 분사기 또는 최루탄을 사용할 수 있다고 규정하고 있으며, 경찰관직무집행법 제10조의4 제1항에서는 경찰관은 일정한 경우 무기를 사용할 수 있다고 규정하면서, 제2항에서는 무기에는 인명 또는 신체에 위해를 가할 수 있도록 제작된 권총 등을 말한다고 규정하고 있다. 따라서 乙의 최루탄과 공포탄의 사용행위는 법률에 근거한 행위이다.

(3) 법률우위원칙(한계)

경찰작용이 적법하기 위하여는 경찰비례의 원칙이 충족되어야 하는데, 경찰비례의 원칙이란, ① 경찰기관이 행한 조치 또는 수단이 의도하는 목적달성에 적합해야 하고(적법성의 원칙), ② 목적달성에 적합한 수단이 다수 있는 경우에는 상대방에게 가장 적은 침해를 주는 수단을 선택하여야 하며(필요성의 원칙), ③ 목적실현을 위하여 적합하고 필요한 경우라 하더라도 그 조치에 의하여 나타나는 불이익이 얻어지는 공익보다 큰 경우에는 당해 행정조치는 취해서는 안된다(상당성의 원칙)는 것을 그 내용으로 한다.

사안의 경우 최루탄의 사용행위는 경찰관직무집행법 제10조의3의 목적달성에 적합한 것으로 보이며 시위군중을 해산시키기 위한 필요하고도 상당한 수단임을 인정할 수 있으나, 공포탄의 사용행위는 동법 제10조의4의 규정에 비추어 볼 때 그 목적달성에 적합한 수단이라 볼 수 없고 또한 최루탄의 사용만으로도 시위군중 해산이라는 목적을 달성할 수 있기 때문에 필요성의 원칙에도 반한다.

4. 위법성의 정도

(1) 문제점

乙의 공포탄 사용행위는 경찰상 즉시강제의 요건을 충족하지 못하였고 또한 경찰비례의 원칙에 반하여 위법하다. 乙의 공포탄 사용행위의 이러한 하자가 취소사유에 해당하는지 또는 무효사유에 해당하는지가 문제된다.

(2) 무효와 취소의 구별기준에 관한 학설

무효와 취소의 구별기준에 관하여는 ① 하자의 중대성을 기준으로 하는 중대설, ② 일반인의 인식을 기준으로 명백한 하자인가를 중심으로 하는 명백설, ③ 하자의 중대성과 명백성을 모두 기준으로 하는 중대명백설, ④ 중대설의 입장에서 명백성 요건을 추가적인 요건으로 보는 명백성보충요건설 등이 대립하고 있다.

(3) 판례의 태도

판례는 하자있는 행정처분이 당연무효가 되기 위하여는 그 하자가 법규의 중요한 부분을 위반한 중대한 것으로서 객관적으로 명백한 것이어야 한다고 판시하여 중대명백설의 입장이다.

(4) 검토 및 사안의 경우

행정행위의 무효와 취소의 구별기준은 법적 안정성, 제3자의 신뢰보호, 행정의 원활한 수행 및 권리구제의 요청을 조화하여야 하므로 중대명백설이 타당하다. 사안의 경우 공포탄 사용행위의 하자는 중대하나 과격시위를 진압하는 과정에서 행하여졌다는 점에서 이러한 하자가 명백한 것이라고 볼 수 없으므로 취소사유에 해당한다.

III. 甲의 권리구제수단

1. 항고쟁송의 가능성

(1) 취소소송의 적법요건

취소소송이 적법하기 위하여는 ① 대상적격으로서의 처분 등이 존재하여야 하고, ② 관할법원에 제기되어야 하며, ③ 원고적격과 협의의 소의 이익이 구비되어야 하고, ④ 제소기간을 경과하지 않아야 하며, ⑤ 피고적격자를 상대로 한 것이어야 한다. ⑥ 또한 일정한 경우에는 행정심판전치를 거쳐야 한다. 사안의 경우 乙의 시위진압행위에 대하여 甲이 적법하게 취소소송을 제기할 수 있는가를 판단함에 있어서는 대상적격과 협의의 소의 이익을 충족하였는지가 문제된다.

(2) 대상적격의 구비 여부

취소소송의 대상이 되는 처분등은 '행정청이 행하는 구체적 사실에 관한 법집행으로서의 공권력의 행사 또는 그 거부와 그 밖에 이에 준하는 행정작용 및 행정심판에 대한 재결'을 말한다(행정소송법 제2조 제1항 제1호).

사안에서 문제되는 乙의 시위진압행위는 경찰상 즉시강제로서 그 법적 성질은 사실행위와 법적 행위가 결합된 행위이므로 항고소송의 대상이 된다.

(3) 협의의 소의 이익 구비 여부

협의의 소의 이익이 인정되기 위하여는 처분의 효력이 존재하여 권리침해의 상태가 계속되거나 또는 취소를 통하여 원상회복이 가능하여야 한다. 행정소송법 제12조 제2문은 처분 등의 효과가 소멸하였다 하더라도 처분 등의 취소판결을 받음으로써 회복되는 법률상 이익이 있는 경우에는 취소소송을 제기할 수 있다는 예외를 규정하고 있다. 이와 관련하여 판례는 사실행위가 실행이 완료된 이후에는 손해배상, 원상회복을 청구하는 것은 몰라도 사실행위의 취소를 구하는 경우에 권리보호의 이익을 부정한다.

사안의 경우 이미 시위에 대한 집행이 종료되었으므로 甲은 행정소송을 제기할 법률상이 이익이 없다.

(4) 소결

甲의 권리구제수단으로 乙의 시위진압행위에 대한 취소소송을 생각해 볼 수 있으나, 乙의 시위진압행위는 권력적 사실행위로서 이미 그 집행이 종료되어 이에 대한 취소를 구할 법률상이 이익이 없는 것이므로 부적법 각하될 것이다. 따라서 甲은 취소소송의 제기를 통해 권리구제를 받을 수 없다.

2. 국가배상청구의 가능성

(1) 국가배상청구권의 성립요건

국가배상법 제2조 제1항 본문에 의하면, 국가배상책임이 성립하기 위하여는, ① 공무원의 직무상의 가해행위, ② 고의 또는 과실에 기한 가해행위, ③ 가해행위의 위법성, ④ 타인에 대한 손해발생, ⑤ 가해행위와 손해발생간의 인과관계 등이 충족되어야 한다.

사안에서는 乙의 시위진압행위에 대하여 항고소송을 통하여 취소를 구할 수 없으므로 이러한 경우에도 ③의 요건인 가해행위의 위법성을 인정하여 국가배상청구권의 성립을 인정할 수 있는지가 문제된다.

(2) 민사법원의 선결문제 심리 가부

행정행위의 위법여부가 쟁점인 경우, 민사법원이 선결문제인 행정행위의 위법여부를 판단할 수 있는가에 관하여는, ① 공정력은 법적 안정성의 관점에서 인정된

절차적 통용력으로서 행정소송법 제11조는 선결문제 심판권에 대한 예시적 규정에 불과하다고 보아 이를 인정하는 적극설과, ② 공정력을 행정행위의 적법성의 추정으로 파악하고 행정소송법 제11조 제1항을 제한적으로 해석하여 민사법원의 행정행위의 위법여부 판단을 부정하는 소극설이 대립되며, 판례는 위법한 행정대집행이 완료된 경우에도 그 위법성을 이유로 손해배상청구를 할 수 있다고 하여 적극설의 입장이다.

공정력은 법적 안정성의 관점에서 유효성을 추정하는 것에 불과하므로 적극설의 태도가 타당하다.

(3) 사안의 경우

① 乙은 경찰공무원으로서 시위진압은 직무행위에 해당하고, ② 乙에게는 고의 또는 과실이 인정되며, ③ 시위진압과정에서 경찰관직무집행법 제10조의4를 위반하였고, ④ 甲의 신체에 상해를 입혔으며, ⑤ 이는 乙의 시위진압행위로 인하여 발생한 것이므로 국가배상청구권의 성립요건을 충족하였다. 또한 당해 행위의 위법성은 행정소송을 통한 취소가 있었는가와 무관하게 민사법원에서 판단할 수 있으므로 甲은 국가에 대하여 국가배상청구권을 행사하여 권리구제를 받을 수 있다.

3. 乙에 대한 손해배상청구의 가능성

(1) 문제점

甲이 乙에 대하여 손해배상청구가 가능한가를 검토하기 위하여는, 국가배상청구권이 성립하는 경우 가해공무원인 乙이 국가의 구상권에 대하여만 책임을 지는지 또는 피해자인 甲에 대하여도 민법상 직접 손해배상책임을 져야 하는지에 대한 문제를 살펴보아야 한다.

(2) 학설의 대립

① 국가 등의 배상책임과 공무원 개인의 배상책임은 관계가 없으므로 피해자가 선택적으로 청구할 수 있다는 견해, ② 국가배상책임의 성질을 헌법과 국가배상법에 따른 대위책임으로 보아 선택적 청구를 부정하는 견해, ③ 공무원의 위법행위가 경과실에 의한 때에는 선택적 청구를 인정하는 절충적 견해 등이 있다.

(3) 판례의 태도

판례는 전원합의체 판결을 통하여 공무원에게 고의·중과실이 있는 경우에는 선택적 청구를 인정하고 경과실이 있는 경우에는 선택적 청구를 부정하여 절충설과 같은 입장을 취하고 있다.

(4) 검토 및 사안의 경우

대외적으로 국민에 대한 공법상의 법률관계는 국가의 국민에 대한 관계이며, 공무원의 행위의 법적 효과는 적법이든 위법이든 모두 국가에 귀속하고, 또한 국가의 행정기능의 활성화를 위하여 국가만이 책임을 지되 고의·중과실이 있는 경우에는 피해자인 국민을 두텁게 보호하기 위하여 중첩적 배상책임을 인정하는 ③의 견해가 타당하다. 사안의 경우 乙에게 甲의 상해에 대한 고의 또는 중과실이 있었다고는 보기 어려우므로 결국 甲은 乙에 대하여 손해배상청구를 할 수 없다.

Ⅳ. 乙과 丙과의 행정법상의 법률관계

1. 경찰책임의 원칙

(1) 의의 및 종류

경찰책임의 원칙이란 경찰권은 원칙적으로 경찰위반의 상태에 대하여 책임이 있는 자에 대하여만 발동할 수 있다는 원칙이다. 경찰책임은 자기의 행위 또는 자기의 보호감독 하에 있는 자의 행위로 인한 경찰위해가 발생한 경우에 있어서의 책임인 행위책임과 어떤 물건이 경찰위해를 조성하는 경우 그 물건의 소유권자 또는 사실상 지배권을 가지는 자에게 귀속되는 책임인 상태책임이 있다.

(2) 사안의 경우

甲은 부근에 세워둔 승용차를 끌고 와 도로를 점거하였다가 이를 방치한 채 도주하였으므로 행위책임의 주체임과 동시에 상태책임의 주체이며, 양 책임은 경합한다.

2. 경찰비책임자에 대한 경찰권 발동의 적법성

(1) 의의

경찰책임의 원칙에 대한 예외로서 공공의 안녕과 질서유지를 위하여 긴급한 필요가 있는 경우에는 경찰책임이 없는 제3자에 대하여도 경찰권이 발동될 수 있으며 이를 제3자의 경찰책임 또는 경찰상 긴급상태라 한다.

(2) 요건

제3자의 경찰책임이 적법하기 위하여는, ① 위험이 이미 실현되었거나 그 현실화가 목전에 급박하여야 하며, ② 교란자에 대한 처분이 무의미하여야 하고, ③ 경찰 자신이나 위임에 의하여 해결이 불가능해야 한다. 또한 ④ 비교란자인 제3자에게 수인가능성이 있어야 한다.

(3) 사안의 경우

① 방치된 차량들로 인하여 교통의 장애와 안정상의 위험이 발생할 시간적 급박성 내지 고도의 개연성이 예견되는 상황이었으며, ② 교란자인 甲은 현장에 없었으므로 견인명령을 발한다 하더라도 사실상 위험을 방지할 수 없었고, ③ 경찰서장인 乙이 인력과 장비면에서 견인조치를 할 수 있는 상황이 아니었으며, ④ 견인명령을 丙이 수인할 수 없었다고 볼 수 없으므로, 결국 비책임자인 丙에 대한 견인명령은 제3자의 경찰책임에 대한 발동요건이 구비된 적법한 처분이다.

3. 丙의 권리구제수단

(1) 문제점

乙은 도로교통법 제31조 제2항에 의하여 견인명령을 발하였으나, 동법에는 손실보상에 관한 규정이 없으므로 이러한 경우 甲의 권리구제수단으로서 손실보상청구권을 인정할 수 있는지가 문제된다.

(2) 보상규정이 없는 경우의 권리구제방법에 관한 학설

① 국가배상법을 통한 배상청구가 가능하다는 견해, ② 헌법 제23조 제3항을 직접적용하여 손실보상청구가 가능하다는 견해, ③ 헌법 제23조 제1항 및 제11조에 근거하고 헌법 제23조 제3항 및 관계규정을 유추적용하여 보상을 청구할 수 있다는 견해 등이 대립된다.

(3) 검토 및 사안의 경우

헌법은 침해의 근거와 보상을 법률로 정하도록 하고 있어 ②의 견해는 타당하지 못하며, 공적침해에 대한 보상규정이 없다는 이유만으로 불법행위와 동일하게취급할 수도 없으므로 ①의 견해도 타당하지 못하다. 따라서 헌법규정의 간접적인 효력을 인정하는 ③의 견해가 타당하다. 사안의 경우 丙의 차량을 사용함으로써 그 사용이익에 상응하는 재산상 손실을 입었고 이러한 손실은 재산권의 한 내용인 사용・수익권의 제한에 해당하므로 丙은 손실보상을 청구할 수 있다.

V. 사안의 해결

(1) 乙과 甲간의 행정법상 법률관계에 관하여, 시위진압행위는 즉시강제의 요건을 충족하지 못한 위법한 행위이며, 그렇지 않더라도 최루탄・공포탄을 사용한 행위는 경찰비례원칙에 반하여 위법하다. 다만 그 위법성의 정도는 취소사유에 불과하다. 또한 甲의 권리구제수단으로서는 소의 이익이 인정되지 않아 항고소송은 제기할 수 없으나 국가배상청구권의 행사가 가능하다. 또한 乙에게는 고의・중과실이

인정되지 않아 민사상 손해배상청구는 할 수 없다.

(2) 乙과 丙간의 행정법상 법률관계에 관하여, 丙은 비교란자이나 제3자의 경찰책임의 발동요건을 충족하였으므로 乙의 丙에 대한 견인명령은 적법하다. 그러나 丙은 이로 인하여 손해를 입었으므로 헌법규정을 유추적용하여 그에 대한 손실보상청구권을 행사함으로써 권리구제를 받을 수 있다.

교/수/강/평

김 철 용 (건국대학교 법대 명예교수)

답안 전체를 보면 균형성의 문제가 있기는 하나, 보다 중요한 문제는 이론적으로 치밀하지 못한 점을 지적할 수 있다. 고득점을 위해서는 이론적인 헛점이 있어서는 아니되기 때문이다. 몇 가지 예를 들어 보기로 한다.

(1) 경찰상 즉시강제에는 반드시 법적근거를 필요로 한다. 답안에서는 이 점을 명백히 하여야 한다. 「집회 및 시위에 관한 법률」 제20조 제1항은 해산을 명할 수 있다는 것, 제2항은 퇴거하여야 한다는 것을 규정하고, 제24조는 그 위반에 대하여 벌칙을 과하고 있을 뿐이다. 「경찰관직무집행법」 제10조의3과 제10조의4가 정하고 있는 요건은 엄격하게 해석하여야 한다. 따라서 이 법조문에 대하여 세심한 해석이 필요하다.

(2) 경찰상 즉시강제가 사실행위와 법적행위가 결합된 것이라고 하기 위해서는 구체적 사례가 제시된 문제에서는 구체적인 법적근거의 제시가 필요하다. 사실행위로서의 불이익처분에도 법률의 근거가 필요하지만, 수인의 의무가 발생하는 법적행위에도 법적근거가 필요하기 때문이다.

(3) 경찰비책임자에 대한 경찰권 발동에도 법률유보의 원칙이 적용됨은 말할 나위가 없다. 설문에는 乙이 도로교통법 제35조 제2항에 의하여 경찰비책임자에 대하여 견인명령을 발하였다는 것이 제시되어 있지 않다. 만일 도로교통법 제35조 제2항이 견인명령의 법적근거라는 것이라면 과연 도로교통법 제35조제2항에 근거하여 견인명령을 할 수 있는지의 설명이 필요하다.

(4) 답안에는 손실보상청구가 가능하다는 이유로 헌법 제23조 제3항 및 관계규정의 유추적용을 들고 있다. 법률의 근거가 필요하다면 답안이 사례문제의 답안이므로 여기서 말하는 관계규정이 어떤 규정인지 구체적으로 밝혀야 한다.

제2장 급부행정법

Ⅰ. 공물법

1. 공물의 개념과 특징

기 출

공물의 성립과 소멸

정 선 균 강사

행시 제52회(08년)

甲은 자신의 선조 때부터 소유해 오던 가옥을 문화재적 가치가 있다고 판단하여 문화재청에 유형문화재로 지정해 줄 것을 신청하였다. 이 경우 위의 가옥이 지정문화재로 성립되기 위한 요건은 무엇인가? 또한 위의 가옥이 문화재로 지정된 후 화재로 인하여 상당부분이 소실된 경우에도 여전히 지정문화재로서의 성격을 가지는가? (25점)

참·조·조·문

문화재보호법

제2조 (정의) ① 이 법에서 "문화재"란 인위적이거나 자연적으로 형성된 국가적·민족적·세계적유산으로서 역사적·예술적·학술적·경관적 가치가 큰 다음 각 호의 것을 말한다.

1. 유형문화재 : 건조물, 전적(典籍), 서적(書跡), 고문서, 회화, 조각, 공예품 등 유형의 문화적소산으로서 역사적·예술적 또는 학술적 가치가 큰 것과 이에 준하는 고고자료(考古資料)

제5조 (보물 및 국보의 지정) ① 문화재청장은 문화재위원회의 심의를 거쳐 유형문화재 중 중요한 것을 보물로 지정할 수 있다.

② 문화재청장은 제1항의 보물에 해당하는 문화재 중 인류문화의 관점에서 볼 때 그 가치가 크고 유례가 드문 것을 문화재위원회의 심의를 거쳐 국보로 지정할 수 있다.

제7조 (사적, 명승, 천연기념물의 지정) 문화재청장은 문화재위원회 심의를 거쳐 기념물 중 중요한 것을 사적, 명승 또는 천연기념물로 지정할 수 있다.

제10조 (지정의 고시 및 통지) ① 문화재청장이 제5조부터 제9조까지의 규정에 따라 국가지정 문화재(보호물과 보호구역을 포함한다. 이하 이 조에서 같다)를 지정하거나 중요무형문화재의 보유자 또는 명예보유자를 인정하면 그 취지를 관보(官報)에 고시하고, 지체 없이 해당 문화재의 소유자, 보유자 또는 명예보유자에게 알려야 한다.

② 제1항의 경우 그 문화재의 소유자가 없거나 분명하지 아니하면 그 점유자 또는 관리자에게 이를 알려야 한다.

제13조 (지정 또는 인정의 해제) ① 문화재청장은 제5조, 제7조 또는 제8조에 따라 지정된문화재가 국가지정문화재로서의 가치를 상실하거나 그 밖에 특별한 사유가 있으면 문화재위원회의 심의를 거쳐 그 지정을 해제할 수 있다.

C/O/N/T/E/N/T/S

Ⅰ. 쟁점의 정리

(1) 먼저 사안의 가옥이 보존공물에 해당하는지 여부를 살펴보도록 한다.

(2) 둘째로 위의 가옥이 지정문화재로 성립되기 위한 요건과 관련하여 보존공물의 성립에 필요한 요건을 살펴보도록 한다.

(3) 마지막으로 위의 가옥이 문화재로 지정된 후 화재로 상당부분이 소실된 후에도 여전히 문화재로서의 성질을 갖는가와 관련하여 형태적 요소의 소멸만으로도 보존공물이 소멸되는지 여부를 살펴보도록 한다.

Ⅱ. 사안의 가옥이 보존공물에 해당하는지 여부

1. 공물의 의의 및 종류

공물이라 함은 행정주체에 의하여 직접 공적 목적에 제공되어 공법적 규율을 받는 유체물과 무체물 및 물건의 집합체를 말한다.

이러한 공물은 강학상 개념으로서 그 목적에 따라 일반 공중의 사용에 제공되는 공공용물과 직접 행정주체의 사용에 제공되는 공용물 및 공공목적을 위해서 보존이 강제되는 보존공물로 나눌 수 있고, 그 성립과정에 따라 자연상태대로 공적 목적에 제공되는 자연공물과 인공을 가하여 공적 목적에 적합하도록 가공한 후 공적 목적에 제공되는 인공공물로 나눌 수 있다.

2. 사안의 경우

사안의 가옥이 문화재로 지정되는 경우에는 공공목적을 위해서 보존이 강제되는 보존공물로서 인공공물에 해당한다.

Ⅲ. 사안의 가옥이 지정문화재로 성립하기 위한 요건

1. 보존공물의 성립 요건

보존공물이 보존공물로 할 만한 일정한 형체적 요소를 갖추는 외에 직접 법령에 의한 또는 법령에 근거한 공용지정이 필요하다.

보존공물은 공공용물이나 공용물과 같이 물건의 사용이 아니라 물건 자체의 보존에 목적이 있는 것이므로 그 물건에 대한 권리의 본질을 해치지 않는 것이 보통이다. 이에 따라 보존공물의 공용지정에 있어서는 일반적으로 그 물건에 대한 정당한 권원을 취득할 필요가 없다.

다만 보존공물로 지정되는 경우에는 공물로서 일정한 제한을 받기 때문에 관련법률은 그 지정의 취지를 관보에 고시함과 더불어 소유자 등에게 통지하도록 규정하고 있다(문화재보호법 10조 참조).

2. 사안의 경우

사안의 가옥은 일정한 형태적 요소를 갖추고 있으므로, 지정문화재로 성립되기 위해서는 문화재보호법 제5조에 따른 문화재청장의 지정이 있어야 한다.

또한 이러한 지정이 있으면 그 취지를 관보에 고시하고 그 소유자인 甲에게 통지하여야 한다(동법 제10조 참조).

Ⅳ. 문화재로 지정된 사안의 가옥이 화재로 인하여 상당부분이 소실된 경우에도 여전히 지정문화재로서의 성격을 갖는지 여부

1. 형태적 요소의 소멸만으로 보존공물이 소멸되는지 여부

보존공물은 행정주체의 지정해제의 의사표시에 의하여 공물의 성질을 상실한다(동법 제13조 참조).

문제는 형태적 요소의 소멸만으로도 보존공물로서의 성질을 상실하는지 여부에 관하여 견해가 대립하고 있다.

일설에 의하면 형태적 요소가 멸실되는 경우에는 보존공물은 당연히 소멸하며 지정해제는 단지 이를 확인하는 행위에 지나지 않는다고 하나, 형체적 요소의 소멸은 보존공물의 지정해제사유가 되는데 그친다고 보는 것이 타당할 것이다.

2. 사안의 경우

사안의 가옥이 화재로 인하여 상당부분이 소실되어 형태적 요소가 소멸되었다고 평가된다 하더라도, 문화재청장의 지정 해제가 이루어지기 전에는 여전히 지정문화재로서의 성격을 갖는다고 보아야 할 것이다.

교/수/강/평

정 하 중 (서강대학교 법대 교수)

(1) 이 문제는 보존공물의 성립과 소멸에 관한 문제로서 25점의 배점을 차지하기에는 너무 단순한 문제로 보인다. 오히려 공공용물의 성립과 소멸에 관한 문제를 출제하였으면 더욱 바람직 하지 않았나 생각된다.

(2) 모범답안은 보종공물의 정의, 성립요건으로서 형체적 요소와 공용지정, 정당한 권원의 취득필요 여부를 논리적으로 설명하고 아울러 보존공물의 소멸에 관하여 형체적 요소가 소멸된 경우 지정해제의 필요성 여부에 무리없이 정리하였다.

국유잡종재산에 대한 대부계약의 법적 성질과 시효이익포기 여부 제46회 사법시험 합격 이 현 우

甲은 1983년경 乙로부터 고양시 일산동구 장항동 11-1번지에 있는 밭 800㎡를 매수하여 소유권이전등기를 마치고 2005년 현재까지 점유하여 왔는데, 위 밭의 점유초기부터 인접한 국가 소유의 잡종재산인 토지 200㎡를 무단으로 점유하여 같이 경작해 왔다.
국가에서는 2004년경 甲이 무단으로 점유하고 있는 위 토지에 대해 소유권반환을 구하기보다는 합법적으로 사용하게 하여 관리하게 함이 타당하다고 판단하고 위 임야에 대한 대부계약을 체결하여 甲이 위 토지를 적법하게 사용하게 하는 대신 대부료를 받기로 하였다.
이에 따라 甲은 국가와 대부계약을 체결하기 위하여 국가측과 공동으로 다시 측량을 해 보았더니 甲이 무단으로 점유한 위 토지 200㎡ 외에도 국가 소유의 잡종재산인 토지 100㎡를 별도로 침범하여 점유하고 있는 것이 밝혀졌다. 그리하여 2004년 말경 위 토지들의 합계 300㎡에 대해서 국가와 甲 사이에 대부계약이 체결되었다.

(1) 국가가 甲에 대해 대부료를 부과하였으나 甲은 이 대부료가 정당한 대부료 액수보다 약 60% 정도나 과다한 것이어서 이를 다투고자 한다. 甲의 쟁송방법과 승소가능성을 판단하시오.(15점)

(2) 甲은 법률에 대해 무지하여 취득시효제도가 있다는 것을 알지 못하였다가, 이후 주변의 지인을 통해 취득시효에 대해서 알게 되자, 위와 같이 국가와 사이에 대부계약이 체결되었음에도 불구하고 취득시효를 원인으로 하여 국가에 대해 위 토지들의 소유권을 주장하고자 한다. 가능한가?(15점)

참·조·조·문

〔국유재산법〕
제36조 (대부기간) ① 잡종재산의 대부기간은 다음 각호의 기간이내로 한다.
1. 조림을 목적으로 하는 토지와 그 정착물 10년
2. 제1호 이외의 토지와 그 정착물 5년
3. 기타의 물건 1년
② 제1항의 대부기간이 종료된 재산에 대하여 수의계약에 의하여 대부를 할 수 있는 경우에 한하여 종전의 대부기간을 갱신할 수 있다. 이 경우 갱신기간은 갱신할 때마다 제1항의 규정에 의한 기간을 초과할 수 없다.
제38조 (대부료, 계약의 해제등) ① 잡종재산의 대부의 제한, 대부료, 무상대부 및 대부계약의 해제 또는 해지에 관하여는 제24조 제3항·제4항·제6항, 제25조 제1항·제2항·제4항, 제25조의2, 제26조 및 제28조의 규정을 준용한다.
② 잡종재산의 대부를 받은 자가 제1항의 규정에 의한 대부료를 기한 내에 납부하지 아니하는 때에는 대통령령이 정하는 바에 따라 연체료를 징수할 수 있다.
③ 잡종재산의 대부를 받은 자가 제1항의 규정에 의한 대부료 및 제2항의 규정에 의한 연체료를 기한 내에 납부하지 아니하는 때에는 관리청(제32조 제3항의 규정에 의하여 관리·처분에 관한 사무를 위임받은 자를 포함한다. 이하 이 항에서 같다)은 직접 또는 관할세무서장·지방자치단체의 장에게 위임하여 국세징수법 제23조 및 동법의 체납처분에 관한 규정을 준용하여 이를 징수할 수 있다. 이 경우 관할세무서장·지방자치단체의 장은 당해 사무의 집행에 있어서 이를 위임한 관리청의 감독을 받는다.
④ 잡종재산의 대부를 받은 자가 제1항의 규정에 의한 대부료 및 제2항의 규정에 의한 연체료를 기한 내에 납부하지 아니하는 때에는 제32조제3항의 규정에 의하여 관리·처분에 관한 사무를 위탁받은 자는 관할세무서장 또는 지방자치단체의 장으로 하여금 국세징수법 제23조 및 동법의 체납처분에 관한 규정을 준용하여 체납된 대부료 및 연체료를 징수하게 할 수 있다.

C/O/N/T/E/N/T/S

Ⅰ. 논점의 정리

(1) 설문 (1)에서는 국유잡종재산에 관한 대부계약 및 그에 따른 대부료부과처분의 법적 성질이 무엇인지 우선 파악할 필요가 있다. 이에 따라 쟁송방법이 달라지기 때문이다.

(2) 설문 (2)에서는 국유잡종재산의 시효취득이 가능한지 여부, 시효취득과 관련

하여 악의의 무단점유와 자주점유의 추정이 번복되는지 여부, 시효취득 완성 후 국유재산 대부계약체결이 시효이익의 포기에 해당하는지 여부가 문제된다.

Ⅱ. 설문 (1)의 검토

1. 문제점

국유잡종재산은 국유재산법 제36조에 의해 사인에게 대부가 가능하다. 이러한 대부계약의 법적 성질이 사법상 계약인지 아니면 행정행위인지가 문제되며, 이에 따라 대부료부과처분이 사법상 이행청구에 불과한지 아니면 항고소송의 대상이 되는 처분에 해당하는지가 문제된다.

2. 대부계약 및 대부료부과처분의 법적 성질

(1) 견해의 대립

1) 사법행위설

이 견해는 국유재산 대부계약을 사법상의 임대차계약으로 보고 있다. 국유재산법 제31조에서 잡종재산을 사권의 목적으로 하거나 잡종재산에 대해 사권을 설정하는 것을 허용하고 있고, 행정재산 등의 사용에 관하여 사용수익허가 또는 그 취소라는 용어를 쓰면서도 잡종재산인 경우에는 대부예약, 대부계약, 해제 등의 용어를 쓰고 있음을 그 근거로 한다.

이에 따라 국유재산법에 의한 대부료 납부고지를 하는 것은 사법상 이행청구에 불과하다고 한다.

2) 행정행위설

이 견해는 국유재산 대부계약을 행정행위로 보고 있고, 따라서 대부료 납입고지를 행정처분으로 보고 있다. 이는 대부료의 체납시에 체납처분에 관한 규정을 준용함으로써 대부료의 납입고지에 자력집행력이 부여된 것과 같은 결과가 되어, 행정청에 대하여 우월적 지위가 부여된 것 등을 근거로 한다.

(2) 판례의 태도

판례는 일관하여 잡종재산의 대부행위는 사법행위라고 판시하여 오고 있다(대판 1983.9.27, 83누292 ; 1984.12.11, 83누291 등). 그리하여 대부계약에서 정한 연체료 약정은 지연배상에 대한 예정이고 그 연체료는 이행지체의 책임이 발생할 때 비로소 그 지급의무가 발생하는데, 통상 대부계약에서 정하고 있는 연체료의 납부책임의 발생요건은 납부고지에서 정한 납부기간의 경과라고 한다.

판례는 이외에도 국유재산의 매매계약(대판 1969.12.26, 69누134판결 ; 1983.8.23, 83누239), 공유재산의 매각신청의 거부(대판 1984.4.10, 83누621) 등에 대해서도 사법행위로 파악하고 있다.

(3) 검토

사법행위설은 잡종재산 대부료의 체납시에 국세징수법상 체납처분에 관한 규정을 준용하도록 한 이유가 행정청의 편의를 도모하기 위한 것이고, 대부료의 납입고지를 행정처분으로 보고 이를 행정소송의 대상으로 보는 경우 제소기간의 제한으로 인해 오히려 국민의 보호가 소홀해질 우려가 있다는 점을 또한 그 근거로 하고 있다. 그리하여 행정청으로 하여금 우월적인 지위를 보유하도록 하는 규정들은 잡종재산의 관리에 공정성을 유지하도록 하기 위한 규정들이지 이것을 가지고 국유재산 대부계약을 행정행위로 볼 것은 아니라고 한다.

그러나 사법행위설에 의할 때에는 사법상 이행청구인 대부료 납입고지가 무효가 아닌 한, 국민으로서는 일단 대부료를 납입한 후 부당이득반환을 구해야 하므로 그 권리구제절차가 우회적이라는 비판을 면할 수 없다. 그리고 국가의 강제력의 핵심이 자력집행력에 의한 강제징수에 있고, 이것이 사법관계와 공법관계를 가르는 중요한 표지임에도 불구하고 이를 도외시하는 것도 바람직하지 않다. 그리고 절차하자가 독자적 취소사유가 되는 측면이나 하자의 승계 등을 고려하면 제소기간의 제한이라는 요소만으로 행정행위설이 반드시 국민에 대해 불리하다고 할 수는 없을 것이다.

그러므로 국유재산 대부계약은 행정행위로 보고, 이에 따른 대부료 납입고지는 항고소송의 대상이 되는 행정처분으로 보아야 할 것이다.

3. 甲의 쟁송방법 및 승소가능성

사법행위설에 의한다면 甲은 대부료 납입 후 민사소송으로 부당이득반환을 구하여야 한다. 그러나 행정행위설에 의한다면 항고소송으로 대부료 납입고지 취소소송을 제기할 수 있다. 취소소송을 제기하는 경우 甲에 대한 대부료 납입고지는 정당한 액수를 현저히 초과한 것으로 위법하므로 승소할 수 있을 것이다.

다만, 설문과 같은 사례의 경우 정당한 대부료의 금액에서 현저히 과다한 금액, 즉 약 55% 정도 과다한 금액이 납부고지된 경우 그 대부료 납입고지는 적법한 이행청구라고 할 수 없어 연체료의 납부책임의 발생요건인 이행청구에 해당한다고 볼 수 없다는 것이 판례이므로(대판 2000.2.11, 99다61675), 사법행위설에 의하더라도 甲에게는 연체료의 부담은 없는 것이 된다.

Ⅲ. 설문 (2)의 검토

1. 문제점

국유잡종재산에 대한 시효취득 가부, 악의의 무단점유와 자주점유 추정의 번복, 대부계약체결과 시효이익의 포기에 관한 것이 문제된다. 차례로 검토해 보기로 한다.

2. 국유잡종재산에 대한 시효취득의 가부

헌법재판소 1991.5.13, 89헌가97 결정에 의해 국유잡종재산에 대해 시효취득을 부정하던 구 국유재산법 제5조는 위헌으로 판명되었다. 그리하여 국유잡종재산에 대해서는 시효취득이 가능함에 의문의 여지가 없다.

3. 악의의 무단점유와 자주점유 추정의 번복

점유취득시효의 요건인 자주점유에 관하여 점유자의 점유가 자주점유인지 또는 타주점유인지의 여부는 점유 취득의 원인이 된 권원의 성질이나 점유와 관계가 있는 모든 사정에 의하여 외형적 · 객관적으로 결정되어야 한다는 것이 학설과 판례의 입장이다.

이에 관하여 최근의 대법원 판례는 점유자가 점유 개시 당시에 소유권 취득의 원인이 될 수 있는 법률행위 기타 법률요건이 없이 그와 같은 법률요건이 없다는 사실을 잘 알면서 타인 소유의 부동산을 무단점유한 것임이 입증된 경우, 특별한 사정이 없는 한 점유자는 타인의 소유권을 배척하고 점유할 의사를 갖고 있지 않다고 보아야 할 것이므로 이로써 소유의 의사가 있는 점유라는 추정은 깨어진다고 판시하고 있다(대판 1997.8.21, 95다28625 전원합의체).

따라서 설문에서 甲이 무단으로 점유해 온 200㎡에 대해서는 취득시효를 주장할 수 없고, 100㎡에 대해서만 취득시효 주장이 가능하다.

4. 국유재산 대부계약과 시효이익의 포기

(1) 문제점

국유재산 대부계약은 그 객관적 성질상 타인의 소유권을 인정하는 전제에 서 있는 것이므로, 대부계약 체결 후 점유하는 것은 타주점유에 해당하는 것으로 볼 수 있다. 판례도 취득시효 완성 전에 국유재산 대부계약의 체결이 있는 경우 자주점유는 타주점유로 전환된다고 한다(대판 1994.4.12, 93다62287). 다만, 취득시효기간이 완성되면 더 이상 취득시효의 중단 문제가 생길 여지가 없으므로, 그 이후에 대부계약을 체결하였다고 하더라도 그 이전의 점유가 타주점유로 되는 것은 아니라는 것이(대판 1993.11.26, 93다30013) 판례의 입장이다.

따라서 설문과 같은 경우에는 국유재산 대부계약을 체결함으로써 시효이익의 포기에 해당하는지의 문제만이 남는다고 하겠다.

(2) 시효완성 후 국유재산 대부계약체결이 시효이익의 포기에 해당하는지 여부

1) 판례의 입장

이에 대하여 판례는 시효이익의 포기로 인정한 것도 있고, 그렇지 않은 것도 있다.

판례는 취득시효 완성 후 당사자가 대부계약을 체결하였다 하더라도 달리 적극적인 의사표시를 하지 않은 이상 위 사실만으로는 시효이익의 포기로 볼 수 없다는 원심판결을 그대로 수긍한 것이 있고(대판 1992.12.22, 92다46097) 이는 시효완성 후 매수제의를 한 것만으로는 시효이익을 포기한 것으로 볼 수 없다는 대법원의 확립된 판례를 원용한 것으로 보인다.

반면, 사인이 국가에게 점유 중인 토지에 대한 국유재산 대부계약 체결청약서 및 변상금 납부기한 유예신청서를 작성 제출한 사안에서는 시효취득이 성립될 수 없다고 보았고(대판 1993.3.23, 92다50461), 사인이 매1년 단위로 대부료를 지급하고 선량한 관리자의 주의로서 대지의 보존책임을 지며 기간이 만료되면 원상회복한다는 내용의 대부계약을 체결하였고, 2년 후 다시 같은 내용의 계약을 체결하면서 특별히 원고가 그 대지에 대한 연고권을 주장하지 않는다는 내용을 추가하고 그 계약 전의 밀린 점용료를 변상금이라는 명목으로 납부한 사안에서 시효이익을 포기한 것으로 봄이 상당하다고 판시하였다(대판 1993.8.27, 93다21330).

2) 검토

이들 판례는 결국 대부계약의 내용과 성질을 검토하여 시효이익의 포기 여부를 판단해야 한다는 것인데, 시효이익의 포기는 시효의 중단에 해당하는 행위를 한 것과는 달리 소유권 포기라는 결단적인 행동이 필요하다는 점을 고려하면 설문과 같이 시효제도 자체를 모른 상태에서 1회의 대부계약을 체결한 것만으로 시효이익의 포기로 볼 수는 없을 것이다.

5. 소결론

甲은 200㎡ 부분에 대해서는 악의의 무단점유자이므로 취득시효를 주장할 수 없다. 그러나 100㎡ 부분은 취득시효의 대상인 국유잡종재산을 20년 넘게 선의로 평온, 공연하게 점유한 것이어서 취득시효를 주장할 수 있으며, 시효기간 만료 후 대부계약 체결사실만으로 위 시효의 완성에 따른 이익을 포기한 것으로 볼 수는 없다고 하겠다.

Ⅳ. 결 론

(1) 설문 (1)에서 현재 판례에 의한다면 甲은 대부료를 일단 납입한 후 민사소송으로 부당이득반환청구를 해야 한다. 그러나 대부료 납입고지 취소소송을 제기할 수 있다고 보는 것이 타당하다.

(2) 설문 (2)에서 甲은 100㎡ 부분에 대해서만 취득시효를 주장할 수 있으며, 甲이 국가와 대부계약을 체결했다는 것만으로는 시효이익을 포기했다고 볼 수는 없을 것이다.

2. 공물의 관리

도로법상 도로점용과 변상금부과처분

제45회 사법시험 합격 유 효 제

서울 강남구 삼성동 삼성 지하철역에 인접하여 삼성하이츠 건물을 소유하고 있는 甲은 음식점 등이 들어있는 위 건물 지하 1층에 지하철역에서 내리는 사람들이 많이 출입할 수 있도록 하기 위하여 서울특별시장으로부터 위 건물과 삼성 지하철역을 연결하는 지하연결통로의 설치허가를 받은 다음 1998. 3. 1.부터 1999. 4. 30.까지 공사를 시행하여 완료하고 일반시민의 통행에 제공하고 있다. 그런데 甲은 위 공사를 시행함에 있어 위 지하연결통로에서 甲의 건물이 아닌 바깥 지상보도로 바로 통행할 수 있는 계단통로 및 출입구를 별도로 설치하였고, 시민들은 그 출입구를 이용하여 곧바로 바깥 지상보도로 나갈 수 있게 되었다.

甲은 위 공사기간 중에는 도로점용허가를 받아 도로의 지하 부분에 위 공사를 시행하였고, 공사완공 후에는 위 설치허가시의 조건에 따라 그 지하연결통로와 공작물 일체를 서울특별시에 기부체납하고, 지하연결통로는 일반시민이 이용할 수 있도록 항시 개방하되 그 유지관리는 甲이 담당하여 왔다.

이에 따라 준공이후 현재까지 위 지하연결통로는 삼성지하철역에서 하차한 사람들 중 甲의 건물에 출입하고자 하는 사람들이 많이 이용하였고, 그 외에도 삼성 지하철역에서 하차한 일반시민들이 甲의 건물에 출입하지 않고 바깥의 지상보도로 나가기 위해서도 많이 이용해 오고 있고, 후자의 용도로 이용하는 시민들이 더 많은 것이 사실이다.

그런데 위 지하연결통로가 없어지면 사람들이 지하철역 안에서 甲 소유 건물 지하층으로 바로 들어갈 수 없고, 한편 지하철 승객들은 위 통로가 아니더라도 다른 출입구를 통하여 바깥으로 나갈 수는 있으나 목적지에 따라 약간 더 걸어야 하는 불편함이 있을 수 있다.

이에, 서울특별시장은 2004. 4. 30. 甲이 현재까지 계속 위 지하연결통로를 점용하고 있으면서 이를 통하여 도로의 지하부분을 점용하고 있고 그 중 허가받은 위 점용기간 경과 후인 1999. 5. 1. 이후에는 허가없이 이를 점유하는 것이라는 이유로 그 기간의 甲의 점유에 대해 도로법

제80조의2에 의거하여 도로점용료의 100분의 120 상당의 변상금 부과처분을 하였다.
(1) 도로점용허가의 법적성질 및 위 사안에서 도로점용료 상당의 변상금을 부과하기 위한 요건에 관한 설명을 바탕으로 위 변상금 부과처분의 당부를 판단하라(15점).
(2) 甲은 위 부과처분에서 부과한 변상금 산정의 기초가 된 도로 점용료만큼 실제로 이득을 얻지 못하였다는 사유를 들어 변상금의 감액을 주장할 수 있는지에 관하여 간략히 설명하라(15점).

C/O/N/T/E/N/T/S

Ⅰ. 설문 (1)의 해결

1. 도로점용허가의 법적성질

도로점용의 허가는 특정인에게 일장한 내용의 공물사용권을 설정하는 설권행위로서, 공물관리자가 신청인의 적격성, 사용목적 및 공익상의 영향 등을 참작하여 허가 여부를 결정하는 재량행위이다.

2. 변상금부과처분의 요건으로서의 도로의 특별사용

도로법 제40조(도로의 점용), 제43조(점용료의 징수), 제80조의2(변상금의 징수)에 규정된 도로의 점용이라 함은, 일반공중의 교통에 공용되는 도로에 대하여 일반사용과는 별도로 도로의 특정부분을 유형적, 고정적으로 사용하는 이른바 특별사용을 뜻하는 것이다.

3. 도로의 특별사용과 일반사용의 병존가능성

이러한 도로의 특별사용은 반드시 독점적, 배타적인 것이 아니라 그 사용목적에 따라서는 도로의 일반사용과 병존이 가능한 경우도 있고, 이러한 경우에는 도로점용 부분이 동시에 일반공중의 교통에 공용되고 있다는 사정만으로 도로점용이 아니라고 말할 수 없는 것이다.

4. 도로의 특별사용과 일반사용의 구별기준

한편, 당해 도로의 점용을 위와 같은 특별사용으로 볼 것인지 아니면 일반사용으로 볼 것인지는 그 도로점용의 주된 용도와 기능이 무엇인지에 따라 가려져야 한다.

5. 위 변상금 부과처분의 당부

사례에서 지하철 삼성역과 甲 소유의 삼성하이츠 건물 지하 1층을 연결하는 이 사건 지하연결통로는 그 주된 용도와 기능이 위 삼성하이츠 건물에 출입하는 사람들의 통행로이므로, 비록 그 건물에 출입하는 사람들보다 훨씬 많은 일반 통행인들이 이를 지상보도로 나가기 위한 통로로 이용하고 있다고 하더라도, 그 건물소유자인 甲이 이를 특별사용하고 있는 것으로 봄이 상당하다(대판 1995.2.14, 94누5830).

또한, 비록 그 건물에 출입하는 사람들보다 훨씬 많은 일반 통행인들이 이를 지상보도로 나가기 위한 통로로 이용하고 있다고 하더라도, 이러한 사정만을 들어 점용료의 감면을 주장할 수는 없으므로 위 변상금 부과처분은 적법하다.

Ⅱ. 설문 (2)의 해결

1. 변상금의 성질

대법원은 구 도로법 제80조의2에 기하여 징수하는 금원의 성질은 민사상의 부당이득금과 그 성질을 같이하는 것이어서 실질적인 이득을 얻음이 없이 단순 관리하는 것과 같은 경우에는 위 도로점용료 상당의 부당이득금을 징수할 수는 없다고 판시한 바 있다(대판 1993.6.11, 92누15246). 즉, 구 도로법상 부당이득금 부과처분은 도로를 허가 없이 점용함으로써 실질적 이득을 얻은 경우에 부과되는 것이다. 이는 현행 도로법 제80조의2에 기한 변상금의 경우에도 마찬가지라고 할 것이다.

2. 변상금과 사법상 채권에 기한 부당이득금 산정과의 차이점

다만 대법원은 「도로를 허가 없이 점용함으로써 실질적 이득을 얻었다면 그 부당이득금의 수액은 구 도로법(1999.2.8, 법률 제5894호로 개정되기 전의 것) 제80조의2, 제40조, 제43조, 같은법 시행령(1999.8.6, 대통령령 제16510호로 개정되기 전의 것) 제26조의2 및 위 시행령에 의하여 위임된 각 지방자치단체의 조례 등 각 법령의 규정에 따라 정하여지는 것이고, 위 각 법령에서 정한 점용료와 그 요율이 실제의 이득이나 손해에 비하여 지나치게 과다하다는 등 그 효력을 부인할 만한 특별한 사정이 없는 한 사법상의 채권에 기하여 부당이득금을 산정하는 경우와는 달리, 위 도로를 허가 없이 점용한 자는 실제로 그 만큼 이득을 얻지 못하였다거나 이득과 손해 사이에 상당인과관계가 없다는 등의 사유를 들어 다툴 수는 없다」고 판시한 바 있다(대판2000.9.8, 2000누871).

3. 결론

따라서 甲은 위 부과처분에서 부과한 변상금 산정의 기초가 된 도로 점용료만큼 실제로 이득을 얻지 못하였다는 사유를 들어 변상금의 감액을 주장할 수 없다.

행정재산의 목적외 사용에 대한 허가 취소처분 제47회 사법시험 합격 최 유 신

문화관광부는 서울용산의 미군부대가 다른시로 이전한 후, 그동안 미군부대로 사용되었던 부지에 국립도서관을 신축하였다. 문화관광부는 신축도서관을 새로운 서울의 명소로 부각시키고자 도서관 지하층을 공연, 문화시설 등 복합편의공간으로 조성할 계획을 수립하였다. 평소 예술영화를 사랑했던 甲은 문화관광부장관 乙로부터 청사의 지하층 중 일부공간에 대해서 사용수익허가신청을 하였고 乙은 사용허가기간 3년이라는 조건을 부가하여 사용허가를 하였다. 甲은 편의점 등 편의시설설치에 드는 비용을 투자하여 소규모 예술영화전용관과 편의시설을 운영하고 있었다.

(1) 문화관광부장관 乙의 사용허가는 적법한가? (10점)

(2) 허가 후 2년이 지나서 문화관광부장관 乙은 도서관 열람실부족을 이유로 甲의 사용공간까지 도서관 공간을 활용하고자 甲에 대한 허가를 취소하였다. 甲은 허가취소처분에 대해 취소소송을 제기하였다. 甲의 소제기는 적법한가? 허가취소처분은 적법한가? 취소소송 외의 기타 구제수단에 대해서도 검토하라. (25점)

(3) 설문(2)와는 무관하게 만약 허가기간인 3년이 종료되기 전에, 甲은 허가의 갱신신청을 하였으나 문화관광부장관 乙의 열람실 확충을 이유로 갱신신청을 거부한 경우 甲의 구제수단에 대해 검토하라. (15점)

참·조·조·문

국유재산법

제6조 (국유재산의 구분과 종류) ① 국유재산은 그 용도에 따라 행정재산과 일반재산으로 구분한다.

② 행정재산의 종류는 다음 각 호와 같다.

1. 공용재산: 국가가 직접 사무용·사업용 또는 공무원의 주거용으로 사용하거나 대통령령으로 정하는 기한까지 사용하기로 결정한 재산
2. 공공용재산: 국가가 직접 공공용으로 사용하거나 대통령령으로 정하는 기한까지 사용하기로 결정한 재산
3. 기업용재산: 정부기업이 직접 사무용·사업용 또는 그 기업에 종사하는 직원의 주거용으로 사용하거나 대통령령으로 정하는 기한까지 사용하기로 결정한 재산

4. 보존용재산: 법령이나 그 밖의 필요에 따라 국가가 보존하는 재산
③ "일반재산"이란 행정재산 외의 모든 국유재산을 말한다.
제7조 (국유재산의 보호) ① 누구든지 이 법 또는 다른 법률에서 정하는 절차와 방법에 따르지 아니하고는 국유재산을 사용하거나 수익하지 못한다.
② 행정재산은 「민법」 제245조에도 불구하고 시효취득(時效取得)의 대상이 되지 아니한다.
제30조 (사용허가) ① 관리청은 다음 각 호의 범위에서만 행정재산의 사용허가를 할 수 있다.
1. 공용·공공용·기업용 재산: 그 용도나 목적에 장애가 되지 아니하는 범위
2. 보존용재산: 보존목적의 수행에 필요한 범위
제32조 (사용료) ① 행정재산을 사용허가한 때에는 대통령령으로 정하는 요율(料率)과 산출방법에 따라 매년 사용료를 징수한다.
② 제1항의 사용료는 대통령령으로 정하는 바에 따라 나누어 내게 할 수 있다. 이 경우 연간 사용료가 대통령령으로 정하는 금액 이상인 경우에는 사용허가(허가를 갱신하는 경우를 포함한다)할 때에 그 허가를 받는 자에게 대통령령으로 정하는 금액의 범위에서 보증금을 예치하게 하거나 이행보증조치를 하도록 하여야 한다.
③ 관리청이 제30조에 따른 사용허가에 관한 업무를 지방자치단체의 장에게 위임한 경우에는 제42조제6항을 준용한다.
제35조 (사용허가기간) ① 행정재산의 사용허가기간은 5년 이내로 한다. 다만, 제34조제1항제1호의 경우에는 사용료의 총액이 기부를 받은 재산의 가액에 이르는 기간 이내로 한다.
② 제1항의 허가기간이 끝난 재산에 대하여 대통령령으로 정하는 경우를 제외하고는 5년을 초과하지 아니하는 범위에서 종전의 사용허가를 갱신할 수 있다. 다만, 수의의 방법으로 사용허가를 할 수 있는 경우가 아니면 1회만 갱신할 수 있다.
③ 제2항에 따라 갱신받으려는 자는 허가기간이 끝나기 1개월 전에 관리청에 신청하여야 한다.
제36조 (사용허가의 취소와 철회) ① 관리청은 행정재산의 사용허가를 받은 자가 다음 각 호의 어느 하나에 해당하면 그 허가를 취소하거나 철회할 수 있다.
1. 거짓 진술을 하거나 부실한 증명서류를 제시하거나 그 밖에 부정한 방법으로 사용허가를 받은 경우
2. 사용허가 받은 재산을 제30조제2항을 위반하여 다른 사람에게 사용·수익하게 한 경우
3. 해당 재산의 보존을 게을리하였거나 그 사용목적을 위배한 경우
4. 납부기한까지 사용료를 납부하지 아니하거나 제32조제2항 후단에 따른 보증금 예치나 이행보증조치를 하지 아니한 경우
5. 관리청의 승인 없이 사용허가를 받은 재산의 원래 상태를 변경한 경우
② 관리청은 사용허가한 행정재산을 국가나 지방자치단체가 직접 공용이나 공공용으로 사용하기 위하여 필요하게 된 경우에는 그 허 가를 철회할 수 있다.
③ 제2항의 경우에 그 철회로 인하여 해당 사용허가를 받은 자에게 손실이 발생하면 그 재산을 사용할 기관은 대통령령으로 정하는 바에 따라 보상한다.
④ 관리청은 제1항이나 제2항에 따라 사용허가를 취소하거나 철회한 경우에 그 재산이 기부를 받은 재산으로서 제30조제2항 단서에 따라 사용·수익하고 있는 자가 있으면 그 사용·수익자에게 취소 또는 철회 사실을 알려야 한다.

C/O/N/T/E/N/T/S

I. 문제의 소재

(1) 설문(1)의 경우 문화관광부장관 乙의 사용허가의 적법성을 살펴보기 위하여는 먼저 ① 국립도서관의 법적성격을 검토하고, ② 행정재산인 국립도서관의 목적외 사용의 가능성을 살펴보아야 한다.

(2) 설문(2)의 경우 ① 甲의 허가취소처분에 대한 취소소송의 적법여부는 특히 그 대상적격과 관련하여 문제된다. 따라서 행정재산의 목적외 사용관계가 사법관계인지 공법관계인지를 검토하여야 한다. ② 본안으로서 허가취소처분의 적법성과 관련하여서는 허가취소의 법적성질을 먼저 살펴본 후, 수익적 행정행위의 철회의 법적 근거 및 사유과 철회의 제한 요건들을 차례로 검토한다.

(3) 설문(3)의 경우 ① 갱신제도의 의미와 ② 사용기간 3년이라는 조건의 의미에 대하여 검토한 후 乙의 甲에 대한 갱신거부처분이 그 요건을 충족하고 있는지와 사용기간 3년이라는 조건이 제조건의 개정을 고려하여야 하는 예외적인 경우에 해당하여 항고소송으로 구제받을 수 있는가를 검토하여야 한다.

II. 문화부장관 乙의 사용허가의 적법성(설문 1)

1. 국립도서관의 법적 성격

국립도서관은 국가가 직접 공공용으로 사용하거나 사용하기로 결정한 행정재산에 해당한다(국유재산법 제6조 제2항 제2호). 강학상 공물의 한 종류로서 공공용물의 성질을 가진다. 그러므로 국립도서관은 국유재산법상의 특별규정이 적용된다.

2. 행정재산의 목적외 가능성

(1) 문제점

행정재산은 그 목적이나 용도에 장애가 되지 않는 범위에서 그 사용 또는 수익을 허가할 수 있는데, 이러한 허가에 의한 사용을 행정재산의 목적외 사용이라 한다. 국립도서관은 공적 목적에 봉사하는 물건이므로 이에 대한 甲의 사적인 이용목적의 사용허가신청을 허가한 문화관광부 장관 乙의 사용허가가 적법하기 위하여는 공물을 사인으로 하여금 공물의 목적외의 용도, 즉 사적 목적으로 사용하게 할 수 있어야 하므로, 그 가능성이 문제된다.

(2) 국유재산법상 사용가능성

국유재산법 제11조 제2항은 "국유재산에는 사권을 설정하지 못한다."고 규정하여 원칙적으로는 사권의 설정을 제한하고 있으나, 제30조 제1항은 용도 또는 목적에 장애가 되지 아니하는 범위 안에서 그 사용을 허가할 수 있다고 하여 사인에 의한 행정재산의 사적인 사용가능성을 제한적으로 인정하고 있다. 또한 행정재산등의 사용허가를 함에 있어서는 5년을 초과할 수 없도록 하고 있다(동법 제35조).

3. 사안의 검토

국립도서관의 지하층은 공연, 문화시설등 복합편의공간으로 조성하기 위한 목적을 가지고 있으며, 甲은 그 지하층에 사용수익허가를 받아 소규모 예술영화전용관과 편의시설을 운영하고 있다. 따라서 이는 국립도서관의 용도나 목적에 장애가 된다고 볼 수 없으므로 국유재산법 제30조 제1항에 의하여 문화관광부장관 乙은 甲의 허가신청을 허가할 수 있다. 또한 사용허가기간 3년이라는 조건을 부가하였으므로 국유재산법 제35조 상의 사용・수익기간에 관한 규정도 준수하였으므로, 甲에 대한 乙의 사용허가는 적법하다.

III. 허가취소처분에 대한 甲의 구제수단(설문 2)

1. 취소소송제기의 적법 여부

(1) 문제점

행정재산의 목적외 사용관계가 공법관계인가 사법관계인가를 결정하기 위하여는 그 1차적인 기준을 실정법의 규정에서 찾아야 한다. 이와 관련하여 국유재산법 제

30조에 의한 행정재산의 목적외 사용관계가 공법관계인지 여부에 대하여 학설이 대립된다.

(2) 행정재산의 목적외 사용관계의 법적 성질에 관한 학설의 대립

① 행정재산의 목적외 사용은 사용수익자의 사적이익을 도모하는 것으로서 관리청과 사용자간에 우월관계가 존재한다고 볼 수 없다는 사법관계설, ② 개정전 국유재산법과 달리 사용허가의 철회에 관하여 잡종재산에 관한 규정을 준용하지 않고 독자적인 허가 및 취소철회규정을 신설하였으므로 입법취지상 공법관계로 보아야 한다는 공법관계설, ③ 사용관계의 발생・소멸, 사용료징수관계는 공법관계이지만, 사용관계의 내용은 사법관계라는 이원적 법률관계설 등이 대립된다.

(3) 판례의 태도

대법원은 행정재산의 사용・수익허가의 취소는 순전히 사경제주체로서 행하는 사법상의 행위라 할 수 없고, 이는 관리청이 공권력을 가진 우월한 지위에서 행한 것으로서 항고소송의 대상이 되는 행정처분이라고 판시하여 공법관계임을 전제로 하고 있다(대판, 1996. 2. 13, 95누11023).

(4) 검토 및 사안의 경우

현행법은 제30조, 제36조에서 행정재산의 사용허가와 취소철회를 행정행위로 규정하고 있고, 사용료의 징수, 변상금의 징수 등에서 행정청의 자력집행을 가능하게 하는 규정을 두고 있으므로 공법관계설이 타당하다.

사안의 경우 甲에 대한 사용허가 및 허가취소는 공법관계로서 행정처분에 해당되므로, 甲은 허가취소처분에 대하여 취소소송을 제기할 수 있다.

(5) 기타 소송요건의 구비여부

甲이 제기한 허가취소처분의 취소소송이 적법하기 위하여는 대상적격 외에도 원고적격(행정소송법 제12조 제1항), 피고적격(동법 제13조), 관할법원(동법 제9조), 소의 이익(동법 제12조 제2항), 제소기간(동법 제20조) 등의 요건을 구비하고 있어야 한다. 甲은 취소소송의 직접상대방이므로 원고적격이 인정되고, 당해 처분을 발한 乙을 상대로 하는 경우 피고적격도 인정된다. 기타의 요건들에 대하여는 설문에서 문제삼고 있지 않으므로, 결국 甲의 소제기는 적법하다.

2. 허가취소처분의 적법여부

(1) 허가취소처분의 법적 성질

乙은 甲에 대한 허가를 도서관 열람실 부족으로 인한 도서관 공간 확장을 위하여 취소하였으므로, 이는 적법요건을 구비하여 효력을 발하고 있는 행정행위에 있어서 사후적으로 발생한 사유에 의하여 그 행위의 효력의 전부 또는 일부를 장래에 향하여 소멸시키는 강학상 철회에 해당한다.

또한 甲에 대한 사용허가는 수익적 행정행위에 해당하므로 乙의 허가취소는 수익적 행정행위의 철회에 해당한다.

(2) 철회의 근거 및 철회사유

① 수익적 행정행위의 철회가 적법하기 위하여는 철회의 법적 근거와 철회사유가 있어야 한다. ② 국유재산법 제36조 제2항은 "관리청은 사용허가한 행정재산을 국가나 지방자치단체가 직접 공용이나 공공용으로 사용하기 위하여 필요하게 된 경우에는 그 허가를 철회할 수 있다."고 규정하고 있다. 따라서 乙의 허가취소처분은 동 규정에 근거한 것이므로 법적 근거에 문제가 없다. ③ 수익적 행정행위의 철회사유로는 철회권의 유보, 부담의 불이행, 사실관계의 변화, 법적 상황의 변화, 그리고 중대한 공익상 필요 등이 있다. 사안의 경우 도서관 시설 확장이라는 공익상 필요가 있었다고 보이므로 철회사유 역시 충족된다.

(3) 수익적 행정행위의 철회의 제한

① 수익적 행정행위의 철회는 침익적인 결과를 가져오게 되므로 침해되는 적법한 사익과 실현하고자 하는 공익간의 이익형량의 문제가 발생된다. 즉 실현하고자 하는 공익이 침해되는 사익보다 큰 경우에만 당해 철회처분이 적법하다고 볼 수 있다. ② 사안의 경우 열람실 확충을 통한 사인의 문화생활 증진이라는 공익적 필요와 1년의 잔여계약기간 동안 甲이 예술영화관 및 편의점 운영을 하지 못하여 입게 되는 영업상 손해를 비교형량하면 전자가 더 크다고 볼 수 있다.

(4) 소결

甲에 대한 허가취소처분은 수익적 행정행위의 철회에 해당하는 것으로서 국유재산법 제36조 제2항에 근거하고 도서관 열람실 확충을 통한 시민의 문화생활 증진이라는 중대한 공익상 필요에 의한 것이므로 적법한 철회이다. 또한 그로 인하여 甲이 입게되는 손해보다 당해 공익상 필요가 우월하다고 보이므로 이익형량을 통한 철회의 제한사유에 해당하지 않는다.

3. 기타 권리수단

국유재산법 제36조 제3항에서는 공익상 필요로 인하여 철회한 경우 당해 허가를 받은 자에게 손해가 발생한 때에는 그 재산을 사용할 기관은 대통령령이 정하는 바에 의하여 이를 보상하여야 한다고 규정하고 있다. 따라서 甲은 乙의 취소처분에 대하여 보상에 관한 소송을 제기할 수 있다. 이는 당사자소송으로서 대한민국을 피고로 하여야 할 것이다. 그러나 실무상 보상금에 관한 소송은 민사소송으로 처리하고 있다.

Ⅳ. 갱신신청거부처분의 구제수단(설문 3)

1. 거부처분 취소소송의 인용가능성

(1) 갱신의 의미

갱신제도는 허가의 요건에 대한 1회의 판단이 영속적으로 의미를 갖는다고 보기 어렵거나 또는 허가로 인하여 장래에 공익에 반하는 효과가 나타날 가능성이 있는 경우에 활용된다.

(2) 사용기간의 의미

사용허가에 부가되는 사용기간은 강학상 부관의 일종으로서 장래에 발생할 것이 확실한 것에 행정행위의 존속을 의존하게 하는 기한에 해당한다. 또한 이는 행정행위의 소멸을 가져오는 종기에 해당한다. 종기에는 ① 종기의 도래로 그 허가처분의 효력이 당연히 소멸하는 경우와 ② 종기의 도래한 경우 그 허가처분에 가해진 제조건의 개정을 고려해야 하는 경우가 있다. 일정적으로 종기란 전자의 경우를 의미한다.

판례는 행정행위인 허가 또는 특허된 사업의 성질상 부당하게 짧은 기한을 정한 경우에 있어서는 그 기한은 허가 또는 특허의 조건의 존속기간을 정한 것이며, 그 기한이 도래함으로써 조건의 개정을 고려한다는 뜻으로 해석하여야 한다고 판시한 바 있다(대판 1995. 11. 10, 94누11866).

(3) 갱신거부처분의 적법성

사안의 경우 사용허가가 재량처분인 경우 그 갱신 여부의 결정도 재량적 판단에 속하는 것이므로 乙이 갱신신청을 거부하였다고 하여도 이는 열람실 확충을 이유로 한 적법한 재량권 행사이다. 또한 3년이라는 사용기간이 甲의 극장 및 평의점 사용에 부당하게 짧은 기한을 정한 것이라고 보기는 어렵다. 따라서 이는 기간의 도래로 그 효력이 당연히 상실하는 종기로 보아야 한다. 그러므로 문화관광부장관 乙의 甲에 대한 갱신거부처분은 적법하다. 따라서 甲은 이를 항고소송으로 다툴 수 없다.

V. 사안의 해결

(1) 설문(1)의 경우 국립도서관은 국유재산법의 적용을 받는 행정재산으로서 甲에 대한 사용허가는 행정재산의 목적외 사용을 의미한다. 동법 제30조는 일정한 경우 행정재산의 목적외 사용을 허용하고 있으며 사안의 경우 행정재산의 용도 또는 목적에 장애가 되는 경우가 아니므로 문화관광부장관 乙의 甲에 대한 사용허가는 적법하다.

(2) 설문(2)의 경우 행정재산의 목적외 사용관계는 개정법의 입법취지상 공법관계로 봄이 타당하므로 허가취소처분은 행정소송의 대상이 되는 행정처분에 해당한다. 따라서 甲의 취소소송은 대상적격 외의 요건을 충족하는 한 적법하다. 또한 허가취소는 수익적 행정행위의 철회에 해당하는 것으로 국유재산법 제36조 제2항에 근거하고 공익상 필요를 그 사유로 하고 있으며, 甲의 영업상 이익보다 달성하고자 하는 공익이 큰 경우이므로 철회의 제한사유에도 해당하지 않아 적법한 처분이다. 기타의 구제수단으로는 국유재산법 제36조 제3항의 보상에 관한 규정을 들 수 있다.

(3) 설문(3)의 경우 갱신처분은 재량처분으로서 도서관 열람실 확충이라는 공익에 근거한 것이므로 재량에 하자가 없으며, 사용기간 3년이라는 조건은 그 기간이 부당하게 짧은 기한이라고 볼 수 없어 그 도래로 처분의 효력이 당연히 소멸하는 종기이므로 갱신거부처분은 적법하여 항고소송을 제기할 수 없다.

교/수/강/평

김 철 용 (건국대학교 법대 명예교수)

(1) 예답에서는 국립도서관의 법적성격에서 "강학상 공물의 한 종류로서 공공용물의 성질을 가진다. 그러므로 국립도서관은 국유재산법상의 특별규정이 적용된다."고 기술하고 있다. 이 표현보다는 직접으로 국립도서관은 국유재산법상 행정재산에 해당하고 따라서 국유재산법 제30조 이하의 규정이 적용된다로 표현하는 것이 좋겠다.

(2) 예답에서는 이익행정행위의 철회의 제한에서 공익과 사익을 형량하면서 "열람실 확충을 통한 사인의 문화생활증진이라는 공익"이라고 표현하고 있다. 이 표현보다는 직접으로 열람실 확충은 도서관 본래의 목적에 충실하기 위한 공익이라고 표현하는 것이 좋겠다.

(3) 예답에서는 갱신거부처분의 적법성에서 올바른 결론을 내고있다. 강평자의 생각으로는 "기한연장신청이 있는 경우 특별히 기한을 연장하는 것이 타당하지 아니

하다고 인정되는 경우를 제외하고(대법 1999.10.8. 선고 97누2344 판결) 기한의 갱신을 거부할 수 없다고 보아야 하므로"(강평자의 교과서 行政法 Ⅰ, 234쪽) 위 판결을 인용하여 기한을 연장하는 것이 타당하지 아니하다고 설명하는 것이 간명하지 않을까 생각한다.

제3장 공용부담법

기 출

사업인정

행시 제49회(05년)

공익사업을 위한 토지 등의 취득 및 보상에 관한 법률」 상의 사업인정을 설명하고, 사업인정의 하자를 이유로 수용재결의 취소를 구할 수 있는지를 기술하시오.(30점)

advice

사업인정의 하자를 이유로 수용재결의 취소를 구하기 위해서는 하자의 승계가 긍정되어야 할 것이다. 따라서 하자의 승계가 논의될 수 있는 전제가 되는 ① 선행행위와 후행행위가 모두 행정처분일 것, ② 취소사유의 하자가 존재할 것, ③ 후행행위에는 하자가 존재하지 않을 것, ④ 선행행위에 불가쟁력이 발생한 경우일 것의 4가지 전제가 인정되는지 살핀 뒤에 하자승계논의를 하면 된다. ①번 전제의 경우 사업인정의 법적 성질이 문제되며, 일반적으로 행정행위성은 긍정되고, 형성행위이며 재량행위라고 보는 것이 판례의 입장이다. 덧붙여 하자승계논의를 함에 있어 참고가 되는 판례를 소개한다.

▷ **판례**

택지개발촉진법 제12조 제2항에 의하면, 택지개발계획의 승인·고시가 있은 때에는 공익사업을위한토지등의취득및보상에관한법률 제14조 및 제16조의 규정에 의한 사업인정 및 사업인정의 고시가 있은 것으로 보도록 규정되어 있는바, 이와 같은 택지개발계획의 승인은 당해 사업이 택지개발촉진법상의 택지개발사업에 해당함을 인정하여 시행자가 그 후 일정한 절차를 거칠 것을 조건으로 하여 일정한 내용의 수용권을 설정해 주는 행정처분의 성격을 갖는 것이고, 그 승인고시의 효과는 수용할 목적물의 범위를 확정하고 수용권으로 하여금 목적물에 관한 현재 및 장래의 권리자에게 대항할 수 있는 일종의 공법상 권리로서의 효력을 발생시킨다고 할 것이므로 토지소유자로서는 선행처분인 건설부장관의 택지개발계획 승인단계에서 그 제척사유를 들어 쟁송하여야 하고, 그 제소기간이 도과한 후 수용재결이나 이의재결 단계에 있어서는 위 택지개발계획 승인처분에 명백하고 중대한 하자가 있어 당연무효라고 볼 특단의 사정이 없는 이상 그 위법 부당함을 이유로 재결의 취소를 구할 수는 없다(대판 1996.4.26, 95누13241).

제4장 재정법과 토지행정

Ⅰ. 조 세

과오납금의 반환

제37회 사법시험 합격 윤 성 묵

A는 B로부터 토지를 매입하고 지방세법이 정하는 바에 따라 취득세를 납부하였다. 그후 B는 A와의 토지매매계약이 민법 제104조에 해당하는 불공정행위임을 이유로 토지매매계약의 무효확인을 구하는 소송을 제기하여 승소하였다. 이에 A는 당해 토지를 B에게 반환하고, B로부터 매매대금을 되돌려 받았다.

이러한 경우, B에 대한 서울특별시의 취득세부과처분의 효력은 여하한가? 그리고 A는 납부한 취득세의 반환을 청구할 수 있는가? 만약 있다면, 그 내용은?(20점)

C/O/N/T/E/N/T/S

Ⅰ. 문제의 제기

1. 논점의 정리

(1)설문은 (i) 사후에 재판으로 확정된 무효인 사법행위를 바탕으로 하여 판결 전에 이루어진 취득세부과처분의 효력을 처음부터 무효인가 아니면 사후적으로 무효가 되는가를 기본문제로 하여 만약 사후적으로 무효가 된다면 (ii) 과세처분의

효력과 (iii) 반환청구권의 내용은 어떻게 되는가를 다루는 문제이다.

(2) 설문은 결국 사법상 행위의 흠이 행정행위의 효력에 영향을 미치는 문제이므로, 연속하는 둘 이상의 행정행위 사이에서 선행행위의 흠이 후행행위에 영향을 미치는 문제인 하자의 승계와는 별개의 문제이다.

2. 선결논점의 해명

설문을 논하기에 앞서 취득세 부과처분의 법적 성질이 먼저 규명되어야 한다. 취득세부과처분은 특정한 자에 대하여 조세금액을 정하여 일정한 기간내에 납부할 것을 명하는 행정행위이며 이는 재정목적을 위하여 일정한 지급의무를 명하는 재정하명의 일종이다.

따라서 행정행위의 일종인 취득세 부과처분이 적법・유효하기 위하여는 주체・절차・형식・내용 등이 법에서 정하는 바에 따라야 하고, 설문에서 문제되는 것은 무효인 사법상의 행위를 근거로 한 과세처분의 효력여부이므로 이것은 과세처분의 내용요건에 관한 것이라고 하겠다.

Ⅱ. 무효인 매매계약에 근거한 취득세부과처분의 효력

1. 행정의 법률적합성의 원고

적법・유효한 사법상의 행위를 원인으로 하여 행정행위가 이루어질 것이 예정되어 있는 경우에 그 행정행위가 적법한 것이 되기 위하여는 원인되는 사법상의 행위가 적법 유효한 것이어야 함은 당연하다.

이러한 경우에 무효인 사법상의 행위를 근거로 하여 어떠한 행정행위가 고발해졌다면 그러한 행정행위는 원래의 효과를 처음부터 발생할 수 없는 것이 원칙이다.

2. 세법의 합리적 해석

조세법률주의의 엄격한 적용은, 대양의 처분을 내용으로 하며 또한 세금의 부과에 단기간의 제척기간이 적용되는 조세행정의 특성상 융통성있게 해석될 필요가 있으며 세법의 해석은 확장해석・유추해석 등과 관련하여 많은 고려를 요한다. 설문의 경우 취득세의 과세요건인 「취득」의 의미가 특히 문제된다.

(1) 학설의 대립

1) 무효설

지방세법상 취득을 적법·유효한 매매계약에 의하여 소유권을 취득하는 경우로만 새기게 되면 무효인 매매계약을 근거로 한 취득세 부과처분은 처음부터 당연히 무효가 된다.

2) 유효설

「취득」은 적법·유효한 취득을 말하는 것이지만, 적법·유효한 취득의 경우와 같은 경제적인 효과를 향수하는 경우도 여기에서 말하는 취득에 해당한다고 새기게 되면 무효인 계약에 근거한 소득세부과처분도 일단 적법·유효한 처분으로 새길 수 있게 된다(확장해석).

(2) 사견

조세공평의 원고상 적법한 취득과 같은 경제적 효과를 향수하게 되는 자에게 취득세를 부과하는 것이 합당하다고 보여지고, 실제상으로도 과세관청이 매우 빈번하게 발생하는 사인간의 매매계약이 적법한 것인지를 일일이 심사할 수 없을 뿐 아니라, 당사자간에 다툼이 없는 한 사인간의 거래는 적법한 것으로 보는 것이 사적 자치의 관점에서 합리적이라 할 것이므로 유효설이 타당하다.

3. 설문에의 적용

유효설에 입각하여 설문을 보면 매매계약 당시에는 양 당사자가 동 계약을 적법한 것으로 알았으나 사후에 그렇지 않음을 알게된 것이 분명하다. 따라서 매매계약 당시에 과세관청으로서는 적법한 취득시와 같은 경제적 효과를 향수하게 된 A에게 취득세를 부과할 수밖에 없는 것이고 또한 그것이 조세공평의 원고에 합당하다고 볼 것이므로 과세처분은 일단 적법하다.

Ⅲ. 매매계약무효확인판결과 과세처분의 효력

1. 과세원고의 소멸

토지매매계약의 무효가 판결로써 확정되고 이에 따라 A와 B가 서로 토지와 매매대금을 반환하였다면 이제 A는 더이상 토지를 소유하는 것과 같은 경제적 효과를 갖지 못하게 되며 이는 A에 대한 취득세부과처분의 원인이 소멸되었음을 의미한다.

2. 과세처분의 효력

매매계약 무효확인의 판결(과세원인의 소멸)이 과세처분의 효력에 미치는 영향이 문제되나 이는 취득세의 성질과 관련된 해석의 문제가 된다.

(1) 학 설

이에 관하여는 (ⅰ) 무효확인 판결이 과세처분에 아무런 영향을 미치지 않는다는 견해, (ⅱ) 판결에 기속되어 처분청은 과세처분을 취소하여야 하며 취소되기전까지는 과세처분이 유효하고 토지의 반환을 청구할 수 없다는 견해, (ⅲ) 매매계약의 무효가 판결로써 확정되고 이에 따라 A가 토지를 반환하면 당연히 처분청의 과세처분의 효력은 소멸한다는 견해가 있을 수 있다(행정행위의 공정력과 관련되는 문제이다).

(2) 사 견

생각컨대 무효확인 판결은 토지소유권의 원상회복을 가져오게 되는데 그럼에도 소유권 이전을 전제로 한 취득세부과처분의 효력이 영향을 받지 않는다는 것은 부당하므로 (ⅰ)설은 타당하지 않다.

그리고 (ⅱ)설은 판결로서 매매계약의 무효가 확정되었음에도 불구하고 과세처분의 효과의 제거를 오로지 행정청의 의사여하에 의존케 한다는 점에서 문제가 있는바 판결로써 당연히 과세처분의 효과가 제거된다는 (ⅲ)설이 타당하다.

Ⅳ. 과오납금의 반환

1. 과세처분의 실효와 과오납금의 반환

(1) 과오납금의 발생

설문의 매매계약의 무효가 판결로서 확정되고 아울러 A가 당해 토지를 B에게 반환하였다면 서울시로서는 A가 납부한 취득세를 취득할 법률상 원칙을 갖지 못하게 되며 그것은 부당이득이 된다. 요컨대 일단 적법했던 과세처분이 판결에 의해 당연히 실효됨으로써 서울시는 사후적으로 과오납금이라는 부당이득을 한 셈이다. 따라서 A가 서울시에 대하여 납부한 취득세의 반환을 청구할 수 있게 됨은 당연하다.

(2) 적용법규

과오납금은 부당이득이 되므로 민법상 부당이득의 규정이 적용될 수 있을 것으로 보여지나 이는 공법상의 원고에 기한 것이므로 법령의 특별규정이 있는 경우(예컨대, 국세기본법 제51조 내지 제54조 제2항)에는 그 규정이 우선하여 적용된다.

2. 과오납반환청구권의 내용

(1) 반환청구권의 발생

설문의 매매계약의 무효가 판결로써 확정되고 또한 A가 당해 토지를 B에게 반환하면 A에게는 아무런 과세요건도 없게 되므로 서울시의 취득세부과처분은 당연히 실효되는 바, 과세처분의 실효의 시점에 A는 과오납금(부당이득)반환청구권을 갖게 된다고 볼 것이다.

말하자면 실효시점까지 납세관계는 적법한 것으로 본다(단, 위의 무효설에 의하면 A는 납세시점에 소급하여 반환청구권을 갖게 될 것이다).

(2) 반환청구권의 행사

설문의 과오납금반환청구권의 행사는 공법상 부당이득 반환청구권의 성질을 어떻게 보느냐에 따라 달라진다.

1) 견해의 대립

이에 관하여 공법상의 부당이득 반환청구권을 공법상의 원인행위에 의하여 발생한 결과를 조정하기 위한 제도라는 것을 논거로 하는 공권설과 공법상의 부당이득 반환청구권이 공법상의 원인에 의해 발생했다 하여도 부당이득의 발생원인은 권원 고로서의 법률원고이 없는 것임을 전제로 하는 것이고 또한 경제적인 견지에서 인정되는 이해조정제도에 불과하다는 점을 논거로 하는 사권설의 대립이 있다.

2) 판례

대법원은 "과세부과처분이 무효임을 전제로 하여 이미 납부한 세금의 반환을 청구하는 것은 민사상의 부당이득반환청구로서 민사소송절차에 따라야 한다"라고 판시하여(대판 1991.2.6, 90프2) 사권설을 취하고 있다.

3) 검토

위 견해의 대립은 이론적으로는 검토할 만한 것이지만 그 실익은 거의 없다.

왜냐하면 이 청구권을 공권으로 보는 경우 그에 관한 소송은 당사자소송이 될 것이나 당사자 소송에는 민사소송에 관한 특례가 많지 않으며 실무상으로는 민사소송에 의하고 있기 때문이다.

(3) 반환청구권의 소멸시효

공법상의 부당이득반환청구권이 금전의 지급을 목적으로 하는 것인 때에는 공권설과 사권설에 따라 시효기간이 달라질 수 있다고 보여지나 지방세법, 지방재정법에 특별규정이 있으므로 그 규정이 우선 적용되어 A의 과오납금반환청구권은 동 청구권의 성립일로부터 5년간 행사되지 아니하면 시효로 소멸된다(동법 제48조 제2항).

Ⅴ. 사안의 해결

(1) A에 대한 서울특별시의 취득세부과처분은 일단 유효하다. 그러나 토지매매계약의 무효확인판결과 A의 토지의 반환으로 취득세부과처분은 실효한다.

(2) 취득세 부과처분의 실효로 A는 납부한 세금의 반환을 민사소송절차에 의하여 청구할 수 있으며 반환청구권의 내용에 관하여는 부당이득의 일반법리에 의하되 특별규정이 있는 경우에는 그 규정이 우선 적용된다.

교/수/강/평

강 구 철 (국민대 법대 교수)

(1) 본 사안의 문제는 사법상의 행위가 무효로 되었을 경우 그에 근거한 행정처분이 하자가 띄게 되는 바, 그러한 하자로 인하여 당해 행정처분의 효력이 당연무효로 되는가 아니면 취소할 수 있는데 그치는가의 문제가 첫째이며, 둘째는 그러한 행정처분의 효력에 근거하여 이미 납부한 취득세를 공법상의 부당이득반환청구로 돌려받을 수 있는가의 문제이다.

(2) 답안은 사법상의 매매계약 실효로 인한 과세처분의 효력에 대하여 세법의 해석을 통하여 잘 정리하고 있다. 그러나 이러한 논의의 실익은 당해 하자로 인해 과세처분이 그 하자가 중대·명백하여 무효로 될 것인가 아니면 취소할 수 있음에 그치는가에 있고 이는 뒤에 나오는 과오납금의 반환청구를 위한 소송방법과 관련하여 실익이 있다 할 것이다. 따라서 사견에서는 당해 과세처분은 당연무효라든가 아니면 취소할 수 있음에 그친다는가 하는 기술이 필요했음에도 이러한 내용이 전혀 없고 오히려 Ⅲ에서 이에 대한 논의를 다시 하고 있는 바, 이는 답안의 체계상 문제가 있다 할 것이다. 차라리 Ⅱ와 Ⅲ을 묶어서 기술하는 것이 타당할 것이다.

(3) 이것과 관련하여 과세처분의 효력에서는 (ⅰ), (ⅱ), (ⅲ)의 학설을 소개하면서 (ⅲ)설이 타당하다고 보고 있으나, 당해 과세처분의 하자가 취소원인에 그친다고 한다면 행정행위가 당연 무효가 아닌 이상 권한 있는 기관에 의해 취소될 때까지는 그 효력을 부정할 수 없고 당해 과세처분은 유효하므로(구성요건적 효력, 공정력) 당해 처분의 취소소송이 제기된 수소법원이 아닌 민사법원의 매매계약무효확인판결로 당연히 과세처분의 효력이 소멸한다는 주장은 문제가 있다.

(4) 과오납금의 반환에 있어서는 당해 과세처분이 무효인가 아니면 취소할 수 있음에 그치는가에 따라 달라지게 되는 바, 당해 과세처분을 당연 무효로 보는 경우에는 공법상 당사자소송 또는 민사소송을 제기하고 당해 소송에서 과세처분이 무효임을 주장하여 과오납금의 반환을 청구하면 될 것이나, 취소할 수 있음에 그친다고 한

다면 우선 당해 과세처분의 취소소송을 제기하여 당해 과세처분의 효력을 소멸시키고 그 이후에 과오납금의 반환을 청구하는 소송을 제기할 수 있다는 것이 다수의 견해이자 대법원 판례의 입장이다(대판 1973.7.10, 70다1439). 그런데 이러한 기술은 전혀 없고 앞서 지적한대로 매매계약이 무효임을 확인한 판결로 당해 과세처분의 효력이 소멸했음을 전제로 하여 공법상 당사자소송에 의해 당연히 과오납금 반환청구를 할 수 있는 것으로 기술한 것은 문제가 있다.

Ⅱ. 토지행정

개별공시지가 및 하자의 승계 등에 관한 문제

제50회 사법시험 합격 송 두 용

甲은 자신이 매도한 토지에 관한 개별공시지가 결정에 대하여 재조사청구를 하였는데, 부산광역시 S구청장은 이를 감액 조정하여 甲에게 통지하고 공고하였으며, 甲은 이에 대하여 더 이상 불복하지 아니하였다. 甲은 재조사청구에 따른 조정결정이 있기 전에 부산광역시 S구에 소재한 토지를 매도한 후 서부산 세무서장에게 양도가액을 위 조정된 개별공시지가로 하여 산출한 양도소득세를 확정 신고하였다. 서부산 세무서장은 공고한 개별공시지가를 기초로 하여 甲에 대해 소득세법상의 양도소득세부과처분을 하였다. 그런데, 개별공시지가를 감액 조정함에 있어 토지의 지목을 착오한 하자가 있었다. 甲은 구청장의 개별공시지가결정에 대해 부동산가격공시및감정평가에관한법률 소정의 불복절차를 통해 다투려 했으나 그 쟁송기간이 도과된 뒤였다. 이에 甲은 개별공시지가결정이 하자가 있었다며 이에 근거한 양도소득세부과처분이 위법함을 이유로 양도소득세부과처분의 취소를 구하는 행정소송을 제기하였다(각 설문은 독립적이다. 설문 2는 하자의 승계가 긍정됨을 전제로 한다).

(1) 甲이 취소소송을 제기한 경우 이는 인용되는가?(35점)
(2) 서부산 세무서장은 '양도소득세부과처분은 위법한 개별공시지가를 근거로 하지만, 사후 지목을 착오하지 않은 개별공시지가를 근거로 하여 산정하여도 양도소득세액은 동일하다'고 하면서 하자의 치유를 주장하였다. 이에 대해 판단하시오(10점).
(3) 甲이 개별공시지가결정에 대해 무효등확인소송을 제기한 경우 법원의 판단은 어떻게 되는지 ① 설문과 같은 경우와 ② 甲이 부동산가격공시및감정평가에관한법률 소정의 불복절차를 밟은 경우로 나누어 서술하시오(5점).

참·조·조·문

【부동산가격공시및감정평가에관한법률】

제11조 (개별공시지가의 결정·공시 등) ①시장·군수 또는 구청장은 「개발이익환수에 관한 법률」에 의한 개발부담금의 부과 그 밖의 다른 법령이 정하는 목적을 위한 지가산정에 사용하도록 하기 위하여 제20조의 규정에 의한 시·군·구부동산평가위원회의 심의를 거쳐 매년 공시지가의 공시기준일 현재 관할구역 안의 개별토지의 단위면적당 가격(이하 "개별공시지가"라 한다)을 결정·공시하고, 이를 관계행정기관등에 제공하여야 한다. 다만, 표준지로 선정된 토지, 조세 또는 부담금 등의 부과대상이 아닌 토지 그 밖에 대통령령이 정하는 토지에 대하여는 개별공시지가를 결정·공시하지 아니할 수 있다. 이 경우 표준지로 선정된 토지에 대하여는 당해 토지의 공시지가를 개별공시지가로 본다.

제12조 (개별공시지가에 대한 이의신청) ①개별공시지가에 대하여 이의가 있는 자는 개별공시지가의 결정·공시일부터 30일 이내에 서면으로 시장·군수 또는 구청장에게 이의를 신청할 수 있다.

② 시장·군수 또는 구청장은 제1항의 규정에 의한 이의신청기간이 만료된 날부터 30일 이내에 이의신청을 심사하여 그 결과를 신청인에게 서면으로 통지하여야 한다. 이 경우 시장·군수 또는 구청장은 이의신청의 내용이 타당하다고 인정될 때에는 제11조의 규정에 따라 당해 개별공시지가를 조정하여 다시 결정·공시하여야 한다.

③ 제1항 및 제2항에 규정된 것 외에 이의의 신청 및 처리절차등에 관하여 필요한 사항은 대통령령으로 정한다.

C/O/N/T/E/N/T/S

Ⅰ. 설문 (1)의 해결

1. 문제의 소재

甲이 개별공시지가결정의 하자를 이유로 양도소득세부과처분의 위법성을 주장하는 것은 하자의 승계를 주장하는 취지로 보인다. 하자승계논의의 전제 조건은 ① 선행행위와 후행행위가 행정행위일 것 ② 선행행위에 대해 하자가 존재하나 후행행위에는 없을 것 ③ 선행행위의 하자가 취소사유일 것 ④ 선행행위의 하자가 불가쟁력을 발생하고 있을 것 등인데, 사안에서 ②는 충족된 것으로 보인다. 나머지와 관련하여 개별공시지가의 처분성, 무효와 취소의 구별, 부동산가격공시및감정평가에관한법률상의 이의 신청절차의 법적 성격 등이 문제된다.

2. 개별공시지가의 법적 성질

(1) 학설의 대립

개별공시지가는 시장・군수 또는 구청장이 특정 목적을 위한 지가산정에 사용하기 위하여 결정·고시한 개별토지의 단위면적당 가격을 말한다(부동산가격공시및감정평가에관한법률 제11조 제1항). 그 법적 성질에 대해 ① 그것만으로 국민의 권리·의무에 직접적 변동을 초래하므로 처분이라는 견해 ② 행정행위의 요소인 개별성과 구체성이 없으므로 처분이 아니라는 견해가 대립한다.

(2) 판례의 태도

처분성을 긍정한다(대판 1994.2.8, 93누111).

(3) 검토 및 사안

개별공시지가는 조세부과 등의 처분에 있어서 절대적인 기속력이 있으므로 외부적 직접효가 인정된다. 처분성을 긍정하는 판례가 타당하다. 양도소득세부과처분의 처분성도 인정되므로 사안에서 ①의 요건은 충족된다.

3. 개별공시지가의 하자의 정도

(1) 무효와 취소의 구별

무효와 취소의 구별에 대해 중대 명백설, 조사 의무설, 명백성 보충설, 구체적 가치형량설 등이 대립하나 판례는 중대 명백설에 의하고 있다. 개인의 권리구제와 현행쟁송제도의 취지를 고려할 때에 중대명백설이 타당하다.

(2) 사안의 경우

중대 명백설에 의할 때 지목착오라는 하자를 명백하다고 평가하기는 어려워서 단지 취소사유에 불과하다 할 것이다.설문과 유사한 사실관계에 대한 판례의 태도도 또한 같다(대판 1994.1.25, 93누8542).

4. 개별공시지가에 불가쟁력이 발생하였는지

(1) 필요적 전치절차인지

행정소송을 제기함에 있어 부동산가격공시및감정평가에관한법률상의 이의 신청절차를 필요적으로 거쳐야 하는지 문제된다. 사안에서 부동산가격공시및감정평가에관한법률 소정의 불복절차의 쟁송기간만이 도과되었고, 개별공시지가에 대한 행정소송의 기간이 도과된 것이 아니라면 개별공시지가에 대해 행정소송을 제기할 수 있는 것이 아닌가 문제되기 때문이다.

(2) 판례의 태도 및 비판

대법원은 '표준지로 선정된 토지의 공시지가에 불복하기 위하여는 구 지가공시및토지등의평가에관한법률(현행 부동산가격공시및감정평가에관한법률) 제8조 제1항 소정의 이의절차를 거쳐 처분청인 건설부장관을 상대로 그 공시지가 결정의 취소를 구하는 행정소송을 제기하여야 하는 것이지 그러한 절차를 밟지 아니한 채 그 표준지에 대한 조세부과처분의 취소를 구하는 소송에서 그 공시지가의 위법성을 다툴 수는 없다'고 판시한 바 있다(대판 1997. 2. 28. 96누10225).

이에 대해서는 명시적 규정이 없음에도 필요적 전치절차로 파악하는 판례의 태도에는 문제가 있다는 비판이 있다.

(3) 검토 및 사안의 경우

법원의 업무부담 경감, 사전에 전문적 판단을 받도록 한 부동산가격공시및감정평가에관한법률의 취지 등을 고려할 때 판례가 타당하다. 사안에서는 필요적 전치절차에 관한 쟁송절차 기간이 도과하였으므로 선행행위인 개별공시지가의 하자가 불가쟁력을 발생하고 있는 경우에 해당한다.

5. 하자의 승계 여부

(1) 학설의 대립

어떠한 경우에 하자가 승계되는지에 관해 ① 동일한 행정목적을 달성하기 위하여 단계적인 일련의 절차로 연속하여 행하여지는 선행처분과 후행처분이 서로 결합하여 하나의 법률효과를 발생시키는 경우에 하자가 승계된다는 견해 ② 불가쟁력의 결과로 인하여 판결의 기판력과 유사한 기결력이, (ⅰ) 선행정행위와 후행정행위가 동일한 목적을 추구하며 법적 효과가 기본적으로 일치되어야 하는 사물적 한계 (ⅱ) 양 행위의 수범자가 일치하는 대인적 한계 (ⅲ) 선행정행위의 사실 및 법상태가 유지되는 한도인 시간적 한계 (ⅳ) 소극적 요건으로서 예측성과 수인가능성, 이러한 한계 내에서 후행정행위에 미친다는 견해가 대립한다.

(2) 판례의 태도

원칙적으로 "동일한 행정목적을 달성하기 위하여 단계적인 일련의 절차로 연속하여 행하여지는 선행처분과 후행처분이 서로 결합하여 하나의 법률효과를 발생시키는 경우에 하자가 승계된다" 고 한다(대판 1993.2.9. 92누4567). 다만 예외적으로 '선행처분과 후행처분이 서로 독립하여 별개의 효과를 목적으로 하는 경우에도 선행처분의 불가쟁력이나 구속력이 그로 인하여 불이익을 입게 되는 자에게 수인한도를 넘는 가혹함을 가져오며, 그 결과가 당사자에게 예측가능한 것이 아닌 경우에는 국민의 재판받을 권리를 보장하고 있는 헌법의 이념에 비추어 선행처분의 후행처분에 대한 구속력은 인정될 수 없다' 고 판시한다(대판 1994.1.25. 93누8542). 후자의 판시에 관해서는 기결력 이론을 적극 수용한 것으로 평석하는 견해, 단지 보충적 논거로서 예측가능성과 수인가능성의 기준을 제시한 것 뿐이라고 해석하는 견해 등이 대립한다.

(3) 검토

행정행위는 법원의 판결과 구조적 차이가 있음에도 기결력이론은 이를 간과하였으므로 기존의 하자의 승계 이론인 ① 학설이 타당하다. 다만, 그 형식적 적용으로 인한 불합리의 문제를 해결하기 위하여 판례가 제시하는 예측가능성과 수인가능성을 보충적으로 받아들일 필요가 있다.

(4) 사안의 경우

개별공시지가와 소득세부과처분은 선행처분과 후행처분이 서로 독립하여 별개의 효과를 목적으로 하는 경우에 해당한다. 다만 판례가 제시하는 예외에 해당하는지 문제되는데, 甲은 토지를 매도한 이후에 그 양도소득세 산정의 기초가 되는 개별공시지가 결정에 대하여 한 재조사청구에 따른 조정결정을 통지받고서도 더 이상 다투지 아니하였으므로, 선행처분인 개별공시지가 결정의 불가쟁력이나 구속력이 수인한도를 넘는 가혹한 것이거나 예측불가능하다고 볼 수 없다(대판 1998. 3. 13. 96누6059).

6. 사안의 해결

하자승계논의의 전제 조건인 ① 선행행위와 후행행위가 행정행위일 것 ② 선행행위에 대해 하자가 존재하나 후행행위에는 없을 것 ③ 선행행위의 하자가 취소사유일 것 ④ 선행행위의 하자가 불가쟁력을 발생하고 있을 것은 모두 충족되나, 개별공시지가와 소득세부과처분은 선행처분과 후행처분이 서로 독립하여 별개의 효과를 목적으로 하는 경우에 해당하고, 판례가 제시하는 예외에 해당하지도 않아서 하자의 승계는 부정된다. 결국 甲의 취소소송은 인용되지 않는다.

Ⅱ. 설문 (2)의 해결

1. 문제의 소재

하자의 치유 자체를 인정할 것인지, 만약 그러하다면 사안이 그 치유가 인정되는 경우에 해당하는지 甲의 불이익 등과 관련하여 문제된다.

2. 하자의 치유의 인부

(1) 학설의 대립

부정설과 긍정설이 있을 수 있으나, 다수의 견해는 치유의 인정 여부를 위법성의 정도, 관련 법규의 취지, 당해 행정행위가 문제되는 이익상황, 법치주의를 희생시킬 만큼 다른 법적 가치가 존재하는지 등을 구체적으로 고려하여 결정한다는 제한적 긍정설이다.

(2) 판례의 태도

"하자 있는 행정행위에 있어서 하자의 치유는 행정행위의 성질이나 법치주의의 관점에서 원칙적으로 허용될 수 없고, 행정행위의 무용한 반복을 피하고 당사자의 법적 안정성을 보호하기 위하여 국민의 권익을 침해하지 아니하는 범위 내에서 예외적으로만 허용된다"고 판시한다(대판 2001. 6. 26. 99두11592).

(3) 검토 및 사안

행정경제를 고려할 때 이를 일률적으로 부정하는 것은 융통성이 떨어진다. 판례가 타당하다. 서부산 세무서장의 주장이 하자의 치유 자체가 부정되어 부당한 것은 아니다.

3. 치유의 인정 사유

치유가 인정되는 경우로는 요건의 사후보완, 장기간의 방치로 인한 법률관계의 확정, 취소할 수 없는 공익상의 요구 등을 드는 것이 일반적이다. 사안에서는 처분의 내용이 동일하여 행정경제에 반한다는 사유를 주장해볼 수 있을 것이다.

4. 사안의 해결

사안에서 하자의 치유를 인정하면 양도소득세 납부의무자로서는 위법한 처분에 대한 양도소득세납부의무를 부담하게 되는 등 불이익이 있을 수 있으므로, 그 후 적법한 절차를 거쳐 공시된 개별공시지가결정이 종전의 위법한 공시지가결정과 그 내용이 동일하다는 사정만으로는 위법한 개별공시지가결정에 기초한 양도소득세 부과처분이 적법하게 된다고 볼 수 없다. 甲의 권익을 침해하지 아니하는 범위 내가 아닌 것이다. 그러므로 서부산 세무서장의 주장은 부당하다. 개별공시지가결정과 그에 근거한 개발부담금부과처분에 관한 유사한 사실관계 하에서의 판례의 판단 또한 동일하다(대판 2001. 6. 26. 99두11592).

Ⅲ. 설문 (3)의 해결

1. 문제의 소재

상술하였듯이 지목의 착오는 취소사유에 불과한데, 취소사유에 대해 무효등확인소송을 제기한 경우 법원의 판단이 문제된다.

2. 甲이 부동산가격공시및감정평가에관한법률 소정의 불복절차를 밟지 않은 경우

살폈듯이 부동산가격공시및감정평가에관한법률 소정의 불복절차는 취소소송의 제기에 필요한 사전적 절차이다. 취소소송의 제기에 필요한 요건을 갖추지 못한 경우에는 무효등확인소송에서도 기각판결을 내려야 한다는 점에 관해 학설과 판례가 일치한다.

3. 甲이 부동산가격공시및감정평가에관한법률 소정의 불복절차를 밟은 경우

(1) 학설의 대립

① 무효확인청구에 취소청구가 당연히 포함되어 있다고 볼 수 없음을 근거로 하는 청구기각설 ② 법원이 각하판결을 하지 않고 석명권을 행사하여 무효확인소송을 취소소송으로 변경한 후 취소 판결을 해야 한다는 소변경설 ③ 무효확인청구에는 원고의 명시적인 반대의사표시가 없는 한 취소청구도 당연히 포함되어 있다고 보아 법원은 취소판결을 할 수 있다는 취소판결설 등이 대립한다.

(2) 판례의 태도

'일반적으로 행정처분의 무효확인을 구하는 소에는 원고가 그 처분의 취소를 구하지 아니한다고 밝히지 아니한 이상 그 처분이 만약 당연무효가 아니라면 그 취소를 구하는 취지도 포함되어 있는 것으로 보아야 한다'고 하여 취소판결설의 입장을 따르고 있는 판례가 있다(대판 1994.12.23. 94누477).

(3) 검토

현행 행정소송법은 취소소송과 무효등확인소송을 서로 다른 별개의 행정소송으로 규정하고 있다. 하지만 무효 또는 취소사유의 구별이 상대화되어 가고 있는 점, 원고의 권리구제를 받고자 하는 가정적 의사 등을 고려할 때 취소 판결설이 타당하다.

(4) 사안의 경우

견해의 대립이 있으나 법원은 취소판결을 해야 한다.

4. 사안의 해결

① 甲이 부동산가격공시및감정평가에관한법률 소정의 불복절차를 밟지 않은 경우 법원은 기각하고, ② 甲이 부동산가격공시및감정평가에관한법률 소정의 불복절차를 밟은 경우 법원은 취소판결을 한다.

교/수/강/평

김 철 용 (건국대학교 법대 명예교수)

1. 설문 (1)의 3. 개별공시지가의 하자의 정도에 관하여

설명이 너무 간단하다. 좀 더 풍부하게 기술하는 것이 좋겠다.

2. 설문 (1)의 4. 개별공시지가에 불가쟁력이 발생하였는지에 관하여

대법 1997. 2. 28. 96누10225 판결은 행정소송법이 필요적 전치주의를 취하고 있었던 당시의 사건을 대상으로 한 것이므로 임의적 전치주의를 채택하고 있는 현행 행정소송법 아래서는 적절치 않은 판결이다. 물론 어느 책이나 취소소송의 제기요건에서 이를 설명하고 있으나, 강평자의 교과서(行政法 Ⅰ, 제12판, 612쪽 이하) 등에서와 같이 우리나라 행정재판제도를 설명하면서 구태여 행정소송법의 개정 내용을 간략하게 언급하고 있는 것은 있을 수도 있는 잘못을 시정하기 위한 것이다. 교과서를 철저히 읽어야 한다.

3. 설문 (1)의 5. 하자의 승계 여부에 대하여

설문에는 「부동산가격공시 및 감정평가에 관한 법률」 소정의 불복절차로써 다투려고 한다고 하였고, 참조조문도 현행 「부동산가격공시 및 감정평가에 관한 법률」 제11조와 제12조를 부여하고 있다. 현행법에는 개별공시지가결정에 대한 재조사 및 이에 따른 조정결정이 없다. 따라서 이 사안의 참고 판례로 대법 1998. 3. 13. 96누6059 판결을 드는 것은 적절하지 않다.

4. 설문 (2)의 하자의 치유의 인부에 대하여

이 문제에 들어가기 전에 먼저 분명히 해야 할 것은 여기서 흠의 치유라고 할 때의 흠은 국민의 권익에 영향을 주는 흠 즉 외부적 효과를 갖는 흠이라는 것이 전제가 되어 있다는 점이다. 강평자는 흠의 치유 허용 여부에 관한 학설로 원칙적 긍정설과 원칙적 부정설로 나뉜다는 것, 전자는 전통적 견해로서 종래의 통설이고, 후자는 최근 새로운 견해라는 것은 알고 있지만, 다수의 견해가 예상답안이 설시하고 있는 내용의 제한적 긍정설이라는 것은 잘 모르고 있다. 강평자가 지금까지의 관찰을 통하여 알고 있는 바로는 원칙적 부정설의 새로운 등장이후 긍정설이 종래의 통설을 견지하면서 매년 그 표현을 약간씩 수정하고 있다는 것, 반드시 견해가 일치되고 있지 않다는 것, 이들 견해가 제시하는 흠 치유 인부의 기준이 설득력 있게 명백하게 제시되지 아니하여 아직은 그 어느 하나의 견해가 다수의 견해를 형성하고 있지 못한 것 같다는 정도이다. 그러나 여하튼 이들 견해가 정도의 차이는 있으나, 긍정설의 범주에 속함은 의문의 여지가 없다.

문제는 법치행정원칙상 긍정설이 허용될 수 있는가 이다. 행정처분의 적법 여부는 처분시를 기준으로 판단하여야 한다는 것이 통설이고 판례이다. 이러한 통설과 판례에 따르면 흠 있는 행정처분은 그 처분시에 판단되는 것이므로 사후에 요건이 보완되어 적법하게 된다는 것은, 그것을 허용하는 법률의 규정이 없는 한, 법치행정원칙에 위배된다. 우리 행정절차법은 독일 연방행정절차법과 달리 흠의 치유에 관한 규정을 두지 않고 있다. 판례가 흠의 치유를 원칙으로 허용하지 아니하는 것은 이 이유일 것이다.

현재 우리나라에서는 흠의 치유를 일률적으로 부정하는 견해는, 강평자가 알고 있는 한, 아직 없다. 국민의 권익을 침해하지 아니하는 범위에서 경미한 흠 등 예외적인 경우 외에는 원칙적으로 흠의 치유가 허용되지 아니한다는 원칙적 부정설이 있을 뿐이다.

5. 설문 (3)에 대하여

「부동산가격공시 및 감정평가에 관한 법률」상 불복절차가 취소소송의 필요적 전치요건이 아니므로 긴 설명이 필요하지 아니하나, 예상답안이 개별공시지가결정에 무효원인이 있어 무효등확인소송을 제기한 경우에도 필요적 전치주의가 적용되는 것처럼 기술하고 있는 것은 잘못이다. 아마 이 경우의 무효등확인소송은 무효선언을 구하는 취소소송일 것이다. 그 이후의 기술에서 무효확인청구이라고 한 것도 무효선언을 구하는 취소청구임이 분명하다.

2014년 대비
5급 공채(행시) 제2차 기출해설과 예상논점 - 행정법

초 판 발 행 2007년 1월 20일
전면개정판 발행 2010년 11월 10일
개 정 판 발 행 2013년 2월 10일
전면개정판 발행 2014년 1월 4일

편 저 고시계
발 행 인 鄭相薰
발 행 처 考試界社
서울특별시 관악구 봉천동 861-7
코업레지던스 B1층 고시계사
대 표 817-2400 편집부 817-0367~8
영업부 817-0418~9 팩 스 817-8998
등 록 2001. 4. 10. 제16-2381호
www.gosi-law.com / www.eduall.kr

정가 27,000원 ISBN 978-89-5822-460-0 93360